聶石樵文集

第三卷

唐代文學史

中華書局

目　録

自　序

《先秦兩漢魏晉南北朝文學史》出版之後，關心的朋友們問我，是否還繼續寫下去，我曾表示，只要精力還行，便繼續往下寫。那部文學史是一九九六年完稿的，到現在數年過去了，慘淡經營，又寫完了唐代部分。这部書稿在指導思想、編寫原則、體例諸方面，與前一部完全一致，不需要更多的説明。應當贅述者，我撰寫文學史與專門從事文學評論者撰寫文學史不同，文學評論家撰寫文學史，對文學史現象偏重在綜合論述，不多作具體分析。我則由於長期教學工作形成之習慣，多着眼於學生的接受能力和效果，對作家、作品及文學史之史實、現象，重視從具體分析出發，再加以綜合論述，得出恰當的評價，使學生在具有感性知識的基礎上，達到理性之認識，以免形成概念化傾向，影響學生對知識之牢固掌握。其間自然滲透有自己的治學經驗和心路歷程。

書稿完成之後，已年逾古稀。流光易逝，回首往事，少年鄙鈍，於世事都不通曉，及長負笈游學於京師，家貧不足以自給，恒於假期同學皆游樂或回家省親之時，自己則爲學校圖書館鈔寫目録卡片，以求豁免一學期之學費，困厄淒苦之狀難以言表。畢業之後，得執教於高等學校，低薪薄俸，生活仍極清貧，然所教授者爲古代文學，乃生平志向所在，因此有條件和機會探求經傳史記百家之説，沈潛乎訓義，反復乎句讀，究研乎事理，而奮發乎文章，數十年如一日，未曾廢輟，以迄於今。已出版之著作若干種，皆在此情況下寫成者。如今年邁力衰，《唐代文學史》之後，是否再有續作？

杜甫有云:“古來存老馬,不必取長途。”(《江漢》)老馬識途,但已無長途奔馳之力了。每念及此,悵然若有所失,憂傷感慨,深愧平生之志!謹向關心我的同志、朋友和讀者表示感謝,並披露自己之心跡。

聶石樵

二〇〇二年陽春三月

第一章　唐代文學之社會環境

中國歷史上唐與漢是兩個同樣强大的朝代,其形成過程也幾乎相同。古時經過戰國分亂之後,便有秦朝之産生,秦朝之出現,使當時社會取得暫時的穩定,然後便是漢朝建國,政治上形成空前統一之局面。這一統一局面,反映到文學上就是總結了前期之文學成就,而開出後代各種文學流派來。與此相同,六朝時期經過相當長期擾攘之後,便産生了隋朝,使社會政治稍趨穩定,强大的唐朝出現了,也是一個政治上大一統之局面,這一統一形勢,反映到文學上,便集魏晋以來文學創作之大成,而開出後來文學之各宗派來。所以,漢與唐在社會發展史上或在文學發展史上,都具有同樣重要意義。

唐代是我國歷史上極其顯赫之王朝,疆域極爲遼闊,其屬地東起朝鮮,西達天山南北路及中亞細亞,北起内外蒙古,南至印度支那及南海諸國,並設立六都護府以統轄之;同時經略西南各國,交通日本,聲威播及世界。與這種國威相適應,文學也勃興起來,呈現出百花爭艷之局面。其原因分别叙述如下:

第一節　經濟之恢復與發展

一個時代文化之昌盛與繁榮,與經濟有密切關係。杜佑《通典》以《食貨》爲首云:

教化之本,在乎足衣食。

又《食貨》類以《田制》爲首云：

> 詳今日之宜，酌晉隋故事，版圖可增其倍，徵繕自減其半，賦既均一，人知税輕，免流離之患，益農桑之業，安人濟用，莫過於斯矣。

這是杜佑一段重要史論，我們即根據此段史論，來論述唐代經濟發展之狀況。

唐朝建立之初，爲了恢復隋末戰亂所造成之經濟破産、社會彫敝，以鞏固其政權，便大力爭取農民回到土地上來，推行北魏以來之均田制，即按丁分田，把農民束縛在土地上，並實行租庸調法，即受田男丁每年應繳納一定分額之租（穀物）、調（布帛絲麻）和服一定時期之徭役（庸），並規定天災年月減租之法和免役課之條例。這些措施一方面限制了大地主兼併土地，另一方面刺激了農民的生産積極性，對社會經濟之發展産生了很大的推動作用。據《元次山集》卷七《問進士》第三條云：

> 開元、天寶之中，耕者益力，四海之内，高山絶壑，耒耜亦滿，人家糧儲，皆及數歲。太倉委積，陳腐不可校量。

又唐人鄭綮《開天傳信記》云：

> 河清海晏，物殷俗阜……左右藏庫，財物山積，不可勝較。四方豐稔，百姓殷富。管户一千餘萬，米一斗三、四文。丁壯之人，不識兵器。路不拾遺，行者不囊糧。

又杜甫《憶昔》詩其二云：

> 憶昔開元全盛日，小邑猶藏萬家室。稻米流脂粟米白，公私倉廩俱豐實。九州道路無豺虎，遠行不勞吉日出。齊紈魯縞車班班，男耕女桑不相失。……

皆説明經過勞動人民之創造,天下物質財富之豐富。

隨着經濟之恢復與發展,階級矛盾也尖鋭化了。均田制對土地買賣之限制益形鬆弛,官僚豪强、富商大賈爲了滿足自己窮奢極慾的生活慾望,競相侵奪土地,《通典》卷二《食貨典·田制》下記載:

> 開元之季,天寶以來,法令弛壞,兼併之弊,有逾於漢成、哀之間。

大批農民喪失土地,流離失所,《唐書》卷一百三十四《宇文融傳》記載:"人多去本籍,浮食閭里。"官府再無田授給農民,均田制自然地破壞了。與均田制破壞相應,莊園制發展起來。千百萬農民喪失土地,淪爲莊園主的佃户和傭工,成爲莊園主之"私屬",向莊園主繳納地租,受莊園主之殘酷剥削。但與均田制以租、庸、調三者並重,並用强制手段將農業與手工業結合起來不同,莊園制則以租穀爲主,這便使手工業與農業開始分離,因而導致商品經濟得到發展。又均田制雖規定服徭役有一定期限,實際上士兵經常是久戍邊疆,老死不歸,剥奪了農民全部的勞動時間。莊園主亦迫使莊户服役,卻極少令其當兵,深怕其脱離農業勞動,影響自己對農民的剥削收入。因此,莊園制之生産關係,對促進社會生産之發展,比均田制更具有積極作用。

與莊園制之土地占有關係相適應,便改租、庸、調爲兩税法。即改税口税户爲税貲財,按貧富分九等徵税,以實物折納錢幣分春夏兩季輸納。這種税法實行之初,給豪强地主一定之打擊,使社會矛盾得以緩和。其後由於官吏任意折價,商人乘機操縱,以致物賤錢貴,農民負擔更加沉重,社會危機愈益加深,階級矛盾日趨尖鋭,《陸宣公奏議》卷十二《均節賦税恤百姓第六論兼併之家私斂重於公稅》云：

> 今制度弛紊，疆理隳壞，恣人相吞，無復畔限。富者兼地數萬畝，貧者無容足之居。依託强豪，以爲私屬；貸其種食，賃其田廬，終年服勞，無日休息；罄輸所假，常患不充。有田之家，坐食租稅。貧富懸絶，乃至於斯。

農民極端痛苦，必然奮起反抗。有唐一代農民之反抗、鬥爭此起彼伏，不斷發生，打擊了封建地主勢力。封建地主階級既占有大量土地，他們内部爲爭奪土地也産生了尖鋭的矛盾，展開了激烈的鬥爭。這種矛盾和鬥爭發展到中唐以後，便釀成藩鎮與宦官、朋黨之間錯綜複雜之劇烈衝突。農民的苦難更加深了。唐朝末葉，更形成嚴重之社會危機。

唐代文學便是在此物質基礎和社會條件下形成、發展、演變的，社會現實爲其提供了豐富的表現内容，不同的文學體裁則真實地表現了這一歷史時期不同階段的面貌。

第二節　擴邊戰爭與東西文化交流

唐朝建國之後，隨着經濟之恢復與發展，政權之鞏固，自太宗至玄宗一百多年間發動無數次擴邊戰爭，先後征服了突厥、吐谷渾、高昌、龜兹、吐蕃、焉耆等，並分别設都護府以統轄之，打開了通往西方之要道。其遠征軍並深入西亞，和大食（阿拉伯）、波斯（伊朗）接觸。這些戰爭，對促進東西方文化交流起了重要作用，如高昌人即學習漢人之《毛詩》、《論語》，並“歷代子史，集學官、弟子，以相教授。雖習讀之，而皆爲詩”。（《通典》卷一百九十一《邊防典·車師》附《高昌》）他們學習漢人之典籍文化，用詩歌進行表達。當時唐人詩歌流傳至西陲者極其普遍。李白生於楚河旁之碎葉城，習當地之漢文化，少年隨父來内地，才能寫出好作品來。尤其是通往西亞和歐洲的絲綢之路，將内地生産之綾、羅、錦、絹等絲織品輸送到西域，並轉入歐洲。天寶十年（七五一），安西節度高仙芝以三萬兵逾葱嶺出擊大食，於怛羅斯城戰敗後，被俘士兵中有許多技能之人，從此中原文化也傳到中亞和西方諸國。由於唐朝國力之强大，與印度也發展了文化和商業交流。唐時稱印度爲天竺。貞觀二年（六二八），玄奘西行赴天竺取經，回國後於長安慈恩寺從事翻譯。這是中印文化關係史上一件大事，同時也輸入了印度和西方之雜技、音樂和舞蹈，如《舊唐書》卷二十九《音樂志二》記載：

大抵散樂雜獻多幻術，幻術皆出西域，天竺尤甚。

又《唐書》卷二十二《禮樂志一二》記載：

睿宗時，婆羅門國獻人，倒行以足舞。

唐朝十部樂中之安國樂、康國樂，即來源於此兩國之樂舞。曹國之曹保及其子善才、孫綱，皆擅彈琵琶，白居易詩《聽曹剛（即綱）琵琶兼示重蓮》云：

撥撥絃絃意不同，胡啼番語兩玲瓏。誰能截得曹剛手，插向重蓮衣袖中？

即贊美其彈琵琶技巧之卓絶。曹氏一家在唐代皆以擅彈琵琶蜚聲藝林。又米嘉榮乃西域米國人，擅歌曲，其子米和亦當時之歌舞能手。太和初，教坊有善弄婆羅門，即作霓裳羽衣舞之米禾稼和米萬槌，他們也應是自米國來内地者。

音樂與舞蹈是相輔流行的，樂曲多數即舞曲。武則天時，長安風行潑寒胡戲，《舊唐書》卷九十七《張説傳》記載：

> 自則天末年,季冬,爲潑寒胡戲。……裸體跳足……揮水投泥。

此舞應來源於天竺和康國,經龜兹傳入長安,唐時又稱蘇莫遮。又樂舞撥頭,亦由西域傳入内地者。此外,胡旋、胡騰、柘枝皆由西域傳來。開元間,康國、史國、米國俱曾獻胡旋女子,白居易即有詩《胡旋女》,詠其舞姿。胡騰舞與此同類,李端有詩《胡騰兒》,詠其舞態。柘枝舞,舞女着窄袖羅衫,故作嬌媚,白居易有《柘枝詞》描繪之。可見開元、天寶間,西域樂舞在内地風行聲勢之大。元稹詩《法曲》有云:

> 女爲胡婦學胡妝,伎進胡音務胡樂。……胡音胡騎與胡妝,五十年來競紛泊。

即具體描述了其在當時流行之盛況。

唐代之對外戰爭,使其領土得到極大之擴展,成爲當時世界上最大的統一帝國。其高度發展的經濟和文化,影響、流傳到周邊諸國以至歐洲,同時其他國家之物産和文化,尤其是西域和印度之文化也輸入我國,作爲一種新養料注入唐文化之中。這種東西文化之互相傳播與注入,必然引起我中華民族與之心理之交流與激蕩,促成唐代新文學之勃興。

第三節　科舉制度之影響

科舉制度之實施,是唐代統治者籠絡一般地主階級士子文人之一項策略,唐太宗"嘗私幸端門,見新進士綴行而出,喜曰:'天下英雄,入吾彀中矣。'"(《唐摭言》卷一)即是生動的説明。同時隨着經濟之發展,一般地主階級士子文人也要求參與政權,以打破門閥貴族壟斷政治之局面。適應這兩種要求，唐統治者沿襲並發展了隋朝所實行之科舉制度。《通典》卷十五《選舉典》三《歷代制》下云："大唐貢士之法，多循隋制。"但唐時科舉比隋更完備，其出路分三種，《唐書》卷四十四《選舉志》上云：

唐制，取士之科……有三，由學館者曰"生徒"，由州縣者曰"鄉貢"，皆升於有司而進退之。……其天子自詔者曰"制舉"，所以待非常之才焉。

其中"生徒"和"制舉"，當時很少，唯"鄉貢"是士子最大之出路。因爲"鄉貢"不出自學校，而是在家自學，學業有成，向州縣求舉。經考試及格，再由州貢到尚書省，受吏部考試。唐時科舉所設科目很多，常制凡八科，即秀才、明經、進士、明法、明字、明算、道舉、童子，其中以進士、明經兩科最爲士子們趨向，其後明經亦漸不爲人所重，而進士獨矜貴。至於明字、道舉諸科，乃徒具虛名，偶一行之而已。武則天特重進士科，並創殿試，設武科。王定保《唐摭言》卷一《散序進士》記載當時進士矜貴之情況如：

進士科始於隋大業中，盛於貞觀、永徽之際，縉紳雖位極人臣，不由進士者，終不爲美，以至歲貢，常不減八九百人。其推重謂之"白衣公卿"，又曰"一品白衫"。其艱難謂之"三十老明經，五十少進士"。

進士科考試詩賦和務策。進士及第如此榮耀，文人士子趨之若鶩，其對促進詩賦、策論之興盛與繁榮是可以想見的了。

進士科考試詩賦，入試詩賦則以變化無窮之"聲"爲標準，主司即據"聲"以裁奪。《唐書》卷四十四《選舉志》上云：

及其後世，俗益媮薄，上下交疑，因以謂按其聲病，可以爲有司之責。

即謂詩賦既成,聲韻運用不當,便不能録取。此外,唐時科舉,還有與後世不同者,即可以由著名人士推薦延舉,李白、韓愈即其時之薦舉大家。此法立意未嘗不善,推行之,卻愈行愈濫,王定保《唐摭言》即記載當時士人這方面一些醜惡行徑。自唐中葉始,科場競爭日趨劇烈,士子文人爲應進士試,一方面苦讀《文選》,一方面精究聲韻。李德裕非科舉出身,最惡進士,謂天寶末以進士求仕者,皆勉强隨計,一舉登第,家中即不再置《文選》,可見進士之學問並非全好。至於精究聲韻之結果,也産生過細之弊病,《文鏡秘府論·調聲篇》云:

至如有輕重者,有輕中重,重中輕……且莊字全輕,霜字輕中重,瘡字重中輕,牀字全重,如清字全輕,青字全濁。

杜甫詩有云"晚節漸於詩律細"(《遣悶戲呈路十九曹長》),可見唐人已將全副精力集中於聲律之探求了,其對詩賦創作影響至深。

儘管唐代實行科舉制度産生某些弊病,但從總體上看,通過這一制度,廣泛地選拔了人才,使廣大中下層地主階級文人士子參與了政治與文化活動,他們來源於中下層社會,比較了解社會民情,因此能創作出反映民間疾苦和社會離亂之詩篇來,能撰寫出抒發對時政不滿、批評時政之文章來,並一改六朝以來流傳之鉛華靡曼之文風,呈現出清新、醇厚之唐文學新風格。所以,科舉制度對唐代文學之形成,産生了積極的影響。

第四節　宗教與哲學

唐時疆域擴大,交通發達,各類宗教如伊斯蘭教、摩尼教、景教、祆教都先後傳入中國，但對當時人民之思想情感、精神世界和文化藝術影響最大、最深者爲佛教和道教。

佛教初傳入中國，並無派別之分，其後在發展過程中分爲十三宗，唐時流行八宗。其中重要者爲天台宗、法相宗、華嚴宗、禪宗等。佛經既大量傳入，譯經工作便十分重要，玄奘專門從事佛經翻譯，他精通漢文與梵文，兼有直譯與意譯之優點，譯成經論一千三百三十五卷。唐太宗爲之作《大唐三藏聖教序》，唐高宗爲之作《大唐三藏聖教序記》以宣揚之。大量佛經之譯成，對佛教之傳佈起了很大作用。

唐朝統治者爲了統治之需要，大力宣揚佛教，太宗、高宗之外，武后大造佛像，中宗崇飾寺、觀，肅宗、代宗在宫内設道場，憲宗命中使杜英奇至鳳翔法門寺迎佛骨，其他如敬宗、宣宗莫不篤信佛法，懿宗時再迎佛骨。在最高統治者宣揚下，貴族官僚、文人士子亦皆佞佛，如元載、杜鴻漸、王維、王頙等都是虔誠之佛教徒。佛教傳入中國，逐漸增添了中國色彩，並終於形成中國化的佛教，禪宗可爲代表。禪宗起初向玄學轉化，然後向儒學轉化，形成適合中國士大夫口味之佛教。禪宗興起，其他宗派基本上消滅了。

佛教以講論因果報應爲宗旨，但其中也有一些新的成分，爲中國文化所吸取，對中國人民之思想、精神生活、文學藝術之影響極其深遠，如大詩人王維、大古文家柳宗元等之創作成就，皆得益於其佛學修養。唐代變文亦由講論佛法演變而來。唐代之佛窟藝術，如敦煌千佛洞、洛陽龍門之佛塑、壁畫等，皆我國珍貴之藝術創造。

道教是我國傳統的宗教，與外來的佛教相對抗。它講道士神仙之術，追尊黄帝老子爲教主。唐高祖李淵尊崇道教，因爲老子李耳與自己同姓，便依託附會，自稱是老子之後，並立老子廟。高宗東封泰山，歸途追尊老子爲太上玄元皇帝。玄宗託言夢見老子，因畫老子像，頒行天下，家藏《道德經》，並躬自爲其作注，同時尊老子之著作爲《道德真經》、莊子之著作爲《南華真經》、庚桑子之著作爲《洞靈真經》、列子之著作爲《沖虛真經》，規定爲士子必讀之書。當時兩京及各州府皆治道觀，據《唐會要》記載，長安城内道觀多達三十所。道教因而普及全國，神仙之説風行當時。皇帝之女兒也多信奉道教，寧肯不出嫁而出家當女冠，如睿宗之女兒金仙、玉真二公主出家，特爲建金仙、玉真二觀。道教影響之深亦可以想見了。道教對文人士子之思想情感和精神生活影響亦很深，賀知章即由佞佛轉變爲道士，李白是道教徒，其詩歌所表現之追求解脱、嘯傲山林、糞土王侯之精神，與道教思想有深刻之聯繫。

儒學在唐代亦受到統治者之重視。唐太宗即位之前，即留意於儒學，置秦府十八學士。即位之後，尊孔子爲“先聖”、顏淵爲“先師”，並加築國子學舍，增置生員，凡通儒經者，即可參加貢舉。《舊唐書》卷一百八十九上《儒學傳序》云：

> 是時四方儒士，多抱典籍，雲會京師……濟濟洋洋焉，儒學之盛，古昔未之有也。

爲了適應全國統一之需要，太宗令孔穎達撰《五經正義》，剔除東漢以來諸儒異説，使經學統於一尊。又令顏師古考定《五經》文字，撰成《五經定本》，使文字完全統一，不再因文字不同而産生歧義。這種對儒學之統一，其重要意義亦猶漢武帝之罷黜百家獨尊儒學。又陸德明撰《經典釋文》，詳列各經本異同，每字各有音切、訓義，太宗見而嘉之，賜以束帛。此類漢學系統之經典，僅釋誦“正義”，拘泥於字句解釋，不敢創立新説；但由於士人之出路主要是進士、明經兩科，明經專習儒經，進士亦必須習儒經，義理全憑《五經正義》,否則即爲異端邪説,其對文人士子影響之深亦不言而喻。大詩人杜甫即如此"奉儒守官,未墜素業"(《進鵰賦表》)者。但亦有不拘訓詁舊解,而自由説經者,如啖助撰《春秋統例》,認爲《左傳》叙事多,釋經少,而贊揚《公羊傳》、《穀梁傳》之空言説經,是借《春秋》以抒發自己的政治見解。韓愈、柳宗元即承受這種舍傳求經之思想。此開宋學風氣之先。

要之,唐代是我國思想文化之發皇期,各方面都表現出充沛的活力。對外來文化,有極大的消融量,對其中之有益成分,依據自己發展之需要,斟酌吸取,形成更加豐富多彩之文化。這便是唐代文學産生、發展、繁榮、昌盛之社會環境。

第二章　詩　歌

詩歌是唐代主要之文學形式，在質與量上都比同時代其他體裁之作品豐富、深刻得多。就“質”而論，唐代没有任何文學形式像詩歌那樣能全面、真實地反映當時的社會本質、歷史面貌。就“量”而論，清康熙時所輯之《全唐詩》收録詩人二千二百餘家，比計有功《唐詩紀事》收録之一千五百餘家幾乎增加一倍，又收録詩歌四萬八千九百餘首，也是其他文學形式所不能比擬的。因此，無論從質或量方面看，都説明詩歌在唐代文學中成就之高，達到了登峰造極之境地。《全唐詩序》云：

> 夫詩盈數萬，格調各殊，溯其學問本原，雖悉有師承指授，而其精思獨悟，不屑爲苟同者，皆能殫其才力所至，沿尋風雅，以卓然自成其家。又其甚者，寧爲幽僻奇譎，雜出於變風變雅之外，而絶不致有蹈襲剽竊之弊，是則唐人深造極詣之能事也。

對唐代詩歌的成就，作了全面、充分的評價。明高棅將其分爲律詩、古詩、絶句、排律等。然以律詩成就最高，其他各體皆不及。

律詩之形成，自有其長期過程。魏晉六朝時，已講求聲律，但尚未形成爲律詩，唐初，承襲六朝之體式向前發展，迨至唐高宗時，有王勃、楊炯、盧照鄰、駱賓王出現，他們之詩歌多運用聲律，雖然不如後來詩人所作之精密，但在律詩之形成上，則大有進境。武則天時，爲了籠絡文人士子，提倡作詩（這在《全唐詩話》中記載很

多),結果便促使詩歌得以很快發展,經當時詩人沈佺期、宋之問之創作,律詩體制開始形成。《唐書》卷二百零二《文藝中》云:

魏建安後,迄江左,詩律屢變。至沈約、庾信,以音韻相婉附,屬對精密。及之問、沈佺期,又加靡麗,回忌聲病,約句準篇,如錦繡成文。

律詩先後經過約五百年之發展過程,到沈、宋初步完成。到開元、天寶年間,大詩人杜甫對聲律的講求更細微了。他自稱"晚節漸於詩律細"(《遣悶戲呈路十九曹長》)、"遣辭必中律"(《橋陵詩三十韻》),説明他作詩在聲律上精益求精。朱彝尊《曝書亭全集》卷三十三《寄查德尹編修書》云:

比得書,知校勘《全唐詩》,業已開局。近聞足下先取杜少陵作,審其字義異同,去箋釋之紛綸,而歸於一是,甚善!然有道焉。蒙竊聞諸昔者吾友富平李天生之論矣:少陵自詡晚節漸於詩律細,曷言乎細?凡五、七言近體,唐賢落韻共一紐者不連用,夫人而言;至於一、三、五、七句用仄字上去入三聲,少陵必隔别用之,莫有疊出者,他人不爾也。

這説明杜甫之詩歌在聲律方面達到新的境界。到了中唐,白居易將自己的詩歌分爲諷諭、閒適等若干類,又有一百韻至兩韻之五言、七言長句、絶句四百餘首,謂之雜律詩。可見詩歌創作仍在演進中,即律體仍在發展着。

晚唐時期,李商隱繼承杜甫之創作傳統,更重視聲律之運用。《蔡寬夫詩話》云:

王荆公晚年喜稱義山詩,以爲唐人知學老杜而得其藩籬者,惟義山一人而已。每讀其"雪嶺未歸天外使,松州猶駐殿

> 前軍"、"永憶江湖歸白髮,欲回天地入扁舟"與"池光不受月,暮氣欲沉山"、"江海三年客,乾坤百戰場"之類,雖老杜無以過也。

蔡氏以具體的事例説明李商隱律體之作超過杜甫,律法精嚴,聲調抑揚,屬對工切,集中了唐詩之優長。其產生標誌着唐詩之結束,猶揚雄賦之出現標誌着漢賦之結束然。

總之,唐代詩歌主要成就之律體,是在長期實踐過程中形成的,並不斷發展。《唐書》卷二百零一《文藝上》史臣贊曰:

> 唐興,詩人承陳、隋風流,浮靡相矜,至宋之問、沈佺期等研揣聲音,浮切不差,而號律詩,競相襲沿。……逮開元間……甫又善陳時事,律切精深,至千言不少衰,世號詩史。

又元稹《長慶集》卷五十六《唐故工部員外郎杜君墓係銘並序》云:

> 叙曰:予讀詩至杜子美,而知小大之有所總萃焉。……唐興,官學大振,歷世之文,能者互出,而又沈、宋之流,研練精切,穩順聲勢,謂之爲律詩。由是而後,文變之體極焉。然而莫不好古者遺近,務華者去實,效齊梁則不逮於魏晉,工樂府則力屈於五言,律切則骨格不存,閒暇則纖穠莫備。至於子美,蓋所謂上薄風、騷,下該沈、宋,古傍蘇、李,氣奪曹、劉,掩顏、謝之孤高,雜徐、庾之流麗,盡得古今之體勢,而兼人人之所獨專矣。……時山東人李白,亦以奇文取稱,時人謂之李、杜。予觀其壯浪縱恣,擺去拘束,模寫物象及樂府歌詩,誠亦差肩於子美矣。至若鋪陳終始,排比聲韻,大或千言,次猶數百,詞氣豪邁而風調清深,屬對律切而脱棄凡近,則李尚不能歷其藩翰,况堂奥乎?

這都説明詩歌之聲律化過程,是權輿於六朝,諧協於隋、唐之際,而精切於沈、宋,至杜甫、李商隱更臻精密、嚴整了。

唐代詩歌之發展,據明高棅《唐詩品彙》分初、盛、中、晚四個時期。這種分法,雖然不甚科學,但爲了叙述方便,仍沿用之,以見其前後遞嬗之軌跡。

第一節　初唐時期

初唐,指高祖、太宗、高宗、中宗、睿宗至武后時期。這一時期之詩歌,皆沿襲南朝詩風。其代表人物爲上官儀,他的詩歌綺錯婉媚,人多效之,謂之上官體。其内容多爲應制,無甚價值,但在形式上的講求,對律詩之形成,卻起着推動作用。律詩之基本條件爲對偶和聲律,上官儀創立了六對八對之當對律説。據《詩人玉屑》卷七引《詩苑類格》記載,他説:

> 詩有六對:一曰正名對,天地日月是也;二曰同類對,花葉草芽是也;三曰連珠對,蕭蕭赫赫是也;四曰雙聲對,黄槐緑柳是也;五曰疊韻對,彷徨放曠是也;六曰雙擬對,春樹秋池是也。
>
> 詩有八對:一曰的名對,送酒東南去,迎琴西北來是也;二曰異類對,風織池間樹,蟲穿草上文是也;三曰雙聲對,秋露香佳菊,春風馥麗蘭是也;四曰疊韻對,放蕩千般意,遷延一介心是也;五曰聯綿對,殘河若帶,初月如眉是也;六曰雙擬對,議月眉欺月,論花頰勝花是也;七曰回文對,情新因意得,意得逐情新是也;八曰隔句對,相思復相憶,夜夜淚沾衣,空嘆復空泣,朝朝君未歸是也。

六朝時期只有言對（正對、反對）與事對兩類，極其簡單，至此則增至十四對，到晚唐更發展至三十餘對之多。雖然上官儀自己的詩歌，並未完全遵守這些法則，但是作爲律詩基本條件之一，對偶已經形成了。此外，作爲律詩基本條件之二的聲律，唐朝除了承襲六朝八病之説，又增加了齟齬病，對聲律之講求更精細了。這些因素促進了律詩之形成。同時，魏徵主張以北方之質實救南方之浮麗，並進而融合南北詩風爲一，如《隋書》卷七十六《文學傳序》云：

然彼此（南北）好尚，互有異同：江左宫商發越，貴於清綺；河朔詞義貞剛，重乎氣質。氣質則理勝其詞，清綺則文過其意。理深者便於時用，文華者宜於詠歌。此其南北詞人得失之大較也。若能掇彼清音，簡兹纍句，各去所短，合其兩長，則文質斌斌，盡善盡美矣。

魏徵主張南北文學各取所長，補其所短，達到文質兼備，盡善盡美之境地。他不但如此主張，而且以自己的創作實踐之。如其《述懷》，便以雄健之筆力，抒寫其國士之抱負。詩云：

中原還逐鹿，投筆事戎軒。縱横計不就，慷慨志猶存。杖策謁天子，驅馬出關門。請纓繫南粤，憑軾下東藩。鬱紆陟高岫，出没望平原。古木鳴寒鳥，空山啼夜猿。既傷千里目，還驚九折魂。豈不憚艱險？深懷國士恩。季布無二諾，侯嬴重一言。人生感意氣，功名誰復論！

此爲表述其歸依唐高祖李淵後，請求安撫華山以東地區之志向。詩又題《出關》，是一首樂府，《樂府詩集》卷二十一漢横吹曲二十八解之《出關》中收録魏徵此詩。雖爲樂府，但已有很工整之對偶句式，是律詩之格調，其中尤以“既傷千里目，還驚九折魂”兩句最佳。又其境界之闊大，與六朝之纖細者不同。可見其向律詩演變之軌跡和對唐詩新境的開拓。

一、初唐四傑

初唐高宗時，王勃、楊炯、盧照鄰、駱賓王稱霸詩壇，號稱四傑。他們的詩歌創作，一方面承襲着齊、梁遺風，不脱輕艷綺麗之氣息，另一方面力圖突破這種詩風之影響，洗盡鉛華，呈現出新的傾向、新的精神，創作出文風樸實，具有真摯情感之作品來。他們的詩歌多律體，顯示了在新體製作方面之功力。

（一）王勃

王勃（公元六五〇——六七六），據《唐書》卷二百零一、《舊唐書》卷一百九十上本傳，字子安，絳州龍門（今山西河津）人，大儒王通之孫，王福畤之子，王勮之弟，王助之兄，祖孫父子兄弟一家皆有文名。勃六歲善文辭，九歲讀顔師古注《漢書》，作《指瑕》，以擿其失。年未冠，應幽素科試，及第，授朝散郎。旋召爲沛王府修撰。其時長安諸王盛鬥鷄之風，勃戲爲《檄英王鷄文》，爲高宗所惡，以爲離間沛王與英王之關係，被逐出府，父亦坐貶爲交趾令。勃往省父，途經南昌，作《滕王閣序》。自交趾返，渡海溺水，驚悸而死。年二十七。原有文集三十卷，已佚。明人張燮輯有《王子安集》十六卷，清蔣清翊撰《王子安集注》二十卷。其詩工五言，如《送杜少府之任蜀川》：

> 城闕輔三秦，風烟望五津。與君離别意，同是宦游人。海内存知己，天涯若比鄰。無爲在歧路，兒女共霑巾。

這是一首送别之作。當時王勃供職長安，其友杜某外放至蜀地任縣尉，因作詩以慰勉之。首二句，城闕，指長安城郭宫闕。三秦，項羽滅秦，分其地爲雍、塞、翟三國，故稱三秦。輔三秦，指長安城以三秦爲輔。五津,長江自灌縣至犍爲有白華津、萬里津、江首津、涉頭津、江南津五個渡口,皆在蜀中。意謂自己留住長安,而杜則宦游入蜀。次二句,宦游人,遠游四方以求仕宦之人。謂既同爲離鄉背井以求仕宦,則離别便在所難免了。五六二句,化用曹植《贈白馬王彪》其六"丈夫志四海,萬里猶比鄰。恩愛苟不虧,在遠分日親"意,將四海之大與知己之稀相比,天涯之遥與比鄰之近相比,成流水對法。末二句,歧路,本義爲岔路,此指分手處。兒女,猶男女。意謂不要像青年男女於離别時那樣哭泣。詩以惜别始,以激勵終。文勢勃鬱騰涌,是律體之佳構。又如《春園》:

山泉兩處晚,花柳一園春。還持千日醉,共作百年人。

是正格五絶。其《寒夜懷友雜體》:

北山烟霧始茫茫,南津霜月正蒼蒼。秋深客思紛無已,復值征鴻中夜起。

雖云雜體,實即七絶。這都可以看出詩格之逐漸律化過程。

(二)楊炯

楊炯(公元六五〇——六九二?),據《唐書》卷二百零一、《舊唐書》卷一百九十上本傳,華陰(今陝西華陰附近)人,幼聰敏,博學善屬文。顯慶六年(六六一),舉神童,授校書郎。永隆二年(六八一),與宋之問同爲崇文館學士,遷詹事司直。武后稱制,坐從祖弟神讓犯逆,降官梓州司法參軍。任滿,選授盈川令。不久,卒於官。炯恃才倨傲,爲時人所忌。面對當時文壇王、楊、盧、駱之排列,自稱"愧在盧前,耻居王後"。張説則云:"耻在王後,信然;愧在盧前,謙也。"給以很高的評價。原有文集三十卷,已佚。明人童佩輯有《盈川集》十卷,附録一卷。爲詩擅長五律,如《從軍行》:

烽火照玉京,心中自不平。牙璋辭鳳闕,鐵騎繞龍城。雪暗凋旗畫,風多雜鼓聲。寧爲百夫長,勝作一書生。

此詩題屬樂府《相和歌・平調曲》,形式則爲律體。内容當是寫唐官軍與突厥之戰。《舊唐書》卷五《高宗本紀》下記載:"(永隆)二年(六八一),春正月,突厥寇原、慶等州(今寧夏固原縣、甘肅慶陽縣一帶地區),乙亥,命將軍李知十、王杲等分兵禦之。癸巳,遣禮部尚書裴行儉爲定襄道大總管,率師討突厥温傅部落。……五月丙戌,定襄道總管曹懷舜與突厥史伏念戰於横水,官軍大敗,懷舜減死,配流嶺南。……七月丙寅,雍州大風害稼,米價騰踴。是月裴行儉大破突厥史伏念之衆,伏念爲程務挺急追,遂執温傅來降。行儉於是盡平突厥餘黨,行儉執伏念、温傅,振旅凱旋。"此詩當即作於行儉出師之時,炯時爲崇文館學士。首二句,玉京,道家語,此指唐都城長安。謂報警之烽火照耀京城,壯士内心不能平靜。次二句,牙璋,《周禮》卷五《春官・典瑞》:"牙璋以起軍旅,以治兵守。"鄭衆注:"牙璋,瑑以爲牙,牙齒兵象,故以牙璋發兵,若今時以銅虎符發兵。"鳳闕,《漢書》卷六十五《東方朔傳》顔師古注引《關中記》云:"建章宫圓闕臨北道,有金鳳在闕上,故號鳳闕。"按此指長安北門。龍城,在蒙古人民共和國漠北塔米爾河岸。西方胡人古代皆事龍神,匈奴常於此祭天。意謂將軍奉命出征,包圍了敵人的重鎮。五、六句,寫戰地風雪交加,大雪使軍旗之圖案褪色,烈風與戰鼓聲相雜。末二句,百夫長,《尚書》卷六《牧誓》:"千夫長,百夫長。"爲武官之最卑職。寧、勝二字爲比較級之詞,一先一後,表明最低之武官,也比讀書人起作用。文氣回旋曲折,意在贊揚從軍保衛國家。

(三)盧照鄰

盧照鄰(公元六三七?——六九〇?),據《唐書》卷二百零一、

《舊唐書》卷一百九十上本傳，字昇之，號幽憂子，幽州范陽（今北京市附近）人。十餘歲從曹憲、王義方授《蒼》、《雅》及經史，博學善屬文。初授鄧王府典籤，甚受愛重。後拜新都尉，因染風疾去官，居太白山中，服丹中毒，手足痙攣，成殘疾。後徙居陽翟具茨山下，買園數十畝，疏鑿潁水周舍，又豫爲墳墓，偃卧其中。因不堪病痛，自投潁水死。自以當高宗時尚吏，己獨儒；武后尚法，己獨黄老；后封嵩山，屢聘賢士，己已廢。著《五悲文》以自明。原有集二十卷，又《幽憂子》三卷，皆佚。明張燮輯有《幽憂子》七卷。平生身世最苦，貧困至極，《釋疾文》最能表現其悲苦境遇。律詩在其詩歌創作中占很大比重。如《雨雪曲》：

> 虜騎三秋入，關雲萬里平。雪似胡沙暗，冰如漢月明。高闕銀爲闕，長城玉作城。節旄零落盡，天子不知名。

此詩題屬樂府《横吹曲辭》，形式則爲律體。内容是詠嘆戰地苦寒，征戍之戰士老死邊疆不得封賞之怨恨。首二句，梁虞羲《詠霍將軍北伐詩》："長城地勢險，萬里與雲平。窮秋八九月，虜騎入幽并。"此隱括其意。三秋，《詩·王風·采葛》："一日不見，如三秋兮。"疏："年有四時，時皆三月，三秋謂九月也。"次二句，寫戰地冰雪嚴寒之景。五、六二句，《水經·河水注三》："河水又屈而東流，爲北河。……東逕高闕南，《史記》趙武靈王既襲胡服，自代並陰山下，至高闕爲塞。山下有長城，長城之際，連山刺天，其山中斷，兩岸雙闕，善能雲舉，望若闕焉，即狀表目，故有高闕之名也。自闕北出荒中，闕口有城，跨山結局，謂之高闕戍，自古迄今，常置重捍，以防塞道。"寫征戍地區山城之險。末二句，節旄，節杖上所綴犛牛尾製作之纓。《漢書》卷五十四《蘇武傳》："杖漢節牧羊，卧起操持，節旄盡落。"謂戍邊終老，仍不爲天子所知。憤懣之情，溢於言表。此外,他的《隴頭水》、《巫山高》、《芳樹》、《昭君怨》、《折楊柳》、《關山月》等,皆用樂府舊題,諧以聲律。又其《釋疾文》三歌,雖爲騷體,卻對偶工整、音韻和諧。如其一云:

> 歲將晏兮歡不再,時已晚兮憂來多。東郊絶此麒麟筆,西山秘此鳳凰柯。死去死去今如此,生兮生兮奈汝何!

這是一篇絶命辭,悲苦之聲淒切動人。他的得意之作,古詩《行路難》、《長安古意》雖然帶有齊、梁餘風,但格調卻比齊、梁之作要高遠了。

(四)駱賓王

駱賓王(公元六五〇——六八四),據《唐書》卷二百零一、《舊唐書》卷一百九十上本傳,婺州義烏(今浙江義烏附近)人,少善屬文,尤妙於五言詩。爲人落魄無行,好與博徒游。初爲道王府屬官,高宗末爲武功、長慶兩縣主簿及侍御史。不久,坐贓左遷臨海丞,怏怏失志,棄官而去。徐敬業起兵討武后,賓王參與其謀,爲書記,軍中書檄,皆出其手。武后讀檄至"一抔之土未乾,六尺之孤安在",矍然曰:"宰相安得失此人!"敬業敗,他伏誅,年三十五。所作詩文多散佚。武后素重其文,遣使求之,有兗州郗雲卿集成十卷,今存。其五言律詩多佳作,如《在獄詠蟬》:

> 西陸蟬聲唱,南冠客思侵。那堪玄鬢影,來對白頭吟!露重飛難進,風多響易沈。無人信高潔,誰爲表予心!

作者於高宗儀鳳三年(六七八)上書議論時政,觸怒武后,被誣以贓罪,下獄。此詩即在獄中所寫,借詠蟬以寄慨。首二句,西陸,指秋天。《隋書》卷二十《天文志》中:"日循黄道東行,一日一夜行一度。三百六十五日有奇而周天,行東陸謂之春,行南陸謂之夏,行西陸謂之秋,行北陸謂之冬。"南冠,即楚冠,《左傳·成公九年》:

“晉侯觀於軍府,見鍾儀。問之曰:‘南冠而縶者,誰也?’有司對曰:‘鄭人所獻楚囚也。’”作者爲南人,且在獄中,因而自稱南冠。客思,客中之情。秋天蟬鳴,生意將盡,分外引發囚人窮途之思。次二句,玄鬢影,玄,黑色,蟬翼像鬢髪。《古今注》:魏文帝宫人莫瓊樹始制蟬翼,縹緲如蟬。白頭吟,樂府《相和歌》曲詞,内容表述人生之哀怨。意謂對蟬影之縹緲,聽蟬聲之悲哀。五、六二句,霧重、風多,比喻世路之艱險;飛難進、響易沈,謂蟬能飛、善鳴皆無濟於事;所以自喻。末二句,蟬吸風飲露,故云高潔。意即希望人們相信其高潔無辜,代爲表白心跡。格調悲切,與王勃之悠閒清淡者不同。又其七言歌行《帝京》、《疇昔》諸篇,慷慨流蕩,排比鋪陳,爲古今人所稱道。

四傑之詩歌往往用樂府舊題,而諧以聲律,此正是律詩形成初期的現象。他們未脱盡齊梁華麗之風,又有自己的創造,表現出不同的特點。明陸時雍《詩鏡總論》云:

> 王勃高華,楊炯雄厚,照鄰清藻,賓王坦易,子安其最傑乎? 調入初唐,時帶六朝錦色。

他們各具特點,並帶有六朝餘風,但卻開出唐音、唐調和唐代詩格來。杜甫從歷史發展的觀點評價四傑云:“王、楊、盧、駱當時體,輕薄爲文哂未休。爾曹身與名俱滅,不廢江河萬古流。”(《戲爲六絶句》)他認爲四傑之詩風,都是特定歷史時期之産物,自可萬古流傳,不可妄加菲薄。對四傑之作在唐詩發展中之地位,予以充分肯定。

二、沈佺期與宋之問

初唐詩歌至沈、宋,可以説完全脱盡了六朝艷麗之詩風,開出真正唐代之詩格,完成了律體之創作。律詩形成之後,一千餘年來在詩壇上始終保持着中正格之地位。

(一)沈佺期

沈佺期(公元六五〇?——七一五?),據《唐書》卷二百零二、《舊唐書》卷一百九十中本傳,字雲卿,相州内黄(今河南内黄附近)人。高宗上元二年(六七五)進士及第,由協律郎,累升至通事舍人。再轉考功員外郎(主考官)。因受賄,被劾入獄,未究被釋。中宗神龍元年(七〇五)與宋之問同諂事張易之。張易之被殺,他被流配至驩州。其後授起居郎,加修文館直學士,又歷官中書舍人、太子詹事。開元初卒。他善屬文,尤工七言詩,與宋之問齊名,號稱沈、宋。原有集十卷,已散佚,明人輯有《沈佺期集》四卷行世。名作爲《雜詩三首》,其三云:

> 聞道黄龍戍,頻年不解兵。可憐閨裏月,長在漢家營。少婦今春意,良人昨夜情。誰能將旗鼓,一爲取龍城。

此詩當寫於武后萬歲通天初唐官軍平契丹首領李盡忠、孫萬榮之叛亂時。據《舊唐書》卷六《則天皇后本紀》記載:"萬歲通天元年(六九六)……五月,營州城傍契丹首領松漠都督李盡忠與其妻兄歸誠州刺史孫萬榮殺都督趙文翽,舉兵反,攻陷營州。盡忠自號可汗。乙丑,命鷹揚將軍曹仁師、右金吾大將軍張玄遇、右武威大將軍李多祚、司農少卿麻仁節等二十八將討之。秋七月,命春官尚書、梁王(武)三思爲安撫大使,納言姚璹爲之副。制改李盡忠爲盡滅,孫萬榮爲萬斬。秋八月,張玄遇、曹仁師、麻仁節與李盡滅戰於西硤石黄麞谷,官軍敗績,玄遇、仁節並爲賊所虜。……李盡滅死,其黨孫萬斬代領其衆。冬十月,孫萬斬攻陷冀州,刺史陸寶積死之。十一月,又陷瀛州屬縣。二年……春二月,王孝傑、蘇宏暉

等率兵十八萬與孫萬斬戰於硤石谷,王師敗績,孝傑没於陣,宏暉棄甲而遁。……五月,命右金吾大將軍、河内王懿宗爲大總管,右肅政御史大夫婁師德爲副大總管,右武威衛大將軍沙吒忠義爲前軍總管,率兵二十萬以討孫萬斬。六月……孫萬斬爲其家奴所殺,餘黨大潰。”此詩當即作於萬歲通天二年春王孝傑、蘇玄暉死敗時乎?詩之主旨是通過寫離别之苦,申明應當抗敵取勝。首二句,黄龍,在今遼寧省朝陽縣治,古爲契丹首都。不解兵者,不撤兵也。次二句,閨裏月,少婦所見。漢家營,征夫所在。漢,所以喻唐。朗月在漢營,即千里共明月意,表示對征夫之懷念。五、六二句,今春意,昨夜情,交互體,表明相思之苦。末二句,旗鼓,《左傳·成公二年》:“師之耳目,在吾旗鼓,進退從之。”所以指揮軍隊。意謂希望有人率軍破敵,攻取龍城。這是一首嚴整之五律,前三聯平仄俱諧,末聯應爲———||,|||——。此上句則爲——|—|,平仄不合,是拗句,然極頓挫之致。又《古意》云:

> 盧家少婦鬱金堂,海燕雙棲玳瑁梁。九月寒砧催木葉,十年征戍憶遼陽。白狼河北音書斷,丹鳳城南秋夜長。誰爲含愁獨不見,更教明月照流黄。

此詩又題《獨不見》,屬樂府《雜曲歌辭》,是擬古樂府,體制則爲七律。所作與《雜詩》殆同一時代背景。首二句,盧家少婦,用梁武帝歌“河中之水向東流,洛陽女兒名莫愁。十五嫁爲盧家婦,十六生兒名阿侯”之意。鬱金,香花名。《本草綱目》:大秦國鬱金香,二、三月花狀如紅藍,其花即香也。此言以鬱金浸酒和泥塗堂壁。玳瑁,海龜之一種,甲光澤,有文彩。此言以玳瑁裝飾屋梁。次二句,砧,擣衣石。遼陽,即今遼寧省一帶。李白《子夜吴歌》:“長安一片月,萬户擣衣聲。秋風吹不盡,總是玉關情。何日平胡虜,良人罷遠征。"可用以申明其意。五、六二句,白狼河,發源於白狼山,在遼寧省凌源縣東南,即大凌河。丹鳳城,趙次公注杜甫《夜詩》:"秦繆公女弄玉吹簫,鳳降其城,因號丹鳳城(咸陽)。"後人稱京城爲鳳城。此指長安。秋夜長,緣音書斷,極寫思念之切。末二句,誰爲,爲誰之倒文。流黄,輕絹,可以爲帳。謂少婦含愁不寐,見月光映照帷帳,倍增相思之苦。其中"憶"字是全詩之穴眼。詩眼既明,則詩之意旨亦自顯豁。此詩之作體現了初唐詩之律化先五言後七言、由五言到七言之過程。

(二)宋之問

宋之問(公元六五〇?——七一二?),據《唐書》卷二百零二、《舊唐書》卷一百九十中本傳,一名少連,字延清,汾州(今山西汾陽附近)人,一説虢州弘農(今河南靈寶附近)人。弱冠知名,尤善五言詩,當時無出其右者。上元二年進士及第,初徵,令與楊炯分直内教,俄授洛州參軍,轉上方監丞、左奉宸内供奉。傾附張易之兄弟,易之等敗,坐貶瀧州參軍。未幾逃還,匿於洛陽張仲之家。後因令其兄子告發仲之與王同皎等謀殺武三思事,得授鴻臚主簿,兼修文館直學士。景龍中,遷考功員外郎,知貢舉。睿宗即位,以其嘗附張易之、武三思,配徙欽州。先天中,賜死於徙所。之問再被竄謫,途經江嶺,所有篇什,傳布遠近。友人武平一爲之纂集,成十卷。《全唐詩》録存其詩三卷。其五律《度大庾嶺》云:

> 度嶺方辭國,停軺一望家。魂隨南翥鳥,淚盡北枝花。山雨初含霽,江雲欲變霞。但令歸有日,不敢怨長沙。

此詩必爲初貶瀧州參軍時所作。瀧州在今廣東羅定市。大庾嶺,在江西大余縣南,廣東南雄縣北,爲五嶺之一,古名塞上。首二句,國,指京都。軺,小車,古代使者所乘。意謂離開京都來到大庾嶺,又回望家鄉。次二句,南翥,猶南飛。北枝花,指梅花,大庾嶺多梅,又稱梅嶺。見梅花北枝,觸動思鄉流淚。五、六二句,寫大庾嶺雲雨變幻之景。末二句,怨長沙,漢文帝時,賈誼爲周勃、灌嬰等所排斥,謫爲長沙王太傅,作《弔屈原文》及《鵩鳥賦》以抒憤。此言日後但能還鄉,何敢有怨憤之辭呢! 表現了回歸之殷切願望。又《題大庾嶺北驛》表現同樣的情感:

陽月南飛雁,傳聞至此回。我行殊未已,何日復歸來? 江靜潮初落,林昏瘴不開。明朝望鄉處,應見隴頭梅。

此詩應與前首作於同時。首二句,陽月,農曆十月。《詩・小雅・采薇》:"歲亦陽止。"鄭箋:"十月爲陽,時坤用事,嫌於無陽,故以名此月爲陽。"古代相傳,鴻雁南飛至大庾嶺便北返。次二句,言自己與雁不同,北歸無期,奈何? 五、六二句,寫大庾嶺之江潮、林瘴。末二句,鄉,指洛陽。隴頭梅,指洛陽梅花。作者以雁、以水、以梅抒發懷鄉之情,表現其不得還鄉之苦。又其五言絶句《渡漢江》:

嶺外音書絶,經冬復歷春。近鄉情更怯,不敢問來人。

此詩與前詩來去之方向相反,前詩爲南去,此詩爲北來,是從瀧州回洛陽途中所作。嶺即五嶺。由於遠客異鄉,音信斷絶,家鄉情況吉凶未卜,故臨近家鄉,反而心情更緊張,不敢向來人詢問家鄉之消息。情感細膩曲折,音韻和諧。

以上諸例足以説明,律詩正式形成於沈、宋。李商隱《漫成五章》云"沈宋裁辭矜變律",即道出沈、宋在律詩形成中之作用。胡應麟《詩藪・内編》卷四云:

五言律體,兆自梁、陳。唐初四子,靡縟相矜。時或拗澀,未堪正始。神龍以還,卓然成調。沈、宋、蘇、李,合軌於先;王、孟、高、岑,並馳於後。新製迭出,古體攸分。實詞章改變之大機,氣運推遷之一會也。

這段話概括了律詩形成之過程和歷史。蓋自沈約倡導四聲八病之説,即開闢了律詩創作之蹊徑,中間經過一百多年之實踐,至沈佺期、宋之問之創作,便正式形成了。此爲詩歌發展之一大契機。這種律體,既是六朝詩格之發展,又是對六朝艷麗詩風之創新。

三、陳子昂與張九齡

當初唐律詩形成之時,六朝華靡詩風流行之際,不拘聲律對偶之古體詩興起了,其代表人物是陳子昂、張九齡。他們以復古爲號召,推重建安,標榜正始,與四傑、沈、宋之近體相對立。他們不但有創作實踐,而且有明確的文學理論,其在唐代詩歌發展史上之意義極其重要。陳子昂在其《修竹篇序》中説:

文章道弊五百年矣。漢、魏風骨,晉、宋莫傳,然文獻有可徵者。僕嘗暇時觀齊、梁間詩,采麗競繁,而興寄都絶,每以永嘆,竊思古人常恐逶迤頹靡,風雅不作,以耿耿也。一昨於解三處,見明公《詠孤桐篇》,骨氣端翔,音情頓挫,光英朗練,有金石聲。遂用洗心飾視,發揮幽鬱。不圖正始之音,復覩於兹,可使建安作者相視而笑。

他反對"采麗競繁,而興寄都絶"之齊梁體,而贊美"骨氣端翔,音情頓挫"之建安、正始之音。這一詩風之轉變,影響於唐代文學創作者很大。大詩人李白的創作即由此發展而來,他曾説:"梁、陳以來,艷薄斯極,將復古道,非我而誰?"(孟棨《本事詩》引)即説明他與陳子昂之思想一脈相承。其後韓愈之散文,白居易之詩歌,皆以復古爲號召，亦莫不淵源於此。陳子昂之理論與創作澤被唐代文學深矣、廣矣！

（一）陳子昂

陳子昂（公元六五六——六九八），據《唐書》卷一百零七、《舊唐書》卷一百九十中本傳及盧藏用《陳氏別傳》，字伯玉，梓州射洪（今四川射洪附近）人，家世豪富，苦節讀書，尤善屬文。年二十四進士及第，武則天召見，授麟臺正字，再轉右拾遺。數上書陳事，詞皆典美。武攸宜統軍北伐契丹，以子昂爲管記，軍中文翰皆委之。父在鄉，爲縣令段簡所辱，子昂遽還鄉里，被段簡收繫獄中，憂憤而卒，年四十三。子昂"文詞宏麗，甚爲當時所重"。初爲《感遇詩》三十首，京兆司功王適見而驚曰："此子必爲天下文宗矣。"今有《陳伯玉文集》十卷傳世，存詩一百二十餘首。韓愈稱贊之云："國朝盛文章，子昂始高蹈。"（《薦士》），肯定他在唐代文學創作中之開創意義。《感遇詩》三十八首爲其代表作，體裁源於阮籍《詠懷》和左思《詠史》，内容亦如之。如其三云：

> 蒼蒼丁零塞，今古緬荒途。亭堠何摧兀，暴骨無全軀。黄沙幕南起，白日隱天隅。漢甲三十萬，曾以事匈奴。但見沙場死，誰憐塞上孤！

此詩當爲武則天垂拱二年（六八八），子昂隨左補闕喬知之與護左豹韜衛將軍劉敬同北征金徽州都督僕固始，經過居延海、張掖河、同城等地，見西北地區戰亂後荒涼悲慘景象，而抒發感慨。首二句，丁零，種族名，居住於今俄羅斯西伯利亞葉尼塞河上游至貝加尔湖以南地帶。丁零塞，即丁零人所居之邊塞。蒼蒼，深青色，《莊子》卷一上《逍遥游》："天之蒼蒼，其正色邪？"緬，邈遠。意謂丁零塞古來即爲荒遠之地。次二句，亭堠，戍邊士兵伺望敵人之所。摧兀,崩頹不堪。横尸暴骨,皆戰爭遺留之殘破景象。五、六二句,寫沙漠地區飛沙走石,不見天日。幕,通漠,即沙漠。七、八二句,漢甲,即漢兵,所以喻唐。事匈奴,即與匈奴作戰。末二句意謂人們但傷痛戰場上之死難者,卻無人同情塞上之遺孤。此作者所以悲悼者也。又其三十七云:

> 朝入雲中郡,北望單于臺:胡秦何密邇,沙朔氣雄哉!籍籍天驕子,猖狂已復來。塞垣無名將,亭堠空崔嵬。咄嗟吾何嘆,邊人塗草萊!

此詩當寫唐初大漠南北突厥族之頻繁入侵,而唐之將帥無能,不能抵禦,以致使邊地人民遭受無窮之痛苦。首二句,雲中郡,郡治在今山西大同市。單于,匈奴對其君長之稱謂。單于臺,在今内蒙古自治區呼和浩特市西。朝入即北望,言雲中郡與單于臺相距之近。次二句,胡,指突厥。秦,指唐朝。密邇,鄰近。沙朔,北方沙漠。胡漢比鄰,胡兵氣勢凌人。五、六二句,天驕,漢時匈奴自稱“天之驕子”。籍籍,猶紛紛。言突厥士兵來勢之凶猛猖狂。末四句,塞垣,即關塞。崔嵬,高峻貌。咄嗟,驚嘆聲。慨嘆邊塞無名將守衛,亭堠徒存,遂令邊地人民血塗野草。表現了對邊民之深切同情。以上皆五言古體,其律體具有同樣風格。如《送魏大從軍》:

> 匈奴猶未滅,魏絳復從戎。悵别三河道,言追六郡雄。雁山横代北,狐塞接雲中。勿使燕然上,獨有漢臣功。

此詩當爲送魏元忠而作。《舊唐書》卷九十二《魏元忠傳》:“魏元忠宋州宋城人也。……長安中(武則天年號)相王(李旦,即睿宗)爲并州之帥,元忠爲副。……時突厥與吐蕃數犯塞,元忠皆爲大總管,拒之。元忠在軍,惟持重自守,竟無所尅獲,然亦未嘗敗失。”作者勉勵魏元忠克敵建功。魏絳,春秋晉大夫,悼公時,山戎無終子請和,絳言和有五利,乃盟諸戎。此以喻魏元忠。三河,漢時稱河東、河内、河南三郡爲三河,約當今之河南北部、山西南部一帶。六郡,《後漢書》卷三十五《百官志》:"羽林郎……掌宿衛侍從,常選漢陽、隴西、安定、北地、上郡、西河凡六郡良家補。"雁山,即雁門山,在今山西代縣西北三十五里。狐塞,一本作"孤",非。楊國楨本、四庫本、十二家詩本、明活字本俱作"狐",是。燕然,山名,即今蒙古人民共和國境内之杭愛山,後漢永元元年竇憲追匈奴北單于於此,刻石勒功而還。獨有漢臣,楊國楨本、四庫本、十二家詩本、明活字本俱作"惟留漢將"。此希望魏元忠出征突厥,刻石勒功,不讓漢將。又其絶句名篇《登幽州臺歌》:

前不見古人,後不見來者,念天地之悠悠,獨愴然而涕下!

此詩四庫本、唐十二家詩本、明活字本俱不載。此當爲武攸宜北征契丹,作者隨軍管記室時所作。幽州臺,又名薊北樓,唐時幽州治薊,故城在今北京市西南。子昂在軍中,屢次獻計,皆不被采納,並觸怒攸宜,被徙署軍曹。當其登幽州臺,弔古傷今,作此詩以寄其無知音之慨。

對陳子昂之詩歌,杜甫給予很高的評價,他在《陳拾遺故宅詩》中説:"有才繼騷雅,哲匠不比肩。公生揚馬後,名與日月懸。……終古立忠義,《感遇》有遺篇。"子昂革除了梁、陳餘風,開闢了古雅新境。胡應麟《詩藪·内編》卷二云:

唐初承襲梁、隋,陳子昂獨開古雅之源。……高適、岑參、王昌齡、李頎、孟雲卿本子昂之古雅,而加以氣骨者也。

他以雅正之古體,與沈、宋新興之近體相抗衡,因此唐詩始出現古體與近體兼美之局面。

(二)張九齡

張九齡(公元六七八——七四〇),據《舊唐書》卷九十九、《唐書》卷一百二十六本傳,字子壽,韶州曲江(今廣東韶關市曲江縣西)人。文名冠當代,張説譽爲"後出詞人之冠也"。玄宗時,中進士,授左拾遺。玄宗生日,大臣皆獻寶鏡,獨九齡上事鑒十章,以伸諷諫,號千秋金鑑録。官至中書令和宰相,封曲江男。在朝直言敢諫,有大臣節。後爲李林甫所譖,失相位。又貶荆州長史,病卒,謚曰文獻。有《曲江集》二十卷傳世。其早期律詩未脱臺閣風習,晚歲作五言古體《感遇》十二首,作風與陳子昂相近,與子昂同爲初唐詩風之轉變者。如《感遇》之四云:

> 孤鴻海上來,池潢不敢顧。側見雙翠鳥,巢在三珠樹。矯矯珍木巔,得無金丸懼。美服患人指,高明逼神惡。今我游冥冥,弋者何所慕?

此詩當作於遭李林甫排擠、打擊,罷相之後。《舊唐書》本傳:"(開元)二十三年,加金紫光禄大夫,累封始興縣伯。李林甫自無學術,以九齡文行爲上所知,心頗忌之,乃引牛仙客知政事。九齡屢言不可,帝不悦。二十四年,遷尚書右丞相,罷知政事。"詩即抒發其罷相之後的感慨。篇首以孤鴻自喻,本傳:"曾祖君政,韶州别駕,因家於始興,今爲曲江人。"韶州曲江近海,故云"孤鴻海上來"。潢,亦池。池潢,所以喻朝廷。不敢顧,不敢停留之意。三珠樹,神話中之樹名。《山海經》卷六《海外南經》:"三珠樹在厭火北,生赤水上。其爲樹如柏,葉皆爲珠。一曰其爲樹若彗。"翠鳥巢於三珠樹,以喻清官廉吏得到好官職。矯矯,出衆貌。《漢書》卷一百下《叙傳》:"賈生矯矯,弱冠登朝。"金丸,彈弓所發射之彈子,以喻奸佞者之暗算。高明逼神惡,是化用揚雄《解嘲》"高明之家,鬼瞰其室"意。弋者何慕,揚雄《法言》卷六《問明》:"鴻飛冥冥,弋人何篡焉。"又《後漢書》卷一百十三《逸民傳》:"鴻飛冥冥,弋者何篡焉?"宋衷注:"篡,取也。鴻高飛冥冥薄天,雖有弋人何施巧而取也?喻賢者隱處不離暴亂之害也。"此詩作"慕",乃誤讀古人書使然。通篇作比體,以喻其憤慨與不平。又如其七云:

> 江南有丹橘,經冬猶緑林。豈伊地氣暖?自有歲寒心。可以薦佳客,奈何阻重深!運命惟所遇,循環不可尋。徒言樹桃李,此木豈無陰!

此詩亦應作於開元二十四年罷知政事之後。託物言志,與屈原《橘頌》基本相同。作者被貶荊州,荊州以産橘名世,故藉橘自喻,表明志節之堅貞。桃李,以喻奸佞小人。意謂丹橘冬季猶緑,非因荊州氣候温和,乃緣其有耐寒之本性,《論語·子罕》"歲寒,然後知松柏之後彫也"之意。丹橘可以進奉佳客,怎奈爲重山深水所阻,遇合只好任憑時運,其間無道理可尋。説什麽種植桃李,難道丹橘不能成陰?表現了對唐玄宗任用小人之不滿。文氣一句一轉,委婉曉暢,亦《感遇》詩中之佳篇。又其樂府《賦得自君之出矣》云:

> 自君之出矣,不復理殘機。思君如滿月,夜夜減清輝。

徐幹《室思》詩有句云:"自君之出矣,明鏡不復治。思君如流水,何有窮已時?"此本其意。寫女子對男子思念之切,另是一種氣格。

張九齡與陳子昂之詩歌創作,完全革除了齊、梁"采麗競繁"之習,而恢復了漢魏雅正之音。施補華《峴傭説詩》云:

> 唐初五言古,猶沿六朝綺靡之習。惟陳子昂、張九齡直接漢魏,骨峻神竦,思深力遒,復古之功大矣。

又劉熙載《藝概》卷二《詩概》云：

> 唐初四子沿陳、隋之舊，故雖才力迥絶，不免致人異議。陳射洪、張曲江獨能超出一格，爲李、杜開先。人文所肇，豈天運使然耶？

他們都是從唐代詩史的角度評價陳子昂、張九齡作品之成就和地位的，其見解允矣、信矣！

綜觀初唐百年間詩歌之發展，主要是兩種傾向和趨勢：其一是承襲六朝遺風，在演變過程中，完成律詩之創作；其二是以復漢魏古風爲號召，沿其軌跡，而有新的成就。當然，在此兩種傾向和趨勢中，還有各類不同之派别，這許多派别匯合成洪流，盛唐詩歌便醖釀成熟了。

第二節　盛唐時期

盛唐，指玄宗、肅宗至代宗時期。這一時期之政治、經濟都發展到了高峰。詩歌創作經過初唐四傑、沈宋、陳張諸人突破了齊、梁宫體之束縛，明確了前進的方向，因而大詩人接踵出現，詩風發生了重大變化，爲唐詩開出一個新時代。

這一時期之詩歌創作，可分爲四派：即以王維爲代表的歌詠自然一派，其先驅爲初唐之王績。王績善於描寫自然景物，其名作《野望》有云："樹樹皆秋色，山山唯落暉。"所寫之幽静境界，正是王維詩中所體現者。以岑參爲代表的吟詠邊塞風光一派，在題材上是繼承初唐詩歌對邊塞生活之描寫，而詩體與當時之律、古相反，而采用樂府形式。以李白爲代表的復古詠懷一派，源於陳子昂之追慕漢魏雅正之音,他自稱"將復古道,非我而誰"(孟棨《本事詩》引),在創作上與陳子昂一脈相承。以杜甫爲代表的以近體抒情並摹寫現實一派,源於其祖父杜審言,他自稱"詩是吾家事"。杜審言《和韋承慶過義陽公主山池》五首其二有云:"綰霧青條弱,牽風紫蔓長。"又《春日京中有懷》云:"寄語洛城風日道,明年春色倍還人。"而杜甫《曲江對雨》則有"桃花着雨臙脂落,水荇牽風翠帶長"。《曲江》亦有"傳語風光共流轉,暫時相賞莫相違"之句,其體式和格調顯示了其對家學傳統之繼承。以下我們便依次予以論述。

一、王維、孟浩然及其流派

這一流派之詩歌,其題材主要是描寫自然景物和田園風光。代表人物除王維之外,還有孟浩然、儲光羲、劉長卿、韋應物等。這類詩歌題材,早在東晉陶淵明的作品中已經成功地采用了,但陶淵明的創作,是緣於對黑暗動亂時代之不滿和對諂媚逢迎社會風氣之厭棄,而寄情於田園山林;王維等創作之出現,則另有其原因,即由於盛唐時期社會物質生産之富庶與繁榮,一些官僚地主在政治上受到挫折,思想觀念上接受佛、道的影響,而退居山林,優游田野,以求得精神上之解脱。此外,唐時士人以隱居山林爲入仕捷徑,他們不去應試,而隱居深山幽谷,以求聲名大了,被朝廷徵辟,所謂"終南捷徑"。以上原因使當時隱逸之風大盛,如王維隱於輞口,孟浩然隱於鹿門,儲光羲隱於終南等。他們各自隱居之情況不盡相同,但其優游山水田野、寄情自然風光則一,因而促成這一流派詩歌創作之産生與發展。

(一)王維

王維(公元七〇一——七六一),據《舊唐書》卷一百九十下、

《唐書》卷二百零二本傳,字摩詰,祖籍太原祁(今山西祁縣附近)人,其父處廉徙家於蒲,遂爲河東(今山西永濟市附近)人。九歲知屬辭,與弟縉齊名。年十五以後,即作詩很多。開元七年(七一九)去京兆府,試解舉頭(即後來之解元)。他是開元、天寶時期詩人之代表。李白於天寶元年(七四二)入長安,爲翰林供奉,王維於開元九年(七二一)進士及第,成名先於李白二十餘年。杜甫比李白、王維年輩略後,文學活動主要在肅宗、代宗兩朝。因此,王維成爲開元、天寶時期文苑之霸主。唐代宗《批答王縉進集表手敕》云:"卿之伯氏,天下文宗。位歷先朝,名高希代。……時論歸美,誦於人口。"即説明他在當時文壇上之領袖地位。進士及第後,即授大樂丞。旋坐伶人舞黄獅子事,貶爲濟州司倉參軍。開元二十二年(七三四),張九齡爲中書令,擢其爲右拾遺(諫官),二十五年,作監察御史(糾察官吏貪污違法事件)。天寶元年(七四二)爲左補闕,遷庫部郎中。會遭母喪,哀毁骨立,幾不勝哀。十一載,服除,作文部郎中,遷給事中(皇帝近侍)。時弟縉爲侍御史,武部員外。王維詩名爲當時所重,兄弟二人宦游兩都,貴族豪門,爭相延納,寧王、薛王待之如師友。十四載,安禄山反,爲賊所獲,迎置洛陽,禁閉於普施寺中,迫任僞職給事中。安禄山大宴凝碧池,詔梨園諸工合樂,諸工皆泣,他悲惻賦詩:"萬户傷心生野烟,百官何日再朝天。秋槐葉落空宫裏,凝碧池頭奏管絃。"賊平,弟縉以此詩爲其洗雪,特宥之,降職授太子中允。其後又歷官太子中庶子、中書舍人、給事中。乾元二年(七五九)轉尚書右丞,世因稱王右丞。性本好佛,晚年尤甚。居常蔬食,不茹葷血,不衣文彩,以玄談爲樂。齋中無所有,唯茶鐺藥臼經案繩牀而已。焚香獨坐,以禪誦爲事。得宋之問"藍田别墅",山水奇勝,與道友裴迪往來其間,以彈琴賦詩爲樂。他多才藝,音樂、繪畫、詩歌,皆造上乘。詩歌七古、五律俱佳。今存《王右丞集》二十八卷,附録二卷。詩風與孟浩然近似,時稱王孟。然題材較孟豐富,體裁較孟多樣,禪味較孟濃厚,具有唯美主義傾向。他早期的作品多采用樂府形式,歌詠邊塞征戰生活,如《從軍行》、《隴頭吟》、《老將行》、《燕支行》等。其《隴頭吟》云:

> 長安少年游俠客,夜上戍樓看太白。隴頭明月迥臨關,隴上行人夜吹笛。關西老將不勝愁,駐馬聽之雙淚流。身經大小百餘戰,麾下偏裨萬户侯。蘇武纔爲典屬國,節旄空盡海西頭。

作者早年曾在河西節度使幕,此詩必當時所作。《隴頭吟》是樂府舊題,《三秦記》云:"隴山東西百八十里,登山嶺東望,秦川四百五十里,極目泯然,山(太行山)東人行役升此而顧瞻者,莫不悲思。"故此題皆抒寫邊地征戍之情。太白,即金星,一名啓明或長庚。《史記》卷二十七《天官書》:"察日行以處位太白。曰西方,秋,司兵。"又《太平御覽》天部七引《天官星占》曰:"太白位在西方,白帝之子,大將之象也。"古天文家認爲太白星是西方之精,主兵事。少年"看太白",意在關心邊警,希望在衛邊戰爭中建立功勳。隴頭,即隴山,亦稱隴坻、隴坂、隴首,在陝西隴縣,西北跨甘肅清水縣。其坂九回,下有隴關,爲西北邊防要塞。明月臨關,行人吹笛,寫塞上荒涼之景色。關西,函谷關以西。《後漢書》卷八十八《虞詡傳》,詡乃説李脩曰:"喭曰:關西出將,關東出相。"關西老將聽笛聲而雙淚流。"身經"二句,偏裨,即偏將和裨將。《史記》卷一〇九《李將軍列傳》:"廣嘗與望氣王朔燕語,曰:'自漢擊匈奴而廣未嘗不在其中,而諸部校尉以下,才能不及中人,然以擊胡軍功取侯者數十人,而廣不爲後人,然無尺寸之功以得封邑者,何也?'"又

“廣謂其麾下曰:‘廣結髮與匈奴大小七十餘戰。’”此用其意。“蘇武”二句,《漢書》卷五十四《蘇武傳》:“(匈奴)乃徙武北海上無人處,使牧羝,羝乳乃得歸。……杖漢節牧羊,卧起操持,節旄盡落。……武以始元六年春至京師……拜爲典屬國。”典屬國,掌管藩屬國家事務。海西頭,北海之西頭,約當今貝加尔湖以西諸地。末四句,以李廣、蘇武事例,説明古人功高不能受賞,意謂長安少年雖有美好之志願,安知將來不有如關西老將之悲哀!詩格次第轉折,悵惋何限!又五律《觀獵》、《使至塞上》,皆贊揚勇武精神。如《觀獵》云:

風勁角弓鳴,將軍獵渭城,草枯鷹眼疾,雪盡馬蹄輕。忽過新豐市,還歸細柳營。回看射雕處,千里暮雲平。

此詩當是開元二十五年作者爲監察御史出使塞上,入崔希逸幕府時所作。角弓,以獸角裝飾之弓。渭城,秦時咸陽城,漢武帝改名渭城,在長安西北,渭水北岸。草枯、雪盡,無所障礙,故駿馬奔馳勁捷,獵鷹目光鋭利,易於搏擊。新豐,漢置縣名,故址在今陜西西安臨潼區東。細柳營,漢時名將周亞夫屯軍之地。《漢書》卷四《文帝紀》:“後元六年,周亞夫爲將軍,次細柳。”在今陜西西安長安區。忽過、還歸,寫獵罷馳馬歸來之輕快心情。雕,鷙鳥名,勇健善飛,不易射中。古時神射者爲“射雕手”。《史記》卷一〇九《李將軍列傳》:“廣曰:‘是必射雕者也。’”末二句,寫將軍飛馬射雕,氣度勇武安閒之神態。又如《使至塞上》云:

單車欲問邊,屬國過居延。征蓬出漢塞,歸雁入胡天。大漠孤烟直,長河落日圓。蕭關逢候騎,都護在燕然。

此詩亦開元二十五年,作者入河西節度使崔希逸幕府,奉命出塞監軍途中所作。單車,即獨身出使。《李少卿答蘇武書》:“足下昔以單車之使,適萬乘之虜。"問邊,慰問邊塞。屬國,漢時稱歸附朝廷之少數民族王國爲屬國。居延,漢之屬國,《後漢書》卷三十三《郡國志》:"張掖、居延屬國。"在今甘肅張掖市東北一百六十里,玉門關外。屬國過居延,即過屬國居延。征蓬、歸雁,所以自喻。出漢塞、入胡天,謂已深入邊地。"大漠"二句,寫邊地之景,直字、圓字,用得自然靈妙。蕭關,又名隴山關,在今甘肅平涼市境。何遜《見征人分别詩》:"候騎出蕭關,追兵赴馬邑。"都護,邊疆最高統帥。唐置燕然大都護府,這裏指河西節度使崔希逸。燕然,山名,即今蒙古人民共和國三音諾顔汗中部之杭愛山。東漢大將軍竇憲擊匈奴,破單于至此,登山刻石紀功而還。意謂在蕭關遇見偵察騎兵,方知統帥已勝利進行至燕然山。結句不言勝利,而勝利之喜悦盡在其中,足以振起全篇。

王維詩、畫兼長,因此其詩有畫境,畫有詩境。殷璠即云:"維詩詞秀調雅,意新理愜,在泉爲珠,著壁成繪。一字一句,皆出常境。"(《河嶽英靈集》卷上)蘇軾亦云:"味摩詰之詩,詩中有畫。觀摩詰之畫,畫中有詩。"(《書摩詰藍田烟雨圖》)他把詩與畫之意境融會爲一。如五律《漢江臨眺》云:

> 楚塞三湘接,荆門九派通。江流天地外,山色有無中。郡邑浮前浦,波瀾動遠空。襄陽好風日,留醉與山翁。

此詩應是開元二十八年,作者以侍御史知南選,路過荆、襄時所作。漢江,即漢水。首二句,楚塞,猶楚地,指漢水流域荆、郢一帶。三湘,湘水之總稱。湘水合沅水稱沅湘,合瀟水稱瀟湘,合蒸水稱蒸湘,故謂之三湘。荆門,山名,在今湖北宜都市西北長江南岸。九派,即長江,長江分爲九支至江西潯陽(九江)又會合入江。意謂漢水流向東南,與長江相通,再向南,則與三湘連接。次二句,江,合指漢水、長江、湘水。山，指荆門山。寫江湘地區之山光水色。"郡邑"二句，寫江湘水勢洶湧，好像浮動襄陽城，震撼天際。其壯闊境界，可與孟浩然《望洞庭湖贈張丞相》所云"氣蒸雲夢澤，波撼岳陽城"、杜甫《登岳陽樓》所云"吳楚東南坼，乾坤日夜浮"互相參照。末二句，襄陽，在漢水北岸。山翁，即晉山簡。《晉書》卷四十三《山簡傳》記載：簡鎮襄陽，"優游卒歲，唯酒是耽。諸習氏荆土豪族有佳園池，簡每出嬉游，多之池上，置酒輒醉，名之曰'高陽池'。時有童兒歌曰：'山公出何許，往至高陽池。日夕倒載歸，酩酊無所知。'"意謂在此風景佳麗之地，願如山簡一樣，留飲盡醉。詩歌是寫在漢水邊極目遠眺江、湘景色，氣象壯闊、恢宏，作爲畫境來看，可謂尺幅千里。

王維之近體，謹守聲律，卻意態蕭散，閒適無礙。五律之外，五七言絶句也多精品，如《九月九日憶山東兄弟》：

> 獨在異鄉爲異客，每逢佳節倍思親。遥知兄弟登高處，徧插茱萸少一人。

此詩原注："時年十九。"是他早期所作。九月九日，即重九，古有於是日登高之習俗。時作者家在山西蒲縣，當華山之東，故題云："山東"。異鄉、異客，指自己客居長安、洛陽一帶。茱萸，一名越椒，一種香味極濃之草木植物。晉周處《風土記》："九月九日律中無射而數九，俗於此日以茱萸氣烈成熟，尚此日折茱萸房以插頭，言辟除惡氣，而禦初寒。"作者於是日既思親，又想象家中人思己。極寫思緒之真切，所以爲"倍"也。又《送元二使安西》：

> 渭城朝雨裛輕塵，客舍青青柳色新。勸君更進一杯酒，西出陽關無故人。

此詩可能是作者出塞回長安後所作。元二，不詳，杜甫有《送元二適江左》詩，或即其人。安西，即安西都護府治所，在今新疆庫車縣境。詩歌譜入樂府，又稱《渭城曲》或《陽關三疊》。渭城，即咸陽故城，在長安西北渭水北岸，古人多於此送别。陽關，漢置關名，在今甘肅敦煌市西，爲出塞必經之地。詩歌以一種悲涼的韻調抒發離别之情，哀惋動人。王維的詩歌濃厚抒情之作不多，僅此數篇，亦足珍惜。應當特别注意者，是其五絶《息夫人》，此詩不但抒一己之情，而且抒發對被迫害婦女之同情。詩云：

莫以今時寵，能忘舊日恩？看花滿眼淚，不共楚王言。

此詩原注："時年二十。"息夫人，春秋時息國國君之夫人。《左傳·莊公十四年》："蔡哀侯爲莘故，繩息嬀以語楚子。楚子如息，以食入享，遂滅息。以息嬀歸，生堵敖及成王焉。未言。楚子問之，對曰：'吾一婦人，而事二夫，縱弗能死，其又奚言？'楚子以蔡侯滅息，遂伐蔡。"此詩即借息夫人被楚王所擄，在楚宫生二子，但從未與楚王説一句話之史實，諷刺唐玄宗之兄寧王李憲。據孟棨《本事詩》記載："寧王曼貴盛，寵妓數十人，皆絶藝上色。宅左有賣餅者妻，纖白明媚，王一見注目，厚遺其夫取之，寵惜逾等。環歲，因問之：'汝復憶餅師否？'默然不對。王召餅師使見之，其妻注視，雙淚垂頰，若不勝情。時王座客十餘人，皆當時文士，無不悽異。王命賦詩，王右丞維詩先成：……"

此寫餅師之妻不因眼前之被寵，而忘卻昔日之恩愛，雖在寧王身邊，但情繫前夫。詩歌不明寫餅師妻對寧王之不滿，而僅以滿眼含淚，沉默不語表現之，其悲憫之情更爲深沉。這類表現下層人民之痛苦遭遇和優良品格的詩篇，在王維作品中是僅有的，因此，尤爲可貴。

王維早年的生活態度是積極的，對現實比較關心，因此詩歌内容之現實性較强，風格雄渾高華，色調絢爛明朗。後來由於政治上遭受打擊，消極退隱下來，皈依佛教，成爲禪宗南宗神會禪師(即禪宗所謂七祖)之弟子，信奉禪理，沈醉於恬靜寂寞的終南輞川自然風光之中。他自稱“晚年惟好静，萬事不關心”(《酬張少府》)，過着悠然閒適之生活。人格即風格，他此時之詩歌創作，與其生活情趣表現着共同的特點。如《渭川田家》：

斜光照墟落，窮巷牛羊歸。野老念牧童，倚杖候荆扉。雉雊麥苗秀，蠶眠桑葉稀。田夫荷鋤立，相見語依依。即此羨閒逸，悵然吟式微。

此詩應是作者於李林甫當政時，排斥異己，怕受猜忌，故有歸隱之想。渭川，即渭水。首二句，斜光，即夕暉。墟落，即村落。窮巷，即深巷。此化用《詩·王風·君子於役》“日之夕矣，羊牛下來”之意。次二句，荆扉，即柴門。寫日暮農夫等候牧童歸來。五、六二句，雉，野鷄。雊，雉鳴。蠶眠，蠶作繭卧而不食，狀如睡眠，故云。寫夏日之景。七、八二句，依依，留戀不捨之意。《韓詩外傳》卷二：“其民依依，其行遲遲，其意好好。”謂野老與田夫相見有説不完的話。末二句，即此，指上述田園風光。吟式微，用《詩·邶風·式微》“式微，式微，胡不歸”之意，抒發歸與之嘆，以收束全篇，前八句寫景，後兩句抒情，寫景亦所以抒歸隱之情。又《山居秋暝》：

空山新雨後，天氣晚來秋。明月松間照，清泉石上流。竹喧歸浣女，蓮動下漁舟。隨意春芳歇，王孫自可留。

此詩是隱居終南山所作，寫隱居時悠閒之情景。雨後山清，晚來秋暝，聽竹喧而知浣女歸來，見蓮動而知漁舟晚下。《楚辭·招隱士》有云：“王孫兮歸來，山中兮不可以久留。”此反用其意。王孫，自指。謂春日芳華無意中消歇，秋天之景色亦足欣賞，自可留在山

中。詩境如畫。又其五絶寫景亦佳,如《鹿柴》:

空山不見人,但聞人語響。返景入深林,復照青苔上。

又《辛夷塢》:

木末芙蓉花,山中發紅萼。澗户寂無人,紛紛開且落。

又《竹里館》:

獨坐幽篁裏,彈琴復長嘯。深林人不知,明月來相照。

以輕淡之筆墨,描繪出輞川别墅景物幽静空靈之境界。與寫實派追求形象之修飾不同,而重在寫意,與他作畫主張"凡畫山水,意在筆先"(《王右丞集》卷二十八《畫學秘訣》)相一致,即表現於言辭之外的神韻。

王維的人生態度是脱離現實的,但他在詩歌方面的創造不能抹煞,我們不能因爲他的創作所反映的社會生活淡薄,即加以貶斥。猶如我們今天若發現一幀他的《袁安卧雪圖》,必視爲珍寶一樣,我們對他的山水田園詩同樣應當珍視。

王維的山水田園詩是對陶淵明和謝靈運創作傳統之繼承。陶淵明的詩歌風神恬淡、寄興高遠,時而藴涵着一種剛毅不平之氣。王維所作雖然缺乏剛毅之氣,但在風神恬淡、寄興高遠之外,另有一種令人玩味無窮的韻調。謝靈運的詩歌精雕細琢,人工修飾的痕跡時有顯露,王維之作也很精緻,但卻自然生成。王維的詩歌兼有陶淵明、謝靈運之長,而有所發展、創造。因此,他不僅是唐代詩歌之大家,而且是整個文學史上詩歌之大家。

(二)孟浩然

孟浩然(公元六八九——七四〇),據《唐書》卷二百零三、《舊唐書》卷一百九十下本傳,襄州襄陽(今湖北襄陽)人,生平事跡比較簡單,四十歲之前,隱居鹿門山,以作詩自適。四十歲時始游京師,嘗於太學賦詩,以"微雲澹河漢,疏雨滴梧桐"句爲舉座嗟伏,尤爲張九齡、王維所稱賞。一日王維私邀入内署,忽報玄宗臨幸,他驚愕不知所措,遂匿居牀下。王維不敢隱瞞,如實奏聞,玄宗大悦説:"朕聞其人而未見也,何懼而匿?"於是呼出,問以近作,自誦所作,至"不才明主棄"之句,玄宗不悦云:"卿不求仕,而朕未嘗棄卿,奈何誣我?"應進士試,不中,回襄陽。采訪使韓朝宗約他到京師,欲薦諸朝廷。適有故人來,劇飲甚歡,遂忘卻朝宗之約。或告以爽約,爲之惋惜,他則説:"業已飲,遑恤也。"因而觸怒朝宗。張九齡爲荆州刺史,引爲幕府,不久即罷歸。王昌齡游襄陽,他病疽背方愈,相見甚歡,浪情宴謔,食鮮疾動,死。年五十二。今存王士源編録、又經韋滔整理之《孟浩然集》四卷,共收詩歌二百餘首。其詩佇興造思,洗削凡近,意象清遠,超然獨妙。而且以五言詩擅長,五律尤爲純熟。王士源在《孟浩然集序》中説:"匠心獨妙,五言詩天下稱其盡美矣。"如《望洞庭湖贈張丞相》:

八月湖水平,涵虚混太清。氣蒸雲夢澤,波撼岳陽城。欲濟無舟楫,端居耻聖明。坐觀垂釣者,徒有羨魚情。

此詩當是作者入京應舉之前所作。丞相,即張九齡。《唐書》卷六十二《宰相表》:"開元二十一年,起復張九齡爲中書侍郎同中書門下平章事。"詩贈張九齡,希望得到援引。首二句,涵虚,涵容廣闊的天空。太清,即天空。湖水上漲,與天空混爲一體,即"秋水共長天一色"意。次二句,雲夢澤,《元和郡縣志》卷二十七《江南道·安州·安陵縣》:"雲夢澤在縣南五十里。"即今湖北省南部、湖南省北部之低窪地帶。岳陽城,在洞庭湖北岸,當洞庭湖入長江之口。城西門上建有岳陽樓,俯瞰洞庭,烟波浩瀚,景色萬千。此寫洞庭湖氣象之恢弘、壯闊。五、六句，端居，猶獨處、隱居。聖明，聖明之世。言自己隱居獨處，有愧於聖明之世。末二句，羨魚情，語出《淮南子》卷十七《説林訓》：“臨河而羡魚，不若歸家織網。”委婉地表示願意出仕，希望張九齡不要使自己失望。果然，據《唐書》本傳，開元二十五年“張九齡爲荆州，辟置於府”。此詩前半段氣勢宏大，後半段則微小，以望洞庭託意，微露干求之情。可見孟浩然之歸隱與王維不同，王維是飽嘗了功名富貴之後而歸隱山林，其心境是平静恬淡的，孟浩然是受了當時隱逸風氣之影響，隱居是爲了求仕，因此内心是不平静的，往往流露出一種不平和怨嗟。又如《歲暮歸南山》：

> 北闕休上書，南山歸敝廬，不才明主棄，多病故人疎。白髮催年老，青陽逼歲除。永懷愁不寐，松月夜窗虚。

此詩應是開元二十一年，作者初到長安，求仕不成，於歲暮回襄陽時所作。南山，即襄陽之峴山。首二句，北闕，宫殿坐北南向之望樓。高宗、武后和玄宗初年皆曾徵召隱士，玄宗自封禪泰山之後，便不再廣開仕路，招納賢才，因此作者感慨不需要上書陳述政見，而只好歸隱田園了。次二句，抒發對朝廷不納賢和朋友不援引的尤怨。五、六句，青陽，指春天。《爾雅·釋天》：“春爲青陽。”注：“氣清而温陽。”歲除，即年終。是感嘆時光流逝。永懷，猶《詩·周南·卷耳》“我姑酌彼金罍，維以不永懷”意。謂念及時序流逝之速，自己老之將至，而無所作爲，以致長夜不能成眠。但是，孟浩然四十餘歲之後，經過一段求仕之挫折，心情平静下來了。相應地他此時的詩歌也呈現出恬然自適的情調，如《過故人莊》：

> 故人具鷄黍，邀我至田家。緑樹村邊合，青山郭外斜。開軒面場圃，把酒話桑麻。待到重陽日，還來就菊花。

此詩應是歸襄陽後所作。故人,不詳。首二句寫故人待客。黍,黄米,《論語》卷九《微子》:“(丈人)止子路宿,殺鷄爲黍而食之。”次二句,寫村邊之景,青山,合指襄陽城南之峴山和西南之望楚山。五、六句寫宴飲之情。場,打穀場。圃,菜園。話桑麻,成語,陶淵明《歸園田居》:“相見無雜言,但道桑麻長。”末二句,相邀於重陽節再來飲酒賞菊。詩中之合、斜、就等字用得奇突,寫盡了田野之景和鄉土風情。其情景有似陶淵明,他是在有意學陶淵明,他曾説:“我愛陶家趣,園林無俗情。”(《李氏園林卧疾》)又説:“嘗讀《高士傳》,最嘉陶徵君。日躭田園趣,自謂羲皇人。”(《仲夏歸南園寄京邑耆舊》)所以他的詩歌與陶淵明同一意境、情趣。此外,他的山水景物之作,也近於謝靈運。如《宿葉師山房期丁大不至》:

> 夕陽度西嶺,群壑倏已瞑。松月生夜凉,風泉滿清聽。樵人歸欲盡,烟鳥棲初定。之子期宿來,孤琴候蘿徑。

丁大,名鳳,兄弟排行最大,故有是稱。葉師,即葉姓禪師,乃襄陽寺僧。之子,指丁大。詩人於清幽的夜景中獨坐於烟蘿之徑,聽山泉清音,等候前來夜宿之丁大,有同左思《招隱》詩“非必絲與竹,山水有清音”之境界。以上皆五律,又如五絶《宿建德江》:

> 移舟泊烟渚,日暮客愁新。野曠天低樹,江清月近人。

建德江,是浙江上游的一段,在建德市境内新安江、蘭溪二水匯合處。首二句寫宿建德江之時地。次二句寫景,野曠似天低於樹,江清覺月近於人。全詩關鍵在“客愁新”,所謂景中情也。又《春曉》:

> 春眠不覺曉,處處聞啼鳥。夜來風雨聲,花落知多少!

此爲古今傳誦之作。聞風雨而惜落花,詩人之情致如此!

孟浩然這類描寫自然山水之作，都具有謝靈運之詩風。杜甫《遣興》五首之五云："吾憐孟浩然，裋褐即長夜。賦詩何必多，往往凌鮑謝。"即道出他的詩歌與謝靈運的承襲關係。那末，我們可以説，孟浩然之詩歌，遠承陶謝，近同王維。

孟浩然與王維同屬山水田園詩派，但詩歌的境界並不盡相同。王維所作多爲無人之境，孟浩然之作都有自己的人格在。這當緣於他們信仰之不同，而形成不同的詩境。王維皈依佛教禪宗，追求"無生"之理，因此其創作將人化於自然之中，所描寫之景物乃出自天籟。孟浩然則崇尚儒學，他在《書懷貽京邑同好》中説："唯先自鄒魯，家世重儒風。……感激遂彈冠，安能守固窮。"其思想是入世的，因此其創作隨處顯現了主觀人格，顯現了主觀人格在欣賞自然。他們各以其特點光照着盛唐詩壇，未可厚非。王維對孟浩然即十分仰慕，他《哭孟浩然》詩云：

故人不可見，漢水日東流。借問襄陽老，江山空蔡洲。

他於襄陽耆舊中尋訪孟浩然，所見只有峴山、蔡洲地帶留下的游踪，大有"昔人已乘黄鶴去，此地空餘黄鶴樓"之慨！李白贊揚説："吾愛孟夫子，風流天下聞。"（《贈孟浩然》）杜甫也稱頌説："復憶襄陽孟浩然，清詩句句盡堪傳。"（《解悶》十二首）亦足以説明他在唐代詩壇上的影響和重要地位。

（三）劉長卿

劉長卿（公元七〇九——七八五），生平事跡分别見於《中興間氣集》卷下、《唐書・藝文志》四、《唐詩紀事》卷二十六等。字文房，河間（今河北河間市）人。少居嵩山讀書，後移居鄱陽久之。開元二十一年（七三三），登進士第。至德中，官監察御史，以檢校祠部員外郎出任轉運使判官，知淮西、鄂岳轉運留後。鄂岳觀察使吳仲孺誣奏其犯贓，繫姑蘇獄。久之，貶潘州南巴尉（今廣東茂名市東一百里），會有爲其辯誣者，減罪，轉任睦州司馬（今浙江淳安縣西），官終隨州刺史（今湖北隨州市）。貞元六年卒。有《劉隨州集》十一卷傳世。劉長卿之詩歌，長於五律，權德輿《秦徵君校書與劉隨州唱和詩序》稱其自詡爲“五言長城”。内容多抒發孤寂之悲哀和對自然景物之欣賞。如《碧澗别墅喜皇甫侍御相訪》云：

荒村帶返照，落葉亂紛紛。古路無行客，寒山獨見君。野橋經雨斷，澗水向田分。不爲憐同病，何人到白雲！

皇甫侍御，即皇甫曾，字孝常，曾官殿中侍御史。此詩前六句皆寫景，末二句抒情。憐同病，《吳越春秋》卷四《闔閭内傳》：“子胥曰：吾之怨與喜同，子不聞河上歌乎？同病相憐，同憂相救。”白雲，即山澗中之白雲。意謂唯有皇甫曾與自己志同道合，才不辭遠道來訪。其中之荒村、落葉、古路、寒山等蕭瑟寧静之景，皆寫碧澗别墅也。又如《餘干旅舍》云：

摇落暮天迥，青楓霜葉稀。孤城向水閉，獨鳥背人飛。渡口月初上，鄰家漁未歸。鄉心正欲絶，何處擣寒衣？

餘干，故城在今江西餘干縣城東北。此詩當爲旅居其地時所作。詩之前六句亦寫景，城爲孤城，鳥爲獨鳥，作者孤寂之心境自現。末謂正當思鄉愁絶之時，聽到遠方傳來之擣衣聲，更添客中漂泊之感。寫秋景所以抒發思鄉之情。又其五絶《逢雪宿芙蓉山主人》云：

日暮蒼山遠，天寒白屋貧。柴門聞犬吠，風雪夜歸人。

芙蓉山，今山東臨沂、湖南桂陽、寧鄉、廣東曲江等地皆有芙蓉山，此不知所指。寫風雪之夜投宿芙蓉山人家之情景歷歷在目。他的詩恬淡自然、清幽寧靜，但有時也流露一種抑鬱不平之慨。如七律《過賈誼宅》云：

> 三年謫宦此棲遲，萬古惟留楚客悲。秋草獨尋人去後，寒林空見日斜時。漢文有道恩猶薄，湘水無情弔豈知？寂寞江山摇落處，憐君何事到天涯！

此詩當爲作者被貶潘州路過長沙時所作。賈誼宅，據《元和郡縣志》卷二十九《江南道・潭州・長沙縣》："賈誼宅在縣南四十步。"首二句謂賈誼被貶謫在此僅三年，而悲恨留存萬古。棲遲，即居住。楚客，即賈誼。次二句寫賈誼宅蕭瑟之景。賈誼在長沙時作《鵩鳥賦》，其中有"庚子日斜兮，鵩集予舍"、"野鳥入室兮，主人將去"等句，此處"人去後"、"日斜時"乃暗用其文，以抒懷古之意。恩猶薄，指文帝始終不重用賈誼。湘水憑弔，指賈誼曾於湘水作《弔屈原賦》。屈原自沉汨羅江，江通湘水，固泛稱湘水。末二句，設問賈誼爲何到天涯之遥的長沙來呢？明知而反問，尤怨不平之氣在焉。是弔屈原，亦自傷。

綜合起來看，劉長卿的詩歌，其境界之閒適、清澹，與王、孟是相同的，但其風格之意深而不露，韻神而高秀，又與王、孟不同，具有自己的特點。

（四）韋應物

韋應物（公元七三七——七八九），韋應物的卒年，歧説很多。據余嘉錫先生《四庫提要辯證》卷二十集部一考訂，其於貞元二年（七八六）出任蘇州刺史，其"治蘇不過一二年，即已去官……疑其不久即卒"是可取的。關於他的生平事跡，據《元和姓纂》卷二、王欽若《韋蘇州集序》、《唐詩紀事》卷二十六、《唐才子傳》卷四等記載，京兆長安（今陝西西安市）人。少以三衛郎事玄宗，任俠使氣，生活放浪。天寶之亂後失官,折節讀書。建中三年拜比部員外郎,四年出爲滁州刺史,貞元元年入爲左司郎中,二年又出任蘇州刺史,故世稱韋蘇州。不久罷職,閒居蘇州永定寺,未幾卒。他性格高潔,鮮食寡欲,所在焚香掃地而坐,與顧況、劉長卿、秦系、皎然爲儔侶,以詩歌相酬唱。今存《韋蘇州集》十卷,附録一卷。其詩最工五言,白樂天云:"韋蘇州五言詩,高雅閒淡,自成一家體。"蘇東坡亦云:"樂天長短三千首,卻愛韋郎五字詩。"(見宋葛立方著《韻語陽秋》卷一引)與劉長卿之五言,可謂並美當時,且都以描寫山水田園風光爲主。如《觀田家》:

> 微雨衆卉新,一雷驚蟄始。田家幾日閒?耕種從此始。丁壯俱在野,場圃亦就理。歸來景常晏,飲犢西澗水。飢劬不自苦,膏澤且爲喜。倉廩無宿儲,徭役猶未已。方慚不耕者,禄食出閭里。

此詩描寫田園風光,但與一般田園詩之全客觀地表現恬淡的境界不同,而是寫出了農夫一年的辛苦勞動和他們倉無宿儲還要應付無窮盡的徭役。驚蟄,二十四節氣之一,約在三月五日至六日,相傳到此日,雷震響,把冬眠的蟲類驚起,正是春耕之開始。劬,勞累。膏澤,指春雨。不耕者,作者自謂。末二句是自慚爲官食禄而不能爲民解憂。表現了對農民的深切同情。又《寄全椒山中道士》:

> 今朝郡齋冷,忽念山中客。澗底束荆薪,歸來煮白石。欲持一瓢酒,遠慰風雨夕。落葉滿空山,何處尋行跡?

此詩應是作者出仕滁州刺史時所作。全椒,唐時縣名,即今安徽全椒縣。王象之《輿地紀勝》卷四十二《淮南東路·滁州·全椒縣》:"神山在全椒縣西三十里,有洞極深。唐韋應物《寄全椒山中道士》詩，此即道士所居也。”可見，詩中之山，即神山。首二句，謂由於衙署寂寞而念及山中道士。郡齋，指滁州刺史衙署裏之書齋。次二句，想象道士在山中之清幽生活。煮白石，葛洪《神仙傳》卷二：“白石先生者，中黄丈人弟子也。……常煮白石爲糧，因就白石山居，時人故號曰白石先生。”後四句，欲持酒相慰，然荒野空山，找不到行跡。篇終接混茫也。又《長安遇馮著》：

客從東方來，衣上灞陵雨。問客何爲來，采山因買斧。冥冥花正開，颺颺燕新乳。昨别今已春，鬢絲生幾縷？

馮著爲誰？按《韋蘇州集》中有《張彭州前與緱氏馮少府各惠寄一篇，多故未答，張已云殁，因追哀叙事，兼遠簡馮生》一首，其篇末云：“覆視緘中字，奄爲昔人書。髮鬢已云白，交友日彫疎。”與此詩末句相應，因知馮少府即馮著。又其集中有《送馮著受李廣州署爲録事》《贈馮著》《寄馮著》諸篇，蓋馮著僅官及録事，其他行跡不可知。客，謂馮著。灞陵，在長安之東，故云“從東方來”。客之所以來長安，是爲了買斧斤采伐山林。花正開、燕新乳，寫春天景色。末二句謂分别後又到了春天，不知你白髮又添了幾縷？感嘆時光流逝，年齡日增，不勝凄涼！又其絶句《滁州西澗》更能代表他的詩歌特色：

獨憐幽草澗邊生，上有黄鸝深樹鳴。春潮帶雨晚來急，野渡無人舟自横。

滁州，唐屬淮南道，天寶之後領縣三，即清流、全椒、永陽，在今安徽滁州市全椒、來安、滁三縣地。西澗，又名上馬河，在滁縣城西。獨憐二字，領起全篇，即景之作，既富詩情，又具畫境。

韋應物這類詩歌，風格閒澹簡遠，流風餘韻，真得陶淵明之神。宋陳師道《後山詩話》云：“右丞、蘇州，皆學於陶。”然他與王維又有所不同,張戒《歲寒堂詩話》卷上即指出:"韋蘇州詩,韻高而氣清。王右丞詩,格老而味長。雖皆五言之宗匠,然互有得失,不無優劣。以標韻觀之,右丞遠不逮蘇州。至於詞不迫切,而味甚長,雖蘇州亦所不及也。"可謂深有體會之論。但是韋應物之作亦如王維,不僅學陶,而且深受謝靈運的影響,他是鎔化陶、謝而形成自己的詩風的。

對王維、孟浩然、劉長卿、韋應物一派的詩歌,張戒《歲寒堂詩話》卷上有一段總的評論:

> 韋蘇州律詩似古,劉隨州古詩似律。……隨州詩,韻度不能如韋蘇州之高簡,意味不能如王摩詰、孟浩然之勝絶,然其筆力豪贍,氣格老成,則皆過之。與杜子美並時,其得意處,子美之匹亞也。"長城"之目,蓋不徒然。

認爲韋應物以韻度高,王維、孟浩然以意味勝,劉長卿則筆力豪贍,氣格老成,同屬一個流派,又各呈其風采。然則其淵源則一,即皆源於陶、謝。《四庫全書總目提要》卷一百五十謂韋應物之作,"源出於陶而鎔化於三謝,故真而不樸,華而不綺"。我們可以同樣用這一見解看待王維等人的山水田園詩派,王維等人的山水田園詩是繼承陶、謝之作發展而來的。

二、岑參、高適及其流派

事物的發展總是相反相成的,文學亦然。伴隨着詩歌不斷律化的過程,與其在詩體、風格和題材等方面相反的一派詩歌也在演進,其代表人物爲岑參、高適。這一派詩歌在體裁上與前一派之律體或古體相反,而是采用樂府體;在風格上一反前一派之閒澹簡遠,而爲意氣雄放;在題材上也不同於其前之描寫山水田園,而是描寫現實和社會人生。這一派詩人除岑參、高適之外,還有李頎、崔顥、王昌齡、王之涣、王翰等,形成與前一派旗鼓相應之陣營。

(一)岑參

岑參(公元七一五——七七〇),新舊《唐書》皆無傳,其生平事跡見杜確《岑嘉州詩集序》、《唐詩紀事》卷二十三、《唐才子傳》卷三。河南南陽(今河南南陽附近)人,曾祖文本,伯祖長倩,伯父羲,皆官至宰相。父植官晉州刺史。他"早歲孤貧,能自砥礪,遍覽史籍"(《岑嘉州詩集序》),以能作詩文聞名於時。天寶三載(七四四)進士及第,被任命爲右率府兵曹參軍,轉任右威衛録事參軍,入參安西節度使高仙芝幕府掌書記。至德年間,任宣議郎,試大理評事,知監察御史,充任安西節度判官。不久被徵召入京任右補闕。在任期間,屢向皇帝上奏摺,指責權奸。乾元二年(七五九),改任起居郎,旋出爲虢州刺史。寶應元年(七六二),又任太子中允,殿中侍御史,出爲關西節度判官。代宗未即位時,統領關内大軍,將文書、奏章之撰寫皆委任於他。不久,入朝作祠部員外郎和考功員外郎,又轉任虞部、庫部兩郎中。永泰元年(七六五),出爲嘉州刺史,世稱岑嘉州。杜鴻漸坐鎮西川,上表推薦他爲從事,以職方郎中和侍御史名義參其幕。不久,罷官,寓居於蜀,並死於蜀。今傳《四部叢刊》本《岑嘉州詩》七卷。岑參博覽史書,工於綴文,詩格清奇。杜確《岑嘉州詩集序》云:"屬辭尚清,用意尚切,其有所得,多入佳境。迥拔孤秀,出於常情,每一篇絶筆,則人人傳寫,雖閭里士庶,戎夷蠻貊,莫不諷誦吟習焉。"他的詩歌多吸取漢樂府《鼓吹曲》、《横吹曲》之英武精神,爲詩歌開拓了一種雄偉、新奇的境界。如《輪臺歌奉送封大夫出師西征》:

輪臺城頭夜吹角,輪臺城北旄頭落。羽書昨夜過渠黎,單于已在金山西。戍樓西望烟塵黑，漢兵屯在輪臺北。上將擁旄西出征，平明吹笛大軍行。四邊伐鼓雪海涌，三軍大呼陰山動。虜塞兵氣連雲屯，戰場白骨纏草根。劍河風急雪片闊，沙口石凍馬蹄脱。亞相勤王甘苦辛，誓將報主靜邊塵。古來青史誰不見，今見功名勝古人。

封大夫即封常清，《舊唐書》卷一百零四《封常清傳》："封常清蒲州猗氏人也。……天寶六年，從仙芝破小勃律。十二月仙芝代夫蒙靈詧爲安西節度使，便奏常清爲慶王府録事參軍，充節度判官，賜紫金魚袋，尋加朝散大夫，專知四鎮倉庫、屯田、甲仗、支度、營田事。仙芝每出征討，常令常清知留後事。……十載仙芝改河西節度使，奏常清爲判官。王正見爲安西節度，奏常清爲四鎮支度營田副使行軍司馬。十一載正見死，乃以常清爲安西副大都護攝御史中丞持節充安西四鎮節度經略支度營田副大使知節度事。十三載入朝攝御史大夫……俄而北庭都護程千里入爲右金吾大將軍，仍令常清權知北庭都護持節充伊西節度等使。常清性勤儉，每出征，或乘驛，私馬不過一兩匹，賞罰嚴明。"此詩應是天寶十三年岑參爲安西北庭節度判官時所作。輪臺，唐時隸北庭都護府，在今新疆維吾爾自治區輪臺縣一帶。首二句寫戰爭爆發之前奏。角，即號角，軍中吹奏以報時。旄頭，主胡的星宿。旄頭落，預兆胡兵敗亡。次四句寫兩軍對壘。羽書，又稱羽檄，用作軍事徵召，在木簡（檄）上插鳥羽，以示緊急。渠黎，漢時西域國名，在輪臺東南。金山，可能即今天的阿爾泰山，以産金得名。下四句寫唐官軍聲勢之雄壯。旄，節旄，古代使臣奉使，大將出征，皇帝賜以節旄。雪海，《唐書》二百二十一下《西域傳》："勃達嶺……西南直葱嶺贏二千里，水南流者，經中國入於海，北流者，經胡入於海。北三日行度雪海，春夏常雨雪。"雪海應指此。陰山，疑指騰格里山等。言戰鼓聲起，如雪海波濤之洶湧,三軍呼叫,陰山亦爲之震動。“劍河”二句,劍河,《唐書》卷二百十七下《回鶻傳》:“回鶻牙北六百里,得仙娥河,河東北曰雪山,地多水泉,青山之東,有水曰劍河,偶艇以度,水悉東北流,經其國合而北入於海。”沙口,指劍河渡口。末四句贊揚封常清爲國静邊。亞相,漢代制度,御史大夫位次於丞相,故云。勤王,勤勞王事。謂古人青史留名者很多,而今人之功勛卻勝過古人。所以奉送封常清也。異域風光,戰地景象,呈於筆端,而封常清的勇健形象活躍其間。同樣題材《走馬川行奉送封大夫出師西征》:

> 君不見走馬川行雪海邊,平沙莽莽黄入天。輪臺九月風夜吼,一川碎石大如斗,隨風滿地石亂走。匈奴草黄馬正肥,金山西見烟塵飛,漢家大將西出師。將軍金甲夜不脱,半夜軍行戈相撥,風頭如刀面如割。馬毛帶雪汗氣蒸,五花連錢旋作冰,幕中草檄硯水凝。虜騎聞之應膽懾,料知短兵不敢接,車師西門佇獻捷。

此詩與前一詩同年所作。走馬川,不知確指何水,疑即《水經・河水注》之龜兹川。五花,或謂馬毛色有五花,或謂翦馬鬃作五花。旋作冰,言馬身之雪與汗融合而結冰。末二句預料敵軍不敢短兵迎戰,出征將士惟在車師西門期待奉獻勝利之戰果。車師,安西都護府所在地,在今新疆維吾爾自治區吐魯番市。詩中之雪海、冰天、狂風、亂石、鐵馬、金戈,景象闊大異常,且三句一换韻,氣韻流暢,表現了對戰爭必勝之信心。這種境界非身臨其境者不能體味。洪亮吉《北江詩話》卷五云:“又嘗以己未冬杪,謫戍出關,祁連雪山,日在馬首。又晝夜行戈壁中,砂石嚇人,没及髁膝。而後知岑詩‘一川碎石大如斗,隨風滿地石亂走’之奇而實確也。大抵讀古人之詩,又必身親其地,身歷其險,而後知心驚魄動者,實由於耳目聞見得之,非妄語也。"所言極是。

岑參長於七言歌行,但七言絶句也寫得很好。如《逢入京使》云:

> 故園東望路漫漫,雙袖龍鍾淚不乾。馬上相逢無紙筆,憑君傳語報平安。

此詩是天寶八載(七四九)作者赴安西四鎮節度使高仙芝幕府掌書記時所作。行程是西去,故云"故園東望"。龍鍾,猶縱横。言用雙袖拭不完的淚水。因爲是馬上相逢,没有紙筆,只憑口頭報平安吧!表現了别恨和鄉愁。又《磧中作》云:

> 走馬西來欲到天,辭家見月兩回圓。今夜不知何處宿,平沙莽莽絶人烟。

此詩與前一首同爲西行途中所作。磧中,即沙漠中。我國地勢西北高於東南,故有首句。末句"平沙莽莽絶人烟",即其《苜蓿峰寄家人》詩"沙場愁殺人"之意也。

綜觀岑參寫邊塞風光,境界雄奇壯麗,格調高遠,語言峻拔,殷璠即云:"參詩語奇體峻,意亦造奇。"(《河嶽英靈集》卷中)辛文房《唐才子傳》卷三對其總評云:

> 參累佐戎幕,往來鞍馬烽塵間十餘載,極征行離别之情,城障塞堡,無不經行。博覽史籍,尤工綴文,屬詞清尚,用心良苦,詩調尤高,唐興罕見此作。放情山水,故常懷逸念,奇造幽致,所得往往超拔孤秀,度越常情,與高適風骨頗同,讀之令人慷慨懷感,每篇絶筆,人輒傳詠。……

説明岑參的詩歌成就,一者植根於其對邊疆異域生活的親身體驗,二者由於博覽典籍,有優厚的文學修養,所以在藝術上能達到"奇造幽致”之境地，在内容上能深切動人，“讀之令人慷慨懷感”。杜甫極推許之，並以詩《寄彭州高三十五使君適虢州岑二十七長史參三十韻》相贈，陸游也稱賞備至，在創作上深受其影響。可見其詩不僅在當時“人輒傳詠”，在後代也流行不衰。

（二）高適

高適（公元七〇二？——七六五），據《唐書》卷一百四十三、《舊唐書》卷一百十一本傳，字達夫，渤海蓨（今河北滄縣附近）人。父從文，位終韶州長史。適少時濩落，不事生産，家貧，客於梁、宋（即唐時宋州治所，今河南商丘），以乞丐自給。年五十始留意爲文，學作詩。數年間，“體格漸變，以氣質自高”，流傳遠近。宋州刺史張九皋奇之，薦其投考有道科，中第，調封丘縣尉。不得意，去職，客游河右。河西節度使哥舒翰呈請任他爲左驍衛兵曹參軍，掌書記。安禄山亂，召哥舒翰討賊，任他爲左拾遺，轉監察御史。哥舒翰敗，他奔行在，遷侍御史，擢諫議大夫，“負氣敢言，權幸憚之”。至德元年（七五六），永王璘反，他兼御史大夫，揚州大都督府長史。尋以李輔國故，左遷太子少詹事。未幾，蜀亂，出爲蜀州刺史，遷彭州刺史。寶應元年（七六二），代崔光遠爲成都尹、劍南西川節度使。代宗即位（七六三），禦吐蕃無功，召還爲刑部侍郎，轉散騎常侍，世稱高常侍。高適“喜言王霸大略，務功名，尚節義”，晚年“逢時多難，以安危爲己任”，“累爲藩牧，政存寬簡，吏民便之”。今存《高常侍集》十卷。其詩多吸取今體之韻調入於樂府和古風之中，具有獨特之風格，嚴羽稱其爲“高達夫體”（《滄浪詩話》）。由於他的政治抱負和生活經歷，使他的詩歌反映了比較廣闊的社會生活面，從邊地戰爭到抒發個人的牢騷不平，皆形於筆端。如《封丘作》：

我本漁樵孟諸野，一生自是悠悠者。乍可狂歌草澤中，寧堪作吏風塵下。祇言小邑無所爲,公門百事皆有期。拜迎長官心欲碎,鞭打黎庶令人悲。歸來向家問妻子,舉家盡笑今如此。生事應須南畝田,世情付與東流水。夢想舊山安在哉?爲銜君命且遲回。乃知梅福徒爲爾,轉憶陶潛歸去來。

此詩當爲天寶末年安禄山叛亂之前所作。《舊唐書》本傳云:"時右相李林甫擅權……解褐汴州封丘尉,非其好也,乃去位。"本篇所詠,即其不願爲封丘縣尉之痛苦心情。封丘,唐縣名,在今河南封丘縣。首四句寫其在家鄉悠游自在之生活。孟諸,古澤名,在今河南商丘市東北。悠悠者,無拘束之人。乍可,猶只能。風塵,指宦途紛擾。次四句寫其爲封丘縣尉之痛苦。只以爲小縣無事可做,孰料官府事務繁雜,必須按期完成。又要拜迎長官,鞭撻百姓,令人悲傷心碎。"歸來"二句,寫其迂闊,爲妻嘲笑。今如此,道盡唐時縣尉之作爲。"生事"二句,説明自己看破世事,想歸耕南畝。末四句寫其想歸耕,又因受君命爲吏而猶疑。舊山,指其故鄉渤海蓨。梅福,漢壽春人,曾爲南昌縣尉,王莽專政時,棄妻子去,後改易姓名爲吳市門卒。徒爲爾,正爲此緣故。晉陶潛爲彭澤令,郡督郵至,例應束帶謁見,他感嘆道:"我豈爲五斗米,折腰向鄉里小兒?"於是棄官而去,作《歸去來兮辭》。此借用梅福、陶潛以表明自己的心志。又《燕歌行》云:

漢家烟塵在東北,漢將辭家破殘賊。男兒本自重横行,天子非常賜顔色。摐金伐鼓下榆關,旌旆逶迤碣石間。校尉羽書飛瀚海,單于獵火照狼山。山川蕭條極邊土,胡騎憑陵雜風雨。戰士軍前半死生,美人帳下猶歌舞。大漠窮秋塞草腓,孤城落日鬥兵稀。身當恩遇常輕敵,力盡關山未解圍。鐵衣遠戍辛勤久,玉箸應啼别離後。少婦城南欲斷腸,征人薊北空回首。邊風飄颻那可度？絶域蒼茫復何有！殺氣三時作陣雲，寒聲一夜傳刁斗。相看白刃血紛紛，死節從來豈顧勛？君不見沙場征戰苦，至今猶憶李將軍！

《燕歌行》屬樂府《相和歌·平調曲》舊題，多詠東北邊地征戰之情景。此詩自序云："開元二十六年，客有從御史大夫張公出塞而還者，作《燕歌行》以示適，感征戍之事，因而和焉。"張公，指河北節度大使張守珪。《舊唐書》卷九《玄宗本紀》下："開元二十五年……張守珪破契丹餘衆於㮈禄山，殺獲甚衆。"又同書卷一百零三《張守珪傳》："張守珪，陝州河北人也。……（開元）二十一年，轉幽州長史，兼御史中丞，營州都督河北節度副大使，俄又加河北采訪處置使。……契丹首領屈剌與可突干恐懼，遣使詐降。守珪察知其僞，遣管記右衛騎曹王悔詣其部落就謀之……會契丹別帥李過折與可突干爭權不叶，悔潛誘之，夜斬屈剌及可突干，盡誅其黨，率餘燼以降。守珪因出師次於紫蒙川，大閱軍實。……二十三年春，守珪詣東都獻捷……上（皇帝）賦詩以褒美之。廷拜守珪爲輔國大將軍，右羽林大將軍兼御史大夫。"詩序云"御史大夫"，即張守珪。傳又云："二十六年，守珪裨將趙堪、白真陁羅等假以守珪之命，逼平盧軍使烏知義令率騎邀（截擊）叛奚（契丹）餘燼於湟水之北……初勝後敗，守珪隱其敗狀，而妄奏克獲之功，事頗泄……"高適此詩，乃暗諷之。首四句寫將士辭家從戎，馳騁戰場，受到天子之鼓勵。漢家，借指唐朝。烟塵，喻戰亂，梁昭明太子《七契》："當朝有仁義之睦，邊境無烟塵之驚。"横行，縱横馳騁，言所向無阻。《史記》卷一百《季布傳》："上將軍樊噲曰：'臣願得十萬衆，横行匈奴中。'"賜顔色，給以垂稱。次四句寫出征軍容之雄壯和敵人正在校獵作戰前之演習。摐，刺。金，兵器。榆關，即山海關，在今河北抚寧縣境。碣石，山名，在河北省東部。校尉，武官名，《漢書》卷十九上《百官公卿表》上：中壘校尉、屯騎校尉、步兵校尉、越騎校尉、長水校尉、胡騎校尉、射聲校尉、虎賁校尉，凡八校尉，皆武帝初置。瀚海，即沙漠。單于，匈奴天子之號。狼山，今内蒙古自治區烏拉特旗有狼山，其他地方有狼居胥山等同名山。就此詩看，疑爲白狼山之省稱，在今遼寧省凌源縣東南。“山川”四句寫征戰之艱苦和軍中苦樂之不同。憑陵，即侵凌、進逼。風雨，喻胡騎來勢之迅猛，劉向《新序》卷十《善謀》：“（御史大夫韓安國曰：）‘匈奴者，輕疾悍亟之兵也……來若風雨，解若收電。’”半死生，生與死参半。戰士出生入死之戰鬥，與邊帥帳中美人之歌舞形成對照。“大漠”四句，進一步寫征戰之艱苦。腓，萎黄。隋虞世南《隴頭吟》：“窮秋塞草腓，塞外胡塵飛。”身當恩遇，指前文“天子非常賜顔色”。未解圍，謂並未取得勝利。“鐵衣”四句，寫長期之征戰造成戍卒與妻子離散之痛苦。鐵衣，即鐵甲，指戍卒。玉箸，鼻涕之别名，指思婦。城南，指長安城南。當時之長安，城南爲住宅區，城北爲宫廷。薊北，今北京市密雲縣西南。“邊風”四句，寫邊地之荒涼和戰爭氣氛之陰森。三時，指晨、午、晚一整天。陣雲，義同戰雲，言整日殺氣騰騰。刁斗，軍中巡更用的銅器。言通宵刁斗聲驚動着不眠的士卒。末四句，寫戍卒不計功勛以死報國和對張守珪無能戰敗之譏諷。李將軍，指李廣。《史記》卷一百零九《李將軍傳》：“廣居右北平，匈奴聞之，號曰‘漢之飛將軍’，避之數歲，不敢入右北平。”又其《塞上》有云：“惟昔李將軍，按節出此都。總戎掃大漠，一戰擒單于。常懷感激心，願效縱横謀。倚劍欲誰語，關河空鬱紆。”亦可以申足此兩句文意。詩之主旨是贊揚將士們不計個人功利誓死報國之精神，同時也流露了對戍卒與妻子久别相思之同情。他的另一首《塞下曲》即寫戍卒之妻子與丈夫久别相思之苦：

君不見芳樹枝,春花落盡蜂不窺;君不見梁上泥,秋風始高燕不棲。蕩子從軍事征戰,蛾眉嬋娟守空閨。獨宿自然堪下淚,况復時聞烏夜啼。

首四句即景生情,説明時不我待。末四句抒發相思之苦,蕩子,流蕩不歸之人,《古詩十九首》:"蕩子行不歸,空牀難獨守。"此用其意。嬋娟,形態美好。《廣韻》卷二:"嬋娟,好貌。"堪,猶能。烏夜啼,張華《禽經注》:"烏之失雄雌,則夜啼。"謂己獨宿空閨傷心落淚,況聞烏夜啼,更其難堪了。表現了思婦哀怨苦痛之情。其情味之悠長,是岑參詩所不及者。

以上樂府詩多叙寫邊地征戰生活。又其古體則抒發一己之牢騷不平,也不乏優秀之作,如《人日寄杜二拾遺》:

人日題詩寄草堂,遥憐故人思故鄉。柳條弄色不忍見,梅花滿枝空斷腸。身在南番無所預,心懷百憂復千慮。今日人日空相憶,明年人日知何處!一卧東山三十春,豈知書劍老風塵。龍鍾還忝二千石,愧爾東西南北人。

此詩是肅宗上元二年(七六一)所作,當時高適任蜀州刺史。杜二,即杜甫,他於肅宗至德二年(七五七)拜拾遺。人日,即農曆正月初七。古代習俗,正月初一至初七,七天各有所屬,一爲鷄日,二爲狗日,三爲猪日,四爲羊日,五爲牛日,六爲馬日,七爲人日。首二句想象杜甫寄寓成都草堂必有故鄉之思。故人,指杜甫。次二句借初春景色寫杜甫客中思鄉之情。"身在"二句,言身在蜀地,不能參預朝政,内心憂慮重重。高適原任監察御史,被李輔國排斥,出任蜀州刺史,故有此感慨。南番,南方邊遠地區,這裏指蜀中。"一卧"二句,卧東山,晉謝安曾高卧東山,不問政事。高適青年時曾"漁樵孟諸野",隱於漁樵,故以謝安自比。書劍,指文才武略,《史記》卷七《項羽本紀》:"項籍少時,學書不成,去,學劍,又不成。"風塵,指宦途紛擾。謂空有才能老邁不得施展。二千石,漢時郡守官俸爲二千石,唐代州刺史相當於漢時之郡守。爾,指杜甫。東西南北人,猶四方奔走之人。《禮記》卷二《檀弓》上:"今丘也,東西南北之人也。"謂自己老邁忝居刺史,有愧於你這位到處奔波者。抒發情感真摯,音韻和美,悲切動人。杜甫《追酬故高蜀州人日見寄》詩,序云:"開文書帙中,檢所遺忘,因得……高任蜀州刺史人日相憶見寄詩,淚灑行間。……"其感人也如此!

高適之絶句獨具特色,常爲人們稱誦者如《塞上聽吹笛》:

> 雪凈胡沙牧馬還,月明羌笛戍樓間。借問梅花何處落,風吹一夜滿關山。

此本笛曲《落梅花》,而將曲調拆開,謂"梅花何處落",句法新巧。明月之夜,聞笛聲吹滿關山,引發戍卒鄉關之思。邊地風情,景象淒然。其《别董大》:

> 千里黄雲白日曛,北風吹雁雪紛紛。莫愁前路無知己,天下誰人不識君。

這是一首送别詩。董大爲何人,不詳。其中無離别感傷之哀詞,而有"天下誰人不識君"之壯語,可以推斷董大必爲豪士而未達者。高適爲人尚節義之品格,於此亦可見之。

要之,高適詩歌主要描寫邊塞風光和征戰場景,同時抒發了戍卒之疾苦和少婦之哀思,因而既具有悲壯的風格,又流露出一種慷慨之音。殷璠謂其"多胸臆語,兼有氣骨"(《河嶽英靈集》卷上),信哉斯言。他與岑參之不同處,在岑詩瑰奇峭拔,他則渾樸質實。劉熙載云:"至岑超高實,則趣尚各有近焉。"(《藝概》卷二)指出他們"超"與"實"趣尚各異。又王世貞云:"高岑一時不易上下。岑氣骨不如達夫遒上,而婉縟過之。"(《藝苑卮言》卷四)説明岑參詩之氣骨不如高適遒勁,而文辭之婉曲多彩則過之。是此二家相同之中又有不同耳。

(三)李頎

李頎(公元六九〇——七五一?),生平事跡見《唐詩紀事》卷二十、《唐才子傳》卷二。東川(今雲南會澤縣附近)人,寄籍潁陽(今河南許昌附近)。開元二十三年(七三五)中進士,調新鄉縣尉。赴任之前寫過一首《欲之新鄉答崔顥綦毋潛》詩,其中有云:"數年作吏家屢空,誰道黑頭成老翁。"説明他官新鄉尉之前曾做過幾年吏。任新鄉尉不久,便辭官還鄉,不復出仕。殷璠感嘆道:"惜其偉才,只到黄綬。"(《河嶽英靈集》卷上)喜服食丹砂,與王維、綦毋潛、王昌齡、崔顥爲友,名重當時。《全唐詩》收其詩三卷。他的詩題材和體制較廣,然成就高者莫過於那些描寫邊塞戰爭之樂府歌辭。如《古從軍行》:

> 白日登山望烽火,黄昏飲馬傍交河。行人刁斗風沙暗,公主琵琶幽怨多。野營萬里無城郭,雨雪紛紛連大漠。胡雁哀鳴夜夜飛,胡兒眼淚雙雙落。聞道玉門猶被遮,應將性命逐輕車。年年戰骨埋荒外,空見蒲桃入漢家。

《從軍行》,屬《平調曲》。《樂府古題要解》卷下:"皆述軍旅苦辛之詞也。"唐人作擬古詩,自己雖未曾從軍,但有軍事知識,亦能作《從軍行》,李頎即如此。首二句,寫戰士白日守候邊警,晚上飲馬交河。交河,《漢書》卷九十六下:"車師前國,王治交河城,河水分流繞城下,故號交河。去長安八千一百五十里。"其地在今新疆維吾爾自治區吐魯番市西。次二句,寫軍旅中聽到的聲音。公主,指烏孫公主,晉傅玄《琵琶賦》序:"漢遣烏孫公主嫁昆彌,念其行道思慕,使工人知音者,載琴箏筑箜篌之屬,作馬上之樂。”漢武帝爲了與西域和親,以江都王劉建女爲公主嫁烏孫國王昆彌,沿途於馬上彈琵琶,以慰其去國之思。“野營”二句,寫邊地荒漠之景。野營,一作野雲。“胡雁”二句,胡兒眼淚,指胡兒爲漢兵凌迫而哭。“聞道”二句,言朝廷阻斷玉門關,不準後退,士兵惟有隨將軍拚死作戰。玉門,即玉門關,在今甘肅極西部,是通往西域之要道。輕車,本古戰車名,至漢有輕車將軍、輕車都尉,唐因舊名,置上輕車都尉、輕車都尉。逐輕車,追隨將軍作戰。末二句,用漢張騫通西域,携葡萄而歸之史事。葡萄雖然帶回來了,但戰爭仍未平息,故云“空見”。蒲桃,即葡萄。此借詠史,抒發對唐王朝連年對邊地用兵,犧牲無數將士,終未取得勝利之不滿。詩之韻腳皆入聲,有抑揚頓挫之致。又如《古意》云:

> 男兒事長征,少小幽燕客。賭勝馬蹄下,由來輕七尺。殺人莫敢前,鬚如蝟毛磔。黄雲隴底白雲飛,未得報恩不得歸。遼東小婦年十五,慣彈琵琶解歌舞。今爲羌笛出塞聲,使我三軍淚如雨。

《古意》,猶擬古,此詩題之内容多託古意以抒今情。自首句“男兒事長征”至“未得報恩不得歸”,寫男兒的勇武精神及輕生報國之壯志。幽,古幽州,唐時爲范陽郡,郡治在今北京市大興縣。燕,古國名,其地約當今河北、遼寧一帶。七尺,指七尺之軀。鬚如蝟毛磔,《晉書》卷九十八《桓温傳》:“少與沛國劉惔善,惔嘗稱之曰:‘温眼如紫石稜,鬚作蝟毛磔。’”磔,張開。謂鬍鬚如刺蝟之毛那樣張開。隴底,即隴坻,《漢書》卷二十八下“隴西郡”顔師古注:“隴坻謂隴阪,即今之隴山也。”在今甘肅境内。報恩,報國恩也。謂邊警未息,不得歸來。自“遼東小婦年十五”至篇末,寫男兒久戍邊地,聞少婦吹奏羌笛聲,引發思鄉之情,不禁淚如雨下。詩之前半段氣概激昂慷慨,後半段則感傷淒切。男兒既有激昂報國之志,又有淒切思鄉之感,寫出了男兒的真情,所以動人。

李頎描寫邊塞軍旅生活之樂府詩,皆聲調悲壯,氣韻流暢,這緣於他對音律有深切的理解。他曾有《聽董大彈胡笳弄兼寄語房給事》、《聽安萬善吹觱篥歌》之作,表現了他對音樂的鑒賞力,所以他的樂府才取得如此的藝術效果。殷璠謂"頎詩發調既清,修辭亦綉,雜歌咸善,玄理最長"(《河嶽英靈集》卷上)。胡應麟謂其"音節鮮明,情致委折,濃纖修短,得衷合度"(《詩藪》内編卷三),都是很有見地的評價。

(四)崔顥

崔顥(?——七五四),據《舊唐書》卷一百九十下本傳、《唐才子傳》卷一,汴州(今河南開封附近)人。開元十一年(七二三)登進士第,天寶中,官尚書司勛員外郎。有俊才,無士行,好賭博飲酒,娶妻擇有貌者,稍不愜意,即去之,前後數四,爲時論所薄。殷璠謂其"少年爲詩,名陷輕薄,晚節忽變常體,風骨凛然。一窺塞垣,説盡戎旅"(《河嶽英靈集》卷中),事實確是如此。他前期行跡輕薄,多浮艷之作,後期由於游覽山川,經歷邊塞,詩風一變而爲"風骨凛然"。《全唐詩》收其詩一卷。其描寫邊塞胡人生活之作,如《雁門胡人歌》:

> 高山代郡東接燕,雁門胡人家近邊。解放胡鷹逐塞鳥,能將代馬獵秋田。山頭野火寒多燒,雨裏孤峰濕作烟。聞道遼西無鬥戰,時時醉向酒家眠。

"雁門",本山名,其上有關,稱雁門關,在今山西代縣。首二句,寫胡人居住之地勢。代郡接燕,言代州與燕國地相連。胡人家近邊,雁門是唐時邊區，乃胡人雜居之地。次二句，寫胡人放鷹、馳馬，秋季在田野裏打獵。解，了解。“山頭”二句，寫爲了打獵，將山上的草木燒光，使鳥獸無所隱藏。烟，野火燃燒之烟。末二句，寫胡人於無戰事時，常醉眠酒家。寫盡胡人之風習和特性。詩風雄放，詞語古樸。同樣描寫邊塞題材之作，還有《贈王威古》、《古游俠呈軍中諸將》等，皆同此詩風。此外，他的弔古懷鄉詩《黄鶴樓》最負盛名，前人多認爲其爲律體，其實前四句完全是樂府韻味，是一首樂府化的律詩。其氣魄之雄渾高古，可與岑、高之作比美。如：

> 昔人已乘黄鶴去，此地空餘黄鶴樓。黄鶴一去不復返，白雲千載空悠悠。晴川歷歷漢陽樹，芳草萋萋鸚鵡洲。日暮鄉關何處是？烟波江上使人愁。

黄鶴樓，在今湖北武昌西黄鶴磯上，俯瞰大江。作者游此登臨而作。傳説古代有仙人名子安者乘黄鶴經此，故首句云云。漢陽，在武昌西，與黄鶴樓一江之隔。鸚鵡洲，在黄鶴樓東北長江中。意謂天氣晴朗，隔江而望則漢陽之樹木歷歷在目，鸚鵡洲之芳草萋萋然很茂盛。黄昏時極目千里，家鄉在烟波縹緲之中，所以“使人愁”也。詩人登臨弔古，抒發鄉關之思。傳説李白登黄鶴樓見此詩，感嘆説：“眼前有景道不得，崔顥題詩在上頭。”(《唐詩紀事》卷二十一)而爲之擱筆。沈德潛評云：“崔司勛《黄鶴樓》詩，意得象先，縱筆所到，遂擅千古之奇。”(《説詩晬語》卷上)寫景抒情，皆臻妙境。

應當補述者，崔顥的樂府《長干曲》也爲人們所稱道。此曲清新自然，在精神上大類漢代之《子夜歌》、《讀曲歌》。凡四首，如其一、二首云：

> 君家何處住？妾住在横塘。停船暫借問，或恐是同鄉。
> 家臨九江水，來去九江側。同是長干人，生小不相識。

《長干曲》,即《長干行》,屬樂府舊題。長干,在今南京市附近。横塘,在南京市西南,與長干相鄰。九江,非確指潯陽之九江,而是泛指長江。詩歌以男女問答之形式,表達他們之間思慕之情。同是長干人而不相識,豈非得當？意在言外,所謂"無字處皆其意也"(《薑齋詩話》卷下),韻味雋永。

王昌齡、王之涣、王翰的詩歌,氣象雄渾,格調悲涼,與岑參、高適之作相近。但也有不同之處,即岑參、高適多以七言歌行、樂府古調描寫邊塞軍旅生活,王昌齡、王之涣等則擅長以絶句抒發内心感慨。絶句是律詩之别體,同時由於它可以入樂,供人們歌唱,也就是可歌的樂府,故廣泛流傳於群衆間。

(五)王昌齡

王昌齡(公元六九八——七六五?),據《舊唐書》卷一百九十下本傳、《唐才子傳》卷二,字少伯,京兆(今陝西西安市一帶)人,一説江寧(今南京市附近)人。開元十五年(七二七)進士及第,補秘書省校書郎。二十二年(七三四),中博學宏詞科,超絶群類,授汜水縣尉。安史亂起,還鄉里,爲亳州刺史閭丘曉所殺。開元、天寶時,詩名籍甚,有"詩家夫子王江寧"之稱。《全唐詩》收其詩四卷,"爲文緒密而思清"。尤長七言絶句,與李白聯璧當世。如《從軍行》七首其一云:

> 烽火城西百尺樓,黄昏獨坐海風秋。更吹羌笛關山月,無那金閨萬里愁。

《從軍行》,《樂府古題要解》卷下:"皆述軍旅苦辛之詞也。"海,邊地凡湖泊皆稱海,如蒲昌海(見《漢書》卷九十六《西域傳》)、蒲類海(見《後漢書》卷二《明帝紀》)、北鞮海(見《後漢書》卷五十三《竇憲傳》)。關山月,曲調名,《樂府古題要解》卷下:"皆言傷離别也。"無那,即無

奈。金閨,指閨房中征人妻子。首二句寫邊塞之景,末二句寫聞笛聲觸動了對家鄉妻子的懷念。其四云:

> 青海長雲暗雪山,孤城遥望玉門關。黄沙百戰穿金甲,不斬樓蘭終不還。

青海,在今青海省西寧市西,古名卑禾羌海,北魏始名青海,《十三州記》:"允吾縣西有卑禾羌海,謂之青海。"雪山,《後漢書》卷七十七《班超傳》李賢注引郭義恭《廣志》曰:"西域有白山,通歲有雪,亦名雪山。"即今之祁連山。玉門關,在今甘肅玉門市東。樓蘭,漢時西域鄯善國之本名,昭帝元鳳四年改爲鄯善,其地在今新疆維吾爾自治區鄯善縣東南一帶。《漢書》卷七十《傅介子傳》:武帝時,樓蘭多次遮殺漢通大宛之使臣。昭帝時,平樂監奉命出擊,設計斬殺樓蘭王。這裏借用其事,説明應當消滅敵人。首二句,亦寫邊塞之景,末二句,表示雖久歷征戰,鐵甲磨穿,也要戰勝敵人的決心。此外,他的《出塞》二首也是古今傳誦、膾炙人口的名篇,如其一云:

> 秦時明月漢時關,萬里長征人未還。但使龍城飛將在,不教胡馬渡陰山。

《出塞》屬樂府《横吹曲》。《樂府詩集》卷二十一:"按《西京雜記》曰戚夫人喜歌《出塞》、《入塞》、《望歸》之曲,則高帝時已有之。……唐又有《塞上》、《塞下》曲,蓋出於此。"關,指玉門關,漢時建置,故云"漢時關"。月屬秦,關屬漢,文義錯舉互見。龍城,《史記》卷一百一十《匈奴列傳》:"五月大會龍城。"司馬貞《索隱》引崔浩云:"西方胡皆事龍神,故名大會處(即大會祭天處)爲龍城。"在今蒙古人民共和國塔米爾河岸。飛將,指漢李廣,《史記》卷一百零九《李將軍列傳》:"廣居右北平,匈奴聞之,號曰'漢之飛將軍',避之。"陰山,即今横亘於内蒙古自治區南境,東北連接内興安嶺之陰山山脈。漢代匈奴常據之,以侵犯邊地。首二句謂自秦、漢以來,邊疆征戰不已,戍卒無有還期。末二句慨嘆主將非其人,希望能有李廣那樣的將領出來靖邊。沈德潛所謂"蓋言師勞力竭,而功不成,繇將非其人之故。得飛將靖邊,邊烽自熄"(《說詩晬語》卷上)也。

(六)王之涣

王之涣(公元六八八——七四二),事跡見《唐詩紀事》卷二十六、《唐才子傳》卷三及靳能《唐故文安郡文安縣太原王府君墓誌銘》。字季凌,晉陽(今山西太原附近)人,後徙絳州(今山西新絳縣附近)。以門子調補衡水主簿,罷去,復起爲文安縣尉。天寶元年卒。與王昌齡、鄭嚧、崔輔國等迭相唱和,名動當時。靳能爲其所撰之《墓誌銘》有云:"嘗或歌從軍,吟出塞,曒兮極關山明月之思,蕭兮得易水寒風之聲,傳乎樂章,布在人口。"今僅存詩六首,收入《全唐詩》卷二百五十三。其名作《涼州詞》二首,其一云:

黄沙遠上白雲間,一片孤城萬仞山。羌笛何須怨楊柳,春風不度玉門關。

《集異記》:開元中,詩人王昌齡、高適、王之涣齊名……共詣旗亭貰酒小飲,忽有梨園伶官十數人,登樓會讌,三詩人因避席隈映,擁爐火以觀焉。俄有妙妓四輩……奏樂皆當時之名部也。昌齡等私相約曰:'我輩各擅詩名,每不自定其甲乙,今者可以密觀諸伶所謳,若詩入歌詞之多者,則爲優矣。'……初謳昌齡詩,次謳適詩,又次復謳昌齡詩。之涣自以得名已久……因指諸妓之中最佳者曰:'待此子所唱,如非我詩,吾即終身不敢與子爭衡矣。'……次至雙鬟發聲,果謳此詩,因大諧笑。諸伶不喻其故,昌齡等因語其事。

諸伶競拜……乞降清重俯就筵席。三子從之,飲醉竟日。”可見此詩當時受文士及歌妓之歡迎和稱誦。《涼州詞》,《唐書》卷二十二《禮樂志》:“天寶樂曲,皆以邊地名,若涼州、伊州、甘州之類。”又《樂府詩集》卷七十九《近代曲詞》有《涼州歌》,引《樂苑》曰:“《涼州》宫調曲,開元中西涼府都督郭知運進。”所進者樂曲,辭則依曲所作。黄沙,通行本作黄河,然玉門關在敦煌,離黄河很遠,《樂府詩集》卷二十三載此詩題爲《出塞》,作“黄沙直上”是。楊柳,樂府《横吹曲》有《折楊柳》,歌詞云:“上馬不捉鞭,反折楊柳枝。蹀座吹長笛,愁殺行客兒。”意謂羌笛吹奏《折楊柳》曲,聲調哀怨,好像在怨楊柳,其實不必抱怨楊柳,因爲它得不到春風之撫育。楊慎云:“此詩言恩澤不及於邊塞,所謂君門遠於萬里也。”(《升庵詩話》卷二)作更深層次之闡釋。詩風藴藉含蓄,而且聲調極好,情景俱佳。

(七)王翰

王翰(公元六八七——七二六),事跡見《舊唐書》卷一百九十中、《唐書》卷二百零二本傳及《唐詩紀事》卷二十一、《唐才子傳》卷一。字子羽,并州晉陽(今山西太原)人。少豪健恃才,中進士,仍好賭博飲酒。先後爲并州長史張嘉貞、張説所禮重,被舉薦充直言極諫科,調昌樂縣尉。後又被舉薦充超拔群類科。張説爲宰相,召爲秘書省正字,擢通事舍人,轉駕部員外郎。張説罷相,翰出爲汝州長史,徙仙州别駕。後因日與才士豪俠飲樂游獵,伐鼓窮歡,坐貶道州司馬,卒。有集十卷,已佚。今存詩一卷,收入《全唐詩》。其《涼州詞》二首最負盛名,如其一云:

葡萄美酒夜光杯,欲飲琵琶馬上催。醉卧沙場君莫笑,古來征戰幾人回。

葡萄酒,以葡萄釀酒,始自西域,唐破高昌,傳其法於中原。夜光杯,涼州産石,玉潤光澤,用作酒杯,當地稱夜光杯。此寫從軍將士出發前之情景,謂將士飲酒方酣,忽聞琵琶之聲,頓起從軍之感。慨嘆醉卧沙場亦不可笑,自古以來征戍將士回來者不多。語似曠達,實則悲涼,成爲千古之絕唱。

綜觀王昌齡、王之涣、王翰之詩歌,氣象雄渾,格調悲涼,與岑參、高適之詩風相近,但其神韻比岑、高之作尤過之。

總之,這一派詩人之創作,是樂府詩歌之新發展,影響所及,促進中唐樂府之形成與興盛。

三、李白

盛唐時期之詩歌,無論古體或近體都達到了高峰,能體現這一高峰成就者即李白與杜甫。李、杜之詩歌不僅在盛唐,而且在有唐一代及唐以後的文壇上都具有崇高的地位和深遠的影響,韓愈即説:"李杜文章在,光焰萬丈長!"(《調張籍》)但他們也有明顯的區别,即在體裁上李白偏重於古體,杜甫偏重於近體,在風格上,"杜詩思苦而語奇,李詩思疾而語豪"(葛立方《韻語陽秋》卷一)。他們各以其特點輝煌於當世。

李白(公元七〇一——七六二)繼陳子昂之後,提倡復古,他聲言其作詩宗旨云:"大雅久不作,吾衰竟誰陳。……自從建安來,綺麗不足珍。聖代復元古,垂衣貴清真。……我志在删述,垂輝映千春。"(《古風》其一)又曾説:"梁陳以來,艷薄斯極,沈休文又尚以聲律。將復古道,非我而誰與!"(孟棨《本事詩》)他鄙薄聲律,多作古體,才高氣逸,變化無窮。清趙翼稱其"才氣豪邁,全以神運,自不屑束縛於格律對偶,與雕繪者爭長"(《甌北詩話》),確是道出他詩歌之真精神。

李白之祖籍、行踪,歷來説法很分歧,根據《舊唐書》卷一百九十下、《唐書》卷二百零二本傳,李陽冰、魏顥、曾鞏的李白詩集序,劉全白、范傳正的李白墓碑及李白自作之詩文,可以得出以下的認識:他字太白,涼武昭王李暠之九世孫。自稱"家本隴西人,先爲漢邊將"(《贈張相鎬二首》其二)。隋末,其先世以罪徙西域(具體地點,或謂碎葉,或謂條支),隱名埋姓,漏於户籍。白即生於此。母爲蠻婆,據《四川總志》記載,龍安府平武縣有蠻婆渡,相傳李白母浣紗於此。神龍(七〇五——七〇六)初,其父遁還廣漢,因四川爲客地,故自名爲"客"。此時李白五六歲。幼即聰穎,還蜀之日,已能誦六甲(六十甲子表),十歲讀詩書,觀百家。稍長,能作賦,長劍術,曾手刃數人。年二十,禮部尚書蘇頲出爲益州長史,他於途中遞上名刺,蘇頲待以布衣之禮,並對屬員説:"此子天才英麗,下筆不休,雖風力未成,且見專車之骨。若廣之以學,可以相如比肩也。"(《上安州裴長史書》)與逸人東岩子隱於岷山之陽,郡守聞而舉二人以有道科,並不肯出。後出游襄漢,南泛洞庭,東至金陵、揚州,又客汝海,還憩雲夢故相許圉師家,許以孫女妻之,遂留安陸十年。在安陸期間,他撰寫了《代壽山答孟少府移文書》,其中有云:"申管、晏之談,謀帝王之術。奮其智能,願爲輔弼。使寰區大定,海縣清一。事君之道成,榮親之義畢。然後與陶朱、留侯,浮五湖、戲滄洲,不足爲難矣。"他要效法范蠡、張良,輔佐君王,建立功業,然後功成身退,表現了他的政治抱負。但是較長時間未得到機會。開元二十三年(七三五),游太原,識郭子儀於行伍。不久,又到齊魯,寓任城,與孔巢父、韓準、裴政、張叔明、陶沔等會於徂徠山,酣飲縱酒,號竹溪六逸。至四十二三歲,又賞游會稽,與道士吳筠交好,共居剡中。既而吳筠奉召赴長安。由於好友元丹丘通過玉真公主之推薦,玄宗詔徵李白進京,供奉翰林。在此期間,他以爲實現自己政治抱負之機會來到了，曾爲皇家草擬和蕃書和《宣唐鴻猷》，受到皇帝之稱獎。他以一介文人，特蒙恩寵，有許多美好故事流傳民間，如龍巾拭吐、御手調羹、力士脱靴、貴妃捧硯等，分别被魏顥《太白集序》、李肇《國史補》、孟棨《本事詩》、段成式《酉陽雜俎》、韋濬《松窗雜録》所采録。在長安三年，因恃才傲物，爲當事者所排擠，因隨從祖陳留采訪大使彦允，請北海高天師授道籙。從此之後，便遨游四方，北抵趙、魏、燕、晉，西涉邠、岐、商於，南游淮泗，再入會稽。因家寓魯中，故時往來齊、魯間。前後十年，惟游梁、宋最久。天寶十三年（七五四），游廣陵，與魏顥相遇，遂同舟入秦淮，上金陵，與魏顥相别，復往來宣城諸處。明年，安禄山反，玄宗奔蜀，肅宗即位靈武。時永王李璘爲荆州大都督，至是，詔以璘爲山南東道及嶺南黔中江南西道四道節度采訪等使。璘爲玄宗十六子，見國家大亂，爲了維繫人心，遂有自守一方之意。適值李白自宣城游溧陽，至剡中，又入廬山，永王璘重其才名，任命他爲都督府僚佐，一同東下。李白認爲這是"安社稷"、"濟蒼生"之大好時機，便要效法謝安石之破苻堅，決心"爲君談笑静胡沙"（《永王東巡歌》其二）。不料，統治階級内部矛盾激化了，肅宗即位後，尊玄宗爲太上皇，下令李璘回蜀，李璘不從，便派兵討伐。不久，李璘兵敗，李白逃至彭澤，終被囚於潯陽獄中。宣慰大使崔涣及御史中丞宋若思爲他洗雪，才得出獄，並使參謀軍事，上書薦白才可用，朝廷未作答。乾元元年（七五八），終以參預永王事貶夜郎，遂泛洞庭，上三峽，途中至巫山，遇赦得釋。還憩江夏、岳陽，又到潯陽及金陵，往來遨游於宣城、歷陽間。上元二年（七六一），太尉李光弼出鎮臨淮時，他年已六十一，還毅然請纓，想效鉛刀一割之用，無奈因病半路折回。寶應元年（七六二），族人李陽冰爲當塗令，他前往依之。代宗嗣位，廣拔淹滯，任他爲拾遺，但到十一月，他即病終了,臨終時還慨嘆:“大鵬飛兮振八裔,中天摧兮力不濟。”(《臨終歌》)抒發了他政治抱負不得施展之遺恨。對李白的生平,劉全白《李君碣記》説:

遂浪跡天下,以詩酒自適。又志尚道術,謂神仙可致,不求小官,以當世之務自負。流離轗軻,竟無所成名。

對其一生之思想行跡作了準確的概括。

今存《李太白集》三十卷,清王琦注,别爲附録六卷。其詩風與其思想、人格相一致,奇思異想,放蕩不羈,自有詩人以來,敢於衝破一切束縛,直抒胸臆,佯狂直前,無所顧忌者,他是空前的一人。他的《古風》五十九首,是他多年所作詠懷古詩之結集,這些詩“遠追嗣宗《詠懷》,近比子昂《感遇》,其間指事深切,言情篤摯,纏綿往復,每多言外之旨”(《唐宋詩醇》卷一)。其一云:

《大雅》久不作,吾衰竟誰陳?《王風》委蔓草,戰國多荆榛。龍虎相啖食,兵戈逮狂秦。正聲何微茫?哀怨起騷人。揚馬激頹波,開流蕩無垠。廢興雖萬變,憲章亦已淪。自從建安來,綺麗不足珍。聖代復元古,垂衣貴清真。群才屬休明,乘運共躍鱗。文質相炳煥,衆星羅秋旻。我志在删述,垂輝映千春。希聖如有立,絶筆於獲麟。

此詩寫作年代不可確考,然就全篇語氣推測,可能是作者到長安待詔翰林時所作,時當天寶元年至天寶三年之間。首二句,大雅,《詩經》中之一部分,凡三十一篇,多爲西周時期之作品,即所謂正聲。這裏是指《詩經》之全部。吾衰,《論語·述而》:“子曰:‘甚矣吾衰也!’”陳,陳述。慨嘆孔子年力已衰,有誰再能編撰《詩經》那樣詩歌呢?次二句,王風,本爲《詩經》十五國風之一,乃周王室東遷之後,東都洛邑一帶之詩歌,故王風即東周之風。蔓草、荆榛,所以狀春秋戰國時期詩歌零落不振之意。"龍虎"二句,指戰國之形勢,諸侯爭雄,互相兼併,以至於秦。班固《答賓戲》所謂"周失其馭,侯伯方軌,戰國横騖,於是七雄虓闞,分裂諸夏,龍戰虎爭"。"正聲"二句,正聲,指《風》、《雅》一類詩歌。騷人,指屈原、宋玉等,屈原作《離騷》,形成騷體詩,因稱作這類詩體之人爲騷人。"揚馬"二句,揚、馬,指揚雄和司馬相如,都是漢代著名之辭賦家。垠,涯際。謂揚、馬之作開拓了没有涯際之洪流。"興廢"二句,憲章,指作詩之法則。言揚、馬之後,詩歌多有變化,法則已經淪喪。"自從"二句,建安,漢獻帝年號(一九六——二二〇),當時以曹氏父子爲首,聚集了孔融、陳琳、王粲、徐幹、阮瑀、應瑒、劉楨等人,他們的詩歌創作,向推求形式的方向發展,開六朝綺靡浮華之詩風。"聖代"二句,聖代,指唐。元古,即遠古,指唐代詩壇變六朝綺靡之風,恢復遠古之淳樸。垂衣,《易·繫辭》下:"黄帝、堯、舜垂衣裳而天下治。"此用以歌頌唐朝之政績。唐代皇帝尊道教爲國教,道家主張信言不美,美言不信,去浮文,尚樸素,故曰清真。"群才"二句,指初唐詩人。屬,恰逢、適值。休明,指政治清明。運,運會。謂初唐詩人適逢清明時代,乘好時運,如魚得水,騰躍於當時。"文質"二句,文質,文采與質樸。炳煥,光明顯要。張衡《東京賦》:"瑰異譎詭,燦爛炳煥。"秋旻,即秋天。謂詩人之創作文質交輝,如群星燦爛,羅列秋空。"我志"二句,言己之志向像孔子之删述《詩經》,欲使之流傳千載。末二句,希聖,追慕孔子。如有立,用《論語·子罕》"如有所立,卓爾"之意,即有所建樹。獲麟,《春秋·哀公十四年》:"西狩獲麟,孔子曰:'吾道窮矣!'"傳説孔子作《春秋》,絶筆於此年。謂自己願效法孔子,盡有生之年,努力建樹,直至死亡,始絶筆。意者他作詩之意圖,和孔子修《春秋》相同,孔子修《春秋》寓褒貶,别善惡,是繼承了《詩經》之傳統。他作詩,則是繼承《春秋》之傳統。這是此詩之主題所在。其中表現了李白的文學觀點,是他的一篇上古、中古文學史論,縱論古今,並以振興詩歌自任,自明素志,足以綱領其全部詩歌創作。其十四云:

> 胡關饒風沙,蕭索竟終古。木落秋草黄,登高望戎虜。荒城空大漠,邊邑無遺堵。白骨横千霜,嵯峨蔽榛莽。借問誰陵虐?天驕毒威武。赫怒我聖皇,勞師事鼙鼓。陽和變殺氣,發卒騷中土。三十六萬人,哀哀淚如雨。且悲就行役,安得營農圃?不見征戍兒,豈知關山苦!李牧今不在,邊人飼豺虎。

此詩是寫天寶年間,唐朝對吐蕃頻繁用兵,行役未已,士卒悲苦,邊民慘遭其禍。《通鑒》卷二百十四《唐紀》三十:“開元二十五年春二月己亥,河西節度使崔希逸襲吐蕃,破之於青海西。初,希逸遣使謂吐蕃乞力徐曰:‘兩國通好,今爲一家,何必更置兵守捉,妨人耕牧?請皆罷之。’乞力徐曰:‘常侍忠厚,言必不欺。然朝廷未必專以邊事相委,萬一有姦人交鬥其間,掩吾不備,悔之何及?’希逸固請,乃刑白狗爲盟,各去守備,於是吐蕃畜牧被野。時吐蕃西擊勃律,勃律來告急,上命吐蕃罷兵,吐蕃不奉詔,遂破勃律,上甚怒。會希逸傔人孫誨入奏事,自欲求功,奏稱吐蕃無備,請掩擊,必大獲。上命内給事趙惠琮與誨偕往審察事宜。惠琮等至,則矯詔令希逸襲之。希逸不得已,發兵自凉州南入吐蕃二千餘里,至青海西,與吐蕃戰,大破之,斬首二千餘級。乞力徐脱身走,惠琮、誨皆受厚賞。自是吐蕃復絶朝貢。”又《唐紀》三十一:“天寶元年……是時天下聲教所被之州三百三十一,羈縻之州八百,置十節度經略使以備邊……凡鎮兵四十九萬人,馬八萬餘匹。開元之前,每歲供邊兵衣糧,費不過二百萬。天寶之後,邊將奏益兵浸多,每歲用衣千二十萬匹,糧百九十萬斛,公私勞費,民始困苦矣。”此詩即諷刺唐玄宗天寶之後,輕啓邊釁,造成戍卒和人民的苦難。“胡關”二句,胡關,邊塞之泛稱,如雁門、玉門、陽關之類。竟終古,謂從古至今,始終如此。“荒城”四句,無遺堵,已成廢墟。千霜,猶千秋、千年。榛莽,叢生之草木。言登荒城遠眺,唯有大漠在望,城邑已成廢墟,千年的白骨堆積於草莽之中。“借問”以下八句,陵虐,欺陵暴虐。天驕,《漢書》卷九十四上《匈奴傳》:“胡者,天之驕子也。”這裏借指吐蕃。毒威武,以武力殘害人民。赫怒,赫然而怒。赫,嗔怒貌。聖皇,指玄宗。鼙,亦鼓,擊鼙鼓以進兵。這裏指戰爭。陽和,光明和平景象。中土,即中國。三十六萬人,泛言發兵之多。士兵皆含悲出征。按《通鑒》卷二百十五《唐紀》三十一:“天寶六載,每歲積石軍麥熟,吐蕃輒來穫之,無能禦者,邊人謂之吐蕃麥莊。……上欲使王忠嗣攻吐蕃石堡城,忠嗣上言,石堡險固,吐蕃舉國守之,今頓兵其下,非殺數萬人不能克,臣恐所得不如所亡,不如且厲兵秣馬,俟其有釁,然後取之。上意不快。”又《唐紀》三十二:“天寶八載,上命隴右節度使哥舒翰帥隴右、河西及突厥阿布思兵,益以朔方、河東兵,凡六萬三千,攻吐蕃石堡城。其城三面險絶,惟一徑可上。吐蕃但以數百人守之,多貯糧食,積檑木及石。唐兵前後屢攻之,不能克。翰進攻數日不拔,召裨將高秀巖、張守瑜欲斬之。二人請三日期可克,如期拔之,獲吐蕃鐵刃悉諾羅等四百人,唐士卒死者數萬,果如王忠嗣之言。頃之,翰又遣兵於赤嶺西開屯田,以謫卒二千戍龍駒島,冬冰合,吐蕃大集,戍者盡没。”即此八句所詠之史實。“且悲”四句,謂士卒只顧念爲出征生悲,哪裏能再耕作?不見士卒遠戍,哪裏知道關山跋涉之苦?末二句,李牧,戰國時趙之守邊良將,曾鎮守雁門關,擊退匈奴十餘萬人,使匈奴長期不敢侵犯。見《史記》卷八十一《廉頗藺相如列傳》。豺虎,指凶殘的敵人。謂没有李牧那樣將領靖邊,以致使邊地人民任憑

敵人摧殘。作者慨嘆守將無能,邊地永無寧日。其十九云:

> 西上蓮花山,迢迢見明星。素手把芙蓉,虛步躡太清。霓裳曳廣帶,飄拂昇天行。邀我登雲臺,高揖衛叔卿。恍恍與之去,駕鴻淩紫冥。俯視洛陽川,茫茫走胡兵。流血塗野草,豺狼盡冠纓。

王琦注:"此詩大抵是洛陽破没之後所作。胡兵謂禄山之兵,豺狼謂禄山所用之逆臣。"首二句:蓮花山,華山之最高峰,《太平御覽》卷三十九引《華山記》云:"山頂有池,生千葉蓮花,服之羽化,因曰華山。"明星,傳説中仙女名。《集仙傳》:"明星玉女,居華山,服玉漿,白日升天。""素手"四句,寫仙女之形象。素手,《古詩十九首》:"纖纖出素手"。芙蓉,即蓮花。虛步,淩空行走。躡,踐踏。太清,即天空。霓裳,以雲霓爲裳,《楚辭·九歌·東君》:"青雲衣兮白霓裳。"謂仙女穿虹霓衣裳,拖着衣帶,在天空中行走。"邀我"四句,寫詩人在蓮花山上之游仙生活。雲臺,慎蒙《名山記》:"雲臺峰在泰華山東北,兩峰峥嶸,四面陡絶。上冠景雲,下通地脈。嶷然獨秀,有若靈臺。"衛叔卿,神仙名,《神仙傳》卷二:"衛叔卿者,中山人也。服雲母得仙。漢元封二年八月壬辰,孝武皇帝閒居殿上,忽有一人乘雲車,駕白鹿,從天而下,來集殿前。其人年可三十許,色如童子,羽衣星冠,帝乃驚問曰:'爲誰?'答曰:'吾中山衛叔卿也。'帝曰:'子若是中山人,乃朕臣也,可前共語。'叔卿本意謁帝,謂帝好道,見之必加優禮,而帝今云是朕臣也。於是大失望,默然不應,忽焉不知所在。帝甚悔恨,即遣使者梁伯至中山,推求叔卿,不得見,但見其子名度世……共之華山,求尋其父。……於絶巖之下,望見其父與數人博戲於石上,紫雲鬱鬱於其上,白玉爲牀,又有數仙童執幢節立其後……"恍恍,猶恍惚。紫冥,青紫色高空。意謂仙女邀詩人登雲臺峰,拜見神仙衛叔卿,恍惚之間與衛叔卿駕着鴻雁淩空而去。按賀知章曾譽李白爲謫仙人,李白居長安時,玄宗以俳優畜之,玄宗不用賢,而信任蕃將,以致有安禄山之亂,因此引起末四句,謂在空中俯視洛陽平原,來去紛紛盡是胡兵,人民生命塗炭,敵人都拜官封爵。按天寶十四年(七五五)十二月,安禄山率叛軍攻破洛陽,十五年正月僭稱皇帝,大封功臣。此紀實也,意在諷刺玄宗。其二十四云:

大車揚飛塵,亭午暗阡陌。中貴多黄金,連雲開甲宅。路逢鬥鷄者,冠蓋何輝赫!鼻息干虹蜺,行人皆怵惕。世無洗耳翁,誰知堯與跖?

此詩當作於天寶元年至三年間,作者留居長安之時。内容是諷刺擅權專貨之宦官和鬥鷄幫閒之清客。首二句,亭午,即當午、正午。阡陌,本爲田間小道,南北爲阡,東西爲陌,這裏指長安的街道。言中貴之車塵飛揚,街道爲之昏暗。"中貴"二句,《史記》卷一百零九《李將軍列傳》:"天子使中貴人從李廣。"《索隱》引董巴《輿服志》云:"黄門丞至密近,使聽察天下,謂之中貴人使者。"崔浩云:"在中而貴幸,非德望,故云中貴也。"按即宦官。甲宅,頭等宅院。言其宅第之高上接雲霄。《唐書》卷二百零七《宦者傳》上:"開元、天寶中……宦官黄衣以上三千員,衣朱紫千餘人,其稱旨者輒拜三品將軍,列戟於門。其在殿頭供奉,委任華重,持節傳命,光焰殷殷動四方。所至郡縣,奔走獻遺至萬計。修功德,市禽鳥,一爲之使,猶且數千緡。監軍持權,節度反出其下。於是甲舍名園,上腴之田,爲中人所占者半京畿矣。"又《高力士傳》:"中人若黎敬仁、林昭隱、尹鳳翔、韓莊、牛仙童、劉奉廷、王承恩、張道斌、李大宜、朱光輝、郭全、邊令誠等,並内供奉,或外監節度軍,修功德,市鳥獸,皆爲之使。使還,所裒獲動巨萬計。京師甲第池園,良田美産,占者什六。寵與力士略等。"即此二句所詠之史實。"路逢"二句,鬥鷄,是玄宗喜好的一種賭博性質之游戲。輝赫,光輝照耀。《唐書》卷一百三十四《王鉷傳》:"鉷子準爲衛尉少卿,以鬥鷄供奉禁中。林甫子岫亦親近。準驕甚,淩岫出其上。過駙馬都尉王繇,以彈彈其巾,折玉簪爲樂。既置酒,永穆公主親視供具。萬年尉韋黄裳,長安尉賈季鄰等候準經過,饌具倡樂必素辦,無敢逆意。"又陳鴻《東城父老傳》:"老父,姓賈名昌,長安宣陽里人。……生七歲,趫捷過人,能摶柱乘梁,善應對,解鳥語音。玄宗在藩邸時,樂民間清明節鬥鷄戲。及即位,詔鷄坊於兩宫間,索長安雄鷄,金毫鐵距高冠昂尾千數,養於鷄坊。選六軍小兒五百人,使馴擾教飼。上之好之,民風尤甚。諸王世家、外戚家、貴主家、侯家,傾帑破産市鷄,以償鷄直。都中男女以弄鷄爲事。貧者弄假鷄。帝出游,見昌弄木鷄於雲龍門道旁,召入,爲鷄坊小兒,衣食右龍武軍。昌三尺童子,入鷄群,如狎群小,壯者、弱者、勇者、怯者,水穀之時,疾病之候,悉能知之。舉二鷄,鷄畏而馴,使令如人。護鷄坊中謁者王承恩言於玄宗,召試殿廷,皆中玄宗意。即日爲五百小兒長。加之以忠厚謹密,天子甚愛幸之。金帛之賜,日至其家。開元十三年,籠鷄三百,從封東嶽。父忠死泰山下,得子禮奉尸歸葬雍州。縣官爲葬器喪車,乘傳洛陽道。十四年三月,衣鬥鷄服,會玄宗於温泉。當時天下號爲'神鷄童'。時人爲之語曰:'生兒不用識文字,鬥鷄走馬勝讀書。賈家小兒年十三,富貴榮華代不如。能令金距期勝負,白羅繡衫隨軟轝。父死長安千里外,差夫治道輓喪車。'"即此二句所詠之史實。虹蜺,雲霞。干虹蜺,氣焰衝雲霄。他的《答王十二寒夜獨酌有懷》"君不能狸膏金距學鬥鷄,坐令鼻息吹虹蜺"可以參看。又《通鑒》卷二百零五《唐紀》二十一:"武則天延載元年，内使李昭德恃太后委遇，頗專權使氣，人多疾之。前魯王府功曹參軍丘愔上疏攻之，其略曰：……‘臣觀其膽，乃大於身，鼻息所衝，上拂雲漢。’”可見中貴、内使同此氣焰。怵惕，恐懼貌。他的《叙舊贈江陽宰陸調》詩云：“我昔北門厄，摧如一枝蒿。有虎挾鷄徒，連延五陵豪。邀遮來組織，呵嚇相煎熬。君披萬人叢，脱我如狴牢。此耻竟未刷，且食綏山桃。……”因知長安鬥鷄者氣焰之囂張，李白身受其苦，賴陸調救護得免，是此詩之作有切身之體驗。末二句，洗耳翁，即傳説堯時之高士許由。皇甫謐《高士傳》記載，堯讓天下於許由，許由不接受，以爲堯之言玷污了自己的耳朵，便跑到清水邊洗耳。跖，傳説古代之大“盗”。《莊子·盗跖》記載，他曾率領“從卒九千人，横行天下，侵暴諸侯”。這裏以堯與跖代表好人和壞人，意謂當前没有許由那樣的高士，誰能辨别堯與跖之真面目呢？言外之意他們都是一伙害人的盗賊。作者以許由自比，蕭士贇云：“亦太白不遇而自嘆歟！”

李白《古風》五十九首，其手法多比興寄託，内容主要是抒發其政治理想和人生抱負，往往以寓言和詠史之形式抨擊當時之政治措施和社會腐敗現象，因此在他的作品中占有極重要的地位。僅列舉以上四篇以概其餘。其他古體歌吟之重要篇章如《夢游天姥吟留别》：

> 海客談瀛洲，烟濤微茫信難求。越人語天姥，雲霞明滅或可覩。天姥連天向天横，勢拔五嶽掩赤城。天台四萬八千丈，對此欲倒東南傾。我欲因之夢吳越，一夜飛度鏡湖月。湖月照我影，送我至剡溪。謝公宿處今尚在，渌水蕩漾清猿啼。脚著謝公屐，身登青雲梯。半壁見海日，空中聞天鷄。千巖萬轉路不定，迷花倚石忽已暝。熊咆龍吟殷巖泉，慄深林兮驚層巔。雲青青兮欲雨，水澹澹兮生烟。列缺霹靂，丘巒崩摧。洞

天石扉,訇然中開。青冥浩蕩不見底,日月照耀金銀臺。霓爲衣兮風爲馬,雲之君兮紛紛而來下。虎鼓瑟兮鸞回車,仙之人兮列如麻。忽魂悸以魄動,恍驚起而長嗟。惟覺時之枕席,失向來之烟霞。世間行樂亦如此,古來萬事東流水。別君去兮何時還,且放白鹿青崖間,須行即騎訪名山。安能摧眉折腰事權貴,使我不得開心顔?

此詩題一作《別東魯諸公》。李白於天寶三年離開長安,然後由東魯游越中。此詩應是他行前之作。天姥,山名,在今浙江新昌縣東。相傳因登山者聞仙人天姥唱歌而得名。《元和郡縣志》卷二十七云:"江南道・越州・剡縣:天姥山在縣南八十里。"《太平寰宇記》卷九十六云:"《名山志》:'山上有楓千餘丈,蕭蕭然。'《後吳録》:'剡縣有天姥山,傳云:登者聞天姥歌謡之響。'"《明一統志》云:"浙江・紹興府:天姥山在新昌縣東五十里,高三千五百丈,周六十里。"留別,即向東魯諸公表白心跡。李白在長安三年,對宦途政治有深刻的認識,想從富貴利禄環境中解脱出來,因有此作。首二句,古代傳説東海中有蓬萊、方丈、瀛洲三神山,爲神仙所居。《史記》卷二十八《封禪書》:"自威、宣、燕昭使人入海求蓬萊、方丈、瀛洲。此三神山者,其傳在勃海中,去人不遠;患且至,則船風引而去。蓋嘗有至者,諸仙人及不死之藥皆在焉。其物禽獸盡白,而黄金銀爲宫闕。未至,望之如雲;及到,三神山反居水下。臨之風輒引去,終莫能至云。"此即所謂"信難求"也。次二句,明滅,或隱或現。意謂神仙之境界不可求,而人間之景物則隱約可見。"天姥"二句,《明一統志》:"天姥峰……其峰孤峭,下臨嵊縣,仰望如在天表。"即"連天向天横"也。五嶽,即東嶽泰山,中嶽嵩山,西嶽華山,南嶽衡山,北嶽恒山。赤城,山名,在今浙江天台縣北。《文選》孫綽《游天台山賦》:"赤城霞起而建標。"李善注:"支遁

《天台山銘序》曰:‘往天台當由赤城山爲道徑。’孔靈符《會稽記》曰:‘赤城山石色皆赤,狀似雲霞,懸霤千仞,謂之瀑布,飛流灑散,冬夏不竭。’《天台山圖》曰:‘赤城山,天台之南門也。’”《太平寰宇記》卷九十八:“台州·天台縣:赤城山在縣北六里。”謂天姥山之雄偉氣勢超五嶽,掩赤城。“天台”二句,四萬八千丈,乃本陶弘景《真誥》“天台山高一萬八千丈,周八百里”誇大言之。晉顧愷之《啓蒙記》注:“天台山去天不遠,路經福溪,溪水清泠,前有石橋,路逕不盈一尺,長數十丈,下臨絶冥之澗,惟忘其身,然後能躋。躋石橋者梯巖壁,捫蘿葛之莖,度得平路,見天台山,蔚然綺秀,列雙嶺於青霄。上有瓊樓玉閣,天堂碧林,醴泉仙物畢具。”《清一統志》:“浙江·台州府:天台山,在天台縣北。”謂天台山雖去天不遠,也不及天姥山高,與天姥山相比,好像傾倒在其東南方。“我欲”二句以下,寫夢游幻境。鏡湖,在今浙江紹興縣境,水平如鏡,故名。剡溪,在今浙江嵊州市,即曹娥江上游。《元和郡縣志》卷二十七:“越州·剡縣:剡溪出縣西南,北流入上虞縣界,爲上虞江。”《清一統志》:“浙江·紹興府:曹娥江在會稽縣東南七十里,上流曰剡溪,自嵊縣北流入縣界曰曹娥江。又北入上虞縣界,一名上虞江。”謝公,即謝靈運。謝公宿處,謝靈運游天姥山時,曾投宿於剡溪。《文選》謝靈運《登臨海嶠》詩云:“暝投剡中宿,明登天姥岑。”谢公屐,謝靈運游山特制之一種木底有齒的鞋。《宋書》卷六十七《謝靈運傳》:“尋山陟嶺,必造幽峻,巖障千重,莫不備盡。登躡常著木履,上山則去前齒,下山去其後齒。”青雲梯,《文選》謝靈運《登石門最高頂》詩云:“惜無同懷客,共登青雲梯。”當即上山石磴。見海日,見海中日出。聞天鷄,《述異記》卷下:“東南有桃都山,上有大樹名曰桃都,枝相去三千里,上有天鷄,日初出照此木,天鷄則鳴,天下之鷄皆隨之鳴。”殷,聲音巨大貌。殷巖泉,震動巖泉。慄,驚恐貌。慄深林,使深林戰慄。列缺,即閃電。霹靂,即大雷。《漢書》卷八十七上《揚雄傳》:“辟歷列缺,吐火施鞭。”顔師古注引應劭曰:“辟歷,雷也;列缺,天隙電照也。”洞天,道教稱神仙所居洞府爲洞天。石扉,即石門。訇,聲音巨大貌。青冥,青色天空。金銀臺,神仙所居之金銀宫闕。郭璞《游仙詩》:“神仙排雲出,但見金銀臺。”霓衣風馬,《楚辭·九歌·東君》:“青雲衣兮白霓裳。”傅玄《吴楚歌》:“雲爲車兮風爲馬。”雲之君,《楚辭·九歌·雲中君》王逸注:“雲中君,雲神豐隆也。”虎鼓瑟,張衡《西京賦》:“白虎鼓瑟,蒼龍吹篪。”鸞回車,《太平御覽》卷六百七十七道部十九引《太上經》云:“有白鸞之車。”悸,心動。怳,惆悵失意貌。此二句由夢而悟也。“惟覺”二句,既結束上文之夢游奇景,又開啓下文之現實感慨。“世間”二句謂世事亦如夢幻。末四句,白鹿,乃隱士所養、所騎。《樂府詩集》卷二十九《王子喬》古辭:“王子喬,參駕白鹿,雲中遨。”摧眉,低頭。折腰,彎腰。《晉書》卷九十四《陶潛傳》:“爲彭澤令……郡遣督郵至縣,吏白應束帶見之,潛嘆曰:‘吾不能爲五斗米折腰,拳拳事鄉里小人邪。’”此所以留别也。方東樹《昭昧詹言》卷十二云:“陪起,令人迷。‘我欲’以下正叙夢,愈唱愈高,愈出愈奇,‘失向’句收住。‘世間’二句入作意,因夢游推開,見世事皆成虚幻也,不如此則作詩之旨無歸宿。留别意只末後一點。”其體味可謂深矣。又如《宿五松山下荀媪家》:

我宿五松下,寂寥無所歡。田家秋作苦,鄰女夜舂寒。跪進彫胡飯,月光明素盤。令人慚漂母,三謝不能餐。

王琦《李太白年譜》將《與南陵常贊府游五松山》詩、《於五松山贈南陵常贊府》詩編於天寶十三年,則此詩當是同年所作,時李白游宣城。五松山,在今安徽銅陵縣南。作苦,楊惲《報孫會宗書》:“田家作苦。”夜舂,夜間舂米。彫胡飯,即菰米飯。宋玉《諷賦》:“爲臣炊彫胡之飯,烹露葵之羹。”《本草》:“陶弘景曰:‘菰米一名彫胡,可作餅食。’”漂母,爲人洗衣之老婦。《史記》卷九十二《淮陰侯傳》:“信釣於城下,諸母漂,有一母見信飢,飯信,竟漂數十日。信喜,謂漂母曰:‘吾必有以重報母。’母怒曰:‘大丈夫不能自食,吾哀王孫而進食,豈望報乎!’”後來,韓信佐劉邦定天下,封楚王,找到漂母,贈以千金。這兩句意爲自己不能像韓信那樣建立功業以報答荀媪,而深感慚愧,因此對荀媪所進之飯再三推辭。慨嘆自己到處漂泊,宦途寂寥。又如《廬山謡寄盧侍御虚舟》:

　　我本楚狂人,鳳歌笑孔丘。手持緑玉杖,朝别黄鶴樓。五嶽尋仙不辭遠,一生好入名山游。廬山秀出南斗傍,屏風九疊雲錦張,影落明湖青黛光。金闕前開二峰長,銀河倒挂三石梁。香爐瀑布遥相望,回崖沓嶂淩蒼蒼。翠影紅霞映朝日,鳥飛不到吴天長。登高壯觀天地間,大江茫茫去不還。黄雲萬里動風色,白波九道流雪山。好爲廬山謡,興因廬山發。閑窺石鏡清我心,謝公行處蒼苔没。早服還丹無世情,琴心三疊道初成。遥見仙人綵雲裏,手把芙蓉朝玉京。先期汗漫九垓上,願接盧敖游太清。

此詩當是至德元年(即天寶十五年)由剡中入廬山時所作。同時又有《贈王判官時余歸隱居廬山屏風疊》詩。廬山,在今江西九江市南。盧虚舟,李華《三賢論》:“范陽盧虚舟幼直,質方而清。”(見《全唐文》卷三百十七)又賈至有《授盧虚舟殿中侍御史制》(見《全唐文》卷三百六十七)侍御,趙璘《因話録》卷五:“御史臺三院,一曰臺院,其僚曰侍御史,衆呼爲端公。……二曰殿院,其僚曰殿中侍御史,衆呼爲侍御。……三曰察院,其僚曰監察御史,衆呼亦曰侍御。”盧虚舟是殿中侍御史,屬御史臺殿院,掌管殿廷儀衛及京城糾察。首六句寫自己之志向。楚狂鳳歌,《論語·微子》:“楚狂接輿歌而過孔子曰:‘鳳兮鳳兮,何德之衰!’”又《莊子》卷二中《人間世》亦有同樣記載。楚狂其人,皇甫謐《高士傳》卷上:“陸通字接輿……楚昭王時,通見楚政無常,乃佯狂不仕。”作者這裏以楚狂接輿自喻。緑玉杖,仙人所用之手杖。《太平御覽》卷六百七十五道部十七引《茅君傳》曰:“朱官使者把緑節杖。”當即緑玉杖。黄鶴樓,在今湖北武昌西黄鶴磯上,俯視江漢,極目千里。《南齊書·州郡志》謂仙人子安乘黄鶴過此,因而得名。《太平寰宇記》則謂費文褘登仙,嘗駕黄鶴憩此而得名。説法不同,但都關乎仙人之行跡。李白於開元二十八年曾登黄鶴樓,並作有《黄鶴樓送孟浩然之廣陵》詩。自“廬山秀出南斗傍”以下至“謝公行處蒼苔没”,皆寫廬山之勝景。南斗,星宿名,即二十八宿中之斗宿,潯陽當南斗之分野,廬山在潯陽附近,故云“秀出南斗傍”。屏風九疊,《清一統志》:“江西·南康府:五老峰在星子縣北,廬山去縣三十里……峰之東北爲九疊雲屏,亦曰屏風疊,其下爲九疊谷。”雲錦張,雲霞如錦繡般鋪張開。明湖,指鄱陽湖。青黛光,青黑色光彩。金闕,即金闕巖,又名石門。《水經·廬江水注》:“廬山之北有石門水,水出嶺端,有雙石高竦,其狀若門,因有石門之目焉。水導雙石之中,懸流飛瀑,近三百許步,下散漫十許步,上望之連天,若曳飛練於霄中矣。下有盤石,可坐數十人。”《輿地紀勝》卷三十:江南西路、江州有金闕巖,引李白此詩爲證。三石梁,一説指廬山上有三座石橋,《水經·廬江水注》引《潯陽記》曰:“廬山上有三石梁,長數十丈,廣不盈尺,杳然無底。”一説指屏風疊左邊之三疊泉,王琦注:“今三疊泉在九疊屏之左,水勢三折而下,如銀河之挂石梁,與太白詩句正相脗合。”香爐瀑布，慧遠《廬山記》：“其山大嶺凡七重，圓基周回垂五百里。其南嶺臨宫亭湖，下有神廟，七嶺會同，莫有升之者。東南有香爐峰，游氣籠其上，氤氲若香烟。西南有石門山，其形似雙闕，壁立千餘仞，而瀑布流焉。其中鳥獸草木之美，靈藥芳林之奇，所稱名代。”楊齊賢注：“《廬山記》：‘山南山北，瀑布無慮十餘處，香爐峰與雙劍峰在瀑布之旁，水源在山頂，人未有窮者。’或曰：西入康王谷爲水簾，東爲開元禪院之瀑布。”回崖沓嶂，曲折之懸崖，重疊之山巒。淩蒼蒼，淩越蒼天。吴天，廬山三國時屬吴，故云。九道，古代傳説，長江流至潯陽分爲九道。流雪山，江水翻滚之浪花如雪山。石鏡，山峰名，謝靈運《入彭蠡湖口》詩：“攀崖照石鏡。”李善注引張僧鑒《潯陽記》：“石鏡山東有一圓石，懸崖明浄，照人見形。”《清一統志》：“江西·南康府：石鏡峰在星子縣西二十五里。”謝公，即謝靈運，他曾游廬山，有《登廬山絶頂望諸嶠》詩，謂他當年游歷之地，而今已被蒼苔掩没了。意者人生短暫，行跡遂即泯滅，只有求仙修道，方能永存。“早服還丹”以下至篇末，寫修煉身心以成仙。還丹，修仙者將丹砂煉成水銀，又燒水銀成丹砂，稱丹。《抱朴子·内篇》卷四《金丹》篇：“第四之丹，名曰還丹，服一刀圭，百日仙也。”琴心三疊，道教修煉術語，《雲笈七籤》卷十一《黄庭内景經·上清章》：“琴心三疊儛胎仙。”梁邱子注：“琴，和也；三疊，三丹田；謂與諸宫重疊也。胎仙，即胎靈大神，亦曰胎真。居明堂中……以其心和則神悦，故儛胎仙也。”謂修煉身心，使心和神悦，達到學道初成之境。玉京，道教稱元始天尊所居，葛洪《枕中書》：“元始天王在天中心之上，名曰玉京山。山中宫殿，並金玉飾之。”“先期”二句，《淮南子》卷十二《道應訓》：“盧敖游乎北海，經乎太陰，入乎玄闕，至於蒙縠之上，見一士焉……軒軒然方迎風而舞。……盧敖與之語曰：‘……子殆可與敖爲友乎?’若士者齤然而笑曰:‘……若我南游乎岡㝗之野,北息乎沉墨之鄉,西窮窅冥之黨,東開鴻濛之光,此其下無地,而上無天……吾猶未能之在,今子游始於此,乃語窮觀,豈不亦遠哉? 然子處矣! 吾與汗漫期於九垓之外,吾不可以久駐。’若士舉臂而竦身,遂入雲中。”高誘注:“汗漫,不可知也。九垓,九天之外。”太清,道教以玉清、上清、太清爲三清,亦稱三天,太清最高。《太平御覽》卷六百五十九道部一引《太真科》曰:“三清之間,各有正位,聖登玉清,真登上清,仙登太清。”這裏以盧敖借指盧虚舟,意爲期待盧虚舟於九天之上,同作神仙之游。此詩所以寄盧虚舟之本旨。沈德潛即云:“先寫廬山形勝,後言尋幽不如學仙,與盧敖同游太清,此素願也。”(《唐詩别裁》卷六)又如《宣州謝脁樓餞别校書叔雲》:

> 棄我去者,昨日之日不可留;亂我心者,今日之日多煩憂。長風萬里送秋雁,對此可以酣高樓。蓬萊文章建安骨,中間小謝又清發。俱懷逸興壯思飛,欲上青天覽明月。抽刀斷水水更流,舉杯消愁愁更愁。人生在世不稱意,明朝散髮弄扁舟。

此詩當作於上元二年(六七五),時李白正往來於宣城、歷陽間。宣州謝脁樓,南齊謝脁所建,又稱北樓,唐時改名爲疊嶂樓。《清一統志》:“安徽·寧國府:北樓在宣城縣治北,南齊守謝脁建。唐李白詩:‘誰念北樓上,臨風懷謝公。’……咸通中,刺史獨孤霖改名疊嶂,自爲記。”又《輿地紀勝》:“江南東路·寧國府:疊嶂樓在府治,唐咸通中,刺史獨孤霖建。記曰:‘郡以溪山著,而溪少負,則疊嶂之名爲宜。’”在今安徽宣城市。校書,秘書省校書郎之省稱。叔雲,李白之叔名雲。“長風”二句,謂面對眼前長風秋雁之景,可以酣飲於高樓。“蓬萊”二句,蓬萊,指唐代秘書省,《唐六典》:“秘書省,校書郎八人,正九品上……掌讐校典籍,刊正文字。”其叔雲出自秘書省,故稱蓬萊文章。建安,東漢獻帝年號,東漢末曹操父子與王粲等七子之詩文,情辭慷慨,格調剛健,後世譽爲“建安風骨”。小謝,即謝朓,《南齊書》卷四十七《謝朓傳》:“謝朓,字玄暉……少好學,有美名,文章清麗。”這裏借以自喻。此二句是兼喻自己與其叔雲之詩文。“俱懷”二句,覽,古作攬。謂二人皆懷豪情逸興,似可上天攬月。“抽刀”二句,以水之割不斷,喻愁之無窮盡。末二句,不稱意,即不如意,所以愁也。散髮扁舟,《史記》卷一百二十九《貨殖列傳》:“范蠡既雪會稽之耻……乃乘扁舟,浮於江湖,變名易姓,適齊爲鴟夷子皮。”蘇軾《臨江仙》詞“小舟從此逝,江海寄餘生”之意也。

如上所述,李白之詠懷古詩在體裁上與阮籍之《詠懷》、陳子昂之《感遇》一脈相承。但在風格上又與《楚辭》相似,如其馳騁想象,神游天界,總覽四海,囊括古今等景象,都有《離騷》、《遠游》諸作之影跡在。《唐宋詩醇》卷六即云:“七言歌行,本出楚騷樂府。至於太白,然後窮極筆力,優入聖域。”然則李白之古詩是遠紹“楚辭”,近承阮籍、陳子昂之作發展而來。不僅古詩,他的樂府也具有同樣之詩風,所謂“以氣爲主,以自然爲宗,以俊逸高暢爲貴,詠之使人飄揚欲仙”(《唐宋詩醇》卷六)。如《遠别離》:

> 遠别離,古有皇英之二女。乃在洞庭之南,瀟湘之浦。海水直下萬里深,誰人不言此離苦?日慘慘兮雲冥冥,猩猩啼烟兮鬼嘯雨。我縱言之將何補?皇穹竊恐不照余之忠誠,雷憑憑兮欲吼怒。堯舜當之亦禪禹。君失臣兮龍爲魚,權歸臣兮鼠變虎。或云:堯幽囚,舜野死。九疑聯綿皆相似。重瞳孤墳竟何是!帝子泣兮緑雲間,隨風波兮去無還。慟哭兮遠望,見蒼梧之深山。蒼梧山崩湘水絶,竹上之淚乃可滅。

《遠别離》即樂府《别離》十九曲之一。《樂府詩集》卷七十一《雜曲歌辭》之江淹《古别離》解題曰:"楚辭曰:'悲莫悲兮生别離。'古詩曰:'行行重行行,與君生别離。……'後蘇武使匈奴,李陵與之詩(按:此是郭氏根據舊説,不可靠)曰:'良時不可再,離别在須臾。'故後人擬之爲《古别離》。梁簡文帝又爲《生别離》,宋吳邁遠有《長别離》,唐李白有《遠别離》,亦皆類此。"此詩通過堯之二女與舜生離死别之悲哀,寄託作者對現實政治之感慨! 皇英,即娥皇、女英。《列女傳》卷一《母儀傳》:"有虞二妃者,帝堯之二女也。長娥皇,次女英。""乃在"二句,謂舜巡狩南方,二妃追踪而至,淹死於湘水,成爲湘水之神。《水經·湘水注》:"大舜之陟方也,二妃從征,溺於湘江,神游洞庭之淵,出入瀟湘之浦。""海水"二句,蕭士贇注:"此意謂離恨之苦與海水俱深也。""皇穹"二句,皇穹,即皇天,《文選》潘岳《寡婦賦》:"仰皇穹兮嘆息。"李善注:"皇穹,天也。"暗指皇帝。此句意猶《離騷》:"荃不察余之中情。"憑,猶盛。《楚辭·天問》:"康回馮怒。"馮,同憑,馮怒即盛怒。"堯舜"句,即堯當之亦禪舜,舜當之亦禪禹之意。之,指代"君失權"、"權歸臣"。謂堯舜皆不得已才禪讓。龍爲魚,《説苑》卷九《正諫》:"吳王欲從民飲酒,伍子胥諫曰:'不可。昔白龍下清冷之淵,化爲魚,漁者豫且射中其目。'"鼠變虎,《文選》東方朔《答客難》:"用之則虎,不用則爲鼠。"意謂君主失去賢臣之佐,神龍亦能變爲魚,大權旁落於奸臣之手,老鼠亦能變爲虎。"或云"句,堯幽囚,《史記》卷一《五帝本紀》:"堯崩……舜讓辟丹朱於南河之南。"《正義》引《括地志》云:"《竹書》云:'昔堯德衰,爲舜所囚也。……舜囚堯,復偃塞丹朱,使不與父相見也。'"舜野死,《國語·魯語上》:"舜勤民事而野死。"韋昭注:"野死,謂征有苗死於蒼梧之野。"似謂堯舜之死皆與失權相關。九嶷,山名,即蒼梧山,舜死所葬。《山海經·海内經》:"南方蒼梧之丘蒼梧之淵,其中有九嶷山,舜之所葬。"郭璞注:"山在零陵營道縣南,其山九谿皆相似,故云九嶷。古者總名其地爲蒼梧也。"《清一統志》:"湖南·永州府:九疑山在寧遠縣南六十里。"重瞳,指舜,《史記》卷七《項羽本紀》:"舜目蓋重瞳子。""帝子"二句,帝子,即娥皇、女英,《楚辭·九歌·湘夫人》:"帝子降兮北渚。"王逸注:"帝子,謂堯女也。"緑雲,指緑色之竹林。隨風波,主語是舜,謂舜隨風波一去不返。"慟哭"二句,謂舜死於蒼梧之野,娥皇、女英追之不及,唯遥望蒼梧而慟哭。末二句,竹淚,《初學記》卷二十八張華《博物志》:"舜死,二妃淚下,染竹即斑。"謂山崩水絶,竹上之淚痕始可泯滅。意者緣於其生離死别悲痛之深,而淚痕終古不滅也。此詩寄託作者對現實之感慨是甚麽呢?蕭士贇曰:"此詩大意謂無借人國柄,借人國柄則失其權,失其權則雖聖哲不能保其社稷妻子焉,其禍有必至之勢也。然則此詩之作其在於天寶之末乎?太白此時熟識時病,欲言則懼禍及己,不得已而形之詩章,聊以致其愛君憂國之志而已。"所見良是。又如《蜀道難》:

噫吁嚱,危乎高哉!蜀道之難,難於上青天。蠶叢及魚鳧,開國何茫然!爾來四萬八千歲,不與秦塞通人烟。西當太白有鳥道,可以横絶峨眉巔。地崩山摧壯士死,然後天梯石棧相鉤連。上有六龍回日之高標,下有衝波逆折之回川。黄鶴之飛尚不得過,猿猱欲渡愁攀援。青泥何盤盤!百步九折縈巖巒。捫參歷井仰脅息,以手撫膺坐長嘆。問君西游何時還?畏途巉巖不可攀!但見悲鳥號古木,雄飛雌從繞林間。又聞子規啼夜月,愁空山。蜀道之難,難於上青天,使人聽此凋朱顔。連峰去天不盈尺,枯松倒挂倚絶壁。飛湍瀑流爭喧豗,砯崖轉石萬壑雷。其險也如此,嗟爾遠道之人胡爲乎來哉!劍閣峥嶸而崔嵬,一夫當關,萬夫莫開。所守或匪親,化爲狼與豺。朝避猛虎,夕避長蛇,磨牙吮血,殺人如麻。錦城雖云樂,不如早還家。蜀道之難,難於上青天,側身西望長咨嗟!

此詩據孟棨《本事詩·高逸第三》:"李太白初自蜀至京師,舍於逆旅。賀監知章聞其名,首訪之。既奇其姿,復請所爲文。出《蜀道難》以示之。讀未竟,稱嘆者數四,號爲謫仙。"王定保《唐摭言》卷七有同樣記載。李白入長安在天寶元年,賀知章於天寶三年正月自秘書監退職還鄉,則此詩是天寶三年以前所作。關於此詩之意旨歷來衆説紛紜,按繆氏影刻北宋《李太白集》於《蜀道難》題下自注:"諷章仇兼瓊也。"蕭士贇注引洪芻《洪駒父詩話》云:"嘗見李集一本,於《蜀道難》題下注'諷章仇兼瓊也',考其年月,近之矣。"又沈括《夢溪筆談》卷四、洪邁《容齋續筆》卷六都有同樣記載。這些都是宋人的見聞,因此推斷其爲諷章仇兼瓊乃確切可信。《蜀道難》屬樂府《相和歌·瑟調曲》之一,《樂府古題要解》卷下云:"《蜀道難》備言銅梁、玉壘(皆蜀地山名)之險。"可見此歌辭有其傳統内容。自首句至"以手撫膺坐長嘆"爲第一段,寫蜀道之來歷及艱險。噫吁嚱,蜀地方言,驚嘆詞,《宋景文公(庠)筆記》:"蜀人見物驚異,輒曰'噫嘻嚱',李白作《蜀道難》因用之。"蠶叢、魚鳧,傳説古蜀國兩國君,《文選》左思《蜀都賦》劉淵林注引揚雄《蜀王本紀》:"蜀王之先名蠶叢、拍濩、魚鳧、蒲澤、開明。是時人萌椎髻左言,不曉文字,未有禮樂,從開明上到蠶叢,積三萬四千歲。"茫然,渺茫不明。四萬八千歲,極言歷史悠久,非指確切年代。秦塞,即秦地,今陝西地區。通人烟,人員往來。太白,即太白山,秦嶺主峰,在今陝西洋縣東北四百五十里。蛾眉,即峨眉山,在今四川峨眉縣西南,本岷山支脈,分大、中、小三峨,大峨高三千餘公尺。謂太白山之高唯有鳥道可横穿至峨眉之巔。"地崩"句,《華陽國志》

卷三《蜀志》:“(秦)惠王知蜀王好色,許嫁五女於蜀,蜀遣五丁迎之,還到梓潼,見一大蛇入穴中,一人攬其尾,掣之,不禁,至五人相助,大呼抴蛇,山崩,時壓殺五人。”天梯,高峻之山路。石棧,石崖上之棧道。六龍回日,謂山之高可以礙日,《初學記》天部上引《淮南子》曰:“爰止羲和,爰息六螭,是謂懸車。”注曰:“日乘車駕以六龍,羲和御之,日至此而薄於虞泉,羲和至此而回六螭。”高標,山之高峰爲一方之標誌。黄鶴,即天鵝、黄鵠。猿猱,長臂者曰猿,獮猴曰猱。青泥,嶺名,《元和郡縣志》卷二十五:“山南道·興州·長舉縣:青泥嶺在縣西北五十三里。……懸崖萬仞,山多雲雨,行者屢逢泥淖,故號爲青泥嶺。”《清一統志》:“甘肅·秦州:青泥嶺在徽縣南……爲入蜀之路。”在今陝西略陽縣西北。盤盤,盤旋貌。縈巖巒,環繞山巒。參、井,皆星宿名,古人認爲天上之星宿與地下之區域相應,稱爲分野,參是蜀之分野,井是秦之分野,捫參歷井,即由秦入蜀可撫摸到天空中之星辰。脅息,屏氣而呼吸。膺,即胸。撫膺長嘆者,驚嘆其高峻也。自“問君西游何時還”至“嗟爾遠道之人胡爲乎來哉”爲第二段。子規,鳥名,又名杜宇,傳説是蜀國國王望帝魂魄所化,《文選》左思《蜀都賦》:“鳥生杜宇之魂。”劉淵林注引《蜀記》曰:“昔有人姓杜名宇,王蜀,號曰望帝。宇死,俗説云:宇化爲子規。子規,鳥名也。蜀人聞子規鳴,皆曰望帝也。”子規暮春出現,夜晚啼聲尤爲哀怨。凋朱顔,使青春之容顔凋謝。湍,激流。瀑,瀑布。豗,撞擊聲。砯,水衝巖石聲。自“劍閣崢嶸而崔嵬”至篇末爲第三段。劍閣,在今四川劍閣縣東北,是大劍山和小劍山之間的棧道,又名劍門關。他的《劍閣賦》有云:“咸陽之南,直望五千里,見雲峰之崔嵬。前有劍閣横斷,倚青天而中開。”可以參看。“一夫當關”以下四句,本張載《劍閣銘》:“一人荷戟,萬夫趦趄。形勝之地,非親勿居。”意謂劍閣地形險要,守關者若非親信,他們會據以叛亂,成爲禍害人民的豺狼。猛虎、長蛇,比喻政治風險。錦城,即錦官城,在今成都市南。側身西望,時李白在長安,章仇兼瓊在蜀地錦城,故云西望。李白在長安三年,其間除了寫《蜀道難》之外,還寫了《劍閣賦》和《送友人入蜀》兩首詩,其中不僅對蜀道艱險的描寫與《蜀道難》相似,而且思想情感也與《蜀道難》相通。如"送佳人兮此去,復何時兮歸來"即"問君西游何時還"之意;"望夫君兮安極,我沉吟兮嘆息"即"側身西望長咨嗟"之意;其規勸朋友功名不可以强求的拳拳之情,即"嗟爾遠道之人胡爲乎來哉"之感嘆,都是諷入蜀之朋友,《劍閣賦》是諷王炎,《送友人入蜀》是諷另一位友人。《蜀道難》中謂"君"、謂"人",皆指章仇兼瓊,李白規勸章仇兼瓊不要爲追求功名而久居蜀地,那裏關山險惡,豺狼當道,政治環境惡劣,"錦城雖云樂,不如早還家",還是回來的好! 這是全篇之結穴。筆勢縱横,如虬飛蠖動,可謂奇中之奇,自騷人以來,鮮有此種體調,乃詩壇獨步。

李白之樂府,如上所述,在體格、韻調諸方面明顯承襲着"楚騷",具有楚人之詩風。但其另一些樂府歌辭,其源流所自,則是漢《鐃歌》諸曲和《子夜歌》、《江南》諸作,無論體裁、題材、語言等,都是漢民間樂府之意境和韻味。如《長干行二首》其一:

> 妾髮初覆額,折花門前劇。郎騎竹馬來,繞牀弄青梅。同居長干里,兩小無嫌猜。十四爲君婦,羞顔未嘗開。低頭向暗壁,千喚不一回。十五始展眉,願同塵與灰。常存抱柱信,豈上望夫臺。十六君遠行,瞿塘灎澦堆。五月不可觸,猿聲天上哀。門前遲行跡,一一生緑苔。苔深不能掃,落葉秋風早。八月蝴蝶來,雙飛西園草。感此傷妾心,坐愁紅顔老。早晚下三巴,預將書報家。相迎不道遠,直至長風沙。

《長干行》，屬樂府舊題，蕭士贇注："《樂府遺聲》：'都邑三十四曲中有《長干行》。'長干，地名也。《圖經》：'長干里，去上元縣五里。'"是當地流行的一種民間歌曲。王琦注："劉逵《吳都賦》注：'建業南五里有山岡，其間平地，吏民雜居，號長干。中有大長干、小長干，皆相連，大長干在越城東，小長干在越城西，地有長短，故號大小長干。'《韓詩》曰：'考槃在干，地下而廣曰干。'《方輿勝覽》：'建康府有長干里，去上元縣五里。李白《長干行》所謂"同居長干里"，乃秣陵縣東里巷，江東謂山壠之間曰干。'《景定建康志》：'長干里在秦淮南。'"大長干，在今南京市中華門外；小長干，在今南京市鳳凰臺南。按：李白於開元二十三年之前和天寶十三年，都曾到過金陵，此詩當即作於此時。唐代金陵爲商業城市，商人多去蜀地販運珠寶，此詩即寫商人婦與其丈夫離別之苦。首四句寫兒時天真爛漫，青梅竹馬，兩小無猜。劇，即游戲。次八句寫婚後與丈夫誓同生死，堅守信約。抱柱信，《戰國策》卷九《燕策》："信如尾生，期而不來，抱梁柱而死。"又《漢書》卷六十五《東方朔傳》："信如尾生。"顔師古注："尾生古之信士，與女子期於橋下，待之不至，遇水而死。"望夫臺，有數種説法，《蘇欒城集》以爲在四川忠州南數十里。《太平寰宇記》作望夫山，在今安徽當塗縣西北，然謂女望夫不至，登山化爲石則相同。又《輿地紀勝》亦載望夫山，唯所記故事小異，《江南西路・江州》謂"夫行役未回，其妻登山而望，每登山輒以藤箱盛土，積日累功，漸益高峻，故以名焉"。此兩句意謂我深信你有尾生之信，不致令我因懸念而化成石。"十六君遠行"以下四句，寫其希望丈夫能平安地沿江西上。瞿塘，在夔州城東，乃三峽之門，兩岸對峙，中貫大江，灩澦堆當其口。《太平寰宇記》卷一百四十八："灩澦堆，周回二十丈，在夔州西南二百步蜀江中心瞿塘峽口。冬水淺，屹然露百餘尺。夏水漲，没數十丈。其狀如馬,舟人不敢進。……吴諺曰:‘灔澦大如樸,瞿塘不可觸;灔澦大如馬,瞿塘不可下;灔澦大如鼈,瞿塘行舟絶;灔澦大如龜,瞿塘不可窺。’”夏曆五月江水漲,灔澦堆被淹没,舟船易觸礁,故告誡云“不可觸”。猿聲哀,三峽多猿,啼聲哀切。古歌謡云:“巴東三峽巫峽長,猿鳴三聲淚沾裳。”(《水經·江水注》)“門前遲行跡”以下八句,謂丈夫久出不歸,門前蹊徑荒蕪,見蝴蝶雙飛,而無限傷感。坐,深也。坐愁,猶深愁。末四句是盼望丈夫回來,並先捎信告訴,自己將不顧遠程迎接。三巴,即巴郡、巴東、巴西。長風沙,《太平寰宇記》卷一百二十五:“長風沙在舒州懷寧縣東一百九十里,置在江界,以防寇盗。……李白《長干行》云:‘相迎不道遠,直至長風沙。’即此是也。”陸游《入蜀記》第三:“太白《長干行》云:……蓋自金陵至此(指長風沙)七百里,而室家來迎其夫,甚言其遠也。”李白對這般婦女深表同情,他的另一首詩有云:“那作商人婦,愁水復愁風。”與此同情。又如《丁都護歌》:

> 雲陽上征去,兩岸饒商賈。吴牛喘月時,拖船一何苦!水濁不可飲,壺漿半成土。一唱都護歌,心摧淚如雨。萬人鑿盤石,無由達江滸。君看石芒碭,掩淚悲千古!

此詩當與《長干行》同時同地所作。王琦注:“考之地誌芒、碭諸山實産文石,意者是時官司取石於此山,僦舟搬運,適當天旱水涸,牽挽而行,期令峻急,役者勞苦。太白憫之,而作此詩。”丁都護歌,《宋書》卷十九《樂志》:“督護歌者,彭城内史徐逵之爲魯軌所殺,宋高祖(即劉裕)使府内直督護丁旿收斂殯埋之。逵之妻高祖長女也。呼旿至閤下,自問斂送之事。每問輒嘆息曰:‘丁都護!’其聲哀切,後人因其聲,廣其曲焉。”按:《丁都護歌》當爲民歌之一種,《宋書》附會徐逵被殺事,恐未必然。都,一作督。雲陽,在今江蘇鎮江市南,位於運河西岸。本爲戰國楚之雲陽邑,天寶以後,改稱丹陽,屬江南道潤州。上征,向上游行舟。吳牛喘月時,指夏季。《世説新語·言語》:"(滿奮曰:)'臣猶吳牛,見月而喘。'"劉孝標注:"今之水牛唯生江淮間,故謂之吳牛也。南土多暑,而此牛畏熱,見月疑是日,所以見月則喘。"鑿,繆本作鑿。江滸,猶江邊,指雲陽。芒碭,二山名,碭山在今安徽碭山縣東,芒山在其北。意謂芒、碭二山産文石千古不絶,人民遭受之痛苦也永無窮盡,怎能不令人千古悲傷落淚呢!落筆沉痛,含義深遠,對縴夫之深切同情溢於其間。又如《戰城南》:

> 去年戰,桑乾源;今年戰,葱河道。洗兵條支海上波,放馬天山雪中草。萬里長征戰,三軍盡衰老。匈奴以殺戮爲耕作,古來唯見白骨黄沙田。秦家築城備胡處,漢家還有烽火燃。烽火燃不息,征戰無已時。野戰格鬥死,敗馬號鳴向天悲。烏鳶啄人腸,銜飛上挂枯樹枝。士卒塗草莽,將軍空爾爲。乃知兵者是凶器,聖人不得已而用之。

《戰城南》屬樂府舊題,《鼓吹曲·鐃歌》二十二曲之一,皆描寫戰爭之作。蕭士贇云:"開元、天寶中,上(玄宗)好邊功,征伐無時,此詩蓋有所諷者也。"桑乾,河名,即古㶟水,亦稱漯涫水,約當今天永定河上游,源出山西北部管涔山,於河北西北部流入官廳水庫。明朝稱無定河,清康熙改名永定河。戰於桑乾源事,指天寶元年(七四二),河東朔方節度使王忠嗣與奚怒皆之戰。《舊唐書》卷一百零三《王忠嗣傳》:"忠嗣依舊朔方節度。天寶元年,兼靈州都督,是歲北伐,與奚怒皆戰於桑乾河,三敗之,大虜其衆,耀武漠北,高會而旋。"葱河,即葱嶺河,在今新疆維吾爾自治區境内。《漢書》卷九十六《西域傳》:"其河有兩源,一出葱嶺山,一出于闐。于闐在南山下，其河北流，與葱嶺河合，東注蒲昌海。”《太平寰宇記》卷一百五十四：“《西河舊事》云：葱嶺在敦煌西八千里，其山高大，上悉生葱，故曰葱嶺。……水分流東西，西入大海，東爲河源，張騫使大宛而窮河源，謂極於此，不達崑崙也。”戰於葱河道事，指天寶六年（七四七），高仙芝遠征吐蕃，經葱嶺，沿途以武力開道事。《唐書》卷一百三十五《高仙芝傳》：“天寶六載，詔仙芝以步騎一萬出討（吐蕃）……乃自安西過撥換城，入握瑟德，經疎勒，登葱嶺，涉播密州，遂頓特勒滿川，行凡百日。”去年、今年，極言戰爭之頻繁，非實指也。劉灣《出塞》：“去年桑乾北，今年桑乾東。”同一機杼。“洗兵”二句，古時行軍遇雨，稱洗兵。《説苑》卷十三《權謀》：“武王伐紂……風霽而乘以大雨，水平地而嗇，散宜生又諫曰：‘此其妖歟！’武王曰：‘非也，天灑兵也。’”又《文選》左思《魏都賦》：“洗兵海島，刷馬江洲。”李善注引魏武《兵接要》曰：“大將將行，雨濡衣冠，是謂洗兵。”條支，亦作條枝，唐西域國名，在今伊拉克之底格里斯河與幼發拉底河之間。濱臨波斯灣。《後漢書》卷一百十八《西域傳》：“條支國城在山上，周回四十餘里，臨西海，海水曲環其南及東北，三面路絶，唯西北隅通陸道。”天山，《元和郡縣志》卷四十：“天山一名白山，一名折羅漫山，在伊州北一百二十里。春夏有雪，出好米及金鐵，匈奴謂之天山，過之皆下馬拜。”按此所記爲祁連山，新疆境内也有天山，不知此詩所指爲何。洗兵於彼，放馬於此，對舉，極臻佳境。“匈奴”二句，《文選》王褒《四子講德論》云：“夫匈奴者，百蠻之最强者也。……其耒耜則弓矢鞍馬，播種則扞弦掌拊，收秋則奔狐馳兔，穫刈則顛倒殪仆。”此化用其意，而融鍊之，尤感精妙。“野戰”以下四句，化用樂府《戰城南》古辭“梟騎戰鬥死，駑馬徘徊鳴”以及“野死不葬烏可食。爲我謂烏：且爲客豪，野死諒不葬，腐肉安能去子逃”之意。末二句化用《六韜》卷一

《兵道》所謂"聖王號兵爲凶器,不得已而用之"。全詩皆本於《戰城南》古辭,而語更悲切,意尤慘痛,所以諷窮兵黷武者深矣。又如《烏棲曲》:

> 姑蘇臺上烏棲時,吴王宫裏醉西施。吴歌楚舞歡未畢,青山欲銜半邊日。銀箭金壺漏水多,起看秋月墜江波,東方漸高奈樂何!

《烏棲曲》,《樂府詩集》入《清商曲·西曲歌》。此詩借詠春秋時吴王夫差迷戀女色亡國事,以諷刺玄宗。姑蘇臺,《越絶書》卷二《越絶外傳記吴地傳》:"胥門外有九曲路,闔廬造以游姑胥之臺,以望太湖,中闚百姓,去縣三十里。"故址在今蘇州市南姑蘇山上,吴王闔閭始建,其子夫差增修爲游樂之地。烏棲時,即黄昏時。西施,越之美女。《越絶書》卷十二《越絶内經九術》:"乃飾美女西施鄭旦使大夫種獻之於吴。"春秋時吴越交戰,越王勾踐被吴王夫差打敗,勾踐獻西施以求和,夫差寵愛西施,晝夜與之飲酒作樂。《述異記》卷上云:"吴王夫差築姑蘇之臺,三年乃成,周旋詰屈,横亘五里。崇飾土木,殫耗人力。宫妓數千人,上别立春宵宫,爲長夜之飲,造千石酒鍾。夫差作天池,池中造青龍舟,舟中盛陳妓樂,日與西施爲水嬉。"吴歌,《楚辭·招魂》:"吴歈蔡謳。"王逸注:"歈、謳皆歌也。"楚舞,《史記》卷五十五《留侯世家》:"戚夫人泣,上曰:'爲我楚舞,吾爲若楚歌。'"青山銜日,謂太陽没於山。銀箭金壺,古代之計時器。《文選》陸倕《新刻漏銘》李善注引司馬彪《續漢書》曰:"孔壺爲漏,浮箭爲刻,下漏數刻,以考中星、昏明星焉。"即用銅壺盛水,壺下有小孔,水從孔中滴出。水中立一刻有度數之箭,測量逐漸下降之水平面,所顯露出來箭上之度數,即時刻之標誌。秋月墜江,謂天已破曉。東方漸高,漢《短簫鐃歌》:"東方須臾高知之。"此詩高字,意出於此。奈樂何,歡樂未盡,而無可奈何。沈德潛云:"末句爲樂難久也。綴一單句,格奇。"(《唐詩別裁》卷六)樂極生悲,《越絶書》卷五《越絶請糴内傳》:"申胥曰:'……今不出數年,鹿豕游於姑胥之臺矣。'"寓意委婉,全不説破,寄興深微。

李白所作之樂府,都沿用樂府舊題,古風古調,流蕩自然。然雖本於舊題,又不受舊題題材之限制,或寄意,或抒情,瑰麗奇幻,正如王世貞所謂"太白古樂府,窈冥惝怳,縱横變幻,極才人之致"(《藝苑卮言》卷四)。此外,李白的絶句成就也很高,其特點是語言明快,聲調清朗,意境含蓄,情味悠長。胡應麟評云:"太白五七言絶,字字神境,篇篇神物。"(《詩藪》内編卷六)如《望廬山瀑布二首》其二:

> 日照香爐生紫烟,遥看瀑布挂前川。飛流直下三千尺,疑是銀河落九天。

此詩應是至德元年(七五六)隱於廬山時所作。廬山瀑布,《後漢書》卷二十二《郡國志四》注引釋慧遠《廬山記》略曰:"山在尋陽南。……有匡俗先生者,出殷周之際,隱遯潛居其下……時謂所止爲仙人之廬而命焉。……東南有香爐山,其上氛氲若香烟,西南中石門前有雙闕,壁立千餘仞,而瀑布流焉。"九天,即九重天,天之最高處,形容瀑布落差之大,極寫廬山瀑布奇偉壯麗之觀。又如《贈汪倫》:

> 李白乘舟將欲行,忽聞岸上踏歌聲。桃花潭水深千尺,不及汪倫送我情。

楊齊賢注:"白游涇縣桃花潭,村人汪倫常醖美酒以待白,倫之裔孫至今寶其詩。"按涇縣離宣城很近,李白於天寶十三四年及肅宗上元二年皆曾在宣城。汪倫一送而感激如此,緣於李白參加永王璘之亂，被捕繫之前，臨逃走時，敢送行者，唯村夫汪倫一人而已。踏歌，《通鑒·唐紀》卷二十二："知微與虜連手踏《萬歲樂》於城下。"胡三省注："踏歌者，連手而歌，踏地以爲節。"桃花潭，在今安徽涇縣西南，王琦注："《一統志》：桃花潭在寧國府涇縣西南一百里，深不可測。"以桃花潭水比汪倫之深情，有不盡曲折之意。又如《早發白帝城》：

朝辭白帝彩雲間，千里江陵一日還。兩岸猿聲啼不住，輕舟已過萬重山。

此詩當爲乾元二年（七五九）李白長流夜郎，行至白帝城遇赦，即乘舟東返時所作。寫舟行迅速之景況，並自己喜悦之心境。白帝城，在今重慶奉節縣東白帝山上，楊齊賢曰："白帝城，公孫述所築，後爲劉備屯戍之地，改名永安夔州。"王琦注："巫山在夔州巫山縣，二地相近，所謂彩雲，正指巫山之雲也。"江陵，即今湖北江陵縣，《漢書》卷二十八上《地理志》："南郡縣江陵。"顔師古注："故楚郢都，楚文王自丹陽徙此。""兩岸"句，《水經·江水注》："自三峽七百里中，兩岸連山，略無闕處，重巖疊嶂，隱天蔽日，自非亭午夜分，不見曦月。至於夏水襄陵，沿泝阻絶。王命急宣，有時朝發白帝，暮到江陵。其間千二百里，雖乘奔御風，不以疾也。……每至晴初霜旦，林寒澗肅，常有高猿長嘯，屬引淒異，空谷傳響，哀轉久絶。故漁者歌曰：'巴東三峽巫峽長，猿鳴三聲淚沾裳。'"寫舟行瞬息千里，中間入"猿聲"一句，文勢起伏，爲全詩生色。

李白之絶句，大都語近情遠，具有絃外之音，味外之味。因此膾炙人口，長期流傳不絶，可與同時之王維、王昌齡的絶句比美，是有唐一代絶句創作之三絶。

總之，李白是主張復古，反對格律限制的。他以全副精力創作樂府古體,而不着意聲律之追求,偶有七律之作,數量也不多。他的詩歌不是精雕細琢出來的,而是用如椽之筆揮灑自如,使其情感自然流露。這是他與杜甫不同之處。杜甫是嘔盡心血作詩,講究苦吟,李白《戲贈杜甫》即説:“飯顆山頭逢杜甫,頭戴笠子日卓午。借問别來太瘦生,總爲從前作詩苦。”杜甫對李白則是另一種評價,他在《春日憶李白》中説:“白也詩無敵,飄然思不群。清新庾開府,俊逸鮑參軍。”又《寄李十二白》説:“筆落驚風雨,詩成泣鬼神。”杜甫對李白的詩歌創作推崇備至,儘管他們的創作態度和詩歌風格絶然不同。李白的詩歌體裁、詩風是屬於陳子昂、張九齡、岑參、高適一系的,是承襲這一派系而來,並有所發展和創造的。

四、杜甫

杜甫之詩歌理論與創作,與李白完全不同,這從其訓子詩中可以得到説明,如《宗武生日》云:“詩是吾家事,人傳世上情。熟精《文選》理,休覓彩衣輕。”如《又示宗武》:“覓句新知律,攤書解滿牀。……應須飽經術,已似愛文章。”即謂其祖父杜審言以詩傳世情,故宗武應精《文選》以紹家學,何必爲彩衣娱親呢?又謂作詩必須知詩律,攤書滿牀,核準事實,並且飽經術以發爲文章。這是以家學勉勵宗武,希望宗武能繼承家學也作詩人。那末杜家之詩訣是什麽?其意首要者爲“應須飽經術”和“熟精《文選》理”兩條,而“飽經術”更重要,他的《偶題》詩云“法自儒家有”即進一步申明了這一點。其次是通曉詩律,講求多讀書,所謂“遺辭必中律”(《橋陵詩三十韻》),所謂“讀書破萬卷,下筆如有神”(《奉贈韋左丞丈二十二韻》)。他在詩中也曾談到作詩之法,如“爲人性僻耽佳句,語不驚人死不休”(《江上值水如海勢聊短述》),如“陶冶性靈存底物?新詩改罷自長吟”(《解悶十二首》其七),都説明他下苦功錘煉詩句,使其詩句精確而洗煉,並有豐富之内涵。

杜甫(公元七一二——七七〇),據《舊唐書》卷一百九十下、《唐書》卷二百零一本傳、《唐詩紀事》卷一八、元稹《唐檢校工部員外郎杜君墓係銘並序》及其自作之詩文,字子美,祖籍湖北襄陽,因其曾祖依藝作鞏縣令,始遷居河南鞏縣。祖父杜審言是武后、中宗時著名詩人,父杜閑曾做過小官,到杜甫時家境極爲窮困,雖經大名士李邕稱賞,窮困境況並未好轉。他幼年早慧,七歲即作詩,九歲能寫大字,十四五歲時已與當時文士們相唱和,其《壯游》詩云:"往者十四五,出游翰墨場。斯文崔魏徒,以我爲班揚。七齡思即壯,開口詠鳳凰。九齡書大字,有作成一囊。"博得文壇上崔尚、魏啓心之稱許。二十歲左右開始漫游,其《哭韋大夫之晉》詩云:"悽愴郇瑕邑,差池弱冠年。"郇瑕邑故城在今山西省安澤縣東南。他游晉地,下姑蘇,渡浙江,游剡溪,歷時四五年。

開元二十三年(七三五),杜甫二十四歲,從吳、越歸來,赴京兆(長安轄區),舉進士,不第,心情鬱悶,便放蕩於齊州、兖州、洛陽、長安等處,屢與李白、高適、李邕等作詩酒之會。三十六歲,在長安應詔,但爲宰相李林甫所排擠,便與其他諸文士同時退出朝廷。當時唐王朝已呈衰危之象,他先後作《天狗賦》、《鵰賦》和《三大禮賦》進獻玄宗,以求自薦。玄宗令他"待制集賢院",此時他年已四十。天寶十一年(七五二),奉詔試文章,幸被録取。天寶十四年(七五五),被任命爲河西尉,辭不赴任。後改爲右率府胄曹參軍。然其生活仍極窮困,以至於連妻與子之生計都不能維持,同年七月至奉先省家,"入門聞號咷,幼子餓已卒"。當時階級矛盾已達到極其尖鋭之程度。"彤庭所分帛,本自寒女出。鞭撻其夫家,聚斂貢城闕。""朱門酒肉臭,路有凍死骨。"(《自京赴奉先縣詠懷》)社會危機一觸即發,安史叛亂隨之而起。十二月,洛陽失守,次年六月，潼關失守，長安陷落，玄宗奔蜀。七月太子即位靈武，是爲肅宗。杜甫於本年五月，從奉先到白水，投靠舅父崔少府。六月又從白水去鄜州。及聞肅宗即位，立刻從鄜州奔行在，遂陷賊中。安史之亂延續八年之久，波及地域極其廣闊，給人民造成深重災難，王孫公子也奔波逃命。其《哀王孫》、《哀江頭》、《春望》等即寫成於此時。至德二載（七五七）四月，他脱賊，謁帝於鳳翔，拜左拾遺。到官不久，即因房琯討賊於陳陶斜兵敗罷相，他上疏營救房琯，得罪肅宗，由張鎬、崔光遠、顔真卿等極力爲其辯護，始免治罪。八月奉詔還鄜州省家。於戰亂中逃奔回家，悲喜交集，因此有《北征》、《羌村》等作。當時官軍雖已收復兩京，而叛賊仍充斥中原，朝廷徵調壯丁有加無已，"三吏"、"三别"之作因而産生。十一月，扈從還京。乾元元年（七五八）六月，出爲華州司功參軍。時關中動亂，穀價飛騰。乾元二年，他離職西去，作客秦州。十月，往同谷，其生活困苦已極，以至於采薪拾栗自給，《同谷七歌》即其生活之寫照。

乾元二年十二月，他入蜀至成都，卜居浣花溪。上元元年（七六〇）三月，營築草堂落成。次年，他年已五十，往來於成都新津和青城一帶。寶應元年（七六二）七月，送嚴武還朝，至嚴州。不久，西川兵馬使徐知道反，他因避亂又到處流浪，入梓州。冬，又回成都，迎家至梓州。十二月，又去射洪、通泉一帶。廣德元年（七六三）春，去漢州；秋，去閬州；冬，復回梓州。此年，被任爲京兆功曹，不赴任。廣德二年春，從梓州去閬州。嚴武鎮蜀，他又携家回成都。《草堂》一詩，即描寫此次回成都之興奮心情。六月，嚴武爲其申請任節度參謀檢校工部員外郎，賜緋魚袋。

永泰元年（七六五），嚴武死，他辭别幕府，從此不再做官。同年五月，離蜀南下，從戎州到渝州；六月，到忠州；秋天，到雲安。大曆元年(七六六)春,從雲安到夔州,秋,寓居西閣。這期間寫了許多懷古之律詩,如《諸將》五首、《秋興》八首等。大曆二年春,遷居赤甲;三月,去瀼西;秋,往東屯;不久,又從東屯回瀼西。次年正月,蜀中大亂,他從夔州出峽;三月,到江陵。船未泊岸而江陵又亂,因移居公安。冬,又到岳州。大曆四年(七六九)春,從岳州到潭州;不久,又到衡州。夏天,畏熱回潭州。此時他多在舟中度過。大曆五年夏,臧玠叛亂,他避難至衡州,想再到郴州,投靠舅父崔偉,因先乘舟至耒陽,遇江水大漲,遂泊於方回驛,五日不得食。耒陽令聶某給予豐富之酒肉,他感激之餘,曾作詩一首贈聶令。此後,他想回家,但在歸途中,未曾走出湘江,由於風痺病加劇,作《風疾舟中伏枕書懷》,便不知死於何處了。

杜甫一生處於劇烈動蕩的社會之中,而且生活始終窮困不堪。但他對這種惡劣的環境並不屈服,而是自比稷、契,要致君堯、舜,表現出頑强的憂民救世精神。他以自己的儒學家世傳統自勵:"自先君恕、預以降,奉儒守官,未墜素業。"(《進鵰賦表》)將儒家貴德行、重名節之風範體現於自己言行之中,並以儒家仁政愛民之思想指導自己的詩歌創作,從而取得輝煌之成就。其詩集重要者有《四部叢刊》本《分類集注杜工部詩》二十五卷、《古逸叢書》本《杜工部草堂詩箋》四十卷、錢謙益注《杜工部集》二十卷、仇兆鰲注《杜詩詳注》二十五卷。共存詩一千四百餘首,但據韓愈《調張籍》詩所詠,尚不止此數。就今存者而言,其中有五律五百多首,七律一百多首,絶句是律詩之别體,也有二百餘首。約占其全部詩歌半數以上。亦可見律體在其創作中之重要性了。

杜甫之五律,多爲行旅、宴集、贈答、詠物之作。内容或寫景,或借景抒懷,抒發其人生抱負不得施展之恨,漂泊流離的身世之感和對國祚民瘼關懷之情。如其早年所作《登兖州城樓》:

東郡趨庭日，南樓縱目初。浮雲連海岱，平野入青徐。孤嶂秦碑在，荒城魯殿餘。從來多古意，臨眺獨躊躇。

此詩是開元二十八年（七四〇）杜甫到兖州省視其父杜閑時所作。兖州，《元和郡縣志》："河南道·兖州：隋大業元年於兖州置都督府，二年改爲魯州，三年改爲魯郡，十三年爲賊徐圓朗所據，武德五年討平圓朗，改魯郡，置兖州。"即今山東省兖州市。兖州城樓，指作者登兖州城南樓。首二句，寫登臨。東郡，即兖州，漢代兖州屬郡。古時稱子承父教爲"趨庭"，《論語》卷八《季氏》："鯉（孔子之子）趨而過庭。"縱目初，初次登臨眺望。次二句，寫兖州之地勢環境。海、岱、青、徐，《尚書》卷三《禹貢》："海、岱唯青州。"又："海、岱及淮唯徐州。"此四處皆與兖州接壤。"孤嶂"二句，寫兖州之古跡。孤嶂，即嶧山，一名鄒嶧山，又稱邾嶧山，係一孤峰，在今山東省鄒城市東南。秦碑，秦始皇所刻石碑。《史記》卷六《秦始皇本紀》："二十八年，始皇東行郡縣，上鄒嶧山。立石，與魯諸儒生議，刻石頌秦德。"荒城，指曲阜。魯殿，指魯靈光殿，在曲阜市東二里。《文選·魯靈光殿賦序》："魯靈光殿者，蓋景帝程姬之子恭王餘之所立也。……遭漢中微，'盜賊'奔突，自西京未央、建章之殿，皆見隳壞，而靈光巋然獨存。"餘，殘存。《水經·泗水注》："孔廟東南五百步，有雙石闕，即靈光殿之南闕，北百餘步，即靈光殿基，東西二十四丈，南北十二丈，高丈餘。"末二句，懷古。從來，猶自來，自有兖州城樓以來。古意，懷古之意。秦碑、魯殿皆先兖州城而有之古跡，故云。躊躇，即徘徊，《後漢書》卷二十八下《馮衍傳》："淹躊躇而弗去。"謂登高懷古於此，徘徊不忍離去。趙汸云："曰'從來'，則平時懷抱可知，曰'獨'，則登樓者未必皆知。"此詩起承轉合極其自然，對字詞、句法之錘煉亦極精妙，且八句皆對，在詩法上有創新。又《春日憶李白》：

白也詩無敵，飄然思不群。清新庾開府，俊逸鮑參軍。渭北春天樹，江東日暮雲。何時一樽酒，重與細論文。

此詩作於天寶六年（七四七），時杜甫在長安，李白已離開長安入吳。首二句以"詩無敵"、"思不群"贊揚李白詩之超群出衆。次二句説明其超群出衆者在兼有庾之清新和鮑之俊逸。庾開府，名信，字子山，南北朝梁時詩人，使北周被羈留，受封驃騎大將軍開府儀同三司，五言詩風格清新。鮑參軍，名照，字明遠，六朝劉宋時詩人，曾任臨海王子頊前軍參軍，七言歌行風格俊逸。五、六二句，渭北，泛指渭河兩岸，即杜甫所在之長安。江東，泛指長江以東地帶，即李白所在之越州。春天樹、日暮雲，互文見義，用江淹《擬休上人怨別》詩"日暮碧雲合，佳人殊未來"意。末二句，天寶三、四年間，作者與李白在洛陽和齊、魯曾兩度相會，故此詩重寄向往之意。詩之上半懷李，下半抒懷。五、六二句藏意於景，疎蕩有致，句法尤特殊。三、四二句拗，妙在使詩之意境、音節不同凡響，隱然有峻直之風。又《月夜》：

今夜鄜州月，閨中只獨看。遥憐小兒女，未解憶長安。香霧雲鬟濕，清暉玉臂寒。何時倚虚幌，雙照淚痕乾？

此詩是天寶十五年（七五六）所作。杜甫自鄜州奔行在，爲賊所得，被帶至長安，時家在鄜州，秋夜對月懷念妻子。首二句，鄜州，即今陝西省富縣。不寫自己看月，而寫妻子看月，以見思家之切。次二句，謂小兒無知，不解其母望月思夫之心事。"香霧"二句，香霧，指髮鬟中膏沐香氣。雲鬟，蓬鬆如雲之環形髮髻。范成大《新作景亭程詠之提刑賦詩次其韻》："花邊霧鬢風鬟滿，酒畔雲衣月扇香。"可作此句之詮解。清暉，指月光。霧濕雲鬟，光寒玉臂，想象妻子望月之久。末二句，虚幌，稀薄透明之帳。謂何時方能同倚帷帳望月,令月光照乾淚痕呢? 王嗣奭云:"意本思家,而偏想家人之思我,已進一層。至念及兒女之不能思,又進一層。須溪云:'愈緩愈悲'是也。'雲鬟'、'玉臂',語麗而情更悲。至於'雙照'可以自慰矣,而仍帶'淚痕'説,與泊船悲喜,驚定拭淚同。皆至情也。"詩情反復曲折,末以發問振筆,又以想象作結,極沈鬱頓挫之致。又《對雪》:

戰哭多新鬼,愁吟獨老翁。亂雲低薄暮,急雪舞回風。瓢棄樽無淥,爐存火似紅。數州消息斷,愁坐正書空。

此詩是至德元年(七五六)所作,是年十月,房琯大敗於陳陶斜,形勢不振。詩題"對雪",實則感慨時事。首二句,多新鬼,指陳陶斜之役戰死者衆。老翁,作者自謂。時京城權貴多降賊,無人關心朝廷之危亡,故云"獨"。次二句,以冬季肅殺之景,抒發其對唐王朝命運之憂慮。"瓢棄"二句,無酒可舀,故棄瓢。淥,即酃淥或醽醁之省稱,美酒名,見《荆州記》。爐存,空存火爐而無火,想象其中有火放紅光。極寫冬季窮困之景況。末二句,數州,指自己之家屬及弟、妹分處各地。皆身陷賊中,音信隔絶,故云"消息斷"。書空,《世説新語》下卷下《黜免》:"殷中軍(浩)被廢,在信安終日恒書空作字……竊視,唯作'咄咄怪事'四字而已。"其後遂以"咄咄書空"形容悲憤愁悶之狀。此爲抒發作者陷賊中萬分焦愁之心情。又如《春望》:

國破山河在,城春草木深。感時花濺淚,恨别鳥驚心。烽火連三月,家書抵萬金。白頭搔更短,渾欲不勝簪。

此詩是至德二年(七五七)三月在長安陷賊中所作,寫國破家亡之痛。首二句,寫山河依舊,景物全非。次二句,花濺淚,可解爲人見花而濺淚,亦可解爲花似有知,感時而濺淚。鳥驚心,意同此。其

《贈王二十四契侍御四十韻》:“曉鶯工迸淚,秋月解傷神。”爲後一義。“烽火”二句,是年春,史思明、蔡希德等圍攻太原,受到李光弼之抵禦;郭子儀引兵自鄜州出擊崔乾祐於河東;安守忠從長安出兵西犯武功;各方戰事緊張,三月之内,烽火不息。抵,猶當、值。“白頭”句,用《詩·邶風·静女》:“搔首踟躕”意,表示惶急無奈。“渾欲”句,鮑照《擬行路難》詩:“白髪零落不勝簪。”渾,猶簡直。寫自己苦厄憔悴之狀極其形象逼真。又《秦州雜詩》二十首,是其五律組詩中最精彩者,此組詩合之成爲一組,分之可以獨立成篇,然其首篇之“滿目悲生事,因人作遠游”則爲全詩之綱。如云:

> 滿目悲生事,因人作遠游。遲回度隴怯,浩蕩及關愁。水落魚龍夜,山空鳥鼠秋。西征問烽火,心折此淹留。

此詩是乾元二年(七五九)秋,至秦州後作。秦州,《元和郡縣志》:“隴右道·秦州:天寶元年改爲天水郡,乾元元年復爲秦州。”州治在今甘肅省天水市。全詩二十章皆抒發對時事之感觸。首二句,生事,猶世事、人事。張溍曰:“時大饑,生事不可問,故首曰悲生事。”楊倫曰:“時公以關輔大饑,棄官西去。”因人,即依人。時作者之姪佐在東柯谷,擬往依之。次二句,遲回,猶低徊,鮑照《代放歌行》:“今君有何疾,臨路獨遲回。”隴,即隴山,亦名隴阪。《太平御覽·地部二十一》引辛氏《三秦記》:“隴西關,其坂九回,不知高幾里,欲上者七日乃越。……又關中人上隴者,還望故鄉,悲思而歌,則有絶死者。”隴阪綿延於今陝西省寶鷄、隴縣和甘肅省清水、天水、秦安等縣市。山勢險峻,度隴不免勞頓,故云“怯”。浩蕩,廣闊遥遠貌。潘岳《河陽縣作》:“洪流何浩蕩,修芒鬱苕嶢。”關,指隴關,亦稱大震關。《元和郡縣志》:“關内道·隴州·汧源縣:大震關在州西六十一里。”即今陝西省隴縣西隴山下。秦州荒遠,故令人生愁。“水落”二句,魚龍,即魚龍川,《舊唐書》卷三《太宗本紀》:“(貞觀四年)冬十月壬辰,幸隴州。……甲辰,校獵於魚龍川。”魚龍川源出隴縣西北,南流至隴縣東,入於汧水。川中出五色魚,俗以爲龍,莫敢采捕,故名魚龍。見《水經·渭水注》。鳥鼠,山名,傳係渭水水源所出,以鳥鼠同穴得名。《元和郡縣志》:“隴右道·渭州·渭源縣:鳥鼠山,今名青雀山,在縣西七十六里。”即今甘肅省渭源縣西。水落、山空,形容秋季淒涼景象。何義門云:“《尚書》春言日,秋言夜,夜亦秋也。變文屬對,見滿目無非兵象。”末二句,西征,即西行,秦州在長安之西,故云。問烽火,問前途有否邊警,指吐蕃擾亂。心折,猶心驚肉跳。江淹《別賦》:“心折骨驚。”淹留,久留。意謂探知前方有吐蕃騷亂,故心驚而不能在秦州淹留。首句振起全篇,中間屬對精當,結以見事抒懷,顯示出峭拔之詩風。又其七云:

> 莽莽萬重山,孤城山谷間。無風雲出塞,不夜月臨關。屬國歸何晚,樓蘭斬未還。烟塵一長望,衰颯正摧顏。

此詩是遥望塞外,遐想漢朝國勢鼎盛時蘇武、傅介子立功異域,黯然自傷衰老。首二句,莽莽,無涯際貌。山,指隴山。孤城,指秦州城。山谷,一作石谷。次二句,謂山深故雲氣常無風而浮動,城高故夜未臨而月光先照。關,指隴關。“屬國”二句,屬國,即典屬國,漢官名,指蘇武。《漢書》卷五十四《蘇武傳》:“蘇武使匈奴,二十年不降,還,迺爲典屬國(掌管藩屬國家事務之官)。”樓蘭,漢朝西域國名。《漢書》卷七十《傅介子傳》:“介子與士卒俱齎金帛,揚言以賜外國爲名。至樓蘭……(樓蘭)王貪漢物,來見使者。介子與坐飲,陳物示之,飲酒皆醉。介子謂王曰:天子使我私報王。王起隨介子入帳中屏語,壯士二人從後刺之,刃交胸,立死。其貴人左右皆散走。……遂持王首還。”此二句是緬想蘇武、傅介子立功異域，感慨時無壯士安輯邊境，以防吐蕃入侵。末二句，烟塵，指戰火。《胡笳十八拍》：“烟塵蔽野兮胡虜盛。”長望，指西望塞外。一，一本作“獨”。衰颯，衰敗、衰落。張九齡《登古陽雲臺》詩：“庭樹日衰颯。”此處指年紀衰老。摧顔，謂容貌已被摧損。摧，一本作催。乃自傷衰老。此詩之風格與前一首相同。又《月夜憶舍弟》：

戍鼓斷人行，邊秋一雁聲。露從今夜白，月是故鄉明。有弟皆分散，無家問死生。寄書長不達，况乃未休兵。

此詩與前一首同時所作。杜甫有二弟，一在濟州（今山東省茌平縣西南），一在陽翟（今河南省禹州市）。乾元二年九月，史思明攻陷東京及齊、汝、鄭、滑四州，消息斷絶。首二句，戍鼓，指秦州城樓上戍兵按更次擊鼓。庾信《陪駕幸終南山和宇文内史》詩：“戍樓鳴夕鼓，山寺響晨鐘。”斷，截斷。邊秋，邊地之秋。一雁，庾信《奉報趙王出師在道賜詩》：“雨歇殘虹斷，雲歸一雁征。”寫秋景，亦暗喻聞雁聲而思其弟。《禮記》卷四《王制》：“父之齒隨行，兄之齒雁行。”次二句，白露，二十四節氣之一。《月令七十二候集解》：“八月節……陰氣漸重，露凝而白也。”是日爲白露節，故云。此二句含義深遠，最佳。王得臣《麈史》曰：“子美善於用事，及常語多離析，或倒句，則語峻而體健，意亦深穩，如‘露從今夜白，月是故鄉明’是也。”“有弟”二句，分散，一本作羈旅。無家，仇兆鰲云：“公携家至秦，而云無家者，弟兄離散，東都無家也。”末二句，謂消息不通，况戰爭之時，倍增懷念。陸機《爲顧彦先贈婦二首》：“音息曠不達，離合非有常。”詩用傷心折腸之語，令人不忍卒讀。又其《旅夜書懷》：

細草微風岸，危檣獨夜舟。星垂平野闊，月湧大江流。名

> 豈文章著,官應老病休。飄飄何所似? 天地一沙鷗。

永泰元年(七六五)四月,成都尹兼劍南節度使嚴武病死,作者以爲蜀地無可留戀,便於五月中携家人離開成都,乘舟東下,此詩即他過渝州(重慶)、忠州(今重庆市忠縣)時所作。上四句寫景。危,即高。檣,船桅。星垂,岸上平野遼闊,故仰望星辰遥掛如垂。大江,即長江。舟前大江奔流,水上明月動蕩如湧。孤舟夜泊之景極其闊大。李白《渡荆門送别》"山隨平野盡,江入大荒流"爲此兩句所本。下四句抒情。名豈文章著,謂自顧生平,見稱於世者,其惟文章乎? 官應,一本作官因。杜甫因疎救房琯而罷拾遺,得嚴武表奏,始授檢校工部員外郎。嚴武死,不得不再度漂流,故謂"老病休",憤懣之詞也。末二句,猶其《去蜀》詩"殘生隨白鷗"之意。此詩前半氣象宏大,後半轉爲渺小。聲調宏亮,是盛唐詩之範本。

杜甫在旅途中所寫之五律,多於描寫自然景物中,抒發自己之政治抱負。其濟世之心,終老不衰。如《江漢》:

> 江漢思歸客,乾坤一腐儒。片雲天共遠,永夜月同孤。落日心猶壯,秋風病欲蘇。古來存老馬,不必取長途。

此詩是大曆三年(七六八)秋漂泊於江陵時所作。首二句,江漢,即長江、漢水。江陵屬江漢流域。腐儒,迂腐無用之儒生,《荀子》卷三《非相》:"《易》曰:'括囊,無咎無譽',腐儒之謂也。"杜甫自謂。次二句,言與片雲共在遠天,與孤月同處長夜。"落日"二句,落日,喻年歲迫近晚景。蘇,一本作疎。以上四句以眼前景與心中情相交融,趙汸云:"情景混合入化。"末二句,存,收養。老馬,杜甫自喻。《韓非子》卷七《説林上》:"管仲、隰朋於桓公伐孤竹,春往冬返,迷惑失道,管仲曰:'老馬之智可用也。'乃放老馬而隨之,遂得道。"意謂應取老馬識途之智,不必取長途奔馳之力。張遠云:

“全首是‘老驥伏櫪,志在千里。烈士暮年,壯心不已’意。”杜甫雖有政治抱負,終不能實現,只有懷恨老死江潭。如《樓上》:

> 天地空搔首,頻抽白玉簪。皇輿三極北,身事五湖南。戀闕勞肝肺,論材愧杞柟。亂離難自救,終是老江潭。

此詩是大曆四年(七六九)在潭州所作。首二句,言天地雖大,卻無處容身,惟有搔首嘆息而已。古人蓄髮,頭上插簪綰髮。王嗣奭云:“白玉簪,蓋朝冠所用。屢思入朝而中止,故云‘頻抽’。”次二句,皇輿,皇帝所乘之車,指代朝廷。《楚辭·離騷》:“恐皇輿之敗績。”三極北,地有四極,皇輿在東、西、南三極之北,故云。身事,指身世漂泊。五湖,《史記》卷二十九《河渠書》索隱:“五湖者,郭璞《江賦》云具區、洮滆、彭蠡、青草、洞庭是也。”此專指洞庭湖。潭州在五湖之南,故云。“戀闕”二句,闕,宫門望樓,喻朝廷。論,一本作掄。杞、柟,兩種美木,可作棟梁之才。意謂報國有心,但才不堪用。乃憤慨之詞。末二句,老江潭,老死於江潭。仇兆鰲云:“戀闕而不才淪棄,既無補於皇輿;亂離而終老湘潭,又無濟於一身,此所以搔首躊躇耳。”懷才不遇,卻以反語言之。杜甫之五律,詩風沉鬱頓挫,章法變化多端,胡應麟《詩藪》内編卷四云:“五言律體,極盛於唐。……唯工部諸作,氣象嵬峨,規模宏遠,當其神來境詣,錯綜幻化,不可端倪。”又沈德潛《説詩晬語》卷上云:“五言律……杜子美獨闢畦徑,寓縱橫排奡於整密中,故應包涵一切。”既説明杜甫五言律之成就,又指出其開創意義。

杜甫之七律在數量上雖然不如五律多,但從律詩發展之角度看,其對後代之影響卻超過了五律。他早期之七律,多抒情、寫景之作,入蜀之後逐漸演變爲叙寫時事和個人身世之感。如其早期名作《曲江》二首其一云:

一片花飛減卻春,風飄萬點正愁人。且看欲盡花經眼,莫厭傷多酒入脣。江上小堂巢翡翠,苑邊高塚卧麒麟。細推物理須行樂,何用浮名絆此身!

此詩作於乾元元年(七五八)春,杜甫時仍任左拾遺。曲江,一名曲江池,在今陝西省長安縣東南十里,原是秦之隑州,漢武帝因秦宜春苑故址鑿而廣之,水流曲折,故名曲江。唐開元中更加疏鑿,池邊有紫雲樓、芙蓉園、杏園、慈恩寺、樂游園等名勝,花卉環植,烟水明媚。春秋佳日,游客如雲。此二詩,據王嗣奭云:"蓋憂憤而託之行樂者。……公雖授一官,而志不得展,直浮名耳,何用以此絆身哉!不如典衣沽酒,日游醉鄉,以送此有限之年。"首二句,寫春光惹人愁。減卻,即減去。言春隨花落而漸去。王嗣奭云:"語奇而意深。"次二句,謂且看眼前欲盡之花,勿因感傷多而厭酒。"江上"二句,翡翠,鳥名,紅羽稱翡,青羽稱翠。翡翠築巢,明堂空無人。苑,指芙蓉苑,在曲江西南。卧麒麟,《西京雜記》卷三:"五柞宫……西有青梧觀,觀前有三梧桐樹,樹下有石麒麟二枚。刊其脇爲文字,是秦始皇驪山墓上物也。"石麒麟偃卧於墓道旁,明塚廢不修。末二句,細推,細心推尋。物理,事物興衰無常之理。《淮南子》卷六《覽冥訓》:"耳目之察,不足以分物理。"結謂何必爲浮名所累!此詩用詞造句不拘常格,以"欲盡花"、"傷多酒"入句中,變上四下三之慣用句法爲上五下二,奇兀而妥貼,筆力勁健。杜甫入蜀之後,其七律之作始感慨事功,關懷時政,如《蜀相》:

丞相祠堂何處尋?錦官城外柏森森。映階碧草自春色,隔葉黄鸝空好音。三顧頻煩天下計,兩朝開濟老臣心。出師未捷身先死,長使英雄淚滿襟。

此詩是上元元年(七六〇)春作者游武侯祠時所作。蜀相,即諸葛亮。建安二十六年,劉備在蜀即帝位,册諸葛亮爲丞相。首二句,丞相祠,即武侯祠,在今成都市南門外,與劉備合廟而祀。《清一統志》:"四川·成都府:《寰宇記》:在先主廟西。《方輿勝覽》:武侯廟在府城西北二里。武侯初亡,百姓遇朔節,各私祭於道中,李雄始爲廟於少城内。"所記兩地,皆與現址不符。錦官城,成都以產錦著名,古代曾在此設官,專理其事。《華陽國志》卷三《蜀志》:"(蜀郡)西城,故錦官也。錦江,織錦濯其中則鮮明,他江則不好,故命曰錦里也。"森森,繁密貌。潘岳《懷舊賦》:"柏森森以攢植。"武侯祠前有柏一株,傳係諸葛亮手植。《儒林公議》:"成都劉備廟側有諸葛武侯祠,前有大柏,圍數丈,唐相段文昌有詩,石刻在焉。"次二句,自春色,自呈春色。空好音,空作好音。何遜《行經孫氏陵》:"山鶯空曙響,隴月自秋暉。"此化用其意,形容冷落荒涼。"三顧"二句,諸葛亮隱居隆中山(今湖北省襄樊市襄陽區西二十里),劉備三請方出。諸葛亮《出師表》:"三顧臣於草廬之中。"頻煩,屢次煩勞。天下計,指諸葛亮《隆中對》中之"東連孫權,北抗曹操,西取劉璋"方針。兩朝,指劉備、劉禪父子兩朝。開濟,開創匡濟。出師,指伐魏。身先死,《三國志·蜀志·諸葛亮傳》:"(建興)十二年(二三四)春,亮悉大衆由斜谷出,以流馬運,據武功五丈原,與司馬宣王對於渭南。亮每患糧不繼,使己志不申,是以分兵屯田,爲久駐之基。……相持百餘日,其年八月,亮疾病,卒於軍。"五丈原,在今陝西省眉縣西南。這不僅總括了諸葛亮一生之心事,而且寄託了作者自己之政治抱負,閃耀着作者之個性光輝。歷史上多少人物讀後爲之流淚,王嗣奭所謂"千古英雄有才無命者,皆括於此"。又如《聞官軍收河南河北》:

劍外忽傳收薊北,初聞涕淚滿衣裳。卻看妻子愁何在,漫卷詩書喜欲狂。白日放歌須縱酒,青春作伴好還鄉。即從巴峽穿巫峽,便下襄陽向洛陽。

此詩是廣德元年(七六三)春作者在梓州時所作。《舊唐書》卷十一《代宗本紀》:“(寶應元年)冬十月辛酉,詔天下兵馬元帥雍王統河東、朔方及諸道行營、回紇等兵十餘萬討史朝義,會軍於陝州,加朔方行營節度使大寧郡王僕固懷恩同中書門下平章事。……乙亥,雍王奏收東京、河陽、汴、鄭、滑、相、魏等州(即河南)。……丁酉,僞恒州節度使張忠志以趙、定、深、恒、易五州歸順,以忠志檢校禮部尚書、恒州刺史,充成德軍節度使,賜姓名曰李寶臣。於是河北州郡悉平。賊范陽尹李懷仙斬史朝義首來獻,請降。”杜甫得訊,驚喜若狂,乃作此詩。首二句,劍外,唐人稱劍門關以北爲劍内,以南爲劍外,時作者在梓州,故謂劍外。薊北,泛指唐代幽州、薊州一帶,即今河北省北部,爲安、史叛軍根據地。次二句,卻看,猶回顧。此時作者已將妻子接至梓州。漫卷,隨便捲起。卷,同捲。唐代尚無刻板書,皆手寫之卷子,可以舒卷。“白日”句,日,一本作首。須,猶應、必。其《投簡梓州幕府兼簡韋十郎官》:“固知貧病人須棄,能使韋郎跡也疎。”須縱酒,應開懷痛飲。末二句,巴峽,指今重慶市東之巴峽,在嘉陵江,俗稱“小三峽”。《華陽國志》卷一《巴志》:“巴亦有三硤。”巫峽,在今重慶市巫山縣東。襄陽,即今湖北省襄樊市襄陽區。杜甫先世爲襄陽人。洛陽,杜甫之曾祖依藝爲鞏縣令,徙河南,故河南是杜甫故鄉。原注:“余田園在東京。”人在劍外,心已嚮往家園,喜悦之情可見。詩唯首句叙事,餘皆抒情,以“初聞”起,轉出“卻看”、“漫卷”,然後“青春作伴”始還鄉。收尾以對句鎖之,既流利又工整,一氣呵成,用筆極盡揮灑之能事。

杜甫離開成都,至夔州,七律之作益精,所謂“晚節漸於詩律細”(《遣悶戲呈路十九曹長》),不僅數量多,而且技巧更工穩、純熟和凝練了。《諸將五首》、《秋興八首》、《詠懷古跡五首》可爲代表。

如《諸將》其二：

> 韓公本意築三城，擬絶天驕拔漢旌。豈謂盡煩回紇馬，翻然遠救朔方兵！胡來不覺潼關隘，龍起猶聞晉水清。獨使至尊憂社稷，諸君何以答升平？

此組詩作於大曆元年（七六六）秋在夔州時，是一組政論之作，評價當時政治之得失，有鑒往警來之意。首二句，韓公，即張仁願，曾封韓國公。築三城，事在中宗神龍三年（七〇七），三城皆在黃河北，今内蒙古自治區境内，《舊唐書》卷九十三《張仁願傳》："先，朔方軍北與突厥以河爲界……時突厥默啜盡衆西擊突騎施娑葛，仁願請乘虚奪取漠南之地，於河北築三受降城，首尾相應，以絶其南寇之路。……自是突厥不得度山放牧，朔方無復寇掠。"天驕，即天之驕子。《漢書》卷九十四《匈奴傳》："南有大漢，北有强胡。胡者，天之驕子也。"意謂天所嬌寵，故極强盛。拔漢旌，拔掉漢軍旗幟，指入侵。次二句，翻然，猶反而。朔方兵，指郭子儀所部。《舊唐書》卷一百二十《郭子儀傳》："（至德二載九月子儀）從元帥廣平王率蕃漢之師十五萬進收長安。回紇遣葉護太子領四千騎助國討賊。……子儀奉元帥爲中軍，與賊將安守忠、李歸仁戰於京西香積寺之北。……回紇以奇兵出賊陳之後，夾攻之，賊軍大潰。……"又："安慶緒遣嚴莊悉其衆十萬來赴陝州，與張通儒同抗官軍……屯於陝西。……子儀以大軍擊其前，回紇登山乘其背……賊驚顧曰：'回紇來'，即時大敗。……子儀奉廣平王入東都。"兩京收復皆借回紇兵力，故云"盡煩"。杜甫一貫反對借兵回紇，如《北征》："此輩少爲貴。"《留花門》："中原有驅除，隱忍用此物。"故用張仁願事，以譏諸將之無能。"胡來"二句，胡來，指安禄山破潼關陷長安，以及吐蕃與回紇連兵入犯蹂躪三輔事。潼關本險隘難攻，而安禄山卻長驅直入,可知守將哥舒翰之無能。作者以此暗譏當時諸將。龍起,《錢注杜詩》引一行《并州起義堂頌》:"我高祖龍躍晉水,鳳翔太原。"晉水,出山西太原西南,東流入汾河。《册府元龜·帝王部·徵應》:"高祖……癸巳次龍門縣,河水變清。"錢謙益云:"龍起猶聞晉水清,即李翺所謂神堯以一旅取天下也。其感嘆如此!"作者以唐高祖起兵太原事,比擬代宗收復兩京。代宗於至德二載九月收復兩京,同年七月嵐州合關河清三十里。末二句,至尊,指代宗。此時吐蕃連年入寇,禍患未艾,而諸將只知安享尊榮,不思殺敵報國。故作者感慨而詰責之。詩中連用"本意""擬絶""豈謂""翻然""不覺""猶聞""獨使""何以"諸詞,一氣流轉,回旋自如。三、四句用流水對,順暢自然。其中之虛字,或置於句首,或置於句中,錯綜連用,極變化之致。又如《秋興》其六:

> 瞿塘峽口曲江頭,萬里風烟接素秋。花蕚夾城通御氣,芙蓉小苑入邊愁。珠簾繡柱圍黄鵠,錦纜牙檣起白鷗。回首可憐歌舞地,秦中自古帝王州!

此組詩亦大曆元年秋在夔州所作。興,猶感興,遣興。潘岳《秋興賦序》:"於時秋也,故以'秋興'命篇。"八首皆因秋遣興。查慎行云:"身居巫峽,心望京華,爲八詩之大旨。"首二句,瞿塘峽,乃巴東三峽第一峽,在夔州東一里。《清一統志》:"四川·夔州府:《明一統志》:瞿塘峽,乃三峽之門,兩岸對峙,中貫一江,灧澦堆當其口。"風烟,同風雲。素秋,古以四季應四方,秋當西方,屬白色,故云。瞿塘與曲江相距萬里,因見瞿塘秋色而想望長安。次二句,花蕚,即花蕚相輝之樓,簡稱花蕚樓,在長安南内興慶宫西南隅。夾城,即興慶宫至曲江芙蓉園之複道。唐玄宗喜游樂,爲避人耳目計,於開元二十年,自大明宫沿長安城東城牆築夾城,經興慶宫、春明門、延興門，至長安東南角之曲江、芙蓉園。邊愁，指安禄山在邊疆倡亂。錢謙益云："禄山反報至，帝欲遷幸，登興慶宫花蕚樓置酒，四顧悽愴，此所謂'入邊愁'也。""珠簾"二句，珠簾繡柱，指曲江行宫别院之樓亭建築。黄鵠，傳説中仙人所乘之大鳥。《漢書》卷七《昭帝紀》："始元元年春二月，黄鵠下建章宫太液池中。"錦纜牙檣，指曲江中之貴族游船。極寫當時之盛况爲宫殿林立，黄鵠入園；舟楫衆多，白鷗驚起。末二句，歌舞地，指曲江。即《樂游園歌》"拂水低回舞袖翻，緣雲清切歌聲上"之情景。秦中，即關中。慨嘆自古帝王建都之地，今遭戎馬踐踏，豈不可悲！詩之首句標出兩處地名"瞿塘峽"和"曲江頭"，然後以"接素秋"三字將其連繫起來，於是涌現聯翩浮想，即中間四句曲江事變之景象。最後用"回首"兩字兜回，抒發了憂念時局、眷念京國之感慨。黄生云："杜公七律，當以《秋興》爲裘領，乃公一生心神結聚之所作也。"又如《登高》：

> 風急天高猿嘯哀，渚清沙白鳥飛回。無邊落木蕭蕭下，不盡長江滚滚來。萬里悲秋常作客，百年多病獨登臺。艱難苦恨繁霜鬢，潦倒新停濁酒杯。

此詩爲大曆二年秋在夔州所作。登高，舊時習俗，重陽節有登高之舉。《續齊諧記》："汝南桓景隨費長房游學累年，長房謂曰：'九月九日汝家當有災，宜急去，令家人各作絳囊，盛茱萸，以繫臂，登高飲菊花酒，此禍可除。'……世人九日登高飲酒，婦人帶茱萸囊，蓋始於此。"首二句，渚，水上沙洲。在巫峽登高，故聞猿嘯；下臨長江，故渚清沙白。次二句，寫秋天景色，蕭蕭，風吹樹葉聲。《楚辭・九歌》："風颯颯兮木蕭蕭。""萬里"二句，夔州距京城遥遠，回京無望，故云萬里。悲秋，秋氣蕭森，令人生悲。《楚辭・九辯》：

“悲哉！秋之爲氣也。”百年,一生、終身。末二句,苦恨,即極恨。繁霜鬢,形容白髮之多,如鬢著繁霜。潦倒,失意頹喪貌。新停濁酒杯,舊解爲作者患病,故停杯,非。是年《九日五首》即有“重陽獨酌杯中酒”之句,可知新停者,爲方飲罷之意。詩歌以回旋之律調抒發年華已逝,事業無成之慨！胡應麟云“此詩自當爲古今七言律第一”(《詩藪》)。

七言律詩到了杜甫,境界始大,感慨遂深。描摹物象,抒發性情,能於尺幅之中,運之以磅礴飛動的氣勢,形成恢弘雄偉之景觀。杜甫之律詩能達到如此境地,誠如仇兆鰲解《遣悶戲呈路十九曹長》云:“公嘗言‘老去詩篇渾漫與’,此言‘晚節漸於詩律細’,何也?‘律細’言用心精密,‘漫與’言出手純熟;熟從精處來,兩意未嘗不合。”把兩者結合起來,便達到其所謂“思飄雲物動,律中鬼神驚”(《敬贈鄭諫議十韻》)之境界。

杜甫之絶句,與其律體、樂府、古詩比,相對薄弱一些,但也不乏佳構,如《八陣圖》:

功蓋三分國,名成八陣圖。江流石不轉,遺恨失吞吳。

此詩爲大曆元年初到夔州時作。詠諸葛亮之《八陣圖》。所謂八陣,即天、地、風、雲、飛龍、翔鳥、虎翼、蛇盤。八陣地點有多處,此詩所詠爲魚復縣之八陣圖,即《夔府詠懷一百韻》中“陣圖沙岸北”之八陣圖。在夔州西南七里平沙上,聚石成堆,縱横棋佈,夏季爲水所没,冬季水退則現。《水經·江水注》:“江水又東經諸葛亮圖壘南,石磧平曠,望兼川陸,有亮所造八陣圖。東跨故壘,皆累細石爲之。自壘西去,聚石八行,行間相去二丈,因曰八陣。”首句極贊諸葛亮。蓋,猶超、越。三分國,即蜀、魏、吳。謂諸葛亮輔佐劉備,造成三國鼎立之勢,建立蓋世之功。次句入題。三句就八陣圖説。

石不轉,八陣圖中之積石,雖被江水衝激,數百年來,仍屹然不稍移動。韋絢《劉賓客嘉話録》:"夔州西市,俯臨江沙,下有諸葛亮八陣圖,聚石分佈,宛然猶存。峽水大時,三蜀雪消之際,澒湧滉漾,大木十圍,枯槎百丈,隨波而下。及乎水落川平,萬物皆失故態,諸葛小石之堆,標聚行列依然。如是者近六百年,迨今不動。"此爲劉禹錫於長慶二年(八二二)任夔州刺史時親睹。末句,失吞吳,有兩意,一則恨未吞吳,一則恨失於吞吳。沈德潛《唐詩别裁》云:"吳蜀唇齒,不應相仇。'失吞吳',失策於吞吳,非謂恨未曾吞吳也。隆中初見時,已云'東連孫權,北拒曹操'矣。"沈主後説。蓋鼎足之勢,在劉備爲報關羽被殺之仇,不忍一時之忿,伐吳兵敗,致蜀吳同盟破裂,遂使晉能各個擊破,故有遺恨。此詩運思之細,命意之高,於此可見。又《江南逢李龜年》:

> 岐王宅裏尋常見,崔九堂前幾度聞。正是江南好風景,落花時節又逢君。

此詩爲大曆五年(七七〇)在潭州作。江南,指江、湘之間。李龜年,唐代著名音樂家。安、史亂後,流落江南。《明皇雜録》:"開元中樂工李龜年、彭年、鶴年兄弟三人,皆有才學盛名。彭年善舞,鶴年、龜年善歌。……其後龜年流落江南,每遇良辰勝景,爲人歌數闋,座中聞之,莫不掩泣罷酒。"杜甫少年時曾在洛陽聽李龜年演唱,此時又在潭州相遇,乃寫詩相贈,抒發今昔盛衰之感。岐王,即李範。《舊唐書》卷九十五《睿宗諸子傳》:"惠文太子範,睿宗第四子也。……睿宗踐祚,進封岐王。……範好學工書,雅愛文章之士,士無貴賤,皆盡禮接待。"岐王宅,在東都洛陽尚善坊。杜甫十四歲時,"出游翰墨場",常在岐王宅見李龜年。崔九,原注:"崔九,即殿中監崔滌、中書令湜之弟。"《舊唐書》卷七十四《崔仁師傳》:“(滌)素與玄宗款密,……用爲秘書監……後賜名澄。”常出入禁中,與諸王侍宴不讓席。開元十四年卒。崔滌有宅在東都洛陽遵化里,杜甫少年時亦常出入其宅第。落花時節,即暮春季節。此詩二十八字中,有關今昔盛衰之感,彼此漂流轉徙之苦,會合之難,都無一字明説,僅末句用一“又”字,而往事今情,一齊納入。作者非感慨甚深,語言精妙,豈能達此境界?

杜甫之詩歌成就主要是律體,並不意味他的古詩不如律詩,而是由於在他之前古詩已經成熟,他的創作有前人經驗可以資藉,律詩則是初生之詩體,無舊慣可循,襤褸開拓,創作一種新形式十分艱難之故。杜甫的詩歌如“即事名篇,無復依傍”之樂府《麗人行》、《兵車行》、“三吏”、“三别”等和叙事、議論成分很重之古詩《自京赴奉先縣詠懷五百字》、《北征》等,其社會意義,可謂前掩古人,冠冕百代。其體制則是在前人創作的基礎上進一步發展。如《麗人行》:

> 三月三日天氣新,長安水邊多麗人。態濃意遠淑且真,肌理細膩骨肉匀。繡羅衣裳照暮春,蹙金孔雀銀麒麟。頭上何所有?翠微㔩葉垂鬢脣。背後何所見?珠壓腰衱穩稱身。就中雲幕椒房親,賜名大國虢與秦。紫駝之峰出翠釜,水精之盤行素鱗。犀筯厭飫久未下,鸞刀縷切空紛綸。黄門飛鞚不動塵,御厨絡繹送八珍。簫鼓哀吟感鬼神,賓從雜遝實要津。後來鞍馬何逡巡!當軒下馬入錦茵。楊花雪落覆白蘋,青鳥飛去銜紅巾。炙手可熱勢絶倫,慎莫近前丞相嗔!

此詩作於天寶十二載(七五三)春。時楊國忠任右丞相,姊妹或爲貴妃、或封國夫人,氣燄薰天,權幸無比。國忠私於虢國夫人,常同騎出游,相互調笑,不以爲耻。杜甫因作此詩諷刺其游曲江之荒淫生活。首十句寫上巳節曲江邊游春的一般貴夫人之艷麗。三月三日,上巳節。古代風俗,是日至水邊祓除不祥,稱修禊。以後演變爲在水邊飲宴、郊外游春之節日。長安水邊,指曲江。態濃意遠,體態濃艷,神情蘊藉。淑且真,和善而端莊。仇兆鰲云:"濃如紅桃裛露,遠如翠竹籠烟,淑如瑞日祥雲,真如澄川朗月,一句中寫出絶世豐神。"肌理,皮膚之紋理。細膩,細嫩柔滑。《楚辭·招魂》:"靡顔膩理。"骨肉勻,胖瘦適度。蹙,一種刺繡方法。蹙金孔雀,用金綫繡的孔雀圖案。銀麒麟,用銀綫繡的麒麟圖案。趙次公云:"蹙金實事,唐人常語,故杜牧自謂其詩云:蹙金結繡而無痕跡。"兩句謂羅衣上金銀刺繡圖案,在暮春陽光下閃爍奪目。翠微,天然之翠藍色,古人稱山色爲翠微。微,一本作爲,翠爲與下句珠壓相對。匌葉,即匌彩葉,古代婦女髮飾匌彩上之花葉。《玉篇·勹部》:"匌彩,婦人頭花髻飾也。"鬢脣,即鬢邊、鬢腳。意謂頭髻上翠藍色之匌彩葉下垂到鬢邊。衱,衣服後襟。腰衱,即裙帶。稱身,合體。將珠子綴於裙帶,壓使下垂,不被風吹動,既合體,又沉甸,故云穩稱身。中十句專寫楊氏姊妹。就中,即其中。雲幕,《西京雜記》:"漢成帝……雲幕於甘泉殿。"注曰:"謂鋪設幕帳如雲霧也。"椒房親,皇后親屬。椒房係用椒和泥塗壁之房子,取其温暖有香氣。漢代未央宫有椒房殿,爲皇后所居,後世因用爲皇后之代稱。此處喻楊貴妃等同皇后。賜名,指賜封號。古時貴族婦女有"國夫人"之稱號。《舊唐書》卷五十一《楊貴妃傳》:"有姊三人,皆有才貌,玄宗並封國夫人之號:長曰大姨,封韓國;三姨,封虢國;八姨,封秦國。並承恩澤,出入宫掖,勢傾天下。"大國,國夫人雖無土地實封,但這些國名在當時官制上都是大國稱號。虢與秦,虢國夫人與秦國夫人。由於詩句字數之限制,舉二以概三。紫駝之峰,駱駝背上隆起之肉。唐代貴族豪門用作珍異食品,名駝峰炙。《西陽雜俎》卷七:“今衣冠家,名食……有將軍曲良翰,能爲驢騣駝峰炙。”釜,鍋。翠,形容其華美。水精,即水晶。行,傳遞、端送。素鱗,銀白色魚。犀筯,犀牛角制的筷子。厭,同饜。厭飫,飫食生膩。久未下,好久未下筷子。鸞刀,環上有鸞鈴之刀。縷切,切成細絲。空紛綸,白忙一陣。黄門,即宦官、太監。飛鞚,即飛馬。鞚,馬勒頭。不動塵,騎術高超,馬快如飛,塵土不揚。《明皇雜録》:“虢國每入禁中,常乘驄馬,使小黄門御。紫驄之俊健,黄門之端秀,皆冠絶一時。”即“黄門飛鞚”景象。御厨,皇帝厨房。八珍,八種珍貴食品,如駝峰、熊掌、鹿脣等。《唐書》卷七十六《楊貴妃傳》:“帝所得奇珍及貢獻分賜之,使者相銜於道,五家如一。”賓從,隨楊氏來的賓客與僚屬。雜遝,雜亂而衆多。要津,險要渡口。《文選·古詩》:“何不策高足,先據要路津。”喻重要職位。實,此處作“占據”解。謂賓從皆當朝權貴。末六句全寫楊國忠。後來鞍馬,最後騎馬來者,指楊國忠。楊國忠原名釗,楊貴妃之從兄,天寶十一載十一月任右丞相。逡巡,欲行又止貌,此處有大模大樣、旁若無人意。軒,敞廳。錦茵,錦繡地毯。極寫楊國忠之驕慢及其與主人之親密關係。蘋,即四葉菜、田字草,生於淺水中。《廣雅》:“楊花入水化爲萍。”大萍叫蘋。故俗以楊花與白蘋同源,而且楊花諧楊姓,故用“楊花覆白蘋”來影喻楊氏兄妹之淫亂關係。又北魏胡太后與楊白花私通,白花懼禍,南逃降梁,改名楊華。胡太后懷之,作《楊白華歌》,有“秋去春還雙燕子,願銜楊花入窠裏”之句。此處也化用此事,以暗喻楊國忠之淫亂。青鳥,神話傳説中西王母使者,後世用爲傳遞消息者之代稱。紅巾,貴婦人慣用之手帕。意爲楊氏兄妹暗中傳情達意。炙手可熱,形容氣燄灼人。勢,一本作世。丞相,即楊國忠,當時任右丞相。瞋,即惱怒。一本作嗔,盛氣貌。以瞋爲是。意謂游人切勿近前觀看,否則將引起楊國

忠之瞋怒。浦起龍云:“無一刺譏語,描摹處,語語刺譏;無一慨嘆聲,點逗處,聲聲慨嘆。”又如《石壕吏》:

暮投石壕村,有吏夜捉人。老翁踰牆走,老婦出看門。吏呼一何怒!婦啼一何苦!聽婦前致詞:“三男鄴城戍。一男附書至,二男新戰死。存者且偷生,死者長已矣!室中更無人,唯有乳下孫。有孫母未去,出入無完裙。老嫗力雖衰,請從吏夜歸。急應河陽役,猶得備晨炊。”夜久語聲絶,如聞泣幽咽。天明登前途,獨與老翁别。

此詩爲乾元二年(七五九)三月作。原注:“收京後作,雖收兩京,賊猶充斥。”是年三月三日,郭子儀、李光弼、王思禮等九節度使所部圍安慶緒於鄴城,爲安慶緒所敗,步騎六十萬潰於鄴城之下,郭子儀退守河陽。《通鑒》卷二百二十一:“子儀以朔方軍斷河陽橋,保東京。戰馬萬匹唯存三千,甲仗十萬遺棄殆盡。……諸節度各潰歸本鎮。”爲了挽救危局,唐王朝到處抓兵服役。杜甫自洛陽回華州,途中親見生民疾苦,乃作“三吏”、“三别”等詩。石壕村,在今河南省陝縣東南隴海路英豪鎮車站附近。《困學紀聞》卷十八:“石壕吏,蓋陝州陝縣石壕鎮也。”投,投宿。看門,猶應門、守門。一何,何其。一,加重語氣之詞,《戰國策·燕策》:“此一何慶弔相隨之速也。”《古詩十九首》之五:“上有絃歌聲,音響一何悲!”此句化用昭明太子《請停吴興丁役疏》:“吏一呼門,動爲人蠹。”吏極怒,婦極苦,兩相對照。鄴城戍,參與圍攻鄴城安慶緒叛軍之役。按:唐代府兵有“先取多丁”之法,原是循西魏府兵“家有三丁者,選材力一人”(《玉海》卷一百三十八《兵制》引《鄴侯家傳》)之法而來。白居易《新豐折臂翁》:“無何天寶大徵兵,户有三丁點一丁。”亦可爲佐證。詩中老婦三子,俱已應役,足見安史亂時,府兵制已遭破壞。長已矣,語出《胡笳十八拍》:"死當埋骨兮長已矣。"母未去,因有乳兒,母未改嫁。無完裙,衣履不全。裙,泛指衣服。"老嫗"二句,言老婦自請充軍服役。河陽,即舊孟津,在今河南省孟縣西,黄河北岸。郭子儀鄴城敗後,退守於此。錢謙益云:"郭子儀兵既潰,用都虞侯張用濟策守河陽。"備晨炊,言夜間起程,赶至河陽還能及時爲軍隊做早餐。泣幽咽,有淚無聲爲泣,哭聲梗塞爲咽。末句謂老翁於縣吏去後回來,老婦已被抓走,媳婦因衣履不全不能出門,故作者獨與老翁告别。仇兆鰲云:"詩云:三男戍,二男死,孫方乳,媳無裙,翁踰牆,婦夜往,一家之中,父子、兄弟、祖孫、姑媳慘酷至此!民不聊生極矣!"全詩直陳事實,無一字評語,而人民之痛苦自然流露。

杜甫之叙事、議論成分很重之抒情詩,如《樂游園歌》:

> 樂游古園崒森爽,烟綿碧草萋萋長。公子華筵勢最高,秦川對酒平如掌。長生木瓢示真率,更調鞍馬狂歡賞。青春波浪芙蓉園,白日雷霆夾城仗。閶闔晴開詄蕩蕩,曲江翠幙排銀牓。拂水低回舞袖翻,緣雲清切歌聲上。卻憶年年人醉時,只今未醉已先悲。數莖白髮那抛得,百罰深杯亦不辭。聖朝已知賤士醜,一物自荷皇天慈。此身飲罷無歸處,獨立蒼茫自詠詩。

此詩《文苑英華》題作《晦日賀蘭傳楊長史筵醉歌》,係天寶十載(七五一)參加游筵之作。樂游園,一名樂游原。《三輔皇圖》:"在杜陵(漢宣帝陵)西北。"仇兆鰲注曰:"《西京記》:樂游園,漢宣帝所立。唐長安中,太平公主於原上置亭游賞。其地四望寬敞,每三月上巳、九月重陽,士女戲就此祓禊、登高……朝士詞人賦詩,翌日傳於京師。"首六句寫樂游園節日之繁華。崒,高峻貌。森爽,陰森爽豁。烟綿,綿延不斷。萋萋,草長茂盛貌。公子,指楊長史。秦川,長安正南有秦嶺,嶺下爲八百里關中平原,稱秦川。平如掌,《長安志》:"樂游原居京城之最高,四望寬敞,京城之内,俯視如掌。"長生木,木名。晉嵇含有《長生木賦》。傳説用長生木瓢酌酒,飲之可以延年。用長生木雕的瓢酌酒,以示坦直不拘禮節。"更調"句,謂酒後乘馬漫行,盡情游賞曲江諸勝景。次六句,感慨時事。芙蓉園,在曲江西南,樂游園西,張禮《游城南記》謂即唐之南苑。李肇《國史補》云即秦之宜春苑。園内有池,名芙蓉池。夾城,即自大明宫至曲江之複道。意謂玄宗與宫人貴戚通過夾城時,車馬儀仗宛如白日雷霆。閶闔,天門,《楚辭・離騷》:"倚閶闔而望予。"此處指宫城正門。詄蕩蕩,開闊清朗,《漢書》卷二十二《禮樂志》:"天門開,詄蕩蕩。"顔師古注引如淳曰:"詄蕩蕩,天體堅清之狀也。"翠幙,宴會時所設之華美帳幕。排銀牓,排列着銀制之牌匾。牓,所以標示某家在此游宴。《開元天寶遺事》:"長安貴家子弟,每至春時,游宴供帳於園圃中,隨行載以油幕。"又:"都人士女,每至正月半後,各乘車跨馬,供帳於園圃或郊野中,爲探春之宴。""拂水"二句,謂宴會中舞袖起伏如水波翻動,歌聲清切似緣雲直上。《開元天寶遺事》:楊國忠一門,"每春游之際,以大車結彩帛爲樓,載女樂數十人,自私第聲樂前引,出游園苑中"。末八句,慨嘆自己之不遇。"卻憶"二句,謂今日與昔日游宴情緒大别。杜甫去年獻《鵰賦》,不報,貧困無以爲生;賣藥都市,寄食朋友以度日。故雖在歡筵席上,亦自傷落拓,未醉先悲。那拋得,擺脱不了。意爲歲月催人,無可奈何。百罰,極言罰酒之多。不辭,暗喻求醉以忘憂也。聖朝,指玄宗朝。賤士,杜甫自謂。一物,猶一民,亦杜甫自謂。梁武帝《報侯景書》:"朕爲萬乘之主,豈可失信於一物。"杜甫《朝享太廟賦》:"恐一物之失所。"荷皇天慈,杜甫此時已進獻《三大禮賦》,玄宗命待制集賢院候用,故云。無歸處,杜甫正待制候用,未得官職。蒼茫,淒茫冷落。此詩極寫樂游園游人之盛況,譏刺玄宗及權貴們之荒淫,並感慨自己之不遇。又《自京赴奉先縣詠懷五百字》:

杜陵有布衣,老大意轉拙。許身一何愚,竊比稷與契。居然成濩落,白首甘契闊。蓋棺事則已,此志常覬豁。窮年憂黎元,嘆息腸内熱。取笑同學翁,浩歌彌激烈。非無江海志,瀟灑送日月。生逢堯舜君,不忍便永訣。當今廊廟具,構廈豈云缺?葵藿傾太陽,物性固難奪。顧惟螻蟻輩,但自求其穴。胡爲慕大鯨,輒擬偃溟渤?以兹悟生理,獨耻事干謁。兀兀遂至今,忍爲塵埃没?終愧巢與由,未能易其節。沉飲聊自適,放歌破愁絶。歲暮百草零,疾風高岡裂。天衢陰峥嶸,客子中夜發。霜嚴衣帶斷,指直不得結。淩辰過驪山,御榻在嵽嵲。蚩尤塞寒空,蹴踏崖谷滑。瑶池氣鬱律,羽林相摩戛。君臣留歡娱,樂動殷膠葛。賜浴皆長纓,與宴非短褐。彤庭所分帛,本自寒女出。鞭撻其夫家,聚斂貢城闕。聖人筐篚恩,實欲邦國活。臣如忽至理,君豈棄此物?多士盈朝廷,仁者宜戰慄。況聞内金盤,盡在衛霍室。中堂舞神仙,烟霧蒙玉質。煖客貂鼠裘,悲管逐清瑟。勸客駝蹄羹,霜橙壓香橘。朱門酒肉臭,路有凍死骨。榮枯咫尺異,惆悵難再述。北轅就涇渭,官渡又改轍。群水從西下,極目高崒兀。疑是崆峒來,恐觸天柱折。河梁幸未坼,枝撑聲窸窣。行李相攀援,川廣不可越。老妻寄異縣,十口隔風雪。誰能久不顧,庶往共飢渴。入門聞號咷,幼子飢已卒。吾寧捨一哀,里巷亦嗚咽。所愧爲人父,無食致夭折。豈知秋禾登,貧窶有倉卒。生常免租税,名不隸征伐。撫跡猶酸辛,平人固騷屑。默思失業徒,因念遠戍卒。憂端齊終南,澒洞不可掇!

天寶十四載十一月杜甫由長安去奉先縣探望家屬,路經驪山,玄宗與楊貴妃正在驪山宴游,安禄山已在范陽作亂,消息雖未傳到長安,詩人卻已預感到危機。此詩寫自己之抱負,旅途見聞,到家後所見之不幸,抒發了自己憂時憤世之情感。首段自“杜陵有布衣”至“放歌破愁絶”寫自己之政治抱負。杜陵,地名。杜甫之遠祖杜預是杜陵人,故祖籍是杜陵。在長安時,也曾居住於杜陵東南之杜曲,故自稱杜陵布衣。老大,杜甫是年四十四歲。拙,憤詞,言不合時宜。許身,自期、自許。竊比,私比。稷與契,稷是堯時賢臣,教民種植五穀。契是舜時賢臣,掌管教化。《孟子》卷八《離婁下》:“禹思天下有溺者,由己溺之也;稷思天下有飢者,由己飢之也。”此爲杜甫自比稷契之用意所在。以契代禹,爲了押韻,也有不敢自比帝王之意。濩落,同瓠落,《莊子》卷一《逍遥游》:“剖之以爲瓢,則瓠落無所容。”空大而無所容貌。《唐書》本傳:“甫曠放不自檢,好論天下大事,高而不切。”他的政治見解不爲人所理解,乃他始料所未及,故曰“居然成濩落”。契闊,勤苦、困頓。《詩·邶風·擊鼓》:“死生契闊。”句意謂守窮困到老,也不放棄素志。“蓋棺”句,猶死而後已。《韓詩外傳》卷八:“孔子曰:故學而不已,闔棺乃止。”覬,希求。豁,達到。覬豁,希望達到目的。窮年,整年、累年。黎元,百姓,《漢書》卷八十五《谷永傳》:“永對曰:……使天下黎元咸安家樂業。”腸熱,即焦慮之意。同學,猶同輩、時人。翁,猶所謂“老爺們”,暗寓諷刺。浩歌,慷慨高歌。彌,更加。兩句謂他人越竊笑,自己意志越堅强。江海志,放浪江海之志。瀟灑,無拘無束貌。晁沖之《僧舍小山》詩:“此老絶瀟灑,久參曹洞禪。”堯舜,所以喻玄宗。永訣,長别。廊廟,朝廷。廊廟具,國家棟梁之才。《陳書》卷三十四《杜之偉傳》:“特以強識俊才,頗有名當世,吏部尚書張纘深知之，以爲廊廟器也。”“構廈”句，言朝廷不乏棟梁之才，構造大廈難道缺人嗎？言外之意爲朝廷自認爲人才濟濟，毫無訪求遺賢之心。杜甫此語係針對李林甫借口“野無遺賢”，堵死出身寒族的知識分子仕進之路一事而發。葵，冬葵，園蔬類。藿，豆葉，草類。葵藿性均向陽，曹植《求通親親表》：“若葵藿之傾太陽，雖不爲回光，然向之者誠也。”唐太宗《賦得白日半西山》詩：“藿葉隨光轉，葵心逐照傾。”此係杜甫自喻向君之誠。難，一本作“莫”。奪，强取、改易。《論語》卷五《子罕》：“三軍可奪帥也，匹夫不可奪志也。”難奪，即本性難移。螻蟻輩，喻目光短淺之文武朝臣，《韓詩外傳》卷八：“夫吞舟之魚大矣，蕩而失水，則爲螻蟻所制。”杜甫常將身居朝廷之王侯視同螻蟻，如其《謁文公上房》詩：“王侯與螻蟻，同盡歸丘墟。”求其穴，意爲目光短淺，但知營謀眼前之榮華富貴。鯨，大魚，《文選·海賦》：“魚則橫海之鯨……戛巖嶅，偃高濤。”偃，側身於其中，《莊子》卷八上《庚桑楚》：“觀室者周於寢廟，又適其偃焉。”注云：“偃，謂屏側。”轉爲動詞用，則作“屏側於其間”解。溟渤，大海。詩意謂朝中皆識見淺陋之輩，自己何必懷抱壯志，便擬模效棲息於海中之大鯨？其意實與賈誼《弔屈原賦》：“彼尋常之污瀆兮，豈能容夫吞舟之巨魚？橫江湖之鱣鯨兮，固將制於螻蟻。”同一機軸。其集中《短歌行贈王郎司直》之“鯨魚跋浪滄溟開”是正説，此二句是反説。悟生理，明人生處世之道。語本嵇康《養生論》：“悟生理之易失。”悟，一本作悮，意亦可通，但不及悟字義勝，蓋謂不屑如螻蟻輩之自求其穴，以此悟人生之應耻向此輩干謁也。干謁，求請權貴。兀兀，孤獨窮困貌。韓愈《進學解》：“焚膏油以繼晷，恒兀兀以窮年。”忍，豈甘心。巢與由，巢父、許由。皆傳説中唐堯時避世隱居之高士。阮籍《詠懷》詩：“巢、由抗高節。”其，指代杜甫自己。節，志節。即竊比稷、契之節操。意爲自己和巢父、許由異趣，不能學兩人之高蹈，故云“終愧”。沈飲，沈湎於酒。自適，自得其樂，《莊子》卷三上《大宗師》：“是役人之役，適人之適，而不自適其適者也。”適，一本作遣，意較淺，不可取。破愁絶，破除極端之愁悶。破，一本作頗，非。次段自“歲暮百草零”至“惆悵難再述”，寫旅途之見聞。“歲暮”句，杜甫去奉先縣在十一月初，故云。高岡裂，極言寒風之烈。天衢，天空。峥嶸，山高貌，喻陰寒濕氣彌漫之狀。客子，杜甫自謂。中夜發，半夜啓程。得，一本作能。結，指繫結衣帶。驪山，在今陝西省西安市臨潼區東南。山上有温泉，築有温泉宫，後改名華清宫。《唐書》卷二百零六《楊國忠傳》：“帝常歲十月幸華清宫，春乃還。而諸楊湯沐館在宫東垣，連蔓相照。帝臨幸，必徧五家，賞賚不訾計。”嵽嵲，山高峻貌。謂御牀在高峻之驪山上。蚩尤，傳説蚩尤與黄帝戰於涿鹿之野，興大霧，黄帝之軍隊爲之昏迷。這裏以蚩尤代表大霧。蹴踏，步履踢踏。崖谷滑，淩晨霜露未乾，又有大霧，故山路濕滑。瑶池，傳説西王母宴會之處。此指驪山之温泉。鬱律，暖氣蒸騰貌。羽林，皇家禁衛軍。唐分禁衛軍爲左右神策、左右羽林、左右龍武六軍。《唐會要》卷七十二：“垂拱元年五月十七日置左右羽林軍。”又《漢書》卷十九《百官公卿表》顔師古注：“羽林亦宿衛之官，言其如羽之疾，如林之多也。”摩戛，兵器摩擦時之輕微響聲。殷，盛大、厚重，《易・豫》：“先王以作樂崇德，殷薦之上帝。”王弼注：“用此殷盛之樂薦祭上帝也。”膠葛，一本作樛嶱，非。司馬相如《上林賦》：“張樂乎膠葛之寓。”郭璞注：“言曠遠深貌也。”長纓，貴官領下冠帶。這裏指代貴官。《明皇雜録》：“玄宗幸華清宫，新廣湯池。……又嘗於宫中置長湯屋數十間。”鄭嵎《津陽門詩》注：“宫内除供奉兩湯池内外，更有湯十六所，長湯每賜諸嬪御，其修廣與諸湯不侔，甃以文瑶寶石，中央有玉蓮捧湯泉，噴以成池。又縫綴錦繡爲鳧雁於水中。上時於其間泛鈒鏤小舟以嬉游焉。"又《安禄山事跡》卷上:"禄山將及戲水,楊國忠兄弟、虢國姊妹並至新豐……所至之處,皆御賜膳……至温泉賜浴。"短褐,用獸毛或粗麻制成,貧賤者所服,代指平民。賈誼《過秦論》:"夫寒者利短褐。"兩句謂與宴樂者皆貴官而無平民。彤庭,即朝廷。彤,朱紅色。古代宫殿都用朱漆塗飾。班固《西都賦》:"玉階彤庭。"帛,絹帛。《通鑒》卷二百十六:"(天寶)八載春二月戊申,引百官觀左藏,賜帛有差。是時州縣殷富,倉庫積粟帛動以萬計。楊釗(國忠)奏請所在糶變爲輕貨,及徵丁租地税皆變布帛輸京師;屢奏帑藏充牣,古今罕儔,故上帥群臣觀之,賜釗紫衣金魚以賞之。上以國用豐衍,故視金帛如糞壤,賞賜貴寵之家,無有限極。"出,生産、織造。城闕,指京城、皇家。闕,宫門上之望樓。《通考·國用》一:"唐天寶以來,海内富實,天下歲入之物,租錢二百餘萬緡,粟千九百八十餘萬斛,庸調絹七百四十萬疋,綿百八十餘萬屯,布千三十五萬餘端。天子驕於佚樂,而用不知節,大抵用物之數,常過於所入。於是錢穀之臣,始事朘削。太府卿楊崇禮句剥分銖,有欠折漬損者,州縣督送,歷年不止。其子慎矜專知太府,次子慎名知京倉,亦以苛刻結主恩。王鉷爲户口色役使,歲進錢百億萬緡,非租庸正額者,積百寶大盈庫,以供天子燕私。"又《通典·食貨》六:"天寶中天下計帳,户約有八百九十餘萬,其税錢約得二百餘萬貫,其地税約得千二百四十餘萬石,課丁八百二十餘萬。……大凡都計租税庸調,每歲錢、粟、絹、綿、布約得五千二百二十餘萬端、疋、屯、貫、石,諸色資課及句剥所獲不在其中。"兩句即反映上述史實。聖人,古代對皇帝之慣稱,《通鑒》卷二百十八:"軍士指之(指肅宗)竊言曰:'衣黄者,聖人也。'"此處指玄宗。筐、篚,竹器名。古制,皇帝賜宴,宴罷用筐、篚盛幣帛賞賜群臣,意在誘勉群臣效忠國家。

《詩·小雅·鹿鳴序》:"《鹿鳴》,燕群臣嘉賓也,既飲食之,又實幣帛筐篚,以將其厚意,然後忠臣嘉賓,得盡其心矣。"欲,一本作願。邦國活,國家得到治理。《梁書》卷十七《王珍國傳》:"齊高帝手敕云:卿愛人活國,其副吾意也。"活,猶甦生,喻治理。"臣如"兩句,意謂臣下如忽視受賞必須勉力治國之理,君王豈非虛糜財物?黄生云:"本諷朝廷賞賚無節,然但歸咎臣下虛糜主上之賜,深得立言之體。"言杜詩明刺群臣,實諷人君。多士,群臣,語出《詩·大雅·文王》:"濟濟多士。"戰慄,警惕戒懼。内金盤,朝廷中之器用。皇帝宫禁稱大内。唐朝有東内、西内、南内。衛霍,衛青、霍去病。兩家皆漢武帝時外戚。此喻楊國忠兄弟姊妹。衛、霍猶知效忠漢室,楊國忠一家則奸佞導亂,性質有異,此僅取其同爲外戚一點。中堂,即廳堂。神仙,指舞女歌妓。或謂即指楊貴妃姊妹。司馬相如《子虛賦》:"眇眇忽忽,若神仙之髣髴。"舞,一本作有,未若舞字生動。烟霧,指輕薄之紗羅。玉質,即玉體。《藝文類聚·樂部三》引張衡《舞賦》:"粉黛施兮玉質粲。"悲管、清瑟,絲竹合奏。悲、清,形容音樂聲調之美。逐,伴隨。駝蹄,駝背隆起的肉叫駝峰,《麗人行》:"紫駝之峰出翠釜。"蹄可能指某種獸蹄,泛指珍貴食品。橙、橘,皆産於南方,在北方爲珍貴食品。霜、香,言其精潔甘美。壓,猶堆、垛。橙、橘相壓,極寫其多。朱門,指富貴人家。路,猶野。《藝文類聚·人部八》引王孫子《新書》:"楚莊王攻宋,厨有臭肉,罇有敗酒,將軍子重諫曰:'今君厨肉臭而不可食,罇酒敗而不可飲,而三軍之士皆有餓色。'"又《三國志·魏書·袁術傳》:"後宫數百,皆服綺縠,餘粱肉,而士卒凍餒,江、淮間空盡。"杜甫從富貴人家衣食輿馬歌舞之盛,聯想到民間飢寒疾困,痛斥統治階級剥削之罪惡。榮,申上朱門之尊榮。枯,申上凍死骨。咫尺異,宫牆内外,近在咫尺,一榮一枯,有天淵之别。難再述,猶不忍細叙。末段自“北轅就涇渭”至篇末,抒發自己憂時憤世之慨。北轅,駕車北駛。涇、渭,二水名,在長安北五十里,渭水清,涇水濁。官渡,公家設立之渡口,趙次公云:“涇渭二河官所置渡也。”並非指曹操與袁紹作戰之官渡。改轍,即改道。指轉向洛河。杜甫此次回家,出長安,東經昭應,到涇、渭二水合流處,在華陰渡口轉入洛河,然後到奉先(奉先在洛河西),故云“又改轍”。群水,一本作群冰,非。洛河西受漆、沮二水及葫蘆河水,故云。崒兀,高峻貌。形容波浪高涌如山。崆峒,山名,在今甘肅省平涼縣西,唐代屬河西節度治。涇水、蒲水、馬連河等群水,都來自西北。天柱折,形容水勢猛烈。《淮南子》卷三《天文訓》:“昔者共工與顓頊爭爲帝,怒而觸不周之山,天柱折,地維絶。”他的《送從弟亞赴安西判官》詩:“宗廟尚爲灰,君臣俱下淚。崆峒地無軸,青海天軒輊。”作於天寶之亂以後,此詩則作於天寶之亂以前,憂慮國家之危亡,寄託相同。河梁,即河橋。坼,坍毁。枝撑,交叉支柱。窸窣,動摇聲。李賀《神弦》:“海神山鬼來座中,紙錢窸窣鳴颷風。”窸窣均象聲。行李,行人、使者。《左傳・僖公三十年》:“行李之往來,共(供)其乏困。”杜預注:“行李,使人也。”李,一本作旅。攀援,牽引。不可越,一本作且可越,謂僅能互相牽挽而過,亦可通。坼,一本作拆。朱鶴齡云:“禄山反書至,帝雖未信,一時人情恇擾,議斷河橋,爲奔竄地,所以行李攀援而急渡也。觀‘河梁幸未坼’句可見。”寄,僑寓、客居。異縣,指奉先縣。庶,庶幾,希冀之詞。共飢渴,猶共患難。號咷,啼哭呼號。飢,一本作餓。寧捨一哀,語本《禮記》卷二《檀弓上》:“夫子曰:予鄉者入而哭之,遇於一哀而出涕。”里巷,鄰居。嗚咽,哭泣聲。兩句謂即使肯割捨喪子之痛,然鄰里尚爲之哭泣,爲人父者怎能不悲哀呢?登,成熟。《孟子》卷五《滕文公上》:“五穀不登。”窶,窮困。《詩・邶風・北門》:“終窶且貧,莫知我艱。"倉卒,急遽。《漢書》卷八十六《王嘉傳》:"臨事倉卒乃求。"引申爲意外事故。意爲孰知秋穀方熟人皆獲食時,貧困之家卻有餓死兒子之變呢? 免租稅,《唐書》卷五十一《食貨志》:"若老及男廢疾、篤疾、寡妻妾、部曲、客女、奴婢及視九品以上官,不課。"隸征伐,名列應徵兵役之册。杜甫任右衛率府兵曹參軍,享有豁免租稅和兵役之權。撫跡,猶撫事,指幼子餓死。猶,一本作獨。平人,指平民,唐人避太宗李世民諱,改民爲人。騷屑,騷動不安。《楚辭·九嘆·思古》:"風騷屑以摇木兮。"兩句謂自己身爲下級官員,可免租免役,孩子尚不免餓死,平民之騷動不安,理有固然矣。失業徒,失去土地産業者,與今語"失業者"含義不同。《漢書》卷一《高帝紀》:"上奉玉卮爲太上皇壽,曰:始大人常以臣亡賴,不能治産業,不如仲力(力耕),今某之業所就孰與仲多?"又《三國志·魏書·司馬朗傳》:"以爲宜復井田,往者以民各有累世之業,難中奪之。"遠戍卒,遠守邊疆之士兵。終南,即終南山,在長安南五十里。齊終南,形容憂憤之高。澒洞,無邊際貌。《淮南子》卷七《精神訓》:"古未有天地之時……澒濛鴻洞,莫知其門。"高誘注:"皆未成形之氣也。"掇,收拾,形容憂思漫無邊際,不可收拾。篇末情思雋永,意味深長。他曾稱贊高適、岑參詩"篇終接混茫"(《寄高適、岑參三十韻》),其實他自己之作,又何嘗不如此!

杜甫這類詩都切合時事,反映現實,關心國祚民瘼,具有深刻的社會意義。在手法上是叙事兼抒情,於痛快淋漓的叙述中,包含着强烈的感情。他非常留心對古人創作經驗之吸取,如追慕宋玉云:"摇落深知宋玉悲,風流儒雅亦吾師。"(《詠懷古跡》)贊賞曹植:"文章曹植波瀾闊。"(《追酬》)稱譽陶淵明、謝靈運:"陶謝不枝梧,風騷共推激。"(《夜聽許十損誦詩愛而作》)傾倒於庾信之"清新"、鮑照之"俊逸"(《春日憶李白》),以及李白之長句:"近來海内爲長句,汝與山東李白好。"(《蘇端薛復筵簡薛華醉歌》)對這些,他曾說:"不薄今人愛古人,清詞麗句必爲鄰。"(《戲爲六絶句》)他是融會各家之長,而形成自己千匯萬狀、沉鬱頓挫之風格的。

以上論述説明,李白與杜甫之詩歌創作各有其成就,不但體制不同,詩風不同,亦且詩中表現之人格也不同。李白是"嶔崎歷落可笑人"(《上安州李長史書》),杜甫則是"乾坤一腐儒"(《江漢》);李白"我本楚狂人,鳳歌笑孔丘"(《廬山謡寄盧侍御虚舟》),杜甫則"許身一何愚,竊比稷與契"(《自京赴奉先縣詠懷五百字》);完全是兩個對立的形象。關於李白與杜甫詩歌成就之"高"與"低",歷代評論者很多,但最早者則是元稹所作《唐檢校工部員外郎杜君墓係銘》,他説:

> 則詩人以來,未有如子美者。是時山東人李白,亦以奇文取稱,時人謂之李杜。余觀其壯浪縱恣,擺去拘束,模寫物象及樂府歌詩,誠亦差肩於子美矣。至若鋪陳終始,排比聲韻,大或千言,次猶數百,辭氣豪邁而風調清深,屬對律切而脱棄凡近,則李尚不能歷其藩翰,況堂奧乎?

元氏極力推崇杜甫,認爲杜詩高於李詩。自此以後,歷代每多爭論,成爲千年不可了結之筆墨官司。當然,杜詩之成就確是很高的,亦如元稹爲其所作墓係銘説:

> 蓋所謂上薄風騷,下該沈、宋,言奪蘇、李,氣吞曹、劉,掩顔、謝之孤高,雜徐、庾之流麗,盡得古今之體勢,而兼人人之所獨專矣!

然李詩的成就也並不低,李陽冰爲其所作《草堂集序》説:

> 自三代已來,風騷之後,馳驅屈宋,鞭撻揚馬,千載獨步,

唯公一人。故王公趨風,列岳結軌。群賢翕習,如鳥歸鳳。

因此,我們認爲李、杜之作,各有所長而爲他人所不及者,故不可以高低、優劣論。嚴羽《滄浪詩話》有比較公允的評價:

李杜二公,正不當優劣。太白有一二妙處,子美不能道;子美有一二妙處,太白不能作。

子美不能爲太白之飄逸,太白不能爲子美之沉鬱。

太白《夢游天姥吟》、《遠別離》等,子美不能道;子美《北征》、《兵車行》、《垂老别》等,太白不能作。論詩以李杜爲準,挾天子以令諸侯也。

他們各有所長,不能用一個標準衡量,這是極其恰當之見解。這兩位詩人之出現,使唐代文學大放異彩,構成唐詩之中堅流派。上文所論及之王維等,則是從晉陶潛發展來的一支旁派而已。

至於李杜之作對唐代詩壇之影響,李白的影響較少,杜甫的影響卻極大。在杜甫的影響下,中唐出現了兩個詩派,即以韓愈爲首的偏重形式之一派和以元、白爲首的偏重内容之一派。

綜上所叙,説明盛唐詩歌是在對立中發展着。幾乎每一時期都有兩個相反的流派出現,一派偏重於對傳統的體裁、詩風之繼承,一派則在原有之領域中作新的開拓。如王維、孟浩然等是繼承陶淵明玄言詩系統發展而來,岑參、高適等則是采用樂府形式反映社會現實,二者是對立的。又如李白是繼承古詩的傳統進行創作,杜甫則是重在律體之創立,二者也是對立的。這種相反的對立形勢,發展到中唐,又出現韓愈等與元稹、白居易等的對立,唐代詩歌便在這種對立中發展着。

第三節　中唐時期

中唐包括德宗、順宗、憲宗、穆宗、敬宗五朝約五十年之歷史。這一歷史時期有兩項重大政策改革。其一，把租、庸、調稅制改爲兩稅法。租、庸、調是按户口徵收之稅制，實行之結果，很多特權階級不納租稅，一般人民負擔加重，故改行按貧富徵收之兩稅法。然富人往往將錢隱藏起來，人民之負擔仍然有增無減。其二，把府兵制改爲募兵制。府兵制下之農民長期戍邊，且需自備服裝、糧食、器械等，以致傾家蕩産。天寶之亂時，各地多用兵，這種兵役制度不能適應形勢之要求，故改行募兵制，結果造成藩鎮驕横割據之局面。所以稅制之改革，説明當時階級矛盾之加深；兵制之改革，説明當時征戰不已。此即這一時期詩歌創作之基礎。

這一時期之詩歌，主要是在杜甫影響下發展的。其中韓愈等人繼承了杜甫"爲人性僻耽佳句，語不驚人死不休"(《江上值水如海勢聊短述》)和"自我一家則，未闕隻字警"(《故右僕射相國曲江張公九齡》)在詞句方面錘煉之精神，追求奇險冷僻之詞句和詩境。白居易等人則繼承了杜甫不沿用古題，不拘泥古調，根據現實題材，隨意抒寫，元稹所謂"即事名篇，無復倚傍"(《樂府古題序》)之方法，反對單純追求形式，主張摹寫社會現實。要之，或重形式，或重内容，都是在杜甫影響下産生的。

一、韓愈、孟郊、賈島及其流派

韓愈之詩歌創作，傾心於遣詞造句，惟陳言之務去，富於獨創精神。與其詩風相近者，還有孟郊和賈島，張籍、李賀之作雖與他們有所不同，但就追求形式方面而言是一致的，也應屬於這一派。

（一）韓愈

韓愈（公元七六八——八二四），據《舊唐書》卷一百六十、《新唐書》卷一百七十六本傳記載，字退之，鄧州南陽（今河南南陽市）人。生三歲而父死，隨伯兄會播遷嶺表。會卒，嫂鄭氏撫養之。愈幼知讀書，刻苦自礪，日記數千百言。及長，盡通六經及諸子百家之説。德宗貞元八年（七九二），二十五歲，擢進士第。十三年（七九七）宣武節度使董晉薦其爲節度使觀察推官。十六年改依徐州武寧節度使張建封。十九年（八〇三）被任命爲監察御史，因上書論宫市，貶連州陽山令，有愛在民，民生子，多以韓爲名紀念之。二十年轉任江陵法曹參軍，不久，被召回長安，做四門博士。二十一年德宗崩，順宗即位，改元永貞，韋執誼、王叔文當權，謀奪宦官兵權。其年八月，皇太子李純即位，順宗自稱太上皇，貶韋執誼、王叔文於外。他作《永貞行》以致慨。憲宗元和元年（八〇六），暫代國子博士，三年分司東都。四年實任國子博士，改分司都官員外郎。五年爲河南令。六年至京師，任職方員外郎，因論華陰令柳澗事，得罪當道，還爲國子博士，作《進學解》以自喻。不久，改官比部郎中、史館修撰。次年轉任考功郎中，任史館修撰如故。數月之後，以考功郎中知制誥，因論討蔡主張與裴度相合，升任中書舍人，賜緋魚袋。後爲飛語所中，降爲太子右庶子。十二年（八一七）裴度宣慰淮西，薦其爲行軍司馬。淮西平，以功授刑部侍郎。十四年憲宗遣使者往鳳翔迎佛骨入禁中，三日乃送佛祠。王公大人奔走膜拜，爲受戒，不惜燒毀身體皮膚。他上迎佛骨表極諫，觸怒憲宗，欲治以死罪，得裴度、崔群營救，被貶爲潮州刺史，移轉袁州刺史。在潮州除鱷魚患，在袁州禁以男女爲隸。十五年正月，憲宗爲宦官所殺，穆宗即位，召其回京任國子祭酒。長慶元年（八二一），任兵部侍郎。時王廷湊作亂，召其赴鎮州宣諭，極論順逆之利害，廷湊畏服。歸任京兆尹。三年任兵部侍郎,又改任吏部侍郎。四年病死,年五十七,謚曰文。今存《韓昌黎先生集》四十卷。他是唐代散文大師,其詩成就没有散文高,但也極具特點。他喜用僻字險句,善於描寫醜惡現象,或謂其"以醜爲美",又以詩發議論,使詩散文化,或謂其"以文爲詩"。他最工七古,如《雉帶箭》:

> 原頭火燒靜兀兀,野雉畏鷹出復没。將軍欲以巧伏人,盤馬彎弓惜不發。地形漸窄觀者多,雉驚弓滿勁箭加。衝人決起百餘尺,紅翎白鏃隨傾斜。將軍仰笑軍吏賀,五色離披馬前墮。

此詩是貞元十六年(八〇〇)在張建封幕府中作,寫其隨張建封射獵之情況。首二句寫射獵之場景。火,指獵火。兀兀,直立高聳貌。鷹,即獵鷹。火燒平原,野雉見火即出,見鷹即藏,所謂"出復没"也。次二句寫張建封射技之高妙。將軍,即張建封。盤馬,勒住馬。彎弓,《文選》張衡《西京賦》:"彎弓射乎西羌。"薛綜注:"彎,挽弓也。"度不中不發,故審量於未彎弓之先。"地形"二句,謂野雉藏於險窄之山澗,將軍及從獵衆人逐漸逼進。弓滿勁箭,由於弓滿,故箭更猛勁。加,指射中。"衝人"二句,寫野雉中箭後之掙扎。衝人,向人撞來。決起,《莊子》卷一上《逍遥游》:"蜩與學鳩笑之曰:'我決起而飛,搶榆枋。"謂野雉迎着人由地面上直立飛起。翎,箭尾翎羽。鏃,箭頭。謂野雉中箭後,騰飛而落地,箭羽、箭頭也隨其身體而傾斜。末二句寫張建封射技之高妙,爲軍吏們所嘆服。仰笑,乃將軍之得意。賀,乃軍吏之折服。五色,野雉羽毛。《爾雅》:"雉五彩皆備成章曰翬。"離披,宋玉《九辯》:"奄離披此梧楸。"洪興祖補注:"離披,分散貌。"野雉力盡墮地,看去羽毛離披。寫張建封射技之高,極其生動形象。又如《山石》:

山石犖确行徑微，黄昏到寺蝙蝠飛。升堂坐階新雨足，芭蕉葉大梔子肥。僧言古壁佛畫好，以火來照所見稀。鋪牀拂席置羹飯，疏糲亦足飽我飢。夜深靜卧百蟲絶，清月出嶺光入扉。天明獨去無道路，出入高下窮烟霏。山紅澗碧紛爛漫，時見松櫪皆十圍。當流赤足踏澗石，水聲激激風吹衣。人生如此自可樂，豈必局束爲人鞿。嗟哉吾黨二三子，安得至老不更歸！

此詩應是貞元十七年(八〇一)作者離開徐州去洛陽途中所作，是一首紀游詩。首四句是到寺即景，犖确(音落壳)，險峻不平貌。行徑微，山路狹窄。梔子，《酉陽雜俎》卷十八謂即西域花，屬茜草科，常緑灌木，幹高五六尺，葉有光澤，夏日開大形白花，花瓣六片，果皮可作黄色染料。肥，承上"新雨足"。杜甫《陪鄭廣文游何將軍山林十首》之五云："紅綻雨肥梅。"言到寺進入客堂，又出來坐在階前，見芭蕉和梔子由於得到充足之雨水，而長得特别肥大。次四句是到寺即事，古壁佛畫，佛殿中之壁畫。所見稀，是少見之好畫。羹飯、疏糲，皆寫僧人之殷勤招待。"深夜"二句是宿寺寫景，百蟲絶，聽不到任何蟲聲。光入扉，月光穿過門户照入室内。"天明"六句是出寺寫景，無道路、窮烟霏，謂早晨窮盡烟霧也找不到道路。山紅澗碧，指山花澗水。櫪，即櫟，也即橡。松、橡之粗大有若十圍。赤足踏澗，杜甫《早秋苦熱》詩："南望青松架短壑，安得赤腳踏層冰？"跋山涉水是一幅早行圖。末四句寫懷，局束，猶拘束。鞿，馬口中之韁繩。爲人鞿，爲别人所控制，指自己之幕僚生活。吾黨二三子，謂吾輩之志同道合者，《論語・公冶長》："吾黨之小子狂簡。"《述而》："二三子以我爲隱乎？"不更歸，爲何還不辭官還鄉？只是一篇游記，而荒山古寺，叙寫簡妙，猶是古文手筆。又如《八月十五日夜贈張功曹》：

纖雲四卷天無河,清風吹空月舒波。沙平水息聲影絶,一杯相屬君當歌。君歌聲酸辭且苦,不能聽終淚如雨:"洞庭連天九疑高,蛟龍出没猩鼯號。十生九死到官所,幽居默默如藏逃。下牀畏蛇食畏藥,海氣濕蟄熏腥臊。昨日州前搥大鼓,嗣皇繼聖登夔皋。赦書一日行萬里,罪從大辟皆除死。遷者追回流者還,滌瑕蕩垢清朝班。州家申名使家抑,坎軻只得移荆蠻。判司官卑不堪説,未免捶楚塵埃間。同時輩流多上道,天路幽險難追攀。"君歌且休聽我歌,我歌今與君殊科:"一年明月今宵多,人生由命非由他,有酒不飲奈明何?"

張功曹,即張署。作者與張署皆在長安任監察御史,因直言極諫,觸怒德宗,被貶到南方,作者爲陽山令,張署爲臨武令。貞元二十一年(八〇五),順宗李誦即位,大赦天下。作者與張署俱徙至郴州待命。同年八月,順宗因病傳位予其子憲宗李純,又頒布大赦令。作者改官江陵府法曹參軍,張署改官江陵府功曹參軍。此詩爲在郴州得知改官消息時而作。首六句寫仲秋夜飲。河,即天河。《文選》謝莊《月賦》:"列宿掩縟,長河韜映。"舒,展也。波,月光。漢《郊祀歌》:"月穆穆以金波。"沙平水息,寫江景。屬,付也,勸酒。以下十八句,皆代張署歌辭。洞庭,即洞庭湖。九疑,即九疑山。猩,猩猩,好啼。鼯,形似小狐,如蝙蝠,肉翅,腳短爪長,聲如人呼。十生九死,亦猶九死一生。官所,指臨武。如藏逃,好像躲藏之逃亡罪犯。藥,指南方用一種毒藥放在食品中殺人,謂之蠱,所以畏之。濕蟄,指潮濕泥土中蟲蟻之類的毒氣,《洛陽伽藍記》:"地多濕蟄,攢育蟲蟻。"熏,猶蒸發。腥臊,不良氣味。以上是詠張署貶謫臨武途中之艱苦和任所環境之惡劣。州前,指郴州州刺史衙門之前。搥大鼓,唐制,大赦令頒佈時,"擊㧓鼓千聲,集百官、父老、囚徒"(《唐書》卷四十八《百官志》),公開宣佈。嗣皇,指憲宗。

繼聖,繼承神聖帝位。登夔皋,進用虞舜時夔和皋陶一般賢臣。大辟,即死刑。意謂大辟以下皆免死,即死罪降爲流刑,流刑以下遞減一等,因此有下句"遷者追回流者還"。滌瑕蕩垢,指改革朝政。清朝班,使朝政清明,《文選》班固《東都賦》:"於是百姓滌瑕蕩穢,而鏡至清。"此化用其意。州家,指州刺史。使家,指觀察使。皆當時方言。申名,向上申報姓名。抑,抑制。荆蠻,指江陵,江陵唐時爲荆州。此二句意謂順宗即位大赦時,張署與韓愈應即回朝任職,郴州刺史將其名字申報上去,然而當時湖南觀察使楊憑在政治上屬於王叔文、王伾一派,與張署、韓愈政見不合,因此從中作梗,他們待命於郴州很久,不得任用。到八月,憲宗即位,再次大赦,才得改官江陵。即所謂"坎軻移荆蠻"也。判司,一司之主管,指江陵府功曹參軍。捶、楚,皆刑具。杜甫《送高書記》:"脱身簿尉中,始與捶楚辭。"功曹參軍猶如衙門之胥吏,有過錯即伏地受笞杖之刑。同時輩流,指同時遷謫之人。上道,晉京之道。天路,進身朝廷之路。幽險,指仕進道路之險惡。難追攀,難於攀登。一篇歌辭皆寫貶謫量移之苦。"君歌"二句,謂張署歌詞酸苦,而自己則很達觀,即"與君殊科"也。抑揚頓挫,乃全篇轉換用力處。末三句是作者抒發自己之見解。明月多,今霄中秋,月色分外明,故云多。非由他,非由觀察使之壓抑。奈明何,明下省"月"字,謂怎能辜負這美妙的月色呢?月滿則虧,故呼奈何。韓愈將其政治遭際歸之於命,乃故作達觀,求得精神上的安慰,所以勸酒,藉酒消愁也。全詩純用古調,無一聯律體,轉韻亦極盡變化,乃古文手法。韓愈最工七古,但也作有律詩一百五六十首,其名篇《左遷至藍關示侄孫湘》云:

一封朝奏九重天,夕貶潮州路八千。欲爲聖朝除弊事,肯將衰朽惜殘年。雲横秦嶺家何在?雪擁藍關馬不前。知汝遠來應有意,好收吾骨瘴江邊。

此詩是因諫憲宗迎佛骨事,觸怒憲宗,由吏部侍郎貶爲潮州刺史,赴任途中所作。左遷,古時稱官員降級爲左遷。藍關,《元和郡縣志》:"關内道·京兆府·藍田縣:藍田關在縣南九十里,即嶢關也。"在今陝西藍田縣。侄孫湘,韓愈之侄韓老成之子,老成有子二人,長曰湘,次曰滂。湘字北渚,長慶三年進士,任大理丞。九重天,《楚辭·天問》:"圜則九重。"圜即天。這裏借指宫殿。潮州,唐潮州城在海陽,當今廣東潮安縣東。路八千,是自長安去潮州里程之約數。弊事,即弊政,指迎佛骨事。肯,猶豈。惜殘年,憐惜殘餘之生命。此年韓愈五十二歲。秦嶺,《讀史方輿紀要》:"藍田縣:秦嶺在縣東南,即南山別出之嶺。"即終南山。雲横秦嶺,形容秦嶺之高。雪擁藍關句,化用古樂府《飲馬長城窟行》"驅馬涉陰山,山高馬不前"意。結句謂自己被遠謫,家室不及相從,唯韓湘追及,故以將來歸骨委之。蓋年已艾老,身入瘴鄉,九死一生,不可預計,寧不悲痛?又絶句《晚春》云:

草樹知春不久歸,百般紅紫鬥芳菲。楊花榆莢無才思,惟解漫天作雪飛。

草樹知春將逝,故競相爭芳鬥艷。楊花榆莢則無此觀念,惟知如雪花般漫天飛舞。以暮春之景抒情,寓意深刻,然不知確指。

以上都是韓愈詩歌中之佳作,他以横溢之才情,信筆直書,流暢順達地抒寫内心的感慨和哀傷。當然,他還有不少刻意求奇、求險之作,未免有佶屈聱牙之弊,但就其務去陳言,獨闢蹊徑而言,對"大曆之風尚浮,貞元之風尚蕩"(《唐國史補》卷下)之浮蕩詩風則是一種滌蕩。趙翼《甌北詩話》卷三評云:

至昌黎時,李、杜已在前,縱極力變化,終不能再闢一徑。

惟少陵奇險處,尚有可推廣,故一眼覷定,欲從此闢山開道,自成一家。此昌黎注意所在也。然奇險處亦自有得失。蓋少陵才思所到,偶然得之,而昌黎則專以此求勝,故時見斧鑿痕跡。有心與無心異也。

這是比較公允的評價。韓愈這種詩風對宋代詩人之創作影響很大,葉燮《原詩》内篇上云:

韓愈爲唐詩之一大變。其力大,其思雄,崛起特爲鼻祖。宋之蘇、梅、歐、蘇、王、黄,皆愈爲之發其端,可謂極盛。

宋代蘇舜欽、梅堯臣、歐陽修、蘇軾、王安石、黄庭堅之詩風,皆由韓愈開其端緒。葉氏不但概括出韓愈詩力大、思雄之特點,而且指出他在詩歌史上的地位。

(二)孟郊

孟郊(公元七五一——八一四),據《舊唐書》卷一百六十、《唐書》卷一百七十六本傳、《唐才子傳》卷五和華忱之所作《孟郊年譜》,他字東野,洛陽(今河南洛陽)人。早年隱於嵩山少室,稱處士。性耿介,不合流俗,韓愈一見輒以爲忘形交,時與詩酒唱和。家貧,屢試不第,貞元十二年(七九六)始中進士,年已四十六,十六年選任溧陽縣尉,"縣有投金瀨、平陵城,林薄蒙翳,下有積水。郊間往坐水傍,裴回賦詩",因而曹務多廢,縣令季操白府,以假尉代之,分其半俸。二十年秋,辭官歸里。李翺分司洛中,日與談讌,並薦之於興元節度使鄭餘慶,辟爲節度參謀,試大理評事。赴任途中暴病卒。今傳《孟東野詩集》十卷。其詩好鑄新詞,有理致,刻意冥搜,"思苦奇澀"。他是個苦吟詩人,其《夜感自遣》詩云:"夜學曉未休,苦吟鬼神愁。如何不自閒,心與身爲讎。"亦可見其苦吟精神。所作以五言古體爲主,如《秋夕貧居述懷》:

> 卧冷無遠夢，聽秋酸别情。高枝低枝風，千葉萬葉聲。淺井不供飲，瘦田常廢耕。今交非古交，貧語聞皆輕。

此詩首四句寫作客異鄉，秋夜不能入眠，聽到秋風、落葉之聲，備感辛酸。末四句謂古人交以道義，今人交以勢利，貧士的意見之不被重視，猶淺井、瘦田之不供飲，常廢耕一樣，没有任何作用。又如《長安早春》：

> 旭日朱樓光，東風不起塵。公子醉未起，美人争探春。探春不爲桑，探春不爲麥；日日出西園，只望花柳色。乃知田家春，不入五侯宅。

此詩當作於貞元八年。朱樓，華麗之紅色樓房。謝朓《入朝曲》："逶迤帶緑水，迢遞起朱樓。"起塵，猶揚塵。不起塵，言風之微。探春，尋賞春光，王仁裕《開元天寶遺事》："都人士女，每至正月半後，各乘車跨馬，供帳於園圃或郊野中，爲探春之宴。"西園，漢末曹操所建，在鄴都，爲游宴之地，此借指貴族豪門之花園。花柳，李白《流夜郎贈辛判官》："昔在長安醉花柳，五侯七貴同杯酒。"五侯，東漢外戚梁冀爲大將軍，其子胤，叔父讓、淑、忠、戟都封侯爵，時人稱梁氏五侯。又桓帝崇信宦官，封單超爲新豐侯、徐璜爲武原侯、具瑗爲東武陽侯、左悺爲上蔡侯、唐衡爲汝陽侯，當時也稱五侯。此借指貴族豪門。意謂同在春天，田家是探尋"桑""麥"，而貴族豪門則在尋賞花柳。兩種完全不同的生活情調。又《聞砧》：

> 杜鵑聲不哀，斷猿啼不切。月下誰家砧，一聲腸一絶。杵聲不爲客，客聞髮自白。杵聲不爲衣，欲令游子歸。

此寫游子聞砧聲而思鄉。砧，搗衣石，此指搗衣聲。杵，搗衣所用之木棒。首四句謂杜鵑、孤猿之啼聲與砧聲比，稱不上哀切。末四句謂杵聲本不爲游子散發,游子聽了卻引動鄉愁,杵聲好像不是在搗衣,而在呼唤游子歸來。月夜淒切之砧聲,使自己肝腸寸斷。又《游終南山》:

南山塞天地,日月石上生。高峰夜留景,深谷晝未明。山中人自正,路險心不平。長風驅松柏,聲拂萬壑清。即此悔讀書,朝朝近浮名。

據華忱之《孟郊年譜》,孟郊於貞元七年,往長安應試進士,有《游終南山》詩。終南山,即秦嶺,西起甘肅天水,東至河南陝縣,横亘陝西南部,主峰在西安市長安區南。"高峰"句,原注:"太白峰西黄昏後見餘日。""山中"二句,謂山居之人與外界隔絶,性情淳樸,故云"正"。外界之人世路艱險,苦於應付,故"心不平"。末二句,即此,猶對此,指山中景物。浮名,即虚名,謝靈運《初去郡》詩:"伊余秉微尚,拙訥謝浮名。"悔恨自己讀書營求一時之功名。乃憤慨語。

孟郊也寫了一些樂府,這些樂府質樸自然,情致委婉,具有古樂府民歌之精神。如《游子吟》:

慈母手中綫,游子身上衣。臨行密密縫,意恐遲遲歸。誰言寸草心,報得三春暉?

此詩自注:"迎母溧上作。"《溧陽舊志》(清陳鴻壽《溧陽縣志》卷九《職官志·孟郊傳》注引)作"迎母瀨上"。溧水,一名瀨水,在今江蘇溧陽市西北四十里。作者於貞元十六年選爲溧陽尉。慈母,孟郊母裴氏。寸草,小草。心,指草木成長中抽出之嫩芽。三春暉,春天的陽光。比喻子女之心向慈母猶如草木的嫩芽之朝向太陽,也不能報答母愛於萬一。情真而意摯。又《古薄命妾》:

> 不惜十指絃,爲君千萬彈。常恐新聲至,坐使故聲殘。棄置今日悲,即是昨日歡。将新變故易,持故爲新難。青山有蘼蕪,淚葉長不乾。空令後代人,采掇幽思攢。

此詩寫女子擔心被遺棄之悲哀。首四句寫女子對待男子百般殷勤,仍有被遺棄之虞。新聲、故聲,所以喻新人、舊人。坐,固也。次四句寫男子喜新厭舊,昨日所歡,即今日所棄,變化無常。末四句化用古樂府《上山采蘼蕪》詩意。該詩中之女子與故夫相逢,但並未重新結合。他們的悲劇結局,徒使後代采蘼蕪之女子深思。蘼蕪,香草名。淚葉不乾,謂眼淚滴在蘼蕪葉上經久不乾,則棄婦的悲哀無窮期矣。以上諸例足以顯示孟郊詩歌追求奇險、刻意造作之精神。

孟郊是韓愈極力推崇之詩人,後人將其與韓愈並舉,又與賈島同列。然而他們之詩風並非完全相同。他没有韓愈雄奇豪放之氣概,也没有賈島清奇僻苦之格調,而是如韓愈所謂"横空盤硬語,妥帖力排奡"(《薦士》),唐詩發展至此,實另成一格。這種詩格對後代影響很大,李肇《唐國史補》卷下云:"元和以後……詩章則學矯激於孟郊。"對宋詩之影響更大,宋初歐陽修倡導詩歌革新,即師法韓孟,江西詩派之黄庭堅、陳師道諸人之作,務去陳言,窮力追新,亦淵源於孟郊。

(三)賈島

賈島(公元七七九?——八四三),據《唐書》卷一百七十六本傳、《唐詩紀事》卷四十、《唐才子傳》卷五,他字浪仙,又作閬仙。早年爲僧,法名無本。范陽(今北京市大興縣附近)人。元和間以詩投韓愈,爲韓愈所稱賞,勸其還俗。然屢試進士不第,因作詩譏諷權貴,爲公卿所嫉恨,被稱爲"舉場十惡"。開成二年(八三七)責授長江主簿,會昌三年(八四三),轉授普州司户參軍。未及受任卒,年六十五。與孟郊相似,他家境貧困,詩作也講求奇險,同樣以苦吟名世。在京城時,嘗騎驢横截天衢,時秋風正厲,黄葉紛飛,遂吟云"落葉滿長安",求之屬聯,杳不可得,"不知身之所從也"(《唐摭言》卷十一),達到忘情之境地。又一日於驢上得句云:"鳥宿池邊樹,僧敲月下門。"欲將"敲"字改爲"推"字,並引手做推敲之勢,以致衝犯了京兆尹之車騎而不自覺。(《劉公嘉話》)也可見其一志凝神而深思遺世之情景。其名句"獨行潭底影,數息樹邊身"(《送無可上人》)自稱是"二句三年得,一吟雙淚流",更足以説明其吟詠之苦了。今存《賈長江集》十卷。其詩與韓愈之長於七古、孟郊之長於五古者不同,而以古律見長。詩歌題材也與孟郊之多抒發憤世嫉俗之慨和描寫社會生活不同,而是多寫自然景物,對某些幽深清峻形象之刻畫尤爲出色。如《題李凝幽居》:

閑居少鄰并,草徑入荒園。鳥宿池邊樹,僧敲月下門。過橋分野色,移石動雲根。暫去還來此,幽期不負言。

此寫李凝幽居之景。首二句寫幽居,雲根,雲之出處,古人認爲云"觸石而出",故稱石爲雲根。幽期,與李凝所訂重來之約會。不負言,謂不久當重來,不負期約。又《雪晴晚望》:

倚杖望晴雪,溪雲幾萬重。樵人歸白屋,寒日下危峰。野火燒岡草,斷烟生石松。卻回山寺路,聞打暮天鐘。

此寫雪晴之景。白屋,白蓋之屋,以茅覆之,賤人所居。石松,石崖上之松樹。末句"暮天鐘"切"晚望"。又《憶江上吳處士》:

閩國揚帆去,蟾蜍虧復團。秋風生渭水,落葉滿長安。此地聚會夕,當時雷雨寒。蘭橈殊未返,消息海雲端。

此爲懷念吳處士之作。蟾蜍,月之代稱,《淮南子·精神訓》:"日中有踆烏,而月中有蟾蜍。"月虧復團,説明吳處士揚帆去閩已經一月。秋風、落葉,謂别後又至秋天。此地、當時,回憶與吳處士夏日聚會之情景。蘭橈,木蘭做的楫。末謂歸期無望,消息渺茫。表示深切地懷念。

這些詩歌求新求奇,皆清奇僻苦之作。韓愈稱贊云:"狂詞肆滂葩,低昂見舒慘,姦窮怪變得,往往造平淡。"(《送無本師歸范陽》)給以相當高的評價。他與孟郊並稱,韓愈有詩云:"孟郊死葬北邙山,日月風雲頓覺閒。天恐文章還斷絶,再生賈島在人間。"(《劉公嘉話》)説明他們詩風前後之繼承關係。然他們並不完全相同,蘇軾謂"郊寒島瘦"(《祭柳子玉文》),便概括出他們各自的特點。比較起來,賈島更追求字詞之錘煉,每得佳句,輒拼湊成章,往往有文意不相連屬之嫌。這種詩風對晚唐五代影響很大,當時很多詩人都愛賞其詩,仿效其體式,崇拜至極,如晚唐李洞即尊之爲"賈島佛"(《唐才子傳》卷九),南唐孫晟掛其像於壁上,朝夕供奉(《舊五代史》卷一百三十一),南宋趙師秀曾合刻姚合、賈島詩爲《二妙集》,使詩歌走向怪體,完全没有文學價值了。

這一派的詩人還有張籍和李賀,他們的詩風雖然與韓愈等不盡相同,但在追求雕章琢句之妙方面,卻是一致的。

(四)張籍

張籍(公元七六八——八三〇),據《舊唐書》卷一百六十、《唐書》卷一百六十七本傳與《唐才子傳》卷五,他字文昌,原籍吳郡(今江蘇蘇州),後遷居和州烏江(今安徽和縣)。初至長安,謁韓愈,一見即結爲平生歡,才知相許,論心結契。朝野名士如王建、賈島、于鵠、孟郊等皆與之游。貞元十四年(七九八)登進士第。歷官太常寺太祝、國子監助教、國子博士、水部員外郎、主客郎中、國子司業,世稱"張水部"或"張司業"。卒於太和四年(八三〇)前後。今傳《張司業集》八卷。他刻意運用奇險之句式,則是秉承韓愈之詩風。韓愈《醉贈張秘書》詩有云:"今我及數子,固無蕕與薰。險語破鬼膽,高詞媲皇墳。"即説明他基本上屬於韓愈一派。他寫了許多優秀的五言律詩,如《薊北旅思》:

日日望鄉國,空歌白紵詞。長因送人處,憶得别家時。失意還獨語,多愁只自知。客亭門外柳,折盡向南枝。

薊,故城在今北京市大興縣西北。薊北,從薊州往北一帶地區,泛指東北邊地。作者是南人,羈留在薊北,因而思鄉。白紵詞,即《白紵舞歌》,是吳舞,其歌詞亦吳歌。因懷鄉而唱白紵詞,唱白紵詞而不能歸,故云"空"。客亭,郊外送客之亭。折盡南枝,古人折柳送别,意謂送别南歸的人很多,而自己卻回歸無望,不免惆悵。又如《夜到漁家》:

漁家在江口,潮水入柴扉。行客欲投宿,主人猶未歸。竹深村路遠,月出釣船稀。遥見尋沙岸,春風動草衣。

此詩又題《宿漁家》。沙岸,即水中之沙堆,所以泊船。草衣,即蓑衣。作者欲投宿漁家,遥望主人身着蓑衣,在尋找沙岸泊船。這兩首詩對遣詞造句之講求,與韓、孟之作一脈相承。當然,張籍詩歌主要成就在樂府,他的樂府多以現實爲題材,反映人民的苦難生活,這又是他與韓、孟諸人最大的不同點,而明顯受白居易的影響。白居易即曾對他的詩歌推崇備至,稱其"尤工樂府詩,舉代少其倫","風雅比興外,未嘗著空文"(《讀張籍古樂府》)。如《野老歌》:

老農家貧在山住,耕種山田三四畝。苗疏税多不得食,輸入官倉化爲土。歲暮鋤犂傍空室,呼兒登山收橡實。西江賈客珠百斛,船中養犬長食肉。

此詩又題《山農詞》,描寫農民被剥削之窮困生活。謂農民一年之收穫輸入官倉之後,家中没有一點餘糧,只有農具放在空屋裏,因而不得不登山采橡實充飢。橡實,橡樹之果實,形狀似粟,可勉强充飢。西江,桂、黔、鬱三水在廣西蒼梧縣合流,東流爲西江。西江賈客,即廣西商人。他們有百斛珠,養犬食肉,與農民生活形成鮮明的對比。爲農民鳴不平。又如《征婦怨》:

九月匈奴殺邊將,漢軍全没遼水上。萬里無人收白骨,家家城下招魂葬。婦人依倚子與夫,同居貧賤心亦舒。夫死戰場子在腹,妾身雖存如晝燭。

此寫婦女之不幸遭際和生活要求。古時北方民族匈奴常於秋季騷擾邊區,掠奪農産物,官家派兵防禦,從而發生戰爭。遼水,即遼河,縱貫今遼寧省西部。招魂葬,因收不到戰士之屍骨,使用衣冠代替死者之屍體,舉行招魂禮,把魂招回來,施於衣冠之上埋葬起來。依倚,即依賴。舒,舒暢。意謂征婦寧願與丈夫、兒子共同過貧賤生活也心情舒暢。然而今天丈夫已死,遺腹子尚未出世,自己活着猶如白天的蠟燭,有甚麽用?表示了對生命之絶望。又如《節婦吟寄東平李司空師道》:

君知妾有夫,贈妾雙明珠。感君纏綿意,繫在紅羅襦。妾家高樓連苑起,良人執戟明光裏。知君用心如日月,事夫誓擬同生死。還君明珠雙淚垂,恨不相逢未嫁時。

此詩是作者以節婦自喻其對唐室之忠貞。李師道是唐淄青藩鎮。淄青鎮從李正已開始割據,傳李納、李師古、李師道。元和十年(八一五)李師道受封爲檢校司空,十四年被部將所殺。此詩當作於元和十年至十四年之間。高樓連苑,影喻唐王室。良人,即丈夫。執戟,秦漢兩代郎官有中郎、侍郎、郎中,皆手執戈戟之類武器,把守各處殿門,後人因以爲郎官代稱。明光,漢宮殿名,在未央宮西,此指唐宮殿。意謂我已許身唐家,丈夫是唐王室之侍衛。以委婉之言辭辭卻了淄青藩鎮李師道之拉攏,表現了堅貞的氣節。張籍這類樂府明白易曉,質樸自然。可見他的詩歌風格韓、白兩派兼而有之,而以精悍警策取勝,故主要應屬韓愈一系。

(五)李賀

李賀(公元七九〇——八一六),據《舊唐書》卷一百三十七、《唐書》卷二百零三本傳、《唐才子傳》卷五和李商隱《李賀小傳》,他字長吉,祖籍隴西(今屬甘肅),生長於福昌之昌谷(今河南宜陽縣),是唐宗室鄭王之後裔,但已經没落。元和二年(八〇七)移居洛陽,以詩謁韓愈,深受韓愈器重。後入京應進士試,其父名晉肅,晉、進同音,排擠之者謂子當避父諱,不得應試,故終生未登一第。元和五年任奉禮郎,位卑職冷,貧病交迫,辭官歸昌谷閒居,卒於家,年僅二十七。他才名早著,貞元末即蜚聲詩壇。他以全副心血作詩,史稱"每旦日出,騎弱馬,從小奚奴,背古錦囊,遇所得,書投囊中……及暮歸足成之。……母使婢探囊中,見所書多,即怒曰:'是兒要嘔出心乃已耳。'"可見其嘔心苦吟之情景。今傳《李長吉歌詩》四卷,《外集》一卷。長於樂府,"辭尚奇詭",境求幽峭,神異怪誕,自成一格。名作如《李憑箜篌引》:

吴絲蜀桐張高秋,空山凝雲頹不流。湘娥啼竹素女愁,李憑中國彈箜篌。崑山玉碎鳳凰叫,芙蓉泣露香蘭笑。十二門前融冷光,二十三絃動紫皇。女媧煉石補天處,石破天驚逗秋雨。夢入神山教神嫗,老魚跳波瘦蛟舞。吴質不眠倚桂樹,露腳斜飛濕寒兔。

李憑是當時善彈箜篌之梨園弟子。箜篌,一種絃樂器。唐楊巨源有《聽李憑彈箜篌》詩,顧況也有《聽李供奉彈箜篌歌》。首四句贊美李憑彈箜篌聲調之美妙。吳絲,吳地所産蠶絲最好,用作箜篌之絃。蜀桐,蜀地所産桐木宜爲樂器,用作箜篌之身幹。張,即開,指彈奏起來。頹,堆積,凝滯貌。《列子》卷五《湯問》:"(秦青)撫節悲歌,聲振林木,響遏行雲。"按"雲頹不流"即"響遏行雲"之意。湘娥,湘水女神,即帝舜之妃子娥皇女英,古代神話舜南巡不返,葬於蒼梧,娥皇女英思念不已,南向痛哭,淚下沾竹,竹盡斑。素女,神話中之女神,《史記》卷二十八《封禪書》第六:"太帝使素女鼓五十絃瑟,悲,帝禁不止。"意謂箜篌聲使湘娥啼竹,素女哀愁。中國,猶國中,指當時之長安。自第五句以下至篇末,具體寫箜篌聲調所産生的藝術效果。崑山,即崑崙山,以産玉名世。玉碎、鳳凰叫,形容聲調之清脆。芙蓉,即蓮花。芙蓉泣露,形容聲調之幽咽。香蘭笑,形容氣韻之芬芳。十二門,長安城一面三門,四面共十二門。融冷光,謂整個長安城爲曲調的清冷之氣所籠罩。二十三絃,指李憑所彈之箜篌。紫皇,道家傳説中之神仙,《太平御覽》卷六百五十九《秘要經》:"太清九官,皆有僚屬,其最高者稱太皇、紫皇、玉皇。"謂曲調之妙驚動了紫皇。女媧煉石補天,《淮南子》卷六《覽冥訓》:"女媧鍊五色石以補蒼天。"此二句意謂女媧已經補好之天,又被曲調驚動破裂而引逗出秋雨來。神嫗,即神女,干寶《搜神記》:"永嘉中,有神見於兗州,自稱樊道基,有嫗號成夫人,好音樂,能彈箜篌,聞人絃歌,輒便起舞。"意謂曲調之精妙移神,將聽者引入幻境,好像在神山上聽其教神女彈奏,使魚、蛟也爲之感動而歡欣。吳質,即神話在月中砍桂樹之吳剛。《酉陽雜俎》:"月桂高五百丈,下有一人斫之,樹創隨合,其人姓吳名剛,學仙有過,謫令伐樹。"寒兔,指月輪,神話傳説月中有兔和蟾蜍。露腳,指露滴,用法猶如"雨腳"、"日腳"。末二句謂李憑彈奏箜篌直到深夜,吳剛聽了至於忘情而不眠,露珠斜飛,沾濕寒兔,月光益其清冷了。極寫李憑彈奏箜篌之精妙,創造了一種藝術境界。又《雁門太守行》:

黑雲壓城城欲摧,甲光向日金鱗開。角聲滿天秋色裏,塞土燕脂凝夜紫。半卷紅旗臨易水,霜重鼓寒聲不起。報君黄金臺上意,提携玉龍爲君死。

《雁門太守行》是樂府《相和歌·瑟調曲》,多寫邊塞征戍之題材。此詩則是歌詠一位慷慨激烈爲國戰死的將士。首二句寫黑雲高壓城上,危城好像即將摧毁。太陽透過雲層照在盔甲之上,閃現出一片金鱗。次二句寫日間鏖戰。角,軍中所吹之器。滿天,猶滿空。塞土紫,長城附近土色皆紫,故稱紫塞。意謂日暮時,光照泥土,紫色更濃,凝成臙脂色。五、六二句寫戰敗撤退,軍旗半卷,鼓聲不揚。易水,在今河北易縣。鼓聲不起,《漢書》卷五十四《李陵傳》:"吾士氣少衰而鼓不起者,何也?"指鼓不起士氣。此則指鼓聲低沉不響,説明鬥志消沉。末二句謂爲報答君王之賞識而誓死抗敵。黄金臺,戰國時燕昭王所築,置千金於臺上,以延攬天下人才。故址在今河北易縣東南。玉龍,即寶劍。"提携玉龍爲君死",寫將士壯烈犧牲之場面。其情境有似屈原《九歌》之《國殤》。又如《夢天》:

老兔寒蟾泣天色,雲樓半開壁斜白。玉輪軋露濕團光,鸞珮相逢桂香陌。黄塵清水三山下,更變千年如走馬。遥望齊州九點烟,一泓海水杯中瀉。

"夢天"即夢游天界,如郭璞《游仙詩》之類。首四句寫夢入月宫之情景。雲樓,即回環舒卷之雲層。壁斜白,指月光斜照。玉輪,即月。軋,輾也。團光,即滿輪月。鸞珮,雕有鸞鳳之玉珮。此指繫着鸞珮的仙女。陌,街道。意謂明月如水之天色,猶如兔蟾泣成,雲樓半開,月光斜照,月爲冷露沾濕並爲水氣環繞,於桂花飄香的路上,逢見繫着鸞珮的仙女。後四句寫由天界俯瞰塵世。黄塵,指地面。清水,指海洋。三山,神話中海上之三神山。王嘉《拾遺記》:"三壺,則海中三山也:一曰方壺,則方丈也;二曰蓬壺,則蓬萊也;三曰瀛壺,則瀛洲也。"三山下,指人世間。更變千年,葛洪《神仙傳》:"麻姑自説云:'接待以來,已見東海三爲桑田。'"意謂天界千年一瞬,而人間不知經歷了多少次滄海桑田之變化了。如走馬,謂其變化之速。齊,猶中。齊州,即中州,猶中國。中國古時分九州。泓,水深貌。一泓,猶一汪水。謂由天界俯視中國之九洲,只像九點烟塵,九洲之外的海洋,也只像瀉在杯中一泓水而已。此詩之首四句以激切之思爲晦澀之調,後四句氣勢雄闊、超妙,酷似李白。又《老夫采玉歌》:

> 采玉采玉須水碧,琢作步摇徒好色。老夫飢寒龍爲愁,藍溪水氣無清白。夜雨岡頭食蓁子,杜鵑口血老夫淚。藍溪之水厭生人,身死千年恨溪水。斜山柏風雨如嘯,泉脚掛繩青裊裊。村寒白屋念嬌嬰,古臺石磴懸腸草。

此寫一位老人在深溪絶澗中爲官家采玉之悲苦境況。首二句謂采玉只是作貴婦人之裝飾品罷了。水碧,即水晶。《山海經·東山經》:"(耿山)無草木,多水碧。"注:"亦水玉類。"是玉之一種,又名碧玉,産深水中。疊用"采玉"二字,表明采玉之艱難。步摇,是婦女髮髻上之飾物,用銀絲宛轉屈曲爲花枝,插髮髻後,隨步摇擺,故名。徒好色,空有美好之色澤。次二句謂由於官家之役使,老夫飢寒交迫,溪水被攪得混濁,龍也爲不得安身而生愁。藍溪,在今陝西藍田縣西藍田山下,方三十里,以産碧玉名世。“夜雨”二句正寫飢寒,岡頭夜雨淋漓,謂寒;聊以蓁子爲食,謂飢。痛楚之淚,猶杜鵑啼血,長流不已。“藍溪”二句,厭生人,溺死許多采玉之人。死者雖經千百年也怨恨難消。恨溪水,即恨官府。“斜山”二句謂風雨吹打柏樹聲如嗚嘯,老夫腰繫着泉水發源處拴掛的長繩,向水底采玉。泉腳,即泉水之源處。裊裊,摇擺不定貌。末二句老夫看到古臺石級上之懸腸草,誘發出對家中嬰兒之思念。白屋,即茅屋,采玉老夫所居。懸腸草,蔓生植物,又名思子蔓。意者一旦自己之生命危殆,家中的嬰兒又怎能生存呢?通篇都寫老夫采玉的悽苦境遇和悲痛心情。

李賀的詩歌既有古樂府之樸華,又具有齊梁宫體之穠艷和韓、孟之險怪,他融各家爲一體,形成自己獨特之詩風。其詩風影響至於晚唐的李商隱和杜牧,李商隱作《李賀小傳》,杜牧作《李長吉詩序》,都對他的創作推崇備至,杜牧稱其“蓋騷之苗裔,理雖不及,辭或過之”。信哉斯言!

以上簡略論述韓愈及其一派諸作家,他們的個性、教養、遭際及思想雖有差異,因而其作品也有深淺工拙之不同,但他們的創作傾向是共同的,即險怪新奇,求其難。與他們相反,白居易一派作家之創作則質直通俗,求其易。

二、白居易、元稹及其流派

白居易一派之詩歌創作,與韓愈諸人之好奇求勝不同,而强調通俗平易,有補時弊。這自然是自杜甫發展而來的,但與元結的創作也有淵源關係,而且就其以新樂府體制反映現實講,明顯受有元結之啓迪。爲了理清其演變軌跡,故將其前之元結也附在此處論述。

(一)元結

元結(公元七一九——七七二),據《唐書》卷一百四十三本傳、《唐詩紀事》卷二十二、《唐才子傳》卷三,字次山,河南(今河南洛陽附近)人。少年倜儻不羈,十七歲始折節讀書。天寶十三年(七五四)進士及第。安史亂起,避難於猗玗洞,招集鄰里二百餘家南奔襄陽。乾元二年(七五九),國子司業蘇明源薦之於肅宗,授右金吾兵曹參軍,充山南東道節度參謀,立有戰功。廣德元年(七六三)任道州刺史,最後官至容管經略使。大曆七年(七七二)卒,年五十四。他性梗僻,深憎薄俗,有憂道憫世之志。今傳《元次山集》十二卷。其詩創作標榜《風》、《雅》傳統,主張有裨世教,所謂"上感於上,下化於下"(《系樂府詩》序),反對"拘限聲病,喜尚形似"(《篋中集》序),要求從聲律、形式中解放出來。這些詩歌理論,與白居易一脈相承。《憫荒詩》、《系樂府十二首》、《舂陵行》、《賊退示官吏》是實踐其理論之代表作。其《系樂府十二首》之六《貧婦詞》云:

> 誰知苦貧夫,家有愁怨妻?請君聽其詞,能不爲酸悽!所憐抱中兒,不如山下麑。空念庭前地,化爲人吏蹊。出門望山澤,回頭心復迷。何時見府主,長跪向之啼。

此組詩序云:"天寶辛未中,元子將前世嘗可稱嘆者,爲詩十二篇,爲引其義以明之,總命曰系樂府。古人歌詠,不盡其情聲者,化石金以盡之,其歡怨甚邪?戲!盡歡怨之聲者,可以上感於上,下化於下,故元子系之。"系樂府之題目,元結始創,意謂整套樂府。按:天寶無辛未年,《樂府詩集》卷九十六載此序作"天寶中"。戲,疑其上脱“於”字,於戲即鳴呼。此詩寫貧苦婦女被剥削之境況。麑,小鹿。“空念”二句,謂庭前之地被頻繁來索租税的差役踏成路了。府主,即府尹,唐代制度大府直屬道,唐在國内總置十道。意謂貧婦之苦,緣於租税所迫,以致懷中小兒還不如小鹿之能得到母親的撫愛。出門恍惚,迷惑無主,幻想能見到府尹,向其泣訴。表現貧婦痛苦不堪,無可奈何! 又《系樂府十二首》之九《農臣怨》云:

> 農臣何所怨,乃欲干人主。不識天地心,徒然怨風雨。將論草木患,欲説昆蟲苦。巡回宫闕傍,其意無由吐。一朝哭都市,涙盡歸田畝,謡頌若采之,此言當可取!

農臣,唐代職官,司農寺設卿一員,少卿二員。然此所謂農臣,絶非指此輩朝廷三四品大員,而應指農民,蓋因避唐太宗諱,改民爲臣。干,犯上。“不識”二句,謂農民不知責備天地,但愁風怨雨,不知風雨即天地變態之一種。草木患,即草木災患。昆蟲苦,即病蟲害。巡回,遲疑不進貌。末二句謂采詩者若將此意進獻,農民之苦難就能使國君得知。全篇皆申訴農民之怨恨。其《春陵行》云:

> 軍國多所需,切責在有司。有司臨郡縣,刑法競欲施。供給豈不憂,徵斂又可悲。州小經亂亡,遺人實困疲。大鄉無十家,大族命單羸。朝餐是草根,暮食仍木皮。出言氣欲絶,意速行步遲。追呼尚不忍,況乃鞭撲之! 郵亭傳急符,來往跡相追。更無寬大恩,但有迫促期。欲令鬻兒女,言發恐亂隨。悉使索其家,而又無生資。聽彼道路言,怨傷誰復知! 去冬山賊來,殺奪幾無遺。所願見王官,撫養以惠慈。奈何重驅逐,不使存活爲? 安人天子命,符節我所持。州縣忽亂亡,得罪復是誰? 逋緩違詔令,蒙責固其宜! 前賢重守分,惡以禍福移。亦

云貴守官,不愛能適時。顧惟孱弱者,正直當不虧。何人采國風,吾欲獻此辭。

此詩序云:"癸卯歲,漫叟授道州刺史。道州舊四萬餘户,經賊以來,不滿四千,大半不勝賦稅。到官未五十日,承諸使徵求符牒二百餘封,皆曰:'失其限者,罪至貶削!'於戲!若悉應其命,則州縣破亂,刺史欲焉逃罪?若不應命,又即獲罪戾,必不免也。吾將守官,靜以安人,待罪而已。此州是舂陵故地,故作《舂陵行》以達下情。"此詩是廣德元年(七六三)元結在道州刺史任上所作。此時安史之亂延續了七八年,已近於尾聲,然而長期戰亂,軍需浩繁,釀成方鎮對地方之無窮徵斂,以致人多逃亡,户口鋭減。此詩所寫僅是當時整個政局之部分情況。舂陵,《唐書》卷四十一《地理志》:江南西道"道州江華郡"。道州古稱舂陵。《漢書》卷二十八上《地理志》:零陵郡泠道縣有舂陵鄉。漢長沙定王分以爲縣,武帝元朔五年封定王子買爲舂陵侯。故址在今湖南道縣。軍國,謂用兵之國度。有司,府吏之類,此處指刺史。遺人,一作遺民,此爲避太宗諱改作"人"。羸,瘦弱。郵亭,古時驛站。符,公文。生資,生活資料。山賊,指西原蠻,即當時之少數民族,在今廣西境内,廣德元年冬,曾占領道州一月有餘。王官,刺史奉王命而來,故云。符節,古時天子任官遣將,皆發符節以取信。逋緩,即逃避和拖延。惡以禍福移,不以禍福改其節。愛,慕也。適時,即希風逢旨,隨俗俯仰。正直不虧,謂爲官守正直之道,不虧損人民。此乃自矢之辭。又其《賊退示官吏》描寫同樣内容:

昔歲逢太平,山林二十年。泉源在庭户,洞壑當門前。井稅有常期,日晏猶得眠。忽然遭世變,數歲親戎旃。今來典斯郡,山夷又紛然。城小賊不屠,人貧傷可憐。是以陷鄰境,此州獨見全。使臣將王命,豈不如賊焉? 今彼徵斂者,迫之如火煎。誰能絶人命,以作時世賢? 思欲委符節,引竿自刺船。將家就魚麥,歸老江湖邊。

此詩序云:“癸卯歲,西原賊入道州,焚燒殺掠,幾盡而去。明年,賊又攻永破邵,不犯此州邊鄙而退。豈力能制敵歟? 蓋蒙其傷憐而已。諸使何爲忍苦徵斂? 故作詩一篇,以示官吏。”序云:“癸卯歲之明年”,則知此詩作於寫《舂陵行》之次年,即廣德二年(七六四),主旨在揭露官吏之徵斂害民。首六句寫他早年在商餘山度過一段較長的農村生活。井税,借古代井田之税制指代唐時按户口徵收之租、庸、調法。次二句寫自己從戎之經歷。世變,指安史之亂爆發。親戎旃,親預軍旅。《唐書》卷一百四十三本傳:“會天下亂,沈浮人間。國子司業蘇源明見肅宗,問天下士,薦結可用。時史思明攻河陽,帝將幸河東,召結詣京師,問所欲言。……(結)乃上時議三篇……帝悦曰:卿能破朕憂! 擢右金吾兵曹參軍,攝監察御史,爲山南西道節度參謀,募義士於唐、鄧、汝、蔡,降劇賊五千,瘞戰死露胔於泌南,名曰哀丘。史思明亂……因命發宛、葉軍,挫賊南鋒。結屯泌陽,守險,全十五城。以討賊功,遷監察御史裏行,荆南節度使吕諲請益兵拒賊,帝進結水部員外郎,佐諲府。又參山南東道來瑱府……瑱誅,結攝領府事。”即此句所詠史實。“今來典斯郡”以下六句寫治道州之政。典斯郡,指廣德二年五月任道州刺史。山夷,指西原蠻。“使臣將王命”以下六句寫官吏對人民之殘酷剥削。使臣,指君王派遣之租庸使。意謂君王之使臣曾盗賊之不如。時世賢,當時認爲的賢者,即上文的“徵斂者”,亦《孟子·告子》云:“今之所謂良臣,古之所謂民賊也。”“思欲委符節”以下四句,表示要歸隱。委符節,棄官而去。刺船,用篙撑船。《史記》卷五十六《陳丞相世家》:“乃解衣,臝而佐刺船。”將家,携帶家屬。元結祖籍河南,當時河南正在動亂中,已無家可歸。此處所謂“歸老江湖”,是指他曾居住過的瀼溪,故有《喻瀼溪鄉舊游》之作。對這兩首詩,杜甫給以很高的評價,他在《同元使君春陵行》中慨嘆“不意復見比興體制,微婉頓挫之詞”,認爲“兩章對秋月,一字偕華星”,贊美其詩可與秋月爭光,華星同輝。其創作實開元、白詩風。

(二)白居易

白居易(公元七七二——八四六),據《舊唐書》卷一百零六、《唐書》卷一百十九本傳、《唐才子傳》卷六和《唐詩紀事》卷三十八、三十九,他字樂天,祖籍太原,自曾祖温,徙居下邽(今陝西渭南市),遂爲下邽人。祖鍠,又移居新鄭(今河南新鄭市),他即生於新鄭。其父季庚曾在徐州做官,因此他又曾寓居徐州符離縣(今安徽宿縣符離集)。幼聰慧,五六歲學作詩,九歲解聲韻。稍長即接受經史和文學等教育。二十歲之前,由於藩鎮叛亂和連年災荒,曾浪游南北,南至浙江,北至河北,河南、蘇北、陝西更是其經常回翔之地。二十歲之後,則專注於科舉考試之準備。年二十八登進士第。不久,即授秘書省校書郎,開始踏上仕宦之途。其後,又授盩厔縣尉、集賢院校理、翰林院學士及左拾遺等官職。這期間他除了寫一些有關時政得失之奏摺外,便創作了其詩歌中最光輝的篇章,如《秦中吟》、《新樂府》和其他諷諭詩等。左拾遺三年任滿,以母老須孝養,請改授京兆户曹參軍。不久母死,丁憂。三年服滿,召授太子左贊善大夫。元和十年(八一五),因上書請求追捕刺殺宰相武元衡之凶犯,當權者借口他非諫官,而“越職言事”,被貶江州司馬。從此他的詩風發生很大變化,由諷諭詩演變爲閒適詩和感傷詩。任滿後,轉忠州刺史。穆宗即位,被召回長安,改授主客郎中、知制誥。長慶元年(八二一),遷中書舍人。曾上評論時政之奏摺,皆未被采納,又見穆宗荒淫無道,請求外任,除杭州刺史,教民築堤蓄水,灌田千餘畝。三年任滿,回洛陽,除太子左庶子,次年再除蘇州刺史。不久,因病罷官歸長安,任秘書監,賜金紫魚袋。太和二年(八二八)任刑部侍郎。三年以太子賓客分司東都。從此再未去長安。太和五年任河南尹,七年仍爲太子賓客分司。開成元年(八三六)任太子少傅,封馮翊侯。四年患風痺病,盡放家中歌妓。會昌二年(八四二)辭卻太子少傅,以刑部尚書名義告老退休,六年病卒,年七十五。晚年棲心梵釋,淡泊自守,與香山僧如滿結香火緣,白衣鳩杖,往來香山間,自稱香山居士。他對詩歌有獨到的見解,認爲"感人心者莫先乎情,莫始乎言,莫切乎聲,莫深乎義。詩者根情、苗言、華聲、實義"。凡詩必須具備情感、語言、聲韻、思想四要素,才得稱其爲詩,對詩歌作了明確的界定。並提出創作宗旨爲"文章合爲時而著,歌詩合爲事而作",其作用在"補察時政","泄導人情"(《與元九書》),要求作品"辭質而徑"、"言直而切"、"事覈而實"、"體順而律"(《新樂府序》),即通俗性、現實性和音樂性。他的創作即其理論之充分體現。今傳《白氏長慶集》七十一卷,其中輯録詩歌三千餘首。他將自己的詩歌分爲諷諭、閒適、感傷、雜律四類;諷諭詩在他全部創作中不到十分之一,而中唐時期之政治、經濟、軍事、文化等社會諸問題,無不在其中得到反映。如《觀刈麥》:

田家少閒月,五月人倍忙。夜來南風起,小麥覆隴黄。婦姑荷簞食,童稚携壺漿。相隨餉田去,丁壯在南岡。足蒸暑土氣,背灼炎天光。力盡不知熱,但惜夏日長。復有貧婦人,抱子在其傍。右手秉遺穗,左臂懸弊筐。聽其相顧言,聞者爲悲傷:家田輸税盡,拾此充飢腸。今我何功德,曾不事農桑。吏禄三百石,歲晏有餘糧。念此私自愧,盡日不能忘。

此寫其見農民收割麥子時引發的感想。婦姑,東漢桓帝童謡:“小麥青青大麥枯,誰當穫者婦與姑。”婦是丁壯之妻,姑則是其母,對此婦而言,則爲姑。餉田,給田裏刈麥者送飯。丁壯,唐代白居易時期,二十五歲曰成丁。又《禮記》卷一《曲禮》:“三十曰壯。”此處丁壯連文,泛指一般青壯年。南岡,猶南畝、東皋、西疇等,皆田地之泛稱,非具體所指。惜,珍惜。珍惜夏季日長可以多收割。曾,猶竟然。吏禄句,據《唐六典》縣尉是從九品官,年禄五十二石,此外有職分田兩頃五十畝,錢一千九百一十七文。此謂“三百石”,是漢朝制度(見《漢書·百官公卿表》),乃借用,極言其多也。既寫出農民被剥削之苦,又寫出自己食禄之多,以見農民苦難之根源在自己不勞而獲,所以不勝慚愧之至!又他在《論和糴狀》中説:“臣久處村閭,曾爲和糴之户(這種是在正税之外,再繳納糧食,以備朝廷調整糧價之需要。這類糧食,不給代價,是一種額外勒索),親被迫蹙,實不堪命。臣近爲畿尉,曾領和糴之司,親自鞭撻,所不忍覩。”可以補證此詩所表現的心境。又《宿紫閣山北村》:

> 晨游紫閣峰,暮宿山下村。村老見予喜,爲予開一尊。舉杯未及飲,暴卒來入門。紫衣挾刀斧,草草十餘人。奪我席上酒,掣我盤中飧。主人退後立,斂手反如賓。中庭有奇樹,種來三十春。主人惜不得,持斧斷其根。口稱采造家,身屬神策軍。主人慎勿語,中尉正承恩。

此詩應是作者於元和四、五年作左拾遺時所作。當時吐突承璀任左神策護軍中尉,極受憲宗之寵信,氣燄薰天。似即此詩之所諷。紫閣峰,陝西終南山的一個山峰,因夕照色紫得名。紫衣,據新、舊《唐書·輿服志》,唐時軍人服黄,獨神策軍服紫。草草,勞苦忙碌貌。斂手,即拱手、作揖。采造家,爲皇室采伐材料,營造宫室之人。神策軍,唐時之禁衛軍,士兵多爲市井富家無賴子弟賄買軍籍充任。按唐時曾調遣神策軍修築宫殿苑囿。此詩即揭露他們爲修築宫室在長安近郊掠奪人民。其意義誠如《與元九書》所云:“聞宿紫閣村詩,則握軍要者切齒矣。”《新樂府》五十首,是一組有系統、有目的的創作,序云:“篇無定句,句無定字;繫於意,不繫於文。首句標其目,卒章顯其志,《詩》三百之義也。其辭質而徑,欲見之者易諭也。其言直而切,欲聞之者深誡也。其事覈而實,使采之者傳信也。其體順而律,可以播於樂章歌曲也。總而言之,爲君、爲臣、爲民、爲物、爲事而作,不爲文而作也。”如《序》中所説,這組詩體裁統一,主題明確,美刺意義顯豁。如《新豐折臂翁》:

新豐老翁八十八,頭鬢眉鬚皆似雪;玄孫扶向店前行,左臂憑肩右臂折。問翁臂折來幾年?兼問致折何因緣?翁云貫屬新豐縣,生逢聖代無征戰。慣聽梨園歌管聲,不識旗槍與弓箭。無何天寶大徵兵,户有三丁點一丁。點得驅將何處去?五月萬里雲南行。聞道雲南有瀘水,椒花落時瘴烟起。大軍徒涉水如湯,未過十人二三死。村南村北哭聲哀,兒别爺娘夫别妻。皆云前後征蠻者,千萬人行無一回!是時翁年二十四,兵部牒中有名字。夜深不敢使人知,偷將大石槌折臂。張弓簸旗俱不堪,從兹始免征雲南。骨碎筋傷非不苦,且圖揀退歸鄉土。此臂折來六十年,一肢雖廢一身全。至今風雨陰寒夜,直到天明痛不眠。痛不眠,終不悔,且喜老身今獨在。不然當時瀘水頭,身死魂孤骨不收。應作雲南望鄉鬼,萬人冢上哭呦呦。老人言,君聽取!君不聞開元宰相宋開府,不賞邊功防黷武。又不聞天寶宰相楊國忠,欲求恩幸立邊功。邊功未立生人怨,請問新豐折臂翁!

作者自序:"戒邊功也。"寫武將爲邀功而輕啓邊釁,給人民造成之苦難。唐新豐縣故治在今陝西西安市臨潼區東北之新豐鎮。聖代,指玄宗開元時代,當時李隆基任用姚崇、宋璟做宰相,勵精圖治,國家呈現繁榮景象,人們稱之爲"小貞觀"。天寶大徵兵,指天寶十載(七五一)鮮于仲通和十三載(七五四)李宓兩次征雲南南詔閣羅鳳之役。瀘水,金沙江之上游。諸葛亮征孟獲曾五月渡瀘,鮮于仲通、李宓亦由此出兵征南詔。兵部牒,據《舊唐書·職官志》唐尚書省分六部,兵部是其一。牒,名册。萬人冢,作者原注:"雲南有萬人冢,即鮮于仲通、李宓曾覆軍之所也。"在今雲南鳳儀鄉西二十五里。開元,唐玄宗李隆基年號。宋開府,即宋璟,是開元時期的賢宰相,做過開府儀同三司,故尊稱宋開府。"不賞"句,作者自注:"開元初,突厥數犯邊,時天武軍牙將郝靈佺出使,因引特勒(即鐵勒)、回鶻(即維吾爾)部落,斬突厥默啜,獻首於闕下,自謂有不世之功。時宋璟爲相,以天子年少好武,恐邀功者生心,痛抑其黨,逾年始授郎將,靈佺遂痛哭嘔血而死。"憲宗元和元年,也有類似情況,党項領着吐蕃侵入唐朝西界,邊將想借機請求皇帝對其宣戰,杜佑曾上奏書諫止。如《舊唐書》卷一百四十七《杜佑傳》:"(元和元年)河西党項,潛導吐蕃入寇,邊將邀功,亟請擊之。佑上疏論之曰:"國家自天后(武則天皇后)以來,突厥默啜兵强氣勇,屢寇邊城,爲害頗甚。開元初,邊將郝靈佺親捕斬之,傳首闕下。自以爲功代莫與二,坐望榮寵。宋璟爲相,慮武臣邀功,爲國生事,止授以郎將。由是訖開元之盛,無人復議開邊,中國遂寧,外夷亦靜。"白居易之詩意與杜佑的意見是一致的,可互相參證。"又不聞"以下四句,楊國忠做宰相在天寶十一載(七五二),唐朝第一次派遣鮮于仲通征雲南,是由他推薦;第二次派遣李宓,是由他親自下令。作者自注:"天寶末,楊國忠爲相,重構閣羅鳳之役,募人討之,前後發二十餘萬衆,去無返者。又捉人連枷赴役,天下怨哭,人不聊生,故禄山得乘人心而盗天下。元和初,而折臂翁猶存,因備歌之。”作者以宋璟、楊國忠並舉,意在懲戒當時武將不要妄想邀功而輕啓邊釁。又如《道州民》:

> 道州民,多侏儒,長者不過三尺餘。市作矮奴年進奉,號爲道州任土貢。任土貢,寧若斯?不聞使人生別離,老翁哭孫母哭兒!一自陽城來守郡,不進矮奴頻詔問,城云臣按《六典》書,任土貢有不貢無。道州水土所生者,只有矮民無矮奴。吾君感悟璽書下,歲貢矮奴宜悉罷!道州民,老者幼者何欣欣!父兄子弟始相保,從此得作良人身。道州民,民到于今受其賜,欲説使君先下淚。仍恐兒孫忘使君,生男多以“陽”爲字。

作者自序:“美賢臣遇明主也。”是贊美陽城抗議朝廷之蹂躪人權。道州,唐代設道州路,州治在今湖南省道縣。侏儒,特别矮小的人。從漢武帝時成爲宫廷玩弄的對象,到唐玄宗、德宗時,當地官員竟把他們當作貢品進奉到京城。任土貢,即任土作貢,根據地方出産,繳納貢品。寧若斯,哪能如此。陽城來守郡,陽城,字亢宗,北平(今河北順平縣)人。隱於中條山,德宗將其請出來,任諫議大夫,直言敢諫。權奸裴延齡誣陷大臣陸贄,他堅決爲陸贄辯護。他的弟子薛約批評朝政,明令逮捕,他將薛約隱藏於家中,因此以隱藏罪犯名義,貶爲道州刺史。在道州任上奏免供“矮奴”事。六典,即《唐六典》,玄宗李隆基修,李林甫注。其卷三“户部員外郎”條:“郎中、員外郎,掌領天下州縣户口之事,凡天下十道,任土所出而爲貢賦之差。”注:“舊額貢獻,多非土物,或本處不産,而外處市供,或當土所宜,緣無額遂止。開元二十五年,勑令中書、門下對朝集使隨便條革,以爲定準。"此即陽城上書之根據。《舊唐書》卷一百九十二《陽城傳》:道州土地産民多矮,每年常配鄉户,竟以其男,號爲矮奴。城下車,禁以良爲賤,又憫其編甿歲有離異之苦,乃抗疏論而免之,自是乃停其貢,民皆賴之,無不泣荷。即以上諸句所詠。以"陽"爲字,《唐書》卷一百九十四《陽城傳》:"州人感之,以'陽'名子。"史文本於白詩。詩中特寫道州人民對陽城的頌揚,情極而三呼道州民,可謂一唱三嘆。又如《賣炭翁》:

> 賣炭翁,伐薪燒炭南山中。滿面塵灰烟火色,兩鬢蒼蒼十指黑。賣炭得錢何所營?身上衣裳口中食。可憐身上衣正單,心憂炭賤願天寒。夜來城外一尺雪,曉駕炭車輾冰轍。牛困人飢日已高,市南門外泥中歇。兩騎翩翩來是誰?黄衣使者白衫兒。手把文書口稱敕,回車叱牛牽向北。一車炭重千餘斤,宫使驅將惜不得。半匹紅紗一丈綾,繫向牛頭充炭值。

此詩自序:"苦宫市也。"寫勞動人民受宫市掠奪之痛苦。《舊唐書》卷一百四十《張建封傳》:"時宦者主宫中市買,謂之宫市。抑(壓價)買人物,稍(漸)不如本估(價)。末年不復行文書,置白望數十百人於兩市,及要鬧坊曲,閲人所賣物,但稱宫市,則斂手付與,真僞不復可辨,無敢問所從來,及論價之高下者。率用值百錢物,買人值數千物,仍索進奉門户及腳價銀。人將物詣市,至有空手而歸者。名爲宫市,其實奪之。嘗有農夫以驢馱柴,宦者市之,與絹數尺,又就索門户,仍邀驢送柴至内(宫裏)。農夫啼泣,以所得絹與之,不肯受,曰:'須得爾驢。'農夫曰:'我有父母妻子,待此而後食。今與汝柴,而不取直而歸,汝尚不肯,我有死而已!'遂毆宦者。"史文與詩歌所詠是一致的。南山,即陜西之終南山。翩翩,得意忘形之神態。黄衣使者,指宦官,宦官服役宫廷,衣皆黄色。

白衫兒,宦官手下的爪牙,即“白望”,他們穿白衫,專替宦官做眼綫,因此得名。敕,皇帝的命令。回車叱牛牽向北,長安宮廷在北,東西兩市在南,故白望等命這位老翁送炭,要回車,牽牛向北。半匹紅紗一丈綾,即《通鑒·唐紀》德宗貞元十三年所謂:“多以紅紫染故衣敗繒,尺寸裂而給之。”非純真之綾紗。極寫其掠奪之蠻橫也。

《秦中吟》十首,也是有組織有計劃的創作,序云:“貞元元和之際,予在長安,聞見之間,有足悲者。因直歌其事,命爲秦中吟。”從題材看它是新樂府的繼續和發展,與新樂府不同者,它不是有意當做諫書,寫作供皇帝看,因而其對現實的揭露和諷刺更深刻、更尖鋭。他在《與元九書》中説:“聞《秦中吟》則權豪貴近者,相目而變色矣。”可見其思想性之强。這方面的重要作品如《重賦》:

> 厚地植桑麻,所要濟生民。生民理布帛,所求活一身。身外充徵賦,上以奉君親。國家定兩税,本意在愛人。厥初防其淫,明敕内外臣。税外加一物,皆以枉法論。奈何歲月久,貪吏得因循。浚我以求寵,斂索無冬春。織絹未成匹,繅絲未盈斤。里胥迫我納,不得暫逡巡。歲暮天地閉,陰風生破村。夜深烟火盡,霰雪白紛紛。幼者形不蔽,老者體無温。悲喘與寒氣,併入鼻中辛。昨日輸殘税,因窺官庫門。繒帛如山積,絲絮似雲屯。號爲羨餘物,隨月獻至尊。奪我身上暖,買爾眼前恩。進入瓊林庫,歲久化爲塵。

《唐詩紀事》和汪立名《白香山年譜》皆將《秦中吟》編於元和五年,《序》云:“貞元元和之際”,可能是指采集題材之年代,應以年譜爲是。此詩主要寫兩税法實施之弊端及對人民剥削之嚴重。安史亂後,户籍紊亂,土地兼併加劇,初唐時按丁口授田制訂之租(糧)庸

(役)調(絹)法,已經無法貫徹,德宗采納楊炎建議,行兩税法,即一年按夏、秋兩季收税。德宗詔書云:"户無主客(土著和客户),以現居爲簿;人無丁中(壯丁和未成丁者),以貧富爲差;行商者在郡縣税三十之一,居人(一般農民和富裕農民)之税,秋、夏兩徵之……餘徵賦悉罷……夏徵無過六月,秋税無過十一月。"(見《全唐文》卷五十)淫,超額、逾限,指官吏濫增税目税款。"税外"二句,謂正税之外另設税項,以枉法論處。德宗《停雜税制》云:"自艱難以來,徵賦名目繁雜,委黜陟使(掌管官吏升降之大臣)與諸道觀察使、刺史,作年支兩税徵納。比來新舊徵科色(項)目,一切停罷。兩税外輒别率(徵斂)一錢,四等官準擅興賦(擅自增加税額),以枉法論。"(見《全唐文》卷五十)貪吏得因循,兩税法規定用錢交納,但農民只有米布,以實物納税,官吏便任意折價,因此成了害民之政。自德宗初年到憲宗初年,四十餘年,税額未變,而農民的實際負擔卻增加了三倍。浚,即剥削。天地閉,《禮記》卷五《月令》:"孟冬之月……天氣上騰,地氣下降,天地不通,閉塞而成冬。"以喻天寒。殘税,總是交不完的賦税。羨餘物,多餘之物,指賦税之盈餘。貪官們爲了取寵,將從人民超額徵收之賦税進奉給皇帝,美其名爲"羨餘"。隨月獻至尊,當時貪官們對皇帝每天進奉者稱日進,按月進奉者稱月進。《舊唐書》卷四十八《食貨志上》:"常賦之外,進奉不息:韋臯劍南(西川節度使)有日進,李兼江西(觀察使)有月進,杜亞揚州,劉贊宣州,王緯、李錡浙西,皆競爲進奉,以固恩澤。貢入之奏,皆曰:臣於正税外'方圓',亦曰'羨餘'。"其後節度使以下,刺史、判官皆有進奉。德宗在位二十多年,此類進奉相習成風,對人民剥削之嚴重,可以想見。瓊林庫與大盈庫是唐朝兩個最大的内庫,從玄宗時即開始聚斂,到德宗時已極爲充實。中經姚令言之叛變,兩庫財寶大都散失。德宗回京後,爲補充内庫，又加速榨取。後瓊林庫燃起大火，一切皆化爲灰燼。此詩描寫了正税（即夏、秋兩税）兼其他無可名目的苛捐雜税剥削下人民的悲慘生活，一吟一詠，對人民的苦難充滿了同情。又如《輕肥》：

> 意氣驕滿路，鞍馬光照塵。借問何爲者？人稱是内臣。朱紱皆大夫，紫綬或將軍。誇赴軍中宴，走馬去如雲。罇罍溢九醖，水陸羅八珍。果擘洞庭橘，鱠切天池鱗。食飽心自若，酒酣氣益振。是歲江南旱，衢州人食人！

輕肥，即輕裘肥馬之意，《論語》卷三《雍也》："乘肥馬，衣輕裘。"詩之内容是揭露宦官的豪華生活和驕縱氣燄。内臣，即宦官。唐代宦官專權，始自玄宗時之高力士，其後肅宗、代宗時之李輔國、程元振、魚朝恩，德宗時之竇文場、霍仙鳴，皆聲勢赫赫，執掌軍政大權。順宗永貞時，八司馬被貶事，宦官劉貞亮是主謀。到憲宗元和初年，吐突承璀極受寵信，王承宗叛變時，憲宗令其任行營招討處置使，統領右神策軍與河中、河南、浙西、宣、歙各鎮之兵。同時派遣宋惟澄、曹振玉分領河南、河陽及京華、河中、太原兩路之兵，並劉國珍、馬朝江掌管糧料。將國家之安危，全委託於宦官。諫官們群起反對，白居易也寫了《論承璀中使不當爲制將統領》之奏摺。此詩則從一個側面揭露了他們的行爲與活動。朱紱，垂於膝前之朱色大帶。紫綬，即紫衣。皆朝服。大夫和將軍分指文職和武職。意謂宦官由於受皇帝寵信，非次提升，文職往往能做到三公、開府儀同三司，武職有的能做到驃騎大將軍或輔國大將軍。軍中宴，指赴左右神策軍中之宴會。罇、罍，皆酒器。九醖，經過九次醖釀，味極醇厚之酒。八珍，八種珍奇之食品，《晉書》卷三十三《石崇傳》："庖膳窮水陸之珍。"洞庭橘，太湖中洞庭山，産名橘。天池鱗，指大海或禁苑内池塘中之魚。江南旱,據《通鑒》記載:元和三、四年,江南亢旱。衢州,即今浙江衢州市衢江區、龍游、江山、常山、開化五區縣。把宦官們的奢侈驕橫和志滿意得之神態與人民的苦難作了鮮明之對比,意在説明這般人非可賴以治國安民者也。又如《歌舞》:

秦城歲云暮,大雪滿皇州。雪中退朝者,朱紫盡公侯。貴有風雲興,富無飢寒憂。所營惟第宅,所務在追游。朱輪車馬客,紅燭歌舞樓。歡酣促密坐,醉暖脱重裘。秋官爲主人,廷尉居上頭。日中爲樂飲,夜半不能休。豈知閿鄉獄,中有凍死囚!

此詩是揭露京城歲末官僚貴族腐朽豪華之享樂生活。秦城,即長安,長安古屬秦地。皇州,即帝都。朱紫,標誌官階之顔色,唐制:四、五品之官衣緋,二、三品之官佩紫。朱輪,古時高官所乘之車,輪塗朱色。秋官,《周禮·秋官》大司寇,掌刑法,相當於唐朝的刑部尚書。廷尉,秦時掌刑獄之官,相當於唐朝的大理卿。意謂宴會中的主人與客人都是掌管刑訊和囚禁事務者,與下文"凍死囚"相應。閿鄉,即今河南靈寶閿鄉縣地。其《奏閿鄉縣禁囚狀》云:"縣獄中有囚數十人,並積年禁繫,其妻兒皆乞於道路,以供獄糧。其中有身禁多年,妻已改嫁者;身死獄中,取其男收禁者。云是……欠負官物,無可填賠,一禁其身,雖死不放。"即此詩所詠之事實。這般達官貴人恣情享樂,置人民生死於不顧。又《買花》:

帝城春欲暮,喧喧車馬度。共道牡丹時,相隨買花去。貴賤無常價,酬值看花數。灼灼百朵紅,戔戔五束素。上張幄幕庇,旁織笆籬護。水灑復泥封,移來色如故。家家習爲俗,人人迷不悟。有一田舍翁,偶來買花處。低頭獨長嘆,此嘆無人諭:一叢深色花,十户中人賦!

此詩是揭露唐時京城豪門貴族奢侈享樂生活是建立在對人民殘酷剥削之上的。李肇《國史補》卷中云:"京城貴游,尚牡丹三十餘年矣。每春暮車馬若狂,以不耽玩爲恥。執金吾鋪官圍外寺觀種以求利,一本有值數萬者。"即此詩所詠。灼灼,鮮艷貌。戔戔,修剪合度貌。束,即捆。素,白色。作者《白牡丹》詩云:"素華人不顧,亦占牡丹名。"可見唐時白牡丹不被人看重,而紅牡丹最名貴,故云"一叢深色花"可以抵當十户中等人家所繳納之賦税。按封建社會以人丁家産多少分百姓爲上户、中户、下户三等,十户中人之賦税,證之《國史補》所載,錢以萬計,可見其剥削之何等嚴重了。

白居易的諷諭詩廣泛而深刻地揭露了封建統治階級殘酷剥削和荒淫腐朽的本質,並反映了廣大人民被壓迫、被剥削的悲慘生活,對封建階級的作爲表示極端之痛恨,對廣大人民的苦難寄予深切之同情。其情感之激烈,言辭之犀利,誠如他自云:"患其意太切而理太周。故理太周則辭繁,意太切則言激。"(《和答詩十首·序》)意切、理周、辭繁、言激,足以概括他此類詩歌之特點。

白居易自貶江州司馬之後,思想由"兼濟天下"轉爲"獨善其身","意切理周"之作幾乎絶跡,而感傷詩産生了,他早年寫的《長恨歌》和此時寫的《琵琶行》可爲代表。這是兩篇叙事生動、描寫細膩、聲調優美,文學史上少見的長篇叙事詩。《長恨歌》是他於元和元年(八〇六)任盩厔縣尉時所作,同時,陳鴻作有《長恨歌傳》,皆寫唐玄宗與楊貴妃的愛情悲劇,可互相參證。對玄宗和楊妃的愛情悲劇,白居易分别采取兩種態度,即諷刺玄宗之荒淫誤國和同情楊妃之不幸遭際。這與他的其他作品所一貫表現的對統治階級的諷刺和對婦女的同情態度是一致的。全詩可分五個段落,第一段自開篇至"始是新承恩澤時",寫玄宗與楊妃之結合經

過,如:

> 漢皇重色思傾國,御宇多年求不得;楊家有女初長成,養在深閨人未識。天生麗質難自棄,一朝選在君王側;回眸一笑百媚生,六宫粉黛無顏色。春寒賜浴華清池,温泉水滑洗凝脂;侍兒扶起嬌無力,始是新承恩澤時。

首句"漢皇重色思傾國",是全篇之主旨,垂作歷史教訓。《漢書》卷九十七《外戚傳》:"(李)延年侍上起舞歌曰:'北方有佳人,絶世而獨立。一顧傾人城,再顧傾人國。寧不知傾城與傾國,佳人難再得。'"傾城傾國爲絶世佳人之代稱。御宇,君主統治天下。求不得,《詩·周南·關雎》:"求之不得,寤寐思服。"此化用其意。"楊家有女"二句,楊家女,即楊玉環,本爲玄宗之子壽王瑁之妻,玄宗見而欲奪取之,先度爲道士,道號太真,然後召其還俗,立爲貴妃,備極寵幸。云"養在深閨",乃爲玄宗諱。難自棄,謂不能任其埋没。回眸,回首顧盼。六宫,古時皇后和嬪妃所住,前一宫,後五宫,合稱六宫。粉黛,粉以搽臉,黛以畫眉。華清池,在驪山上華清宫内,乃專供皇室及貴族使用之温泉。錢易《南部新書》己曰:"(驪山華清宫)繚垣之内,湯泉凡八九所。是御湯,周環數丈,悉砌以白石,瑩澈如玉。石面皆隱起魚龍花鳥之狀,千名萬品,不可殫記。四面石座,皆級而上。中有雙白石甕,腹異口(疑"腹"上脱"同"字),甕中涌出,濆注白蓮之上。御湯西北角,則妃子湯,面稍狹。湯側紅白石盆四,所刻作菡萏之狀,陷於白石面。"凝脂,凝結之脂肪,形容皮膚之細膩。《詩·衛風·碩人》:"膚如凝脂。"極寫楊妃之美麗、嬌媚及其承歡於玄宗。自"雲鬢花顏金步摇"至"不重生男重生女"爲第二段,寫玄宗縱情極慾,專寵楊妃,以致荒廢朝政。如:

雲鬢花顔金步摇,芙蓉帳暖度春宵;春宵苦短日高起,從此君王不早朝。承歡侍宴無閑暇,春從春游夜專夜。後宫佳麗三千人,三千寵愛在一身。金屋粧成嬌侍夜,玉樓宴罷醉和春。姊妹兄弟皆列土,可憐光彩生門户;遂令天下父母心,不重生男重生女。

雲鬢,鬢髮如雲。《木蘭詩》:"當窗理雲鬢。"金步摇,古時婦女之頭飾,上有黄金翠羽做成之鳥獸,下垂明珠,步行則動摇。芙蓉帳,繡有蓮花之帷帳。夜專夜,《後漢書》卷十下《閻皇后紀》:"后專房妒忌。"後宫佳麗句,《後漢書》卷十上《皇后紀》:"自武、元之後,世增淫費,至乃掖庭三千。"然玄宗時後宫美人四萬,何止三千? 此或特標舉其佳麗者。"金屋"句,據《漢武故事》,武帝少時,曾言欲娶姑母長公主之女阿嬌,並作金屋藏之。及長,果如所言,娶爲妻室,即位後更立爲皇后。此借喻玄宗之寵幸楊妃。醉和春,言玄宗與楊妃相對醉飲,顔色愈和,如春風生於面部。姊妹句,姊,指韓國、虢國、秦國三國夫人。兄,指從兄銛爲鴻臚卿、錡爲侍御史、釗爲右丞相。列土,即列爵分土。楊氏一家,男爲通侯,女做國夫人,皆按一定等級分土食租。可憐,猶可愛、可羡。《焦仲卿妻》:"自名秦羅敷,可憐體無比。""不重"句,《史記》卷四十九《外戚世家》:"天下歌之曰:'生男無喜,生女無怒,獨不見衛子夫霸天下!'"又陳鴻《長恨歌傳》:"當時謡詠有云:'生女勿悲酸,生男勿喜歡。'又曰:'男不封侯女作妃,看女卻爲門上楣。'其人心羡慕如此!"寫玄宗之恣情縱慾,從中寄託了作者對其縱情誤國之隱痛。自"驪宫高處入青雲"至"回看血淚相和流"爲第三段,寫玄宗之荒淫行爲導致了安史之亂,楊貴妃無辜被殺。如:

驪宫高處入青雲,仙樂風飄處處聞。緩歌謾舞凝絲竹,盡日君王看不足。漁陽鞞鼓動地來,驚破《霓裳羽衣曲》。九重城闕烟塵生,千乘萬騎西南行。翠華摇摇行復止,西出都門百餘里:六軍不發無奈何,宛轉蛾眉馬前死。花鈿委地無人收,翠翹金雀玉搔頭,君王掩面救不得,回看血淚相和流。

謾舞,輕盈美妙之舞姿。凝絲竹,與管絃樂器之聲調凝結在一起。漁陽,郡治在今天津市薊縣城。鞞鼓,即戰鼓。東漢彭寵據漁陽叛漢(見《後漢書·彭寵傳》),此借喻安禄山據范陽、平盧叛唐。霓裳羽衣曲,唐時大型舞曲,出自西涼,由楊敬造傳入中國。舞者上穿紅,下穿白,作仙人裝。九重城闕,即京城,《楚辭·九辯》:"君之門以九重。"此指長安。"千乘"句,漢末民謡:"侯非侯,王非王,千乘萬騎上北邙。"此指扈從玄宗逃蜀之衛隊。翠華,皇帝車上所樹立的以翠鳥羽爲飾之華蓋。"西出"句,謂至馬嵬坡,其地在今陝西興平市西二十五里,又稱馬嵬驛。六軍,《周禮·夏官·司馬》:"王,六軍。"指皇帝之禁衛軍。相傳玄宗逃蜀,途經馬嵬坡,扈從軍隊嘩變,要求殺楊國忠和楊貴妃以泄天下之憤。玄宗不得已,從之。蛾眉,美人之代稱。《詩·衛風·碩人》:"螓首蛾眉。"此指楊妃。鈿,嵌有珠寶的婦女之金屬頭飾。翠翹金雀,即金雀釵上安着翠鳥尾之婦女頭飾。《山堂肆考》:"翡翠鳥尾上長毛曰翹,美人首飾如之,因名翠翹。"玉搔頭,即玉簪,《西京雜記》卷二:"武帝過李夫人,就取玉簪搔頭,自此後宫人搔頭皆用玉。"寫安史之亂在玄宗如痴如迷中爆發,頃刻間天崩地解,楊妃卻成了替罪羊。自"黄埃散漫風蕭索"至"魂魄不曾來入夢"爲第四段,寫玄宗入蜀又回京以及見到宫廷之景物,處處都引起對楊妃的思念。如:

黄埃散漫風蕭索,雲棧縈紆登劍閣;峨嵋山下少人行,旌旗無光日色薄。蜀江水碧蜀山青,聖主朝朝暮暮情;行宫見月傷心色,夜雨聞鈴腸斷聲。天旋地轉回龍馭,到此躊躇不能去:馬嵬坡下泥土中,不見玉顔空死處。君臣相顧盡沾衣,東望都門信馬歸。歸來池苑皆依舊,太液芙蓉未央柳。芙蓉如面柳如眉,對此如何不淚垂?春風桃李花開日,秋雨梧桐葉落時。西宫南内多秋草,落葉滿階紅不掃。梨園弟子白髮新,椒房阿監青娥老。夕殿螢飛思悄然,孤燈挑盡未成眠;遲遲鐘鼓初長夜,耿耿星河欲曙天。鴛鴦瓦冷霜華重,翡翠衾寒誰與共?悠悠生死别經年,魂魄不曾來入夢。

雲棧,自陝西入四川,經古棧道,山路極高,故稱雲棧。縈紆,即迂回。劍閣,縣名,今屬四川省,縣北有劍門關要塞。峨嵋山,在四川西部,玄宗入蜀,只到成都,未經過峨嵋。這裏用之泛指蜀道。朝朝暮暮情,宋玉《高唐賦》:"旦爲朝雲,暮爲行雨,朝朝暮暮,陽臺之下。"此用其意。行宫,皇帝外出住所。夜雨聞鈴,《明皇别録》:"明皇既幸蜀,西南行,初入斜谷(陝西省褒斜谷之北口),屬霖雨涉旬,於棧道雨中聞鈴音與山相應,上既悼念貴妃,采其聲爲《雨霖鈴》曲以寄恨焉。"天旋地轉,指安慶緒至德二載殺其父禄山,西京光復事。龍馭,即聖駕。回龍馭,指玄宗回京事。"馬嵬坡"下二句,據《唐書·后妃傳》至德二載十二月玄宗自四川回長安,途經馬嵬坡,以禮改葬楊妃,掘土,楊妃香囊猶在,不勝悲切。信馬歸,任憑馬自己回來。太液,即太液池,在大明宫北。未央,即未央宫,漢高祖劉邦所建,是受朝賀與聽政之所。唐時復加修繕,在今西安城西北。西宫,即太極宫,在今西安城北故宫城内,肅宗上元元年,聽李輔國讒言,遷太上皇(玄宗)於西宫。南内,即興慶宫,在今西安城東南。梨園弟子,玄宗選"坐部伎"三百人,教法曲於梨園,稱梨園弟子。椒房,以椒粉塗壁,取其温暖,且避惡氣,乃皇后所居。阿監,宫中女官。青娥,少女。鴛鴦瓦,即陰陽瓦。翡翠衾,繡有翡翠鳥形之衾被,象徵雌雄同宿。極寫玄宗之孤淒冷落和對楊妃思念之深,以致夢寐以求。自"臨邛道士鴻都客"至篇末爲第五段,通過方士尋仙表現玄宗與楊妃生死不渝的愛情。如:

> 臨邛道士鴻都客,能以精誠致魂魄:爲感君王展轉思,遂教方士殷勤覓。排雲馭氣奔如電,升天入地求之遍。上窮碧落下黄泉,兩處茫茫皆不見。忽聞海上有仙山,山在虚無縹緲間:樓閣玲瓏五雲起,其中綽約多仙子。中有一人字太真,雪膚花貌參差是。金闕西厢叩玉扃,轉教小玉報雙成;聞道漢家天子使,九華帳裏夢魂驚。攬衣推枕起徘徊,珠箔銀鉤迤邐開;雲髻半偏新睡覺,花冠不整下堂來。風吹仙袂飄颻舉,猶似《霓裳羽衣舞》;玉容寂寞淚闌干,梨花一枝春帶雨。含情凝睇謝君王:"一别音容兩渺茫。昭陽殿裏恩愛絶,蓬萊宫中日月長。回頭下望人寰處,不見長安見塵霧。唯將舊物表深情,鈿合金釵寄將去。釵留一股合一扇,釵擘黄金合分鈿;但教心似金鈿堅,天上人間會相見。"臨别殷勤重寄詞,詞中有誓兩心知;七月七日長生殿,夜半無人私語時:"在天願作比翼鳥,在地願爲連理枝。"天長地久有時盡,此恨綿綿無盡期。

臨邛,唐屬劍南,即今四川邛崍縣。鴻都,即大都會,指長安。碧落,道書東方第一層天名碧落,指天堂。黄泉,地深處,指地府。《長恨歌傳》即云:"出天界,入地府。"五雲,五色雲。綽約,風度閒雅貌,《莊子》卷一上《逍遥游》:"藐姑射之山,有神人居焉,肌膚若冰雪,綽約若處子。"參差,猶依稀、約略。金闕、玉扃,道教相傳,天堂之上清宫,左金闕,右玉扃。門上之樓觀稱闕,門户稱扃。小玉,吴王夫差之女,傳説死後成仙。雙成,即董雙成,西王母之侍女。此皆借作太真之侍女。九華帳,即繡有各種回環花紋之帷幔。曹植《九華扇賦》序:“漢桓帝時,賜尚方竹扇,其扇不方不圓,其中結成文,名曰九華。”珠箔,即珠簾。迤邐,珠簾流動之狀。仙袂,仙人之衣袂。淚闌干,淚流滿面。凝睇,出神。昭陽殿,漢武帝後宫八區之一,影喻楊妃生前所居。蓬萊宫,相傳東海三神山之一蓬萊,其上有宫殿樓閣,影喻楊妃現今所居。人寰,即人世。鈿合,即用金絲與珠寶鑲嵌之盒子。合,通盒,鈿合金釵,皆玄宗賞賜楊妃之舊物。“釵留”句,釵雙股,合有底與蓋兩扇,留釵一股,留合一扇。“釵擘”句,與上句釵留一股互文見義,擘,謂分給道士;合分鈿,盒分給道士鑲有金花之一扇。七月七日,民間傳説此日爲牛郎、織女星在天界相會,青年男女於此日“乞巧”。長生殿,在華清宫。按玄宗與楊妃游驪山,例以十月去,年終回,不可能七月七日在長生殿,且長生殿爲祀神之所,非夜半私語之處。此乃想象述之。比翼鳥,不比不飛之鳥。連理枝,異根同幹之樹。皆象徵男女堅貞不渝之愛情。末句歸結爲“長恨”,乃畫龍點睛之筆。詩之前半部分寫實,後半部分虚構,寫實與虚構前後流轉酣暢,構思縝密,情節曲折,抒情達意,哀婉動人。“一篇《長恨》有風情,十首《秦吟》近正聲。”(白居易《編集拙詩成十五卷,因題卷末,戲贈元九、李二十》詩)趙翼《甌北詩話》卷四評云:

> 蓋其得名,在《長恨歌》一篇,其事本易傳。以易傳之事,爲絶妙之詞,有聲有情,可歌可泣,文人學士既嘆爲不可及,婦人女子亦喜聞而樂誦之。是以不脛而走,傳遍天下。又有《琵琶行》一首助之。此即無全集,而二詩已自不朽!

又云:“《長恨歌》自是千古絶作!”信然!

《琵琶行》是作者被貶爲江州司馬之第二年,即元和十一年(八一六)所作。其序云:“元和十年,予左遷九江郡司馬。明年秋,送客湓浦口,聞舟中夜彈琵琶者,聽其音,錚錚然有京都聲。問其人,本長安倡女,嘗學琵琶於穆、曹二善才;年長色衰,委身爲賈人婦。遂命酒,使快彈數曲。曲罷憫默。自叙少小時歡樂事,今漂淪憔悴,轉徙於江湖間。予出官二年,恬然自安,感斯人言,是夕始覺有遷謫意。因爲長句,歌以贈之,凡六百一十二言,命曰《琵琶行》。"作者原爲太子左贊善大夫,職位較高,此時被貶之江州司馬,是一個閒散官職,故云左遷。湓浦,發源於江西瑞昌青盆山,流至九江市注入大江,入江處稱湓浦口。穆、曹二善才,穆之名字不可考。曹,應是曹保,段安節《樂府雜録》琵琶條:"貞元中有王芬、曹保,保其子善才,其孫曹綱,皆襲所藝。"祖孫三代皆擅彈琵琶。善才,即名手。此詩是借長安倡女之境遇抒發自己被遷謫之感和天涯淪落之恨。全詩可分爲四個段落,第一段自開篇至"猶抱琵琶半遮面",寫到江邊送客,偶然遇見了長安倡女。如:

> 潯陽江頭夜送客,楓葉荻花秋瑟瑟。主人下馬客在船,舉杯欲飲無管絃。醉不成歡慘將别,别時茫茫江浸月。忽聞水上琵琶聲,主人忘歸客不發。尋聲暗問彈者誰?琵琶聲停欲語遲。移船相近邀相見,添酒回燈重開宴;千呼萬唤始出來,猶抱琵琶半遮面。

潯陽,江州城所在。潯陽江,長江流經江州附近之一段。瑟瑟,猶蕭條。回燈,用油燈時添油挑燈芯,使燈光回亮。描寫與客人送别,鬱鬱寡歡,黯然傷神之時,忽然聽到琵琶作京都聲而精神振奮。自"轉軸撥絃三兩聲"至"惟見江心秋月白"爲第二段,寫京城倡女彈奏琵琶之技巧及其所創造出來的藝術境界。如:

> 轉軸撥絃三兩聲,未成曲調先有情。絃絃掩抑聲聲思,似訴平生不得志。低眉信手續續彈,説盡心中無限事。輕攏慢

撚抹復挑，初爲《霓裳》後《六幺》。大絃嘈嘈如急雨，小絃切切如私語。嘈嘈切切錯雜彈，大珠小珠落玉盤。間關鶯語花底滑，幽咽泉流冰下難。冰泉冷澀絃凝絶，凝絶不通聲暫歇。別有幽情暗恨生，此時無聲勝有聲。銀瓶乍破水漿迸，鐵騎突出刀槍鳴。曲終收撥當心畫，四絃一聲如裂帛。東船西舫悄無言，惟見江心秋月白。

轉軸，轉動上絃木軸，調節音調。掩抑，即憂鬱。攏、撚、抹、挑，四種彈琵琶之手法。霓裳，即《霓裳羽衣》。六幺，又稱緑腰或録要，皆從一種聲音轉變而來。元稹《琵琶歌》："《霓裳羽衣》偏宛轉……《六幺》散序多攏撚。"可見兩種曲調舒緩、宛轉之致。大絃、小絃，琵琶共四絃。最粗者爲大絃，又稱老絃；細者爲小絃，又稱下絃。大珠小珠句，《禮記》卷十一《樂記》："纍纍乎端如貫珠。"此化用其意。間關，鶯啼聲，如《牡丹亭・驚夢》所謂"嚦嚦鶯歌溜的圓"。難，猶艱澀，與上文滑相對。撥，撥絃所用之木片。當心畫，當絃之中段畫一下，此爲琵琶曲終通用之一著。描寫琵琶聲調之優美，流暢圓潤，如鶯歌燕囀，高昂明快，如鐵騎交鋒，極盡其妙，自"沉吟放撥插絃中"至"夢啼妝淚紅闌干"爲第三段，京城倡女自述身世。如：

沉吟放撥插絃中，整頓衣裳起斂容。自言本是京城女，家在蝦蟆陵下住。十三學得琵琶成，名屬教坊第一部。曲罷曾教善才伏，妝成每被秋娘妬。五陵年少爭纏頭，一曲紅綃不知數。鈿頭雲篦擊節碎，血色羅裙翻酒污。今年歡笑復明年，秋月春風等閒度。弟走從軍阿姨死，暮去朝來顔色故。門前冷落鞍馬稀，老大嫁作商人婦。商人重利輕別離，前年浮梁買茶去。去來江口守空船，繞船明月江水寒。夜深忽夢少年事，夢啼妝淚紅闌干。

蝦蟆陵,在今陝西西安長安區,即董仲舒墓。朝廷有令人行到此必須下馬,因稱下馬陵,音轉爲蝦蟆陵。教坊,唐高祖武德年間,於宫禁中置内教坊,至玄宗開元年間,於蓬萊宫傍置内教坊,於京城光宅坊置右教坊、延政坊置左教坊,以掌教音樂、歌舞藝人。部,以稱樂隊,舞隊。第一部,即第一隊,指最優秀的歌舞隊。善才,即穆、曹兩善才。秋娘,當爲唐時著名之歌妓,作者《和元九與吕二同宿話舊》詩"聞道秋娘猶且在"可證。五陵年少,五陵即漢之長陵、安陵、陽陵、茂陵、平陵,皆在長安附近,其間所住盡是富豪子弟。纏頭,古時歌舞藝人表演時以錦纏頭,演畢,觀者以羅錦爲贈,稱纏頭。紅綃,紅綾緞。篦,即釵,雲篦,即雲形之釵。擊節碎,用釵打拍,將釵敲碎。"秋月春風"句,追悔虚度了良辰美景。阿姨,即阿妹。顔色故,容顔衰老。浮梁,唐屬饒州,即今江西浮梁縣,唐代是茶葉大集散地。寫京城倡女今昔盛衰之變化以及當前孤淒冷落之心境。自"我聞琵琶已嘆息"至篇末爲第四段,是作者自抒被遷謫之痛。如:

我聞琵琶已嘆息,又聞此語重唧唧。同是天涯淪落人,相逢何必曾相識!我從去年辭帝京,謫居卧病潯陽城。潯陽地僻無音樂,終歲不聞絲竹聲。住近湓江地低濕,黄蘆苦竹繞宅生;其間旦暮聞何物?杜鵑啼血猿哀鳴。春江花朝秋月夜,往往取酒還獨傾;豈無山歌與村笛?嘔啞嘲哳難爲聽。今夜聞君琵琶語,如聽仙樂耳暫明;莫辭更坐彈一曲,爲君翻作《琵琶行》。感我此言良久立,卻坐促絃絃轉急;淒淒不似向前聲,滿座重聞皆掩泣。座中泣下誰最多,江州司馬青衫濕!

唧唧,嗟嘆聲。"嘔啞嘲哳"句,形容聲音傖直細碎,但聞其音,不曉其意。翻,古時制新譜,填新詞,皆稱翻。此處指依曲調填詞之意。卻坐促絃,即重新入座,緊軸上絃。青衫,唐制:文官品級最低(八品、九品)之服色爲青,此時作者爲江州司馬,官階是從九品,故著青衫。作者細緻、委婉地描寫京城著名倡女之淪落身世,對她的遭際表示深切的同情,但更主要是通過京城倡女之自我傾訴,抒發了自己在政治上失意之悲哀,通過琵琶如怨、如慕、如泣、如訴之聲調,傳達出自己之憤懣和不平,感嘆自己之命運不過如京城之倡女,豈不可痛!以致熱淚滂沱。趙翼云:"《琵琶行》亦是絶作。"(《甌北詩話》卷四)。

此詩與《長恨歌》是長篇敘事兼抒情詩歌之雙璧。白居易是妙解音律之人,他往往將律詩之某些法則運用於七古創作之中,使七古歌行之音調、聲韻更其和諧、優美,《長恨歌》、《琵琶行》便是如此。這兩首詩韻律之轉折靈活,恰如行雲流水,音節之鏗鏘嘹亮,不啻戛玉鎗金,將文采、聲調、情意融會無間,創造出一種絶妙的藝術境界。

白居易以寫新樂府負盛名,然而他創作最多者卻是律詩,初步統計總數約兩千首左右,這些律詩的內容與其樂府之反映民間疾苦、批判時政不同,而多爲吟詠情性、描寫自然風光之作。如《賦得古原草送别》:

> 離離原上草,一歲一枯榮。野火燒不盡,春風吹又生。遠芳侵古道,晴翠接荒城。又送王孫去,萋萋滿别情。

此詩汪立名《白香山年譜》編於貞元三年(七八七),當時他才十六歲。這是他應科舉考試之習作。詩題是老師爲舉子所命,舉子照題作詩,例稱"賦得"。古原,古老之平原。離離,草長而隨風披拂的樣子。芳、翠,皆指草。遠芳,遠處之芳草。晴翠,雨後之緑草。

古道、荒城,皆寫古原之景色。末二句,用《楚辭·招隱士》:"王孫游兮不歸,春草生兮萋萋。"原指貴族子弟,此謂被送之人。萋萋,草茂盛的樣子。意謂古人見芳草而思念游子歸來,今我踏芳草而送別友人,故離情別緒滿懷。據稱作者將此詩謁顧況,極受顧況激賞,因而聲名大振。又如《自河南經亂,關内阻饑,兄弟離散,各在一處。因望月有感,聊書所懷。寄上浮梁大兄、於潛七兄、烏江十五兄,兼示符離及下邽弟妹》:

> 時難年荒世業空,弟兄羈旅各西東。田園寥落干戈後,骨肉流離道路中。弔影分爲千里雁,辭根散作九秋蓬。共看明月應垂淚,一夜鄉心五處同。

此詩從題目和詩句看,必寫在貞元十五年(七九五)和十七年之間,因爲題稱"烏江十五兄"者,貞元十七年已死,而大兄幼文作浮梁主簿則在貞元十五年之後,最可能是貞元十五年他自浮梁回來,應宣州薦舉,回徐州後,在符離所作。所謂"河南經亂",是指貞元十五年發生的宣武軍節度使董晉死、部下舉兵反叛和彰義軍節度使吳少誠反叛,這兩處藩鎮叛亂事。關内阻饑,指貞元十四五年,關中地區連年大旱,民不聊生。作者有家在華州下邽,時屬關内道。浮梁大兄名幼文,爲浮梁主簿。於潛七兄,是其從父兄。於潛,即今浙江臨安市。烏江十五兄,是其從祖兄,時爲烏江縣主簿。烏江,即今安徽和縣東北之烏江鎮。符離,即今安徽宿縣符離集,作者家屬曾在此居住。下邽,即今陝西渭南市北之下邽鎮,作者曾祖溫,始自同州移家於此。時難年荒,切詩題。世業空,指其祖傳之儒業和家庭所享有的特種待遇趨向破滅。"弔影"句,形影相弔,如失群之雁。雁行有序,以比兄弟相從。辭根秋蓬,化用曹植《雜詩》其二:"轉蓬離本根,飄颻隨長風。"以轉蓬喻遠離家鄉。九秋,指秋季九月。末句謂兄弟姐妹分居五處,而思鄉之心卻相同。寫其於月明之夜,對月思鄉,抒發時難年荒,骨肉分離,不得團聚之慨。

對白居易所作之古體與律體,趙翼《甌北詩話》卷四評云:

> 蓋香山主於用意。用意,則屬對排偶,轉不能縱横如意;而出之以古詩,則唯意所之,辨才無礙。且其筆快如并剪、鋭如昆刀,無不達之隱,無稍晦之詞;工夫又鍛鍊至潔,看是平易,其實精純。劉夢得所謂"郢人斤斲無痕跡,仙人衣裳棄刀尺"者,此古體所以獨絶也。然近體中五言排律,或百韻,或數十韻,皆研鍊精切,語工而詞贍,氣勁而神完,雖千百言亦沛然有餘,無一懈筆。

他以表情達意爲主來論述白詩古體和律體之成就,並給以很高的評價。白居易作詩力求通俗淺易,使老嫗亦能理解。但要做到這一點並非易事,劉熙載《藝概》卷二《詩概》云:"常語易,奇語難,此詩之初關也;奇語易,常語難,此詩之重關也。香山用常得奇,此境良非易到。"這是正確的。所以薛雪《一瓢詩話》云:

> 元白詩言淺而思深,意微而詞顯,風人之能事也。至於屬對精警,使事嚴切,章法變化,條理井然,其俚俗處而雅亦在其中。杜浣花之後,不可多得者也。……詩之運會,又當一變。

但是,他的詩作也不是没有缺點的,他在《和答元微之詩》序中説:

> 頃者在科試間,常與足下同筆硯,每下筆時輒相顧,共患其意太切而理太周。故理太周則辭繁,意太切則言激。然與足下爲文,所長在於此,所病亦於在此。

確如所言。其詩構思布置妥帖,往往使用連鎖式語言,力求關節密合,成功處在真如無縫天衣,缺點則不免黏皮帶骨,索寞寡神。所謂“元和體”之優點與缺點即在此。

(三)元稹

元稹(公元七七九——八三一),據白居易《元稹墓志銘》、《舊唐書》卷一百六十六、《唐書》卷一百七十四本傳及《唐詩紀事》卷三十七、《唐才子傳》卷六,字微之,河南(今河南洛陽附近)人。他八歲喪父,家境貧寒,全靠母親勞苦撫育。及長,登才識兼茂明於體用科第一名,除右拾遺。元和元年(八〇六)上疏論西北邊事,甚得憲宗歡心,與之商討國家大事,爲權臣所忌,出爲河南縣尉。元和四年,任監察御史,奉使東蜀,劾奏前劍南東川節度使嚴厲,得罪權貴,令其還東都御史臺。明年召還,經敷水驛,與宦官劉士元互爭官廳,宦官權重勢盛,他被貶爲江陵士曹參軍。與白居易相識友好,二人皆長於作詩,詠風情,擬物態,時稱“元和體”。居荆楚近十年,不久,白居易貶江州司馬,他則轉任通州司馬。二人相距很遠,而唱和不衰。元和十三年,轉虢州長史。次年召還,任膳部員外郎,爲宰相令狐楚所獎重,稱其爲唐代之鮑、謝。監軍崔潭峻將其所作《連昌宫詞》進呈穆宗,穆宗大悦,任爲祠部郎中、知制誥。不久,又爲中書舍人、翰林承旨學士。因崔潭峻引薦,得交結大宦官魏弘簡,深爲裴度不滿。長慶二年(八二二),與裴度同時拜相,二人不相容,互相攻擊,不久俱撤職。後出任同州刺史,轉越州刺史、浙東觀察使。文宗大和三年(八二九),回京任尚書左丞,次年爲檢校户部尚書兼鄂州刺史、武昌軍節度使。大和五年卒於武昌,年五十三。他的文學主張與白居易相同,强調即事名篇,反映現實,指摘時弊。如在《叙詩寄樂天書》中,他痛恨當時社會之腐朽與黑暗,以至於“心體悸震,若不可活,思欲發之久矣”,想通過詩歌創作抒發内心之憤慨:“每公私感憤,道義激揚,朋友切磨,古今成敗，日月遷逝，光景慘舒……凡所對遇異於常者，則欲賦詩。”這些理論對推動新樂府的發展，是有重要作用的。今傳《元氏長慶集》六十卷，所收録詩歌約五百多首，而可視爲其理論之實踐者爲《樂府古題》十九首和《新題樂府》十二首。《新題樂府》是和秘書省校書郎李紳而作，序云：“余友李公垂貺余《樂府新題》二十首，雅有所謂，不虚爲文。余取其病時之尤急者列而和之，蓋十二而已。昔三代之盛也，士議而庶人謗。又曰：‘世理則詞直，世忌則詞隱。’余遭理世而君盛聖，故直其詞以示後，使夫後之人謂今日爲不忌之時焉。”其四《西涼伎》云：

> 吾聞昔日西涼州，人烟撲地桑柘稠。葡萄酒熟恣行樂，紅艷青旗朱粉樓。樓下當壚稱卓女，樓頭伴客名莫愁。鄉人不識離别苦，更卒多爲沈滯游。歌舒開府設高宴，八珍九醖當前頭。前頭百戲競撩亂，丸劍跳蹴霜雪浮。獅子摇光毛彩竪，胡姬醉舞筋骨柔。大宛來獻赤汗馬，贊普亦奉翠茸裘。一朝燕賊亂中國，河湟忽盡空遺丘。開遠門前萬里堠，今來蹙到行原州。去京五百而近何其逼！天子縣内半没爲荒陬。西京之道爾阻修。連城邊將但高會，每聽此曲能不羞？

此詩真實地描寫了西北邊地安史之亂前後之變化，亂前之繁榮，亂後之一片殘跡、蕭條。西涼州，即今甘肅武威市。撲地，滿地。桑柘稠，桑樹柘樹茂密。卓女，即卓文君，她曾與司馬相如當壚賣酒。莫愁，古代美女，蕭衍《河中之水歌》有云：“河中之水向東流，洛陽女兒名莫愁。”這裏借喻美貌的婦女。更卒，即戍卒、戍邊士兵，輪悉更换，故云。沈滯，猶流連、留戀之意。謂戍卒也樂此而不思歸。歌舒，即哥舒翰，開元、天寶間被遣西征吐蕃，駐守西北邊地，建立軍府，故稱開府。八珍，八種珍貴之餚饌。九醖，經多種手續釀造之美酒。丸劍跳躑,即弄丸和舞劍。霜雪浮,形容劍光丸影猶如霜雪浮動。“獅子”句,寫獅子舞之舞姿。大宛,漢西域國名。赤汗馬,即汗血馬,汗從馬肩髆出,色如血,故名。贊普,吐蕃國君之稱謂。翠茸裘,以翠鳥羽毛爲飾之皮衣。燕賊,即安禄山,安據燕、薊之地而反叛,故云。河湟忽盡,指黄河與湟水地區被吐蕃侵占。遺丘,指戰爭遺留之廢墟。“開遠門”句,自注:“平時開遠門外立堠,云去安西九千九百里,以示戎人不爲萬里行,其就盈故矣。”開遠門,長安城西北之門,隋時稱開遠門,唐改名安遠門。堠,瞭望敵情之碉堡。原州,州治在今寧夏固原市,唐時吐蕃占據之後,改置行原州於臨涇縣,即今甘肅鎮原縣。行,臨時設置。意謂從前自長安向西北,萬里之内皆有唐之士兵防守,今天則到行原州已是唐之邊界。去京五百而近,謂行原州距離長安還不到五百里。逼,受敵軍威脅。天子縣内,即京畿地帶。陬,邊僻之山腳。爾,指涼州。阻修,阻隔遥遠。意者涼州已成異域。此曲,指涼州之歌曲。邊將唯貪求安樂,不圖恢復國土,豈不令人痛心!表現了對安史之亂造成國家危亡之勢的憂憤和對邊將置國運民瘼於不顧之疾恨!

《樂府古題》十九首和梁州進士李餘、劉猛而作。序文稱一般文人所作之樂府皆沿襲古題,唱和重複,而自已所作雖用古題,卻“全無古義”,或“頗同古意,全創新詞”,即借古題反映現實,完全是一種新體樂府。如其八《織婦詞》:

> 織婦何太忙,蠶經三卧行欲老;蠶神女聖早成絲,今年絲税抽徵早!早徵非是官人惡,去歲官家事戎索。征人戰苦束刀瘡,主將勛高换羅幕。繅絲織帛猶努力,變緝撩機苦難織。東家頭白雙女兒,爲解挑紋嫁不得。檐前嫋嫋游絲上,上有蜘蛛巧來往:羡他蟲豸解緣天,能向虚空織羅網。

此詩描寫織婦被剥削之痛苦。蠶經三卧,三卧,即三眠,蠶四眠便上簇結繭。行欲老,即將老了。蠶神女聖,黄帝之妃嫘祖發明養蠶,民間尊之爲蠶神。希望她助成蠶早出絲,以免誤繳絲税之期。官人,指收税之官吏。事戎索,爲從事窮兵黷武之戰爭而搜刮。束刀瘡,包扎刀箭之傷口。换羅幕,更换綾羅帷幕。即既需要粗帛,也需要細綾。繅絲,抽理蠶絲。變緝,變動絲縷;撩機,撥動織機;以把綾羅織成花紋。意者抽絲織帛已很費力,織成有花紋之綾羅就更難了。"東家"二句,自注:"予掾荆時(指其爲江陵士曹),目擊貢織户有終老不嫁之女。"謂女子由於熟識挑花紋之技巧,年老也不能出嫁。游絲,蜘蛛所吐之絲。蟲豸,昆蟲。緣天,因緣自然,指因天空結網。作爲織婦而仰慕昆蟲結網之自由,其被剥削之苦可以想見了。又其九《田家詞》:

> 牛吒吒,田確確,旱塊敲牛蹄趵趵,種得官倉珠顆穀。六十年來兵簇簇,月月食糧車轆轆。一日官軍收海服,驅牛駕車食牛肉。歸來收得牛兩角,重鑄鋤犁作斤劚。姑舂婦擔去輸官,輸官不足歸賣屋。願官早勝仇早復。農死有兒牛有犢,誓不遣官軍糧不足。

唐憲宗元和十年(八一五)淮西節度使吴元濟反,憲宗以裴度爲相,發兵討淮西。十二年(八一七)李愬擒吴元濟。此詩當作於其間。時元稹作江陵士曹參軍,不久即移任通州。此詩即寫長期戰爭給農民造成的苦難。吒吒,牛鳴聲。確確,地不平貌。趵趵,牛蹄碰擊土塊聲。珠顆穀,種的穀子如一顆顆珍珠,所以輸官倉也。"六十年來"句,自天寶十四載(七五五)安禄山反,至元和十年前後,近六十年,戰爭連續不斷。又據歷史記載,自天寶亂後,唐官家養兵八十萬,數量龐大。簇簇,形容士兵之多也。"月月"句,謂軍隊每月所需糧米,農民不停地運送。轆轆,車聲。海服,古人以淮河流域近海,因稱淮海,分京城附近以外地區爲九服,因稱淮西爲海服。官軍收海服,指李愬平定吳元濟叛亂。“驅牛”句,謂官軍收復淮西,同時把牛車拉走,並殺牛吃肉。“重鑄”句,謂農具被士兵搶走,農民只得重鑄農具。斤,即斧。劚,鋤類。姑舂婦擔,父子皆從軍,只剩下婦姑納税。仇,指内部軍閥叛亂和外部敵人入侵。末二句意謂戰爭不息,則農民之苦難不止,老農死後,還有兒孫繼續從事耕作和納税,老牛死了,還有牛犢仍然被官家拉走駕車,並終於被殺死吃肉,因此農民唯“願官早勝仇早復”。然而這種願望在當時卻極其渺茫,那末農民的痛苦是永無窮盡的了。這是此詩客觀意義所在。

元稹與白居易皆倡導新樂府,並以自己之創作實踐之。然仍有高低之不同,陳寅恪《元白詩箋證稿》曾將他二人之《新樂府》作比較,認爲元稹之作,往往在一篇文中並寫兩事,因而結構松散,主題不够明確,而白居易之作總是一首吟一事,無此缺憾。又白居易即使寫同一題材,每篇卻各有側重,因此形象十分鮮明,元稹之作則達不到這種境界。以上所論列元、白二人的作品,可以作陳氏見解之佐證。又其《連昌宫詞》是借宫邊老人之口吻,叙説唐玄宗和楊貴妃事,揭露安史亂前朝政之腐敗。陳寅恪認爲是“合併融化唐代小説之史才、詩筆、議論爲一體而成”(《元白詩箋證稿》),後世將其與《長恨歌》並稱。然其指斥時政淺露,在藝術手法上遠不及《長恨歌》。與《連昌宫詞》所詠内容相同者爲《行宫》。這首五絶云:

寥落古行宫,宫花寂寞紅。白頭宫女在,閑坐説玄宗。

此詩可謂《連昌宫詞》之縮寫,白頭宫女應即《連昌宫詞》老人之類。首句寫宫之寥落,次句寫花之寂寞,以見白頭宫女所處之淒涼環境。末句宫女所説,雖未道明,亦必爲可哀傷之事。二十字中,開元、天寶間由盛而衰之經過,悉包含在内矣。又其七絶《聞樂天授江州司馬》云:

殘燈無焰影憧憧,此夕聞君謫九江。垂死病中驚起坐,暗風吹雨入寒窗。

此詩是元和八年作者任通州司馬,聞白居易於同年貶江州司馬時所作。憧憧,昏翳貌。江州隋時爲九江郡。二人同樣遭受排擠、打擊,因而産生了政治失意中之共鳴,同時也可見二人交情之深。

綜觀元稹之詩歌,從反映社會面之廣和藝術成就之高看,皆不及白居易之作,趙翼《甌北詩話》卷四評云:"元、白二人才力本相敵,然香山自歸洛以後,益覺老幹無枝,稱心而出,隨筆抒寫,並無求工見好之意,而風趣横生,一噴一醒,視少年時與微之各以才情工力競勝者,更進一籌矣。故白自成大家,而元稍次。"這是公允的評價。

(四)李紳

李紳(公元七七二——八四六),生平事跡見白居易《淮南節度使檢校尚書右僕射趙郡李公家廟碑》、沈亞之《李紳傳》和《舊唐書》卷一百七十三、《唐書》卷一百八十一本傳。字公垂,潤州無錫(今江蘇無錫)人,一説亳州(今安徽亳縣)人。憲宗元和元年(八〇六)擢進士第。穆宗即位,擢翰林學士,與李德裕、元稹齊名,時號"三俊"。武宗時爲中書侍郎,同門下平章事。他早年以歌行自負,首唱《新題樂府》,並作歌二十首,元稹、白居易唱和之。可惜這二十首歌行已亡佚了。今存詩四卷,多爲應酬和抒懷紀事之作,意義不大。唯早年所作之《憫農》二首最有價值,爲人們所諷誦。如其一云:

春種一粒粟,秋收萬顆子。四海無閒田,農夫猶餓死。

何以在粟穀豐收之季,農民猶餓死?作者並未明說,一切悲痛盡在不言中。又其二云:

鋤禾日當午,汗滴禾下土。誰知盤中餐,粒粒皆辛苦!

飽食者唯貪圖享受,豈知稼穡之艱難?這兩首詩傾注着作者對剥削者的痛恨和對廣大農民苦難的同情。其所以長期爲人們所傳誦,緣於它道出人民之疾苦。

(五)劉禹錫

劉禹錫(公元七七二——八四二),據《舊唐書》卷一百六十、《唐書》一百六十八本傳,字夢得,彭城(今江蘇銅山縣)人,一説中山(今江蘇溧水縣)人。世受儒家教育,貞元九年(七九三)舉進士,又登博學宏詞科。參加淮南節度使杜佑幕,爲佑所禮敬。佑入相,他隨入朝爲監察御史。順宗即位,王叔文引其與柳宗元入宫禁,與之圖議國事,言無不從。不久,轉任屯田員外郎,判度支鹽鐵案。他是王叔文集團的重要人物。王叔文政治改革失敗,他被貶爲連州(今廣東連州市)刺史,在去連州途中,又改貶朗州(今湖南常德市)司馬。他在朗州十年,十分苦悶,恒以詩文自慰。其地土風好巫,每祭神歌舞,必制歌詞,他參與其間,或修正原詞,或重新改作,因此武陵谿洞間,彝族所唱,猶多其原作。元和十年(八一五)詔還京師,因作玄都觀詠看花君子詩,得罪當權,貶播州刺史,經裴度辯護,改建州刺史。他連刺數郡,文宗大和二年(八二八),自和州刺史召還,任主客郎中。不久,又官禮部郎中,集賢院學士。裴度罷相,他求做洛陽分司,因恃才傲物,爲朝臣排擠,改任蘇州和汝州刺史。之後,曾兩次官太子賓客分司,爲同州刺史。任滿,又任檢校禮部尚書太子賓客分司。會昌二年(八四二)卒,年七十一。晚年與白居易友善,常有詩篇往來唱和,白居易盛贊其爲“詩之豪者也”,爲其詩歌創作所折服,譽之爲“神妙”。當時“四海齊名白與劉”(白居易《哭劉尚書夢得》),合稱“劉白”,可見其在詩壇上聲譽之高了。今存《劉夢得文集》三十卷,外集十卷。其詩歌一部分是描寫社會的叙事之作,一部分是即景生情的抒情之篇。其叙事之作如《插田歌》:

> 岡頭花草齊,燕子東西飛。田塍望如綫,白水光參差。農婦白紵裙,農夫綠蓑衣。齊唱田中歌,嚶儜如竹枝。但聞怨響音,不辨俚語詞。時時一大笑,此必相嘲嗤。水平苗漠漠,烟火生墟落。黄犬往復還,赤鷄鳴且啄。路傍誰家郎,烏帽衫袖長。自言上計吏,年初離帝鄉。農夫語計吏:“君家儂足諳。一來長安罷,眼大不相參。”計吏笑致詞:“長安真大處!省門高軻峨,儂入無度數。昨來補衛士,唯用筒竹布。君看二三年,我作官人去。”

此詩序云:“連州城下,俯接村墟。偶登郡樓,適有所感,遂書其事爲俚歌,以俟采詩者。”是作者爲連州刺史時所作。插田,即在田中插秧。描寫農民在田裏勞動之情景和地方小吏妄自尊大之景象,目的是希望朝廷采集之以觀民情。塍,即田埂。參差,本義爲不齊,此處是形容水光閃動。白紵裙,即白麻布裙。綠蓑衣,即綠草衣。嚶儜,細微的聲音。如竹枝,猶唱竹枝詞。“但聞”二句,謂僅聽到哀怨之歌聲,不理解方言土語之歌詞。嘲嗤,猶詼諧。漠漠,秧苗分佈匀稱貌。“烟火”以下三句,乃化用陶淵明《歸園田居》“曖曖遠人村,依依墟裏烟。狗吠深巷中,鷄鳴桑樹顛”之意。上計吏,地方政府派到朝廷繳納物資、接洽公事之書吏。帝鄉,即京城。離帝鄉,指離開京城回到連州。足諳,十分熟悉。罷,猶完了。

相參,即相與。眼大不相參者,謂目中無人。真大處,真是大地方。省門,指朝廷中最高政務機關中書省、門下省。軻峨,高聳貌。無度數,數不清次數。昨來,猶近來。補衛士,謂名字補進了衛士之缺額。筒竹布,即筒中布和竹布,筒中布又名黄潤,是蜀中所産之細布。左思《蜀都賦》:“黄潤比筒。”竹布是嶺南産。此處綜合用之。這類布價值很高,故計吏穿著以其所做之衣衫而自豪。末二句謂再過兩三年做官之後,連這樣的筒竹布衣也不穿了。言帶譏諷。詩歌描寫出農民的勤勞樸實,諷刺了計吏的得意忘形。

劉禹錫這類長篇叙事之作反映社會面比較廣,應當充分肯定,但其短篇抒情之作更精妙,可以説對後代影響大者正是這些短篇抒情之作。如《元和十年自朗州承召至京戲贈看花諸君子》云:

紫陌紅塵拂面來,無人不道看花回。玄都觀裏桃千樹,盡是劉郎去後栽。

此詩是作者自朗州貶所被召還京,在長安玄都觀看花所作。紫陌,帝都郊野的道路,李白《南都行》:“高樓對紫陌,甲第連青山。”紅塵,飛揚的塵土。班固《西都賦》:“紅塵四合,烟雲相連。”形容繁華熱鬧。玄都觀,道教廟宇名。桃千樹,即千樹桃花,以喻趨時得勢的朝廷中之新貴。劉郎,作者自指。去後栽,暗指王叔文集團失敗,作者被貶朗州之後,這些人才爬上去。語含譏諷。又《再游玄都觀》云:

百畝庭中半是苔,桃花浄盡菜花開。種桃道士歸何處,前度劉郎今又來。

此詩序云:“余貞元二十一年爲屯田員外郎,時此觀未有花。是歲出牧連州,尋貶朗州司馬。居十年,召至京師,人人皆言有道士手植仙桃,滿觀如爍晨霞,遂有前篇,以志一時之事,旋又出牧。於今十有四年得爲主客郎中,重游兹觀,蕩然無復一樹,唯兔葵燕麥動摇於春風耳,因再題二十八字,以俟後游。時大和二年三月某日。”首二句喻朝廷人事之變遷。末二句謂當年打擊王叔文集團之當權者已經不在了,故云“歸何處”,十四年後的今天自己又入爲主客郎中,故云“劉郎今又來”。作者因在長安玄都觀作《戲贈看花諸君子》詩,得罪當權者,被貶播州,易連州,徙夔州,現在又回到長安,作《再游玄都觀》詩,而“權近聞者,益薄其行”,又被分司東都閒散之地。考此兩詩所繫,前後二十餘年,作者屢被貶斥而終不屈服,其蔑視權貴如此!白居易序其詩,稱“其鋒森然,少敢當者”,既爲論詩,亦其人格之品題也。

劉禹錫遠貶南荒,當地流行的民俗歌謡形式短小自由,生動活潑;短笛擊節,音調宛轉動人,引起他極大的興趣,有感於“昔屈原居沅、湘間,其民迎神,詞多鄙陋,乃爲作《九歌》,到於今荆楚歌舞之”,自己“亦作《竹枝詞》九篇,俾善歌者颺之”(《竹枝詞》引)。竹枝,本民歌之一種,原出四川巴、渝一帶,其後傳播至湖南武陵,作者爲朗州司馬,得聆聽而仿效之。九首其一云:

> 白帝城頭春草生,白鹽山下蜀江清。南人上來歌一曲,北人莫上動鄉情。

白帝城,在今重慶奉節縣白帝山上。白鹽山,在奉節縣東,與赤甲山隔岸相對。《水經·江水注》:“江水又東逕廣溪峽,斯乃三峽之首也。其間三十里,頹巖倚木,厥勢殆交,北岸山上有神淵,淵北有白鹽崖,高可千餘丈,俯臨深淵,土人見其高白,故因名之。”南人,即土人、本地人。北人,來自北方的人。意謂山高水清,風景秀美,南北方的人來此會引起不同的感受。其二云:

> 山桃紅花滿上頭,蜀江春水拍江流。花紅易衰似郎意,水

流無限似儂愁。

上頭,山之巔。拍江流,春水拍打江岸而流。即景生情,抒寫男女之戀情。其七云:

瞿塘嘈嘈十二灘,此中道路古來難。長恨人心不如水,等閒平地起波瀾。

瞿塘,即瞿塘峽,《太平寰宇記》:瞿塘在夔州東一里,連崖千丈,奔波電激,舟人爲之恐懼。人心不如水,指那些心懷叵測的人。等閒,猶無端。起波瀾,謂他們無緣無故造謡生事,暗寓自己之受排擠誣陷。又《竹枝詞》二首其一云:

楊柳青青江水平,聞郎江上踏歌聲。東邊日出西邊雨,道是無晴還有晴。

踏歌,南方民間的歌調,邊走邊唱,以腳踏地爲節拍。晴與情同音,語意雙關,這種句法是由南朝《子夜歌》蜕變而來。無情還有情,表現出對所愛戀者疑、信之間的矛盾心情。對這些詩歌,黄庭堅《跋劉夢得竹枝歌》云:"劉夢得《竹枝》九章,詞意高妙,元和間可以獨步。道風俗而不俚,追古昔而不愧,比之杜子美夔州歌,所謂同工而異曲也。昔東坡嘗聞余詠第一篇,嘆曰:'此奔軼絶塵不可追也。'"(《豫章黄先生文集》卷二十六)豈但《竹枝詞》,其他仿民歌體制之作,又何嘗不"詞意高妙","奔軼絶塵不可追也",如《楊柳枝詞》九首其六云:

煬帝行宫汴水濱,數株殘柳不勝春。晚來風起花如雪,飛入宫牆不見人。

《楊柳枝詞》即古《横吹曲》之《折楊柳》,其詞或惜别傷離,或感嘆興衰,多託楊柳以抒情。汴水,即汴河。隋煬帝楊廣興修運河,自開封以東引汴水達淮河,名通濟渠,又名御河。河岸遍植楊柳,設行宫四十多處。不勝春,禁不住春風吹拂。花如雪,楊柳花白色,隨風亂飄,故云。此弔古傷時也。其八云:

城外春風吹酒旗,行人揮袂日西時。長安陌上無窮樹,惟有垂楊管别離。

酒旗,即酒店所掛之酒幌。揮袂,即揮袖,行人向送者告别的表示。末謂長安大道上樹木很多,惟楊柳寓送别之意。古人折柳贈别。此傷離惜别也。又《踏歌詞》四首其一云:

春江月出大堤平,堤上女郎聯袂行。唱盡新詞歡不見,紅霞映樹鷓鴣聲。

《踏歌》,民間歌曲之一種,内容多詠男女之愛情。首句謂江水之高與江堤平。聯袂,即携手。歡,長江地區對情人的稱謂。鷓鴣,民間歌曲名,胡仔《苕溪漁隱叢話》後集卷三十九云:"唐初歌詞,多是五言詩,或七言詩,初無長短句。……今所存,止《瑞鷓鴣》、《小秦王》二闋是七言八句詩,並七言絶句詩而已。"可見民間流傳之《鷓鴣》歌曲的情況。鷓鴣鳴聲俗謂"行不得也哥哥",則女郎所唱"新詞"必爲懷念情人者。

以上這些依民間曲調而製作之歌詞,兼有七絶聲律諧婉和民間竹枝曲調淒涼怨慕之長,又采用諧聲雙關、回環重迭手法,以致情思委婉,韻味深厚,確實達到了"詞意高妙","奔軼絶塵"之境地了。

劉禹錫所寫的一些弔古傷今的詩篇,也被當時文士稱爲佳作,爲後人所傳誦。如《金陵五題》其一《石頭城》云:

山圍故國周遭在,潮打空城寂寞回。淮水東邊舊時月,夜深還過女牆來。

石頭城,即戰國時楚國之金陵城,三國時吴孫權改爲石頭城,在今江蘇南京市。故國,石頭城是六朝的國都,唐高祖武德九年始廢。周遭,猶周匝。城依山而築,故云山圍故國。石頭城北臨大江,故大江的浪潮拍打空城回還不止。淮水,即秦淮河。女牆,即石頭城垣上之牆垛。江景依舊,而人事全非,六代繁華,已成陳跡,興衰之感即寓其中。其二《烏衣巷》云:

朱雀橋邊野草花,烏衣巷口夕陽斜。舊時王謝堂前燕,飛入尋常百姓家。

烏衣巷,在南京市東南,晉室東遷,王導卜居於此,其後便成爲王、謝兩大世族聚居之處。朱雀橋,去烏衣巷不遠,是六朝時代都城之正南門即朱雀門外之大橋,當時是車馬喧闐之大道。末二句意謂王、謝等之第宅已經不見了,建起的是普通百姓之居處,燕子依舊春天來做巢,但不是在王、謝之華堂,而是在平常百姓家了。寫烏衣巷今昔之變化,不勝滄桑之感。此五首詩皆詠金陵古跡,前有序,序稱白居易見之"掉頭苦吟,嘆賞良久",贊譽爲"後之詩人不復措詞矣",傾心折服。其他懷古傷時之名作,如《西塞山懷古》:

王濬樓船下益州,金陵王氣黯然收。千尋鐵鎖沉江底,一片降幡出石頭。人世幾回傷往事,山形依舊枕寒流。今逢四海爲家日,故壘蕭蕭蘆荻秋。

西塞山,在今湖北大冶市東。王濬,晉時爲益州刺史。益州郡治在今四川成都市。此寫晉武帝謀劃伐吴,令王濬營造戰船,船上以木爲城,起高樓,出巴蜀,故云下益州。王氣收,古人認爲帝王所在有王氣,金陵是吴之國都,吴國國運終結,故云。鐵鎖沉江底,指其時吳用鐵索横絶江面,阻攔來攻之晉船,晉用火將鐵索燒熔事。降幡出石頭,謂吳主孫皓出石頭城親到營門請降。“人世”二句,言人事滄桑變幻,而西塞山卻依然如故。四海爲家,天下歸於一家,指唐之一統天下。“故壘”句,謂舊營壘已廢,唯蘆荻蕭蕭發出淒涼之秋聲。弔古所以傷今,暗寓六代興衰的教訓應當吸取。

劉禹錫的詩歌,極受白居易的推重,説明他們在精神上有相通之處,但在反映社會生活之深、廣方面,劉不如白,然就形式創新而言,劉吸取了許多民間曲調而製作新詞,卻賦予詩歌以平易活潑的新生命。劉熙載云:“劉夢得詩稍近徑露,大抵骨勝於白,而韻遜於柳。要其名雋獨得之句,柳亦不能掩也。”從風格上看,確是如此!

以上論述,説明中唐詩歌也分兩派發展,一派以韓愈爲代表,包括孟郊、賈島、張籍、李賀等,偏重形式,講究語言雕琢,追求奇險冷僻之詩境。一派以白居易爲代表,包括元結、元稹、李紳、劉禹錫等,偏重内容,强調反映現實,追求平易淺顯之詩風。這兩派的創作雖然並非涇、渭分明,但其主要傾向確是如此。當然,同一派詩人的創作都各有其個性,各有其特點,也非雷同。兩派詩人各以其創作個性和特點使中唐詩歌異彩紛呈!

第四節　晚唐時期

晚唐時期包括文宗、武宗、宣宗、懿宗、僖宗、昭宗諸朝,共約七十年之歷史。這一歷史階段是唐代詩歌對其前之詩歌創作全面繼承並有進一步開拓之時期。關於其對前代詩歌傳統之繼承,明王世貞《藝苑巵言》卷四即指出:

> 昔人有言:元和以後文士,學奇於韓愈,學澀於樊宗師。

> 歌行則學放於張籍,詩句則學矯激於孟郊,學淺易於白居易,學淫靡於元稹,俱謂之"元和體"。

他所謂"學"即繼承。其前詩歌境界之"奇"、"澀"、"放"和語言之"矯激"、"淺易"、"淫靡",在晚唐都被繼承下來了。但仍有新的開拓,爲其所未道及者,如作爲唐詩特長之律體,到晚唐則發展至最精美之地步,並開闢了新的艷情之境。其創作精於遣詞,巧於用事,形成精巧穠麗之詩風。重要作家爲李商隱、杜牧和温庭筠。同時中唐興盛起來的新樂府,以通俗淺易的語言描寫民生疾苦,既被繼承下來,則向更淺俗的方向發展。主要作家爲皮日休、聶夷中、陸龜蒙等。

一、李商隱、杜牧及其流派

李商隱在晚唐,與温庭筠齊名,號稱温李,又與杜牧齊名,號稱李杜。無論"温李"或是"李杜",都以李商隱爲中心。事實上李商隱的詩歌成就遠高於他們。李商隱把律詩創作發展到極致,他嚴格遵守杜甫的作詩規則,即"知律"、"攤書滿牀"、"熟精《文選》理"、"應須抱經術",以嚴肅的態度進行創作,在杜甫作詩規則的基礎上,又獨闢蹊徑。

(一)李商隱

李商隱(公元八一二——八五八),生平事跡見《舊唐書》卷一百九十、《唐書》卷二百零三本傳、《唐詩紀事》卷五十三、《唐才子傳》卷七,字義山,號玉谿生,又號樊南生,懷州河内(今河南沁陽)人。幼年早熟,年十六著《才論》、《聖論》,"以古文出諸公間"(《樊南甲集》序)。爲應進士試,以文謁令狐楚,受令狐楚賞識,令其與諸子游,並親授駢體章奏法。自此他由長於寫古文一變又以擅寫駢體文聞名當世。令狐楚爲天平軍節度使(駐今鄆州),辟他爲巡官。令狐楚對他的影響很大,以至於決定他一生的政治道路和詩歌創作。他自二十一歲起,曾三次應進士試,二十六歲時,經令狐綯推薦,得登科第。第二年入涇原節度使(駐今甘肅涇川縣北)王茂元幕。王茂元愛其才,以女妻之。時牛、李競爭激烈,他先依附之令狐楚屬牛黨,而王茂元則被目爲李黨,他婚於王氏,招致牛黨之忌恨,從此便陷入黨爭之中,以致終生仕途坎坷。開成三年,應吏部"釋褐"考試,先被録取,後被"中書長者"抹去。開成四年,再應吏部"釋褐"考試入選,授秘書省校書郎。不久外調爲弘農尉。到任後因"活獄"觸怒了陝虢觀察使孫簡,便辭職回京。會昌三年,以書判甄拔試入選,授秘書省正字。旋因母喪,丁憂居家。大中元年,爲桂管防禦觀察使鄭亞辟掌書記。鄭亞被貶循州(今廣西百色市龍川鎮)刺史,他失去依靠,便北返,在長安參加冬選,爲盩厔(今陝西周至縣)尉。不久改任京兆參軍,職典章奏。他目覩政局之動蕩,激發了無限憂國傷時之感。次年盧弘止鎮徐州,辟其爲判官。弘止卒,他入朝,以文章干宰相令狐綯,得到對他宿憾很深的令狐綯的幫助,補太學博士。同年妻子王氏卒,對他刺激很大,寫了不少悼亡詩。四十歲時柳仲郢調任梓州刺史、東川節度使,辟其爲幕府書記。他在梓州幕府五年,思想趨向消極,虔心佛教。四十五歲時,柳仲郢調回長安任吏部侍郎,推薦他任鹽鐵推官。大中十二年,罷職,回鄭州閒居。旋卒,年僅四十七。李商隱是一位有政治理想和抱負的詩人,由於他陷入朋黨鬥爭之中,使自己的抱負不得舒展、理想不能實現。"如何匡國分,不與夙心期。"(《幽居冬暮》)雖有濟世之心,只是壯懷徒抱,引爲平生遺恨!今存《李義山詩集》六卷、《李義山文集》五卷。從其現有的六百多首詩看,内容涉及之範圍很廣,如自述生平、描寫"天荒地變"、剖析社會歷史、抨擊腐朽黑暗勢力、抒發深摯的愛情等,皆立意高、寄託深,不同凡俗。其中最突出的是自述生平之作，尤其關於抒發自己思想抱負的作品，是促成他詩歌創作成就之關鍵。如青年時代所寫之《初食筍呈座中》：

嫩籜香苞初出林，於陵論價重如金。皇都陸海應無數，忍剪凌雲一片心？

此是文宗大和八年（八三四），作者在兗海觀察使崔戎幕府時作。乃借"食筍"以自慨。首二句感幕主之知遇。籜，筍皮。苞，冬筍。《文選》左思《吴都賦》："苞筍抽節。"劉逵注："苞筍，冬筍也。……其味美於春夏時筍也。"林，竹林。於陵，漢縣名，治所在今山東鄒平縣東南，與作者所在之兗州近鄰。馮浩注："《竹譜》云：'般腸實中，爲筍殊味。'注曰：'般腸竹生東郡緣海諸山中，有筍最美。'正兗海地也。"謂於陵少竹，故以稀見珍。末二句諷朝廷棄才。皇都，指京城長安。陸海，指盛産植物的膏腴之地。《漢書》卷二十八下《地理志》："（秦地）有鄠、杜竹林，南山檀柘，號稱陸海，爲九州膏腴。"此以喻廣闊茂密之竹林。謂京城竹林似海，以多見輕。凌雲一片心，自許如嫩筍之雖爲寸心，卻有凌雲壯志。其後所寫之《安定城樓》表現這種思想、抱負更明確：

迢遞高城百尺樓，緑楊枝外盡汀洲。賈生年少虚垂涕，王粲春來更遠游。永憶江湖歸白髮，欲回天地入扁舟。不知腐鼠成滋味，猜意鵷雛竟未休！

此詩是開成三年（八三八）作者赴涇原節度使王茂元幕，應博學鴻詞科不中，仍居涇原幕時作。乃自明本志，憂讒畏譏之篇章。安定，隋郡名，唐時改爲涇洲，故址在今甘肅省涇川縣北，是涇原節度使治所。迢遞，高峻貌。謝朓《隨王鼓吹曲》："逶迤帶淥水，迢遞起朱樓。"汀，水邊平地。洲，水中洲渚。《史記》卷二十八《封禪書》："湫淵，祠朝那。"《集解》引蘇林"湫淵在安定郡朝那縣，方四十里，停不流，冬夏不增減，不生草木"，即此句具體所詠之"汀洲"。謂樓高能盡覽緑楊枝外之汀洲。賈生，即賈誼，《史記》卷八十四《賈生傳》："賈生名誼，雒陽人也。……年少，頗通諸子百家之書。文帝召以爲博士。……超遷，一歲中至太中大夫。"後被讒，遷爲梁孝王太傅。又《漢書》卷四十八《賈誼傳》："是時匈奴强，侵邊，天下初定，制度疎闊，諸侯王僭儗，地過古制，淮南、濟北王皆爲逆誅。誼數上疏陳政事，多所欲匡建，其大略曰：'臣竊惟事勢，可爲痛哭者一，可爲流涕者二，可爲太息者六。'"但並未得到文帝之重視。梁孝王死，他不久也嘔血而亡，年僅三十三。作者時年二十七，要削平藩鎮，抵抗少數民族侵擾之主張不能實現，唯有像賈誼之痛哭流涕而已。王粲更遠游，指王粲遠走荆州依劉表事。《三國志·魏志·王粲傳》："王粲，字仲宣，山陽高平人也。……獻帝西遷，粲徙長安。……年十七，司徒辟，詔除黄門侍郎，以西京擾亂，皆不就，乃之荆州依劉表。"他依劉表，一者爲避亂，二者爲施展政治抱負。政治抱負不得施展，曾於春日登麥城縣城樓，作《登樓賦》，其中有云："雖信美而非吾土兮，曾何足以少留！"作者落第遠游，寓居涇原節度使王茂元幕，其處境亦猶當年王粲之依劉表，景物雖好，也不願在那裹停留。永憶，長想。江湖，廊廟之對稱，指隱居地。扁舟，小舟。《史記》卷一百二十九《貨殖列傳》：范蠡輔佐越王勾踐成就了霸業，辭去爵賞，"乘扁舟浮於江湖"。馮浩注："言扁舟江湖，必須待旋乾轉坤，功成白髮之時。時方年少，正宜爲世用，而預期及此者，見志願之深遠也。解固如斯，要在味其神韻。"末二句，《莊子》卷六下《秋水》："惠子相梁，莊子往見之。或謂惠子曰：'莊子來，欲代子相。'於是惠子恐，搜於國中三日三夜。莊子往見之，曰：'南方有鳥，其名爲鵷雛……發於南海而飛於北海，非梧桐不止，非練實不食，非醴泉不飲。於是鴟得腐鼠，鵷雛過之，仰而視之，曰：嚇！今子欲以子之梁國而嚇我邪！'"鵷雛，傳説中鳳之一種。滋味，即美味。作者以鵷雛自喻，謂自己有鵷雛之高情遠志，不屑於個人利禄，而讒佞者輩不了解卻如鵷雛那樣有腐鼠之嚇，對自己猜忌不休！李商隱還通過歌詠歷史人物抒寫自己的理想和抱負，其重要篇章如《籌筆驛》：

> 猿鳥猶疑畏簡書，風雲長爲護儲胥。徒令上將揮神筆，終見降王走傳車。管樂有才真不忝，關張無命欲何如？他年錦里經祠廟，梁父吟成恨有餘。

此詩是大中十年（八六九）作者隨東川節度使柳仲郢回京，路經籌筆驛時所作。籌筆驛，在今四川省廣元縣朝天峽上。諸葛亮出兵伐魏，駐驛於此，籌劃軍事，故名。此借詠諸葛亮有雄才大志而功業未成，以抒寫自己之政治苦悶。首二句，簡書，《詩·小雅·出車》："畏此簡書。"《毛傳》："簡書，戒命也。"此指軍隊之戒令。儲胥，《文選·長楊賦》："木擁槍累，以爲儲胥。"注引蘇林曰："木擁柵其外，又以竹槍累爲外儲胥也。"又引韋昭曰："儲胥，藩落之類也。"古時行軍，安營扎寨，用竹、木做成藩籬以爲壁壘，稱"儲胥"。寫諸葛亮軍令之整肅，壁壘之森嚴，使數百年後，猿鳥還好像生畏，風雲儼如呵護。次二句，上將，指諸葛亮，在蜀後主建興元年（二二三）爲武鄉侯。揮神筆，指其起草《出師表》。降王，指蜀後主劉禪。《三國志·蜀志·後主傳》："（鄧）艾至城北，後主輿櫬自縛，詣軍壘門，艾解縛焚櫬，延請相見，因承制拜後主爲驃騎將軍……（明年），後主舉家東遷至洛陽。"傳車，驛站所備長途旅行車。寫諸葛亮生前鞠躬盡瘁，但事非其主，死後劉禪終於投降了。"管樂"二句，指管仲、樂毅，《三國志·蜀志·諸葛亮傳》："每自比於管仲、樂毅,時人莫之許也。惟博陵崔州平、潁川徐庶元直與亮友善,謂爲信然。”忝,愧也。關,指關羽。《三國志·蜀志·關羽傳》:“羽率衆攻曹仁於樊……不能克,引軍退還。權已據江陵,盡虜羽士衆妻子,羽軍遂散。權遣將逆擊羽,斬羽及子平於臨沮。”張,指張飛。《蜀志·張飛傳》:“先主伐吳,飛當率兵萬人,自閬中會江州,臨發,其帳下將張達、范強殺飛。”關、張皆被人殺害,故云“無命”。寫諸葛亮自比管樂,但關張已死,他的才能不得施展,奈何?末二句,錦里,在成都城南。祠廟,指諸葛武侯祠。作者於大中六年(八六五)去西川審理刑事案件,曾游成都武侯祠,故云“他年”。梁父吟,《三國志·蜀志·諸葛亮傳》:“亮躬耕隴畝,好爲《梁父吟》。”諸葛亮的《梁父吟》,應是一首抒發政治抱負之作,已失傳。今所傳者爲諷刺齊國宰相晏嬰用二桃殺三士之事。恨有餘,猶恨無窮。作者聯想四年前,由梓州去成都游武侯祠,深慨於諸葛亮復興漢室之宏大志願未能實現。諸葛亮生不逢時,用《梁父吟》抒發其政治抱負,作者也以《籌筆驛》慨嘆自己冷落之一生。《籌筆驛》實即他的《梁父吟》。

李商隱一生鬱鬱不得志,寫了不少懷才不遇的詩篇。這類詩篇多藉詠物以抒情。如《蟬》:

> 本以高難飽,徒勞恨費聲。五更疎欲斷,一樹碧無情!薄宦梗猶泛,故園蕪已平。煩君最相警,我亦舉家清。

此詩馮《譜》編於大中五年,作者在徐州府罷入朝,以文章干令狐綯時。乃以秋蟬喻身世。首二句,《吳越春秋》卷五:“夫秋蟬登高樹,飲清露,隨風撝撓,長吟悲鳴。”秋蟬在高樹,吸風飲露,故云“高難飽”。蟬鳴以傳恨,但無知音,只是徒費聲音而已。次二句,疎,猶稀。斷,間斷。謂秋蟬鳴至天明已聲嘶力竭。碧無情,謂蟬自鳴而樹自碧,對它毫無同情。“薄宦”二句,薄宦,仕途不顯達。梗,樹枝。泛,漂浮。《戰國策・齊策三》:“土偶人與桃梗相與語……土偶曰:‘……今子東國之桃梗也,刻削子以爲人,降雨下,淄水至,流子而去,則子漂漂者將何如耳?’”秋蟬由此樹飛到彼樹,猶人之宦途坎坷,故云“梗猶泛”。蕪已平,長滿了草。盧思道《聽鳴蟬篇》:“故鄉已超忽,空庭正蕪没。”此用其意。末二句,君,指蟬,謂得蟬之警戒。舉家清,以清高自持。作者宦途飄蓬,仍以清高之節操自勵。又其《流鶯》:

> 流鶯漂蕩復參差,度陌臨流不自持。巧囀豈能無本意?良辰未必有佳期。風朝露夜陰晴裏,萬户千門開閉時。曾苦傷春不忍聽,鳳城何處有花枝?

此詩以流鶯自喻,寫自己“十年京師寒且餓”(《樊南甲集》序)的流寓生活。首二句,漂蕩,行蹤不定。參差,離合無常。陌,即紫陌,京城大道。流,御溝,崔顥《相逢行》:“玉户臨馳道,朱門近御溝。”不自持,急於仕進之心情。次二句,以喻自己以所業詩文干當路者,意在治國濟民,但即使生逢治世,賢才也未必能遇合,施展懷抱。“風朝”二句,風露連用,乃以自然現象喻社會動態。陰晴裏,謂晴天在風裏,陰天在露裏,逃不脱風吹露浥。萬户千門,指京城宫殿之門户,《漢書》卷二十五《郊祀志》:“作建章宫。度爲千門萬户。”寫早年流寓京師之境況:早晨萬户千門開了,卻被拒之於外,晚上萬户千門閉了,則無處容身。末二句,謂由於自己英年流寓,有似黄鶯之漂蕩,因此黄鶯之巧囀,容易引起自己之共鳴,就不忍聽了。鳳城,即京城,杜甫《夜》詩:“步蟾倚杖看牛斗,銀漢遥應接鳳城。”趙次公注:“秦繆公女弄玉吹簫,鳳降其城,因號丹鳳城。其後言京城曰鳳城。”謂京城百萬家,而賢才獨無託身之處,豈不可悲!

李商隱自傷身世之作,《錦瑟》是其冠冕:

> 錦瑟無端五十絃,一絃一柱思華年。莊生曉夢迷蝴蝶,望帝春心託杜鵑。滄海月明珠有淚,藍田日暖玉生烟。此情可待成追憶,祇是當時已惘然。

此詩張《箋》編於大中十二年。詩題"錦瑟",其《回中牡丹爲雨所敗》一首有"錦瑟驚絃破夢頻"之語,暗示此篇寓有"黄粱夢覺"之情。然此非抒情主綫,抒情主綫是自悲懷才不遇之淒涼身世。何焯即云:"此乃自傷之詞。騷人所謂美人遲暮也。"首二句,回顧平生。瑟絃五十,本於《世本》:"瑟,庖犧作,五十絃。"作者終年近五十,所以爲比。無端,語含悲憤,領起全篇。華年,人生大限不逾百歲,前五十年是最美好的時刻,此數字恰好冥會於錦瑟之絃數,故云錦綉華年。次二句,寫往事如夢幻,理想與抱負皆化爲雲烟。莊生夢蝶,《莊子》卷一下《齊物論》:"昔者莊周夢爲蝴蝶,栩栩然蝴蝶也。自喻適志歟,不知周也。俄然覺,則蘧蘧然周也。"此只是託喻,其主旨當從其《偶成轉韻七十二句贈四同舍》詩所云"憐我秋齋夢蝴蝶"一句中求取,即作者於此是自嘆才秀人微,壯懷徒抱。句中連用"夢""迷"二字,即着力顯示此一關節。望帝,周末蜀國君主,號杜宇。《華陽國志·蜀志》:"後有王曰杜宇……七國稱王,杜宇稱帝,號曰望帝。……其相開明,决玉壘山以除水害,帝遂委以政事,法堯舜禪授之義,遂禪位於開明,帝升西山隱焉。時適二月,子鵑鳥鳴,故蜀人悲子鵑鳥鳴也。"子鵑,即杜鵑。相傳杜宇死魂魄化爲杜鵑。望帝,所以哀悼化去之帝,具體指武宗。春心,作者自指。由於武宗死亡,作者"欲回天地"之豪言壯語,便徒託空言,看不到任何希望。從杜鵑啼叫聲中可以聽到自己與之同命運的悲涼吟嘆。"滄海"二句,寫自己品德才能卓異而不見用之痛。

《唐書》卷一百十五《狄仁傑傳》:"(仁傑)舉明經,調汴州參軍,爲吏誣訴,黜陟使閻立本召訊,異其才,謝曰:'仲尼稱觀過知仁,君可謂滄海遺珠矣。'""滄海遺珠",喻野有遺賢。此一成語,經作者敷色,珠非常珠,乃明月珠,在《史記·鄒陽傳》裏是與"夜光璧"比價之稀世瑰寶;月亦非常月,在作者《病中聞河東公樂營置酒口占寄上》詩中是"長壓赤城霞"之"滄海月"。稀世珍寶,鬱沉海底,能不令人痛心?故云"有淚"。藍田,山名,在今陝西省藍田縣東南。《初學記》卷二十七"玉部":"藍田出美玉如藍,故曰藍田。"玉、珠,皆喻作者之品德才能。《文選》陸機《文賦》:"石韞玉而山輝,水懷珠而川媚。"講的是文章,但更重要的是講作者。志士仁人,比德珠玉,有悠久的歷史傳統。《困學紀聞》卷十八:"司空表聖(圖)云:'戴容州(叔倫)謂詩家之景,如藍田日暖,良玉生烟,可望而不可置於眉睫之前也。'"烟,如理解爲狀人之詞,則義當如《孟子·盡心》所云"充實而有光輝之謂大"之"光輝";如理解爲形文,則義當如韓愈《調張籍》詩"李杜文章在,光焰萬丈長"之"光焰"。此是當時形象鮮明、氣韻生動之活語言。末二句意謂顧念生平,雖懷抱雄心壯志,然仕途蹭蹬,只做了幾任節度使幕府之幫閒差使,如此前塵,連追憶一下也感到是多餘的了。豈不令人痛心!

李商隱還寫了相當多的抒寫愛情之詩篇,成爲他詩歌創作之一大特色。這部分詩歌可分爲與妻子王氏的愛情和與其他女子的愛情兩類。其妻子是他思想上的同調、政治上的知己,所以對妻子之情感特别深摯。如《細雨》:

帷飄白玉堂,簟卷碧牙牀。楚女當時意,蕭蕭髮彩涼。

此詩與《漫成三首》皆作於開成三年(八三八)初婚於王氏,即所謂"霧夕詠芙蕖,何郎得意初"之時刻。帷,即細雨。白玉堂,漢樂府

《相逢行》:"白玉爲君堂。"簟,《説文》釋爲"竹席",《禮記・喪大記》鄭注則釋爲"細葦席"。牙牀,指象牙牀或象牀而言,任昉《秋竹詩》:"傍簷拂象牀。"二句意謂細雨得微風吹拂,猶帷幕飄浮於白玉堂前,亦猶葦席卷碧牙牀而來。王茂元家資富贍,第宅豪華,故有"玉堂"、"牙牀"等營設。楚女,用《楚辭・九歌・少司命》"與女沐兮咸池,晞女髮兮陽之阿"意。從"楚女"之髮絲長,想象到神女之梳頭。髮彩,頭髮之光澤。《左傳・昭公二十八年》:"昔有仍氏生女,鬒黑,而甚美,光可以鑒。"又唐吳融《倒次元韻》詩:"如描髮彩匀。"可見"髮彩"一詞,爲唐時所習用。當時意,指古時神女濯髮的樣子。此寫細雨之光澤、清涼如神女所濯之長髮。"楚雨含情皆有託",作者在化用了《少司命》中兩句意境之同時,即隱括有緊接着的下兩句之意思,即"望美人兮未來,臨風怳兮浩歌"。那么這兩句之意思是像這樣的絶代佳人,只能存在於想望之中,現實社會是很難遇到的。現在好了,眼前的"蕭蕭髮彩"還不就是楚辭中描寫的"晞髮陽阿"的美女嗎?表現新婚時的喜悦之情。又如《夜雨寄北》:

> 君問歸期未有期,巴山夜雨漲秋池。何當共剪西窗燭,卻話巴山夜雨時!

此詩馮《譜》、張《箋》俱編於大中二年(八四八)游巴蜀之時,是作者留滯巴蜀寄懷妻子之作。首二句,巴山,即大巴山,在今陝西南鄭縣南,支脈延伸到四川南江、通江等縣。此處泛指四川的山。意謂歸期渺茫,目前只有添人惆悵的綿綿秋雨而已。末二句,何當,猶怎能够。杜甫《彭衙行》:"何當有翅翎,飛去墮爾前。"剪燭,指剪燭夜話。意謂怎能够與你共同剪燭夜話巴山夜雨時之心情呢?語淺而情深。王氏死後,他寫了許多悼亡詩,抒發對王氏之追念,

如《正月崇讓宅》:

密鎖重關掩緑苔,廊深閣迥此徘徊。先知風起月含暈,尚自露寒花未開。蝙拂簾旌終展轉,鼠翻窗網小驚猜。背燈獨共餘香語,不覺猶歌《夜起來》。

此詩張《箋》編於大中十一年(八五七)。作者自四川東歸,再到岳家崇讓里故宅,見人去樓空,遂生感慨而作。何焯評云:"此悼亡之詩,情深一往。"崇讓宅,韋氏《述征記》:"洛陽崇讓坊有河陽節度使王茂元宅。"掩緑苔,謂緑苔掩徑。廊深閣迥,謂人去樓空。月含暈。《玉篇》:"暈,日月旁氣也。"月暈緣於高空大氣層有塵埃使月之光綫發生折射或反射而形成,所以預兆風暴將起,所謂"月暈而風",即"先知風起"也。露寒花未開,即"乍暖還寒時候,最難將息"。蝙,即蝙蝠。拂,蝙飛時翼掃。簾旌,門窗簾上之繡額,《南史》卷三十八《柳世隆傳》:"隆屏人,命典籤李黨取筆及高齒屐,題簾箔旌。"即俗稱"帳光"。窗網,即窗紗。此二句,馮注:"心有追憶,動成疑似。"背燈,背向燈光。白居易《村雪夜坐》詩:"南窗背燈坐,風霰暗紛紛。"夜起來,《樂府詩集》卷七十五《雜曲歌辭·起夜來》題解引《樂府解題》曰:"《起夜來》其辭意猶念疇昔思君之來也。"唐施肩吾《起夜來》云:"香銷連理帶,塵覆合歡杯。懶卧相思枕,愁吟《起夜來》。"據此,則《起夜來》乃男女初婚合巹之夕所唱。《起夜來》各本多作《夜起來》。"蝙拂簾旌"、"鼠翻窗網",想象伊人猶在。疑似之間,"展轉"、"驚猜"。又好像背燈私語,嗅到餘香,重唱初婚合巹時之歌。一幅宋詞中"從别後,憶相逢,幾回魂夢與君同"之境界。情摯意真,哀感動人。又《暮秋獨游曲江》:

荷葉生時春恨生,荷葉枯時秋恨成。深知身在情長在,悵望江頭江水聲。

此詩張《箋》編於大中十年(八五六),並云:“此亦追悼之作。”時王氏死後五年。全詩結穴在一“恨”字,而以“春生”、“秋枯”見變化。儘管生者幸存,人在情在,怎奈死者長往,逝如江波!

李商隱所寫懷戀其他女子之詩篇,其懷戀對象多不可考,大都爲《無題》之作。這類詩歌反映中晚唐文人生活的一個側面,如:

> 相見時難别亦難,東風無力百花殘。春蠶到死絲方盡,蠟炬成灰淚始乾。曉鏡但愁雲鬢改,夜吟應覺月光寒。蓬山此去無多路,青鳥殷勤爲探看。

此詩寫作年代不可考,是一篇艷情之作,寫離别之恨,相思之痛。首句前“難”字義爲困難,後“難”字義難堪。謂相見固然困難,離别更令人難堪。次句寫暮春時節,觸景傷情。“春蠶”二句,蠶絲、蠟淚,以喻人的相思。絲是“思”字雙關語。古樂府《清商曲辭·子夜歌》:“春蠶易感化,絲子已復生。”又庾信《對燭賦》:“銅荷承淚蠟,鐵鋏染浮烟。”意謂人死後思念才完,生命燃燒盡了淚水始乾。“曉鏡”二句,雲鬢,婦女頭髮濃密如雲。此借指青春年華。意謂對鏡晨妝應憂年華易逝,夜晚吟詩當感月光之涼。是思念之人的情景。末二句,蓬山,海中仙山名。《列子》卷五《湯問》:“渤海之東……有五山……五曰蓬萊。”此以喻女子住所。青鳥,傳説西王母的神鳥。《漢武故事》:“七月七日,忽有青鳥飛集殿前,東方朔曰:‘此西王母欲來。’有頃,王母至,三青鳥俠侍王母旁。”後人因以青鳥代稱使者。意謂所思念的人離此不遠,可令青鳥去探聽消息、殷勤致意。表示思念之切。李商隱所寫愛情詩之特點,是感情真摯,毫無做作,率爾成章,不加雕飾。後代同樣題材的律體詩罕有能與之比者。

李商隱詩歌更重要的內容是描寫唐代“天荒地變”的社會,中

晚唐時期許多軍事、政治等大事件,在他詩歌中都得到真實的反映,並表現了自己的觀點和看法。如《隋師東》:

> 東征日調萬黄金,幾竭中原買鬥心。軍令未聞誅馬謖,捷書唯是報孫歆。但須鸑鷟巢阿閣,豈假鴟鴞在泮林?可惜前朝玄菟郡,積骸成莽陣雲深!

此詩張《箋》編於大和三年(八二九)。大和元年,攝橫海節度使李同捷據滄、景叛,唐政府發諸道兵進討,連年征戰,到本年四月始初步平定。此詩借諷隋煬帝窮兵黷武,遠征高麗,暗刺唐文宗出兵討李同捷,使朝廷付出重大代價,人民慘遭無辜的傷亡。首二句,東征,滄、景二州在今河北省内,當唐朝疆域之東部,故稱討李同捷爲東征。調,即徵斂、誅求。萬黄金,萬斤黄金。幾竭中原,幾乎竭盡了中原地區之財力、物力。中原,指豫魯平原和江淮一帶。買鬥心,朝廷用金錢賄買其他節鎮,誘使他們出兵。次二句,馬謖,三國蜀之將官,《三國志·蜀志·諸葛亮傳》:"魏明帝西鎮長安,命張郃拒亮。亮使馬謖督諸軍在前,與郃戰於街亭,謖違亮節度,舉動失宜,大爲郃所破,亮拔西縣千餘家,還於漢中,戮謖以謝衆。"未聞誅馬謖者,指朝廷以保義節度使李寰爲橫海節度使,而寰自晉州引兵赴鎮,沿途縱兵搶掠,至鎮又擁兵不進,對其坐索供饋的行爲,采取姑息之政策。孫歆,三國吴之都督,集中原注:"平吴之役,上言得歆;吴平,孫尚在。"《晉書》卷三十四《杜預傳》:"旨、巢等伏兵樂鄉城外,歆遣軍出距王濬,大敗而還。旨等發伏兵隨歆軍而入。歆不覺,直至帳下,虜歆而還。……王濬先列上得孫歆頭。預後生送歆,洛中以爲大笑。"謂諸將藉口平叛,虚報軍功,與晉朝王濬在平吴之役,虚報得吴都督孫歆頭的行徑相同。即《通鑒·唐紀》所載:"(大中二年冬十一月)時河南、北諸軍討同捷,久未成功,每有小勝，則虚張首虜，以邀厚賞。”“但須”二句，鸑鷟，《國語・周語》：“周之興也，鸑鷟鳴於岐山。”韋昭注：“鸑鷟，鳳之别名。”阿閣，即四阿之閣。阿，曲也。屋極四面皆有曲檐。指朝廷。鳳凰巢阿閣，比喻賢人在朝。鵰鶚，《楚辭》東方朔《七諫・初放》：“近習鵰梟。”王逸注：“梟，一作鶚，鵰鶚惡鳥。”泮林，古代學宫。鵰鶚在泮林，以諷當時中央宦官專政，地方節鎮任非其人。末二句，前朝，指隋。玄菟郡，漢武帝滅朝鮮所置，《漢書》卷二十八下“玄菟郡”注：“武帝元封四年開。”此借隋煬帝征高麗諷唐文宗平滄、景。積骸成莽，《左傳・哀公元年》：逢滑曰：“暴骨如莽。”謂骸骨如野草之賤而且多。陣雲，即殺氣，高適《燕歌行》：“殺氣三時作陣雲。”力寫戰後滄景地區屍骸遍野，一片凋殘。即《通鑒・唐紀》大和三年所記：“滄州承喪亂之餘，骸骨蔽地，城空野曠；户口存者，什無三四。”全詩八句皆詠唐事，唯第七句似詠隋史。蓋作者懲於劉蕡之直言遭忌，而采用曲筆也。又如《重有感》：

> 玉帳牙旗得上游，安危須共主君憂。竇融表已來關右，陶侃軍宜次石頭。豈有蛟龍長失水？更無鷹隼與高秋！晝號夜哭兼幽顯，早晚星關雪涕收。

此詩作於開成元年（八三六）。當時經過安史之亂，唐朝廷之軍政大權旁落到宦官手中。大和九年（八三五）外廷官員鄭注、李訓與文宗密謀，詐稱右金吾廳後石榴花上夜有甘露，誘使仇士良等宦官去驗看，計劃乘機將他們一起殺掉。不料兵甲藏隱不密，被他們發覺，鄭、李和宰相王涯、賈餗反被他們殺害，文宗被幽禁後宫，京城大亂，宦官更加驕横。史稱“甘露之變”。昭義軍節度使劉從諫三次上疏，請求宣佈王涯等人的罪狀，並申斥諸宦官之專横殘暴。此詩應即針對劉從諫而作，希望其向長安進軍，清除宦官，恢復文宗之皇位。首二句,謂劉從諫之實力,足可平定變亂,爲國主分憂。玉帳,主將所居之軍帳。牙旗,旗竿上飾以象牙,是將軍專用之軍旗。上游,本義爲水之上游,此借指形勝之地。昭義軍轄澤潞諸州(今山西西南部)險要地區,故云"得上游"。次二句,借用古人平亂之事跡,喻對劉從諫之期望。竇融,東漢人,爲涼州牧。光武帝劉秀將討伐割據西北之隗囂,竇融上書問發兵日期,表示要爲朝廷效力。關右,函谷關以西地,涼州牧鎮守河西,故云。陶侃,東晉人,明帝時蘇峻作亂,諸軍進討,他以荆州刺史被擁爲盟主,與温嶠、庾亮等領兵直抵石頭城(今南京市),斬蘇峻。按:劉從諫上疏中有"謹當修繕封疆,訓練士卒,内爲陛下腹心,外爲陛下藩垣。如奸臣難制,誓死以清君側"等語,可與此兩句互相印證。"豈有"二句,蛟龍失水,喻文宗被幽禁,失掉權力。豈有長失水,豈能長久如此! 隼,鷹一類猛禽,善搏擊。與,猶舉。鷹隼高舉,喻劉從諫。《左傳·文公十八年》魯大夫季子云:"見無禮於其君者,誅之,如鷹鸇之逐鳥雀也。"此化用其意。謂除劉從諫之外,再無人能像鷹隼那樣高舉秋空,作快意一擊。末二句,晝號夜哭,寫被宦官率領之禁軍屠殺後的悲慘景象。幽顯,指偏僻地帶和大道通衢。兼幽顯,到處如此。早晚,猶早晚之間,短時期内。星關,北極星之星座,象徵帝王居處,即京城。雪,即拭。雪涕收,指拭掉涕淚,收起悲哀。意謂早晚之間京城就會平復,人們可以重新過安定的生活,表示希望清除宦官的迫切心情。李商隱對宦官集團之指控和批判,在與朋友的贈答詩中也流露出來,對劉蕡就是一個典型例子。劉蕡應試時在對策中尖鋭地揭露宦官亂政,觸怒了宦官,被貶爲柳州司户參軍。李商隱對他表示深切的同情,寫了《贈劉司户蕡》、《哭劉蕡》、《哭劉司户二首》、《哭劉司户蕡》五首詩。如《贈劉司户蕡》:

江風揚浪動雲根,重碇危檣白日昏。已斷燕鴻初起勢,更驚騷客後歸魂。漢廷急詔誰先入?楚路高歌自欲翻。萬里相逢歡復泣,鳳巢西隔九重門。

此詩張《箋》編於武宗會昌元年(八四一)云:"司户貶柳過潭,義山晤别,所謂'春雪黄陵'者,正此時也。"劉蕡是一個有思想、有節操的人物。據《舊唐書》卷一百九十下、《新唐書》卷一百七十八《劉蕡傳》:"字去華,幽州(今北京市轄區)昌平人。寶曆二年進士。博學,善屬文,尤精《左氏春秋》,好談王霸大略。耿介嫉惡,慨然有澄清之志。大和二年,策試賢良方正能直言極諫者。蕡切論黄門(宦官)大横,將危宗社。考官不敢留蕡在籍中,物論喧然,不平之。令狐楚在興元,牛僧孺鎮襄陽,皆表蕡幕府,授秘書郎。而宦人深嫉蕡,誣以罪,貶柳州司户參軍,卒。"李商隱與他交誼很深,極力推崇之。首二句,雲根,古人觀察到山石對空氣中所含的水蒸氣有凝結成雨點的作用,因此對雲有"觸石而出,膚寸而合,不崇朝而徧雨乎天下"(《公羊傳·僖公三十一年》)的描寫,以後便形成山石是雲根的觀念。如宋孝武帝《登作樂山》詩:"屯烟擾風穴,積水溺雲根。"碇,繫木船用的石礅子,作用略同於錨,風大船掀簸過甚,故下重碇以鎮之。危檣,摇擺欲折之桅杆。二句意謂江風揚浪而山爲之動,日爲之昏。次二句,燕,即昌平,屬燕地。初起勢,指對策爲進身之始。已斷,指"不留在籍"。騷客,作者當時在楚地,故以騷客目之。上句説很早就受排斥,下句説很晚也未被赦免。即屈原《九歌·哀郢》"忽若去不信兮,至今九年而不復"之意。已斷、更驚,反復陳述其遭迫害。"漢廷"句,指漢賈誼,《漢書》卷四十八《賈誼傳》:"誼既以適(謫)去……三年……後歲餘,文帝思誼,徵之,至,入見。"意謂急切希望朝廷能像漢文帝詔回被貶的賈誼那樣,詔回劉蕡。"楚路"句,用楚狂接輿歌"鳳兮"以笑孔子事。此以"楚狂"擬劉蕡。高歌自欲翻,形容曲調回旋至極致。末二句,鳳巢,喻帝京爲賢能所萃。《竹書紀年》卷一:"(軒轅時)有鳳凰集,不食生蟲,不履生草,或止帝之東園,或巢於阿閣,或鳴於庭。"劉蕡時在荆楚,長安在其西北,故云"西隔九重門"。屈賦云"君門萬里無可訴冤"也。此寫其在潭州與劉蕡異地相逢,追憶過去二人在京師供職,朝夕過從,不勝今昔之感!

李商隱寫了許多揭露晚唐君主昏憒腐朽、奢侈靡亂、迷信方士的詩篇。這類詩篇多采取詠史的形式,詠史所以鑒今,矛頭是針對現實的,如《隋宫》:

> 紫泉宫殿鎖烟霞,欲取蕪城作帝家。玉璽不緣歸日角,錦帆應是到天涯。於今腐草無螢火,終古垂楊有暮鴉。地下若逢陳後主,豈宜重問後庭花!

此詩張《箋》編於大中十一年(八五七),時作者由柳仲郢舉薦,任鹽鐵推官,游江東。隋宫,指隋煬帝在揚州所建之江都宫。此借詠隋煬帝荒淫、奢侈失國事以爲後世垂戒。首二句,紫泉,水名,司馬相如《上林賦》:"丹水更其南,紫淵徑其北。"唐人避高祖李淵諱,稱"淵"爲"泉"。此處指代長安。蕪城,《文選》鮑照《蕪城賦》李善注:"《别集》云:'登廣陵故城。'"是蕪城即廣陵,亦即揚州。按:《隋書》卷三《煬帝紀》:"(大業元年三月)發河南諸郡男女百餘萬開通濟渠……八月,上御龍舟,幸江都。"意謂煬帝棄長安之宫闕,令其荒廢,而乘舟到揚州追歡享樂。次二句,玉璽,皇帝的印信。日角,指人的額頭圓滿如日,《後漢書》卷一《光武紀》注引鄭玄《尚書中候》注:"日角,謂庭中(前額)骨起狀如日。"日角龍庭,古時讖緯家謂是承命帝王之相。此指李淵。《舊唐書》卷一《高祖紀》:"(隋恭帝二年)奉皇帝璽授於高祖。"又同書卷五十八《唐儉傳》:

"高祖乃召入,密訪時事,儉曰:'明公日角龍庭,李氏又在圖牒,天下屬望……指麾可取。'"錦帆天涯,《開河記》:"帝自洛陽遷駕大梁,詔江淮諸州造大船五百隻……龍舟既成,泛江沿淮而下……時舳艫相繼,連接千里,自大梁至淮口,聯綿不絶。錦帆過處,香聞百里。"意謂若隋朝之傳國璽不歸李淵奪取,則隋煬帝之游船不僅只到江都,還會到更遠的天涯海角游蕩。"於今"二句,螢蟲生於腐草之間,《禮記·月令》:"腐草爲螢。"《隋書》卷四《煬帝紀》:"(大業十二年)上於景華宫徵求螢火,得數斛,夜出游山,放之,光徧巖谷。"垂柳,指通濟渠兩岸所種之護堤柳,稱隋堤柳。《開河記》:"詔民間有柳一株賞一縑,百姓爭獻之。又令親種,帝自種一株,群臣次第種,方及百姓。時有謡言曰:'天子先栽然後百姓栽。'栽畢,帝御筆寫賜垂楊柳姓楊,曰楊柳也。"意謂如今腐草已被搜集殆盡,不生螢火了。隋堤上的楊柳唯供老鴉棲身,無復當年之繁華了。寫隋亡後一片淒涼景象。末二句,陳後主,即陳叔寶。"後庭花",是"玉樹後庭花"之省稱,舞曲名,陳後主作新詞。重問後庭花,隋煬帝爲太子,與陳後主相熟,煬帝巡幸江都時,陳後主已死。傳説煬帝游吳公宅鷄臺,與其夢中相遇,如《隋遺録》卷上云:"煬帝在江都,昏湎滋深……嘗游吳公宅鷄臺,恍惚間與陳後主相遇,尚唤帝爲殿下……後主舞女數十許……中一人迥美,帝屢目之。後主云:'……即麗華也。'……俄以緑文測海蠡酌紅粱新醖勸帝,帝飲之甚歡,因請麗華舞《玉樹後庭花》,麗華……乃徐起,終一曲……後主問帝:'……龍舟之游樂乎?始謂殿下致治在堯舜之上,今日復此逸游,大抵人生各圖歡樂,曩時何見罪之深耶?……'帝忽悟,叱之……恍然不見。"此所謂"殷鑒不遠,在夏后之世",諷刺隋煬帝荒淫失國,至死不悟。又《齊宫詞》:

永壽兵來夜不扃,金蓮無復印中庭。梁臺歌管三更罷,猶自風摇九子鈴。

此詩與《隋宫》同時作。詩題是詠齊宫,實則兼詠齊、梁兩代。永壽,南齊宫殿名。兵來,指南雍州刺史蕭衍率兵入建康齊後宫。扃,閉鎖。《南史》卷五《齊廢帝東昏侯紀》:"齊廢帝東昏侯(蕭)寶卷起芳樂、芳德、仙華、大興、含德、清曜、安壽等殿,又别爲潘妃起神仙、永壽、玉壽三殿……蕭衍師至,王珍國、張稷應之,夜開雲龍門勒兵入殿。是夜帝在含德殿,吹笙歌,作《女兒子》。卧未熟,聞兵入,趨出北户……直後張齊斬首,送蕭衍。"謂南齊廢帝寵愛潘妃,特爲其修建神仙、永壽、玉壽諸宫殿,荒淫佚樂,不理朝政。南雍州刺史蕭衍率兵入建康,時宫門未閉,齊廢帝尚在尋歡作樂,遂斬廢帝。金蓮,《南史》卷五《齊廢帝東昏侯紀》:"又鑿金爲蓮華以帖地,令潘妃行其上,曰:'此步步生蓮華也。'"無復中庭,言梁伐齊,將齊之醜行劣跡徹底清除。梁臺,晉宋間稱朝廷禁省爲臺,故梁臺實指梁之宫禁,故址在今南京市北玄武湖畔。歌管三更罷,是諷刺新統治者蕭梁集團之沉湎佚樂。九子鈴,金玉飾物,《西京雜記》卷一:"(漢昭陽殿)上設九金龍,皆銜九子金鈴。"齊廢帝曾令人剥取莊嚴寺之九子鈴來裝飾潘妃的宫殿。《南史》卷五《齊廢帝東昏侯紀》:"莊嚴寺有玉九子鈴,外國寺佛面有光相,禪靈寺塔諸寶珥,皆剥取以施潘妃殿飾。"田蘭芳評曰:"此齊時故物,新主爲歡,猶摇昔響……"可謂確解。乃諷刺蕭梁不肯從中汲取教訓,甘作亡齊之續。

以上諸例皆律體之作,可以看出這類作品在繼承杜律的基礎上,於詩境有進一步開拓,並自成一家。然其古詩卻完全爲擬杜之作,《行次西郊作一百韻》、《驕兒詩》可爲代表。《驕兒詩》作於大中三年(八四九)。杜甫《茅屋爲秋風所破歌》"驕兒惡卧蹋裹裂"爲此詩題所本。此詩是上承左思《嬌女》、杜甫《北征》而作之描寫兒童形象之名篇，主要寫其幼子衮師之聰明、活潑和對他的期望。全詩可分三段，自開篇至"欲慰衰朽質"爲第一段，誇獎衮師之聰明早慧，如：

> 衮師我驕兒，美秀乃無匹。文葆未周晬，固已知六七。四歲知姓名，眼不視梨栗。交朋頗窺觀，謂是丹穴物。前朝尚器貌，流品方第一：不然神仙姿，不爾燕鶴骨。安得此相謂，欲慰衰朽質。

衮師，當是作者之子的乳名，作者另有《楊本勝説於長安見小男阿衮》可證。文葆，《史記》卷四十三《趙世家》："（公孫杵臼、程嬰）謀，取他人嬰兒負之，衣以文葆。"葆，即襁褓，小兒包被。文葆，繡花的小兒包被。晬，《廣韻》："晬，周年子也。"周晬，嬰兒第一個生日。眼不視梨栗，此應是化用陶潛的《責子詩》："雍端年十三，不識六與七；通子垂九齡，但覓梨與栗。"而命意相反。陶氏家貧，故雍端廢學，通子覓食，其情可悲，未應深責。衮師家饒，沖齡啓蒙，故似早慧；玉食堆盤，何取梨栗？交朋，即朋友。窺觀，猶注視、青眼相看。丹穴物，指鳳凰。《爾雅・釋地》："岠（距）齊州以南，戴日爲丹穴。"疏："過山東五百里爲丹穴。"《山海經・南山經》："丹穴之山，其上多金玉，丹水出焉，而南流注入渤海。有鳥焉，其狀如鷄，五彩而文，名曰鳳凰。"所以比衮師。前朝，指六朝。尚器貌，重視風度容貌，《通典・選舉》三："文選其擇人……取其體貌豐偉……武選取其軀幹雄偉，應對詳明，有驍勇才藝及可爲統帥者。"又錢易《南部新書》乙："吏部常式，舉選人家狀，須云：'中形，黄白色，少有髭。'或武選人家狀，云：'長形，紫黑，多有髭。'"當時之時尚可見一斑。流品第一，《南史》卷二十二《王僧綽傳》："究識流品。"《晉書》卷三十六《衛玠傳》："時中興名士，唯王承及玠爲當時第一。”方，比也。謂衮師可以與第一流相比。神仙姿，《後漢書》卷九十八《郭太傳》：“後歸鄉里，衣冠諸儒送至河上，車數千兩（輛），林宗（郭太）唯與李膺同舟而濟，衆賓望之，以爲神仙焉。”燕鶴骨，朱鶴齡注：“燕頷鶴步，皆貴人風骨。《後漢書》班超燕頷虎頸，飛而食肉，此萬里侯相也。”馮注：“按以鶴比人，如嵇紹野鶴，《南史》劉歆如雲中白鶴之類屢見。”謂骨相如鶴。不然、不爾，字異義同，排比性連接詞，義爲非此即彼。謂衮師不是神仙之姿容就是貴人之風骨。安得，言得之意外。衰朽質，作者時年三十七，已有衰朽之感。意謂這不過是朋友安慰我衰朽之人罷了。以上總寫衮師之美秀敏慧。自“青春妍和月”至“未謝柳絮疾”爲第二段，寫衮師之活潑嬉戲，如：

> 青春妍和月，朋戲渾甥姪。繞堂復穿林，沸若金鼎溢。門有長者來，造次請先出。客前問所須，含意不吐實。歸來學客面，闖敗秉爺笏。或謔張飛胡，或笑鄧艾吃。豪鷹毛崱屴，猛馬氣佶傈。截得青篔簹，騎走恣唐突。忽復學參軍，按聲喚蒼鶻。又復紗燈旁，稽首禮夜佛。仰鞭罥蛛網，俯首飲花蜜。欲爭蛺蝶輕，未謝柳絮疾。

“青春”二句，妍，春光明媚。和，風和日麗。朋戲，成群結隊地游戲。渾，謂中（宗）表相雜。“繞堂”二句，金鼎，煮菜飯用的金屬鍋。溢，沸水外流。謂群兒游戲繞堂穿林奔跑，像沸水翻騰。“門有”二句，長者，細探下文衮師之模擬動作，當是用《史記》卷五十六《陳丞相世家》：“家乃負郭窮巷，以獘席爲門，然門外多有長者車轍。”指達官貴人。造次，猶倉猝、匆忙。謂衮師聽説有要人來訪，急忙出去會見。“客前”二句，謂客趕前幾步問他要什麼，他卻隱含而不説。“歸來”二句，學客面，模擬客人的面部表情。闖敗，疊韻聯綿字,乃當時口語,形容裹戾外邪,拿起父親的手版,没有一點樣子。或謔張飛胡,馮注:“按:《南史》‘劉胡本以面坳黑似胡,故名坳胡。及長,單名胡焉’。張飛胡,義同俗稱黑張飛也。舊注誤。”謔,嘲笑。鄧艾吃,《世説新語》上卷上《言語》:“鄧艾口吃,語稱艾艾。”寫衮師之調皮和惡作劇。“豪鷹”二句,崱屴,《文選》王延壽《魯靈光殿賦》:“崱屴嵫釐。”李善注:“皆峻險之貌。”這裏用爲聳立義。佶傈,《詩·小雅·六月》:“四牡既佶。”鄭箋:“壯健之貌。”佶傈同佶,亦訓壯健。寫衮師之神態,儼若蒼鷹野馬,凌厲無前。“截得”二句,截,斬斷。青篔簹,緑竹竿。《文選》左思《吴都賦》:“其竹則篔簹箖箊。”此指較粗壯的竹竿。恣,任意。唐突,衝犯。《後漢書》卷九十五《段熲傳》:“轉相招結,唐突諸郡。”此寫衮師作竹馬戲。《後漢書》卷六十一《郭伋傳》:“始至行部,到西河美稷,有童兒數百,各騎竹馬,道次迎拜。”此處恣唐突,義爲亂衝亂撞。“忽復”二句,弄參軍,是唐時之一種戲弄。段安節《樂府雜録》:“唐開元中,優人黄旛綽、張野狐善弄參軍。”弄參軍,參軍是主角,蒼鶻是配角。據《五代史》卷六十一《吴世家》“徐氏之專政也,隆演幼懦,不能自持,而知訓尤凌侮之。嘗飲酒樓上,命優人高貴卿侍酒,知訓爲參軍,隆演鶉衣髽髻爲蒼鶻”的記載,則參軍與蒼鶻一主一奴,一官一僕,故前者可對後者呼唤。按聲,學着優人作戲時之聲腔。“又復”二句,寫衮師在紗燈旁模擬僧人叩頭拜佛。稽首,叩拜頭至地。“仰鞭”二句,罥,《文選》木華《海賦》:“或挂罥於岑嶅之峰。”李善注引《聲類》曰:“係也。”即牽掛。飲花蜜,學蝴蝶吸花蜜。“欲爭”二句,蛺蝶,唐時蝶類之總名。爭,猶賽過。謝,猶遜、讓。謂兒童身體之靈便活躍。以上寫衮師之諸種嬉戲。自“階前逢阿姊”至篇末爲第三段,表述對衮師之期望和自己身世之慨。如:

> 階前逢阿姊,六甲頗輸失。凝走弄香奩,拔脱金屈戌。抱持多反倒,威怒不可律。曲躬牽窗網,衉唾拭琴漆。有時看臨書,挺立不動膝。古錦請裁衣,玉軸亦欲乞。請爺書春勝,春勝宜春日。芭蕉斜卷箋,辛夷低過筆。爺昔好讀書,懇苦自著述。顦顇欲四十,無肉畏蚤虱。兒慎勿學爺,讀書求甲乙。穰苴司馬法,張良黄石術。便爲帝王師,不假更纖悉。況今西與北,羌戎正狂悖。誅赦兩未成,將養如痼疾。兒當速成大,探雛入虎窟。當爲萬户侯,勿守一經袠。

"階前"二句,六甲,古代兒童學寫字,先練習十天干、十二地支,參差相配,六十則循環一周,稱六甲。《禮記》卷八《内則》:"九年教之數日。"鄭注:"朔望與六甲也。"以後成爲兒童的必修課。《南齊書》卷五十四《顧歡傳》:"(顧歡)年六七歲,書甲子,有簡三篇。歡析計,遂知六甲。"意謂姊弟在階前相遇,比誦"六甲",弟弟輸了。以下皆寫衮師輸後,惱羞成怒,無理取鬧。"凝走"二句,此凝字,讀如白居易《想東游五十韻》詩"舞繁紅袖凝,歌切翠眉愁"之"凝"。白氏自注:"凝,去聲。"即讀硬。"硬"字不見於《説文》,唐時始有此字。杜甫《李潮八分小篆歌》:"書貴瘦硬方通神。"唐以前"硬"字之形體尚未固定,因此,白居易、李商隱都還用"凝"字。那末,此處之"凝走",意即"硬走"或"愣走"。弄,擺弄。香奩,即妝奩。拔脱,猶拔掉。屈戌,門窗、用具連接開關之器件,今稱折鐵。"抱持"二句,反倒,一作反側。意謂姐姐抱開他,他多次翻轉身軀,使性子耍賴,姐姐對他無可奈何。律,約束。"曲躬"二句,謂彎腰拉着窗簾,將唾液吐在琴上,然後又揩拭。《廣韻》:"衉,音客,唾聲也。"馮注:"二聯皆頂索輸物來,自覺乏趣,乃牽網拭琴。""有時"二句,臨書,即臨帖。李商隱亦擅長書法,《宣和書譜》:"御府所藏李商隱書二:正書《月賦》,行書《四六藁草》。"元王惲《玉堂嘉話》卷二:“李陽冰篆二十六字後有韋處厚、李商隱題。商隱字體絶類《黄庭經》。”挺立不動膝,唐人習慣席地而坐,遇有注意事項,則下肢下半部與腰垂直,故稱挺立。因非站立,故移動時用膝而不用腳。“古錦”二句,古錦,古代書畫手卷裝潢所用。衣,指書衣,裹書的布帛。玉軸,亦裝潢書畫所用。謂衮師要用古錦學裁書衣,要玉軸玩耍。“請爺”二句,春勝,有用筆寫在紙上者,如此句所云;也有剪紙爲字做成的,如温庭筠《春日寄岳州從事李員外》詩:“翦勝裁春字,開屏見曉江。”皆用吉祥語祝禱新春順利。亦稱春幡。宜春日,謂春勝寫的是“宜入新春,諸事隨心”之類。“芭蕉”二句,謂卷箋横斜抽出,猶如芭蕉之葉。唐路德延《芭蕉》詩:“葉如斜界紙,心似倒抽書。”辛夷,即玉蘭,花苞似筆,亦稱木筆。過筆,猶傳筆。《舊唐書》卷一百六十五《柳公權傳》:“宣宗召昇殿,御前書三紙,軍容使西門季玄捧硯,樞密使崔巨源過筆。”意謂衮師請父親寫春勝,抽筆像芭蕉葉,傳筆像拿辛夷花。極其粗莽。“懇苦”二句,懇苦,即勤苦。謂自己一生喜愛讀書,勤苦著述。“顦顇”二句,顦顇,今通用憔悴。《鹽鐵論》卷七《取下》:“妻子好合,子孫保之,不知老母之顦顇。”欲四十,作者時年三十七,故云。無肉畏蚤虱,極言其瘦。又《南史》卷七十二《文學傳》:“(卞彬)仕既不遂,乃著《蚤虱》……等賦,皆大有指斥。其《蚤虱賦》序曰:……‘蚤虱猥流,淫癢渭濩,無時恕肉;……復不懃於討捕,孫孫子子,三十五歲焉。’”馮注:“按隱用此事。畏蚤虱,畏人蚩謫也。義山時年約三十八。”作深一層理解。“兒慎”二句,甲乙,《唐書》卷四十四《選舉志》:“經、策全通爲甲第,策通四、帖過四以上爲乙第。”唐代科舉,以所中之甲乙等第爲準,確定初仕官階之高低。此勸誡衮師不要走父親讀書求功名的老路。“穰苴”四句,穰苴,即司馬穰苴,《史記》卷六十四《司馬穰苴傳》:“齊威王使大夫追論古者司馬兵法,而附穰苴於其中,因號曰《司馬穰苴兵法》。"張良,漢初開國元勛之一,封留侯。《史記》卷五十五《留侯世家》:"老父出一編書曰:'讀此則爲王者師矣。後見濟北穀城下黄石,即我矣。'……視其書,乃《太公兵法》也。"假,憑藉。纖悉,繁瑣寡要。此勉勵衮師讀兵書,學得輔佐帝王之本領,不必依憑這些繁瑣的知識。"況今"二句,羌戎,指當時大西北一帶党項羌及回紇、吐蕃。悖,即逆,犯上作亂。《資治通鑑·唐宣宗紀》:"(大中元年五月),吐蕃論恐熱乘武宗之喪,誘党項及回鶻餘衆寇河西……秋八月,突厥掠漕米及行商……二年十二月,吐蕃論恐熱遣其將莽羅急藏將兵二萬,略地西鄙。……"謂西北部羌戎之上層統治者正在叛亂。"誅赦"二句,誅,用兵討伐。赦,暫時息兵和好。痼疾,頑症。《漢書》卷四十八《賈誼傳》:"天下之勢,方病大瘇……失今不治,必爲痼疾。"將養如痼疾,意猶"養癰貽患"。末四句,探雛,指得虎子,《後漢書》卷七十七《班超傳》:"不入虎穴,不得虎子。"爲萬户侯,《史記》卷一百零九《李將軍傳》:"萬户侯豈足道哉!"漢制,列侯大者食邑萬户。一經衺,《漢書》卷七十三《韋賢傳》:"鄒魯諺曰:'遺子黄金滿籯,不如一經。"衺,今通用帙,書套也。作者希望衮師棄文習武,平定邊區叛亂,博取封侯,不要死守一部經書。這是唐時的一種社會風尚,楊炯《從軍行》云:"寧爲百夫長,勝作一書生。"亦可見人心趨向之一斑。

李商隱是一位傑出的抒情詩人,其詩歌之表現形式是多方面的,有自然流暢、運筆如舌的小詩,如《暮秋獨游曲江》;也有不事藻飾、沈着簡練的長篇,如《驕兒詩》。但最能代表其創作特色者是借用古代事典以抒發其對政治時事之見解和滿腔怨憤之情緒之作。隸事用典是唐代律詩形成後,文人們普遍采用的一種精練的語言形式。這種提煉語言精確化的方法,到李商隱手中,便發展到更高的境地。李商隱憑藉自己的才學和讀書廣博,收集豐富的資料,分類匯編,如《金鑰》分帝室、職官、歲時、州府等類,又有《雜纂》,專收集俗語和鄙事,又有《蜀爾雅》,專采蜀語。這些都是作詩著文的材料。他"每屬綴,多檢閱書册,左右鱗次,號'獺祭魚'"(《唐才子傳》卷七),即他凡有創作,皆翻檢原書,仔細核對。謂"獺祭魚",其實這是引書用事之基本方法,無可非議。由於他蓄材豐富,選材深細,故其詩文皆用事精切,屬對緻密,形式之美,少有倫比。評者"謂其詩如百寶流蘇,千絲鐵網,綺密瓌妍"(《唐才子傳》卷七引),見解極爲中肯。又葉燮在《原詩》卷四中説:"李商隱七絶,寄託深而措辭婉,實可空百代,無其匹也。"這雖然講的是七絶,但卻可以看做對他全部詩歌的評價。李商隱這種詩風與元稹、白居易完全是相反的,在韓愈一派反元、白詩末流之形勢中,李商隱起着重要作用。宋《彦周詩話》有這樣一段記載:"作詩淺易鄙陋之氣不除,大可惡。客問何從去之?僕曰:'熟讀唐李義山詩與本朝黄魯直詩而深思焉,則去也。'"李商隱詩與元、白詩之末流相反,李詩倡盛,元、白詩之末流自然失去地位。李商隱詩形式精美,情感真摯,"寄託深而措辭婉",然其後文人們多學習其形式之美,遂衍爲北宋初期之西崑體。

(二)杜牧

杜牧(公元八〇三——八五二),生平事跡見《舊唐書》卷一百四十七、《唐書》卷一百六十六、《唐詩紀事》卷五十六、《唐才子傳》卷六,字牧之,京兆萬年(今陝西西安)人。宰相杜佑之孫。少即博覽群書,以經邦濟世之才自負,留意於"治亂興亡之跡,財賦兵甲之事,地形之險易遠近,古人之長短得失"(《上李中丞書》)。文宗大和二年(八二八)登進士第。未第時,去洛陽,太學博士吴武陵以牧所作《阿房宫賦》薦於主司郎中崔郾,郾大加賞嘆。後又舉賢良方正科,解褐弘文館校書郎,旋爲沈傳師表薦作江西團練府巡官,又轉宣歙觀察使。大和七年爲牛僧孺淮南節度使幕府掌書記。其後被任命爲監察御史、左補闕、膳部員外郎、比部員外郎。武宗時,出任黄州、池州、睦州刺史。宣宗時,入爲司勛員外郎,復出任湖州刺史。後以考功郎中知制誥,轉任中書舍人。大中六年(八五二)病卒,年五十。牧性剛直有奇節,不爲細行小謹,敢論列大事,指陳國家利病所在,言尤懇切。在政治上有卓識遠見,不幸陷入牛、李黨爭之中,因而一生宦途坎坷,懷抱不得抒展,抑鬱苦悶無所宣泄,於是便消極頹廢,縱情聲色,流連於青樓楚館之間,過着清狂放蕩的生活。因而他的詩歌創作既有抒發政治見解之作,也有艷情之篇。他的文學觀點與元稹、白居易完全相反,在《唐故平盧軍節度巡官隴西李府君墓誌銘》中引李戡的話説:

嘗痛自元和已來,有元、白詩者,纖艷不逞,非壯士雅人,多爲其所破壞。流於民間,疏於屏壁。子父女母,交口教授,淫言媟語,冬寒夏熱,入人肌骨,不可除去。吾無位,不得用法以治之。

痛詆元、白詩爲"纖艷不逞"之"淫言媟語"。然而在《冬至日寄小侄阿宜詩》中則贊揚"李杜泛浩浩,韓柳摩蒼蒼",褒貶態度十分鮮明。那末,他是擯棄元、白,而吸取了李、杜、韓、柳之寫作技巧,更加細密化;又繼承了梁、陳宫體之艷情詩風,更加冷艷化,形成自己倜儻縱横之氣勢與纏綿悱惻之情思相融會的獨特詩格。後人評謂如銅丸走坂,駿馬注坡,言其圓快奮急也。人或比之杜甫,稱小杜。今存《樊川文集》二十卷,外集一卷,别集一卷。其詩以七言律、絶句成就最高,七律往往不拘泥於聲律,而隨意呵成,轉掉自如,略無痕跡,氣勢豪宕,情韻悠長,於拗折峭健之中,見風華流美之致。其

七絕,則達到高度的凝煉自然。其七律如《題宣州開元寺水閣閣下宛溪夾溪居人》:

> 六朝文物草連空,天澹雲閒今古同。鳥去鳥來山色裏,人歌人哭水聲中。深秋簾幕千家雨,落日樓臺一笛風。惆悵無因見范蠡,參差烟樹五湖東。

此詩作於開成三年(八三八),此年作者爲宣州團練判官。宣州,治所在今安徽省宣城縣。開元寺,建於東晉時,原名永安寺,唐開元中改稱此名。作者在宣州時,常來此游覽,此外,如《題宣州開元寺》、《開成三年宣州開元寺作》、《宣州開元寺南樓》等,皆其游覽之作。宛溪,源於宣城東南嶧山,流繞城東,至縣東北,與勾溪匯合。此詩是借景抒懷。首二句,謂六朝繁華已蕩然不見,而山川風物之美依舊。次二句寫宛溪之自然景色與居人生活。《禮記》卷三《檀弓下》云:"晉獻文子成室,晉大夫發焉。張老曰:'美哉輪(高大)焉!美哉奂(衆多)焉!歌於斯,哭於斯,聚國族於斯。'"此化用其意,謂宛溪人世代生活在此水鄉。"深秋"二句,寫深秋之景。末二句,范蠡,春秋時越國大夫,佐越王勾踐滅吴,功成不受賞。《史記》卷四十一《越王勾踐世家》:"范蠡事越王勾踐,既苦身勠力,與勾踐深謀二十餘年,竟滅吴,報會稽之耻。……還反國,范蠡以爲大名之下,難以久居……乃裝其輕寶珠玉,自與其私徒屬乘舟浮海以行,終不反。"又《吴越春秋》卷十《勾踐伐吴外傳》:"(范蠡)乃乘扁舟,出三江,入五湖,人莫知其所適。"五湖,即太湖、滆湖、洮湖、射湖、貴湖。或謂太湖之别名,實則泛指太湖流域之湖泊。末謂東望五湖,唯有參差烟樹,當年功成身退之范蠡卻不見了。感慨自己不能像范蠡那樣識進退之宜。又《早雁》:

> 金河秋半虜弦開,雲外驚飛四散哀。仙掌月明孤影過,長

門燈暗數聲來。須知胡騎紛紛在,豈逐春風一一回? 莫厭瀟湘少人處,水多菰米岸莓苔。

此詩作於會昌二年(八四二)八月,時回紇南侵,大肆擄掠,邊地人民深被其難。《通鑒》卷二百四十六《唐紀》:會昌二年八月,"(回鶻烏介)可汗帥衆過杷頭烽南,突入大同川,驅掠河東雜虜牛馬數萬,轉鬥至雲州城門。刺史張獻節閉城自守,吐谷渾、党項皆挈家入山避之。庚午,詔發陳、許、徐、汝、襄陽等兵,屯太原及振武、天德,俟來春驅逐回鶻。"作者以雁之哀鳴,寓離散人民之苦難。首二句,金河,在今内蒙古自治區呼和浩特市南。秋半,指八月,乃秋季之中。謂八月之金河,正值回紇開弓射獵之時,天際群雁驚惶飛散而哀鳴。次二句,仙掌,指漢長安建章宫設置承露盤之仙人掌。《三輔黄圖》卷三:"《廟記》曰:'神明臺,武帝造,祭仙人處,上有承露盤,有銅仙人,舒掌捧銅盤玉杯,以承雲表之露。'"長門,漢宫名,故址在長安城東。《三輔黄圖》卷三:"長門宫,離宫,在長安城。孝武陳皇后得幸,頗妬,居長門宫。"謂月明之夜,失群之孤雁從仙人掌上飛過,長門燈暗之時,傳來數聲孤雁之哀鳴。"須知"二句,謂雁是候鳥,秋季南飛,春天北返,可是目前北方正在回紇鐵蹄蹂躪之下,群雁豈能隨春季到來而一一飛回? 末二句,瀟湘,二水名,瀟水源於湖南蓝山縣南之九嶷山,湘水源於廣西靈川縣東海洋山西麓。二水至湖南零陵匯合,北流入洞庭湖。此泛指南方。菰,草本植物,生淺水中,結實,稱菰米。莓,苔之别名。菰米、莓苔,皆鳥類食物。謂南方地廣人稀,水源豐富,淺水中産菰米,岸邊生莓苔,可供生存,就不必回胡騎盤踞之北方了。以雁擬人,句句寫雁,字字寓人,其關心同情人民疾苦之情溢於言表。又《九日齊山登高》:

江涵秋影雁初飛,與客攜壺上翠微。塵世難逢開口笑,菊花須插滿頭歸。但將酩酊酬佳節,不用登臨嘆落暉。古往今來只如此,牛山何必獨霑衣?

此詩作於會昌五年(八四五)。作者於會昌四年任池州刺史,池州之州治在安徽貴池,貴池唐時名秋浦,齊山在其東南。九日,即九月九日重陽節,古代有於此日登高飲酒佩茱萸以驅邪之習俗。《續齊諧記》:“汝南桓景隨費長房游學累年,長房謂曰:‘九月九日,汝家中當有災,宜急去,令家人各作絳囊,盛茱萸以繫臂,登高飲菊花酒,此禍可除。’景如言,齊家登山,夕還,見鷄犬牛羊一時暴死。長房聞之曰:‘此可代也。’今世人九日登高飲酒,婦人帶茱萸囊,蓋始於此。”據宋魏泰《臨漢隱居詩話》:“池州齊山石壁,有刺史杜牧、處士張祜題名。”此詩借登高以抒懷。首二句,江涵秋影,秋天景色全部映入澄清江水之中。客,謂張祜。翠微,呈縹青色之山。杜甫《秋興八首》其三:“千家山郭靜朝暉,日日江樓坐翠微。”此化用其意。次二句,難逢開口笑,《莊子》卷九下《盜跖》:“人上壽百歲,中壽八十,下壽六十,除病瘦死喪憂患,其中開口而笑者,一月之中不過四五日而已。”謂人生難得歡樂,值此佳節,與友同游,自當插菊滿頭,盡興而歸。“但將”二句,謂應當盡情痛飲,不必有遲暮感傷之嘆。末二句,牛山,在今山東淄博市東,當春秋齊國首都臨淄之西,齊景公登牛山而流涕事,《韓詩外傳》卷十云:“齊景公游於牛山之上,而北望齊,曰:‘美哉國乎! 鬱鬱泰山。使古而無死者,則寡人將去此而何之?’俯而泣沾襟。”謂生死乃人之常理,何必效齊景公作牛山之泣呢? 此詩以曠達之詞寫鬱悶之懷,於人生無常當及時行樂的情緒中寓憤懣不平之慨。又《河湟》:

元載相公曾借箸,憲宗皇帝亦留神。旋見衣冠就東市,忽遺弓劍不西巡。牧羊驅馬雖戎服,白髮丹心盡漢臣。唯有涼州歌舞曲,流傳天下樂閒人。

河湟,即黄河與湟水。這裏指黄河上游及湟水流域一帶地。安史亂後,被吐蕃侵占,幾十年未能恢復。此詩即表現對受奴役的邊地人民的悼念和對朝廷不思恢復的憤慨。首二句,元載,字公輔,代宗朝任同中書門下平章事(宰相),曾出爲西州刺史,熟知河西、隴右山川形勢。大曆八年(七七三)上書代宗,對防禦吐蕃、收復河湟多所籌策。如《唐書》卷一百四十五《元載傳》記載:“大曆八年,吐蕃寇邠寧……載嘗在西州,具知河西、隴右要領,乃言於帝曰:‘國家西境,極於潘原,吐蕃防戍乃在摧沙堡,而原州界其間,草薦水甘,舊壘存焉。……請徙京西軍戍原州,乘間築作,二旬可訖。……徙子儀大軍在涇,以爲根本,分兵守石門、木峽、隴山之關,北抵於河,皆連山峻險,寇不可越。稍置鳴沙縣、豐安軍爲之羽翼,北帶靈武五城,爲之形勢,然後舉隴右之地以至安西,是謂斷西戎脛,朝廷高枕矣。’因圖上地形,使吏間入原州,度水泉,計徒庸,車乘畚鍤之器悉具。而田神功沮短其議……帝由是疑不決。”即此句所詠之史實。相公者,古時拜相必封公,元載爲宰相,故云。箸,筷子。借箸,即借箸運籌,用漢張良事。《史記》卷五十五《留侯世家》:“漢王方食……張良對曰:‘臣請藉前箸爲大王籌之。’”此指元載爲代宗籌策恢復河湟事。憲宗亦留神,謂憲宗也留意於河湟,《唐書》卷二百十六下《吐蕃傳》:“憲宗常覽天下圖,見河湟舊封,赫然思經略之,未暇也。”次二句,東市,刑場。衣冠就東市,用漢鼂錯事,《史記》卷一百零一《鼂錯傳》:‘(錯)遷爲御史大夫,請諸侯之罪過,削其地,收其枝郡。……吳楚七國果反,以誅錯爲名。及竇嬰、袁盎進説,上令鼂錯衣朝衣斬東市。”此指元載於大曆十二年(七七七)因罪下獄,代宗詔其自盡事。忽遺弓劍,用黄帝成仙故事,古代傳説,黄帝修道術,竟乘龍升仙而去,只留下弓劍在人間。憲宗亦好神仙,爲宦官陳宏敬殺,宫中諱之,謂是服金石藥暴死。故以黄帝之事爲喻。不西巡,謂憲宗死,不及巡視河、湟地帶。“牧羊”二句,牧羊驅馬,乃游牧民族之生活習慣。白髮丹心,年及老而忠心不變。《唐書·吐蕃傳》:“州人皆胡服臣虜,每歲時祀父祖,衣中國之服,號慟而藏之。”又沈亞之《賢良方正能直言極諫策》:“臣嘗仕於邊,又嘗與戎降人言,自輪海已東,神鳥、燉煌、張掖、酒泉東至於金城、會寧,東南至於上邽、清水,凡五十郡、六鎮、十五軍,皆唐人子孫,生爲戎奴婢,田牧種作。或叢居城落之間,或散處野澤之中,及霜露既降,以爲歲時,必東望啼噓,其感故國之思如此。”(《沈下賢文集》卷十)謂河湟人民雖被迫習胡俗,衣胡服,但垂老不忘祖國。末二句,涼州,地轄今甘肅永昌以東、天祝以西地區,即河、湟一帶。該地俗好音樂,開元年間,西涼府都督郭知運傳入“涼州宫調曲”。謂徒有邊地樂曲流傳天下,供閒散人娱樂,而未見河、湟恢復,豈不令人悲痛!

以上諸例説明杜牧律詩之成就是很高的,在晚唐“委靡”的詩風中,獨樹“拗峭”之詩格,自爲翹楚。《唐音癸籤》卷八引徐獻忠云:

> 牧之詩含思悲淒,流情感慨,抑揚頓挫之節,尤其所長。以時風委靡,獨持拗峭,雖云矯其流弊,然持情亦巧矣。

又楊慎《升菴詩話》卷五云:

> 律詩至晚唐,李義山而下,惟杜牧之爲最。宋人評其詩豪而艷,宕而麗,於律詩中特寓拗峭,以矯時弊,信然。

他們都準確地概括出杜牧律詩的成就和特點。

杜牧的絶句成就也很高,無論寫景、抒情或詠史,都具有鮮明

的個性,即清新俊爽,精巧工細,饒有風致,韻味無窮。如其詠史名作《赤壁》:

> 折戟沉沙鐵未銷,自將磨洗認前朝。東風不與周郎便,銅雀春深鎖二喬。

赤壁,即赤壁山,在今湖北蒲圻縣西北,長江南岸,北岸爲烏林,是漢末周瑜破曹之處。按《三國志·吳志·吳主傳》:"(建安十三年)荆州牧劉表死,魯肅乞奉命弔表二子,且以觀變。肅未到而曹公已臨其境,表子琮舉衆以降。劉備欲南濟江,肅與相見,因傳權旨,爲陳成敗。備進住夏口,使諸葛亮詣權,權遣周瑜、程普等行……爲左右督,各領萬人,與備俱進,遇於赤壁,大破曹公軍。公燒其餘船引退。"此借憑弔古跡以抒懷。首二句,折戟,折斷之戟。將,拿起。謝枋得《唐詩絶句注解》云:"予自江夏泝洞庭,舟過蒲圻縣,見石崖有'赤壁'二字,因登岸訪問父老,曰……至今土人耕田園者,或得弩箭,鏃長一尺有餘,或得斷槍,想見周郎與曹公大戰可畏。此詩磨洗折戟,非妄言也。"一"認"字,傳出懷古之情。末二句,周郎,即周瑜。東風,指赤壁火攻時,恰巧東南風起,向西北延燒,曹軍大敗。銅雀,臺名。故址在今河北臨漳縣西南。《三國志·魏志·武帝紀》:"建安十五年……冬,作銅雀臺。"臺上有樓,樓頂鑄有一丈五尺之銅雀,故名。二喬,即橋公之二女。橋公即橋玄,字本作橋,作喬其通假字也。其二女長曰大橋,次曰小橋,皆東吳之美人。大橋爲孫策妻,小橋爲周瑜妻。《三國志·吳志·周瑜傳》:"時得橋公兩女,皆國色也。策自納大橋,瑜納小橋。"意謂周瑜若非乘東風之便,則不可能戰勝曹軍,那末二喬便成爲銅雀臺中之俘虜了。暗寓自己徒負軍事才能不得施展之憾。其政治諷刺之作如《過華清宮》三首其一云:

長安回望繡成堆，山頂千門次第開。一騎紅塵妃子笑，無人知是荔枝來。

華清宫，在今陝西西安臨潼區南驪山上。《長安志》卷十五云："臨潼縣：温湯在縣南一百五十步，驪山之西北。……貞觀十八年……營建宫殿，御賜名温泉宫。……天寶六載改爲華清宫。驪山上下益治湯井爲池，臺殿環列山谷，明皇歲幸焉。……華清宫北向正門曰津陽門，東面曰開陽門，西面曰望京門，南面曰昭陽門。津陽門之東曰瑶光樓，其南曰飛霜殿，御湯九龍殿亦名蓮花湯，玉女殿、七聖殿、宜春亭、重明閣、四聖殿、長生殿、集靈臺、朝元閣、老君殿、鐘樓、明珠殿、笋殿、觀風樓、鬥鷄殿、按歌臺、毬場、連理木、飲鹿槽、丹霞泉、羯鼓樓，禄山亂後天子罕復游幸，唐末遂皆圮廢。"此是諷刺唐玄宗與楊貴妃奢侈淫佚之生活。首二句，繡成堆，驪山上有東西繡嶺，皆在華清宫繚垣之内。謂自長安回望驪山華清宫周圍之林木、花卉、亭臺樓閣，宛如錦繡堆垛而成。千門次第開，謂華清宫重重宫門依次打開。末二句，紅塵，馬蹄下揚起的塵土。《唐書》卷七十六《楊貴妃傳》："妃嗜荔支，必欲生致之。乃置騎傳送，走數千里，味未變，已至京師。"又李肇《唐國史補》卷上："楊貴妃生於蜀，好食荔枝。南海所生，尤勝蜀者，故每歲飛馳以進。"蘇軾取此意而作之《荔枝嘆》云："宫中美人一破顔，驚塵濺血流千載。"使此詩意更顯豁。作者有褒姒一笑傾周之慨！同樣内容之作如《泊秦淮》：

烟籠寒水月籠沙，夜泊秦淮近酒家。商女不知亡國恨，隔江猶唱後庭花。

秦淮，即秦淮河，源於江蘇溧水縣東北，流經南京全城，西北入長江。河道爲秦所鑿，《太平御覽》卷六十五"地部"引《輿地志》：

“秦始皇巡會稽,鑿斷山阜,此淮即所鑿也。亦名秦淮。”首二句寫夜泊秦淮之景色。末二句,商女,即歌女。江,指秦淮河。後庭花,即《玉樹後庭花》之省稱,陳後主所作,被視爲亡國之音。《舊唐書》卷二十八《音樂志》引御史大夫杜淹對唐太宗説:“前代興亡,實由於樂。陳將亡也,爲《玉樹後庭花》;齊將亡也,而爲《伴侣曲》,行路聞之,莫不悲泣,所謂亡國之音也。”謂商女但知唱歌,不知所唱者是含有亡國之恨的音調。“不知”二字,寄託微而感慨深。嘆南朝之亡,而隱憂在唐代。又如《江南春》:

> 千里鶯啼緑映紅,水村山郭酒旗風。南朝四百八十寺,多少樓臺烟雨中。

此詩寫江南之春景,以景抒情。首二句寫江南廣袤千里,鶯啼而緑映焉,水村山郭,到處皆有酒旗迎風。末二句,南朝,即建都於建康(今南京市)之宋、齊、梁、陳四朝。四百八十寺,南朝君主及世家大族皆崇信佛教,梁武帝尤甚,盛造寺廟,《南史》卷七十《郭祖深傳》:“時帝大弘釋典,將以易俗,故祖深尤言其事,條以爲都下佛寺五百餘所,窮極宏麗,僧尼十餘萬,資産豐沃。所在郡縣,不可勝言。”樓臺,指寺院的樓閣臺殿。樓臺烟雨中,有感南朝遺跡之湮滅。“多少”二字,不勝今昔盛衰之慨。弔南朝崇信佛教而覆亡,亦含有對唐朝國君並崇信佛教,廣置寺廟之諷諭。又如《寄揚州韓綽判官》:

> 青山隱隱水迢迢,秋盡江南草木凋。二十四橋明月夜,玉人何處教吹簫?

韓綽,生平事跡不詳,杜牧另有《哭韓綽》詩。判官,唐時觀察使、節度使的屬官。杜牧於文宗大和年間(八三三——八三五)爲淮南節度使掌書記。此詩即其於淮南寄在揚州的韓綽之作。首二句寫江南秋季的山水和草木凋零之景色。末二句，二十四橋，即揚州城内二十四座橋。沈括《夢溪筆談·補筆談》卷三具體記其橋名。《方輿勝覽》卷四十四："(揚州)二十四橋，隋置，並以城門坊市爲名，後韓令坤省築州城，分布阡陌，別立橋梁，所謂二十四橋者，或存或廢，不可得而考。"玉人，美人，指揚州歌妓。教，使。末以調侃之口吻詢問别後韓綽之"風流韻事"，幽默風趣。又如《遣懷》：

> 落拓江南載酒行，楚腰腸斷掌中輕。十年一覺揚州夢，占得青樓薄倖名！

遣懷者，抒寫情懷也。首二句寫在揚州之十年生活。落拓，揚雄《解嘲》："何爲官之拓落也。"李善注："拓落，猶遼落不諧偶也。"一作落魄。楚腰，《後漢書》卷二十四《馬廖傳》："楚王好細腰，宫中多餓死。"以喻美女。腸斷，猶銷魂。謂早年困頓江南，終日逸游於歌樓酒館樂伎舞女之中。末二句寫目前之悔悟。青樓，即妓院，南朝梁劉邈《萬山見采桑人》詩："倡妾不勝愁，結束下青樓。"薄倖，猶薄情，歌妓指目游客爲薄情。謂揚州十年，徒然赢得青樓薄情之名。其中含有無限感慨，抒發了自己不得見重於時之意。

杜牧絶句凡一百六七十首，大都風格清新俊爽，蘊藉含蓄，情思悱惻，於豪宕艷麗之中别有一種瀟灑之風韻。王士禛謂其可與李商隱比並云："牧之、義山七言絶句，可稱晚唐神品。"(《萬首唐人絶句選評》)予以很高的評價。楊慎亦云："律詩至晚唐，李義山而下，惟杜牧之爲最。"(《升菴詩話》卷五)這雖然是評其律詩，講求聲律之絶句又何嘗不然。

晚唐詩人，李、杜並稱，他們都是晚唐的大家，其創作皆師法李白與杜甫，然二人詩風又有所不同，李更近於杜甫，王安石即説："唐人知學老杜而得其藩籬者，惟義山一人而已。"(《蔡寬夫詩話》)

杜則更近於李白,管世銘說:"杜紫微天才橫逸,有太白之風,而時出入於夢得,七言絶句一體,殆尤專長。"(《讀雪山房唐詩序例》)晚唐李、杜,是盛唐李、杜之傳承和勁旅,尤其是李商隱,能傳杜甫詩歌之神髓,是杜甫之後唐代成就最高的詩人。

(三)温庭筠

晚唐與李商隱齊名的詩人,還有温庭筠,時號温、李。温庭筠(公元八一二——八七〇?)是詞的創始人,但詩歌創作也有其成就。生平事跡見《舊唐書》卷一百九十《文苑傳》下、《唐書》卷九十一《温大雅傳》附傳、《唐詩紀事》卷五十四、《唐才子傳》卷八。本名岐,字飛卿,太原祁(今山西祁縣)人。他才思敏捷,下筆萬言,每入試,押官韻作賦,凡八叉手而八韻成,時號"温八叉"。祖父温彦博,唐初宰相。他生於富貴之家,生活放蕩不羈,"士行塵雜,不修邊幅","與新進少年狂游狹邪"。又恃才傲物,好譏刺權貴,得罪宰相令狐綯,爲令狐綯所惡。時人詆其"有才無行",因此屢舉進士不第。平生僅做過隋縣、方城縣尉和國子監助教等官,終身坎坷,流落而歿。他工辭章,精音律,與李商隱、段成式之作皆以艷麗精巧見長,三人又皆排行十六,時號"三十六體"。他詩詞兼工,然"尤長於詩賦"。今存《温飛卿詩集》九卷。其詩歌大多以穠艷之詞藻寫奢靡之生活,内容没有什麽意義,也有少部分反映現實之作如《燒歌》、《罩魚歌》等。《燒歌》云:

> 起來望南山,山火燒山田。微紅夕如滅,短燄復相連。差差向巖石,冉冉淩青壁。低隨回風盡,遠照檐茅赤。鄰翁能楚言,倚鍤欲潸然。自言楚越俗,燒畬作早田。豆苗蟲促促,籬上花當屋。廢棧豕歸闌,廣場鷄啄粟。新年春雨晴,處處賽神聲。持錢就人卜,敲瓦隔林鳴。卜得山上卦,歸來桑棗下。吹火向白茅,腰鐮映赬蔗。風驅槲葉烟,槲樹連平山。迸星拂霞

外,飛熛落階前。仰面呻復嚏,鴉𪆟咒豐歲。誰知蒼翠容,盡作官家税。

燒歌,即燒畬歌。燒畬,俗稱火耕,即燒山草開荒。杜甫《秋日夔府詠懷奉寄鄭監李賓客一百韻》:"煮井爲鹽速,燒畬度地偏。"即燒草作肥料之耕種方法。此詩即詠農民燒畬過程和勞動所得盡輸官税之可悲境遇。首八句寫瞭望南山燒田之景況。"微紅"二句,謂一堆堆微紅之火灰好像已經熄滅,時而出現火燄,連成一片。差差、冉冉、低隨、遠照皆形容火燄的動向。回風盡,火隨回旋之風將草燒盡。檐茅赤,茅屋檐下被火光映紅。檐茅,一作茅檐。"鄰翁"二句是全詩之轉折,其前是作者所見,其後是鄰翁所言。楚言,楚地方言。鍤,掘土農具。潸然,落淚貌。謂鄰翁未開口先傷心。"豆苗蟲促促"以下十句皆寫春耕前之景象。促促,密貌。當屋,遮映房屋。廢棧,殘破的木柵。闌,圈也。賽神,酬神賽會。敲瓦,古時用龜卜,農村以瓦代龜,擊瓦觀其裂痕文理,以定吉凶,稱瓦卜。山上卦,謂卦爻辭表示宜於上山畬田。"吹火向白茅"八句,寫畬田。白茅,所以引火。腰鐮,鮑照《東武吟》:"腰鐮刈葵藿。"赬蔗,紅色甘蔗。謂腰帶鐮刀出入赬蔗林中割草。槲,櫟之類的樹,火燒槲葉,滿地生烟。迸星,飛散的火星。拂霞外,言火星飛散之高達雲霞之外。呻,長噫。嚏,噴嚏。謂烟入鼻孔,引起人們呻吟而打噴嚏。鴉𪆟,即烏鴉。咒,猶祝。咒豐年,巫俗大嘴烏飛抵人家可使家産豐富。元稹《大嘴烏》詩:"巫言此烏至,財産日豐宜。"白居易《和大嘴烏》詩:"此烏所止家,家産日夜豐。上以致壽考,下可宜田農。"末二句,卒章顯志。蒼翠容,指燒畬後農作物生長得蒼翠茂盛。謂豐收所得,全部繳納官税。作者並未具體描寫農民的苦難,僅從篇末結出之,文氣足以振起全篇。

但他比較多的是弔古抒懷之作,這部分詩歌不僅内容豐富、深

刻,風格也變浮艷輕靡爲氣韻清拔、格調高峻。如《過陳琳墓》:

> 曾於青史見遺文,今日飄蓬過此墳。詞客有靈應識我,霸才無主始憐君。石麟埋没藏春草,銅雀荒涼對暮雲。莫怪臨風倍惆悵,欲將書劍學從軍。

陳琳,字孔璋,廣陵人,嘗避亂冀州,依袁紹,爲袁紹掌書記。袁紹失敗,歸曹操,辟爲司空軍謀祭酒,典記室,軍用文牘多出其手筆。他既善於寫章表書檄,又能作詩,爲建安七子之一。其墓在今江蘇邳州市。此詩藉憑弔陳琳以自傷。首二句寫過陳琳墓。青史,指《三國志》,《三國志·魏志·王粲傳》附載陳琳傳。飄蓬,指自己行蹤遷徙無定。次二句借詠陳琳自傷。詞客,指陳琳,以文章、詩、賦聞名當時。霸才,輔佐他人成就霸業之人才。霸才無主,謂其政治軍事才能在袁紹、曹操處未得到賞識。君,指陳琳。應識我、始憐君,互文見義。"石麟"二句寫古墓之荒蕪。石麟,即石麒麟,墓道前之陳列品。春,一作秋。銅雀,即銅雀臺,曹操所建。此因陳琳墓聯想到曹操墓,曹操臨終遺令其家屬云:"汝等時時登銅雀臺望吾西陵墓田。"末二句謂文人淪落,古今同慨。書劍,即文才武略。從軍,指參佐戎幕。謂於此臨風憑弔,备加傷感,因爲自己也想像陳琳以文才武略去從軍。表現了漂泊不爲世用之慨。又如《經五丈原》:

> 鐵馬雲雕共絶塵,柳營高壓漢宫春。天清殺氣屯關右,夜半妖星照渭濱。下國卧龍空寤主,中原得鹿不由人。象牀寶帳無言語,從此譙周是老臣。

五丈原,故址在今陝西眉縣南渭水南岸。三國蜀漢建興十二年(二三四)春,諸葛亮帥軍伐魏,由斜谷出兵,屯駐於五丈原,與魏司馬懿軍隔渭水對峙。八月,諸葛亮死於軍中。此詩爲憑弔諸葛亮之作,惋惜諸葛亮出師未捷身先死,以致蜀漢政權落在投降派手中,遂使蜀漢滅亡。首二句寫蜀漢大軍屯駐五丈原,控制着長安城。鐵馬,猶鐵騎。雲雕,畫有鷙鳥圖案的雲旗。絶塵,飛速奔跑。柳營,即細柳營,漢文帝時將軍周亞夫屯軍細柳(在今陝西咸陽市西南),以備匈奴,壁壘森然,軍紀嚴明。此借指諸葛亮五丈原的軍營。漢宫,漢代宫闕皆在長安,故此指長安城。高壓漢宫,謂蜀漢大軍威逼長安。次二句寫正當戰爭緊張之時,諸葛亮不幸病死。殺氣,戰爭氣氛。關右,函谷關以西之地。妖星,即災星,傳説諸葛亮臨終夜有災星降臨。如《三國志·蜀志·諸葛亮傳》引《晉陽秋》曰:"有星赤而芒角,自東北西南流,投於亮營……俄而亮卒。""下國"二句寫諸葛亮徒費心思開導後主,統一中國之心願終未得償。下國,對中原而言,《左傳》稱中原各諸侯國爲上國,蜀漢僻處西南,故稱下國。卧龍,指諸葛亮,《三國志·蜀志·諸葛亮傳》記載徐庶對劉備説:"諸葛孔明者,卧龍也。"寤主,使君主醒悟。得鹿,《史記》卷九十二《淮陰侯傳》:"(蒯通)對曰:'……秦失其鹿,天下共逐之,於是高材疾足者先得焉。'"因稱奪取天下爲得鹿。不由人,非人力之所能。諸葛亮《出師表》云:"北定中原,庶竭駑鈍,攘除奸凶,興復漢室,還於舊都。此臣所以報先帝,而忠陛下之職分也。"謂諸葛亮北伐未成功,並非由於主觀努力不够,而有其他因素。末二句感嘆諸葛亮死而蜀亡。象牀寶帳,指五丈原諸葛亮祠廟中之陳設。無言語,指諸葛亮不能再説話。譙周,字允南,蜀漢舊臣,諸葛亮死後,他爲後主所寵信,魏將鄧艾攻蜀,他力主投降,後主從之,蜀漢遂亡。從此譙周是老臣,暗諷後主寵信譙周而亡國,懊恨諸葛亮統一中國的遺願不得實現。温庭筠這類弔古之作,除了格調高峻之外,又筆力雄健,氣韻流暢。其思鄉之作,如《商山早行》:

晨起動征鐸,客行悲故鄉。鷄聲茅店月,人跡板橋霜。槲葉滿山路,枳花明驛牆。因思杜陵夢,鳧雁滿回塘。

此詩是離開長安時所作。商山,在今陝西商州東南,亦名地肺山,又名楚山。動征鐸,指車行鈴響。悲故鄉,猶思故鄉,《漢書》卷一《高祖本紀》:"游子悲故鄉。"故鄉,即下文之杜陵,並非太原。集中有《鄠杜郊居》和《鄠郊别墅寄所知》二詩可證。板橋,《關中記》:"板橋在商州北四十里,無名氏《三洲歌》:'送驩板橋曲。'"謂在荒村野店中,天尚未明,殘月仍在,被鷄鳴聲唤起,板橋上霜華未消,印有行人之足跡,便起程趕路。二句全用實辭,而情景畢肖。歐陽修《六一詩話》謂此二句:"道路辛苦,羈愁旅思,豈不見於言外乎?"枳,似橘而小之樹,葉如橙,多刺,春日開花。杜陵,是漢宣帝之陵墓,在長安西南郊。杜陵夢,長安的回憶。回塘,曲折的池塘。鳧雁回塘,是鄠杜郊居實見之景。其《郊居秋日有懷一二知己》詩"稻田鳧雁滿晴沙"是也。以示對長安的思念。

其絶句名作如《彈箏人》:

天寶年中事玉皇,曾將新曲教寧王。鈿蟬金鳳皆零落,一曲伊州淚萬行。

彈箏人,應是唐明皇宫妓,此詩應爲彈箏人自述而作者以韻語寫成之,寧王,《宗室世系圖》:"睿宗六子,長憲,稱寧王房。憲初立爲皇太子,以楚王有定社稷功,讓位玄宗。薨,追册爲讓皇帝。"鈿蟬金鳳,皆箏之飾。伊州,歌曲名,商調曲,是西凉節度蓋嘉運所進。又《瑶瑟怨》:

冰簟銀牀夢不成,碧天如水夜雲輕。雁聲還過瀟湘去,十二樓中月自明。

此詠瑶瑟幽怨之聲調。冰簟,如冰之竹席。銀牀,銀飾之牀。雁聲,瑟以柱定聲之高下,瑟絃二十五,柱亦如之,斜列如雁行,故以雁聲形容之。瀟,水清深也。瀟湘,清深之湘水。十二樓,神話中崑崙懸圃仙人所居之樓。寫澄徹空明之秋天夜景。結言獨處,所謂怨也。

以上列舉都是温庭筠有代表性的各體名作。對他的作品,諸家各有評價,清吳喬尤重其律體,謂其"七古句雕字琢,腴而實枯,遠而實近……五言律尤多警句,七言律實自動人"(《圍爐詩話》),認爲他的律詩成就高於其他各體,這是符合實際的。

晚唐詩人,又温、李並稱。從詩歌創作成就看,温庭筠遠不及李商隱,也不及杜牧。他們的詩風雖然相近,同屬一個流派,但創作趨向卻有所不同:李商隱、杜牧主要是對傳統詩法之繼承,是傳統詩法的直接傳承者,尤其李商隱的詩歌在集律體創作之大成的同時,即開啓出西崑體來。而温庭筠在繼承傳統的過程中,遣詞造句不蹈襲前人,於穠詞艷語之間顯示出工麗新奇的特點;他又精通音樂,史載其有弦即彈,有孔即吹,因此其詩歌語言有音節之美,他則從其律詩創作中開啓出"詞"來。

二、皮日休、陸龜蒙及其流派

晚唐時期另一派詩人"學淺易於白居易",即用淺近通俗的語言和"新樂府"的體制描寫現實生活,特别是描寫農民的苦難生活。皮日休《正樂府》序云:

> 樂府,蓋古聖王采天下之詩,欲以知國之利病,民之休戚者也。得之者,命司樂氏入之於塤篪,和之以管籥。詩之美也,聞之足以勸乎功;詩之刺也,聞之足以戒乎政。故《周禮》太師之職,掌教六詩(風、賦、比、興、雅、頌);小師之職,掌諷

> 誦詩。由是觀之,樂府之道大矣!今之所謂樂府者,唯以魏、晉之侈麗,陳、梁之浮艷,謂之樂府詩,真不然矣!故嘗有可悲可懼者,時宣於詠歌,總十篇,故命曰《正樂府詩》。

其創作思想與白居易一脈相承,即憂憤世事,顧念民生。其他不曾采取"新樂府"體制創作,而擅長寫近體詩之詩人,他們將在"新樂府"中所歌詠而在一般近體詩中未曾歌詠之題材也寫入近體詩中,因此具有相近的詩風,同屬這一流派。這一流派的重要作家爲皮日休、陸龜蒙、于濆、羅隱、聶夷中、杜荀鶴等。

(一)皮日休

皮日休(公元八三三——?)生平事跡見《北夢瑣言》卷二、《唐詩紀事》卷六十四、《唐才子傳》卷八,字襲美,又字逸少,襄陽(今湖北襄陽)人。隱居鹿門山,性嗜酒、癖詩,號醉吟先生,自稱醉士。以文章自負,尤善藏銘。咸通八年(八六七)中進士,十年蘇州刺史崔璞辟爲軍事判官,與陸龜蒙結爲詩友,酬唱極多,世稱"皮陸"。後入京爲著作郎,遷太常博士。作《鹿門隱書六十篇》(見《皮子文藪》)多譏刺時政,其中有云:"古之殺人也怒,今之殺人也笑。"又云:"古之置吏也將以逐盜,今之置吏也將以爲盜。"皆有所指之言也。乾符間黄巢起義,廣明元年(八八〇)十二月,隨巢軍入長安,授翰林學士。(此據《唐書·黄巢傳》。而宋人尹洙《大理寺丞皮子良墓誌銘》則稱日休避廣明之難,徙籍會稽,依錢鏐爲太常博士。陸游《老學庵筆記》從之,以爲日休終於吳越。)其死,或謂被黄巢所殺,或謂被唐王朝所殺,傳聞異辭,疑不能明。今存《皮子文藪》十卷,詩一卷。其詩論推重李白和白居易,如《七愛詩並序》云:"負逸氣者,必有真放,以李翰林爲真放焉;爲名臣者,必有真才,以白太傅爲真才焉。"他的詩歌即兼容李白之"放"和白居易之"才"爲一體,成爲才筆縱橫,氣韻流放之作。名作如《正樂府》十篇，其一《卒妻怨》云：

> 河湟戍卒去，一半多不回。家有半菽食，身爲一囊灰。官吏按其籍，伍中斥其妻。處處魯人髽，家家杞婦哀。少者任所歸，老者無所携。況當札瘥年，米粒如瓊瑰。纍纍作餓殍，見之心若摧。其夫死鋒刃，其室委塵埃。其命即用矣，其賞安在哉？豈無黔敖恩，救此窮餓骸？誰知白屋士，念此翻欻欻！

卒妻怨，即寫戍邊士卒妻子之怨恨。唐代戍邊士卒，有一類是長期戍邊，不更代，因此在駐地有妻子家室。此詩所詠即屬此類戍卒身死邊疆，家屬流離路途，備受飢寒之苦，而無人關顧之慘狀。河湟，即黄河與湟水，其地在今青海省境内，是唐時與胡、羌交界處。菽，豆類之總稱。菽食，貧賤者所食。灰，指骨灰。按籍，考查士卒名册。斥其妻，士卒死後官吏將其妻從編户中逐出。魯人髽，《禮記》卷二《檀弓》："魯婦人之髽而弔也。"注："去纚而紒曰髽。"按纚，婦人髮網；紒，用麻結髮而成髻。此爲其夫死，婦人之喪服。杞婦哀，《列女傳》卷四："（齊杞梁殖）戰而死……杞梁之妻無子，内外皆無五屬之親，既無所歸，乃枕其夫之屍於城下而哭，内誠動人，道路過者莫不爲之揮涕，十日而城爲之崩。"歸，改嫁。札瘥，本義爲疾疫。札瘥年，意猶災年、凶年。瓊瑰，美玉，此指糧食如玉粒。心若摧，猶心如刀割。即用矣，已爲國捐軀。黔敖，春秋時齊人，齊發生災荒，黔敖置糧食於路旁施舍予飢餓者。謂今天没有黔敖那樣恩德之人來救此窮困。白屋，寒士所居。欻欻，嘆聲。謂貧士無力救濟，唯有滿腔同情的悲嘆了。寫戍卒妻子之怨，實亦作者代戍卒妻子申怨。又其二《橡媪嘆》云：

> 秋深橡子熟，散落榛蕪岡。傴僂黄髮媪，拾之踐晨霜。移時始盈掬，盡日方滿筐。幾曝復幾蒸，用作三冬糧。山前有熟

> 稻,紫穗襲人香。細穫又精舂,粒粒如玉璫。持之納於官,私室無倉箱。如何一石餘,只作五斗量? 狡吏不畏刑,貪官不避贓。農時作私債,農畢歸官倉。自冬及於春,橡實誑飢腸。吾聞田成子,詐仁猶自王。吁嗟逢橡媼,不覺淚沾裳。

此寫一位以橡栗充飢的老婦的悲慘生活。橡,即櫟,落葉喬木,高數丈,春夏之交開黄褐色花,其實可供食用。首八句寫橡媼拾橡實用作三冬糧之艱苦過程。榛蕪岡,草樹叢生之山岡。傴僂,曲背貌。媼,老太婆。掬,即把。曝,曬。次六句寫橡媼將精心收穫之稻米繳納官府。璫,耳珠。私室無倉箱,諷刺當時官倉暗入私室。"如何"四句寫官吏貪贓枉法。"農時"以下四句又寫橡媼被剥削之苦。作私債,借債用作耕種之成本。誑飢腸,以橡實代糧食充飢。末四句皆作者的議論和感嘆。田成子,即田常,本姓陳,名陳恒,春秋時齊國的宰相,爲了奪取政權,曾以大斗出貸,以小斗收入,得到齊國民衆之歌頌。後來其子孫果然篡奪了齊國的王位(《史記·田敬仲完世家》)。意謂狡吏貪官恣意剥削、壓榨人民,連田成子之"詐仁"都做不到,人民的苦難實堪令人傷心落淚! 對人民的悲慘遭遇表示深切的同情! 又其十《哀隴民》云:

> 隴山千萬仞,鸚鵡巢其巔。窮危又極險,其山猶不全。蚩蚩隴之民,懸度如登天。空中覘其巢,墮者爭紛然。百禽不得一,十人九死焉! 隴川有戍卒,戍卒亦不閑。將命提雕籠,直至金堂前。彼毛不自珍,彼舌不自言。胡爲輕人命,奉此好玩端? 吾聞古聖王,珍禽皆舍旃。今此隴民屬,每歲啼漣漣。

此寫隴西邊防將士迫使人民捕捉鸚鵡進貢,供統治者玩好,而犧牲生命之事。隴,即隴山,在今陜西隴縣西北,即隴坂。首四句寫隴山之高大與險要,謂尋索到最高危之地還未遍及全山。隴山産鸚鵡，韋莊《汧陽縣閣》詩"地貧惟賣隴山鸚"可與此詩互證。次六句寫隴民攀山捕捉鸚鵡之艱險。蚩蚩，誠樸貌。懸度，用繩索牽緣而上。覘，偷看。隴川以下八句寫戍卒奉命將鸚鵡進貢。雕籠，刻有精細花紋之鳥籠。將命，奉命。金堂，指官府的廳堂。端，事體。玩好端，玩好方面的事。謂鸚鵡不會珍重自己的羽毛，其舌也不會不經人教就會説話，統治者爲什麽不惜犧牲人民的生命，貪圖這種耳目之玩好呢？末四句亦作者的議論和感嘆。舍旃，即舍棄。旃，之焉的合音字。謂古聖王舍棄這種殘害民命的貢獻，今天則相反，視民命如草芥，人民能不痛苦流涕？

皮日休此類詩歌皆代民申冤之作，對統治階級迫害、壓榨人民的殘暴行爲，進行血淚的控訴。這些具體的描寫和真實的史料，其價值不僅增强了作品的思想意義，而且可以補史書之闕遺。其他作品如《偶書》：

> 女媧掉繩索，絙泥成下人。至今愚頑者，生如土偶身。雲物養吾道，天爵高我貧。大笑猗氏輩，爲富皆不仁。

此爲申斥爲富者不仁之作。女媧，古帝名，相傳她摶土作人。《太平御覽》卷七十八《皇王部三》引《風俗通》云："俗説天地開闢，未有人民，女媧摶黄土作人。劇務，力不暇供，乃引繩於絙泥中，舉以爲人。故富貴者，黄土人也；貧賤凡庸者，絙人也。"雲物，猶景物，劉勰《文心雕龍》卷八《比興》："圖狀山川，影寫雲物。"天爵，指真正實際之尊榮，與名義上的尊榮爵禄相對，《孟子》卷十一《告子上》："仁義忠信，樂善不倦，此天爵也；公卿大夫，此人爵也。"猗，即猗頓，春秋時魯人，少貧，後以鹽監及牧畜致富，資埒王公（見《史記·貨殖列傳》）。爲富不仁，《孟子》卷五《滕文公上》："爲富不仁矣，爲仁不富矣。"謂自己守道安貧得到實際之尊榮，而咒駡那些富者爲非仁義之人。又《汴河懷古》二首其二：

> 盡道隋亡爲此河，至今千里賴通波。若無水殿龍舟事，共禹論功不較多。

汴河，指從汴州(今河南開封市)到淮安一段。隋煬帝大業元年(六〇五)發河南、淮北諸郡民前後百餘萬開通濟渠，自西苑引穀、洛水達於河，復自板渚引河歷滎澤入汴，又自大梁之東引汴水入泗達於淮，又發淮南民十餘萬開邗溝，自山陽至揚子入江。這是隋朝的巨大修建工程。水殿龍舟，隋煬帝自洛陽乘龍舟到揚州，據《通鑒·隋紀四》記載："龍舟四重，高四十五尺，長二百丈，上重有正殿、内殿、東西朝堂，中二重有百二十房，皆飾以金玉……别有浮景九艘，三重，皆水殿也。"末二句謂假如煬帝不造水殿龍舟供自己享樂，單就其開鑿運河而論，與夏禹治水的功業相比也差不了多少。作者從利與弊兩方面來衡量開鑿運河的作用，其見解確是超出歷代詩人。

以上所列舉的作品，都是皮日休詩歌中最有價值的部分，其"一吟悲一事"，"卒章顯其志"等諷諭體制，與白居易新樂府一脈相承。此外，其《七愛詩》、《太湖詩》二十首諸作，亦辭藻清麗，意境深美。但是皮日休經常在作品發議論，形象思維不够，因此影響藝術效果。又其大多數作品喜用冷僻的事典和生澀的詞語，寫回文詩、雙聲詩等，更無意義。胡震亨《唐音癸籤》卷八評云："皮襲美未第前詩，尚樸澀無采。第後游松陵、如太湖諸篇，才筆開横，富有奇艷句矣。律體刻畫堆垛，諷之無音，病在下筆時先詞後情，無風骨爲之幹也。"他的意見是符合實際的。

(二)陸龜蒙

陸龜蒙生卒年不詳。生平事跡見《唐書》卷一百九十六本傳、

《唐詩紀事》卷六十四、《唐才子傳》卷八，字魯望，吴郡（今江蘇蘇州）人。幼而聰悟，有高致，明春秋，善屬文。詩學江淹、謝朓，名振三吴。家藏書萬卷，日日披覽，無少許聲色之娱。咸通中，舉進士，不第，不復應試，隱居松江甫里，自稱甫里先生。家有田數百畝，屋三十楹，田苦低下，常被水災，故時遭飢寒。身自負畚鍤，參加勞動，或譏其勞，他則云："堯舜黴瘠（黑瘦），禹胼胝（手足磨成厚皮），彼聖人也，吾一褐衣，敢不勞乎？"多所撰論，雖家計艱難，亦不少輟。不喜與流俗交，雖至門亦不納。每寒暑無事時，放扁舟，掛蓬席，携束書茶竈，筆牀釣具，泛游太湖中，自稱江湖散人，又號天隨子。後以高士徵不至。苦吟，極清麗。與皮日休爲平生交，二人唱和之作頗多。中和初病卒。今傳《甫里集》十九卷、《笠澤叢書》四卷，補遺一卷。其詩嘗引書用典，力求博奥，多炫才耀學之作。其内容則小部分爲憂念民生、懷古傷時，大部分是寫水鄉隱居的生活。如《五歌》並序云："古者歌永言，詩云我歌且謡。傳曰：勞者願歌其事。吾言之拙艱，不足稱詠且謡，而歌其事者，非吾而誰？作五歌以自釋意。"其一《放牛》：

> 江草秋窮似秋半，十角吴牛放江岸。鄰肩抵尾乍依隈，横去斜奔忽分散。荒陂斷塹無端入，背上時時孤鳥立。日暮相將帶雨歸，田家烟火微茫溼。

首二句寫放牛之季節和地點。秋窮，秋深。江邊的草深秋時尚未枯凋，好像是仲秋。十角，即五頭。以下六句全寫牛群之動態。鄰肩抵尾，即肩並肩，尾頂尾。隈，山曲。陂，即坡。塹，即壕。相將，結伴。微茫，猶渺茫。謂黄昏時五頭牛在烟雨渺茫中結伴各自回歸。描寫生動自然，是一幅逼真的江南農村的放牛圖。又《吴宫懷古》：

香徑長洲盡棘叢，奢雲艷雨只悲風。吴王事事須亡國，未必西施勝六宫。

吴宫，指春秋時吴王夫差，作宫以館西施，吴人謂美女爲娃，故曰館娃。故址在今蘇州市西靈巖山。《方言》二："吴有館娃之宫。"作者另有《館娃宫懷古》五首。香徑，即采香徑，是吴王夫差修築之游賞風景之地。長洲，苑名，是吴王夫差狩獵之所，《漢書》卷五十一《枚乘傳》説吴王："修治上林，雜以離宫，積聚玩好，圈守禽獸，不如長洲之苑。"盡棘叢，皆荆棘叢生。雲雨，暗用宋玉《高唐賦序》所記戰國時楚王夢與巫山神女幽會之事。奢、艷，形容極度荒淫之行爲。西施，春秋時越國之美女，越王句踐爲吴所敗，知吴王夫差好色，便獻西施給吴王，以亂其政，吴王果然迷惑忘政，卒被越所滅。六宫，古代后妃所居。意謂吴國的宫苑已經荒蕪，吴王的荒淫無度也成過去，對這段歷史如何評價？吴爲何滅亡？作者提出新穎的反傳統的觀點，即吴王的一切作爲皆足以促成其亡國，何必駕禍於一個美貌超群的女子呢？女子何罪！表現了作者進步的歷史觀。又《懷宛陵舊游》：

陵陽佳地昔年游，謝朓青山李白樓。惟有日斜溪上思，酒旗風影落春流。

宛陵，本漢宛陵縣，隋改爲宣城，即今安徽宣城市。舊游，昔曾游覽之地。陵陽，在宣城北。這裏用來代稱宛陵。謝朓，南齊詩人，曾任宣城太守，在陵陽山上建樓，後世稱"謝公樓"或"北樓"。李白游宣城時，寫過許多游覽之作，如其《秋登宣城謝朓北樓》有云："誰念北樓上，臨風懷謝公。"山、樓，互文見義，並非分屬謝朓和李白。末二句謂其中最是溪上春來，酒家懸掛的招子，迎風飄動，映着斜日，倒影波中，引起作者之遐想。寫景絶佳。又《新沙》：

> 渤澥聲中漲小堤，官家知後海鷗知。蓬萊有路教人到，亦應年年税紫芝。

新沙，海邊新淤積之沙地。沙地剛淤積成，官府便計劃在此徵税。揭露官家之剥削無孔不入。渤澥，即渤海，《漢書》卷五十七上《司馬相如傳》載《子虚賦》："浮渤澥，游孟諸。"又《初學記》卷六"海"："按東海之别有渤澥，故東海共稱渤海，又通謂之滄海。"謂渤海在浪潮聲中淤成沙地，應當海鷗先知，事實相反是官府先於海鷗知道。蓬萊，神話中海外三神山之一，在虚無縹緲之中。李白《夢游天姥吟留别》有云："海客談瀛洲，烟濤微茫信難求。"紫芝，傳説中神仙境界的仙草。謂假若海外仙境有路可通，紫芝也將年年徵税。揭露官府之剥削極其深刻。

以上列舉諸作，在思想、藝術上各具特點，是其詩集中之優秀篇章。但是，與皮日休相同，他也寫了許多詩風險怪，語言冷僻，缺乏優美意境的作品，《松陵集》所收他與皮日休唱和之作，也多平庸不堪閲讀。胡震亨《唐音癸籤》卷八評云："陸魯望江湖自放，詩興宜饒，而墨彩反復黯鈍者，當繇多學爲累，苦欲以賦料入詩耳。"所謂"墨彩黯鈍"，即缺乏優美的意境，原因是"多學爲累"、"以賦料入詩"，即在詩中嵌入了許多僻典和怪字，並承襲有揚雄文章的詞句。既指出其缺點，又指出形成缺點的原因。

（三）于濆

于濆，生卒年不詳。生平事跡見《唐詩紀事》卷六十一、《唐才子傳》卷八、《直齋書録解題》卷十九，字子漪，其先京兆（今陝西西安）人。咸通二年（八六一）登進士第，官終泗州判官。患當時詩歌創作拘束聲律而入輕浮，故作古風三十篇，以矯弊俗，自號"逸詩"。與邵謁、劉駕、曹鄴等都反對形式主義詩風，所作多采用古體，少用律體，風格古樸，語言通俗，頗受樂府民謡的影響，内容則

針砭時弊,抒發不平。如《古宴曲》:

> 雉扇合蓬萊,朝車回紫陌。重門集嘶馬,言宴金張宅。燕娥奉卮酒,低鬟若無力。十户手胼胝,鳳凰釵一隻。高樓齊下視,日照羅綺色。笑指負薪人,不信生中國。

此詩是諷刺皇室貴族驕奢淫佚之生活,以及這種生活建立在對勞動人民剥削的基礎之上。《通鑒·唐紀》卷六十六懿宗:"咸通四年,上游宴無節,左拾遺劉蜕上疏曰:'今西涼築城,應接未决於與奪;南蠻侵軼,干戈悉在於道塗。旬月以來,不爲無事,陛下不形憂閔,以示遠近,則何以責其死力?望節娱游,以待遠人乂安,未晚。'弗聽。"又"七年,上好音樂宴游,殿前供奉樂工常近五百人。每月宴設,不減十餘,水陸皆備,聽樂觀優,不知厭倦。賜與動及千緡。曲江、昆明、灞滻、南宫、北苑、昭應、咸陽,所欲游幸,即行,不待供置。有司常具音樂、飲食、幄帟,諸王立馬以備陪從。每行幸内外諸司,扈從者十餘萬人,所費不可勝紀"。此詩所詠,蓋即此事。雉扇,即雉尾扇。皇帝上朝時,由宫女和宦官執着分立在皇帝座位之左右。合,掩映。蓬萊,唐宫殿名,本爲大明宫,在陝西長安縣東,高宗時改爲蓬萊宫。紫陌,古時對帝京街道之稱謂。重門,層門疊户。金張,漢宣帝時,金日磾、張安世並爲顯宦,後世以爲貴族豪門之代稱。燕娥,即燕趙佳人,古詩:"燕趙多佳人,美者顏如玉。"卮,盛酒器。低鬟,疑爲倭墮髻之遺制。若無力,形容嬌羞意態。胼胝,因勞累使手上長了厚皮。鳳凰釵,釵頭作鳳形者。謂十户人家的勞動價值僅抵得她們頭上的一隻鳳凰釵。負薪,即上文十户,指窮苦的樵夫。末謂這些貴族豪門從高樓向下望,竟不相信自己的國家有這樣窮苦之人。他們榨取人民的血汗恣情地享樂,竟不知人民有苦難,諷刺極爲深刻。所謂卒章顯其志也。又如《富農》:

長聞鄉人語:此家勝良賈。骨肉化飢魂,倉中有飽鼠。青春滿桑柘,旦夕鳴機杼。秋風一夜來,累累聞砧杵。西鄰有原憲,蓬蒿遶環堵。自樂固窮心,天意在何處?當門見稚子,已作桑田主。安得四海中,盡爲虞芮土!

此詩前有序云:“濆寓居堯山(今河北省邢臺縣東北)南六十里,里有富農得氏,瑯琊(今山東省諸城市東南海濱一帶地)人。指其貌,此多藏者(富有之人)也。積粟萬庾(十六斗爲庾),馬牛無算。血屬(宗族)星居(散居)於里土,生不遺(同贈),死不贈。環顧妻拏(子),意與天地等(其意若謂其家庭儼然一小天下)。故作是詩,用廣知者。”富農,猶今天所謂大地主。此詩即諷刺大地主之多藏厚斂,殘刻寡恩。首八句寫大地主之爲富不仁。良賈,善於經商之人。《史記》卷六十三《老子列傳》:“良賈深藏若虛。”“骨肉”句,謂親族不能沾其餘惠而餓死。鳴機杼,織布。聞砧杵,搗衣。謂養蠶取絲,擁有大量的絲織品,儲藏着衆多的换季衣服。次四句寫自己固窮,以與大地主對比。原憲,孔子弟子,貧而好學。作者藉以自喻。環堵,四周的圍牆。蓬蒿圍繞環堵,形容家境貧寒。固窮,不因貧窮改變操守,《論語·衛靈公》:“君子固窮,小人窮斯濫矣。”天意在何處,謂天不能福善禍淫。末四句寫大地主無窮之貪欲。稚子,指大地主家未成年的孩子。虞芮,殷朝末年兩個國家,疆界毗連,爲田土而互相爭奪。謂大地主兼併之奢望,猶爭田之虞芮然。極寫大地主之貪得無厭。又如《塞下曲》:

紫塞曉屯兵,黄沙披甲卧。戰鼓聲未齊,烏鳶已相賀。燕然山上雲,半是離鄉魂。衛霍徒富貴,豈能清乾坤!

此詩是諷刺將官之窮兵黷武。紫塞,《文選》鮑照《蕪城賦》:“北走紫塞雁門。”崔豹《古今注》:“秦所築長城,土色皆紫,漢塞亦然,故稱紫塞。”此用作長城的代稱。烏鳶相賀,按人死,上則爲烏鳶食,下則爲螻蟻食。古樂府《戰城南》:“爲我謂烏:且爲客豪,野死諒不葬,腐肉安能去子逃?”此化用其意。燕然山,即杭愛山,在蒙古人民共和國境内,東漢永元元年(八九),竇憲破北單于於此,刻石紀功而還。見《後漢書》卷五十三本傳。衛霍,即衛青、霍去病,漢武帝之將官和外戚,以征匈奴有功,青拜大將軍,封長平侯,去病拜驃騎將軍,封冠軍侯。俱見《漢書》卷五十五本傳。豈能清乾坤,一本作“不知誰與論”,意謂唐時將官,猶漢衛青、霍去病者輩,單圖邀功請賞,豈能澄清天下?又如《山村叟》:

> 古鑿巖居人,一廛稱有産。雖霑巾覆形,不及貴門犬。驅牛耕白石,課女經黄繭。歲暮霜霰濃,畫樓人飽暖。

此詩描寫晚唐人們貧富生活之懸殊。古,指山村叟穴居有類於上古之人。鑿巖,有穴洞的山巖。一廛,一户的住宅。《周禮·地官遂人》:“上地,夫一廛,田百畝。”又《孟子》卷五《滕文公上》:“願受一廛而爲氓。”此指一處窰洞。謂山村叟之全部家當只是一孔窰洞。霑,即享有。巾,包裹之類,不成其爲衣冠。巾覆形,用一塊布覆蓋形體。白石,山上有石塊的地。課,督責。經,織機上之經緯絲縷,此處即織的意思。黄繭,野蠶吐的絲。霜霰,即霜雪。霰,雪珠。畫樓,富貴人家所居。謂歲暮天氣嚴寒,富貴人家既飽且暖,不畏霜雪。山村叟、畫樓人冷與暖、貧與富,完全是兩個世界。

于濆這些優秀詩篇,内容都是揭露當時的社會矛盾和對人民苦難的同情,風格明快真切、樸實無華,是唐末古體詩之佳作。胡震亨將其與曹鄴、劉駕、聶夷中、邵謁、蘇拯等人看做“晚季以五言古詩鳴者”,他在《唐音癸籤》卷八云:“其源似並出孟東野,洗剥到極浄極真,不覺成此一體。初看殊難入,細玩亦各有意在。就中鄴才穎較勝,夷中語尤關教化,駕、濆、謁三子亦多有愜心句堪擊節,惟拯平平,爲似學究耳。"認爲他們的創作同源,並具有"洗剥到極净極真"的同一詩風,然細心玩味又各有不同,于濆則"多有愜心句堪擊節"。

(四)羅隱

羅隱(公元八三三——九〇九),生平事跡見沈嵩《羅給事墓誌》、《吳越備史》卷一、《舊五代史》卷二十四本傳、《唐詩紀事》卷六十九、《唐才子傳》卷九,原名橫,字昭諫,餘杭(今浙江杭州餘杭區)人。少英俊,善屬文,詩筆尤俊拔,能養浩然之氣。好譏諷公卿,爲時所忌。因此十次應進士舉,皆不中,遂改名隱。廣明中(八八〇),避亂歸鄉里。時錢鏐坐鎮東南,他往依之,爲掌書記。鏐愛其才,表薦爲節度判官、鹽鐵發運使。尋轉司勛郎中,自號江東生。唐亡後,錢鏐對後梁稱臣,表授其吳越國給事中,世稱羅給事。他恃才傲物,爲小人所憎。自以爲當得大用,而一第落落,傳食諸侯,因人成事,因此深怨唐室,詩文皆以諷刺爲主。著有《羅昭諫集》八卷、《讒書》五卷。詩風平易自然,善於提煉通俗語言,使其某些詩句成爲後人喜用的諺語。與于濆以古詩名世相反,而是近體優勝於古體。如《綿谷回寄蔡氏昆仲》:

> 一年兩度錦江游,前值東風後值秋。芳草有情皆礙馬,好雲無處不遮樓。山牽别恨和腸斷,水帶離聲入夢流。今日因君試回首,澹烟喬木隔綿州。

此詩題又作《魏城逢故人》。首二句寫兩次游錦江之時節。錦江,在四川成都南,自郫縣分流至成都,南合郫江,折西南入彭山縣界。次四句寫離别之情。芳草礙馬,虚擬芳草對歸客依戀有情,阻礙他的馬,不讓他去。末二句扣題回寄。綿州,州治在今四川綿陽市。

又《西施》：

> 家國興亡自有時，吳人何苦怨西施。西施若解亡吳國，越國亡來又是誰？

西施，春秋時越國美女，亦作先施。本爲苧蘿山賣薪者之女，越王勾踐爲吳所敗，退守會稽，知吳王夫差好色，欲獻美女以亂其政。嗣得西施，於是飾以羅縠，教以歌舞，習於土城，臨於都巷，三年學成，乃令范蠡獻之，吳王大悅，果迷惑亂政，後卒被越所滅。事見《吳越春秋・勾踐陰謀外傳》。此是對傳統的婦女亡國論的批判。又其詠物之作《錢》：

> 志士不敢道，貯之成禍胎。小人無事藝，假爾作梯媒。解釋愁腸結，能分睡眼開。朱門虎狼性，一半逐君回。

此寫唐代貧苦人民對金錢的痛恨。梯媒，推薦介紹者，李商隱《爲東川崔從事謝辟及聘錢啓》："某早辱梯媒，獲沾科第。"解釋，理會解開。又如《雪》：

> 盡道豐年瑞，豐年事若何？長安有貧者，爲瑞不宜多！

此藉詠雪以寄慨。人稱雪爲瑞雪，有瑞雪兆豐年之説，豐年又怎樣呢？長安的貧民仍不免凍餒之苦。對貧苦人民寄予深切的同情。又如《蜂》：

> 不論平地與山尖，無限風光盡被占。采得百花成蜜後，爲誰辛苦爲誰甜？

此詠蜂采花釀蜜，勤勞不息，成果卻被他人掠奪一空。暗喻現實社會勞動者被剥削之苦。

羅隱的詩歌，皆有感而作，涉筆成趣，多爲刺時譏世者，沈德潛

《唐詩別裁》卷十六評云:“唐末昭諫詩猶稜稜有骨。”説明其詩歌有骨氣。又《唐音癸籤》卷八云:“羅昭諫,酣情飽墨,出之幾不可了,未少佳篇,奈爲浮渲所掩,然論筆材,自在僞國諸吟流(按:指五代十國詩人)上。”既指出其詩歌之特點,又肯定其在詩歌史上之地位。

(五)聶夷中

聶夷中,生卒年不詳。生平事跡見《唐書》卷六十《藝文志》四、《唐書》卷一百七十七《高鍇傳》、《唐詩紀事》卷六十一、《唐才子傳》卷九,字坦之,河東(今山西永濟市)人,一作河南。出身貧苦,備嘗艱辛。咸通十二年(八七一)登進士第。時國家多事,文人被輕視,他滯留長安很久,皂袍已破,小米如珠,很不容易調補華陰縣尉。到任之後,惟以琴書自娱。由於自己的生活體驗和感受,故其詩多傷俗閔時,哀稼穡之艱難。古樂府尤得體,皆警省之辭,可以裨補時政。樂而不淫,哀而不傷,有“國風”之遺意。《全唐詩》卷六百三十六編其詩爲一卷,共三十餘首。其優秀之作如《公子家》:

種花滿西園,花發青樓道。花下一禾生,去之爲惡草。

詩題一作《長安花》,一作《公子行》。青樓,貴族所居,曹植《美女篇》:“青樓臨大路。”青樓下臨西園,西園指貴族家的花園。將禾當作惡草,是譏諷富豪子弟之無知也。又如《田家》:

父耕原上田,子斸山下荒。六月禾未秀,官家已修倉。

一本將此詩作爲《傷田家》的首四句,兩首併爲一首。斸,鋤頭之類農具,用作動詞,開墾。秀,禾吐花。修倉,準備收租税。寫盡農民被剥削之苦。又如《傷田家》:

二月賣新絲,五月糶新穀。醫得眼前瘡,剜卻心頭肉。我願君王心,化作光明燭。不照綺羅筵,只照逃亡屋。

詩題一作《詠田家》。前四句謂農民未到收成之時,已爲租税所逼,出賣了生命所繫的新絲和新穀。末四句表示對君王的願望,希望他不要關顧富貴人家的筵席,而應關顧無衣無食逃亡在外的人家。希望他"化作光明燭",暗寓他目前並不光明。

聶夷中的詩一反當時詩人雕繪藻飾之詩風,而以質樸無華、明白自然的語言譏刺時弊,反映現實。這與皮日休、于濆的創作傾向是一致的,胡震亨即將他們看做"成此一體",這是對《詩經》和唐新樂府傳統的繼承。《唐音癸籤》卷八云"夷中語尤關教化",孫光憲《北夢瑣言》謂其詩"言近意遠,合'三百篇'之旨",都是中肯的評論。

(六)杜荀鶴

杜荀鶴(公元八四六——九〇四),生平事跡見《舊五代史》卷二十四本傳、《北夢瑣言》卷六、《唐詩紀事》卷六十五、《唐才子傳》卷九,字彦之,池州石埭(今安徽石臺)人。早年居住並讀書於九華山,自號九華山人。刻苦爲詩,早有詩名。然屢試不第。後游大梁(今河南開封),獻《時世行》十首於朱温,多勸誡語,爲朱温所不納。他又上頌德詩三十首,以取悦朱温,因此大順二年(八九一)得登進士第。後因政局動亂還鄉,爲宣州節度使田頵所器重,辟爲從事。又由朱温表薦,授翰林學士、主客員外郎。天祐元年(九〇四)卒。對他晚年投靠朱温,時論多所惋惜。他自命爲"苦吟"詩人,作詩主張"詩旨未能忘救物"(《自叙》),"言論關時務,篇章見國風"(《秋日山中》)。所著《唐風集》三卷,録詩三百餘首。其詩既不尚詞藻,也不用事典,而用通俗曉暢的語言、白描的手法反映民生疾苦和抒發個人身世之感。他擅長作近體,極少寫古體。其名作如《春宫怨》：

早被嬋娟誤，欲妝臨鏡慵。承恩不在貌，教妾若爲容。風暖鳥聲碎，日高花影重。年年越溪女，相憶采芙蓉。

此寫宫女深居失意之幽怨。首二句謂因貌美被選入宫，既知貌美誤人，便懶於對鏡梳妝了。嬋娟，美好的容態。次二句謂既然得寵不在容貌，那麽自己該如何打扮呢？承恩，承受皇帝之恩寵。五、六二句寫宫中鳥語花香，正當春光明媚之時，所以襯託宫女孤悽之心境。胡仔《苕溪漁隱叢話·前集》卷二十三云："故諺云：杜詩三百首，惟在一聯中，'風暖鳥聲碎，日高花影重'是也。"給予很高的評價。末二句寫女子入宫後不得意，想起從前每年共同采芙蓉的伴侣來。越溪女，指西施在越溪浣紗時之女伴。王維《西施詠》："朝爲越溪女，暮作吴宫妃。"此則相反，不願做宫妃，而向往人間普通人的正常生活。又如《山中寡婦》：

夫因兵死守蓬茅，麻苧衣衫鬢髮焦。桑柘廢來猶納税，田園荒後尚徵苗。時挑野菜和根煮，旋斫生柴帶葉燒。任是深山更深處，也應無計避徵徭。

詩題一作《時世行》。寫山中寡婦被剥削之悲慘生活。首二句正寫寡婦。蓬茅，即茅屋。麻苧，即苧麻，可以製麻布。焦，焦黄。次二句寫官府剥削之殘酷。柘，落葉喬木，與桑葉相同，可以飼蠶。徵苗，徵收青苗税。五、六二句寫寡婦生活的苦難。旋斫，臨時斫。末二句進一層寫官府剥削之無孔不入，無論山深至何處，都逃不脱納税和服役。結爲寡婦之苦難根源在官税和徭役。又如《亂後逢村叟》：

經亂衰翁居破村，村中何事不傷魂！因供寨木無桑柘，爲點鄉兵絶子孫。還似平寧徵賦税,未曾州縣略安存。至今鷄犬皆星散,日落前山獨倚門。

詩題一作《時世行》,寫大亂後農村之凋敝景象。傷魂,傷心動魂。寨木,修築營寨之木料。謂爲供應寨木,把桑柘樹都砍伐光了;爲服兵役,絶了子孫後代。平寧,太平時期。謂亂後官吏們還像太平時期一樣徵收賦税,州縣也不曾對衰翁給予安撫存恤。鷄犬星散,日暮時惟衰翁一人倚門。一片荒涼悽切景象,有似杜甫之《垂老别》和《無家别》。

杜荀鶴出身下層,對社會弊端和人民的遭遇有深切的理解,因此其詩多諷時刺世、抒寫民生疾苦之篇章,能比較廣泛地反映唐末的社會現實,所以《唐音癸籤》卷八評云:"杜彦之俚淺,以衰調寫衰代,事情亦自真切。"從體裁上看,他是繼承了白居易近體詩之詩風的,但在繼承白氏近體詩風之同時,卻能把白氏在"新樂府"中所歌詠而在近體詩中未曾歌詠的題材寫入近體詩中來,使其近體之作呈現出新的意象。又其運用如此通俗平易的語言寫近體詩,也是近體詩發展的新趨向。這是杜荀鶴對近體詩創作的開拓。

晚唐時期,皮日休、陸龜蒙等人的詩歌,無論近體、古體或樂府,都是以通俗平易之語言描寫世風民俗,疾國政之腐朽,哀民生之艱難,風格則樂而不淫,哀而不傷,寫作目的在裨補時政,這明顯地體現了《詩經》的創作精神。孫光憲所謂"言近意遠,合'三百篇'之旨",辛文房所謂"正'國風'之意也"。這雖然是對聶夷中詩歌之評價,也可以用來説明這一流派的創作傾向和詩風,即以樸實如民俗歌謡之詩美刺時政、吟詠性情。

我國的詩歌,自建安時期曹植開始講求五言詩聲律化,經過南朝,這種聲律化不斷發展,到初唐時沈佺期、宋之問始正式形成新的近體詩——律詩。與這種新近體詩形成之同時,陳子昂提倡古體詩,與沈、宋對立,成爲唐詩最早的兩個流派。到了盛唐,王維、李白、杜甫崛起,開唐詩之偉局。當時作者風起,各呈其才,獨成一家,開闢出各種新詩境來,形成唐詩之盛世。尤其是杜甫,其詩歌成就之高,影響後代詩歌創作至深且廣。中唐時期,詩人在繼承盛唐詩歌之基礎上進一步發展,韓愈、白居易成功最大,其創作可爲中唐詩歌之代表。孟郊、賈島等人之作,意境狹窄,已無盛世之氣象。晚唐時期,詩歌之境界幾乎被前人開拓殆盡,此期之詩人一部分向細微處尋求新境,如李商隱、杜牧、温庭筠等,一部分從"新樂府"體制中另闢蹊徑,如皮日休、陸龜蒙等。李商隱是晚唐詩之大家,同時也是唐代詩歌之大家。他把唐詩之多種表現方法和寫作技巧,都發展到極高的境地,其創作標志着唐詩之終結,並開啓了宋初的西崑體。

第三章　賦

賦至唐代承襲着魏晉六朝而進一步發展，清人王芑孫《讀賦卮言》即云：

> 詩莫盛於唐，賦亦莫盛於唐。總魏、晉、宋、齊、梁、周、陳、隋八朝之衆軌，啓宋、元、明三代之支流，踵武姬漢，蔚然翔躍，百體爭開，昌其盈矣。

他認爲賦與詩相同，在唐代極一時之盛。其見解未免偏頗，實際上賦在唐代遠比不上詩歌發達興盛，但他指出唐賦總結了魏晉至隋辭賦之各方面成就，形成了多種體式，並開啓了宋以後辭賦的創作道路，則是正確的。唐代之賦包括文賦、騷賦、俳賦和律賦四種體式，文賦、騷賦、俳賦是沿襲前代人之創作而有所變化和創新，律賦則是形成並定型於唐代的賦，是真正的唐賦。《文苑英華》收録賦凡一千多篇，其中絶大部分是律賦，可見律賦在唐代賦作中所占的分量了。促成唐代賦作發展的原因是什麽？概括言之，一者是封建統治者的愛好和提倡，據歷史記載，唐代一些帝王如太宗、武后、玄宗、德宗、文宗等，莫不好文，並曾染指詩賦創作。唐太宗即有《臨層臺賦》、《感舊賦》、《威鳳賦》等作。武則天也倡導文學，據《通典·選舉三》記載，禮部員外郎沈既濟曰：

> 初，國家自顯慶以來，高宗聖躬多不康，而武太后任事，參決大政，與天子並。太后頗涉文史，好雕蟲之藝。永隆中，始以文章選士。及永淳之後，太后君臨天下二十餘年，當時公卿

百辟,無不以文章達,因循日久,寖以成風。

統治階級的倡導與愛好,上行下效,一般臣僚必然趨之若鶩。如張説《唐昭容上官氏文集序》云:

右職以精學爲先,大臣以無文爲耻,每豫游宫觀,行幸河山,白雲起而帝歌,翠華飛而臣賦,雅頌之盛,與三代同風。

一時風氣所尚,便促進賦之發展。二者是科舉考試之促成。唐時科舉,進士科試策問、經史、雜文,詩賦即雜文中之科目。始行試賦時,官場流行俳體,公私文翰無不以駢儷行之,因此試賦必須對偶,又爲便於試官評閲,賦文不宜太長,所以要限韻。律賦之異於俳賦者,唯限韻一事,故律賦之形成應在唐科試賦作限韻之始。士子們爲了求仕而積極應試,並精心作賦,獨孤及《唐故朝議大夫高平郡别駕權公神道碑銘》云:

搢紳之徒,用文章爲耕耘,登高不能賦者,童子大笑。

當時有因作一賦而名聞天下者:如宋璟作《梅花賦》,經蘇味道稱賞,而聲名大振。杜甫獻"三大禮賦",令"集賢學士如堵牆,觀我落筆中書堂"轟動朝野。貞元、元和之後,士人出身之路途益窄,因而都涌向進士一科,用心揣摩律體之創作,如此,便使形成於唐初之律賦得到進一步發展。

唐賦的發展過程與唐詩之發展基本一致,即可分爲初、盛、中、晚四個時期。我們亦依照這一歷史順序進行論述。

第一節 初唐時期

此期之賦,基本上是齊梁文風之延續。以俳體爲宗,駢儷化之傾向很濃,並逐漸趨向四六句式而定型化。但同時也醞釀着新的變化,即有力主以漢魏風骨來克服齊梁柔靡之風者,因而此期之作穠丽的詞語減少了,能以清新質樸之語言、剛勁有力之筆勢創造意境。内容則“體物寫志”,以抒情、詠物爲主,比僅爲吟風月弄花草,要豐富多了。王績、魏徵、“四傑”、劉允濟、韋承慶等是此期賦作之代表。

一、王績、魏徵

王績與魏徵都是由隋入唐的人物,他們的思想政治態度不同,一爲消極避世,一爲積極用世,但文風卻相近,即皆擯斥纖靡浮華,崇尚質樸純正。

(一)王績

王績(公元五八五——六四四),生平事跡見《舊唐書》一百九十二、《唐書》一百九十六本傳,字無功,號東皋子,絳州龍門(今山西河津)人。隋時名儒王通之弟。大業末,舉孝悌廉潔科,授秘書省正字,除揚州六合縣丞,以耽酒,被勘劾,棄官歸里。唐武德五年,待詔門下省。貞觀十一年爲太樂丞,後又棄官還鄉,隱居東皋。自撰墓誌銘,憂憤而卒。他清高自持,放誕縱酒,不與世俗同流。爲文承阮籍、陶淵明的傳統,多寫田園隱逸生活,高情勝氣,獨步當時。有《王無功文集》五卷傳世。其賦今存《游北山賦》和《全唐文》所收録之《三日賦》、《鶯賦》。另有《河渚獨居賦》,已佚。《游北山賦》全文很長,主要寫其隱居山林之情志與對其兄王通當年於此聚衆講學之悼念。如其賦游賞之景云:

吾無所徒(一作求),斯焉獨游。屬天下之無(一作多)事,遇山東(一作中)之可留。聊將度日,忽已經秋。菊花兩岸,松聲一丘,不能役心而守道,故將委運而乘流。伊林間而(一作之)

> 虚受,固樵隱之俱託。逢去老(一作故客)於中溪(一作流),遇還童於絶壑。雲峰龜甲而重聚,霞岫(一作壁)龍鱗而結絡。水出浦而潺潺(一作淺淺),霧含川而漠漠。是忻是賞,爰游爰豫。結蘿幌而迎宵,敞茅軒而待曙。爾其雜樹相糾,長條交茹。葉動猿來,花驚鳥去。起公子之殊賞,瞻(一作談)王孫之遠慮。山水幽尋,風雲路深。蘭窗左闢(一作辟),菌閣斜(一作邪)臨。石當堦而虎踞,泉映(一作度)牖而龍吟。月照南浦,烟生北林。閲丘壑之新趣,縱江湖之舊心。道集吾室,風吹我襟。松花柏葉之醇酎,鳳翮龍唇之素琴。

山光水色,月影花蹊,足以宜情適志。然其中有云"喜方外之浩蕩,嘆人間之窘束",説明其隱居是出於對世事有所不滿。又在描寫其兄講學處之後云:"昔文中之僻處,諒遭時之喪亂。局逸步而須時,蓄奇聲而待旦。旅人小吉,明夷大難。建功則鳴鳳不聞,修書則獲麟爲斷。"謂其兄遭逢不偶,才隱居教授。可見他與兄皆因憤世而歸隱,思想感情相通,故異時而共慨。通篇洗净鉛華,文風純正雅淡,對偶極其工整,是俳賦之優秀篇章。明人何良俊《四友齋叢説》評云:"唐時隱逸詩人,當推王無功、陸魯望爲第一。蓋當武德之初,猶有陳、隋之遺習,而無功能盡洗鉛華,獨存體質。且嗜酒誕放,脱落世事,故於情性最近。今觀其詩,近而不淺,質而不俗,殊有魏晉之風。"此乃評其詩,其賦又何嘗不然!

(二)魏徵

魏徵(公元五八〇——六四三),生平事跡見《舊唐書》卷七十一、《唐書》卷九十七本傳,字玄成,館陶(今河北館陶縣)人。少孤貧,好讀書,有大志。隋末參加李密起義,李密敗,從密歸唐。太宗時歷官諫議大夫、尚書右丞,加左光禄大夫,進封鄭國公,拜太子太師。輔佐太宗,直言敢諫,史稱"諍臣",爲貞觀一代名相。主編

《群書治要》、《隋書》，撰寫《隋書》序論及《梁書》、《陳書》、《齊書》總論。其諫議文，詞切氣雄，駢中兼散，對後世文章之寫作頗有影響。其賦今僅存《道觀内柏樹賦》一篇，其辭云：

> 覽大均之播化，察草木之殊類。雨露清而並榮，霜雪茫而俱悴。唯旭旭之庭柏，禀自然而醇粹。涉青陽不增其華，歷玄英不減其翠。原斯木之攸挺，植新甫之高岑。干霄漢以上秀，絶無地而下臨。籠日月以散彩，俯雲霞而結蔭。邁千祀而逾茂，秉四時而一心。靈根再徙，兹庭爰植。高節未彰，貞心誰識？既雜沓乎衆草，又蕪没乎藂棘。匪王孫之見知，志耿介其何極！若乃春風起於蘋末，美景麗乎中園。水含苔於曲浦，草鋪露於平原。成蹊花亂，幽谷鶯喧。徒耿然而自撫，謝桃李而無言。至於日窮於紀，歲云暮止。飄蓬亂驚，愁雲疊起。冰凝無際，雪飛千里。顧衆類之颯然，鬱亭亭而孤峙。貴不移於本性，方有儷於君子。聊染翰以寄懷，庶無虧於善始。

此是作者見移植道觀中之柏樹有感而作。借柏樹抒懷，其中滲透着自己的人格理想和人生經歷。謂自然萬物都隨着雨露霜雪的降臨而榮悴，柏樹則不同，“涉青陽不增其華，歷玄英不減其翠”，能四季常青。其雄姿則“干霄漢以上秀，絶無地而下臨。籠日月以散彩，俯雲霞而結蔭。邁千祀而逾茂，秉四時而一心”，然而“靈根再徙，兹庭爰植。高節未彰，貞心誰識？既雜沓乎衆草，又蕪没乎藂棘”，暗喻其歸唐後尚未見知之感。最後進一步寫唯當“飄蓬亂驚，愁雲疊起。冰凝無際，雪飛千里。顧衆類之颯然，鬱亭亭而孤峙”之時，方顯示出其偉岸挺拔之雄姿和君子之本性。詠柏樹，實亦自詠，表現了高尚的人格和節操，所謂“君子比德”也。通篇不務華詞麗藻，文風古樸平淡，句法對偶工整，亦俳賦之佳構。沈德潛《唐詩別裁》卷一評云:“氣骨高古,變從前纖靡之習,盛唐風格,發源於此。”此乃評其詩,以之衡其賦,亦中肯綮。魏徵、王績之賦皆以魏、晉氣骨開唐代文風之先。

二、初唐四傑

初唐時期王勃、楊炯、盧照鄰、駱賓王所以被稱爲傑出的作家,主要緣於他們的俳賦和駢文方面的成就。杜甫《戲爲六絶句》云:“王楊盧駱當時體,輕薄爲文哂未休。爾曹身與名俱滅,不廢江河萬古流。”所謂“當時體”,即指其時流行之駢體。可見杜甫肯定他們者在駢儷之作。單就賦講,王勃的成就更高些,其他三人次之。

(一)王勃

王勃生活在具有濃郁文化傳統的家庭環境中,用心經史,善於文辭。據傳他每屬文,初不精思,先磨墨數升,則酣飲,引被覆面而卧,及寤,援筆成篇,不易一字,時人謂之腹稿。文學觀點深受其祖父王通之影響,爲文“壯而不虚,剛而能潤,雕而不碎,按而彌堅”(楊炯《王子安集序》)。其賦今存十一篇,重要者如《寒梧棲鳳賦》、《澗底寒松賦》、《春思賦》、《采蓮賦》等。《寒梧棲鳳賦》之重要性,不在其内容,而在其體式爲唐代最早之律賦。此賦題下注云:“以‘孤清夜月’爲韻。”其辭云:

> 鳳兮鳳兮,求(一作來)何所圖?出應明主,言棲高梧。梧則峰陽之珍木,鳳則丹穴之靈雛。理符有契,誰言則孤?游必有方,哂南飛之驚鵲;音能中吕,嗟入夜之啼烏。況其靈光蕭散,節物凄清;疎葉半殞,高歌和鳴。之鳥也,將託其宿;之人也,焉知此情?月照孤影,風傳暮聲。將振耀其五色,似簫韶之九成。九成則那,率舞而下。懷彼衆會,罔知淳化。雖璧沼可飲,更能適於醴泉;雖瓊林可棲,復憶巡於竹榭。念是欲往,

敢忘晝夜。苟安安而能遷,我則思其不暇。故當披拂寒梧,翻然一發。自此西序,言投北闕。若用之銜詔,冀宣命於軒墀;若使之游池,庶承恩於歲月。可謂擇木而俟處,卜居而後歇。豈徒比跡於四靈,常棲棲而没没?

依照律賦之寫作要求,必須首先點題,所以開篇寒梧與鳳鳥兼寫,靈雛棲於珍木,乃"理符有契"。但主要寫鳳鳥,寫鳳鳥之非凡與靈異,"游必有方","音能中吕","靈光蕭散,節物淒清;疎葉半殞,高歌和鳴",情韻悠然。"月照孤影,風傳暮聲",以見鳳鳥影象之淒涼。然它並非非醴泉不飲,非瓊林不棲,而是"雖璧沼可飲,更能適於醴泉;雖瓊林可棲,復憶巡於竹榭"。作者借詠鳳鳥以抒情,因云:"自此西序,言投北闕。若用之銜詔,冀宣命於軒墀;若使之游池,庶承恩於歲月。"寄希望受知於"明主",以施展其才能。通篇對偶工整,音韻諧暢,是一篇嚴整之律賦。其他作品則多爲俳體。如《澗底寒松賦》:

惟松之植,於澗之幽。盤柯跨嶮,沓柢憑流。寓天地兮何日,霑雨(一作淩雲)露兮幾秋!見時華之屢變,知俗態之多浮。故其磊落殊狀,森稍峻節。紫葉吟風,蒼條振雪。嗟英鑒之希遇,保貞容之未缺。攀翠崿而形疲,指丹霄而望絶。已矣哉!蓋用輕則資衆,器宏則施寡。信棟梁之已成,非榱桷之相假。徒志遠而心屈,遂才高而位下。斯在物而有焉,余何爲而悲者。

左思《詠史》八首其二有云:"鬱鬱澗底松,離離山上苗。以彼徑寸莖,蔭此百尺條。世胄躡高位,英俊沉下僚。地勢使之然,由來非一朝。"此賦與左思《詠史》所詠爲同一機杼。作者以松自喻,"磊落殊狀,森稍峻節。紫葉吟風,蒼條振雪"正是作者精神氣節之寫照。“攀翠崿而形疲,指丹霄而望絶”顯示了其有進取求仕之願望。然而“斯松託非其所,出群之器,何以别乎”(此賦序)? 寒松生於澗底,託身不得其所,雖有超群之才,有誰能識别呢?“徒志遠而心屈,遂才高而位下”,唯壯懷徒抱而已。其磊落不平之氣見於筆端。又其《春思賦》寫長安、洛陽、江南之春色以及各類人之春思,遣詞造句極其工巧。《采蓮賦》寫各類采蓮者之心情神態,窮極聲色之美。兩篇賦皆沿襲着六朝艷麗之風,然在艷麗中寓有豪邁之氣。其餘諸作,亦基本如此。

(二)楊炯

楊炯是“四傑”中主張革新文風的堅定人物。在其所作《王子安集序》中即記述了龍朔間“上官體”泛濫時,他與王勃、盧照鄰、薛元超等改革派之觀點:“嘗以龍朔初載,文場變體,爭構纖微,競爲雕刻。糅之金玉龍鳳,亂之朱紫青黄。影帶以徇其功,假對以稱其美。骨氣都盡,剛健不聞,思革其弊,用光志業。……長風一振,衆萌自偃,遂使繁綜淺術,無藩籬之固;紛繪小才,失金湯之險。積年綺碎,一朝清廓。翰苑豁如,詞林增峻,反諸宏博,君之力焉。”這是贊揚王勃革新文風之功績,實質上他在革新文風方面與王勃有同樣貢獻。他標榜風、雅傳統,以風、雅傳統反對雕金鏤玉之作,這在他的賦作中都有反映。其賦今存八篇,頗具特色者是《青苔賦》和《幽蘭賦》,皆詠物抒情之作。如《青苔賦》描寫青苔云:

> 爾其爲狀也,羃歷綿密,浸淫布濩。斑駮兮長廊,寅緣兮枯樹。肅兮若遠山之松柏,汎兮若平郊之烟霧。春澹蕩兮景物華,承芳卉兮藉落花。歲峥嶸兮日云暮,迫寒霜兮犯危露。觸類而長,其生也蕃。莫不文階兮鏤瓦,碧地兮青垣。别生分類,西京南越。則烏韭兮緑錢,金苔兮石髮。

寫青苔之形貌極精細有情致。進而寫青苔之品格：

> 苔之爲物也賤，苔之爲德也深。夫其爲讓也，每違燥而居濕；其爲謙也，常背陽而即陰。重扃秘宇兮不以爲顯，幽山窮水兮不以爲沉。有達人卷舒之意，君子行藏之心。唯天地之大德，匪予情之所任。

結意含蓄，以青苔之行藏，寓己之行藏，青苔謙讓之美德，亦自己持身之道。又《幽蘭賦》中有關於屈原的描寫：

> 若夫靈均放逐，離群散侶，亂鄢郢之南都，下瀟湘之北渚。步遲遲而適越，心鬱鬱而懷楚。徒眷戀於君王，斂精神於帝女。汀洲兮極目，芳菲兮襲予。思公子兮不言，結芳蘭兮延佇。

對屈原寄予深切的同情，流露了自己的感情傾向。此類賦皆俳體，其中雜有騷句，行文排宕有氣勢。《渾天賦》寫天象，主渾天説，列述了許多天文知識。他領悟到禍福不由人，而在天命。最後代天回答："我無爲而人自化，吾不知其所以然而然。"以老莊思想爲依歸。《盂蘭盆賦》是爲武則天觀看佛教盂蘭盆節而作。《老人星賦》似爲武則天祝壽之作。皆歌頌武周政權，内容不可取，故從略。綜觀楊炯之賦風，宋之問在《祭楊盈川文》中稱云："伏道孔門，游刃諸子。精微博識，黄中通理。屬辭比事，宗經匠史。"亦即繼承風、騷之傳統。

（三）盧照鄰

盧照鄰才華俊逸，文章馳名當時。然平生坎坷，曾因故下獄，後又患風疾，仕途之遭際和疾病之折磨，使其"平生所作，大抵歡寡愁殷，有騷人之遺響，亦遭遇使之然也"（《四庫全書總目提要》）。其賦作多抒寫身世之感和對世俗之不平，所作體式比較自由，不拘一格,既有俳體,也有騷體。其俳體之作如《同崔少監作雙槿樹賦》、《窮魚賦》、《馴鳶賦》、《秋霖賦》和《病梨樹賦》,騷體之作如《獄中學騷體》、《五悲文》、《釋疾文》等。無論俳體或騷體,率皆直抒胸臆。如《秋霖賦》云:

> 覽萬物兮,竊獨悲此秋霖。風横天而瑟瑟,雲覆海而沉沉。居人對之憂不解,行客見之思已深。若乃千井埋烟,百廛涵潦。青苔被壁,緑萍生道。於時巷無馬跡,林無鳥聲。野陰霾而自晦,山幽曖而不明。長途未半,茫茫漫漫。莫不埋輪據鞍,銜悽茹嘆。借如尼父去魯,圍陳畏匡。將飢不爨,欲濟無梁。問長沮與桀溺,逢漢陰與楚狂。長櫛風而雨沐(一作以沐雨),永悽悽(一作栖栖)以遑遑。及夫屈平既放,登高一望,湛湛江水,悠悠千里。泣故國之長秋,見玄雲之四起。嗟夫子卿北海,伏波南川。金河别雁,銅柱辭鳶。關山夭骨,霜露凋年。眺窮陰兮斷地,看積水兮連天。别有東國儒生,西都才客,屋滿鉛槧,家虚甑石。茅棟淋淋,蓬門寂寂。蕪碧草於園徑,聚緑塵於庖甓。玉爲粒兮桂爲薪,堂有琴兮室無人。抗高情以出俗,馳精義以入神。論甚(一作有)能鳴之雁,書成已泣之麟。覩皇天之淫溢,孰不隅坐而含嚬。已矣哉!若夫繡轂銀鞍,金盃玉盤。坐卧珠璧,左右羅紈。流酒爲海,積肉爲巒。視襄陵而(一作與)昏墊,曾不輟乎此懽。豈知乎堯舜之臞瘠,而孔墨之艱難。

先賦秋霖之狀,“野陰霾而自晦,山幽曖而不明。”茫茫漫漫,渺無邊際。次賦孔子在秋霖中悽惶奔波,屈原在秋霖中幽咽悲泣,蘇武在秋霖中思念故國。又有東國儒生、西都才客困守蓬門茅棟之中,凝神研究書史。“睹皇天之淫溢,孰不隅坐而含嚬”? 面對着久雨不停的天氣,誰不爲之皺眉而生愁？而那般高官顯宦則不然,他們駕銀鞍,衣羅紈,酒流如海,肉積如山,享受不絕,"視襄陵而昏墊,曾不輟乎此懽"。作者並未對這般高官顯宦正面表示不滿,而在敘述過程中即寓貶斥之意。又如《獄中學騷體》云:

> 夫何秋夜之無情兮,皎晶悠悠而太長。圜户杳其幽邃兮,愁人披此嚴霜。見河漢之西落,聞鴻雁之南翔。山有桂兮桂有芳,心思君兮君不將。憂與憂兮相積,歡與歡兮兩忘。風嫋嫋兮木紛紛,凋落葉兮吹白雲。寸步千里兮不相聞,思公子兮日將曛。林已暮兮鳥群飛,重門掩兮人徑稀。萬族皆有所託兮,蹇獨淹留而不歸。

此其在獄中對景抒情之作。"山有桂兮桂有芳,心思君兮君不將","寸步千里兮不相聞,思公子兮日將曛",借賦景物抒發其希望得到朋友之拯救。文風淡遠而有情思,大似《楚辭·九歌》。

(四)駱賓王

駱賓王賦作之成就,在"四傑"中僅次於王勃。他久困下僚,生活寥落,武后時,數上疏言事,因故繫獄。又曾從軍邊塞,達五六年之久。豐富之人生經歷,使其賦作多慷慨之音。清人陳熙晉云:"臨海夙齡英俠,久戍邊城。慷慨臨戎,徘徊戀闕。借子山之賦體,攄定遠之壯懷。絶塞烟塵,空閨風月。雖文託艷冶,而義協風騷。"(《駱臨海集箋注》)其賦今僅存《螢火賦》和《蕩子從軍賦》兩篇。《蕩子從軍賦》寫蕩子戍邊之辛苦和思婦之閨怨。其辭云:

> 胡兵十萬起妖氛,漢騎三千掃代(一作陣)雲。隱隱地中鳴戰鼓,迢迢天上下(一作出)將軍。邊沙遠雜風塵氣,塞草長垂霜露文。蕩子辛苦十年行,回首關山萬里情。遠天橫劍氣,邊地聚笳聲。鐵騎朝恒響(一作警),銅焦夜不鳴。抗左賢而列

> 陣,屯右校以疏營。滄波積凍連蒲海,白雪凝寒逼(一作遍)柳城。若乃地分玄徼,路指青波。邊城暖氣由來少,關塞寒雪本自多。嚴風凜凜將軍樹,苦霧蒼蒼太史河。既拔距而從軍,亦揚麾而挑戰。征旆陵沙漠,戎衣犯霜霰。樓船一舉爭沸騰,烽火四連相隱見。戈文耿耿懸落星,馬足駸駸擁飛電。終取俊而先鳴,豈論功而後殿。征夫行樂踐榆溪,倡婦銜怨守(一作坐)空閨。蘼蕪舊曲終難贈,芍藥新詩豈易題?池前怯對鴛鴦伴,庭際羞看桃李蹊。花有情而獨笑,鳥無事而恒啼。見空陌之草積,知闇牖之塵棲。蕩子别來年月久,賤妾空閨更難守。鳳凰樓上罷吹簫,鸚鵡杯中寧勸酒?聞道書來一雁飛,此時緘怨下鳴機。裁鴛帖夜被,薰麝染春衣。屏風宛轉蓮花帳,窗月玲瓏翡翠帷。箇日新粧始復罷,祗應含笑待君歸。

此賦緣庾信之《蕩子賦》而發展之,即"借子山之賦體,攄定遠之壯懷"也。庾信之作,寫蕩子者僅四句,主要寫思婦。此賦則蕩子、思婦兼寫,而中心在寫蕩子。先寫蕩子在艱苦、嚴峻條件下之英勇氣概,次寫思婦在寂寞環境中之幽怨。以七言爲主,雜以五言、六言句式,對偶工整,情韻悠然。作者有豐富的邊塞生活經歷,始能撰寫成此等有氣勢的文字。《螢火賦》是獄中所作,因"覩兹流螢之自明,哀此覆盆之難照",有感而賦之。篇末借螢火以抒情云:

> 彼翩翩(一作翾飛)之弱質,尚矯翼而淩空。何微生之多躓,獨宛頸以觸籠。異壁(一作璧)光之照廡,同劍影之埋豐。覬道迷而可復,庶鑒幽而或通。覽年華以自照,顧形影而相弔。感秋夕之殷憂,慙(一作懟)宵行之熠耀。熠耀飛兮絶復連,殷憂積兮明自(一作且)煎。見流光之不息,愴驚魂之屢遷。如過隙

兮已矣(三字一作之已來),同奔電兮忽焉。儻餘輝之可照,庶寒灰之重然。

見螢火淩空而飛,聯想自己久縶獄中,流光易逝,驚魂未定,不勝感慨。希望螢火之餘輝能照到自己,使自己寒灰得以復燃,冤情能够昭雪。極寫縶獄之痛,情景與其詩《在獄詠蟬》相似,而淒苦過之。駱賓王之賦作麗而不靡,勁而不直,情景俱勝,亦所謂"文託艷冶而義協風騷"者也,是俳體之佳構。

初唐四傑,都是困於下僚不得志之人物,各有其不同的社會經歷,這使他們的賦作在沿襲齊梁時期講求雕章琢句、聲律對偶文風之同時,突破了吟風月弄花草之内容,表現了詠物抒懷,憤世嫉俗的傾向,這是他們賦作之一大變化。

三、劉允濟、韋承慶、徐彦伯、劉知幾

初唐時期,比較著名的賦作者,王績、魏徵和"四傑"之外,還有劉允濟、韋承慶、徐彦伯、陳子昂、劉知幾、東方虬、李嶠諸人。他們的作品雖然各具特點,但也有一致之處,即都能融言志、抒情和議論爲一體,這也是此期賦作之新變。兹擇其要者論述之。

(一)劉允濟

劉允濟,生卒年不詳,生平事跡見《舊唐書》卷一百九十中、《唐書》卷二百零二本傳,洛州鞏(今河南鞏義市)人。博學善屬文,與王勃齊名,並特相友善。弱冠舉進士,補下邽縣尉,遷著作佐郎。垂拱四年,向武后獻《明堂賦》,受其褒美,拜著作郎。後被來俊臣構陷縶獄,遇赦得免。長安中,累遷著作佐郎,兼修國史。之後,坐與張易之款狎,貶青州刺史。以丁母憂去官。服除,召爲修文館學士,喜甚,與家人暢飲數日,卒。今存《明堂賦》、《天賦》、《地賦》、《天行健賦》四篇。《天行健賦》是一篇律賦,題下注云:

“以‘天德以陽故能行健’爲韻。”其辭云：

> 大哉乾元，神不可測。其内也剛，其外也直。直所以保合太和，剛所以運行不息。故王者奉之而垂化，君子體之而進德者也。原夫天者乾之形，乾者天之名。用九以則，得一而清。名也者，純陽之經；形也者，太無之精。語其動兮孰知其動，語其行兮孰知其行。得不詳其所由，稽其所以。歷土圭以窮妙，因渾儀而探理。左出右没，不行則何以變三辰之度；上騰下降，不動則何以爲萬物之始。履柔兮居常，配坤兮秉陽。笠也誰覆，弓也誰張。四德雖具，未足以擬議；十翼雖廣，未足以披攘。微乎哉！得於幽者道；盛乎哉！得於道者王。綿綿若存，户樞不蠹。較之則火井易滅，當之則金柅難固。持剛靡失，既兼柔克之資；用壯罔虧，亦取易知之故。是以爲君爲首，爲金爲冰。杳冥兮不慮乎盈縮，寂寥兮何有於騫崩。喻彼成形，是顯飛龍之象；精其致遠，因推良馬之能。且夫天也者，陽乾也者健。窺之於裏，則其象歷歷；瞻之於表，則其容恩恩。不言非涉於可名，不拔方知乎善運。大道非物，豈容媧后之功；小説惑人，何傷秦宓之論。皇家恩流品物，禮達上玄。垂文明畫一之令，秉神武不殺之權。椎之蕩蕩，守之虔虔。儒不知其異，信所爲親上而法天者歟！

賦題取自《易·乾卦·象辭》：“天行健，君子以自强不息。”謂天道剛健，君子以天爲法，所以自强不息。其内容即具體演義此段象辭，如“其内也剛，其外也直。直所以保合太和，剛所以運行不息。故王者奉之而垂化，君子體之而進德者也”等等，都是賦寫天體自然界之變化，王者與君子都應當法天。其中提出了一些對宇宙萬象運行的看法，具有哲理性和科學性，是一篇較好的律賦。此外，

《天賦》和《地賦》是承襲晉成公綏之《天地賦》而分别寫成之,内容與《天行健賦》相似。《明堂賦》寫宫廷典禮,意義不大。此三篇皆駢四儷六之俳體,亦作者精心之作。

(二)韋承慶

韋承慶(公元六四〇——七〇六),生平事跡見《舊唐書》卷八十八、《唐書》卷一百十六本傳,字延林,京兆杜陵(今陝西長安)人。弱冠舉進士,補雍王府參軍,掌文翰。長壽中,累遷鳳閣舍人,掌天官選事。出爲沂州刺史,以病免,改授太子諭德。後歷任豫州、虢州刺史。長安初,入爲司僕少卿,轉天官侍郎,兼修國史。四年,拜鳳閣侍郎、同鳳閣鸞臺平章事。中宗復位,以依附張易之流嶺表。歲餘召回爲秘書員外少監,兼修國史。他才思敏捷,辭藻之美,擅於當時。今存《枯井賦》和《靈臺賦》兩篇。《靈臺賦》比較有特色,"靈臺"者心也。《莊子·庚桑楚》:"不可内於靈臺。"《釋文》引郭象云:"謂心有靈智能住持也。"然韋承慶所寫之"靈智"爲何?《唐書》本傳稱其作意云:"承慶嘗謂人所以擾濁浮躁,本之於心,乃著《靈臺賦》,譏揣當世,亦自廣其志。"其具體描寫如:

> 怒則烈火扇於衝飆,喜則春露融於朝旭。懼驚懷其若墜,憂結念其如束。或漫漫而川浮,或迢迢而山屬。繁襟霧合而烟聚,單思針懸而縷續。其驚時也,似飛蛾湊亂而投明燭;其趨利也,若飢烏聯翩而爭場粟。力方躓而獨騁,量已傾而未足。吹劍首而聒虞韶,握碔砆而銜荆玉。纖埃不讓於山阜,巨海見排於井谷。沉浮兮靡定,去就兮多途。乍排下而進上,忽出有而入無。轉息而延緣萬古,回瞬而周流八區。形寥寥於衽席,慮淼淼於燕娱。乃榮乃華,如馳如驅。甚飛猱之蹻喬木,邁奔兕之逸修衢。雖杼軸而未已,吾未知其所圖。

先寫怒、喜、懼、憂以及平靜時之心態活動，極盡比喻形容之能事，使抽象之“心”具體而形象地展現在眼前。又寫其趨時逐利“似飛蛾淩亂而投明燭”，“若飢鳥聯翩而爭場粟。力方躓而獨騁，量已傾而未足”，將利禄之徒的心態寫盡了，即所謂“譏揣當世”。韋承慶曾依附張易之，亦未免於“擾濁浮躁”之譏，作此賦之意當在明己之立身方正，所以“自廣其志”也。

（三）徐彦伯

徐彦伯（？——七一四），生平事跡見《舊唐書》卷九十四、《唐書》卷一百十四本傳，名洪，彦伯是字，兖州瑕丘（今山東兖州市）人。少以文章聞名，薛元超表薦之，對策高第。授永壽尉，轉蒲州司兵參軍。其時，司户韋暠善判事，司士李亘工翰札，彦伯文辭雅美，人稱“河東三絶”。武后時，官給事中。中宗復位，遷太常少卿，兼修國史。不久，出爲衛州刺史，轉蒲州刺史。景龍三年，上《南郊賦》，文辭典美。四年，入爲工部侍郎，尋除衛尉卿，兼昭文館學士。景雲初，遷右散騎常侍、太子賓客。玄宗開元二年卒。爲文多變易求新，“好爲强濇之體，頗爲後進所效焉”。其賦今傳《南郊賦》、《汾水新船賦》和《登長城賦》三篇。《登長城賦》之作，自稱“徐樂則燕北書生，開偉詞而諭漢；賈誼則洛陽才子，飛雄論以過秦”，即效徐樂之諭漢和賈誼之過秦，意在規諷。其開篇憑弔秦築長城云：

> 班孟堅輟編史閣，掌記戎幕，坐燕阜之陽，覽秦城之作，喟然而嘆曰：傅翼下鞲，視人則婾。鯨吞我寶鼎，蠶食我諸侯，鞭撻我上國，動摇我中州。所以二世而殞，職此之由乎？當其席卷之初，攻必勝，戰必克，因利乘便，追亡逐北，自以爲功勤三王，威懾萬國。重鐵鑕干戈於仁義，輕詩書禮樂於殘賊。然後馳海若以爲梁，斷陽紆以爲藪。犀象有形而采掇，珠玉無脛而

奔走。朝則貪竪比肩,野則庶人鉗口。負關河千里之壯,言帝王一家之有。神告籙圖,亡秦者胡。實懵蕭牆之孌,濫行高闕之誅。鑿臨洮之西徼,穿負海之東隅。猛將虎视,焉存(一作此焉)綱紀;謫戍勃興,鉤繩亂起。連連塢壁,岌岌亭壘。飛芻而輓粟者十有二年,塹山而堙谷者三千餘里。黔首之死亡無日,白骨之悲哀不已。猶欲張伯翳之絶胤,馳棠梨(疑作撐犁)之驕子。曾不知失全者易傾,逆用者無成。陳涉以閭左奔亡之師,項梁以全吴驕悍之兵,夢驂徵其敗德,斬蛇驗其鴻名。板築未艾,君臣顛沛。六郡沙漠,五原旌旆。運曆金火,地分中外,因虐主之淫愎,成後王之要害。則知作之者勞,而居之者泰。

慷慨悲歌,直似賈誼之《過秦論》。接着寫所聞見邊塞之景色、嗚咽之笳聲和自己之感受:"土色紫而關回,川氣黄而塞没。調噪鼓於海風,咽悲笳於隴月。試危坐以側聽,孰不消魂而斷骨哉!"最後感慨説:

嗚呼!長城之設,載逾九百。古往今來,巋然陳跡。窮海戰士,孤亭戍客,登峻墉,陟窮石,嗟故里而不見,感殊方以殞魄者,亦何可勝道哉!

弔古傷今,表現了對歷史的批判。基本上是俳體間以散句,因此文風頓挫矯健而有氣勢。

(四)劉知幾

劉知幾(公元六六一——七二一),生平事蹟見《舊唐書》卷一百零二、《唐書》卷一百三十二本傳,字子玄,彭城(今江蘇徐州市)人。自幼攻讀經史,以詞學知名,永隆中登進士第,授懷州獲嘉縣主部。武則天時,以著作佐郎兼修國史,尋遷左史,撰起居注。中宗復位,除著作佐郎、太子中允、率更令,預修《武后實録》。其後,辭史職,爲太子中舍人,修文館學士。睿宗時,爲太子左庶子,兼崇文館學士。玄宗開元年間,遷左散騎常侍,又奉詔於乾元殿編校圖書。之後,坐子劉貺事,貶安州别駕。不久卒,年六十一。他長於史學,著《史通》二十卷,爲史學史之重要著作。其中《言語》、《浮詞》、《叙事》、《品藻》等篇,對文章之修詞諸問題作了精細的探討,可見他非常重視文章寫作與表現技巧。今存賦三篇,即《常玄賦》、《慎所好賦》和《思慎賦》。前兩篇是律賦,内容無甚可取。《思慎賦》是一篇賦寫應當如何處世之作,倡言處世要謹慎。其寫作意圖,《舊唐書》本傳云:"是時(指武則天時代)官爵僭濫而法網嚴密,士類競爲趨進,而多陷刑剹,知幾乃著《思慎賦》以刺時,且以見意。"可見其是針對現實的刺世之作。如首段云:

吾嘗終日不食三省吾身,覺昨非而今是,庶捨舊而謀新。原夫天地之大德曰生,聖人之大寶曰位。生也者,賢愚定其美惡;位也者,朝市總其名利。七情由其不等,百行以之咸異。儻無心以自謀,良局途其必躓。何者?得不思失,雄獨忘雌。躭人爵以健羨,窮代路之險巇。是則平衡而登九折,直轡而踐三危。干戈生於肘腋,胡越起於藩籬。假使履獸尾而不咥,探龍頷以獲奇。省僥倖以適願,非仁者之所爲也。惜如幽室鑿坯,窮居負郭。二頃樵采,一壓耕獲。困沉名於抱關,志充詘於懸箬。俄拔跡於羊豕,倏搏飛於燕雀。金紫照其陸離,銀黄焕其沃若。彼蒲盈之難守,伊榮茂之易落。朝結駟而乘軒,暮齒劍而膏鑊。方思上蔡之犬,追念華亭之鶴。奚一身而足恠,迺九族其惟索。爾其寂寞無事,殷憂不平。耻當年而功不立,疾没世而名不成。嚮書訪道,學古言兵。擅人間之美譽,馳日下之休聲。夫鐸穴由於足響,膏爍起於多明。趙國從而蘇裂,

> 齊城下而酈烹。吹律誅(一作殊,謂京房)於西漢,獻寶刖於南荆。遂轡沙於楚塞,因説難於秦庭。李仕登朝而就戮,稽道超代而逢刑。苟才智之爲患,雖語嘿而同傾。

作者徵引了許多歷史事件和人物,説明榮辱禍福在朝夕之間,殘酷的政治環境使才智之士皆死於非命,並爲這些無辜者描繪出一幅觸目傷心的畫面。那末,怎樣才能保全自已呢?他認爲"明達高人,賢良志士,知蒲損而謙益,驗弱生而强死。無爲福先,無爲禍始。節其飲食,謹其容止。聚而能散,爲而不恃。潔其心而穢其跡,濁其表而易其裏。範闇室而整冠,循覆車而易軌。以道德爲介胄,忠貞爲劍履"等等,才能保家室,全性命。最後云:"雁含枚以避繳,狐聽冰而涉津。葵傾心以衛足,櫟不材而謝斤。"謂這般無識之草木禽獸猶能避禍遠害,而志士高人"何自輕於養性,何自忽於周身"?從其深情的感嘆中反映了當時政治環境之險惡,以及智人高士處境之艱難。即所謂"以刺時,且以見意"也。

綜觀這一時期諸人賦作的重要特點是題材比較廣泛,或賦寫自然天象,或詠物以抒懷,或假物以諷世,或登臨以懷古,等等。題材之多樣,説明初唐之賦吟詠之領域進一步擴展了。其賦風亦猶王世貞《藝苑巵言》卷四評"四傑"云:"詞旨華靡,固沿陳、隋之遺,翩翩意象,老境超然勝之。"

第二節　盛唐時期

盛唐時期,文風"崇雅黜浮,氣益雄渾"(《唐書》卷二百零一《文藝傳》),比其前醖釀着新的變化。張説所作之《江上愁心賦》是騷體而有所創新;蘇頲《長樂花賦》韻散雜陳,少有對偶;蕭穎士《登故宜城賦》、《伐櫻桃樹賦》有散有駢，散駢結合自然；李華《含元殿賦》效漢賦，而勝過《東都》、《西都》之作；王維《白鸚鵡賦》是詠物，又兼抒情；李白《大獵賦》、《明堂賦》亦效漢賦，既非俳體，仍不脱駢偶之影響；杜甫"三大禮賦"，更以揚雄、司馬相如之賦作爲依皈，然其以散御駢，與揚雄、司馬相如又不同。要之，此時之騷賦不拘泥於原有之形式，力求創新；文賦句法亦散亦駢，若散若駢，向駢散結合之方向發展；律賦則以固有之體式寫景抒情。其總的演變趨勢是逐漸擺脱繁縟柔靡之遺風，而顯示出簡潔遒勁之形貌。

一、張説、蘇頲、張九齡、李邕

張説、蘇頲等都是武后到玄宗時期顯名文壇的人物，都是駢文作家，但其駢文已非齊梁時之華詞麗藻，而是簡練渾成。其賦也如此，具有新的特點。

（一）張説

張説（公元六六七——七三一），生平事跡見《舊唐書》卷九十七、《唐書》卷一百二十五本傳及張九齡《故開府儀同三司行尚書左丞相燕國公贈太師張公墓誌銘》，字道濟，祖籍河東（山西永濟市），十四歲遷居洛陽（今河南洛陽），故又稱洛陽人。武則天永昌中，舉賢良方正第一，授太子校書郎。中宗即位，召爲兵部員外郎，累遷兵部侍郎，兼修文館學士。睿宗時，爲中書侍郎，進同中書門下平章事，監修國史。玄宗開元元年，任中書令，封燕國公。因與姚崇不睦，貶相州刺史，後轉岳州刺史。九年入朝爲兵部尚書，同中書門下三品。後正除中書令、右丞相。他先後三秉大政，掌文學之任凡三十年，朝廷重要文誥，多出其手，時人將其與許國公蘇頲並稱"燕許大手筆"。爲文精壯，講求風骨，於盛唐文學頗有影響。有《張燕公集》三十卷傳世。所作賦《文苑英華》收録四篇，即《奉和聖制喜雨賦》、《進白烏賦》、《虚室賦》和《江上愁心賦贈趙侍郎》。《奉和聖制喜雨賦》是和玄宗《喜雨賦》而作，《進白烏賦》則是寫白烏之爲符瑞，於義皆無可取。《虚室賦》是其早年好道，抒發玄理、推本虚無之作。他的優秀作品是《江上愁心賦贈趙侍郎》，其辭云：

> 江上之峻山兮，鬱崎峨而不極。雲爲峰兮烟爲色，欻變態兮心不識。江上之深林兮，杳冥濛而不已。鶯（一作鳥）爲花兮猿爲子，紛盪潒兮情莫擬。夏雲峻兮若山，秋水平兮若天。冬水澌兮（一作冬沙飛兮）淅淅，春草靡兮芊芊。感四時之默運，知造化之潛遷。伴衆鳥兮寒渚，望孤帆兮日邊。雖欲貫愁腸於巧筆，紡離恨於哀絃。是心也，非模放之所逮，將有言兮是然（一有"將無言兮是然"六字）。

此賦當是作者貶岳州刺史時所作。趙侍郎，即趙冬曦，開元中爲監察御史，初坐事流岳州。二人遭遇相同，同病相憐，故贈賦以抒發其被斥逐之哀愁。果然得到趙之共鳴，有和作《謝燕公江上愁心賦》。此賦先寫江上之山光水色和花鳥之形態，然後寫時節之遷移，物類之變化，都是以引發自己被遷謫之悲，"伴衆鳥兮寒渚，望孤帆兮日邊"，長安遠在千里之外，不可能回還，唯有與寒渚中之衆鳥爲伴了。這種孤淒冷漠之愁心，"雖欲貫愁腸於巧筆，紡離恨於哀絃"，"將有言兮是然，將無言兮是然"。雖筆墨、琴絃也難以表達，千愁萬緒，盡在言與不言之中。此即"崇雅去浮，氣益雄渾"之謂也。

（二）蘇頲

蘇頲（公元六七〇——七二七），生平事跡見《舊唐書》卷八十八、《唐書》卷一百二十五本傳，字廷碩，京兆武功（今陝西武功縣）

人。蘇瓌之子,年十七登進士第,授烏程縣尉。武后萬歲登封元年,舉賢良方正科,除左司御率府胄曹參軍。歷官監察御史、起居郎、考功員外郎、考功郎中。神龍中遷給事中,加修文館學士,拜中書舍人。時蘇瓌同中書門下三品,父子同掌樞密,世以爲榮。景雲中爲工部侍郎,襲封許國公。開元四年,遷紫微侍郎,同紫微黄門平章事,與宋璟同知政事。後罷爲禮部尚書,尋出爲益州長史。十五年卒。《唐書·藝文志》著録其有文集三十卷,已佚。《全唐文》卷二百五十至二百五十八收録其文九卷。自景龍之後,他與張説俱以文章顯,所作制誥,輝煌典麗。李德裕認爲"近世詔誥,惟頲叙事外自爲文章"(《唐書》本傳引)。今唯存《長樂花賦》一篇,其辭云:

夫長者以短長之形度其長者(一作則)至美,夫樂者以哀樂之類同其樂者(一作則)至喜。長也,樂也,吾安得而聞之!嘉纖植之並用,偉令名兮在兹。徒見其豐族苯蓴,高標璀璨。莖丹外而縞中,葉縹分以紅貫。綴緑穎之重疊,索紫蕤之爛漫。迫而象之,君子其常,或微或章。聳危冠兮纓若綬,默退静其何望。遠以意之,佳人欲翔,炫炫煌煌。重羅綺兮撲搖(一作瑶)翠,蹇來思而未嘗。匪以幽兮自直,匪以直兮自藏。匪以晚兮自耀,匪以耀兮自强。文濁露之均灑,庇清舒之汎光。本無嫌於散地,甘有寓於殊方。然則太液初滿,上林新霽,芊茸灼爍,萬品千計。摇瑞色而函芝,雜奇葩而轉蕙。孰與夫玉堂金闕(一作閣)之徧(一作偏)賞,白日青雲之特麗?歲不與兮時向闌,風蕭蕭兮夜漫漫。賓遠鴻於沙塞,叫離鶴於江干。君曾不見:三月華矣,盡林間之槁木;千霜殞矣,亦庭下之枯蘭。懿此常度,陵於早寒。假春期而不采(一作彩),雖秋令而不殘。衝雨霰之飛薄,任雲山之險艱(一作難)。芳弗珍於靃靡,節常慕於檀欒。吾則知樹背之奚託,傾心之可安。如後凋之是貴,罔獨立其誰觀!

文學椽起而爲辭曰:白露瀼瀼,何草不黃。紫華的的(一作灼灼),生君之堂。彼不伐兮秋月翳,時或珍兮君是惠。形(一作彤)庭赫兮朱草駢,交屈軼兮友賔連。伊榛莽而荒些,君曷爲兮賦旃。

此賦序云:“蜀太守庭際有紫華……故心暗賞焉,因口授書吏,遂墨而成作。”説明是其晚年在蜀中所作。賦以長樂花擬君子、佳人,“迫而象之,君子其常……”,“遠以意之,佳人欲翔……”皆寫君子、佳人之形象與品德。其爲花“假春期而不彩,雖秋令而不殘。衝雨霰之飛薄,任雲山之險艱。芳弗珍於靃靡,節常慕於檀欒”。它生不擇地,能凌早寒,冒霜雪而不凋,表現了堅貞之節操。通篇中或駢或散,並間以“兮”字。文氣流轉自如,挺拔蒼勁,即李德裕所謂“叙事外自爲文章”也。

(三)張九齡

張九齡(公元六七八——七四九),生平事跡見《舊唐書》卷九十九、《唐書》卷一百二十六本傳及徐浩《唐尚書右丞相中書令張公神道碑》,字子壽,韶州曲江(今廣東韶關)人。武則天長安二年擢進士第,玄宗先天元年授左拾遺,開元六年遷左補闕,其後改禮部員外郎、轉司勛員外郎,出爲洪州刺史、桂州刺史,兼嶺南按察使。二十一年拜中書侍郎同中書門下平章事,明年遷中書令,兼集賢學士知院事、修國史。二十四年以反對牛仙客入相事,爲李林甫所譖,罷相,貶荆州長史。他是開元年間賢相,王夫之稱其“抱忠清以終始,夐乎一代泰山喬嶽之風標”(《讀通鑑論》卷十二)。他早年即有文名,有《曲江張先生文集》二十卷傳世。今唯存《荔枝賦》、《白羽扇賦》兩篇,賦風與張説、蘇頲相同,即平易簡淡,駢儷句式較重。如《荔枝賦》寫荔枝之形狀和果實之甘美:

> 爾其勾芒在辰,凱風入律。肇允(一作氣)含滋,芬敷謐溢。綠穗靡靡,青英苾苾。不豐其華,但旨(一作甘)其實。如有意乎敦本,故從(一作微)文而妙質。蔕藥房以(一作而)攢萃,披龍鱗以駢比。膚玉英而含津,色江萍以吐日。朱苞剖,明璫出,炯然數寸,猶不可疋。未玉齒而殆銷,雖瓊漿而可軼。彼衆味之有五,此甘滋之不一。伊醇淑之無準(一作算),非精言之能悉。聞者歡而竦企,見者訝而驚佐。心恚可以蠲忿,口爽可以忘疾。且欲神於醴露,何比數於甘橘。援蒲桃以見擬,亦古人之深失。若乃華軒洞開,嘉賓四會。時當燠煜,客或煩憒。而斯果在焉,莫不心侈而體泰。信瑚盤之仙液,實玳筵之綺繢。有終食於累百,逾(一作愈)益氣而理内。故無厭於所甘,雖不貪而必愛。沉李美而莫取,浮瓜甘而自退。豈一座之所榮,冠四時而(一作之)爲最。夫其貴可以薦宗廟,珍可以羞王公。亭十里而莫致,門九重兮曷通。山五嶠兮白雲,江千里兮春楓。何斯美之獨遠,嗟爾命之不工(一作逢)。每被銷於凡口,罕獲知於貴躬。柿何稱乎梁侯,梨何幸乎張公。亦因地(一作人)之所遇,孰能辨乎其中哉!

此賦是作者出任洪州、桂州刺史時所作。序云:"余往在西掖,嘗盛稱之,諸公莫之知,而固未之信。……及理郡暇日,追敘往日。夫物以不知而輕,味以無比而疑。遠既(一無此字)不可驗,終然永屈;況士有未効之用,而身在無譽之間。苟無深知,與彼亦何異也。用導揚其實,遂作此賦云。"説明他作此賦之意旨,在以荔枝寓人,描寫的對象是荔枝,實則是寫人,以荔枝之品性,寓人之品格。謂對人才智之認識,亦猶對荔枝品性之認識,必須深入了解,否則便不能發現真正有才能之人,從而使才能之士難於進用。賦風簡淡,而情旨婉然。《白羽扇賦》篇幅很短,辭云:

當時而用，任物所長。彼鴻鵠之弱羽，出江湖之下方。安知煩暑，可致清涼。豈無紈素，彩畫文章；復有修竹，剖析毫芒。提携密邇，摇動馨香。惟衆珍之在御，何短翮之敢當！預（一作而，《唐文粹》作輿）竊恩於聖后，且見持於未央。伊昔皋澤之時，爾（一作亦）有雲霄之志。苟効用之得所，雖殺身而何忌！肅肅鳥（一作白）羽，穆如微風，縱秋氣之移奪，終感恩於篋中。

此賦序云："開元二十四年夏盛暑，（一有奉字）勑使大將軍高力士賜宰臣白羽扇，九齡與焉，竊有所感，立獻（一作進）賦曰。"則此賦是開元二十四年，他反對牛仙客入相，爲李林甫所譖，罷相，時值玄宗遣高力士賜宰臣白羽扇，有感而作。作者以白羽扇抒情，先寫白羽扇之受恩寵："惟衆珍之在御，何短翮之敢當！預竊恩於聖后，且見持於未央。"然後寫若効用得所，雖殺身而不忌，即使被捐棄，仍感恩不盡。表現了罷相後之心境，希望能再次進用。張九齡之賦清淡而有風致，胡應麟《詩藪》云："唐初承襲梁隋，陳子昂獨開古雅之源，張子壽首創清澹之派。"這是評其詩，然其賦與其詩之演變軌跡是一致的。

（四）李邕

李邕（公元六七八——七四七），生平事跡見《舊唐書》卷一百九十中、《唐書》卷二百零二本傳，字泰和，揚州江都（今江蘇揚州）人，注《文選》李善之子。武后末，授左拾遺。中宗時，擢秘書監，韋后亂政，坐與張柬之善，出爲南和令，又貶富州司户參軍。韋氏平，召拜左臺殿中侍御史，改户部員外郎，又貶崖州舍城縣丞。玄宗立，入爲户部郎中。因爲姚崇所惡，又出爲括州司馬，遷陳州刺史。或告其貪贓，貶遵化縣尉。後以軍功，累轉括、淄、滑三州刺史和汲郡、北海太守，世稱"李北海"。天寶六載爲李林甫殺害。邕

"重義愛士",直言敢諫,故屢遭貶遷。以文名天下,尤長於碑頌。《唐書·藝文志》著録其文集七十卷,已佚。明人輯有《李北海集》。其賦今存五篇,即《春賦》、《鬥鴨賦》、《日賦》、《石賦》和《鶻賦》。《春賦》、《鬥鴨賦》寫貴族之游樂生活,《日賦》詠日光之宏大,内容無多可取。比較有意義者爲《石賦》和《鶻賦》,皆借石與鶻以抒發其情志與抱負。如《石賦》開篇寫石之形狀:

> 代有遠游子,植杖大野,周目層巖,覩巨石而嘆曰:兹盤礴也,可用武而轉乎?兹峭峙也,可騰趠而登乎?觀其陵雲插峰,隱霄横嶂,峻削標表,汗漫儀狀。劃鎮地以周博,崛戴天而雄壯。默玄雲之暮起,赩丹霞之朝上。若使矗布長城,嶷聯高壁,遏西戎而分塞,截東胡而度磧,張九州之地險,蹙四夷之天隔;固可以眇絶驕子,遐阻勍敵,歸華夏之甲士,卻邊荒之羽檄。

寫巨石之氣勢磅礴,形態萬狀。然後歷述石之爲用,可以遏西戎,截東胡,可以布軍陣,作戰鼓,可以補天,可以填海。諸多用途,皆寓作者自己之心態與抱負。且云"鳥何恨而填海?山何言而望夫?徒以貞者不黷,堅者可久",表現了爲實現自己的抱負而堅貞不屈之精神。又《鶻賦》據高適之和作,知此賦作於邕爲滑州刺史時,其時他已六十餘,然既老不衰,仍希望被任用,"鶻"即其形象之寫照。如其寫鶻之勇猛豪氣云:

> 伊鷙鳥之雄毅,有俊體之超特。意凝緩而無營,體閒整而自得。陰沉其情(一作精),慘淡其色,固未足以異於衆禽也。夫一指一呼,一擊一搏,爲主之用,騁人之樂。凜然神動,翕然氣作。殞三窟之狡兔,斃五里之仙鶴。騰霄漢而風卷,透原野而星落。萬乘爲之顧眄,六軍爲之揮霍。歡聲動於天地,逸氣

靄於林薄。……故能連擊縱便,臨事莫違。一超雲以高舉,一隨物以低飛。驅逐妙於人智,促節合於兵機。禽雖小而不陋,獸雖捷而無依。或則九霄擊下,萬里(一作文)接來。風行電轉,月上雲開。乍差池而不中,終棄置而不回。彼俊異之英決,豈凝滯於嫌猜。

寫鶻形象之雄毅矯健,搏擊獵物英勇迅捷,淩霄漢,騰原野,逐狡兔,斃仙鶴,"驅逐妙於人智,促節合於兵機",無論何等狡捷的禽獸都逃不脱它的利爪,終被其捕獲。然而其"一指一呼,一擊一搏,爲主之用",皆効忠其主人。這些描寫都有作者自己之影跡在。李邕賦之特點是意象豪壯、剛勁,具有慷慨不平之氣。基本上是俳體,俳偶自然,氣韻流暢。

二、蕭穎士、李華、元結

蕭穎士、李華都是較早主張文風改革者,是文風改革之先驅。他們對駢儷文風不滿,主張以散易駢。意圖如此,具體寫作卻如彼;從他們遺存的賦篇看,則罕用古文,而多爲俳體。元結之作突破了駢偶句式,則與散文接近。

(一)蕭穎士

蕭穎士(公元七〇九——七六〇),生平事跡見《舊唐書》卷一百九十、《唐書》卷二百零二本傳及《唐詩紀事》卷二十一,字茂挺,潁州汝陰(今安徽阜陽)人。開元二十三年進士及第。釋褐金壇尉,歷仕桂林參軍、秘書正字、集賢校理。因被李林甫排擠,天寶八載調爲廣陵府參軍録事。十載調爲河南府參軍事。安史亂起,爲山南節度使源洧辟爲掌書記,授揚州功曹參軍,到任不久即棄去。乾元三年因歸葬先人,客死汝南。他與李華齊名,時稱"蕭李",提倡古文,尊經重道,自稱"平生屬文,格不近俗,凡所擬議,必希古人。魏晉以來,未嘗留意”(《贈韋司業書》,見《文苑英華》卷六百七十八)。他認爲詩賦應有“雅頌遺風”,論著當具“王化根源”(李華《揚州功曹蕭穎士文集序》)。後人輯有《蕭茂挺文集》一卷,系鈔本。《全唐文》卷三百二十二編録其文一卷,《全唐詩》卷一百五十四編録其詩一卷。今存賦十篇,即《登宜城故城賦》、《伐櫻桃樹賦》、《白鷴賦》、《庭莎賦》、《登臨河城賦》、《滯舟賦》、《愛而不見賦》、《聽早蟬賦》(律體)、《蓮蕊散賦》、《至日圜丘祀昊天上帝賦》(律體)等,其中以《登宜城故城賦》最負盛名。此賦題下注云:“丙申歲避地襄陽,見召掌節度書記陪幕府源公赴江陵作。”丙申是公元七五六年,即肅宗至德元年,是安史之亂爆發之次年。賦寫其登城樓産生的憂國懷鄉之感,陳述安史之亂爆發之過程及原因,並借歷史人物抒發其政治抱負。如其描寫安史之亂爆發之過程及原因云:

撫艱勤之此土,偶四海之承平。方神武之君臨,尚未遑於戢兵。警山戎之外虞,重燕代之專征。罄帑藏之實,窮千甲之精。陸隘幽冀,水填滄溟。其爲盛也,入師長於庶僚,出董率於連城。冢婦降於王姬,餘子超乎正卿。睚眦則浹日誅夷,攀附則累歲尊榮。玉帛車輿,鐘鼓臺亭,焕赫而鏗鍧。三十年中,初不戒其滿盈。終大都之偶國,逸漏網之奔鯨。潰亂河淇,虔劉汴滎。覆東洛,隳陝垌。抗靡堅陣,守無完營。呼吸三旬,遂至乎上京。爟燧燭於王宫,潼關爲之晝扃。既而將吏逋竄,烝民駭散。崩騰郡邑,空閴閭閈。荒凉我汝、穎,牢落我睢、涣。傳置載馳於商、鄧,兵符薦集於淮、漢。彼邦畿之尹守,藩牧之垣翰,莫不光膺俊選,踐履清貫,榮利溢乎姻族,繁華恣其侈玩,或拘囚就戮,或胥附從亂,曾莫愧其愚懦,又奚聞於殉難?甚乎!昔先王之經國,仗文武之二事。苟兹道之不墜,實經天而緯地。邦家可得而理,禍亂無從而至。今執事者反諸，而儒書是戲。蒐狩鮮備，忠勇翳鬱，澆風横肆，蕩然一變，而風雅殄瘁。故時平無直躬之吏，世難無死節之帥。其所由來者尚矣，不其哀哉！

寫唐王朝自開元、天寶以來，窮兵黷武，優寵邊將，安禄山尤被寵幸，"冢婦降於王姬，餘子超乎正卿。睚眦則浹日誅夷，攀附則累歲尊榮"，炙手可熱，權傾朝野。然一旦反叛，則"將吏逋竄，烝民駭散。崩騰郡邑，空闃閭閈"，文臣武將皆愚懦無能，毫無抵禦之能力，唐王朝立刻土崩瓦解。這一歷史事變給人的教訓是什麽？作者認爲是廢先王治國以"文武二事"，"故時平無直躬之吏，世難無死節之帥"，"蕩然一變，而風雅殄瘁"。最後與當時無死節之帥相對照，特别追懷諸葛亮爲興復漢室而堅貞不屈之精神，顯然是借以抒發自己之抱負。又其名作《伐櫻桃樹賦》是正面譏刺當朝權相李林甫者。賦序稱：天寶八載，遭降免，由集賢校理出爲廣陵府參軍，寓居紫極宫之道學館，廟庭之右，有大櫻桃樹，樹枝俯逼軒屏，中外斯隔，懼寇盗乘以窺窬，遂命伐之，"聊託興兹賦，以儆夫在位者爾"。辭云：

古人有言，芳蘭當門，不得不鋤。眷兹櫻之攸止，亦在物而宜除。觀其體異修直，材非棟幹。外陰森以茂密，中紛錯而交亂。先群卉以效諂，望嚴霜而凋换。綴繁英兮霰集，駢朱實兮星燦。故當小鳥之所啄食，妖姬之所攀玩也。

赫赫閟宇，玄之又玄。長廊霞截，高殿雲褰。實吾君聿修祖德，論道設教之筵。宜乎蒔以芬馥，樹以貞堅；莫匪夫松篠桂檜，茝若蘭荃。猗其美而在兹，爾何德而居焉。擢無用之瑰質，蒙本枝而自庇。汨群林而非據，專廟庭之右地。雖先寢而式薦，豈和羹之正味。每俯臨乎蕭牆，姦回得而窺覬。諒何惡之能爲,終物情之所畏。

於是命尋斧,伐盤根,密葉剥,攢柯焚。朝光無蔭,夕鳥不喧。肅肅明明,蕩乎階軒。嗟乎草無滋蔓,瓶不假器。苟恃勢而將偪,雖見親而益忌。譬諸人事也,則翼吞并於僭沃,魯出逐於强季。綝、峻擅而吴削,倫、冏專而晉墜。其大者虎遷趙嗣,鸞竊齊位。由履霜而莫戒,聿堅冰而洊至。嗚呼!乃終古覆車之軌轍,豈尋常散木之足議。

將李林甫比作大櫻桃樹,此樹"先群卉以效諂,望嚴霜而凋换",謂其先其他花卉而獻媚,見嚴霜即凋零。又"汩群林而非據,專廟庭之右地。雖先寢而式薦,豈和羹之正味",謂其竊取不該占有之地區,專擅廊廟之職位,阻塞進才之路,非理國之正道。最後引諸史事,説明權臣逼主,終至篡奪,作爲鑒戒。"由履霜而莫戒,聿堅冰而洊至",以履霜而堅冰至,喻當防微杜漸,及早將櫻桃樹伐掉,以免後患。凡所描寫都直接指向李林甫。

《伐櫻桃樹賦》是以物喻他人者,此外還有以物自喻之作,如《白鷳賦》、《庭莎賦》。《白鷳賦》是他被召赴京,在會稽見進貢之白鷳,有感而作。哀白鷳"無馴擾之近性"、"微妖姬之殊顔"而被羈以貢於宫室。《庭莎賦》因見廳階下之莎草任人們踐踏,聯想到自己被權勢者所排擠,因而借以抒發自己之懷才不遇、憤慨不平。蕭穎士之賦保持着駢儷之風,兼用散句,故有自然流轉之致。

(二)李華

李華(公元七一五——七六六),生平事跡見《舊唐書》卷一百九十一、《唐書》卷二百零三本傳及《唐詩紀事》卷二十一,字遐叔,趙州贊皇(今河北贊皇縣)人。開元二十三年進士及第,天寶二載登博學宏詞科。釋褐南和尉,擢秘書省校書郎。十一載任監察御史,因執法嚴正,爲奸黨所嫉,改任右補闕。安史亂起,護母逃避,爲叛軍所虜,受僞鳳閣舍人。安史亂平,貶杭州司户參軍。廣德二年,梁國公李峴領選江南,辟其入幕府,擢檢校吏部員外郎。大曆元年卒。李華與顔真卿、獨孤及、賈至、柳芳等友善,共同推動古文創作。獨孤及稱其爲文"本乎王道,大抵以五經爲泉源","雖波瀾萬變,而未始不根於典謨"(見獨孤及《毘陵集》卷三十《趙郡李公中集序》)。有《李遐叔文集》四卷傳世。今存《含元殿賦》、《望瀑泉賦》、《哀節婦賦》、《木蘭賦》四篇,其中以《含元殿賦》最有名,原文很長,不便備録,僅引其描寫宫殿建築一段爲例:

> 其始也,星鎚電交於萬堵,霜鋸冰解於千尋。擁材爲山,欑杵如林。乃占日月之吉,以成帝室,雄(一作虹)梁勁於中楹(一作極),榱桷戢以礱密。析(一作折)姑繇以爲楹,隳喬山以爲礩。飛重檐以切霞,炯素壁以留日。神標峻樀,鬼疊曾(一作層)楣。高卑迭拒,尋尺相持。木從繩而後正,棟操宇而不危。階瑩冰級,瓦敷鱗差。蕩晶景而升降,欻睒睗以交輝。聳大廈之奇傑,勢將頓而復飛。爰詔有司,練日推時。徵考室於周詩(一作頌),會公卿以落(一作發)之。丕赫哉!如俯如跂,若會(一作合)若離。森修邃以窅徼,恍業騃而巖巍。謂衝飈激海兮,漩瀠淪以無底,奔雷觸山兮,掉巘崿而傾攲。

寫含元殿之巍峨豪華,皆所以主文而譎諫,蕭穎士稱其在"景福之上,靈光之下"(李肇《國史補》卷上),認爲其高於何晏之《景福殿賦》,低於王延壽之《魯靈光殿賦》。從其描寫物象和内容看,確是如此。此賦皆用工整之駢句,這與他主張用文賦之句法相左。這種文學主張與寫作實踐不一致,與蕭穎士、獨孤及是相同的。

《木蘭賦》是一篇精美的抒情之作。序云:華容石門山有木蘭樹,鄉人伐以爲薪。縣令李韶見而止之,謂此木能去風熱,明耳目,

遠近采之,幹剖枝分,殆枯槁矣。感而賦之。云:

泝長江以遐覽,愛楚山之寂寥。山有嘉樹兮名木蘭,鬱森森以苕苕,當聖政之文明,降元和於九霄。更祲沴之爲虐,貫霜雪而不凋。白波潤其根柢,玄雪暢其枝條。沐春雨之濯濯,鳴秋風以蕭蕭。素膚紫肌,緑葉緗蒂。疎密聳附,高卑蔭蔽。華如霜雪,實若星麗。節(一作氣)勁松竹,香濃蘭桂。宜不植於人間,聊獨立於天際。徒翳薈兮爲鄰,挺堅芳兮此身。嘉名列於道書,墜露飲乎騷人。至若靈(一作如雲)山霧歇,藹藹林樾。當楚澤之晨霞,映洞庭之夜月。發清明於視聽,洗煩濁於心骨。韻衆壑兮空峒,澹微雲兮滅没。露草白兮山淒淒,鶴既唳兮猿復啼。窅深林以冥冥,覆百仞之玄谿。彼逸人兮有所思,戀芳陰兮步遲遲。悵幽獨兮人莫知,懷馨香兮將爲誰?惋樵父之無惠,混衆木而皆盡。指畫類而揮斤,遇仁人之不忍。方甘心而剿絶,俄固抵於傾殞。憐春華而搴芳,顧落日而回軫。達者有言,巧(一作功)勞智憂,養命蠲疫(一作疾),人胡不求?枝殘體剥,澤盡枯留。顑頷空山,離披素秋。鳥避弋而高翔,魚畏網而深游。不材則終其天年,能鳴則免於俎羞。奚此木之不終,獨隱見而罹憂。自昔論(一作淪)芳於朝市,墜實於林丘。徒鬱咽而無聲,可勝言而計籌者哉!

此賦應是他因任安禄山僞職,被貶後所作,是借詠木蘭樹以抒慨。寫木蘭之花與實俱美,節比松竹,香擬蘭桂,且能"發清明於視聽,洗煩濁於心骨","養命蠲疫",有益於人之身心。然卻被采伐得"枝殘體剥,澤盡枯留",這自然引起作者的同情與深思:"彼逸人兮有所思,戀芳陰兮步遲遲。悵幽獨兮人莫知,懷馨香兮將爲誰?"是作者借木蘭抒發其幽獨不被人理解,心懷抱負不得施展之悲痛。

篇末從老莊思想中求得解脱:“死生同域,紜紜品物,物有其極。至人者,委性循於自然,寧任夫智之與力也。雖賢愚各全其好,草木不夭其生植(一作殖)。已而! 已而! 翳不可得。”亦無可奈何之論也。抒情而兼議論,乃盛唐賦之新變。此外,《望瀑泉賦》是賦寫廬山瀑布,《哀節婦賦》是歌詠死於袁晁起義中之婦女。皆抒情之作。

(三)元結

元結自稱“浪士”“漫叟”“聱叟”,其《自釋》(見《唐書》本傳)一文解釋爲“不從聽於時俗,不鉤加於當世”,即遺世抗俗之意。爲文主張淳古淡泊,以矯正當時華美虚浮之風。然矯枉過正,不免有生澀古奥、詰屈聱牙之弊。晁補之云:“結性耿介,有憂道閔俗之意。天寶之亂,或仕或隱,自謂與世聱牙,故其見於文字者,亦沖澹而隱約,譬古鐘磬,不諧於里耳,而詞義幽眇,玩之翛然,若有塵外之趣云。”(見朱熹《楚辭後語》録《引極》之題解引)作有《説楚何荒王賦》、《説楚何惑王賦》和《説楚何惛王賦》三篇。所謂荒王、惑王、惛王即指楚王之荒於游樂、惑於聲色、惛於國政。皆託古代君臣問答以議論楚國諸般禍亂現象,意在爲玄宗時亂政之鑒戒。如《説楚何惛王賦》中記叙野有忠臣,僞爲齊客勸諫楚王一段云:

> 野有忠臣,負符矯謁,僞爲齊客,紿而證曰:“臣入君王之封域,見君王之風化,踟躕路隅,不覺泣下。或聞哀號,或聞悲呼,訊於閭里,必鰥寡惸孤。或見凶侈,或見驕奢,訊於左右,必公侯之家。”客説未已,臣何惛王曰:“然乎謂何?”對曰:“意君王不知,忠正不植,奸佞駢生。能焇殄仁惠,冒蓋聰明,令巧媚得口爲矛戟,令奸凶得心爲甲兵。此皆明跡甚於鬼神,發機有若雷霆。實畏君王已匑於牢圈,實恐君王已暴夫乾枯。君王如何不是念乎? 臣恐楚國化爲荒野,臣恐君臣不如犬馬。”

臣何惛王於是眄容而慚,撫身而哀,仰爲客曰:“君幸憐之,得無戒哉!”“君王爲臣化心,心化身,身化人。嗚呼!遞化之道,在制於内外。外之入也,有視聽言聞,内之出也,有性情嗜欲,出入相應,必有禍福。”臣何惛王聞之,宴居化心,諷頌斯言,終身爲箴。遂罷已成之事,寢未成之謀,廢所賈之官,復所鬻之弧。敢諫者侯,贊謀者誅。

齊客勸諫楚王的意義不在於他所提出的治理社會動亂之措施,而在於他揭露了楚國鰥寡惸孤的哀號、悲呼和公侯之家的凶侈、驕奢之社會矛盾,在於他揭露了楚國“忠正不植,奸佞駢生。能焇殆仁惠,冒蓋聰明,令巧媚得口爲矛戟,令奸凶得心爲甲兵”之政治腐敗。而這正是唐代玄宗時禍亂之寫照。託爲寓言,而憂在當世,即劉熙載所云“雖若憤世太深,而憂世正復甚摯”(《藝概》卷一《文概》)也。通篇用問答體,雖爲賦,而實近於文。此外,《元謨》、《演謨》、《系謨》及《引極》雖文體近騷,但篇題未着賦字,故不在論述之例。

獨孤及與蕭穎士、李華同時提倡古文,也有賦作,即《夢遠游賦》。此賦主要是批評唐時那般沽名釣譽、竊取權柄者輩。體式以議論爲主,假託夢境,以真爲幻,寓意深廣。獨孤及之多發議論與元結之采用問答體,説明他們所作突破了駢偶句式而向散體轉化。

三、王維、李白、杜甫、錢起等

盛唐時期之賦家,還有王維、李白、杜甫和高適、岑參諸人,他們各以其創作成就豐富着唐代文壇。

(一)王維

王維多才藝,擅書畫、音樂,詩文兼善各體,爲唐時一代文宗。其賦今有《白鸚鵡賦》,爲律體,題下注云“以‘容日上海孤飛色媚’爲韻”,詠鸚鵡極盡形容之妙。如其辭云:

若夫名依西域，族本南海。同朱喙之清音，變緑衣於(一作而)素衫。唯兹禽之可貴，諒其美之斯在。爾其入翫於(一作以)人，見珍奇質。狎蘭房之妓女，去桂林之雲日。易喬枝於(一作以)羅袖，代危巢於(一作以)瓊室。慕侶方遠，依人永畢。託言語而雖通，顧形影而非匹。經過珠網，出入金鋪。單鳴無應，隻影長孤。偶白鷴於池側，對皓鶴於庭隅。愁混色而難辨，每(一作願)知名而自呼。明心有識，懷恩(一作無)何極。芳樹絶想，雕梁撫翼。時銜花而不言，每投人以方息。慧性孤稟，雅容非飾。含火德之明暉，彼金方之正色。至如海鷰呈瑞，有玉筒(一作篋)之可依。山雞學舞，向瑶(一作寶)鏡而知歸。皆毛羽(一作羽毛)之偉麗，奉日月之光輝。豈憐兹鳥，地遠形微。色凌紈質，彩奪繒衣。深籠久閉，喬木長違。倘見借於(一作其)羽翼，與遷鶯而共飛。

寫鸚鵡以清音、素彩爲人們所珍貴，一旦"易喬枝於羅袖，代危巢於瓊室"被人們收養，便"慕侶方遠，依人永畢"，"單鳴無應，隻影長孤"，形單影隻，失去伴侶，惟"時銜花而不言，每投人以方息"，只能供人們玩賞。它不滿於"深籠久閉，喬木長違"之處境，希望"倘見借於羽翼，與遷鶯而共飛"，掙脱牢籠，憑自己的羽翼自由飛翔。所寫具有詩情畫意，是詠物賦之佳作。

王維還有《山中人》一篇，被朱熹收入《楚辭後語》中，被看做是騷賦，寫隱士在山中隱居之生活。其辭云：

山寂寂兮無人，又蒼蒼兮多木。群龍兮滿朝，君何爲兮空谷。文寡和兮思深，道難知兮行獨。悦石上兮流泉，與松間兮草屋。入雲中兮養鷄，上山頭兮抱犢。神與棗兮如瓜，虎賣杏兮收穀。愧不才兮妨賢，嫌既老兮貪禄。誓解印兮相從，何詹尹兮可卜?

這位隱士"文寡和"、"道難知",不得意於當時,自愧以不才妨賢,既老貪禄,因而決心解印歸山,何求卜於詹尹,表現了滿腔憤慨和對前途之渺茫。此亦作者自己思想感情之抒發。這是一篇標準的騷賦,句式猶如屈原《九歌》,内容好似淮南小山《招隱士》。

(二)李白

李白以詩歌創作輝煌於唐代,同時也有賦作傳世,其傳世之賦如《大鵬賦》、《明堂賦》、《大獵賦》、《惜餘春賦》、《愁陽春賦》、《悲清秋賦》和《劍閣賦》等。這些賦既有沿襲漢代文賦之軌跡,又有騷賦、駢賦之韻調和散文之暢達,體式多樣,不拘一格,文筆縱逸,氣勢豪邁。如《大鵬賦》序稱:"予昔於江陵,見天臺司馬子微,謂余有仙風道骨,可與神游八極之表,因著《大鵬遇希有鳥》賦以自廣。"他以大鵬自喻,以希有鳥喻司馬子微,表現其脱落塵俗,在寥廓太虛中自由翱翔之精神。如其寫大鵬翱翔太虛之境云:

> 南華老仙發天機於漆園,吐崢嶸之高論。開浩蕩之奇言,徵至怪於齊諧。談北溟之有(一作巨)魚,吾不知其(一無其字)幾千里。其名曰鯤,化成大鵬,質凝胚渾。脱修鱗(一作鬐鬣)於海島,張廣翅(一作羽毛)於塞門(一作天門)。刷渤澥之春流,晞扶桑之朝暾。烜赫(一作赫燮)乎宇宙,憑凌乎崑崙。一鼓一舞,烟蒙沙昏。五嶽爲之震蕩,百川爲之沸騰(一作崩奔)。爾乃蹶巨壑(一作厚地),陵(一作揭)上清(一作太清)。左回右旋,倏陰忽明。激三千以崛起,搏九萬而迅征。背岌泰山之崔嵬,翼舉垂(一作長)天之縱横。簸鴻濛,扇雷霆。斗轉而天動,山摇而海傾。怒無所搏,雄無所爭,固可想象其勢,髣髴其形。

既寫大鵬之雄偉氣魄，又寫其翺游之樂。最後，希有鳥謂之曰："偉哉鵬乎！若此之樂也。吾左翼掩乎東極，右翼蔽乎西荒。跨躡地絡，周旋天綱。以恍惚爲巢，以虛無爲場。我呼爾游，爾同我翔。"大鵬欣然相隨，於是"此二禽已登於寥廓，而尺鷃之輩空見笑於藩籬"。大鵬追求絶對精神之自由及其與希有鳥共同對世俗之鄙視，正是李白與司馬子微心理狀態之表露。《大獵賦》描寫帝王狩獵，氣勢豪邁，景象闊大，如：

> 君王於是撞鴻鐘，發鑾音，出鳳閣，開宸襟。駕玉輅之飛龍，歷神州之層岑。游五柞兮瞰三危，挾細柳兮過上林。攢高牙以總總，駐華蓋之森森。於是擢倚天之劍，彎落月之弓。崑崙叱兮可倒，宇宙噫兮增雄。河漢爲之卻流，川嶽爲之生風。羽毛揚兮九天絳，獵火燃兮千山紅。

最後曲終奏雅："俄而君王茫然改容，愀若有失，居安思危，防險戒逸。"所謂勸百諷一也。又《明堂賦》是頌美明堂之作，意義不大。然這兩篇賦皆取法漢賦體制而有所變化。祝堯《古賦辨體》即云："太白《明堂賦》從司馬、揚、班諸人之賦來。氣豪辭艶，疑若過之，若論體格，則不及遠甚。蓋漢賦體未甚俳，而此篇與後篇《大獵》等賦，則悦於時而俳甚矣。""氣豪辭艶"是李白賦的風格，體制"俳甚矣"則是受時風之影響。

李白的賦作真正有價值者，是那般抒情小賦。這類抒情短制，能以生動、流暢的俳句熔鑄古今，創制新格，清新自然，情景俱佳。如《惜餘春賦》：

> 天之何爲令北斗而知春兮，回指於東方。水蕩漾兮碧色，蘭葳蕤兮紅芳。試登高而望遠，極雲海之微茫。魂一去兮欲斷，淚流頰兮成行。吟清風而詠滄浪，懷洞庭兮悲瀟湘。何余

心之縹緲兮,與春風而飄揚。飄揚兮思無限,念佳期兮莫展。平原萋兮綺色,愛芳草兮如剪。惜餘春之將闌,每爲恨兮不淺。漢之曲兮江之潭,把瑶草兮思何堪?想游女於峴北,愁帝子於湘南。恨無極兮心氲氲,目眇眇兮憂紛紛。披衛情於淇水,結楚夢於陽雲。春每歸兮花開,花已闌兮春改。歎長河之流速,送馳波於東海。春不留兮時已失,老衰颯兮逾疾。恨不得掛長繩於青天,繫此西飛之白日。若有人兮情相親,去南國兮往西秦。見游絲之横路,網春輝以留人。沈吟兮哀歌,躑躅兮傷别。送行子之將遠,看征鴻之稍滅。醉愁心於垂楊,隨柔條以糾結。望夫君兮咨嗟,横涕淚兮怨春華。遥寄影於明月,送夫君於天涯。

這是一篇傷春送别之作。寫春已暮,花將闌,愁無限,此時此際送别行人,不僅送别者之"心氲氲"、"憂紛紛",至於"魂一去兮欲斷,淚流頰兮成行";自然景物也留戀不舍,"游絲横路"、"春輝留人"。然千里相送,終須一别,故"望夫君兮咨嗟,横涕淚兮怨春華。遥寄影於明月,送夫君於天涯"。抒發了生離亦猶死别之恨。

《愁陽春賦》、《悲清秋賦》也都是寫傷心送别之作,只是送别的季節不同,因而景物也有别,如寫陽春時節"若乃隴水秦聲,江猿巴吟。明妃玉塞,楚客楓林。試登高而望遠,痛切骨而傷心",這些聲色景物,都足以使送别者骨折而心驚。如寫清秋時節"荷花落兮江色秋,風嫋嫋兮夜悠悠。臨窮溟以有羡,思釣鼇於滄州","歸去來兮,人間不可以託些,吾將采藥於蓬丘",謂告别人間,去求仙。三篇皆寫離别,然思想情感卻有"惜""愁""悲"之别,各有側重,亦見其構思之妙。其體格、句式皆受楚辭之影響,是優秀的騷體賦。又其《劍閣賦》也頗具特色:

咸陽之南直望五千里,見雲峰之崔嵬。前有劍閣横斷,倚青天而中開。上則松風蕭颯瑟颸,有巴猿兮相哀。旁則飛湍走壑,灑石噴閣,洶湧而驚雷。送佳人兮此去,復何時兮歸來?望夫君兮安極?我沉吟兮嘆息。視滄波之東注,悲白日之西匿。鴻别燕兮秋聲,雲愁秦兮暝色。若明月出於劍閣兮,與君兩鄉對酒而相憶。

詠劍閣之險要,寫法有似《蜀道難》,如云"送佳人兮此去,復何時兮歸來"猶《蜀道難》之"問君西游何時還";如"望夫君兮安極"猶《蜀道難》之"側身西望長咨嗟"意。《蜀道難》中西游之"君"是諷章仇兼瓊,那末此賦之"佳人"亦當有所諷,非單純詠劍閣也。賦中有"上則"和"旁則"等語,是擬漢賦體式,其中雜用"兮"字,是楚騷句法,形式多變,顯示此期之賦不拘一格,别有風致。對李白之作,殷璠《河嶽英靈集》卷上評云:"其爲文章,率皆縱逸。至如《蜀道難》等篇,可謂奇之又奇,然自騷人以還,鮮有此體調也。"這雖然是評其詩,但他的一些歌行體長詩,在句法、體格上與賦很相似,與其賦無何區别,因此用來評其賦也是確當的。

(三)杜甫

杜甫詩歌創作成就之輝煌亦如李白,同時也很重視辭賦創作。他自稱爲文要"熟精《文選》理","應須飽經術,己似愛文章",則他對辭賦之寫作自然是很擅長了。天寶十載,他進三大禮賦:《朝獻太清宫賦》、《朝享太廟賦》、《有事南郊賦》,玄宗奇之,命待制集賢院,十三載,復進《封西嶽賦》,命宰相試文章,他受到的恩寵,令他終生難忘。但這些作品内容不可取,形式又皆模擬漢賦,並無特色。獨具特色者是其《鵰賦》和《天狗賦》。與李白《大鵬賦》中大鵬形象取自《莊子》者不同,杜甫筆下鵰之形象,乃其匠心之創造。其《進鵰賦表》云:"(臣)以爲鵰者,鷙鳥之殊特,搏擊而不可當。

豈但壯觀於旌門,發狂於原隰?引以爲類,是大臣正色立朝之義也。臣竊重其英雄之姿,故作此賦。”是以鵰喻立朝正直之臣。如開端寫鵰之雄俊勇悍:

> 當九秋之凄清,見一鶚之直上。以雄材爲己任,横殺氣而獨往。梢梢勁翮,肅肅逸響。杳不可追,俊無留賞。彼何鄉之性命,碎今日之指掌。伊鷙鳥之累百,敢同年而爭長。此鵰之大略也。

總叙鵰騰飛之剛勁,疾不可追,攫物如神。又寫其氣質神采:

> 夫其降精於金,立骨如鐵,目通於腦,筋入於節。架軒楹之上,純漆光芒;掣梁棟之間,寒風凛冽。雖趾蹻千變,林嶺萬穴,擊叢薄之不開,突杈枒而皆折,又有觸邪之義也。久而服勤,是可吁畏。必使烏攫之黨,罷鈔盗而潛飛;梟怪之群,想英靈而遽墜。豈比乎虚陳其力,叨竊其位,等摩天而自安,與槍榆而無事者矣。

摹其形狀,擬其神采,稱其魄力,形象生動逼真。謂其“有觸邪之義”者,即“必使烏攫之黨,罷鈔盗而潛飛;梟怪之群,想英靈而遽墜”,以喻立朝之臣以正氣矯奸也。“虚陳其力,叨竊其位”乃譏刺當時素餐尸位之輩。此作者所以“重其有英雄之姿”者。故作者雖寫鵰鶚,卻繫人事。其中有流蕩之散句,又有工整之俳句,以散御俳,蒼勁有力。仇兆鰲云:“公三上賦而朝廷不用,故復託鵰鳥以寄意。其一種慷慨激昂之氣,雖百折而不回。全篇俱屬比喻,有悲壯之音,無乞憐之態。三復遺文,亦當横秋氣而厲風霜矣。”(見《杜詩詳注》卷二十四)

又其《天狗賦》序云:“天寶中,上冬幸華清宫,甫因至獸坊,怪天狗院列在諸獸院之上,胡人云:此其獸猛健無與比者。甫壯而賦

之,尚恨其與凡獸相近。”亦借天狗以寄慨。如開端寫華清宫獸坊及天狗之猛健:

> 澹華清之莘莘漠漠,而山殿戍削,縹焉天風,崛乎回薄。上揚雲旓兮,下列猛獸。夫何天狗嶙峋兮,氣獨神秀。色似狻猊,小如猿狖。忽不樂雖萬夫不敢前兮,非胡人焉能知其去就。向若鐵柱攲而金鎖斷兮,事未可救。瞥流沙而歸月窟兮,斯豈踰晝。日食君之鮮肥兮,性剛簡而清瘦。敏於一擲,威解兩鬥。終無自私,必不虚透。

謂天狗“氣獨神秀”,與衆獸不同,故狗院列在諸院之上。食肥身瘦,言其形態之特異,一擲解鬥,稱其才力之雄健。無自私、不虚透,即下文“不愛力以許人兮,能絶甘以爲大”意,表現天狗能力之非凡,有俠士之風。篇末寫天狗雖能力超群,卻不被重用:

> 使昊處而誰何兮,備周垣而辛酸。彼用事之意然兮,匪至尊之賞闌。仰千門之峻嶒兮,覺行路之艱難。懼精爽之衰落兮,驚歲月之忽殫。顧同儕之甚少兮,混非類以摧殘。偶快意於校獵兮,尤見疑於蹻捷。此乃獨步受之於天兮,孰知群材之所不接。且置身之暴露兮,遭縱觀之稠疊。俗眼空多,生涯未愜。吾君倘憶耳尖之有長毛兮,寧久被斯人終日馴狎已。

謂天狗曾蒙君主賞識,由於受當事者之阻抑和群獸之猜忌,而被扃閉於天狗院中。從此君門萬里,歲華虚擲,孤立摧殘,良可傷已,因而興“俗眼空多,生涯未愜”之嘆。其中含有杜甫擔憂老而不被任用之慨。通篇用騷體句式,雜以散文句法,故能抑揚頓挫,一氣貫注。仇兆鰲云:“此騷賦格也,篇中畫然四大段,或叙或斷,有開有闔,與集内五古諸詩局勢相似。”(見《杜詩詳注》卷二十四)杜甫這類賦與詩混通爲一,可謂亦詩亦賦。

（四）錢起

錢起（公元七二〇？——七八三?），生平事跡見《舊唐書》卷一百六十八《錢徽傳》、《唐書》卷二百零三《盧綸傳》及《唐詩紀事》卷三十、《唐才子傳》卷四，字瑞文，吴興（今浙江湖州）人。天寶九載進士及第，釋褐授秘書省校書郎。乾元二年任藍田尉，與隱居終南山的王維過從甚密，互相酬唱。廣德二年後入朝任職，歷官祠部員外郎、司勛員外郎、考功員外郎。約卒於建中、貞元之間。肅宗、代宗時，他詩名藉甚，與盧綸、吉中孚、韓翃、司空曙、苗發、崔峒、耿湋、夏侯審、李端並稱大曆十才子。有《錢考功集》十卷傳世。今存賦十二篇，皆律體。他是專作律賦之人，其重要者如《晴皋鶴唳賦》、《千秋節勤政殿舞馬賦》、《圖功臣賦》、《潢汙賦》（此賦未注明限韻，亦應看做律賦）、《尺波賦》等。其《晴皋鶴唳賦》以"警露清野高飛唳天"爲韻云：

回野遠色，寒空繁聲。眺莫媚於雨霽，聆何長於鶴鳴。孤飛而天下(疑作宇)澄曠，獨立而霜皋砥平。對明景(一作對明月)之逾秀，遡晨風而自清。炯爾體空，冷然響遰。疑磬發而珮搖，若霜標而雪麗。林鷳之皓色難比，雲雁之青音罕繼。雖居下而在幽，亦高聞而遠唳。或引或罷，以游以遨，顧塵寰而不雜，仰天路而飛高。懿夫秉心清迥，稟質貞素，偶影思侶，矜容舉步。忘機遂性，豈思寵於乘軒；遠害全軀，每勞心於警露。聽閑兮易感，聲怨兮難度。非陸氏之無聞，想王生之可慕。原其翔集玄圃，騰騫翠微，睨蓬壺而易感，冒江海而懸飛。情慕必止，心徂匪違。或群翔而反顧，或孤賞而忘歸。厭仙府而舉華亭，思鳴皋而適緑野。爰捧日以遐騖，遂淩烟而獨下(一作於獨夜)。晴皋曙兮邈矣靜，皓鶴鳴兮杳何永。俄度曲於澗瀨，乍迷影於雲景。聞幽而音響清越，觀麗而羽儀閒整。何霽野之無人，獨仙禽之虛警。

賦題取自《詩・小雅・鶴鳴》："鶴鳴於九皋。"開端數句總括晴皋鶴唳，破題。然後寫其高飛唳天："或引或罷，以游以遨。顧塵寰而不雜，仰天路而飛高。"進而寫其品性："秉心清迥，稟質貞素，偶影思侶，矜容舉步。忘機遂性，豈思寵於乘軒；遠害全軀，每勞心於警露。"任情遂性，不求寵愛，避禍遠害，唯在全生。雖爲詠物，實則有深刻之含義。又其《尺波賦》以"水澹幽色風初起波"爲韻，描寫徑尺之波云：

觀其日色遥臨，風生未已。圓規可驗，疑沉璧之舊痕；前後相侔，若浮書而競起。跡疊相近，萍縈有餘。促漣漪之散漫，擁跳沫以虛徐。流脉中移，類蠖影求伸之際；浮光上透，若雪華呈瑞之初。湧以回回，馳乎澹澹。始群分而下瀨，將積少以習坎。生而有準，動必若浮。如投石以花散，等覆杯而跡幽。

繪貌繪神，精細工巧，極盡形容之妙。李調元《賦話》評"流脉中移"以下四句爲"妙緒繭抽，巧思綺合"。其實豈僅此四句，通篇又何嘗不然。

要之，王維、錢起諸作，皆律賦之上乘。

此期之賦作者還有高適、岑參諸人。

（五）高適

高適賦今存三篇，即《東征賦》、《蒼鷹賦》與《奉和鶻賦》。《東征賦》序稱"歲在甲申"，甲申是天寶三年，因知是該年所作。賦體擬班彪之《北征賦》和曹大家之《東征賦》，叙述其自睢陽（梁），經酇縣、符離、靈壁、彭城、泗水、盱眙、淮陰至襄賁（漣上），根據沿途之歷史文化抒發感慨。先寫隋煬帝荒淫失國，然後依次寫蕭何、曹操、項羽、徐偃王、義帝和韓信等事跡，發思古之情，最後借景抒懷。如其寫隋煬帝荒淫失國事：

> 出東苑而遂行，沿濁河而兹始，感隋皇之敗德，劃平原而爲此。西馳洛汭，東並淮涘。地豁天開，川流波委。六宫景從，千官邐迤。龍舟錦帆，照耀乎數千里。大駕將去，群盜日起。尸禄者卷舌而偷生，直諫者解頤而後死。寄腹心於梟獍，任手足於蛇虺。既受殺於匹夫，尚興疑於愛子。豈不爲窮力役於征戰，務淫逸於奢侈？六軍悲牧野之師，萬姓哭遼陽之鬼。嗟顛覆於曩日，指年代於流水。唯見長亭之烟火，悲曠野之荆杞。

寫其沿運河而行，引發對隋煬帝當年倒行逆施行爲及荒淫奢侈生活之聯想，正是這些作爲導致天下騷亂，終使王朝覆亡。這類描寫明顯有述古鑒今之意義。最後對景感懷：

> 越龜山而訪泊，入漁浦而待潮。鴻雁飛兮木葉下，楚歌悲兮雨瀟瀟。霜封野樹，冰凍寒苗。岸草無色，蘆花自飄。幸息肩於人事，願投跡於漁樵。思魏闕而天遠，向秦川而路遥。

表達其要浪跡江湖、隱居山林之願望。結云："吾今不知其所如者哉！"何去何從，不知所歸，流露了一種渺茫、失落之感。又其《奉和鶻賦》是和李邕《鶻賦》而作。序云："天寶初，有自滑臺奉太守李公《鶻賦》以垂示適，越在草野，才無能爲，尚懷知音，遂作《鶻賦》。"説明他當時被棄置草野，懷才不得施展，引李邕爲知音，因作此賦。賦之開端總叙鶻之神貌，次以鶻比李，最後自比。其總叙鶻之神貌云：

> 夫何鶻之爲用，置之則已，縱之無匹。懷果斷之沉潛，任

性情之敏疾。頭小而鋭，氣雄而逸。貌耿介以淩霜，目精明而點漆。想象邈遠，孤貞深密。將必取而乃回，若受詞而勿失。當白帝之用事，入青雲而委質。乃狥節以勃然，因指縱而挺出。

謂鶻之品性剛毅果斷，氣度雄逸非凡。作者以詠鶻抒情，以鶻比李，但更重要者是自比，抒一己之情。如云：

別有横大海而遥度，順長風而一寫。投足眇於巖巔，脱身逸於弋者。冰落落以凝閉，雪皚皚而飄灑。諒堅鋭之特然，寧苦寒以求捨？匪聚食以祈滿，聊擊鮮而自假。比玄豹之潛形，同幽人之在野。矧其升巢絶壁，獨立危絛，心倏忽於萬里，思超遥於九霄。豈外物之能慕，曷凡禽之見邀？則未知鴛鷺之所適，孰與夫鵬鷃兮逍遥云爾哉！

借詠鶻抒發其對自身處境不滿，表現了傲岸不群的精神。又其《蒼鷹賦》描寫蒼鷹之勇猛氣概，與本篇有相似處。總觀高適之賦，基本上是俳體，而有剛勁豪邁之風。

（六）岑參

岑參之賦今僅存一篇，即《感舊賦》，或謂《招北客文》亦是其一篇長賦，然該文題未標“賦”字，故不列在賦體之例。《感舊賦》據聞一多《岑嘉州繫年考證》定爲天寶二年作。其序稱：“國家六葉，吾門三相矣。江陵公爲中書令輔太宗，鄧國公爲文昌右相輔高宗，汝南公爲侍中輔睿宗，相承寵光，繼出輔弼。……逮乎武后臨朝，鄧國公由是得罪，先天中，汝南公又得罪，朱輪華轂如夢中矣。……參年三十，未及一命，昔一何榮矣，今一何悴矣！直念昔者爲賦云。”謂其家一門三相，榮寵極矣。今則皆得罪被戮，自己年三十，未獲一職，家道何其衰也。一盛一衰，引發無限感慨。此賦

即歷叙其家世之升沉和自己長久不遇之悲痛。如寫其伯父岑羲輔國,爲群小所讒毁,得罪於國君,被放逐之情況:

嗟乎!一心弼諧,多樹綱紀,群小見醜,獨醒積毁,鑠於衆口,病於十指,由是我汝南公復得罪於天子。當是時也,偪側崩波,蒼黄反覆;去鄉離土,隳宗破族;雲雨流離,江山放逐。愁見蒼梧之雲,泣盡湘潭之竹;或投於黑齒之野,或竄於文身之俗。

然後發爲感嘆:

嗚呼!天不可問,莫知其由,何先榮而後悴,曷曩樂而今憂?盡世業之陵替,念平昔之淹留。嗟予生之不造,常恐墮其嘉猷。志學集其荼蓼,弱冠干於王侯。荷仁兄之教導,方勵己以增修。無負郭之數畝,有嵩陽之一丘。幸逢時主之好文,不學滄浪之垂釣。我從東山,獻書西周,出入二郡,蹉跎十秋。多遭脱輻,累遇焚舟,雪凍穿屨,塵緇弊裘。嗟世路之其阻,恐歲月之不留。睠城闕以懷歸,將欲返雲林之舊游。

無可奈何而呼天,天不可問,又回到現實中來。現實是自己獻書東都,蹉跎十載而不被任用,貧困潦倒,無所依歸,序稱"金盡裘敝,蹇而無成,豈命之過歟",抒發了茫然無所措之情感。此賦文辭流暢,對偶工整,而無藻飾之風,是抒情之佳作。

總觀盛唐時期之賦,比初唐有新的變化,即題材更廣泛多樣,語言平易流暢,風格自然渾成,抒情狀物皆能創造生動、鮮明之意象。

第三節　中唐時期

唐代之賦發展到中唐更加繁榮了。當時由於古文運動之興起,士人們多競作古文,因而出現了以文爲賦之情況,成爲新體文賦。韓愈可爲這一派之代表。又騷賦到中唐受古文寫作風潮和駢文革新之影響,使其抒懷、寫志、諷時之傳統得到進一步發展。柳宗元可爲這一派之代表。又當時科舉考試用律賦已成定制,士人們刻意追求,鑽研揣摩成風,促使律賦創作大盛。白居易、元稹可爲這一派之代表。當然這是大體之分别,實際還有其他各種賦體出現,形成賦壇上豐富多彩之局面,爲賦體之革新和發展作出了較大的貢獻。

一、韓愈、李翺、皇甫湜等

(一)韓愈

韓愈是文體改革之主要人物。其改革文體是在繼承周秦以來散文的傳統,並借鑒駢文、辭賦的寫作經驗的基礎上完成的,因此能突破文體固有的類别,進行新的創造。如他以文爲詩,也以文爲賦,又其爲文多用偶句,並時而用韻。就賦而言,有騷體、文賦,也有以文爲主而間以騷句者。然皆運之以散文氣勢和韻調。今存賦五篇,即《復志賦》、《感二鳥賦》、《閔己賦》、《别知賦》和應試之律體《明水賦》。其中以《復志賦》最負盛名。此賦序云:"愈既從隴西公平汴州,其明年七月,有負薪之疾,退休於居,作《復志賦》。"隴西公即董晉。韓愈於貞元八年登進士第,其間未曾獲任何官職,十二年爲董晉之汴州觀察推官,明年以疾辭,退休於居,作此賦以抒懷。賦之開端云:

> 居悒悒之無解兮,獨長思而永嘆。豈朝食之不飽兮,寧冬裘之不完。昔余之既有知兮,誠坎軻而艱難:當歲行之未復兮,從伯氏以南遷。凌大江之驚波兮,過洞庭之漫漫。至曲江而乃息兮,逾南紀之連山。嗟日月其幾何兮,携孤嫠而北旋。

值中原之有事兮,將就食於江之南。始專專於講習兮,非古訓爲無所用其心。窺前靈之逸跡兮,超孤舉而幽尋。既識路又疾驅兮,孰知余力之不任。考古人之所佩兮,閱時俗之所服。忽忘身之不肖兮,謂青紫其可拾。自知者爲明兮,故吾之所以爲惑。擇吉日余西征兮,亦既造夫京師。君之門不可逕而入兮,遂從試於有司。惟名利之都府兮,羌衆人之所馳。競乘時而附勢兮,紛變化其難推。全純愚以靖處兮,將與彼而異宜。欲奔走以及事兮,顧初心而自非。

先叙述自己生活經歷之坎軻,次叙述要到京師謀求官職,然見衆人皆"乘時附勢",惟名利是求,與自己的初心相背,故而不屑競奔,不免悲觀失望。然後表其初心云:

昔余之約吾心兮,誰無施而有獲?嫉貪佞之洿濁兮,曰吾其既勞而後食。懲此志之不修兮,愛此言之不可忘。情怊悵以自失兮,心無歸之茫茫。

謂其初心爲決不能無施而獲,要"勞而後食",嫉恨那班貪佞洿濁之輩。初心如此,而社會風尚卻如彼,因此不得仕進,故悵然自失。這是一篇騷體之作,叙述清晰明白,言語流暢自如,具有散文氣韻。

又《别知賦》是貞元十九年,韓愈以御史言旱饑,得罪,貶爲陽山令。時楊儀之以湖南支使來,他作賦以别之,其辭云:

余取友於天下,將歲行之兩周。下何深之不即,上何高之不求?紛擾擾其既多,咸喜能而好修。寧安顯而獨裕,顧窮阨而共愁。惟知心之難得,斯百一而爲收。歲癸未而遷逐,侶蟲蛇於海陬。遇夫人之來使,闢公館而羅羞。索微言於亂志,發孤笑於群憂。物何深而不鏡,理何隱而不抽。始參差以異序,卒爛漫而同流。何此歡之不可恃,遂駕馬而回輈。山磝磝其相軋，樹蓊蓊其相摎。雨浪浪其不止，雲浩浩其常浮。知來者之不可以數，哀去世而無由。倚郭郛而掩涕，空盡日以遲留。

敘述在遷逐之地與楊儀之相會，知己難得，然旋即分別，惟自己仍滯留貶所，不勝憂傷。這是一篇抒情短制，其中除一句爲八言外，其餘全爲六言，散句中雜以排比句，氣韻流轉而自然。《感二鳥賦》序稱貞元十一年，東歸，途中見有籠白烏、白鸜鵒進奉天子者，因此感嘆自己讀書修持，反不如二鳥以羽毛之異，獲此榮耀。抒發其不遇時之慨。《閔己賦》亦自傷不遇之作。所云："君子有失其所兮，小人有得其時。"憤世傷時也。

韓愈的賦，語言通暢，氣韻流轉，行文與抒情文相似，結構、命意對前人有所繼承，但不受其局限，往往有所創新，具有獨創性。

（二）李翱

李翱（公元七七四——八三六），生平事跡見《舊唐書》卷一百六十、《唐書》卷一百七十七本傳，字習之，隴西成紀（今甘肅秦安）人。貞元十四年登進士第。歷任國子博士、史館修撰、浙東觀察判官、考功員外郎、郎州刺史、禮部郎中、桂管觀察使、湖南觀察使等職，後官至山南東道節度使。開成三年卒，謚曰文，世稱李文公。他早年見知於古文家梁肅，又從韓愈學習古文，並爲韓愈侄婿，因此其爲文多根於韓愈，以"仁義"爲本。他《寄從弟正辭書》中說："夫性於仁義者，未見其無文也；有文而能到者，吾未見其不力於仁義也。"又其《答朱載言書》說："故義深則意遠，意遠則理辯，理辯則氣直，氣直則辭盛，辭盛則文工。……文、理、義三者兼并，乃能獨立於一時，而不泯滅於後代，能必傳也。"他發揮了韓愈文從字順、詞旨渾厚和立意高卓之特點。有《李文公集》十八卷傳世。今存賦三篇即《幽懷賦》、《釋懷賦》和《感知己賦》，皆騷體。《幽懷賦》序云："朋友有相嘆者，賦幽懷以答之。"其辭云：

> 衆嚚嚚而雜處兮，咸嗟老而羞卑。視予心之不能(一無此字)然兮，慮行道之猶非。儻中懷之自得兮，終老死其何悲。……自禄山之始兵兮，歲周甲而未夷。何神堯之郡縣兮，乃家傳而自持。稅生人而育卒兮，列高城以相維。何兹勢(一作世)之可久兮，宜永念而遐思。有(一有三字)苗之逆命兮，舞干羽以來之。惟政刑(一作刑德)之既脩兮，無遠邇而咸歸。當高祖之初起兮，提一族之羸師，能順天而用衆兮，竟掃寇而戡隋。況天子之神明兮，有烈祖之前規。剗弊政而還本兮，如反掌之易爲。苟廟堂之治德兮，何下邑之能違。哀余生之賤遠兮，包深懷而告誰？嗟此誠之不達兮，惜此道而(一作之)無遺。獨中夜以潛嘆兮，匪吾憂之所宜。

作者幽懷者爲何？乃在安史之亂造成社會之動蕩和王朝之危亡，寄望於朝廷能繼承先祖之神威，順天用衆，掃寇戡亂，重新振興起來。歐陽修讀此賦，對"翱怪神堯以一旅取天下，而後世子孫不能以天下取河北爲憂"而太息："嗚呼！使當時君子，皆易其嘆老嗟卑之心，爲翱所憂之心，則唐之天下，豈有亂與亡哉！"(引自《楚辭集注·楚辭後語》卷六)嘆老嗟卑有什麽用？要在"剗弊政而還本"，振興國家，乃此賦立意之所以高也。又其《釋懷賦》序云："讀《黨錮傳》，哀直道之多尤不容，作《釋懷賦》。"叙寫直道不見容，立意亦很高：

> 懷夫人之鬱鬱兮，歷晦蚤而傷(一作不)離。吾心直以無差兮，惟上天其能知。衺於(一作崇何)德而必好兮，忠何尤而甚(一作彼)疑。彼陳詞之多人兮，胡不去衆而訊之！進盡言之不信兮，退遠去而不獲。弗驗實而考省兮，固余道之所厄。昔師商之親(一作規)聖兮，德既均而行革。惟肝腸之有殊兮，守不

> 同其何責？願披懷而竭聞兮，道既塞而已行。路非險而不通兮，人忘我而異情。王章直而獄死兮，李固忠而陷刑。自古世之所悲兮，矧末俗之衰誠。哀貞心之潔白兮，疾苗莠之紛生。令農夫以手鋤兮，反翦去乎嘉莖。豈捐（一作豈不指）穢而語之兮，詳（一作佯）瞪瞢而不肯聽。欲釋去而不忍兮，終留滯亦（一作以）何成。當晨夕（一作旦）而步丘（一作立）兮，仰白日而自明。處一世之若流兮，何久求（一作永）而傷情？樂此言而自（一作內）抑兮，壯大觀於兢生。……

敘述自己心之正直惟天可表，爲何忠而見尤？"弗驗實而考省兮，固余道之所厄"，當權者不實地考察，自己之困厄乃必然。王章之獄死，李固之陷刑，猶如農夫之耕作，本應除莠草，反而將嘉莖除掉了。當人們指出時，他們卻"佯瞪瞢而不肯聽"。社會政治腐敗到如此程度，豈不令人痛心疾首！他原不想再爲此憂憤傷情，然忠直之心仍不能改："欲靜默而絶聲兮，豈不悼厥初之所志？抑此懷而不可兮，終永夜以歔欷。"爲憂懷當時之政局而永夜不眠。此即其立意亦高也。《感知己賦》是有感於右補闕安定梁君對其文章賞識而作。梁君生前對其文章極稱譽之，死後，他每歲於禮部，連以文章罷黜，因此感知己之難得，仍望有能繼梁君之志者而稱譽之。自謂此作"怨而不亂，蓋小雅騷人之餘風也"。

（三）皇甫湜

皇甫湜（公元七七七？——八三五?），生平事跡見《唐書》卷一百七十六本傳及《唐詩紀事》卷三十五，字持正，睦州新安（今浙江淳安）人。元和元年進士及第，三年登賢良方正科，以策文直切，爲宰相所忌。後歷官至工部郎中，數忤同省，求分司東都，留守裴度辟爲判官，其後不知所終。與李翺同從韓愈學古文，"翺得其正，湜得其奇"（章學誠《皇甫持正集書後》）。爲文崇尚"怪""奇"，認爲

“意新則異於常,異於常則怪矣;詞高則出衆,出衆則奇矣”(《答李生第一書》)。有《皇甫持正文集》六卷傳世。今存賦三篇,即《東還賦》、《傷獨孤賦》和《醉賦》。《醉賦》最能體現其文章“怪”、“奇”之特點。賦序云:“昔劉伶作《酒德頌》,以折縉紳處士,予嘗爲沈湎所惱,因作《醉賦》,寄任山尹君。君嗜此物,亦以警之爾。”賦首寫酒醉之情狀:

沈湎於酒,有晉之七賢。心游於夢,境墮於烟。六府漫漫,四支綿綿。透隨真淳,陶和渾鮮。遺天地之闊大,失膏火之燒煎。寂寂邈邈,歸根復樸。居若死灰,行猶飄殼。……曾不知其耳目,尚何懼於雷霆。寓四體之合真,歸一元而大寧。

寫酒醉之後,遺天地,失膏火,寂寂邈邈,擺脱一切恐懼和煩惱,似乎超然世外。然則蘇門子笑之曰:

今乃假荒惑之物,沈耳目之機。其解須臾,憂恙繁滋。中心不可捐,外患生於時,爲疹爲毒爲狂爲醨。

説明酒醒之後,不但不能解除煩惱與恐懼,而且會“百慮森復,七情紛始”,與劉伶之頌酒德異趣。文辭恣肆詼諧,即其主張爲文應“詞高”“意新”者。其《東還賦》是規模陶淵明《歸去來辭》,賦開端云:

歸去來兮,將息我以劬游。日月出入如忽然兮,何東西南北之悠悠。

全擬《歸去來辭》。其後描寫居處之環境,所見之景物等,亦與《歸去來辭》所詠格調相近。

(四)歐陽詹

歐陽詹(公元七五七——八〇二),生平事跡見《唐書》卷二百零三本傳及《唐詩紀事》卷三十五，字行周，泉州晉江（今福建晉江）人。貞元八年，與韓愈同榜登進士第，十三年前後，游綿蜀，四試於吏部，始授國子監助教。十五年上書宰相鄭餘慶，求不次進用，未果。遂北游太原。倦歸，卒。韓愈爲其作哀辭，稱其"志在古文"，"文章切深，喜往復，善自道"（《歐陽生哀辭》）。有《歐陽行周文集》十卷。今存賦十二篇，其中八篇爲律賦，四篇古賦，如《懷忠賦》、《出門賦》、《將歸賦》和《回鸞賦》。其《懷忠賦》爲弔關龍逢墓而作，序云："丙寅歲，因受譴，季冬之月次於殷墟，歷關龍逢墓焉。昔聆其風，未嘗不回腸霣涕，覩夫塋壟，心又增傷，遂寫憤於言，爲賦以弔。先生以忠諫致命，故以懷忠命篇。"其辭有云：

> 嗚呼！麟非騰噬之儔，詎豺狼之共穴。鳳實仁靈之類，豈鷹鸇之同列。惟玉石之不分，亦薰蕕之自别。是以謇謇心競，昂昂面折。彼炎炎之原燎，信撲之而不滅。寧歸死以申懷，不貪生而結舌。痛矣哉！古人有言：輔仁者天，福善者神。胡爲是日力不如人？使典章之不信，俾忠義之空勤。律中大吕，日臨蒙谷。風颼颼於衰草，烟茫茫乎平陸。思悽悽而填臆，淚淫淫以盈目。義則非其知友，親故遠乎骨肉。節臨危而不撓，行於艱而彌篤。惟其有之，是以傷之而慟哭。

對關龍逢"以忠諫致命"表示深切的哀悼。贊揚其"寧歸死以申懷，不貪生而結舌"，"節臨危而不撓，行於艱而彌篤"，對輔仁、福善之天神表示懷疑。此作當有作者自己"受譴"之感受在内，故情辭慷慨，尤見悲痛！

《出門賦》、《將歸賦》是寫其離家遠游，思念家人之作，如《將歸賦》云：

> 憶求名於薄藝，曾十稔以别離。才還鄉之（一作以）半齡，

> 又三年於路歧。紅顏匪(一作始)長,白日如馳。苒苒皆盡,悠悠爲誰!親有父母,情有閨闈。居惟苦飢,行加相思。加相思兮寧苦飢,辭家千里兮欲與偕歸。南省(一作陔)之蘭,東(一作北)山之薇,一芳一菲,何是何非!歸去來兮,秋露霑衣。

寫其上京應舉,求取功名,離家十年,家中父母、妻子之親情時刻牽動着自己的心,然而"建德揚名"(《出門賦》序)之希望何在?前途渺茫,因此心情备加淒涼,抒發其仕途中之艱難與悲傷。

歐陽詹之賦仍含有駢儷句式,但已無雕琢之痕跡,務爲平易、流暢,有似於古文之風格了。

(五)楊敬之

楊敬之(生卒年不詳),生平事跡見《唐書》卷一百六十本傳、《唐詩紀事》卷五十一,字茂孝,虢州弘農(今河南靈寶縣)人。元和二年登進士第,官右衛冑曹參軍。大和中遷户部郎中。九年因屬李宗閔黨,貶連州刺史。開成二年入爲國子司業,次年遷國子祭酒。後轉大理卿、檢校工部尚書。他工詩文,爲孟郊、崔群、李翺等所稱譽(韓愈《答楊子書》),作《華山賦》一篇,深得韓愈、李德裕贊賞。此賦序稱:偶出東門,抵華嶽,望其形容,"則縮然懼,紛然樂,蹙然憂,歊然嬉,快然欲追雲,將浴乎天河;浩然毀衣裳,晞髮而悲歌。怯欲深藏,果欲必行。熱若宅爐,寒若室冰。薰然以和,怫然不平",有感而爲此賦。賦先寫華嶽之變化多姿,次寫朝代之興亡歷史。如寫華嶽之多姿形態:

> 嶽之殊巧,説不可窮,見於(一作乎)中天:峚峚而掌,峨峨而蓮;起者似人,伏者似獸;坳者似池,洼者似臼;欹者似弁,呀者似口;突者似拒(一作距),翼者似抱。文乎文,質乎質,動乎動,息乎息,鳴乎鳴,默乎默,上上下下,千品萬類。

千姿百態,形象鮮明。然後寫從華嶽之巔俯視人間:

> 見若咫尺,田千畝矣;見若還堵,城千雉矣;見若杯水,池百里矣;見若蟻蛭,臺九層矣。醯鷄往來,周東西矣;蠛蠓紛紜(一作紛),秦速亡矣;蜂巢(一作窠)聯聯,起阿房矣;俄而復然,立建章矣;小星奕奕,焚咸陽矣;纍纍繭栗,祖龍藏矣。其下千載,更改興壞,悲愁辛苦,循其上矣。

先寫華嶽之高,俯視其下,人間萬象盡入眼底,大有登泰山而小天下之勢,亦猶李賀《夢天》"遥望齊州九點烟,一泓海水杯中瀉"之境界。次寫華嶽所歷之歷史變遷,自周、秦、漢及"其下千載,改更興壞,悲愁辛苦,循其上矣"。最後由歌頌華嶽,引發出朝代興亡之教訓:

> 臣之聞云:"古有封禪,今讀書者云得其傳,云失其傳,語言紛綸,於神何如也?"曰若知之乎? 聞聖人撫天下,哀天下。既信於天下,則因山嶽而質於天,不敢多物。若秦政、漢徹,則率海内以奉祭祀,圖福其身。故廟祠相望,壇墠迤邐。盛氣臭,夸金玉,取薪以燔,積灰以(一作如)封。天下怠矣,然猶歉歉(一作慊慊)不足。秦由是替(一作薙),漢由是弱。明天子得賢者在位,能者在職,廟堂之上,垂衣裳而已。於封禪,存可也,亡可也。

作者認爲封禪是不能確保江山永固的,"秦由是替,漢由是弱"便是實例。"聖人撫天下,哀天下",關鍵在賢者在位,能者在職,這是歷史教訓,所以寄希望於當世。全文運之以散文之排比句法,既整齊工穩,又自然流暢。

二、柳宗元、劉禹錫、吕温等

(一)柳宗元

柳宗元與韓愈同樣以古文運動之倡導者而撰寫辭賦,但其賦的創作成就遠遠高於韓愈,是唐代賦作之冠。他自幼即受賦學的熏陶,史載四歲時,其母盧氏教以古賦十四篇,皆諷傳之。少年才高,"尤精西漢詩騷,下筆構思,與古爲侔"。參加永貞革新,失敗被貶,"既罹竄逐,涉履蠻瘴,崎嶇堙厄,蘊騷人之鬱悼,寫情敘事,動必以文,爲騷文十數篇,覽之者爲之悽惻"(《舊唐書》卷一百六十本傳)。他先貶永州(今湖南零陵),後貶柳州(今廣西柳州),近於屈原放逐之地,屈原當年之憂愁幽思和憤懣不平,都足以引起他的共鳴,因此有"投跡山水地,放情詠《離騷》"(《游南亭夜還叙志七十韻》)之句。與屈原精神上之契合,使其賦無論内容或形式都規範屈原之作,是屈原辭賦傳統之發展。嚴羽即云"唐人惟柳子厚深得騷學"(《滄浪詩話·詩評》),洵非溢美之詞。屈原"發憤以抒情"的創作思想在其賦篇中得到充分的體現。

其作品以賦名者凡十二篇,其中三篇爲應試之律賦,其餘九篇爲《佩韋賦》、《瓶賦》、《牛賦》、《解祟賦》、《懲咎賦》、《閔生賦》、《夢歸賦》、《囚山賦》、《愈膏肓疾賦》,皆情感激切,内容宏深之作。

《佩韋賦》者,賦佩戴皮繩也,所以戒急。據《韓非子》記載:西門豹性急,故佩韋(皮繩,喻緩也)以自緩;董安於性緩,故佩絃(弓絃,喻急也)以自急。序云:"柳子讀古書,覩直道守節者即壯之,蓋有激也。恒懼過而失中庸之義,慕西門氏佩韋以戒,故作是賦。"此其永貞革新失敗之後,回首往事,痛定思痛,認爲不能審度時勢,操之過急,訐直太甚,導致失敗。如賦之首段云:

> 邈予生此下都兮,塊天質之慤醇。日月迭而化升兮,寖遁

初而枉神。離大素而生華兮,汩末流以喪真。睎往躅而周章兮,懵倚伏其無垠。世既奪予之大和兮,眷授予以經常。循聖人之通途兮,鬱縱臾而不揚。猶悉力而究陳兮,獲貞則於典章。嫉時以奮節兮,憫己以抑志。登嵩丘而垂目兮,瞰中區之疆理。橫萬里而極海兮,頹風浩其四起。恂鶩怛而躑躅兮,惡浮詐之相詭。思貢忠於明后兮,振教導乎遐軌。紛吾守此狂狷兮,懼執競而不柔。探先哲之奧謨兮,攀往烈之洪休。曰沈潛而剛克兮,固讜人之嘉猷。嗟行行而躓踣兮,信往古之所仇。彼穹壤之廓殊兮,寒與暑而交修。執中而俟命兮,固仁聖之善謀。

謂自己入世以來,天質慤醇,循聖人之通途,學習經典,悉力究陳,獲其貞則,"嫉時以奮節",俯見中原大地"頹風浩而四起","惡浮詐之相詭",因而"思貢忠於明后,振教導乎遐軌"。然則"紛吾守此狂狷兮,懼執競而不柔",自己守持狂狷偏激,只知執"剛"不濟之以"柔",所以"嗟行行而躓踣",失敗則是必然的了。然後列叙歷史上剛、柔相濟成功的人物和惟執剛或惟秉柔失敗的人物諸事例,説明"純柔純弱兮,必削必薄;純剛純强兮,必喪必亡",只有"韜義於中,服和於躬,和以義宣,剛以柔通","交得其宜兮,乃獲其終"。

柳宗元是一位有思想的文學家。他對宇宙、社會、政治、歷史都有其超凡之看法,對任何問題總有一股執著的探求精神,當問題不得確解時,不像其他人那樣豁達,而是陷入憂鬱沉思之中。此賦即他這種思想情緒之表現。對永貞革新失敗的原因,好像分析透徹了,但他的情感是不平静並激切的,所以有人認爲"實有激而作"(林琴南《柳文研究法》)。這是一篇騷賦,騷賦長於抒情,本篇卻重在説理,説理之作,能以聲容動人,正是其卓異之處。

其《懲咎賦》是爲永州司馬時所作。《唐書》卷一百六十八本傳記載此賦云:“宗元不得召,内閔悼,悔念往吝,作賦自儆。”懲咎者,悔志也。與《佩韋賦》相似,自責其參與永貞革新之事。賦之前半篇主要論述在這次事件中,他是否真正有錯誤,在當時“勢危疑而多詐兮,逢天地之否隔”的情況下,能不進行改革嗎? 在改革進行至艱巨階段,“欲圖退而保己兮,悼乖期乎曩昔”,想退而保己,則有乖朋輩對自己的期望。那麽自己的錯誤在於“讒妒構而不戒兮,猶斷斷於所執”,即當讒妒已構之時,猶堅執不止。如果這真正是錯誤,“進與退吾無歸兮,甘脂潤乎鼎鑊”,那便無退路,惟有寧死不屈,繼續前進了。賦之後半篇即抒發其對獲罪的真正原因不得其解的痛苦:

> 哀吾生之孔艱兮,循《凱風》之悲詩。罪通天而降酷兮,不殛死而生爲! 逾再歲之寒暑兮,猶貿貿而自持。將沉淵而殞命兮,詎蔽罪以塞禍! 惟滅身而無後兮,顧前志猶未可。進路呀以劃絶兮,退伏匿又不果。爲孤囚以終世兮,長拘攣而轗軻。曩余志之修蹇兮,今何爲此戾也? 夫豈貪食而盗名兮,不混同於世也。將顯身以直遂兮,衆之所宜蔽也。不擇言以危肆兮,固群禍之際也。御長轅之無橈兮,行九折之峨峨。卻驚棹以横江兮,泝凌天之騰波。幸余死之已緩兮,完形軀之既多。苟余齒之有懲兮,蹈前烈而不頗。死蠻夷固吾所兮,雖顯寵其焉加? 配大中以爲偶兮,諒天命之謂何!

謂自己志在修蹇,非世之貪食盗名者輩,“何爲此戾”,爲何獲此重罪? 百思不得其解,莫可奈何,而歸之於天命,“諒天命之謂何”,對天命發出强烈的控訴!

《閔生賦》據賦文則知當作於他年未及四十時在永州所作。

内容與《懲咎賦》相近，即抒發其遭貶之憤慨。兹引其中臨湘流，望九疑一段爲例云：

肆余目於湘流兮，望九疑之垠垠。波淫溢以不返兮，蒼梧鬱其蜚雲。重華幽而野死兮，世莫得其僞真。屈子之悁微兮，抗危辭以赴淵。古固有此極憤兮，矧吾生之藐艱。列往則以考己兮，指斗極以自陳。……仲尼之不惑兮，有垂訓之謨言。孟軻四十乃始持心兮，猶希勇乎黝、賁。顧余質愚而齒減兮，宜觸禍以阽身。知徙善而革非兮，又何懼乎今之人！

他抒懷古代聖賢，並以古代聖賢之作爲自勵，情緒激昂，對未來充滿信心。

《囚山賦》亦在永州時作，把永州群山比作狴牢，以喻其十年不得出之悲痛。其辭云：

楚越之郊環萬山兮，勢騰踴夫波濤。紛對回合仰伏以離迾兮，若重墉之相褒。爭生角逐上軼旁出兮，其下坼裂而爲壕。欣下頹以就順兮，曾不畝平而又高。沓雲雨而漬厚土兮，蒸鬱勃其腥臊。陽不舒以擁隔兮，群陰沍而爲曹。側耕危獲苟以食兮，哀斯民之增勞。攢林麓以爲叢棘兮，虎豹咆𠸌代狴牢之吠嘷。胡井眢以管視兮，窮坎險其焉逃。顧幽昧之罪加兮，雖聖猶病夫嗷嗷。匪兕吾爲柙兮，匪豕吾爲牢。積十年莫吾省者兮，增蔽吾以蓬蒿。聖日以理兮，賢日以進，誰使吾山之囚吾兮滔滔？

將丘壑山林比作樊籠和狴牢，身居其中，猶如“匪兕吾爲柙兮，匪豕吾爲牢”，至於“積十年莫吾省者”，似乎永世無出山之希望了。對這豬牛般的境遇，表現了强烈的怨恨和憤慨。

《夢歸賦》是在永州時懷念鄉閭之作，寫其夢魂回到故鄉所見之荒蕪景象：

> 指故都以委墜兮，瞰鄉閭之修直。原田蕪穢兮，峥嶸榛棘。喬木摧解兮，垣廬不飾。山嵎嵎以巖立兮，水汩汩以漂激。魂恍惘若有亡兮，涕汪浪以隕軾。

見先人耕植之田畝林木，皆已荒蕪，不勝哀傷，以至於涕淚汪浪。然後自我寬解謂仲尼居九夷，老聃遁適戎，莊周寓大鵬遠去，“苟遠適之若兹兮，胡爲故國之爲慕”？古聖先賢猶遠適他鄉，自己又何必作故國之思呢？但是“首丘之仁類兮，斯君子之所譽。鳥獸之鳴號兮，有動心而曲顧”，鳥獸亦知懷念故鄉，何況人呢？思想感情回旋曲折，表現其内心之憂鬱苦悶。祝堯《古賦辨體》云：“《夢歸賦》，賦（有别於比、興）也：中含諷與怨意，其有得於變風之餘者。中間意思，全是就《離騷》中脱出。”其辨此賦之體極其中肯。

《瓶賦》、《牛賦》是兩篇詠物之作，託物言志，批判了當時庸俗醜惡的社會現象，抒發了作者的抱負和理想。《瓶賦》是繼揚雄《酒賦》（或稱《酒箴》）之作，而意義卻與揚作相反，揚雄《酒賦》以盛酒之鴟夷（皮囊）嘲笑汲水之瓶。《瓶賦》則是指斥鴟夷而贊揚水瓶，如其指斥鴟夷云：

> 諂誘吉士，喜悦依隨。開喙倒腹，斟酌更持。味不苦口，昏至莫知。頹然縱傲，與亂爲期。視白成黑，顛倒妍媸。己雖自售，人或以危。敗衆亡國，流連不歸。誰主斯罪？鴟夷之爲。

其贊揚水瓶云：

> 鉤深挹潔，淡泊是師。和齊五味，寧除渴飢。不甘不壞，久而莫遺。清白可鑒，終不媚私。利澤廣大，孰能去之？綆絶

身破，何足怨咨！功成事遂，復於土泥。歸根反初，無慮無思。

鴟夷以喻奸佞者輩，他們顛倒黑白，視妍爲媸，禍國殃民。水瓶以喻賢能正直之士，他們清白可鑒，終不媚私，願犧牲自己以利萬民，功成身退而不受賞。作者褒貶態度極其嚴格，愛憎精神更爲分明，贊揚瓶，實質是抒發自己之抱負，賦瓶，亦自賦也。《牛賦》所詠與此相同，即贊揚牛有功於天下而無所索取的精神，當是謫永州時感憤而作。其辭云：

若知牛乎？牛之爲物，魁形巨首。垂耳抱角，毛革疎厚。牟然而鳴，黄鐘滿脰。抵觸隆曦，日耕百畝。往來修直，植乃禾黍。自種自斂，服箱以走。輸入官倉，己不適口。富窮飽飢，功用不有。陷泥蹶塊，常在草野。人不慚愧，利滿天下。皮角見用，肩尻莫保。或穿緘縢，或實俎豆。由是觀之，物無踰者。

不知羸驢，服逐駑馬。曲意隨勢，不擇處所。不耕不駕，藿菽自與。騰踏康莊，出入輕舉。喜則齊鼻，怒則奮躑。當道長鳴，聞者驚辟。善識門户，終身不惕。

牛雖有功，於己何益？命有好醜，非若能力。慎勿怒尤，以受多福。

頌揚牛身處草野，“陷泥蹶塊”，勤於耕作，收穫皆輸入官倉，自己毫無所取，死後皮角也爲世用，“利滿天下”，“物無踰者”，其對社會之貢獻無與倫比。而指斥羸驢和駑馬曲意隨勢，不耕而食，不駕而飫，“當道長鳴，聞者驚辟”，趾高氣揚，不可一世，與牛形成鮮明的對比。作者意在批判那些如羸驢、駑馬之類的奸佞小人，而歌頌如牛這般肯犧牲自己以利天下而毫無怨尤之仁人志士，並以這種精神勉勵世人。

此兩篇賦皆非騷體,雖然仍駢儷句式,但主要傾向是散文化。

柳宗元的辭賦,是唐代騷賦發展之高峰,其思想之幽深、構思之奇特和體物寫志之抒發、聲容動人之描寫、簡潔挺拔之表達等,使其創作成就駕凌於一代。

(二)劉禹錫

劉禹錫與柳宗元都是永貞革新之重要人物,永貞革新失敗後,同時被貶爲遠州員外司馬,是"八司馬"之一。與柳宗元相同,他對政治得失、個人遭遇,能從社會、人事方面進行分析,反對天命論;但他與柳也有不同處,即他的思想境界比較豁達開朗,不像柳那樣深沉憂鬱,因而他的作品具有一種積極向上的精神。他的文章擅長説理,如《天論》三篇、《因論》七篇、《華佗論》、《辯跡論》等,都是説理文之名篇。這些特點在他的賦作中都有所反映。其賦今存十多篇,重要者如《山陽城賦》、《砥石賦》、《謫九年賦》、《問大鈞賦》、《望賦》、《楚望賦》、《傷往賦》、《秋聲賦》。《山陽城賦》是一篇詠史之作,序云:"山陽故城,遺趾數雉,四百之運,終於此墟。裔孫作賦,蓋閔漢也。"作者自稱漢家劉氏之裔孫,見山陽舊城遺址而憫漢之亡。其辭云:

> 我止行車,賈涕於山陽之墟,是何蒼莽與慘悴,春陵之氣兮焉如?踣昌運於四百,辭至尊而伍匹夫。有利器而倒持兮,曾何芒刃之足舒!懿王跡之聿基,暨絶維之再敷。邈氾陽與鄗上,怳虵變而龍攄。痛人亡而事替,終此地焉忽諸。嗟呼!積是爲沼,積非成虐。文景之欲,處身以約,播其德芽,迄武乃穫。桓靈之欲,從心於昏,爇其祅焰,逮獻而焚。彼伊周不世兮,姦雄乘釁而騰振。物象浾以易位,被虚號而陽尊。終勢殫而事去,胡竊揖讓以爲文?嗚呼!維神器之至重兮,如山之不騫。使人得譬乎逐鹿,固(一作因)健步者所先。諒人事之云

> 耳，孰云當塗之兆也自天！亂曰：久矣莫可追，升彼墟兮噫嘻。躅遺武兮，貽後王之元龜。

山陽舊城，在今河南修武西北。曹丕廢漢獻帝，封其於此，爲山陽公。作者由這段遺跡，引發對古今朝代興亡之看法，認爲世之盛衰皆當權者作爲、措施之正確與否所致，非由天命。文景之盛，在"處身以約"；桓靈之衰，在"從心於昏"。並最後説："久矣莫可追，升彼墟兮噫嘻。躅遺武兮，貽後王之元龜。"謂往者已矣，歷史已成過去，其遺跡僅可供後人憑弔，但這段經歷卻可以垂訓後世。題旨明顯在以古鑒今。

其《謫居九年賦》是其謫居朗州九年所作。九是極數，仍不見調，則其悲痛可以想見的了。其中有云：

> 突弁之夫，我來始黄，合抱之木，我來猶芒。山增昔容，水改故坊。童者鬱鬱兮，涸者洋洋。天覆地生，翕兮無傷。彼族而居，鄵之投荒。彼軒而游，昨日桁楊。信及澤濡，俄然(一作病)復常。稽天道與人紀，咸一偾而一起。去無久而不還，棼無久而不理。何吾道之一窮兮，貫九年而猶爾？噫！不可得而知，庸詎得而悲。苟變化之莫及乎(一作兮)，又安用夫肖天地之形焉。

以人和自然景物之變化顯示謫居時間之久，考稽"天道"與"人紀"，"去無久而不還，棼無久而不理"，爲什麽自己之窮厄始終没有改變，"貫九年而猶爾"，令人不得其解。抒發對自己長期被貶之不平和憤慨！

《傷往賦》是一篇悼亡之作。序云："人之所以取貴於飛走者，情也。而誕者以遺情爲智，豈至言耶？予授室九年而鰥，痛苦人之夭閼弗遂也。作賦以傷之，冀夫覽者有以增伉儷之重云。"作者宣

稱人貴有情,不以遺情爲智,此作重在寫情,寫夫妻之情。如云:

> 我今怨夫若人兮,曾旭旦而潛暉,飄零日及之萼,倏忽蜉蝣之衣。川走下而不還,露迎陽而易晞。恩已甚兮難絶,見無期兮永思。……物莫失儷以孤處,我方踽踽而焉如?我復虚室,目淒涼兮心伊鬱,心伊鬱兮將語誰?坐匡牀兮撫嬰兒,何所丐沐兮何從仰飴。襦袴在身兮昔圍差跌(一作蹉),鞶囊附臂兮餘馥葳蕤。誠天性之潛感,顧童心兮如疑。嘵然有難繼之慕,漠然減好弄之姿。指遺袿兮能認,愬空帷兮欲歸。我入寢宫,痛人亡兮物改其容。寶瑟僵(一作偃)兮絃柱絶,瑶臺傾兮鏡奩空。寒爐委灰,虚幌多風。隙駟(一作駒)晨轉,窻蟾夜通。步摇昏兮網拈翡翠,芳褥掩兮塵化蛩蛩。閲刀尺之餘澤,見巾箱之故封。……

作者認爲朝與暮、生與死、聚與散皆自然、人生之常理,然"情"是永世不變的。然後從兩方面寫對妻子之悼念,一者"復虚室",面撫嬰兒,百感交集;二者"入寢宫",覩物傷情,悲不自勝,並感嘆云"嗟此生兮不逢,徒注視以寂聽"。最後總括其感受云:

> 已焉哉!苒苒生死,悠悠古今。乘彼一氣兮,聚散相尋。或鼓而興,或罷而沉。以無涯之情愛,悼不駐之光陰。諒自迷其有分,徒終怨於匪忱。彼蒙莊兮何人,予獨累嘆而長吟。

謂縱然參透聚散有常之理,但光陰易逝,愛情永繫,自己不能像莊子那樣鼓盆而歌,而是永世不能忘懷。極寫夫妻情感之深,即"以增伉儷之重云"。

《秋聲賦》是劉禹錫賦之佳作,其序云:"相國中山公(李德裕)賦秋聲,以屬天官太常伯(王起),唱和俱絶。然皆得時道行之餘興,猶有光陰之嘆,況伊鬱有老病者乎!吟之斐然,以寄孤憤。"則此賦爲和李德裕之作，李原作有悲秋嘆老之意，故此作開端從悲秋著筆，所以和也，其辭云：

> 碧天如水兮窅窅悠悠，百蟲迎暮兮萬葉吟秋。欲辭林而蕭颯，潛命侶以啁啾。送將歸兮臨水，非吾土兮登樓。晚枝多露蟬之思，夕草起寒螿之愁。至若松竹含韻，梧楸早脱。鬱綺疎之晚吹，墮碧砌之涼月。念塞外之征行，顧閨中之騷屑。夜蛩鳴兮機杼促，朔雁叫兮音書絶。遠杵續兮何泠泠，虚窻静兮空切切。如吟如嘯，非竹非絲。當自然之宫徵，動終歲之别離。廢井苔冷，荒園露滋。草蒼蒼兮人寂寂，樹槭槭兮蟲咿咿。則有安石風流，巨源多可。平六符而佐主，施九流而自我。猶復感陰蟲之鳴軒，嘆涼葉之初墮。異宋玉之悲傷，覺潘郎之幺麽。嗟乎！驥伏櫪而已老，鷹在鞲而有情。聆朔風而心動，眄天籟而神驚。力將痑兮足受紲，猶奮迅於秋聲！

篇中描摹了秋季之種種聲容，然後總之以“如吟如嘯，非竹非絲。當自然之宫徵，動終歲之别離”。再以“異宋玉之悲秋，覺潘郎之幺麽”説明李德裕之悲秋感與宋玉、潘岳不同。最後以老驥、鞲鷹自喻，謂老驥、鞲鷹因秋風秋聲而心動神驚，驥力雖衰，鷹足被縶，仍思奔馳、翱翔於原野、碧天之中。抒發了雄勁奮發之精神。命意高遠，言語精警，意味無窮。這種屢遭挫折仍積極向上的精神，在其詩歌中也多有反映，如《始聞秋風》：“馬思邊草拳毛動，雕盼青雲睡眼開。天地肅清堪四望，爲君扶病上高臺。”又如《酬樂天詠老見示》：“莫道桑榆晚，爲霞尚滿天。”此亦其異於柳宗元者也。

劉禹錫也是唐賦之重要作家，與柳宗元相同，多作騷體，同時他們都是古文家，因而在行文中有以文爲賦之趨勢。又其賦説理成分較多，但並不影響其形象性，以形象説理，亦見其工巧與警策。

(三)吕温

吕温(公元七七二——八一一),生平事跡見《舊唐書》卷一百三十七、《唐書》一百六十本傳,字和叔,貞元十四年登進士第,又登宏辭科,授集賢殿校書郎。與王叔文、柳宗元、劉禹錫友善。二十年隨工部侍郎張薦赴吐蕃弔祭,被羈留。永貞元年回京,遷户部員外郎,轉司封員外郎。元和三年任刑部郎中,與宰相李吉甫不睦,被貶道州刺史,五年轉衡州刺史,次年卒。柳宗元、劉禹錫曾作詩哭之。他未參加永貞革新,因而未受牽連。爲文"操翰精富,文體贍逸"。劉禹錫謂其"始學左氏書,故其文微爲富艷"(《唐故衡州刺史吕君集記》)。所作《人文化成論》、《諸葛武侯廟記》等,皆抒發其政治觀點和抱負。《人文化成論》云:"文者,蓋言錯綜庶績,藻繪人情,如成文焉,以致其理。"因此有《由鹿賦》之類作品。今傳《吕和叔文集》十卷。存賦六篇,以《由鹿賦》最有意義。此賦序云:由鹿者,乃獵人所馴養,以其鳴聲誘致群鹿也。"此鹿每有所致,輒鳴嗥不飲食者累日",因而念及"人之即人也,亦必以其友致之,實繁有徒,古之然矣",有感於人之賣友者。然"鹿無情而猶知痛傷,人之與謀,宴安殘酷者,彼何人斯"!"物微感深",所以諷世也。如其中描寫由鹿誘致野鹿之景況云:

> 涼秋八月,爽景清氣。羈致山河,縻於蹊遂。設伏以待,翳叢而伺。同氣相求,誘之孔易。將必慕侶,豈云貪餌?呦呦和鳴,麌麌押至。彼泯慮於猜信,此無情於誠僞。孰是倉卒,禍生所忽。毒鏑歘以星貫,潛機劃其電發。或洞胸而達腋,或折足而碎骨。望林巒兮非遠,顧町疃兮未滅。風嘷澤而北迅,日掩山而西没。走駭侶於巖烟,叫饑麛於澗月。苟行路之聞者,孰不心摧而思絶?相(一作想)爾由矣,野心而仁。望純束兮(一作而)驚惋,顧(一作隨)獲車兮逡巡。視鼎中之消爛,觀機

上之剖(一作劃)分。忽哀鳴以感類,若沉痛之在身。

野鹿被誘致並被宰割之慘劇,行人聞之而心摧肺折,由鹿見之,哀鳴以感其類,若沉痛之在身,慘不忍覩。"物誠有諸,人亦宜乎",以物喻人,因舉蕭何與韓信、酈生與吕禄之關係爲例云:

借如淮陰搆禍,冤在神理;通説且拒,豨謀寧起! 堂堂蕭公,實曰知己,紿致鐘室,胡寧忍此! 吕禄之難,誰非漢臣,交則不義,賣亦不仁。彼美酈生,既爲交親,誘襲軍印,豈無他人?

謂韓信於蕭何爲知己,卻被蕭何紿於鐘室而擒之;吕禄於酈生爲交親,卻被酈生誘奪其軍權。這一類"忍人賣友,而享其功"者,"曾麋鹿之不若",是意在諷世也。文辭或駢或散,自然流暢。

(四)李紳

李紳是元稹、白居易之知交,與元、白同倡新樂府運動。他是一位有思想和政治抱負的文學家,嘗以《古風》(一作《憫農》二首)干吕温,吕温謂齊員外煦及弟恭云:"斯人必爲卿相。"(《云溪友議》卷一)他性格峭直,爲官清廉,曾摧抑地方豪强,然其前懷才不遇,其後陷入牛、李黨爭之中,宦海升沉,濟世之志難酬。今存賦兩篇,《寒松賦》即其性格和難酬之志之抒發,其辭云:

松之生也,於巖之側。流俗不顧,匠人未識。無地勢以銜容,有天機而作色。徒觀其貞枝肅矗,直幹芊眠。倚層巒則梢雲蔽景,據幽澗則蓄霧藏烟。窮石盤薄而埋根,凡經幾載;古藤聯緣而抱節,莫記何年。於是白露零,涼風至;林野慘慄,山原愁悴。彼衆盡於玄黄,斯獨茂於蒼翠。然後知落落高勁,亭亭孤絶。其爲質也,不易葉而改柯;其爲心也,甘冒霜而停雪。叶幽人之雅趣,明君子之奇節。若乃確乎不拔,物莫與隆。陰陽(一作寒暑)不能變其性,雨露所以資其豐。擢影後凋,一千年而作蓋;流形入夢,十八載而爲公。不學春開之桃李,秋落之梧桐。亂曰:負棟樑兮時不知,冒霜雪兮空自奇。諒可用而不用,固斯焉而取斯。

寫寒松之品格,於白露零,涼風至,萬物凋殘之時,猶"落落高勁,亭亭孤絶",傲霜雪,淩嚴寒,顯示出高風奇節。"幽人"、"君子",作者自謂也。寒松有棟樑材,卻無人識,空負奇節,豈不可傷! 胡震亨《唐音癸籤》評其集云:"攬筆寫興,曲備一生窮泰之感。"是矣。自託寒松,以駢儷句式抒情,極能傳神。

三、白居易、元稹、李程、王起等

賦發展至中唐,隨着科舉考試規模之擴大,應試之律賦創作便有很大發展,出現了許多作律賦的名家,如白居易、元稹、李程、王起、蔣防、賈餗等。因爲是應試之作,所以這一類作品大都力求對偶工巧,文辭雅正。

(一)白居易

白居易是新樂府運動的倡導者,但是其詩歌創作卻以雜律爲最多,長篇排律也自有特色,並爲世人所仿效。可見他律賦之成就,除了科舉應試促成外,長期律詩創作積累的經驗,也起了很大作用。當然爲了應試而用心揣摩是主要原因。科舉試賦,不僅要求諧聲律,工對偶,而且要熔鑄經藝。元稹《白氏長慶集序》云:"貞元末,進士尚馳競……禮部侍郎高郢始用經藝爲進退。樂天一舉擢上第。明年拔萃甲科,由是《性習相近遠》、《求玄珠》、《斬白蛇》等賦及百道判,新進士競相傳於京師矣。"可見其賦作影響之大。其賦今存十二篇,除上舉三篇外,還有《叔孫通定朝儀賦》、《君子不器賦》、《賦賦》、《敢諫鼓賦》、《射中正鵠賦》、《鷄距筆賦》、《大巧若拙賦》、《黑龍飲渭水賦》、《荷珠賦》等。《鷄距筆賦》是賦寫形如鷄距之筆,即短鋒,以"中山兔毫作之尤妙"爲韻。如賦之前半篇云:

足之健兮有鷄足,毛之勁兮有兔毛。就足之中,奮發者利距;在毛之内,秀出者長毫。合爲手筆,正得其要;象彼足距,曲盡其妙。圓而直,始造意於蒙恬;利而銛,終騁能於逸少。斯則創因智士,製在良工。拔毫爲鋒,裁竹爲筒。視其端,若武安君之頭小;窺其管,如元玄氏之心空。豈不以中山之明,視勁而迅;汝陰之翰,音勇而雄。一毛不成,采衆毫於三穴之内;四者可棄,取鋭武於五德之中。雙美是合,兩揆相同。故不得兔毫,無以成起草之用;不名鷄距,無以表入木之功。及夫親手澤,隨指顧,秉以律,動有度。染松烟之墨,灑鵝毛之素。莫不畫爲屈鐵,點成垂露。若用之戰陣,則摧敵而先鳴;若用之草聖,則擅場而獨步。

然後寫"董狐操,可以勃爲良史;宣尼握,可以削定《春秋》",贊揚"斯距也,如劍如戟,可繫可縛",狀鷄距之形,傳鷄距之神,稱鷄距之用,極其巧妙。又《荷珠賦》是一篇寫景抒情之作,以"泣珠絲鮮瑩"爲韻。如其描寫風荷上之水珠云:

爾乃一氣暗後,初陽照前。宿雨霽而猶在,曉露裛而正鮮。熠熠有光,映空水而焕若;累累無數,遍池塘而炯然。宛轉而魚目回視,沖融而蚌胎未堅。因霑濡而小大,隨散合以虧全。輕彩蕩淵,芳濃厭浥。明璣而夜月爭光,丹粟而晨霞散入。其息也,與波俱停;其動也,與風皆急。若轉於掌,乃是江妃之珠;如凝於盤,遂成泉客之泣。冰壺捧之而殊倫,水鏡沉精而莫及。則知氣有相假,物有相資。唯雨露之留處,當芙蓉之茂時。雖賦象而無準，必成形而在茲。喻於人，則寄之生也；擬於道，則沖而用之。自契玄珠之妙，何求赤水之遺。

末二句用《莊子》外篇《天地》："黄帝游乎赤水之北，登乎崑崙之丘而南望，還歸遺其玄珠。"此外，其《求玄珠賦》有云："與罔象而同歸。"此由寫景而悟道，謂道在於心，不可强求。以工整雋永之文辭，描寫歷歷輝光之景，形象清新而明麗。

（二）元稹

元稹亦倡導新樂府運動，並作律賦者。其律賦今存八篇，即《奉制試樂爲御賦》、《善歌如貫珠賦》、《鎮圭賦》、《觀兵部馬射賦》、《郊天日五色祥雲賦》、《大合樂賦》、《聞韶賦》、《簫韶九成賦》。其中以《觀兵部馬射賦》爲人所熟知。此賦以"藝成而動舉必有功"爲韻，其價值不在對封建君臣之贊頌，而在對射藝之精湛描寫，如：

於是馬逸駸駸，士勇伾伾。蓄鋭氣，候歌詩。初聽《采蘋》之章，共調白羽；次逞穿楊之妙，忽縱青絲。旁瞻突過，咸懼發遲。曾驥足之展矣，翻猿臂而射之。揮弓電掣，激矢風追；方當耦象，決裂麗龜。砉爾摧班，示偏工於小者；安然飛鞚，故無憂於殆而。信候蹄之不爽，則舍拔之無遺。故司射舉旌以効勝曰："爾能克備，我爵可期。賈餘勇者，宜乘破竹之勢；善量力者，當引負薪之辭。"由是靡不爭先，莫肯爲後，皆曰："措杯於肘，十得其九。"忝明試者，亦何嘗而不有。破的之術，萬不失一。凡獻藝者，豈自疑於無必。衝冠髮怒，揚鞭氣逸。引滿雷砰，騰淩飆疾。皆窮百中之妙，盡由一孔而出。乃知來者之藝，蓋亦前人之匹。

寫騎射之武技動作合節，比賽時爭先恐後，怒髮衝冠，躍馬揚鞭，

“引滿雷砰，騰凌飆疾”，“破的之術，萬不失一”，百發百中，“窮百中之妙”，射藝極其高絶。與庾信《三月三日華林園馬射賦》之寫法不同，李調元云：“子山馬射分叙，此則馬射夾寫，能使爭先鬥捷之態，躍露紙上，精鋭處殆欲突過前人。”（《賦話·新話三》）通篇以散文叙事，並間以問答句法，突破了律賦之固有形式，文風流暢自如。又《善歌如貫珠賦》以“聲氣圓直有如貫珠”爲韻。寫歌聲之美妙，另是一番藝術境界。如：

> 珠以編次，歌有繼聲。美綿綿而不絶，狀累累以相成。偏佳朗暢，屢此圓明。度雕梁而暗繞，誤風綴之頻驚。響象而然，非謂結之以繩約；氣至則爾，故可貫之以精誠。原夫以節爲珠，以聲爲緯，漸杳杳而無極，以多多而益貴。悠揚緑水，訝合浦之同歸；繚繞青霄，環五星之一氣。望明月而宛轉，感潛鮫之歔欷。若非象照乘之珍，安能忘在齊之味？其始也，長言邐迤，度曲纏綿，吟斷章而離離若間，引妙囀而一一皆圓。小大雖掄，離朱視之而不見；唱和相續，師乙美之而謂連。當其拂樹彌長，淩風乍直，意出彈者與高音而臻極；及夫屬思漸繁，因聲屢有，想無脛者隨促節而奔走。以洞徹爲精英，比疵瑕於能否。次第其韻，且殷勤於士衡之文；上下其音，謂低昂於游女之手。窈窕逮矣，徘徊繹如。彷彿成象，玲瓏構虚。頻寄詞於章句之末，願連光於咳唾之餘。清而且圓，直而不散，方同累丸之重疊，豈比沉泉之撩亂。

其寫歌聲之美妙，有很多精彩之筆，如“悠揚緑水，訝合浦之同歸；繚繞青霄，環五星之一氣”、“長言邐迤，度曲纏綿，吟斷章而離離若間，引妙囀而一一皆圓”等，皆能狀歌聲於細微處。這是一篇規範的律賦，首二句點題，繼而承題總寫若干句，然後從不同的角度加以形容,最後兩韻是總結。句式長短相間,氣韻流走,有散文之格調。

李調元《賦話》評云:

> 律賦多有四六,鮮有作長句者,破其拘攣,自元、白始。樂天清雄絶世,妙語天然,投之所向,無不如志。微之則多典碩之作,高冠長劍,璀璨陸離,使人不敢逼視。(《新話》三)

既指出元、白賦作之不同點,又指出他們在律賦創作方面的開拓意義。

(三)李程

李程(公元七六六——八四二),生平事跡見《舊唐書》卷一百六十七、《唐書》卷一百三十一本傳及《唐詩紀事》卷四十一,字表臣,隴西(今甘肅隴西縣)人。貞元十二年省試,以《日五色賦》起句"德動天鑒,祥開日華",爲楊於陵贊賞,薦之主司,於落榜卷中擢爲第一,名震科場。同年又以第一人登博學宏詞科,爲集賢殿正字。其後爲監察御史、翰林學士、水部員外郎,並與衛次公諸學士共草立儲君詔、擁立皇太子李純。元和間曾官司勛員外郎、兵部郎中、中書舍人、禮部侍郎。大和四年至開成四年,歷任河中節度使、宣武節度使、山南東道節度使等職。他藝學優深,精於詞賦,與白居易、王起、張仲素等共稱"場中詞賦之最"(《因話録》卷三)。其律賦據《文苑英華》、《全唐文》收録共二十篇,主要有《日五色賦》、《月照寒泉賦》、《金受礪賦》、《破鏡飛上天賦》、《鳳巢阿閣賦》、《漢文帝罷露臺賦》、《石鏡賦》、《太學釋奠觀古樂賦》等。《日五色賦》是聲震科場之作,但此賦之意義不在於歌功頌德,而在於文辭之警拔典麗,舊時之評論也多着眼於此。此賦以"日麗九華聖符土德"爲韻。如云:

> 仰瑞景兮燦中天,和德輝兮光萬有。既分羲和之職,自契黄人之守。舒明耀,符君道之克明;麗九華,當帝業之嗣九。時也寰宇廓清,景氣澄霽。浴咸池於天末,拂若水於海裔。非烟捧於圓象,蔚矣錦章;餘霞散於重輪,焕然綺麗。固知疇人有秩,天紀無失。必觀象以察變,不廢時而亂日。合璧方而孰可,抱珥比而奚匹。泛草際而瑞露相鮮,動川上而榮光亂出。信比象而可久,故成文之不一。足使陽烏迷莫黑之容,白駒驚受彩之質。浩浩天樞,洋洋聖謨。德之交感,瑞必相符。五彩彰施於黄道,萬姓瞻仰於康衢。足以光昭前古,照臨下土。殊祥著明,庶物咸覩。名翬矯翼,如威鳳兮鳴朝陽;時藿傾心,狀靈芝兮耀中圃。

日,天象也。故結語云:"惟天爲大,吾君是則。"《唐書》本傳稱"賦《日五色》造語警拔,士流推之",何其矞皇典麗!這種文風與其賦寫的内容是一致的。

(四)王起

王起(公元七六〇——八四七),生平事跡見《舊唐書》卷一百六十四、《唐書》卷一百六十七本傳及《唐詩紀事》卷五十五,字舉之,先世太原(今山西太原)人,後家於揚州(今江蘇揚州)。貞元十四年登進士第,十九年登博學宏詞科,授集賢殿校書郎,後歷司勛員外郎、中書舍人、禮部侍郎、吏部侍郎。文宗即位,加集賢學士、判院事,拜尚書左丞,改户部尚書,後任兵部尚書、山南東道節度使,並以兵部尚書兼皇太子侍讀、太常卿,改太子少師,有"當世仲尼"之稱。武宗即位,官至同中書門下平章事充山南西道節度使。他博洽多聞,嗜學强記,雖官位崇重,仍通覽群書。所作《和周侍郎見寄》詩,門生同和者二十二人,當時傳爲盛事。與白居易、劉禹錫聯句,動輒數十韻,而力不稍衰,劉禹錫視爲"勍敵"。尤長於賦,其《燕王市駿骨賦》、《羡魚賦》、《照寶鏡賦》諸作,皆爲當時人所傳誦。其賦今存五十多篇,重要者如《庭燎賦》、《延陵季子掛劍賦》、《蜃樓賦》、《秋潭賦》、《墨池賦》、《披霧見青天賦》等。其中以《庭燎賦》最負盛名。庭燎者,庭中照明之火炬也。《詩·小雅·庭燎》:"夜如何其? 夜未央,庭燎之光。"《周禮·秋官·司烜氏》:"凡邦之大事,共墳燭庭燎。"《注》:"(鄭)玄謂:墳,大也。樹於門外曰大燭,於門内曰庭燎,皆所以照衆爲明。"此賦以"早設王庭輝映群辟"爲韻。如其寫夜間庭中火炬之光云:

> 聽玉漏而未央,仰紫宸而初爇。珠旒將出,方熠熠以星懸;綵仗徐來,已煌煌而電設。九儀稍布,六樂爰分。代晨光之照曜,雜佳氣之絪緼。騰輝於鴛鷺之行,若離若合;委照於熊羆之旅,或分或群。昭昭彰彰,紫氣紅光;聲明煒煒,百物熒煌。覩炎上之有赫,知臨下之無荒。遠而瞻之,謂焚裘之烟昭儉於晉帝;迫而察之,似流屋之火呈瑞於周王。金釭莫齊,銀燭非競。長風乍拂,高焰彌盛。華衮燦爛以相鮮,猛虡攫拏而交映。其容烈烈,其明杲杲。附寒者覺其春深,假寐者疑其曙早。

其中頗多警句,如"珠旒將出,方熠熠以星懸;綵仗徐來,已煌煌而電設".又其寫火炬光"昭昭彰彰,紫氣紅光;聲明煒煒,百物熒煌","遠而瞻之,謂焚裘之烟昭儉於晉帝;迫而察之,似流屋之火呈瑞於周王",尤爲神來之筆。通篇文辭典雅華麗,曲盡形容之妙。

(五)蔣防

蔣防(生卒年不詳),其事跡散見於《重修承旨學士壁記》、《唐詩紀事》卷四十一、《咸淳毗陵志》卷十六、《唐尚省郎官石柱題名考》卷六,字子微,常州義興(今江蘇宜興)人。元和中曾官右拾遺、右補闕。長慶元年,以元稹、李紳薦充翰林學士,後擢司封員外郎,加知制誥。四年李紳爲宰相李逢吉所排擠,他也被貶汀州刺史。寶曆以後歷任連州刺史、袁州刺史,終中書舍人。他工詩文,尤長於傳奇,所作《霍小玉傳》爲傳誦名篇。《宋書・藝文志》著録《蔣防集》一卷、《蔣防賦集》一卷,皆佚。今存律賦有《姮娥奔月賦》、《螢光照字賦》、《湘妃泣竹賦》、《隙塵賦》等,而以《姮娥奔月賦》爲最佳。此賦以"一升天中永棄塵俗"爲韻。如其描寫姮娥奔月之情景云:

> 於是竦身騫翥,霽月凝冷。振環鏘珮,雜珠露之珊珊;雲帔花冠,渡銀河之耿耿。伊立志之有恒,果躡景而可憑。出乎寥廓,愛此清澄。企予望之,想蟾蜍之下視;進吾往也,軼埃壒而上升。且夫碧虚望而自致,清質瞻而不墜。天迥而音塵已没,風落而芳馨微至。往而不還,誰謂與子偕行;仰之彌高,孰云不我遐棄。窈窕輕舉,圓明映空。遺九族於脱屣,冀孤輪之處躬。獨往孤高,若集瑶池之上;潛來烟霧,如分紈扇之中。迷晶皎,亂瞳融,神明合,柔德通。想泛金波,詎假琴高之鯉;將摇桂魄,寧因禦寇之風。冥冥晬容,規規皓質。乘飛廉兮竦踴,迫望舒兮寥慄。初疑粧以臨鏡,形影猶分;終類冰之在壺,輝華相失。

描寫"奔月",如"振環鏘珮,雜珠露之珊珊;雲帔花冠,渡銀河之耿耿",意象鮮明,情景如畫。形容月光與嫦娥"初疑粧以臨鏡,形影猶分;終類冰之在壺,輝華相失",月光與嫦娥之形影相輝映,極其精妙。通篇情景交融,是律賦之佳作。

(六)賈餗

賈餗(?——八三五),其事跡見《舊唐書》卷一百六十九、《唐書》卷一百七十九本傳,字子美,河南(今河南洛陽)人。元和十九年登進士第,其後中賢良方正、能直言極諫科,累遷禮部員外郎,轉考功員外郎。長慶二年,與白居易同考制策,以本官知制誥,進庫部郎中。太和年間,歷官太常少卿、中書舍人、禮部侍郎、知貢舉、兵部侍郎、京兆尹、中書侍郎、同平章事,加集賢學士,監修國史。甘露之變時,爲宦官仇士良所害。今存律賦有《日月如合璧賦》、《五色露賦》、《仙掌賦》、《中和節百辟獻農書賦》、《履薄冰賦》、《教猱升木賦》、《太阿如秋水賦》等。其中《太阿如秋水賦》爲傳誦之名篇。此賦以"如彼秋水容色"爲韻,賦云:

> 黯然若秋水者,楚王有太阿之鋒。窮其原則三尺成狀,窺其底如百尺無蹤。可以照魑魅,鑒形容。涵空而表裏泓澄,詎私毫髮;騰氣而風雲慘澹,如隱蛟龍。原其極良冶之功,出洪爐之裏。薛燭增駭,風胡睜視。千里萬里之斜漢,耿耿方侔;八月九月之洞庭,沉沉相似。深淺難測,精光不死。磨越砥疑穿石之泉,淬葛溪如貫河之水。氣晶熒而不息,質瑩徹而難比。流影耀金精之上,涯涘皆空;涼飇鳴玉匣之中,波濤不起。韜暎無慝,埃塵不居。澄曉峽,黯清渠。俯視則孤光溢目,横窺而一帶澄虛。勞(疑作旁)臨挾刃之徒,疑開别派;近暎腰金之士,似躍游魚。比練之流奚匹,容舟之所寧如。其文也,流而無極;其清也,掬之不得。短長如任器之狀,蕩漾有盈科之則。似無雲之溪澗,徑挺其形;如落木之江湖,深沉其色。龍泉非偶,巨闕難儔。蓮影如植,龜文若游。星綴明珠,孰辨懷珠之浦;環分圓月,終疑暎月之流。泊乎霜露冷,天地秋;由是勦勍敵,決冤仇。故得名溢古今,聲流遠邇。解晉、鄭於紛若,掃欃槍於嘒彼。予一智刃於胸中,其精如此。

這是一篇體式嚴格的律賦,首二句破題,説明太阿劍若秋水。然後承題以若干句形容太阿劍之形狀。繼而從各方面形容太阿劍如流光秋水。篇末用兩韻歸結太阿劍之破敵作用。其以各類之水擬太阿劍,如云侔耿耿的銀漢,似沉沉的洞庭,比無雲之溪澗,如落木之江湖,能够"澄曉峽,黯清渠",挾風霜,淩豪氣,"涵空而表裏泓澄,詎私毫髮;騰氣而風雲慘澹,如隱蛟龍"。劍之爲物體僅三尺,作者卻把它寫得形如蛟龍,把它寫活了。

中唐之律賦多應試之作,爲人們所卑視,但也有一些詠物、抒情之優秀篇章。這些優秀篇章藝術技巧之精微細緻,達到描寫手法之極致。即使那般應試之作,也多描寫精彩之片斷,固不可以駢散論優劣也。

第四節　晚唐時期

晚唐時期之賦,沿循着中唐時期賦之軌跡而演變,即在古文運動的影響下,具有散文氣勢和韻調之新體文賦,更向字句平易、境界高遠的藝術領域提高。以柳宗元爲代表的騷賦體式減少了,而諷刺現實、抨擊時政的内容卻增多了,並出現了一些諷世小品。又律賦此時不專爲應試而作,因而題材拓展了,不僅是歌功德、頌祥瑞,而是詠史、譏時、寫景、抒情具備。要之,此期之賦無論何種體制,總的傾向都重視譏刺現實、揭露社會,有爲而作,針對性强。這是晚唐賦作之主要趨向。

一、杜牧、李商隱

杜牧、李商隱都是晚唐大家,他們的賦作不多,地位卻很重要,杜牧賦是韓愈賦風之發展,李商隱賦則與柳宗元之作一脈相承。

(一)杜牧

杜牧詩、賦、古文皆擅長,爲文主張“以意爲主,氣爲輔,以辭彩章句爲之兵衛”(《答莊充書》)。他關心國祚民瘼,“於治亂興亡之跡,財賦兵甲之事,地形之險易遠近,古人之長短得失”靡不畢究,以濟天下蒼生爲己任。然其抱負不得施展,憂愁幽思而寄寓於主意、輔氣、衛以辭彩章句的詩賦中。其賦《樊川文集》著録三篇,即《阿房宫賦》、《望故園賦》、《晚晴賦》。《阿房宫賦》是歷代傳誦的名篇,他自稱:“寶曆(敬宗年號)大起宫室,廣聲色,故作《阿房宫賦》。”(《上知己文章啓》)説明其主旨爲以古諷今。其辭云:

> 六王畢,四海一。蜀山兀,阿房出。覆壓三百餘里,隔離天日。驪山北構而西折,直走咸陽。二川溶溶,流入宫牆。五步一樓,十步一閣;廊腰縵回,檐牙高啄;各抱地形,鉤心鬥角。盤盤焉,囷囷焉,蜂房水渦,矗不知乎幾千萬落。長橋卧波,未雲何龍?複道行空,不霽何虹?高低冥迷,不知西東。歌臺暖響,春光融融;舞殿冷袖,風雨淒淒。一日之内,一宫之間,而氣候不齊。
>
> 妃嬪媵嬙,王子皇孫,辭樓下殿,輦來於秦,朝歌夜絃,爲秦宫人。明星熒熒,開粧鏡也;緑雲擾擾,梳曉鬟也;渭流漲膩,棄脂水也;烟斜霧横,焚椒蘭也;雷霆乍驚,宫車過也;轆轆遠聽,杳不知其所之也。一肌一容,盡態極妍,縵立遠視,而望幸焉。有不得見者,三十六年!燕趙之收藏,韓魏之經營,齊楚之精英,幾世幾年,剽掠其人,倚疊如山;一旦不能有,輸來其間;鼎鐺玉石,金塊珠礫,棄擲邐迤,秦人視之,亦不甚惜。
>
> 嗟乎!一人之心,千萬人之心也。秦愛紛奢,人亦念其家,奈何取之盡錙銖,用之如泥沙!使負棟之柱,多於南畝之農夫;架梁之椽,多於機上之工女;釘頭磷磷,多於在庾之粟

粒；瓦縫參差，多於周身之帛縷；直欄橫檻，多於九土之城郭；管絃嘔啞，多於市人之言語。使天下之人，不敢言而敢怒，獨夫之心，日益驕固。戍卒叫，函谷舉。楚人一炬，可憐焦土！

嗚呼！滅六國者，六國也，非秦也；族秦者，秦也，非天下也。嗟夫！使六國各愛其人，則足以拒秦；秦復愛六國之人，則遞三世可至萬世而爲君，誰得而族滅也？秦人不暇自哀，而後人哀之；後人哀之而不鑒之，亦使後人而復哀後人也。

全文分前後兩部分，前一部分分兩個層次：其一，寫阿房宫建築之廣大、宏偉，覆壓三百餘里，遮蔽天日，宫内長橋卧波如龍，複道行空若虹，歌臺舞殿或冷或暖，"一日之内，一宫之間，而氣候不齊"，極盡形容之致。其二，寫宫殿中妃嬪衆多，生活奢侈淫逸，以及秦王掠取六國之財物以爲自己享用，暴殄天物。"秦人視之，亦不甚惜"二句，總括前文，逗出下文之議論。後一部分，也分兩個層次：其一，寫秦王驕固之心貪圖的一切享受皆來源於對人民的巧奪豪取，"使天下之人，不敢言而敢怒"，終於導致秦王朝之覆亡。其二，正面表述對歷史的評價，認爲國家之興亡關鍵在統治者是否"愛其人"，六國之亡，在失其人，秦之亡，在犯天下之衆怒。最後歸結爲：必須以史爲鑒，希望唐王朝鑒秦之失，改絃易張，以免復爲後人所哀。通篇對偶工整，間以單行散句，文氣自然流暢，辭藻華美，韻調和諧，卓異之議論輔以鮮明之形象，不用典，少雕飾，一氣呵成，文賦於此得到進一步發展。

他的其他兩篇皆抒情之作。《望故園賦》抒寫其對仕途之厭倦，而産生回歸園田之想。如其寫仕途之情態："人固有尚，珠金印節；人固有爲，背憎面悦；擊短扶長，曲邀横結；吐片言兮千口莫窮，觸一機而百關俱發。嗟小人顓蒙兮，尚何念於逸越。"在這種污濁險惡的現實面前，他向往故園淳樸寧静之自然環境：

余之思歸兮，走杜陵之西道。巖曲天深，地平木老。隴雲秦樹，風高霜早。周臺漢園，斜陽暮草。寂寥四望，蜀峰聯嶂。蔥蘢氣佳，蟠聯地壯。繚粉堞於綺城，矗未央於天上。月出東山，苔扉向關。長烟苒惹，寒水注灣。遠林鷄犬兮，樵夫夕還。織有桑兮耕有土，昆令季强兮鄉黨附，悵余心兮拾茲而何去。憂豈無念，念至謂何。憤慍悽悄，顧我則多。萬世在上兮，百世居後。中有一生兮，孰爲壽夭。生既不足以紉佩兮，顧他務之纖小。賦言歸兮余之忘世，徒爲兮紛擾。

故園之幽静環境與現實社會之污濁險惡，形成極大的反差。所以他想回歸園田，是爲了擺脱現實之紛擾。用寥寥數語，剖析世情，極其透闢。描寫故園風光，也境界鮮明。又《晚晴賦》抒寫秋日晚晴，在郊園所見之景物。寫作特點爲通體比喻，特異者是以人喻物，但並不貼切，故意求新，藝術效果絶非理想。

杜牧之賦散文化的傾向比較明顯，重鋪陳比喻，擅形象描寫，或謂其在寫法上受李斯《諫逐客書》和賈誼《過秦論》之影響，信然。

（二）李商隱

李商隱早年以古文知名，二十歲後習駢文，成爲駢文大家。因其曾習古文，故其駢體或辭賦皆含古文氣格。《唐書·藝文志》著録其賦一卷，而《樊南文集》僅收《虱賦》、《蝎賦》兩篇。宋王應麟《困學記聞》卷十七云："李義山賦怪物，言佞魖、讒䰰、貪魃，曲盡小人之情狀。魑魅之夏鼎也。"可見《虱賦》、《蝎賦》之外，還有《佞魖》、《讒䰰》、《貪魃》三篇，可惜已見不到了。這些作品都是諷刺短制，曲盡奸佞之情態。如《虱賦》：

亦氣而孕，亦卵而成。晨鳧露鵠，不知其生。汝職惟嚙，而不善嚙。回臭而多，跖香而絶。

謂虱之職能惟在嚙人，但不善嚙，顔回貧困，身着汗臭，多生蟣虱，並爲其嚙，而盜跖强暴，衣履薰香，蟣虱不生，不被其苦。此爲譏刺那般專吸貧窮者的膏血，而不敢稍微碰撞豪强者的人們。又如《蝎賦》：

夜風索索，緣隙憑壁。弗聲弗鳴，潛此毒螫。厥虎不翅，厥牛不齒。爾兮何功，既角而尾。

角，或謂"當指獬豸冠"；尾，或謂"當是貂尾的雙關語"，皆唐時官員所服戴。如然，則此應是譏刺那般以陰謀狠毒手段奪取高位的佞倖者輩。

李商隱這類作品，是對柳宗元諷刺賦之直接繼承，然又有所不同，即其不但諷刺性强，而且僅四言八句，這種短小之體制，是李商隱的創造。

二、李德裕、盧肇、李庾

（一）李德裕

李德裕（公元七八七——八四九）是晚唐辭賦之重要作家，所作賦比較多，《李文饒文集》别集即收録二十七篇，生平事跡見《舊唐書》卷一百七十四、《唐書》一百八十本傳，字文饒，趙郡贊皇（今河北贊皇縣）人，宰相李吉甫之子。他自負門第，少力學而鄙薄進士舉，不屑與試。憲宗元和元年以蔭補秘書省校書郎。穆宗即位，爲翰林學士，旋加屯田員外郎。敬宗時官浙西觀察使，當時爲牛、李黨爭中李黨之首領。文宗大和七年拜同中書門下平章事，旋爲牛黨排擠，罷相。武宗時，詔其入朝，復居相位。執政六年，力主安邊削藩，沮遏朋黨，佐武宗擊敗回紇烏介可汗，迎還大和公主，討平擅自襲任澤潞節度使之劉鎮,頗著政績。宣宗大中初,爲牛黨所中傷,貶潮州司馬、崖州司户參軍。他以器業自負,明辨有風采。好著書爲文,獎善嫉惡,雖位極臺輔,仍讀書不輟,尤精《左傳》、《漢書》。今傳《李文饒文集》二十卷、别集十卷、外集四卷。爲文主張"以言妙而適情,不取於音韻;意盡而止,或篇不拘於隻耦;故篇無定曲,辭寡累句"。强調文章貴自然,不應受聲律、駢散之拘束。不贊成刻意求新,認爲"辭不出於風雅,思不越於離騷","譬諸日月,雖終古常見,而光景常新"。要之,"文之爲物,自然靈氣,惚恍而來,不思而至"(《文章論》),追求自然、古雅、平淡之文風。這與當時古文家之主張相似。今存將近三十篇賦多數爲詠物之作,如《柳柏賦》、《二芳叢賦》、《山鳳凰賦》、《孔雀尾賦》、《虵蜉賦》、《白猿賦》、《積薪賦》、《欹器賦》等,此外還有一部分寫景、抒情之作,如《項王亭賦》、《劍池賦》、《大孤山賦》、《望匡廬賦》等。《欹器賦》是他的名作。欹器者,傾斜易覆之器也。《荀子》卷二十《宥坐》:"孔子觀於魯桓公之廟,有欹器焉,孔子問於守廟者曰:'此爲何器?'守廟者曰:'此蓋爲宥坐之器。'"注:"宥與右同。言人君可置於坐右以爲戒也。"賦序云:"癸丑歲,余時在中樞,丞相路公見遺欹器,贈以古人之物,永懷君子之心,嘗欲報以詞賦,屬力小任重,朝夕盡瘁,固未暇於體物。今者公已殁世,余又放逐,忽覩玆器,悽然懷舊,因追爲此賦,置公之靈筵。"按:癸丑,爲文宗大和七年。路公,即路隋,時與李德裕同爲相。大和八年,李德裕以事忤文宗意,罷相,出爲浙西節度使。九年因李宗閔、鄭注構陷,貶袁州長史。路隋則因爲李德裕爭辯,也罷相,出爲鎮海軍節度使,死於途中。此賦即其被貶袁州時所作。賦云:

昔周道砥平,既安且寧,赫赫公旦,配德阿衡。謂難守者成,難持者盈。始作玆器,告於神明。至仲尼憲文武之道,思周公之德，入太廟而觀器，見遺法而嘆息。且曰：月滿而虧，日中則昃，彼天道之常然，欲久盛而焉得？乃沃水而器，察微要終，挹彼注兹，授之若沖。虚則欹㐌，似君子之困蒙；中則端平，如君子之中庸。既滿則跌，霆流電發，器如坻隤，水若河決。非神鼎之自盈，異衢樽之不竭。蓋欲表人道之隆替，明百事之有節。然兹器也，不以中而自藏，不以跌而自傷。其過也，如彼薄蝕；其更也，浸發輝光；得其道者，居則念於豐蔀，動乃思於謙受，顔既復而不遠，惠屢黜而何咎！知任重之必及，悟物盈之難久。雖神道之無形，常參然於前後。昔與君子，同秉國鈞。公得之爲賢相，予失之爲放臣。覩遺物之猶在，響舊好而悲辛；欲克己以復禮，永報德於仁人。

賦文先述周公造欹器，目的在戒滿盈，次述孔子入太廟，見之而感嘆云云，最後抒發自己的見解和議論。按《荀子·宥坐》記載："孔子曰：'吾聞宥坐之器者，虚則欹，中則正，滿則覆。'孔顧謂弟子曰：'注水焉！'弟子挹水而注之，中而正，滿而覆，虚而欹，孔子喟然而嘆曰：'吁！惡有滿而不覆者哉！'"賦文孔子之感嘆詞全本《宥坐》篇演化而成。作者以詠欹器來調理被貶後内心之不平衡，所謂"然兹器也，不以中而自藏，不以跌而自傷"，對自己之被貶毫無怨言；所謂"顔既復而不遠，惠屢黜而何咎！知任重之必及，悟物盈之難久"。欹器之爲物，"公得之爲賢相，予失之爲放臣"，皆天道自然之理，還有什麽可説的呢！不怨天，不尤人，而歸之於"克己復禮"，以儒家的道德觀念自勵，即所謂内容"雅正"者也。文體不拘泥於散體或駢體，而是或散或駢，氣韻流暢，文風雅淡、自然，無藻飾之跡。

又其寫景之名作《大孤山賦》，序云："余剖符淮司，道出蠡澤。屬江天清霽，千里無波。點大孤於中流，升旭日於匡阜。不因左

官,豈遂斯游。謝康樂尤好山水,嘗居此地,竟闕詞賦,其何故哉?彼孤嶼亂流,非可儔匹,因爲小賦,以寄友朋。”賦云:

> 川瀆巉道,人心所惡;必有穹石,御其横騖。勢莫壯於灩澦,氣莫雄於砥柱。惟大孤之角立,掩二山而磔竪。高標九派之衝,以捍百川之注。眈若虎視,蚴如龍據。靡摇巨浪,神明之所扶;不倚群山,上玄之所固。彼迤邐而何多,信嶷然而有數。念前世之獨立,知君子之難遇。如介石者袁、楊,制横流者李、杜。觀其側秀靈草,旁挺奇樹,寧憂梓匠之斤,豈有樵人之路?想江妃之乍游,疑水仙之或駐。嗟瀛洲之方丈,蓋髣髴如烟霧。據神鼇而鼿磃,逐風濤而沿泝。未若根連坤軸,終古而長存;跡寄夜川,負之而不去。雖愚叟之復生,焉能移其咫步!

寫大孤山之形勝,掩灩澦、砥柱而磔竪,兀立於九派之衝,百川之注,虎踞龍盤,高峻雄偉。以景寓人,“念前世之獨立,知君子之難遇。如介石者袁、楊,制横流者李、杜”,是以大孤山比於東漢不畏强暴之袁安、楊震、李固、杜喬諸人,意在有望於這類人出現,整頓唐朝當時混亂之政治局面。又將大孤山與東海仙山瀛洲、方丈對比,謂彼處烟霧縹緲,不可尋覓,而此山根連坤軸,不能移其咫步,終古而長存!這也非單純寫景,而應有内在含義,意其亦寓兀然挺立一類人歟!

此外,《劍池賦》、《項王亭賦》也是極具情韻之優秀篇章。這兩篇賦序,皆稱“丙辰孟夏”,丙辰,是文宗開成元年,時作者正罷相外任,因而兩篇作品應不同程度地流露出罷相後之情感。如《劍池賦》爲“劍”這一至靈之物,未遇識者,而被淪棄,遂躍入深淵,化龍飛去而嘆惜,抒發了自己志不得申之感慨。《項王亭賦》賦寫項羽之作爲"違天違人",招致失敗,乃事之必然,繼而感佩項羽之英雄本色,最後慨嘆其英雄末路,其中未嘗没有作者自己之心境在。

要之,李德裕的賦或駢或散,文辭古雅有情韻,寫景、抒情、議論融會自然,無特異憤激之言,有怨而不怒之風,這與他主張"辭不出於風雅,思不越於離騷"是一致的,是風雅、離騷傳統之繼承和發展。

(二)盧肇

盧肇(生卒年不詳),事跡見《唐書·藝文志》四、《唐詩紀事》卷五十五,字子發,宜春(今江西宜春)人。會昌三年,受知於李德裕,由其推薦於主司王起,以狀元登進士第。大中元年,爲鄂岳節度使盧商辟爲從事。後江陵節度裴休、太原節度盧簡求相繼署爲幕僚。入爲秘書省著作郎,遷倉部員外郎,充集賢院直學士。咸通中,歷任歙、宣、池、吉等州刺史。他少窮苦自勵,有奇才,詩、文、賦皆擅長。今存賦四篇,即《湖南觀雙柘枝舞賦》(駢體)、《天河賦》(律體)、《如石投水賦》(律體)和《海潮賦》(新文體)。《海潮賦》是進奉國君之作,其《進海潮賦狀》稱"以二十餘年,前後詳參實符象數"(《唐文粹》卷五)而成。賦文及序都很長,序云:"夫潮之生,因乎日也;其盈其虚,繫乎月也。古之君子所未究之。……肇觀乎日月之運,乃識海潮之道,識海潮之道,亦欲推潮之象,得其象,亦欲爲之辭。"其寫作的意旨,在探討海潮産生的原因,是用賦體寫作的科學論文。盡管其得出的結論是錯誤的,因爲根據現代科學的解釋,海水之潮汐只與月有關係,而與日無關,然其勇於探索自然變化的精神卻是可貴的。賦之文學性不强,但其對日光激起海潮之描寫則形象鮮明、氣勢宏偉:

及其碧落右轉,陽精西入(原注:始作潮也)。抗雄威之獨燥,卻衆柔之繁濕。高浪瀑以旁飛,駭水洶而外集。霏細碎以霧散，屹奔騰以山立。巨泡丘浮而迭起，飛沫雹凝以驚急。且其日之爲體也，若熾堅金，圓徑千里。土石去之稍邇而必焚，魚龍就之雖遠而皆靡。何海水之能逼，而不澎濞沸渭以四起？故其所以淩轢、其所以薄激者，莫不魄落焯鑠如爨巨鑊，赩兮不可探乎㳘㳘之内，呀焉若天地有齟齬。其始也，漏光迸射，虹截寓縣；拂長庚而尚隱，帶餘霞而未殄。其漸没，豞兮若后羿之時，平林載馳，驅貙虎與兕象，懾千熊及萬羆，呀偃蹇而矍鑠，忽劃礫而齧齟。其少進也，若兆人繽紛，填城溢郭，蹄相蹂蹙，轂相摩错，閧閫澶漫，淩强侮弱，倏皇輿之前蹕，孰不奔走而揮霍。及其勢之將極也，湝兮若牧野之師，昆陽之衆，定足不得，駭然來奔。騰千壓萬，蹴摶沸亂。雄稜後闕，懦勢前判。懾仁兵而自僵，倏谷呀而巘斷。此者皆海濤遇日之形，聞者可以識其畔岸也。

其對海潮之描寫，有似於枚乘《七發》中廣陵觀濤一節，如“其始也”、“其漸没”、“其少進也”，最後至於“及其勢之將極也”，循序寫來，海潮瞬息萬變、浩浩蕩蕩、洶湧澎湃之氣勢形於筆端。全文以議論爲主，輔之以形象描寫，減少了論述之板滯，增强了曲折波瀾。

又其《湖南觀雙柘枝舞賦》是一篇駢體佳作。賦稱“瀟湘二姬，桃花玉姿，獻柘枝之妙舞，佐清宴於良時”，説明舞者爲瀟湘二姬，獻舞爲“佐清宴”。其中描寫舞姿之精妙如：

乍折旋以赴節，復宛約而含情。突如其來，翼爾而進。每當節而必改，乍慘舒而復振。驚顧兮若嚴，進退兮若慎；或迎兮如流，即避兮如恡；傍睨兮如慵，俯視兮如引；風裹兮弱柳，烟羃兮春松；縹緲兮翔鳳，婉轉兮游龍；相邇兮如借，相遠兮如

> 謝……俄舉袂以容曳,忽吐音而清越。一曲曲兮春恨深,一聲聲兮邊思發。傷心兮隴首青雲,斷腸兮戍樓孤月。歌扇兮纔斂,鳴鼙兮更摧。將騰躍之激電,赴迅疾之驚雷。忽如厭乎揮霍,戢餘勢以徘徊。屹而立,若雙鸞之窺石鏡;專而望,似孤雲之駐蓬萊。輕攢翠蛾,稍拂香汗;蹔爾安逸,復騁陵亂。抽軋軋於蕙心,耀纖纖之玉腕。躊躇曠望,若戀虞以南馳;俯僂回旋,非爲劉而左袒。拾華袿以雙舉,露輕裾之一半。

《柘枝舞》,古羽調有柘枝曲,商調有屈柘枝,此舞因曲而名。舞時以二女童藏於蓮花形道具中,花瓣開放,出而對舞,女童帽加金鈴,舞時轉動作聲。此前沈亞之已有《柘枝舞賦》,但此賦較沈作更生動。如其中連用"若""如""兮"諸詞形容舞容之意態横生、舞姿之優美多變。而且間之以歌,歌舞配合,舞以表態,歌以傳情,極盡風姿綽約、情韻幽渺之致。

(三)李庾

李庾(?——公元八七四),生平事跡見《舊唐書·僖宗紀》、《唐書·宗室世系表》、《唐語林》卷三,字子虔,唐宗室,開成間登進士第。會昌三年任荆南節度推官,大中十年爲殿中侍御史、分司東都,咸通間官中書舍人、湖南觀察使。乾符元年卒。他工辭賦,所作《兩都賦》,爲時人所稱。《兩都賦》在體制上是擬班固《兩都》和張衡《二京》所作,但意旨卻不同,班、張之作是以東西京對比説明究竟建都於何處爲宜,李庾則是"願聞古而知今",即借詠古以垂戒後世。賦文設爲東都之洛汭先生和西都之里人的對話,展開對東西都政治形勢、歷史情況之描寫,重點在總結歷史教訓。如《西都賦》描寫唐代之政治制度、社會物産,極其詳盡,最後寫西都四郊秦、隋、周、漢滅亡之遺跡:

其四郊也,或有乘時之舊址,亡國之遺蹤。天子迎四氣,畫然改容曰:是足以懷傷於耳目,作戒於心胸。昔秦政肆刑,秦民共傾。楚澤大呼,分隳列城。徒罷驪山,役休上林。秦址既遷,鴻門至今。此東郊之事也。隋苑廣袤,置籠南山,占地萬頃,不爲人間。齊門失耕,禽游獸閑。代謝物移,繚垣不完。此南郊之事也。豐水悠悠,文王作周,傳覲子孫,衰平遂遷。乃睠鎬都,武王宅居。國失赧遯,豐鎬皆蕪。此西郊之事也。漢設五疇,以主淫祀。欒詐徐誣,將求永久。天子親拜,太牢黍牲。事亡地存,爲天下笑。此北郊之事也。

秦、隋、周、漢爲什麼滅亡?其亡有什麽可爲鑒戒的?作者於下文作了明確的概括,確實值得深思。又如《東都賦》描寫自武則天到唐玄宗時洛陽之形勝和周、漢、魏、晉之所以"失都"、安史之所以亂起。其寫周、漢、魏、晉"失都"之原因云:

故權在諸侯,則姬氏平;權在内官,則漢室傾;權在强臣,則魏狃;權在親戚,則晉走。是四者,各以其故,權與勢移,運隨鼎去,從古如斯。

這是對周、漢、魏、晉失都原因之總結,但其針對的卻是唐代的現實政權,所謂"從古如斯"也。其寫安史之亂所以爆發云:

我俗既饒,我人既驕,安不思危,逸而忘勞。故天寶之季,漁陽兵起,逆旗南指,我無堅壘,匝甸聳動,衝天羯腥。門開麗景,殿據武成。殺人如刈,焚廬若薙。蜀駕先移,胤師後誓。傷四年之委燼,奮二將以建勛。天落妖彗,風摧陣雲。及夫掃臺榭之灰,收京野之骨,徵郡國之版在,驗地官之籍列,太平之人,已十無七八。

唐王朝的國勢,頓時土崩瓦解,連“含識之士女,植髮之童兒,皆能痛其喪亂”。作者的結論是應當以史爲鑒:

> 則知鑒四姓之覆轍,嗣重葉之休烈。用是言也,理是事也,即所都者,在東在西可也。

意者只要以史爲鑒,“所都者,在東在西可也”,對班固、張衡所爭論的問題作了回應。

這兩篇賦文都很長,但全部敘述描寫都在總結歷史教訓,以爲唐王朝政權之鑒戒。表現了作者的歷史卓識。

三、皮日休、陸龜蒙、羅隱

皮日休、陸龜蒙、羅隱皆晚唐之詩人、雜文家和辭賦家。

(一)皮日休

皮日休是一位關心國祚民瘼的人,《皮子文藪》所著録其十五篇賦之内容,大都與此有關。這種賦風和内容,皆緣於其對賦這一文體的認識。他在《皮子文藪序》中説:“賦者,古詩之流也。”認爲賦源於古詩,然則其寫作意圖亦當猶詩之“上以風化下,下以風刺上”(《毛詩》序)也。他自稱“非有所諷,輒抑而不發”(《桃花賦》序)。在《皮子文藪序》中具體地敘述説:“傷前王太佚,作《憂賦》;慮民道難濟,作《河橋賦》;念下情不達,作《霍山賦》;憫寒士道壅,作《桃花賦》;《離騷》者文之菁英者,傷於宏奥,今也不顯,作《九諷》。”説明他每一篇的寫作,都是由現實社會之誘發,皆諷時刺世之作。

《憂賦》、《河橋賦》、《霍山賦》、《桃花賦》皆文賦,《九諷》及《悼賈》、《反招魂》則爲騷賦。皮日休在《文藪》序中首述《憂賦》,可見對此賦之推重了。此賦序稱:“草茅臣日休,見南蠻不賓,天下

徵發,民力將弊,乃爲賦以見其志。"賦文臚列了十六項堪憂之事,然更着眼於"南蠻不賓,天下徵發,民力將弊",如賦文云:

> 命將興師,夸力四夷,既侵嶺徼,又定邊陲,以無用之沙漠,竭有限之民資,是以先王謂之荒服,後嗣謂之羈縻,豈可使親帥武旅,躬揮戰輝?故漢高有白登之辱,隋煬有雁門之圍。是臣憂也。……功作非宜,奪民農時,我簠不粢,我黍阻飢。傾宫既作,阿房又施,人既怨矣,鬼其泣之。是臣憂也。頭會箕斂,關徵市賦,民之胥怨,無所赴愬。人厭進修,家爲積聚,卜式出於富人,洪(弘)羊拔於賈豎。是臣憂也。

由於統治者窮兵黷武,營造宫室,而對天下人民横徵暴斂,使民不堪命,胥怨無所赴訴。表現了對人民的無限同情。此外,還從各個方面陳述歷代君王之所以覆亡,以垂戒晚唐政權。要之,這是一篇憂國憂民之作。

《霍山賦》所寫之霍山,本爲南嶽,漢以後,以衡山爲南嶽,此賦仍稱霍山爲嶽。賦寫霍山之形勝,並希望"易衡之號以歸於我,請天子復唐虞陟黜之義"。賦文依次描寫嶽之大、之高、之尊、之氣、之靈、之德,然後寫嶽之形、嶽之異狀云:

> 嶽之形,有雲驁驁,其勃如怒;有泉烈烈,其來如決。叱豐隆,奔列缺,轟然霹靂,天地俱裂。嶽之異狀,其勢如危,或不可支,若不可維。或仰而呀,有如吮空;或俯而拔,有如攫地。其曉而東,有如冠日;其暮而西,有如孕月。有水而脈,有石而骨,有洞而腹,有崿而節。或鋭而勵,或斷而截,或回而馳,或低而折。其經之怪之,祥之詭之,千種萬類,緊不可得而詳記。

極盡形容之致。然其旨歸在對唐王朝進行勸諫。作者設想一夢,夢見祝融留守霍山之相,述説唐虞時代五載一巡狩,根據下情民意，以行陟黜，而今天卻廢棄之：

> 唐虞之帝，五載一巡狩，一載而徧。上以覲侯，下以存民，侯有治者陟，不治者黜；民有冤者平，窮者濟。洎唐虞以降，皆燔柴於霍，我帝用饗其禮。……今聖天子越唐邁虞，而廢巡罷狩，余之封内，有可陟可黜，可平可濟者，是聖天子無由知之。

作者寫這篇賦的原因，是"念下情不達"，希望進獻此賦，使唐王朝能恢復唐虞時代五年一巡狩之制。作者不正面規諫，而通過詠霍山及夢見霍山神對唐虞盛時之陳述，委婉地表示自己的意願，用心良苦。

《河橋賦》與《桃花賦》，采用與《霍山賦》同樣寫法，先用較多的筆墨描寫所賦之對象，最後歸結爲諷諫。

《反招魂》是一篇騷賦，序稱："屈原作《大招魂》，宋玉作《招魂》，皮子以忠放不如守介而死，奚招魂爲？故作《反招魂》一篇以辨之。"《招魂》之作，乃招魂以復其身，《反招魂》者，是招魂永離其身，從各方面說明不可回歸。如云：

> 承溟涬之命兮，付余才而輔君。君既不得乎志兮，余飄飄而播遷。余將蕩大空而就滅兮，君又招余俾復身。余詣帝以請訣兮，帝俾巫陽以筮云。巫陽語余以不可歸兮，故作詞以招君。乃下招曰：君兮歸來，故都慎不可留些！其君雄虺兮，其民封狐些。貪民之肝鬲以爲其肉兮，摘民之髮膚以爲其衣些。朝刀鋸而暮鼎鑊兮，上曖昧而下墨𡱂些。……

作者以忠介自期，從不同的角度批判當時社會之殘酷和腐朽，抒發其憤世之慨。

皮日休自稱"神狂"、"狂其文"（《霍山賦》序），故其賦往往不拘體式，任情抒寫，夢與霍山神對話即其一例。又認爲"賦者鋪也"，對自然景物能從各方面進行描寫,鋪陳比喻,然後歸於諷諫,所謂曲終奏雅,乃漢賦之遺澤。

(二)陸龜蒙

陸龜蒙是皮日休之好友,與皮齊名,也稱“皮陸”,有與皮唱和之《松陵集》十卷。他詩文賦兼擅,孔平仲《談苑》即云:“唐陸龜蒙善爲賦,絶妙。”爲文主張“懲勸之道”(《苔賦》序)。其《甫里先生文集》收録賦十六篇,主要有《幽居賦》、《自憐賦》、《杞菊賦》、《蠶賦》、《後虱賦》、《苔賦》、《秋蟲賦》、《麈尾賦》等。内容分抒情、刺世兩類。其抒情類如《幽居賦》是精心結撰之長篇駢體,自稱:“陸子居全吴,東踞長洲故苑一里,闔關不通人事,且欲吟詠性情。曰燕居則仲尼有之矣,曰卜居則屈原有之矣,曰閒居則潘岳有之矣,曰郊居則沈約有之矣。既抱幽憂之疾,復爲底下之居,乃作《幽居賦》。”説明他是繼承先賢之傳統而作,賦寫其幽居之景况。巧對偶,多用典,如其開端云:

> 太(一作泰)伯勾吴,通侯舊里。地接虎丘,門連鶴市。比顔巷兮非陋,方賜牆兮峻(一作猶)峙。樂令有名教之樂,必以人(一作仁)行;莊生乃道家者流,咸從達起。彼既得矣,予何謝焉。欲神游於浩氣,法大(一作天)隱於遺編。魯仲孫衣止七升之布,樂武子食無一卒之田。賤不容憂,貧惟可賀。冥心而姑務藏疾,捲舌而誰能繫(一作擊)墮。爭先敢脱乎牛車,自給方營於馬磨。噫!秦時亡命竟(一作競)作帝師;吁!漢末遺臣皆稱王佐。吾焉用此,僕病未能。藝合歡求解恚之方,餌陟釐明功冷之徵。悲少歌於趙壹,喜長嘯於孫登。萬古騷人遠追乎橘浦,百金獻(疑作攎,刀胡切,斂也)事近書(一作出)於松陵。亦慕偷桃,還憐嗜芰。何慙(一作悲)尺蠖之屈,未損丈夫之志。投簪隱几,聊思夷甫談玄;搦札濡毫,耻効

文通奏記。……

下文進而賦寫"外孌方施,孟子虛陳乎仁義;中讒既勝,韓非徒恃其縱橫"。謂在寵倖當權,讒諂方勝之時,孟子之仁義,韓非之縱横都無所施,自己"何慙尺蠖之屈,未損丈夫之志",也就無可嗟怨的了。實際上也是一種不平之鳴。《杞菊賦》也是一篇抒情之作,序云:"天隨子宅荒,少牆屋,多隙地,著圖書所,前後皆樹以杞菊,春苗恣肥,日得以采擷之,以供左右盃案。及夏五月,枝葉老硬,氣味苦澀,旦暮猶責兒童拾掇不已。人或嘆曰:……何自苦如此?生笑曰:我幾年來忍飢誦經,豈不知屠沽兒有酒食耶?退而作《杞菊賦》以自廣云。"賦云:

> 惟杞惟菊,包寒互緑。或穎或苕,烟披雨沐。我衣敗綈,我飯脱粟。羞慙齒牙,苟且粱肉。蔓延駢羅,其生實多。爾杞未棘,爾菊未莎。其如予何?其如予何?

賦文很短,表現了一種不貪圖富貴,以清貧自高之精神。

其刺世之作,可以《蠶賦》、《後虱賦》、《苔賦》爲代表。《蠶賦》序稱:"荀卿子有《蠶賦》,楊泉亦爲之,皆言蠶有功於後世,不斥其禍於人也。余激而賦之,極言其不可,能無意乎?詩人'碩鼠'之刺,於是乎在。"謂荀卿、楊泉二賦,皆言蠶有功於世,他從相反的角度謂蠶有害於民。賦云:

> 古民之衣,或羽或皮,無得無喪,其游熙熙。藝麻績纑,官初喜窺,十奪四五,民心乃離。逮蠶之生,繭厚絲美,機杼經緯,龍鸞葩卉,官涎益饞,盡取後已。嗚呼!既豢而烹,蠶實病此,伐桑滅蠶,民不凍死。

認爲蠶之爲物乃在害民,爲了除民之害,主張"伐桑滅蠶"。這是極憤激之詞,意在批判那些盤剥人民之官吏。賦文從反面着眼,諷刺極其深刻。《後虱賦》采用同樣諷刺手法,序稱:“余讀玉谿生《虱賦》,有就顔避跖之嘆,似未知虱,賦以矯之。”賦曰:

> 衣緇守白,髮華守黑,不爲物遷,是有常德。小人趨時,必變顔色,棄瘠逐腴,乃虱之賊。

李商隱《虱賦》謂虱之囓惟在如顔回之貧困者,而避盗跖之强暴者,好像並不了解“虱”。作者認爲“虱”多依附富貴之人,富貴則身肥體胖,足供其囓。此所以諷刺那些趨炎附勢之小人。《苔賦》是有感於江淹《青苔賦》無懲勸之意,“化下風上之旨廢”而作。借詠青苔抒寫現實社會貴賤哀樂之循環變化。篇末謡曰:“苔之生兮自若,人有哀兮有樂,哀者貴兮樂者賤,貴者危兮賤者宴。噫!哀樂兮何時止,貴賤循環兮而後已。”即此賦之要旨。人生有貴亦有賤,有哀亦有樂,貴賤哀樂皆無常,無論哪一項都不能常守,此其所以爲勸也。

陸龜蒙與皮日休的賦有相同之處,即都主張有爲而作,針對性强,面對現實,諷刺時弊。但賦風也有所不同,皮作多矜才使氣,抨擊弊政,情感激昂慷慨;陸作除抒憤之外,還表現隱居之情趣,意緒舒暢平淡;皮作多爲文賦,陸則喜用駢體;主體賦風相同,而又個性鮮明。

(三)羅隱

羅隱與皮日休、陸龜蒙賦風相近。他善屬文,多所譏諷,爲時所忌,故舉進士十年不第,遂自名爲隱。咸通八年,輯其文爲《讒書》。其賦據宋鄭樵《通志·藝文志》記載有一卷,明胡應麟《詩藪》云爲二十卷,陳振孫《直齋書録解題》“别集類上”稱其“《後集》有律賦數首”,然今僅存五篇,俱載《讒書》之中。其《讒書》序云:“他人用是以爲榮,而予用是以爲辱;他人用是以富貴,而予用是以困窮。苟如是,予之書乃自讒耳!目曰《讒書》。”此其讀書應舉,然科場連遭失利,不遇於當世的憤慨之言。又其《讒書》重序云:“蓋君子有其位,則執大柄以定是非;無其位,則著私書而疏善惡。斯所以警當世而誡將來也。”説明其著述之目的在“疏善惡”,“警當世而誡將來”。羅隱之五篇賦俱被收入《讒書》之中,則賦之内容即其序文思想觀念的體現。如《後雪賦》是一反從前謝惠連《雪賦》寫梁王在兔園命司馬相如作《雪賦》,“鄒陽聞之,懣然心服”,也作“積雪之歌”,贊美雪之清白高潔,而寫鄒生讀司馬相如《雪賦》之後,“呀然解頤”云:“善則善矣,猶有所遺。”並陳述自己的“獨見”云:

> 若夫瑩净之姿,輕明之質,風雅交證,方圓間出,臣萬分之中,無相如之言。所見者,藩溷槍吹,腐敗掀空,雪不欽片,飄飄在中。污穢所宗,馬牛所避,下下高高,雪爲之積。至若漲鹽池之水,屹銅山之巔,觸類而生,不可殫言。臣所以惡其不擇地而下,然後浼潔白之性焉。

其寫雪並不像前人所詠那般清白高潔,而是沾染了許多污穢。以雪喻人,謂當時文人不擇地而處,攀附權貴,道德敗壞。梁王聽後“詠嘆斯久”,相如竦然曰:“若臣所爲,適彰孤陋。”構思巧妙,極盡諷刺之致。《秋蟲賦》也是一篇諷刺短制,序稱:“秋蟲,蜘蛛也。致身網羅間,實腹亦網羅間。愚感其理有得喪,因以言賦之。”賦云:

> 物之小兮,迎網而斃;物之大兮,兼網而逝。而網也者,繩其小而不繩其大。吾不知爾身之危兮,腹之餒兮,吁!

“網”者,喻三尺法網也。封建統治者執法專以裁制小民,達官貴

人,則“兼綱而逝”,法綱對他根本不起作用。《屏賦》應是諷刺那些尸位素餐的達官貴人,賦云:

> 惟屏者何? 俾蕃侯家。作道陘阸,爲庭齒牙。爾質既然,爾功奚取? 迫若蒙蔽,屹非禆補。主也物敵,賓也如讐。賓主牆面,職爾之由。吴任太宰,國始無人。楚委靳尚,斥逐忠臣。何反道而背德,與枉理而全身。爾之所憑,亦孔之醜! 列我門閫,生我妍不。既内外俱喪,須是非相紕。屏尚如此,人兮何知! 在其門兮惡直道,處其位兮無所施。阮何情而泣路? 墨何事而悲絲? 麟兮何嘆? 鳳兮何爲? 吾所以悽惋者在斯。

“屏”所以喻達官貴人,他們“在其門兮惡直道,處其位兮無所施”,其所作所爲“反道而背德”,“枉理而全身”,除了蒙蔽君王,排斥賢能者外,無任何才能。《迷樓賦》是其途經隋煬帝之“迷樓”故址,有感而作。賦云:

> 迷樓者何? 煬帝所製。煬襲文後,天下無事。謂春物繁好不足以開吾視,謂春風嬾慢不足以吹吾志。斯志既熾,斯樓乃峙;榱桷沉檀,楝梁杞梓。將使乎旁不通於日月,外不見乎天地。然後朝奏於此,寢食於此。君王欲左,右有粉黛;君王欲右,左有鄭、衛。君王欲問乎百姓,曰百姓有相;君王欲問乎四方,曰四方有將。於是相秉君恩,將侮君權,百官庶位,萬户千門。且不知隋煬帝迷於樓乎? 迷於人乎?

據《説郛》卷三十二記載:隋時浙人項昇進新宫圖,煬帝命在揚州依圖建造,經年而成。回環四合,上下金碧,工巧弘麗,自古無有,帑庫爲之一空,人誤入之者終日不能出,煬帝顧謂左右曰:“使真仙游其中,亦當自迷也,可目之曰迷樓。”此賦所寫迷樓之所謂“迷”,與《説郛》記載者有所不同,而是將“迷”字繫於隋煬帝一身,更有利於表現隋煬帝不理朝政、荒淫無耻、貪圖安逸享樂之作爲。然究竟是迷樓或是迷人？作者認爲“人迷煬帝於此，故曰迷樓，然後見生靈意”，揭露隋煬帝之荒淫誤國，所以垂戒後世也。

羅隱之賦與陸龜蒙賦相近之處，在於都以短小體制諷刺現實，但也有不同，陸賦喜作駢體，羅賦毫無駢儷之風，更其樸實自然。

晚唐時期，以諷刺現實爲主之賦家，還有孫樵、劉蜕、司空圖諸人，他們雖各有其成就，但在體制、風格等方面並無鮮明之特色，故從略。

四、王棨、黄滔、徐寅、周鍼

晚唐時期，律賦有進一步發展，主要原因是其與科舉功令脱節，不專爲應試而作，從而擴大了題材範圍。李調元《賦話》云：“逮乎晚季，好尚新奇，始有《館娃宫》、《景陽井》及《駕經馬嵬坡》、《觀燈西涼府》之類，爭妍鬥巧，章句益工，而《英華》所收，顧從其略，取舍自有定則，固以雅正爲宗也。”（《新話》二）指出此時賦風向新奇、妍巧、雕章琢句方面提高，而且題材擴展，史事、寫景、抒情俱有。這是前此律賦中所無，而是此期出現之新變化，王棨，黄滔、徐寅、周鍼之作可爲代表。

（一）王棨

王棨（生卒年不詳），生平事跡見《麟角集》卷首黄璞撰之《王郎中傳》、《桂苑筆耕集》卷十三，字輔之，福州福唐（今福建福清）人。早年業儒，咸通三年登進士第。咸通九年江西觀察使李騭辟爲團練判官。復以評判入第，授大理司直，旋除太常博士，入尚書省爲水部郎中。廣明元年黄巢軍占據長安，他奔淮南入高駢幕府，先後任右司馬、鹽鐵出使巡官、知丹陽監事。其後歸鄉里而終。他精於詞賦，著《麟角集》一卷，收律賦四十五篇。主要有《玄宗幸西涼府觀燈賦》、《三箭定天山賦》、《離人怨長夜賦》、《秋夜七里灘聞漁歌賦》、《貧賦》、《涼風至賦》、《芙蓉峰賦》、《回雁峰賦》、《白雪樓賦》、《曲江池賦》、《江南春賦》等。《江南春賦》是其重要作品，似爲應試之作，乃律賦中之八韻正體。主要寫江南之春色，而含弔古傷今之意。賦云：

> 麗日遲遲，江南春兮春已歸。分中元之節候，爲下國之芳菲。烟冪歷以堪悲，六朝故地；景葱蘢而正媚，二月晴暉。誰謂建業氣偏，句吴地僻。年來而和煦先遍，寒少而萌芽易坼。誠知青律，吹南北以無殊；争奈洪流，亘東西而是隔。當使蘭澤先暖，蘋洲早晴。薄霧輕籠於鐘阜，和風微扇於臺城。有地皆秀，無枝不榮。遠客堪迷，朱雀之航頭柳色；離人莫聽，烏衣之巷内鶯聲。於時衡岳雁過，吴宫燕至。高低兮梅嶺殘白，邐迤兮楓林列翠。幾多嫩緑，猶開玉樹之庭；無限飄紅，竟落金蓮之地。别有鷗嶼殘照，漁家晚烟；潮浪渡口，蘆笋沙邊。野葳蕤而繡合，山明媚以屏連。蝶影争飛，昔日吴娃之徑；楊花亂撲，當年桃葉之船。物盛一隅，芳連千里。鬥暄妍於兩岸，恨風霜於積水。冪冪而雲低茂苑，謝客吟多；萋萋而草夾秦淮，王孫思起。或有惜嘉節，縱良游。蘭橈錦纜以盈水，舞袖歌聲而滿樓。誰見其曉色東臯，處處農人之苦；夕陽南陌，家家蠶婦之愁。悲夫！艷逸無窮，歡娱有極。齊東昏醉之而失位，陳後主迷之而喪國。今日并爲天下春，無江南兮江北。

作者極寫江南春色之美，尤注重寫六朝故地之景色，如"霧籠鐘阜"、"風扇臺城"、"朱雀航之柳色"、"烏衣巷之鶯聲"、"玉樹之庭"、"金蓮之池"、"吴娃之徑"、"桃葉之船"等，乃"物盛一隅，芳連千里"。此皆"昔日""當年"之遺跡，然在其叙述中包含着無限興亡之感。繼而寫達官貴人惟“蘭橈錦纜以盈水,舞袖歌聲而滿樓”的享樂生活是求,而不顧“農人之苦”、“蠶婦之愁”。最後感嘆:由於無窮之歡娱,“齊東昏醉之而失位,陳後主迷之而喪國”,引發出歷史教訓。篇末“今日”二句頌揚當世也。

又其《離人怨長夜賦》以“别思方深寒宵苦永”爲韻,是一篇寫離别相思之作。賦云:

> 離思難任,長宵且深。坐感夫君之别,誰憐此夜之心。念雲雨以初分,何時促膝;俯衾裯而起怨,幾度沾襟。始其歌罷東門,袂揮南浦。征車去兮塵漸遠,匹馬歸兮情自苦。閒庭已暝,對一點之凝釭;别酒初醒,聞滿檐之寒雨。且夕也,悄悄何長,悠悠未央。向銀屏而寡趣,撫角枕以增傷。蓋以緬行役兮路千里,邈音塵兮天一方。我展轉以空牀,固難成夢;君盤桓於旅館,豈易爲腸? 由是觸目生悲,回身弔影。雲積陰而月暗,鳥深棲而樹静。凝情漸久,訝古寺之鐘遲;會面猶賒,奈嚴城之漏永。於時階滴飄冷,窗風送寒。徒抱分襟之恨,全忘秉燭之歡。遠林而未有鳥啼,偏嫌耿耿;幽壁而徒聞蛩響,頓覺漫漫。嗟夫! 昔每同袍,今成兩地。既覩物以遐想,復支頤而不寐。鄰機尚織,重增蘇氏之懷;詞容猶吟,更動江生之思。况乎燕宋程遠,關山道遥。怨復怨兮斯别,長莫長乎此宵。使人玄髮潛變,紅顔暗凋。杳向晨而若歲,嗟達旦且無聊。且夫名利猶存,津梁未絶。苟四方之志斯在,則五夜之情徒切。然哉! 吾生既異於匏瓜,又安得不傷乎離别?

此寫思婦對遠行丈夫之思念。開端兩句點題,繼而總寫幾句承題,然後從各方面描寫其長夜之思,最後幾句歸結爲“傷離别”。内容主要寫思婦之長夜之思,由於思念心切而不能成眠,形影獨弔,觸目傷情,展轉空牀,撫枕增傷。欲夢不成,惟聞階前之雨滴人心碎,感窗間之風吹人身寒。“怨復怨兮斯别,長莫長乎此宵”,漫漫長夜,何時破曉? 聯想自己“玄髮潛變,紅顔暗凋”,豈不更增加離别之痛苦和哀傷!

此外,《秋夜七里灘聞漁歌賦》寫其於秋夜船泊七里灘聞漁者之歌,這一題材是前所未有,此寫漁人歌曲之妙以及聽者所産生的種種思緒。《涼風至賦》描寫秋風,既寫秋風中“壯士之恨”、“騷人之愁”,又寫“開襟之子”、“無褐之人”,有景有情。《貧賦》寫宏節先生與温足、繁華二公子之對話,表現其怡然自得之曠達心態。總之,王棨之律賦在藝術上有新的創造,即抒情領域拓寬了,寫景亦臻其妙,對偶工整,佳句連綴,李調元《賦話》稱其“横空盤硬,音韻鏗然,真千古絶唱”!

(二)黄滔

黄滔(公元八四〇? ——?),生平事跡見洪邁《唐黄御史集序》、《十國春秋》卷九十五本傳,字文江,泉州莆田(今福建莆田)人。困舉場二十餘年,乾寧二年方登進士第。光化中,任四門博士。天復元年,應王審知辟,以監察御使裏行充威武軍節度推官。他工詩文,尤擅律賦。今存律賦二十一篇,重要者如《明皇回駕經馬嵬賦》、《景陽井賦》、《送君南浦賦》、《館娃宫賦》、《秋色賦》、《漢宫人頌洞簫賦》、《陳皇后因賦復寵賦》等。《明皇回駕經馬嵬賦》以“程及曉留芳魂顧跡”爲韻,賦寫明皇回鑾途經楊貴妃自縊之地馬嵬百感交集之情景。賦云:

> 長鯨入鼎兮中原,六龍回轡兮蜀門。杳鰲闕而難尋艷質,經馬嵬而空念香魂。日慘風悲,到玉顔之死處;花愁露泣,認朱臉之啼痕。莫不積恨綿綿,傷心悄悄。逝川東咽以無駐,夜户不扃而莫曉。褒雲萬疊,斷腸新出於啼猿;秦樹千層,比翼

不如於飛鳥。初其漢殿如子,燕城若仇。驅鐵馬以飛至,觸金輿而出游。謀於劍外,駐此原頭。羽衛參差,擁翠華而不發;天顔愴恨,覺紅袖以難留。鴛鷺相驚,熊羆漸急。千行之珠淚流下,四面之霜蹄踐入。神仙表態,忽零落以無歸;雨露成波,已霑濡而不及。棧閣重處,珠旒去程。玉壘之雲山暫幸,金城之烟景旋清。六馬歸秦,卻經過於此地;九泉隔越,幾淒惻於平生。釵飄彩鳳之蹤,鬢蜕玄蟬之跡。茫茫而今日黄壤,歷歷而當時綺陌。雨鈴制曲,徒有感於宫商;龍腦呈香,不可返其魂魄。空極宵夢,寧逢曉妝。輦路見梧桐半死,烟空失鸞鳳雙翔。鏡殿三春,莫問菱花之照耀;驪山七夕,休瞻榆葉之芬芳。大凡有國之尊,罕或傾城之遇。就言天寶之南面,奚指坤維而西顧。然則起兵雖自於青娥,斯亦聖唐之數。

賦文開端總寫玄宗回鑾經過馬嵬尋覓楊貴妃之艷質、香魂不可得之苦痛。然後分寫安禄山叛亂,玄宗幸蜀,陳玄禮中途兵逼貴妃自縊,玄宗無奈與貴妃灑淚死别之情景;寫聖駕於貴妃死處所見物是人非,觸目生愁,慘不忍覩,撫今追昔,百感交集,悲痛至極;最後引出史論,認爲君王之尊者,絶少迷戀女色的,謂安史之亂緣於楊貴妃,實則這也是唐朝的國運如此。其中既有諷諭時世之意,又反駁了女人亡國論。這是作者歷史觀之卓異處。此賦深受白居易《長恨歌》之影響,有些描寫即化用《長恨歌》之意境,惟以精工之駢偶句式展現之。

又其《送君南浦賦》以"越空綿日傷妾是君"爲韻,寫南浦依依送别之情景。賦云:

南浦風烟,傷心緲然。春山歷歷,春草綿綿。那堪送行客,啓離筵。一時之萍梗波濤,今朝惜别;千里之秦吴燕宋,何日言旋。當其繫馬出船,候潮待月。低徊而少婦對景,愴恨而王孫望闕。莫不撚嶰竹以淒楚,撥湘絃而激越。且當蘋澗,把芳酒以留歡;莫被薰風,吹片帆而便發。君不見陌上塵中,奔西走東。車輪似水,馬足如蓬。夜泊而猿啼霜樹,晨征而月在烟空。爭得枝間比翼,更同於越鳥;只應波上離群,便逐於燕鴻。莫不太苦行人,偏傷別妾。龍媒而嘶出金埒,鸞扇而持歸玉篋。於時莫展歌嚬,全沉笑靨。郊天路口,愁攀夾渡之柳條;采蕨山前,忍看解維之桂楫。是知無人免別,有別皆傷。使人落顔貌,枯肺腸,淚成雨,鬢侵霜。朝悲五嶺,暮怨三湘。夢去不到,書來豈常。況一川之烟景茫茫,横衡楚徼;兩岸之風濤渺渺,直截炎荒。無不銷魂,如何舉目。齎行而寶劍三尺,留下而明珠十斛。林騈樛木,推誠而敢望合歡;洲躍嘉魚,取信而當期剖腹。及夫樂闋人散,龜飛日曛,遺鞭卻取,解珮還分。玉窗之歸步愁舉,蘭棹之移聲忍聞。須知赤帝之江頭,兩心似火;莫自蒼梧之岸曲,一去如雲。雖佇錦衾而贈我,終摛錦字以酬君。已而誰不别離,别離如此;誰不相送,相送於是。則東門與北梁,不足云爾。

這是一篇抒情佳作,寫南浦送别之悲傷與哀怨。其中描寫了各類離别及離别時之愁緒,而且想象分别後山川阻隔,不得再見,眼前之别更值得珍惜,因此特别抒發了依依惜别之情,如"郊天路口,愁攀夾渡之柳條;采蕨山前,忍看解維之桂楫";如"玉窗之歸步愁舉,蘭棹之移聲忍聞"。别離在頃刻之間,此情此景,"無不銷魂"。作者將離愁總括爲人生之共感:"是知無人免别,有别皆傷。使人落顔貌,枯肺腸,淚成雨,鬢侵霜。朝悲五嶺,暮怨三湘。"認爲是古今共慨。此賦之作,明顯受江淹《别賦》之影響,如其題目及破題即《别賦》"春草碧色,春水緑波。送君南浦,傷如之何"境界之再現。其"千里之秦吴燕宋,何日言旋",即《别賦》"況秦吴兮絶國,復燕宋兮千里"之化用。然情景皆遜於《别賦》。

此外,《秋色賦》是一篇優秀寫景之作,描寫秋天之景色蕭瑟淒涼,令人頗感惆悵,文辭刻意雕琢,委婉含蓄,略不道情,而情自流露其中。《館娃宫賦》是描寫越進西施而亡吴國之事,以歷史之興亡垂戒當世。總之,黄滔之賦,描寫的内容比較廣泛,駢偶精工,語辭尖新,《十國春秋》本傳稱其"《馬嵬》、《館娃》、《景陽》、《水殿》諸賦,雄新雋永,稱一時絶調"。

(三)徐寅

徐寅(生卒年不詳),據《唐才子傳》記載,字昭夢,泉州莆田(今屬福建)人。屢試不第,昭宗乾寧元年始中進士。授秘書省正字。後依閩中王審知掌書記,禮待簡略,遂拂衣去,歸隱延壽溪。有《徐正字詩賦》二卷,今存律賦十九篇,主要者如《首陽山懷古賦》、《朱虚侯唱田歌賦》、《五王宅賦》、《人生幾何賦》、《御溝水賦》、《斬蛇劍賦》、《山暝孤猿吟賦》、《寒賦》、《勾踐進西施賦》、《過驪山賦》等。他有用世之心,一生仕途坎坷,所著詩賦時而表現對時政之不滿。如《寒賦》即針砭時弊之作,此賦以"色悴顔愁臣同役也"爲韻云:

> 壬子歲,大雪濛濛,繁雲鎖空;白日光没,樵蹊脉窮。地洞沍而履不得,天颸飀而飛不通。庭蘭落翠,禁樹催紅。安處王乃去廣殿,即深宫,獸炭呀焰,狐裘御風,頻謂左右曰:"寡人今日之寒斯甚,曷與下民而同?"憑虚侯進言曰:"大王自恐嚴凝,罔憂邦國,下民將欲凍死,大王未有寒色。"王曰:"下民之理,聞之可得?"對曰:"只如負御三邊,彌年不還。戍遠燕嶺,衣單雁山。鐵甲冰徹,金刀血殷。風刮衰力,砂昏少顔。大軍之生死頻決,上國之英豪甚閑。今則凍平遼水,雪滿蕭關,此

戰士之寒也。王曷知其險艱？至若荷鍤田裏，勞乎農事。草荒而耒耜無力，地冷而身心將悴。賦役斯迫，鋤耰何利！凍體斯露，疎蓑莫庇。東皋孰閔其耕耘，北闕但爭其禄位。今則玄律將結，元冬已繼，此農者之寒焉。王曷知其憂愧？復有萬里辭親，求名進身。韜玉待價，燃金食貧。賀清平於四塞，冒霜霰於三秦。北户無席，冬衣有鶉。幸偶乎勛華爲主，同思乎伊吕稱臣。今則顓頊威至，玄冥令臻，此儒者之寒焉。王曷知其苦辛？别有苦寒之者，不能殫寫，在臣説矣，恐王煩也。”於時陽氣收，陰氣浮，火井滅，朔風愁。千山之凍樹頻折，八水之凝波不流。王乃閔征戰之勞，命偃乎兵革；念農耕之苦，命蠲乎徭役；知儒者之寒，命選於宗伯。

此假設安處王與憑虚侯問答，憑虚侯向安處王陳述在嚴寒季節戰士之寒、農者之寒、儒者之寒，與安處王之“獸炭呀焰，狐裘御風”相比，“下民將欲凍死，大王未有寒色”，以爲諷諫。安處王終於下令罷征戰，免徭役，用儒者，以解民於倒懸。這種主客問答之形式，完全是沿襲漢大賦之體制，篇末之處置亦曲終奏雅、勸百諷一之意也。這種體制在晚唐律賦中是創格。但此賦之真正價值卻不在此，而在於它客觀上反映了當時在統治階級的壓迫、剥削下廣大人民飢寒交迫的生活。此外，其《過驪山賦》、《勾踐進西施賦》皆以弔秦、吴之覆亡，以爲當世之鑒戒。如《過驪山賦》寫秦始皇之墓：“嫌示儉於當時，更窮奢於既歿。融銀液雪，疎下地之江河；帖玉懸珠，皎窮泉之日月。”極盡奢侈，貶斥之意在焉。

（四）周鍼

周鍼，生平事跡不詳，據《唐摭言》卷十記載，湖南人，咸通初以辭賦擅名。“嘗爲《角觝賦》，略曰：‘前衝後敵，無非有力之人；左攫右拏，盡是用拳之手。’或非鍼善角觝。”此賦不傳。今存賦五篇，主要者如《海門山賦》、《羿射九日賦》、《登吳嶽賦》，多爲寫景之作。《登吳嶽賦》以"崇巒險固永鎮西疆"爲韻，寫吳嶽之雄偉壯觀：

吾嘗文戰將北，羈游極西。覩吳嶽之孤峭，計群山之莫齊。由是邈崖谷，遂攀躋，入雲霾，出塵泥。既臻頂上，用視天倪；雁塞殊小，峨眉甚低。蓋以氣壯神扶，雄標國祚，揖白帝兮不見，抱皇城而自固。嵐光擁翠，拓開霄漢之心；岫色横空，鎖斷戎夷之路。崻嵲旁竦，岧嶤上干；碧草春含，清風夏寒。遥瞻魏闕，迥立烟巒；疑超洞府，謂在天壇。中隱深溪，日月之光不到；外連層阜，龍蛇之勢斯蟠。當其區宇正寧，氛埃初見，覽造化之宏制，識乾坤之設險。汧水縈盈而綫走，隴山峛崺而螺掩。西窺劍閣，霜地表之千鐔；東瞰蓬萊，黛波間之數點。遐徵衆嶽，式并隆崇。彼皆受封於百代，此獨不視於三公。森筝立以削成，寧慚太華？黯雲凝而化出，豈讓維嵩？况乎萬仞淩虚，千里倒影。虎踞華裔，鯨吞虜境。疊巘攢壁，回巖列屏。捍絶域以增隘，固中原之甚永。直使以禮賓九有，仁服八荒。臂賢以爲輔弼，宅道以作封疆。亦須假我嚴衛，憑我巨防。静藩垣於都邑，遠隔閡於氐羌。吾唐重其功，崇其鎮，爰升成德之號，用補極天之峻。小儒是以竟日興感，抽毫賦韻，登詠畢兮嶔岑，指長安而後進。

此賦極寫吳嶽之高大險峻，從"登"字着眼，"既臻頂上，用視天倪；雁塞殊小，峨眉甚低"，在吳嶽之巔俯視下界，大有"登泰山而小天下"之氣概。然後鋪寫視野中四方之景物："遥瞻魏闕，迥立烟巒；疑超洞府，謂在天壇。""汧水縈盈而綫走，隴山峛崺而螺掩。""西窺劍閣，霜地表之千鐔；東瞰蓬萊，黛波間之數點。"諸般景物盡收眼底,亦以見吳嶽之高大,極盡寫景之妙。對偶工整,於鍾煉中見風骨,顯示出雄偉的氣魄,是晚唐律賦所僅見。此外,其《海門山賦》、《羿射九日賦》也具有同樣壯偉之賦風,在晚唐纏綿悱惻之賦作中風韻獨標。

如上所述,律賦之發展,與科舉試賦制度之確立、發展相輔而行。初、盛唐時期,考試試賦制度時斷時續,並未真正確立,同時駢賦盛行,文人們多作駢賦,對以限韻爲重要條件的律賦創作較少。中唐時期,科舉試賦已成定制,考試規模也很大,因此促成律賦創作的發展,成爲當時賦壇上之主要形式。晚唐時期,科舉考試更盛,人們爲了應舉競相製作,量變必然引起質變,人們有不專爲應試而作者,從而擴大了題材的範圍,不僅頌祥瑞,歌功德,而且抒情、寫景、詠史具備,律賦因而大盛,出現了一些專門撰寫律賦的名家,對律賦創作作出了應有的貢獻。

第四章　駢　文

駢文起於西漢，形成於東漢，至魏晉已臻於成熟並發達起來。劉宋則偏重辭采，句必偶對，言必用事，惟形式之美是求。齊、梁永明體刻意求工，精心藻飾，遂開四六文之門徑。梁、陳時徐、庾精於裁對，諧於聲律，長於敷藻，已形成原始之四六體。迨至唐代，四六文正式形成，成爲當時文壇上重要之文學體裁。四六文，即駢四儷六之駢文，固宜於抒情，然而在唐代卻無施而不可。一切奏議文，如陸贄之奏議；議論文，如魏徵之史論；叙事文，如温大雅之《大唐創業起居注》，全用駢文寫成。足見其在當時流行之廣了。又如劉昫作《舊唐書》，亦采用駢體，其後歐陽修、宋祁作《新唐書》始將其譯爲古文，更可見駢文在唐代何等發達了。其發展過程，據《新唐書》卷二百零一《文藝列傳》序云：

> 唐有天下三百年，文章無慮三變：高祖、太宗，大難始夷，沿江左餘風，絺句繪章，揣合低昂，故王、楊爲之伯。玄宗好經術，群臣稍厭雕瑑，索理致，崇雅黜浮，氣益雄渾，則燕、許擅其宗。是時唐興已百年，諸儒爭自名家。大曆、貞元間，美才輩出，擩嚌道真，涵詠聖涯。於是韓愈倡之，柳宗元、李翱、皇甫湜等和之。排逐百家，法度森嚴，抵轢晉、魏，上軋漢、周。唐之文完然爲一王法，此其極也。

把唐代文章發展分爲三個階段，基本上符合實際，但未談及敬宗、文宗以後的文章，我們將此期補上，即可如詩賦一樣，分爲初、盛、中、晚四個階段。兹於每個階段列舉若干作家論述之。

第一節　初唐時期

此爲沿襲六朝文風時期，所謂“沿江左餘風，絺句繪章，揣合低昂”者，代表作家爲魏徵、温大雅、王勃、楊炯、劉知幾。

一、魏徵、温大雅

（一）魏徵

魏徵爲人剛直不阿，敢犯顔進諫，爲貞觀時名相。曾撰《隋書》序論及梁、陳、北齊諸史之總論，這些史論皆駢體之議論文，内容主要論述隋之所以亡，作爲唐之鑒戒。他不滿意南朝文風，但對江淹、沈約諸人之作，又予以充分肯定，他在《隋書》卷七十六《文學傳》序中説：“縟采鬱於雲霞，逸響振於金石。英華秀發，波瀾浩蕩。筆有餘力，詞無竭源。”他既肯定其文學成就，則他自己的創作必有其影響在。兹舉《周書皇后傳論》（見《文苑英華》卷七百五十七）爲例云：

> 《書》紀有虞之德，釐降二女；《詩》述文王之美，刑於寡婦（一作妻）。是知婚姻之道，男女之别，實有國有家者之所慎也。爰自三代，迄於魏晉，興衰之數，得失之跡，備乎傳記，故其詳可得聞焉。若乃納聘以德，防閑以禮，大義正於宫闈，王化行於邦國，則坤儀式固，而鼎命惟新矣。至於邪僻既進，法度莫修，冶容迷其主心，私謁蠹其公（一作朝）政，則風化陵替，而宗社不守矣。夫然者，豈夫皇王之龜鏡（一作鑒）歟！周氏率由姬制，内職有序。太祖創基，修衽席以儉約；高祖嗣曆，節情欲於矯枉。宫闈有魚貫之美，戚里無私溺之尤，可謂得君人之體。

宣皇外行其志,内逞其欲,溪壑難滿,采擇無厭。恩之所加,莫限斯皂;榮之所及,無隔險詖。於是升蘭殿而(《北史》作以)正位,踐椒庭而齊體者,非一人焉。階房帷而拖青紫,緣(一作承)恩幸而擁玉帛者,非一人(一作族)焉。雖辛癸之荒淫,趙李之傾惑,曾未足比其髣髴也。民厭煩苛(《北史》作人厭苛政),弊事實多。太祖(《北史》作文字)之祀忽諸,特由於此。故敘其事跡,以爲皇后傳云。

這是一篇史論文字,論述一國之君的婚姻關係國家之興衰。並列舉歷史上"納聘以德,防閒以禮,大義正於宫闈",則鼎命惟新;反之"冶容迷其主心,私謁蠹其公政",而宗社不守之事實,以爲鑒戒。行文采用駢體,間以語氣詞,使文章體式嚴整,氣韻流暢。魏徵之史論大都如此。孫梅《四六叢話》卷三十二"唐四六諸家"云:

鄭公(魏徵封爲鄭國公)初以文筆爲李密所知,親爲密草檄,及密志銘二作,體格清美,蔚乎徐、庾之上。其不以文士名,爲勛業掩也。

孫梅認爲魏徵之創作體格在徐陵、庾信之上,即説明他的駢文成就之高了。

(二)温大雅

温大雅(生卒年不詳),事跡見《舊唐書》卷六十一、《唐書》卷九十一本傳,名彦弘,字大雅,後人避唐高宗太子弘諱,遂改以字行。并州祁(今山西祁縣)人。以才辯知名,初爲隋東宫學士、長安縣尉。李淵鎮太原,頗禮重之。李淵起兵反隋,被引爲大將軍府記室參軍,專掌文翰。李淵稱帝,他與司録竇威、主簿陳叔達共同參定禮儀。武德元年,遷黄門侍郎,尋轉工部侍郎,進拜陜東道大行臺工部尚書。他久參機密,與皇子李世民結納很深,及至李世民與太子建成、齊王元吉爭奪皇位時，他多次陳秘策，世民即帝位，提升他爲禮部尚書，封黎國公。他善屬文，尤具史才，所撰《大唐創業起居注》記述高祖李淵自太原起兵，到正式建唐稱帝三百五十七日的歷史事實。此書之重要性不僅在於所記史事詳備、豐富，還在於其最先用駢體寫叙事文。如李淵起兵太原，“義師欲西入關”之誓辭中，揭露隋煬帝統治下政治腐敗之情況云：

異哉今上之行己也。獨智自賢，安忍忌刻。拓狂悖爲混沌，苟鴆毒爲恣睢。飾非好佞，拒諫信讒。敵怨誠良，仇讎骨肉。巡幸無度，窮兵極武。喜怒不恒，親離衆叛。御河導洛，肆舳艫而達江；馳道緑（一作緣）邊，徑長城而傍海。離宫别館之所在，車轍馬跡之所向，咸塹山而堙谷，畢結瑶而構瓊。遼水屢征，殲丁壯於億兆；伊谷轉輪，斃老幼於百萬。禽荒罄於飛走，蠶食窮於水陸，征税盡於重斂，民力殫於勞止。十分天下，九爲盜賊。荆棘旅於闕廷，豺狼充於道路。帶牛佩犢，輟耕者連孤竹而寇潢池；鋤耰棘矜，大呼者聚雚（一作萑）蒲而起芒澤。青羌白狄，剽夷道而□□；黄巾赤眉，屠閭左而竊號。曝骸如莽，僵尸若麻；敵國滿畫鷁之舟，胡越繞和鸞之轂。四海波振而冰泮，五嶽塵飛而土崩。踞積薪以待然，鉗衆口而寄坐。明明皇祖，貽厥無人，赫赫宗隋，滅有亡國。

描寫隋煬帝豪奢極欲、窮兵黷武、信讒拒諫、好佞飾非、横徵暴斂、殫竭民力，民不聊生，至於“曝骸如莽，僵尸若麻”，政治非常腐敗，以致“十分天下，九爲盜賊”。在這種形勢下，李淵自稱“義無坐觀綴旒之絶，不舉勤王之師。苟利社稷，專之可也。廢昏立明，敢遵故實。今便興甲晉陽，奉尊代邸，掃定咸雒，集寧寓縣”。全篇爲駢體，文辭屬對自然，平允切當，是駢體叙事文之佳作。《四六叢話》

卷三十二“唐四六諸家”云：

> 四六之文，議論難矣，而叙事尤難。顔氏《家訓》，酈氏《水經注》，援據徵引，則有之矣，叙事猶未也。其唯《創業起居注》乎！以編年之體，爲鴻博之辭，不唯對屬之能，兼有三長之目，學者與陸宣公奏議參觀之，知熟於此道者，固無施不可。

他認爲温大雅之作乃首創以駢文叙事，其創作實踐證明只要熟諳駢文創作之道，便可以施用於各種文體。

二、初唐四傑

四傑之駢文承齊梁之餘風，措辭綺麗，屬對工整，平仄諧調，進一步發展，句式絶少單行，多爲四六體制。《容齋四筆》卷五云：“王勃等四子之文，皆精切有本原。其用駢儷作記、序、碑、碣，蓋一時體格如此。”所言極其公允。

（一）王勃

王勃，《四庫全書簡明目録》稱其“文章巨麗，爲四傑之冠”。他之駢文，最多用於作序，其次是作碑文和書啓。最著名者爲長期被世人傳誦之《秋日登洪府滕王閣餞别序》。此序作於他上元二年（六七五）南下交趾省親，途經洪州（即今南昌），參與都督閻伯嶼在滕王閣餞别宴會之時。序文首先贊揚洪州人才衆多，次寫宴會之盛大，然後寫滕王閣構築之宏麗、登閣所見三秋之景色、文酒歡會之樂及興盡悲來的身世之慨云：

> 時維九月，序屬三秋。潦水盡而寒潭清，烟光凝而暮山紫。儼驂騑於上路，訪風景於崇阿。臨帝子之長洲，得仙人之舊館。層巒聳翠，上出重霄；飛閣流丹，下臨無地。鶴汀鳧渚，窮島嶼之縈回；桂殿蘭宫，列岡巒之體勢。披繡闥，俯雕甍。

山原曠其盈視,川澤紆其駭矚。閭閻撲地,鐘鳴鼎食之家;舸艦彌津,青雀黄龍之舳。虹銷雨霽,彩徹區明。落霞與孤鶩齊飛,秋水共長天一色。漁舟唱晚,響窮彭蠡之濱;雁陣驚寒,聲斷衡陽之浦。遥襟甫暢,逸興遄飛。爽籟發而清風生,纖歌凝而白雲遏。睢園緑竹,氣淩彭澤之樽;鄴水朱華,光照臨川之筆。四美具,二難并。窮睇眄於中天,極娱游於暇日。天高地迥,覺宇宙之無窮;興盡悲來,識盈虚之有數。望長安於日下,指吴會於雲間。地勢極而南溟深,天柱高而北辰遠。關山難越,誰悲失路之人;萍水相逢,盡是他鄉之客。懷帝閽而不見,奉宣室以何年?

嗟乎!時運不齊,命途多舛。馮唐易老,李廣難封。屈賈誼於長沙,非無聖主;竄梁鴻於海曲,豈乏明時?所賴君子安貧,達人知命。老當益壯,寧移白首之心;窮且益堅,不墜青雲之志。酌貪泉而覺爽,處涸轍而猶歡。北海雖賒,扶摇可接;東隅已逝,桑榆非晚。孟嘗高潔,空餘報國之情;阮籍猖狂,豈效窮途之哭?

最後自叙生平抱負,謂自己仰慕終軍之請纓、班超之投軍,爲國家立功,然"楊意不逢,撫淩雲而自惜"。楊得意向漢武帝推薦司馬相如所作之賦,漢武帝讀後"飄飄有凌雲之氣"(《史記·司馬相如列傳》),而自己得不到楊得意那樣的引薦人,只能撫淩雲之賦而自惜了。表現了一種仕途失意之悲哀。通篇對仗工整,其特點爲句中自成對偶,《容齋續筆》卷三云:"唐人詩文,或於一句中自成對偶,謂之當句對。……如王勃《宴滕王閣序》一篇皆然。謂若'襟三江、帶五湖','控蠻荆、引甌越','龍光、牛斗','徐孺、陳蕃','騰蛟、起鳳','紫電、青霜','鶴汀、鳧渚','桂殿、蘭宫','鐘鳴鼎食之家'、'青雀黄龍之舳','落霞、孤鶩','秋水、長天','天高、地迴’,‘興盡、悲來’,‘宇宙、盈虚’,‘丘墟、已矣’之辭是也。”而且聲律嚴格,用典貼切,四六句式一以貫之,顯示出駢體文進一步發展之趨向。以反對四六文提倡古文名世的韓愈,對王勃此序倍加贊賞,他在《新修滕王閣記》(見《朱文公校昌黎先生集》卷十三)中説:“江南多臨觀之美,而滕王閣獨爲第一,有瑰偉絶特之稱。及得三王所爲序、賦、記等,壯其文辭,益欲往一觀而讀之,以忘吾憂。”“三王”,注或云“王勃作游閣序,王緒作賦,今中丞王公(按:王仲舒)爲從事日作修閣記”。又説:“中書舍人太原王公爲御史中丞,觀察江南西道……前公爲從事此邦,適理新之……以書命愈曰:‘子其爲我記之。’愈既以未得造觀爲嘆,竊喜載名其上,詞列三王之次,有榮耀焉。”韓愈贊賞王勃所作文辭之壯麗,並以自己所作之“記”列次其後爲榮,可見其對王勃“序”文之推崇極矣。此序之妙處全在雍容華貴、音調鏗鏘、疎快俊逸而一氣呵成。王勃其他記、序、碑、碣之作,雖然達不到此種藝術境界,但基本風格是一致的,故舉一篇以概其餘。

(二)楊炯

楊炯,今存《楊盈川集》十卷,其中序十一篇,碑、銘、表、誌二十四篇。《舊唐書》卷一百九十上本傳記載,張説云:“盈川文思如懸河注水,酌之不竭。”這自然是對他的全部創作的評價,然其駢文之作更能體現這一特點:重氣勢。如其《群官尋楊隱居詩序》是一篇尋訪隱士之作。序文云:“天子巡於下都,望於中嶽。”下都,即東都洛陽。中嶽,即嵩山。據《舊唐書》卷四《高宗紀》記載:高宗曾於調露二年(六八〇)二月與永淳二年(六八三)春正月,兩度途經嵩山,尋訪隱士,巡幸洛陽。此序所記或爲其中之一段行踪。序文思如泉湧,描寫楊隱居之高尚品德及其隱居環境之幽靜和景色之誘人:

若夫太華千仞,長河萬里,則吾土之山澤,壯於域中;西漢十輪,東京四代,則吾宗之人物,盛於天下。乃有渾金璞玉,鳳戢龍蟠。方圓作其輿蓋,日月爲其扃牖。天光下燭,懸少微之一星;地氣上騰,發大雲之五色。以不貪爲寶,均珠玉以咳唾;以無事爲貴,比旂常於糞土。諸侯不敢以交游相得,三府不敢以辟命相期。與夫形在江海,心游魏闕,跡混朝市,名爲大隱,可得同年而語哉?

天子巡於下都,望於中嶽。軒皇駐蹕,將尋大隗之居;帝堯省方,終全潁陽之節。群賢以公私有暇,休沐多閒,忽乎將行,指林壑而非遠;莞爾而笑,覽烟霞而在矚。登坱圠,踐莓苔。阮籍之見蘇門,止聞鸞嘯;盧敖之逢高士,詎識鳶肩?憶桑海而無時,問桃源之易失。寒山四絶,烟霧蒼蒼;古樹千年,藤蘿漠漠。誅茅作室,掛席爲門。石隱磷而環階,水潺湲而匝砌。乃相與旁求勝境,遍窺靈跡。論其八洞,實惟明月之宫;相其五山,即其交風之地。

仙臺可望,石室猶存。極人生之勝踐,得林野之奇趣。杯浮若聖,已蔑松喬,清論凝神,坐驚河漢。游仙可致,無勞郭璞之言;招隱成文,敢嗣劉安之作。

序文先寫楊隱居寄情天地之間,游乎四海之外,咳唾功名,糞土王侯,品德高尚。然後集中寫群官之尋訪,指林壑,覽烟霞,登坱圠,踐莓苔,絶寒山,迷烟霧,尋訪所至,“止聞鸞嘯”,“詎識鳶肩”,楊隱居之形影盡在虛無縹渺中。極力摹寫楊隱居之神。最後盛贊楊隱居所在景物之勝,何勞郭璞寫游仙之境,而要繼承劉安寫《招隱士》之意。按:劉安《招隱士》中有云:“王孫歸來兮,山中不可以久留!”王夫之《招隱士》序稱“爲淮南召致山谷潛伏之士”。此序雖無明確“招隱”之辭,然其自稱“嗣劉安之作”亦當與劉安所作同旨。通篇四六屬對工整，浮聲切響，韻調和諧，是駢文之正格。

（三）盧照鄰

盧照鄰，工駢文，擅詩歌，楊炯謂“盧照鄰人間才傑，覽清規而輟九攻”（《王勃集》序）。文筆恣肆有氣勢。今有《幽憂子集》七卷，其中之序、書、贊、碑十三篇，皆駢體。其《樂府雜詩序》爲駢體名篇，叙述詩之由來及樂府之産生與演變，屬對極其自然：

> 聞夫歌以永言，庭堅有歌虞之曲；頌以紀德，奚斯有頌魯之篇。四始六義，存亡播矣；八音九闋，哀樂生焉。是以叔譽聞詩，驗同盟之成敗；延陵聽樂，知列國之典彝。王澤竭而頌聲寢，伯功衰而詩道缺。秦皇滅學，星琯千年；漢武崇文，市朝八變。通儒作相，徵博士於諸侯；中使驅車，訪遺編於四海。發詔東觀，縫掖成陰；獻書南宫，丹鉛踵武。王風國詠，共驪翰而升沈；里頌途歌，隨質文而沿革。以少卿長别，起高唱於河梁；平子多愁，寄遥情於隴坂。南浦動關山之役，作者悲離；東京興黨錮之誅，詞人哀怨。
>
> 其後鼓吹樂府，新聲起於鄴中；山水風雲，逸韻生於江左。言古興者，多以西漢爲宗；議今文者，或用東朝爲美。《落梅》《芳樹》，共體千篇；《隴水》《巫山》，殊名一意。亦猶負日於珍狐之下，沈螢於燭龍之前。辛苦逐影，更似悲狂；罕見鑿空，曾未先覺。潘、陸、顔、謝，蹈迷津而不歸；任、沈、江、劉，來亂轍而彌遠。其有發揮新體，孤飛百代之前；開鑿古人，獨步九流之上。自我作古，粤在兹乎！

以上是叙述詩歌之産生和兩漢樂府之創作，以及魏晉以後作者但知擬古，很少創造。自“樂府者，侍御史賈君之所作也”以下記叙賈侍御之文學，提倡獨創，鼓勵革新。文章很長，不便備録。序文四六句式嚴整,用典精切,詞藻華麗,揮灑自如,淋灕酣暢。高步瀛先生稱其"縟采星稠,藻思綺合,極筆歌墨舞之致"(《唐宋文舉要》乙編卷一)。

(四)駱賓王

駱賓王,亦擅駢文,今存《駱賓王文集》十卷,其中書、啓、表、序、策三十三篇,雜著十篇,多爲駢體,他曾隨徐敬業起兵反對武則天,軍中書檄皆出其手筆,其中著名者爲《代李敬業以武后臨朝移諸郡縣檄》,武則天讀之,初"但嘻笑,至'一抔之土未乾,六尺之孤安在'矍然曰:'誰爲之?'或以賓王對。后曰:'宰相安得失此人!'"(《唐書》卷二百零一本傳)這從不同的角度説明其駢文成就之高。原文云:

> 僞臨朝武氏者,人非温潤,地實寒微。昔充太宗下陳,曾以更衣入侍。洎乎晚節,穢亂春宫。密隱先帝之私,陰圖後房之嬖。入門見嫉,蛾眉不肯讓人;掩袂攻讒,狐媚偏能惑主。陷元后於翬翟,致吾君於聚麀。加以虺蜴爲心,豺狼成性;近狎邪佞,殘害忠良;殺姊屠兄,弑君鴆母。神人之所共疾,天地之所不容。猶復包藏禍心,窺竊神器。君之愛子,幽在别宫;賊之宗盟,委之重任。嗚呼!霍子孟之不作,朱虚侯之已亡。燕啄皇孫,知漢祚之將盡;龍漦帝后,識夏庭之遽衰。
>
> 敬業皇唐舊臣,公侯冢子。奉先帝之成業,荷本朝之厚恩。宋微子之興悲,良有以也;桓君山之流涕,豈徒然哉?是以氣憤風雲,志安社稷。因天下之失望,順宇内之推心,爰舉義旗,以清妖孽。南連百越,北盡三河,鐵騎成群,玉軸相接。海陵紅粟,倉儲之積靡窮;江浦黄旗,匡復之功何遠。班聲動而北風起,劍氣衝而南斗平。喑嗚則山嶽崩頹,叱咤則風雲變色。以斯制敵,何敵不摧。以斯圖功,何功不剋!

> 公等或居漢地，或叶周親；或膺重寄於話言，或受顧命於宣室。言猶在耳，忠豈忘心？一抔之土未乾，六尺之孤安在？倘能轉禍爲福，送往事居，共立勤王之師，無廢大君之命，凡諸爵賞，同指山河。若其眷戀窮城，徘徊歧路，坐昧先幾之兆，必貽後至之誅。請看今日之域中，竟是誰家之天下！

文章題“李敬業”即徐敬業。徐敬業是唐開國功臣徐世勣之孫，光宅元年（六八四）武則天廢中宗李顯，改立李旦爲帝，臨朝稱制，陰謀篡位。同年秋徐敬業在揚州起兵，號召天下討武。駱賓王時任敬業幕府藝文令，爲其作此討武檄文。檄文歷叙武則天之生活淫亂，秉性殘暴，倒行逆施，蓄謀篡唐之種種罪行；然後寫徐敬業立志匡復唐室，安定社稷，舉討武之義旗，以爲天下倡；對唐之舊臣動之以情，曉之以理，動員朝廷内外起而響應，共同勤王。文章極有氣勢，風格剛健，憤激之情感貫徹始終，亦駢體之上品。

綜觀四傑之駢文，大抵辭采綺麗，屬對工整，平仄協調，四六句式，已形成標準之四六文。然他們也各有特點，明陸時雍《詩鏡總論》云：

> 王勃高華，楊炯雄厚，照鄰清藻，賓王坦易，子安其最傑乎？調入初唐，時帶六朝錦色。

此雖是論其詩，與其詩並行之駢文何嘗不如此！特其在唐代文學中之地位，亦如詩“調入初唐，時帶六朝錦色”。

三、劉知幾

劉知幾是唐代重要的史學家，所著《史通》是一部史學理論名著,其在史學理論方面之貢獻當與《文心雕龍》在文學理論方面之貢獻比美,可以説是追摹《文心雕龍》之作。其中之《言語》、《浮詞》、《叙事》諸篇,亦即文學批評,表現了對六朝駢儷文風之不滿。但他的創作實踐與他的文學主張卻不同,仍沿用着儷詞偶語之駢文,一部《史通》從序文到全書終了,都是用典雅的駢文寫成,這或者是其追摹《文心雕龍》所致。如其《言語》篇云:

蓋樞機之發,榮辱之主。言之不文,行之不遠。則知飾詞專對,古之所重也。夫上古之世,人惟樸略,言語難曉,訓釋方通。是以尋理則事簡而意深,考文則詞艱而義釋。若《尚書》載伊尹之訓、皋陶之謨,《洛誥》、《康誥》、《牧誓》、《泰誓》是也。周監二代,鬱鬱乎文,大夫行人,尤重詞命。語微婉而多切,言流靡而不淫,若《春秋》載吕相絶秦,子産獻捷,臧孫諫君納鼎,魏絳對戮楊干是也。戰國虎爭,馳説雲涌,人持《弄丸》之辯,家挾《飛鉗》之術,劇談者以譎誑爲宗,利口者以寓言爲主,若《史記》載蘇秦合從,張儀連横,范睢反間以相秦,魯連解紛而全趙是也。逮漢、魏已降,周、隋而往,世皆尚文,時無專對。運籌畫策,自具於章表;獻可替否,總歸於筆札。宰我、子貢之道不行,蘇秦、張儀之業遂廢矣。……是以歷選載言,布諸方册,自漢已下,無足觀焉。

尋夫戰國已前,其言皆可諷詠,非但筆削所致,良由體質素美。何以覈諸?至如《鶉賁》、《鸜鵒》,童豎之謡也;《山木》、《輔車》,時俗之諺也。“皤腹棄甲”,城者之謳也;“原田是謀”,輿人之誦也。斯皆芻詞鄙句,猶能温潤若此,況乎束帶立朝之士,加以多聞博古之識者哉?則知時人出言,史官入記,雖有討論潤色,終不失其梗概者也。

文章很長,不便備録。全文論述了秦漢以前和魏晉以後兩種文學語言現象。此所録者爲秦漢以前,謂上古時代,文學簡樸,語言微婉而多切,流靡而不淫。春秋戰國以後,詞命已重文飾,但童豎之謡、時俗之諺、城者之謳、輿人之誦,芻言鄙句,經過加工潤色,載於方册,往往保存着民間語言之素美。魏晉已後,用古語以代今詞,華而失實,其時人們盲目模擬古語,"已古者即謂其文,猶今者乃驚其質",因此慨嘆:"天地長久,風俗無恒,後之視今,亦猶今之視昔,而作者皆怯書今語,勇效昔言,不亦惑乎?"對模擬古語表示不滿,又如《叙事》篇云:

夫叙事之體,其流甚多,非復片言所能覶縷,今輒區分類聚,定爲三篇,列之於下。

夫國史之美者,以叙事爲工;而叙事之工者,以簡要爲主。簡之時義大矣哉!歷觀自古,作者權輿,《尚書》發蹤,所載務於寡事;《春秋》變體,其言貴於省文。斯蓋澆淳殊致,前後異跡。然則文約而事豐,此述作之尤美者也。始自兩漢,迄乎三國,國史之文,日傷煩富。逮晉已降,流宕逾遠。尋其冗句,摘其煩詞,一行之間,必謬增數字;尺紙之内,恒虚費數行。夫聚蚊成雷,群輕折軸,況於章句不節,言詞莫限,載之兼兩,曷足道哉!

蓋叙事之體,其别有四:有直紀其才行者,有惟書其事跡者,有因言語而可知者,有假贊論而自見者。至如古文《尚書》,稱帝堯之德,標以"允恭克讓"。《春秋》、《左傳》,言子太叔之狀,目以"美秀而文"。所稱如此,更無他説,所謂直紀其才行者。又如《左氏》載申生爲驪姬所譖,自縊而亡,《班史》稱紀信爲項籍所圍,代君而死。此則不言其節操,而忠孝自彰,所謂惟書其事跡者。又如《尚書》稱武王罪紂也,其

《誓》曰:“焚炙忠良,刳剔孕婦。”《左傳》紀隨會之論楚也,其詞曰:“蓽輅藍縷,以啓山林。”此則才行事跡,莫不闕如,而言有關涉,事便顯露,所謂因言語而可知者。又如《史記·衛青傳》後,太史公曰:蘇建嘗責大將軍不薦賢待士。《漢書·孝文紀》末,其贊曰:“吴王詐病不朝,賜以几杖。”此則傳之與紀,並所不書,而史臣發言,别出其事,所謂假贊論而自見者。然則才行、事跡、言語、贊論,凡此四者,皆不相須,若兼而畢書,則其費尤廣。但自古經史,通多此類,能獲免者,蓋十無一二。

史傳文之價值主要表現在叙事方面。本文即集中論述如何叙事。關於這一問題,作者從體式和字句兩方面進行論述,以上徵引者是論述“叙事之體”。文章明確提出“叙事之工,以簡要爲主”,以期達到“文約而事豐”。爲了能够“文約而事豐”,要采取四種叙事方法,即“直紀才行”、“惟書事跡”、“因言語而可知”、“假贊論而自見”,究竟采用哪種方法爲宜,要根據具體情況而定,切忌“兼而畢書”。其後,論述字與句,强調叙事應當省句、省字,“省字約文,事溢於句外”,“一言而巨細咸該,片語而洪纖靡漏”。惟其如此,方能達到史文之美。行文多用偶句和排比句式,具有一種和諧整齊之美,明顯有追摹《文心雕龍》之影跡在。或引“劉勰有云:‘自卿、淵已前,多役才而不課學;向、雄已後,頗引書以助文。’然近史所載,亦多如是”(《雜説》篇下)。引劉勰之觀點以助己文,則更顯示其在理論上與劉勰一脈相承。但由於時代之不同,其文風與《文心雕龍》卻有差異,《文心雕龍》辭藻更其華麗難讀,《史通》雖然也追求詞語和諧整齊之美,行文卻通暢易明。此亦猶陸時雍評四傑之作“調入初唐,時帶六朝錦色”歟!

第二節　盛唐時期

此時唐興將近百年，文風也發生了變化。其時“玄宗好經術，群臣稍厭雕瑑，索理致，崇雅黜浮，氣益雄渾”。代表作家爲張説、蘇頲、王維。

一、張説、蘇頲

張説、蘇頲都是開元初文壇之領袖。《唐書》卷一百二十五《蘇頲傳》稱，他“與張説以文章顯，稱望略等，故時號燕、許大手筆”。但是，他們與初唐四傑之基本上沉跡下僚不同，而皆爲臺閣重臣。政治地位決定其文風也與四傑有别。高步瀛先生云：“及燕、許以氣格爲主，而風氣一變。於是漸厭齊、梁，而崇漢、魏矣。然古文之體格未成，駢儷之宗風亦墜，雖見雅飭，殊乏精采。”（《唐宋文舉要》乙編卷一）所謂“以氣格爲主”、“殊乏精采”云云，説明其文學性減弱了，而實用性增强了。實際上他們都擅長用四六體作應用文，當時朝廷文誥多出其手，並撰寫了不少碑、志、序文，他們都是駢文大家。

（一）張説

張説，玄宗時被封爲燕國公，據《舊唐書》卷九十七本傳，他“前後三秉大政，掌文學之任三十年。爲文俊麗，用思精密，朝廷大手筆皆特承中旨撰述，天下詞人，咸諷誦之。尤長於碑文、墓志，當代無能及者”。可見他人才超群，爲一時之選。所作碑、志、序文名篇如《齊黄門侍郎盧思道碑》、《宋公遺愛碑頌》、《大唐西域記序》、《唐昭容上官文集序》、《故開府儀同三司上柱國贈揚州刺史大都督梁國公姚文貞公神道碑》、《洛州張司馬集序》等。《洛州張司馬集序》是作者爲洛州司馬張希元文集所作之序。張司馬無可考,《唐書·藝文志》亦無此文集名。序文開始總叙詩、文之産生,作爲頌揚張希元的鋪墊,然後叙寫張希元之家世、才學、仕績和文學成就,如:

> 洛州司馬張公,名希元,中山人也。族高辰象,氣壯河山。神作銅鉤,天開金印。孝友内植,禮樂外滋。勵行閨庭,鄉人謂之曾子;飛名都邑,諸儒號曰聖童。下帷覃思,穿牆嗜古。蓬山芸觀之書,群玉懸金之記,魯宫藏篆,汲冢遺編,無不日覽萬言,暗識三篋。博學吞九流之要,處盈若虚;雄辯敵四海之鋒,退藏於密。
>
> 漢王問策,知帝者之師;楚子聞名,實諸侯之選。故得雄飛白簡,鷹揚丹筆。卷襜帷於天郡,設鉤距於皇都。若乃抗埋輪之章,執驚馬之議,旌賢有通德之教,疾惡存署背之文。繼軌前途,遇物成興。理關刑政,咸歸故事之臺;義涉箴規,盡入名臣之奏。
>
> 加以許與氣類,交游豪傑。仕遘夷險,身更否泰。昔嘗攝戎幽易,謫居邛嶲。亭皋漫漫,興去國之悲;旗鼓洶洶,助從軍之樂。時復江鷺遷樹,隴雁出雲。夢上京之臺沼,想故山之風月。發言而宫商應,摇筆而綺繡飛。逸勢孤標,奇情新拔。靈仙變化,星漢昭回。感激精微,混韶武於金奏;天然壯麗,綷雲霞於玉樓。當代名流,翕然崇尚。

其寫張希元之家世、才學和仕績,要言不繁,不事鋪張馳騁,詳略配置適宜。然後寫仕途之夷險,身世之坎坷,促使其文集之形成,“發言而宫商應,摇筆而綺繡飛。逸世孤標,奇情新拔。靈仙變化,星漢昭回”,文辭之壯麗,爲世所崇尚。最後寫張氏宗族人才之盛及文集之内容及起迄時期，是爲序。叙述自然有序，有靈動之氣。高步瀛先生云："燕公之文，以氣勢勝。此篇詞句秀麗，隸事精切，又兼徐、庾之長。"同樣詞句秀麗，隸事精切者，《大唐西域記序》中有云：

令兄長寂法師，釋門之棟幹者也。擅龍象於身世，挺鶖鷺於當年。朝野挹其風猷，中外羡其聲采。既而情深友愛，道睦天倫。法師服勤請益，分陰靡棄，業光上首，擢秀檀林；德契中庸，騰芬蘭室。抗策平道，包九部而吞夢；鼓枻元津，俯四韋而小魯。自兹遍游談肆，載移涼燠。功既成矣，能亦畢矣。至於泰初日月，燭耀靈臺；子雲鞶帨，發揮神府。於是金文暫啓，伫秋駕而雲趨；玉柄纔撝，披霧市而波屬。若會斲輪之旨，猶知拜瑟之微。以瀉瓶之多聞，泛虚舟而獨遠。乃於轘轅之地，先摧鍱腹之夸；井絡之鄉，遽表浮杯之異。遠邇宗挹，爲之語曰："昔聞荀氏八龍，今見陳門雙驥。"汝潁多奇士，誠哉斯言。

叙述玄奘兄弟共同弘揚佛教之功績，語言精警，辭采紛呈，委婉有序。張説之作，文風與四傑之瑰麗不同，而是莊重、沈雄，體制與四傑嚴格之四六句式不同，而是駢體中運之以散體氣息，《四六叢話》卷三十二云：

燕公筆力沈雄，直追東漢。非獨魏晉而下，無堪相匹，即合唐宋諸家，自柳州而外，未有能劘其壘者。

認爲他崇尚漢魏，筆力沈雄，齊梁以下無人能與其相比。可見其評價之高。

（二）蘇頲

蘇頲，武則天時登進士第，襲封許國公。亦長於用四六體作應用文。韓休爲其文集所作之序即云："敏以應用，婉而有章。"（見

《全唐文》卷二百九十五《唐金紫光禄大夫禮部尚書上柱國贈尚書右丞相許國文憲公蘇頲文集序》）他文思敏捷，運筆如飛，《唐書》卷一百二十五本傳記載："玄宗平内難，書詔填委，獨頲在太極後閣，口所占授，功狀百緒，輕重無所差。書史白曰：'丐公徐之，不然，手腕脱矣。'"然所作制、敕、碑、志遠不及張説多，著名者有《授張説中書令制》、《禮部尚書褚無量碑》、《太清觀鐘銘》、《幸新豐及同州勅》等。《太清觀鐘銘》是蘇頲爲太清觀新鐘鑄成所撰之銘以爲贊頌。太清觀在長安皇城之西。銘云：

大矣哉鐘之爲用，軒轅氏和音樂之，夏后氏陳義聽之，此皇王所寶也。太微君上真撫之，紫虚君元方撫之，此仙聖所珍也。國家誕發玄系，丕承景業。與時偕行，惟道則祐。以太清觀金庭晃朗，玉京崇絶。七映嚴飾，四明洞開。戛雲璈，椎雷鼓，嘗有之矣。然而陶鑄三品，大造融於得一；範圍四名，大空合於吹萬。其鳧氏鴻鐘歟！

工以思專，神以響會。鑪用乃息，器或云聚。攫蹲獸而俯捧，儼旋蟲而上扶。號遠則傳，聲希以節。廣於巳日，普集諸天。契九仙於福堂，起六幽於苦海。重以珍珠爲闕，琉璃作地。皓魄初滿，清霜始飛。近召香童，遥徵羽使。時環而載擊載考，律應而不舒不疾。西昇路接，韻閶闔之清風；北斗城連，含未央之夕漏。非與其至妙，孰臻於此乎？

在昔圖旂常勒彝鼎者，所以建功樹善，紀德昭事。未有萬人斯和，傾耳歸真，四魔是革，調心服道。徹於千界，揚我巨唐之聲；懸於億劫，齊我巨唐之算。安可不篆銘於銑者哉？其詞曰：碧落朱宫兮鬱其崇，金振玉叩兮殷而鴻，九牧是獻兮百神工，成之不日兮鏗乘風，聲無已兮福無窮。

銘文首先叙述鐘的作用之大，爲道觀所必需；其次叙述鐘既鑄成，有益於道教；繼而叙述古人記功德於旗幟或銅鼎之上，今天大唐之功業必須銘刻於鐘上；最後是鐘之銘詞，僅五句以統攝全篇。高步瀛先生云："斂典麗爲肅括，易鋪排爲包掃，擺落一切，直趣深微，誠大手筆也。"（《唐宋文舉要》乙編卷二）確是領悟到本文的寫作特點。所謂"肅括"、"包掃"、"擺落一切"等，即見其運筆如飛。韓休爲其文集所作之序云："或乃天言焕發，王命急宣，則翰動若飛，思如泉涌，典謨作制於邦國，書奏便藩於禁省。"《太清觀鐘銘》即具體的例證。用四六體作應用文，難度很大，而其能下筆立就，如此神速，足見其對這一文體運用之純熟了。他與張説之文風在總體上是一致的，但也有所不同。宋姚鉉《唐文粹》序云：

> 洎張燕公以輔相之才，專撰述之任，雄辭逸氣，聳動群聽；蘇許公繼以宏麗，丕變習俗。

認爲張作"雄逸"，蘇作"宏麗"。高步瀛先生認爲張文"氣象萬千"，蘇文"直趣深微"，他們各道出其不同的特點。燕、許二公各以其不同的文章成就擅文壇一時之盛，其影響之大，是可以想見的了。

二、王維

王維，不僅精於詩歌、書畫、音樂，也擅長駢文。有唐一代在文學藝術領域有如此多方面成就的文學家，惟王維一人。所以《代宗皇帝批答手敕》稱："卿（指王維之弟王縉）之伯氏，天下文宗。位歷先朝，名高希代。抗行周《雅》，長揖《楚辭》。調六氣於終篇，正五音於逸韻。泉飛藻思，雲散襟情。詩家者流，時論歸美。"其評價並非過分美譽，而是符合實際的。其駢文亦如詩，以清逸見長。重要者如《送高判官從軍赴河西序》、《送秘書晁監還日本國詩序》、《送李補闕充河西支度營田判官序》、《爲畫人謝賜表》等。《送秘書晁監還日本國詩序》是王維爲晁衡回日本所寫的贈别詩序，爲中日文化交流史留下一頁珍貴的資料。秘書晁監，即日本人阿倍仲麻吕，又作安倍仲磨，中國名晁衡，亦作朝衡。他於開元五年，入唐留學，學成，"慕中國之風，因留不去，改姓名爲朝衡"(《舊唐書》卷一九九《日本傳》)。出仕唐朝，歷任左拾遺、左補闕、儀王友、衛尉少卿，累官至從三品秘書監。開元二十一年，以親老爲由，請求回國，未準。天寶十二年獲準回國，行前作有《銜命使本國》詩。王維的贈詩並序當即作於此時。詩序云：

> 舜覲群后，有苗不服。禹會諸侯，防風後至。動干戚之舞，興斧鉞之誅，乃貢九牧之金，始頒五瑞之玉。
>
> 我開元天地大寶聖文神武應道皇帝，大道之行，先天布化。乾元廣運，涵育無垠。若華爲東道之標，戴勝爲西門之候。豈甘心於邛杖？非徼貢於包茅。亦由呼韓來朝，舍於蒲萄之館；卑彌遣使，報以蛟龍之錦。犧牲玉帛，以將厚意；服食器用，不寶遠物。百神交職，五老告期。況乎戴髮含齒，得不稽顙屈膝？
>
> 海東國日本爲大，服聖人之訓，有君子之風。正朔本乎夏時，衣裳同乎漢制。歷歲方達，繼舊好於行人；滔天無涯，貢方物於天子。司儀加等，位在王侯之先；掌次改觀，不居蠻夷之邸。我無爾詐，爾無我虞。彼以好來，廢關弛禁。上敷文教，虚至實歸。故人民雜居，往來如市。
>
> 晁司馬結髮游聖，負笈辭親。問禮於老聃，學詩於子夏。魯借車馬，孔丘遂適於宗周；鄭獻縞衣，季札始通於上國。名成太學，官至客卿。必齊之姜，不歸娶於高、國；在楚猶晉，亦

何獨於由余？游宦三年，願以君羹遺母；不居一國，欲其晝錦還鄉。莊舄既顯而思歸，關羽報恩而終去。

於是稽首北闕，裹足東轅。篋命賜之衣，懷敬問之詔。金簡玉字，傳道經於絶域之人，方鼎彝樽，致分器於異姓之國。琅邪臺上，回望龍門；碣石館前，夐然鳥逝。鯨魚噴浪，則萬里倒回；鷁首乘雲，則八風卻走。扶桑若薺，鬱島如萍。沃白日而簸三山，浮蒼天而吞九域。黄雀之風動地，黑蜃之氣成雲。淼不知其所之，何相思之可寄？

嘻！去帝鄉之故舊，謁本朝之君臣。詠七子之詩，佩兩國之印。恢我王度，諭彼藩臣。三寸猶在，樂毅辭燕而未老；十年在外，信陵歸魏而逾尊。子其行乎！余贈言者。

序文首叙古代異域之人難於教化，大唐君王上承天命，以德服遠，故異域來朝。次叙日本通於唐，學習唐王朝的禮樂文化，唐王朝待之以殊禮，彼此友好往來。繼叙晁衡自幼來唐學習，學成爲官，然懷念父母，欲回國探親。最後叙述晁衡起程，東渡大海，盛贊其衣錦還鄉，並抒發自己惜别和相思之情。全文用典隸事，連綴成篇，聲調抑揚，逸韻無窮。藻思如泉涌，其東渡大海一段描寫尤爲精彩，誠所謂"興會飆舉，情景交融"(《唐宋文舉要》乙編卷二)。此外，其《送高判官從軍赴河西序》是爲高適隨哥舒翰出塞所作之序，記叙哥舒翰之威武，贊揚高適之才能，稱其文章之功，包含着爲國立功之英雄氣概。《送李補闕充河西支度營田判官序》是勉勵李補闕於邊關殺敵立功，報效國家。文風皆典重高華，對王維駢文之成就和特點，《四六叢話》卷三十二評云：

高華典貴，一如其詩。仰承燕公，後接柳州，爲一大家。

指出其駢文成就，在唐代堪稱大家，在從盛唐到中唐駢文發展過程中,有承前啓後的作用。

第三節　中唐時期

一般地講,此期駢文逐漸趨向衰落,但不絶如縷仍在發展,蘊涵着新的變化。高步瀛先生即説:“洎韓、柳出,而駢文益衰,然作者亦未嘗絶也。”(《唐宋文舉要》乙編卷一)事實確是如此,當時也有名家出現。如柳宗元雖提倡古文,早年卻精於四六,陸贄不以文學知名,卻以真摯、曲暢之駢文名世,他們都是當時駢文大家,促成了駢文之流變。

一、陸贄

陸贄(公元七五四——八〇五),生平事跡見《舊唐書》卷一百三十九、《唐書》卷一百五十七本傳、權德輿《陸宣公翰苑集》序,字敬輿,蘇州嘉興(今浙江嘉興市)人。大曆八年登進士第,又中博學宏詞科,授鄭縣尉,歷渭南主簿、監察御史,未幾遷翰林學士。朱泚之亂,德宗幸奉天(今陝西乾縣),贄隨行在,諸多詔書,皆出其手。累遷考功郎中、諫議大夫。貞元六年,權知兵部侍郎,復入翰林。中外屬意,俟其輔政,爲竇參忌嫉,故緩之。貞元八年拜相,精於吏事,斟酌剖決,不爽錙銖。户部侍郎裴延齡以姦佞得幸,害時蠹政,他以身當之,屢言不可。翰林學士吴通玄忌其顯達,每中傷之,暗中與裴延齡勾結,共言其短。群邪沮謀,直道不勝,貞元十年罷爲太子賓客,十一年貶忠州别駕。永貞元年卒,年五十二,謚宣,世稱陸宣公。今存《陸宣公翰苑集》二十二卷。他是唐代四六文大家,尤擅於以四六體寫奏議。權德輿《翰苑集》序云:“榷古揚今,雄文藻思。……其關於時政,昭昭然與金石不朽者,惟制誥奏議乎！”據《舊唐書》本傳記載，其從幸奉天時，“詔書數百，贄揮翰起草，思如泉注。初若不經思慮，既成之後，莫不曲盡事情，中於機會”。説明其駢體之作文思之流暢，説理之細密。其奏議如《奉天改元大赦制》、《奉天遣使宣慰諸道詔》、《奉天請罷瓊林大盈二庫狀》、《收河中後請罷兵狀》、《均節賦税恤百姓六條》等，皆爲出之以排比，諧之以平仄，指陳形勢，策劃大計之名篇。《奉天改元大赦制》，是平定朱泚叛亂後改建中五年爲興元元年而作之大赦制誥，辭云：

門下：致理興化，必在推誠；忘己濟人，不吝改過。朕嗣守丕構，君臨萬方；失守宗祧，越在草莽。不念率德，誠莫追於既往；永言思咎，期有復於將來。明徵厥初，以示天下。

惟我烈祖，邁德庇人，致俗化於和平，拯生靈於塗炭，重熙積慶，垂二百年。伊爾卿尹庶官，洎億兆之衆，代受亭育，以迄於今，功存於人，澤垂於後。肆予小子，獲纘鴻業，懼德不嗣，罔敢怠荒。然以長於深宫之中，暗於經國之務，積習易溺，居安忘危。不知稼穡之艱難，不察征戍之勞苦。澤靡下究，情不上通，事既壅隔，人懷疑阻，猶昧省己，遂用興戎。徵師四方，轉餉千里，賦車籍馬，遠近騷然，行齎居送，衆庶勞止。或一日屢交鋒刃，或連年不解甲冑。祀奠乏主，室家靡依，生死流離，怨氣凝結，力役不息，田萊多荒。暴命峻於誅求，疲甿空於杼軸。轉死溝壑，離去鄉閭；邑里丘墟，人烟斷絶。天譴於上而朕不悟，人怨於下而朕不知。馴致亂階，變興都邑。賊臣乘釁，肆逆滔天，曾莫愧畏，敢行淩逼。萬品失序，九廟震驚；上辱於祖宗，下負於黎庶。痛心靦貌，罪實在予，永言愧悼，若墜深谷。賴天地降祐，神人叶謀，將相竭誠，爪牙宣力，屏逐大盗，載張皇維。將弘永圖，必布新令。朕晨興夕惕，惟念前非。

全文很長,不便備録,僅録開端一部分。這是一篇改元大赦之制誥,原應宣耀皇帝之權威,而作者卻寫德宗悔過引咎,“長於深宫之中,暗於經國之務”,“不知稼穡之艱難,不察征戍之勞苦”,“天譴於上而朕不悟,人怨於下而朕不知”,“上辱於祖宗,下負於黎庶”,“痛心靦貌,罪實在予”,直是一篇罪己之詔。作爲人臣,爲國君撰稿,情感如此真摯愷切,如肺腑中流出,所以感人至深,武人悍卒聞之,無不揮涕,思奮臣節,誠爲難得。

陸贄這類駢體制誥之特點,即情理兼備,曉之以理,動之以情。説理則周密詳盡,言情則委婉曲折,詞無所避,意無所隱,細入毫芒。又如《奉天請罷瓊林大盈二庫狀》是要求德宗散財,以解燃眉之急。兹節録其一段云:

> 今之瓊林、大盈,自古悉無其制。傳諸耆舊之説,皆云創自開元。貴臣貪權,飾巧求媚。乃言:“郡邑貢賦所用,盍各區分?税賦當委之有司,以給經用;貢賦宜歸乎天子,以奉私求。”玄宗悦之,新是二庫。蕩心侈欲,萌柢於兹。迨乎失邦,終以餌寇。記曰:“貨悖而入,必悖而出。”豈非其明效歟!陛下嗣位之初,務遵理道,敦行約儉,斥遠貪饕。雖内庫舊藏,未歸太府;而諸方曲獻,不入禁闈。清風肅然,海内丕變。議者咸謂漢文卻馬、晉武焚裘之事,復見於當今矣。近以寇逆亂常,鑾輿外幸,既屬憂危之運,宜增儆勵之誠。臣昨奉使軍營,出游行殿,忽覩右廊之下,牓列二庫之名,懼然若驚,不識所以。何則?天衢尚梗,師旅方殷。瘡痛呻吟之聲,噢咻未息;忠勤戰守之效,賞賚未行。而諸道貢珍,遽私别庫,萬目所視,孰能忘懷?竊揣軍情,或生觖望。試詢候館之吏,兼采道路之言,果如所虞。積憾已甚,或忿形謗讟,或醜肆謳謡,頗含思亂之情,亦有悔忠之意。是知甿俗昏鄙,識昧高卑,不可以尊極

> 臨,而可以誠義感。頃者六師初降,百物無儲,外扞兇徒,内防危堞,晝夜不息,迨將五旬,凍餒交侵,死傷相枕,畢命同力,竟夷大艱。良以陛下不厚其身,不私其欲,絶甘以同卒伍,輟食以啗功勞。無猛制而人不攜,懷所感也;無厚賞而人不怨,悉所無也。今者攻圍已解,衣食已豐,而謡讟方興,軍情稍阻。豈不以勇夫恒性,嗜貨矜功,其患難既與之同憂,而好樂不與之同利,苟異恬默,能無怨咨?此理之常,固不足怪。記曰:"財散則民聚,財聚則民散。"豈非其殷鑒歟!衆怒難任,蓄怨終泄,其患豈徒人散而已,亦將慮有構姦鼓亂,干紀而强取者焉!

唐時瓊林、大盈二庫,是於國庫之外爲國君專設之供其貪婪享受、賞賜親近之私庫。時德宗因朱泚之亂,逃出長安,驚魂未定,卻急切要重設二庫。陸贄上此狀,勸諫其不要積蓄私財,要記取"財散則民聚,財聚則民散"的歷史教訓,面對"凍餒交侵,死傷相枕"的現實,應當"絶甘以同卒伍,輟食以啗功勞"。若只顧斂取錢財,不管人民之生死,則"衆怒難任,蓄怨終泄……亦將慮有構姦鼓亂,干紀而强取者焉",即將引發天下暴亂。爲了唐王朝之長治久安,他主張要得民心,"以公共爲心者,人必樂而從之;以私奉爲心者,人必咈而叛之",乃古今之通理。文章亦情理兼備,寓情於理,四六體制中間以長短不同的句式,錯落有致。

綜觀陸贄之騈文不同於其前人之作者,在於不隸事用典,少敷藻雕飾,明白流暢,純任自然地表叙人情事理,體現了中唐時期騈文之流變。《四庫全書簡明目録·翰苑集》云:

> 贄文多用騈句,蓋當日之體裁。然真意篤摯,反復曲暢,不復見排偶之跡。《新唐書》不收四六,獨録贄文十餘篇,司

馬光《資治通鑒》録其疏至三十九篇,上下千年,所取無多於是者。經世之文,斯之謂矣。

《新唐書》、《資治通鑒》所以破例多録其文,緣其文"多出於一時匡救規切之語,而於古今來政治得失之故,無不深切著明,有足爲萬世龜鑒者"(《四庫全書總目》),然亦説明四六文也宜於應用而作。蘇軾《進呈陸宣公奏議札子》亦云:

伏見唐宰相陸贄,才本王佐,學爲帝師。論深切於事情,言不離於道德。智如子房,而文則過;辨如賈誼,而術不疎。上以格君心之非,下以通天下之志。但其不幸,仕不遇時……可謂進苦口之藥石,鍼害身之膏肓。使德宗盡用其言,則貞觀可得而復。

同樣稱贊其文章之善陳事理,切於實用,並爲德宗不采納其言而嘆惜。《四六叢話》卷三十二評云:

古以四六入章奏者有矣,賀謝表而外,惟薦舉及進奉,則或用之,品藻比擬,此其長也。若敷陳論列,無往不可,而又纂組輝華,宫商諧協,則前無古,後無今,宣公一人而已。

不但論列其切實用,而且贊揚其文章"敷陳論列,無往不可","纂組輝華,宫商諧協",對陸贄之文推崇備至。陸贄之作影響於後世者深遠,宋人之四六、清人之章奏,皆源於此。

二、柳宗元

柳宗元,人們一般都認爲他完全是一位古文家,其實不然,實際上他又擅長寫駢文,是駢文大家。他出身於博學宏詞科,唐代科舉,入試詩賦,以聲韻爲準,所以他早年寫四六文,其後始轉而寫古文。《舊唐書》卷一百六十本傳稱，他“少聰警絶衆，尤精西漢詩騷，下筆構思與古爲侔，精裁密致，璨若珠貝。當時流輩咸推之”。所謂“精裁密致，璨若珠貝”正説明他早年精於四六。又當其被貶邵州、永州時，“涉履蠻瘴，崎嶇堙厄，藴騷人之鬱悼，寫情叙事，動必以文，爲騷文十數篇，覽之者，爲之淒惻”。他以騷人寫騷文，説明他中年之後仍在寫四六文。其《乞巧文》明確宣示：“眩耀爲文，瑣碎排偶；抽黄對白，啽哢飛走。駢四儷六，錦心繡口；宫沉羽振，笙簧觸手。觀者舞悦，誇談雷吼。”他所寫之表狀，大都駢儷體式，一般序文、雜文，也以排偶爲主。如《爲武中丞謝賜櫻桃表》云：

> 伏以含桃之羞，時令攸貴，況今采因御苑，分自天厨。使發九霄，集繁星而積耀；味調六氣，承湛露而不晞。盈眥而外被恩光，適口而中含渥澤。顧慚素食，彌切自公，豈圖君子所先，遂厭小人之腹。

又如《奏薦從事表》云：

> 某績茂戎軒，才優管記。操刀必割，豈謝剸犀？落筆不休，寧慚倚馬？況早登科選，夙洽時譚。匪爲詞藝雙美，抑亦器能多適。比於流輩，頗爲滯淹。輒敢薦陳，伏希奬録。

可見其駢體文運用之情況。其序文也多用駢偶排比句式，如《楊評事文集後序》即然。兹節録其序文之前半篇如下：

> 贊曰：文之用，辭令褒貶，導揚諷諭而已。雖其言鄙野，足以備用。然而闕其文采，固不足以竦動時聽，誇示後學。立言而朽，君子不由也。故作者抱其根源，而必由是假道焉。作於聖，故曰經；述於才，故曰文。文有二道：辭令褒貶，本乎著述者也；導揚諷諭，本乎比興者也。著述者流，蓋出於《書》之

謨、訓,《易》之象、繫,《春秋》之筆削,其要在於高壯廣厚,詞正而理備,謂宜藏於簡册也;比興者流,蓋出於虞、夏之詠歌,殷、周之《風》、《雅》,其要在於麗則清越,言暢而意美,謂宜流於謡誦也。兹二者,考其旨義,乖離不合。故秉筆之士,恒偏勝獨得,而罕有兼者焉。厥有能而專美,命之曰藝成。雖古文雅之盛世,不能並肩而生。

唐興以來,稱是選而不作者,梓潼陳拾遺。其後燕文貞以著述之餘,攻比興而莫能極;張曲江以比興之隙,窮著述而不克備。其餘各探一隅,相與背馳於道者,其去彌遠。文之難兼,斯亦甚矣。

楊評事,即楊淩,曾官大理評事。柳宗元編定其文集,並爲之作此後序,表現了自己的文學觀點。他認爲文章應"辭令褒貶,導揚諷諭",要做到這一點,必須要有文采。序中並探討了寓褒貶的記叙文與託諷喻的詩歌之源流,認爲二者兼美之不易。最後稱贊楊淩之文才,對其未能"窮其工,竟其才"深表惋惜。行文雖非盡爲四六句式,但排比對偶終篇,自是駢體氣格。又其諷刺性雜文,是柳宗元特具特色之駢體之作。以《乞巧文》爲例,此文是假七夕婦女乞巧之習俗,以自己之"拙"與世人之"巧"對言,譏諷世風,並抒發自己之不平。其中有云:

抃嘲似傲,貴者啓齒。臣旁震驚,彼且不耻。叩稽匍匐,言語譎詭。令臣縮恧,彼則大喜。臣若效之,瞋怒叢已。彼誠大巧,臣拙無比。王侯之門,狂吠狴犴。臣到百步,喉喘顛汗。睢盱逆走,魄遁神叛。欣欣巧夫,徐入縱誕。毛群掉尾,百怒一散。世途昏險,擬步如漆。左低右昂,鬥冒衝突。鬼神恐悸,聖智危慄。泯焉直透,所至如一。是獨何工,縱横不卹。

非天所假,彼智焉出？獨嗇於臣,恒使玷黜。沓沓騫騫,恣口所言。迎知喜惡,默測憎憐。摇唇一發,徑中心原。膠加鉗夾,誓死無遷。探心扼膽,踴躍拘牽。彼雖佯退,胡可得旃！獨結臣舌,喑抑銜冤。擘眥流血,一辭莫宣。胡爲賦授,有此奇偏？

摹寫那班"巧"者,"變情徇勢,射利抵巇",揣摸人意,視機奉承,摇唇鼓舌,炫耀華詞,諂事權貴。同時描寫了侯門之淫威,而那班諂佞者輩,形如看家之狗,對當時巧僞的人情世態,作了盡情的揭露。其憤激情緒,見於字裏行間。又其《駡尸蟲文》,是一篇寓言性質的文章,序稱:"人皆有尸蟲三,處腹中,伺人隱微失誤,輒籍記。日庚申,幸其人之昏睡,出讒於帝以求饗。"作者把陰險陷害他人的人物比作"尸蟲",對其險惡的心術給以尖鋭的諷刺,如云:

來,尸蟲！汝曷不自形其形？險幽詭側而寓乎人,以賊厥靈。膏肓是處兮,不擇穢卑;潛窺默聽兮,導人爲非。冥持札牘兮,摇動禍機;卑陬拳縮兮,宅體險微。以曲爲形,以邪爲質;以仁爲凶,以僭爲吉。以淫諛諂誣爲族類,以中正和平爲罪疾;以通行直遂爲顛蹶,以逆施反鬥爲安佚。譖下譹上,恒其心術。妒人之能,幸人之失。利昏伺睡,旁睨竊出。走讒於帝,遽入自屈。羃然無聲,其意乃畢。求味己口,胡人之恤！彼修蛕恙心,短蟯穴胃。外搜疥癘,下索瘻痔。侵人肌膚,爲己得味。世皆禍之,則惟汝類。良醫刮殺,聚毒攻餌。旋死無餘,乃行正氣。汝雖巧能,未必爲利。帝之聰明,宜好正直。寧懸嘉饗,荅汝讒慝？叱付九關,貽虎豹食。下民舞蹈,荷帝之力。是則宜然,何利之得！速收汝之生,速滅汝之精。蓐收震怒,將勅雷霆,擊汝酆都,糜爛縱横。俟帝之命,乃施於刑。

群邪殄夷，大道顯明，害氣永革，厚人之生，豈不聖且神歟！

文章開端謂這些“尸蟲”：“曷不自形其形？”實際上作者用自己辛辣的筆，將其原形揭露出來了，他們“以曲爲形，以邪爲質；以仁爲凶，以僭爲吉”，譖下謾上，妒賢嫉能，陰險狡猾，伺人隱微，讒於皇帝。這應當是當時皇帝周圍那些陰險佞倖小人形象之寫照。序稱“人皆有尸蟲三”，説明這種尸蟲人人皆有，“世皆禍之”，是當時社會一大禍害。因此作者希望皇帝下令，刑之以法，使“群邪殄夷，大道顯明，害氣永革，厚人之生”。希望如此，而現實卻如彼，文章的重要價值不在此，而在對現實的深刻揭露和尖鋭諷刺上。以上諸例足以説明柳宗元之文神理膚澤，色色精工。《四六叢話》卷三十二云：

自有四六以來，辭致縱横，風調高騫，至徐、庾極矣；筆力古勁，氣韻沈雄，至燕公極矣；驅使卷軸，詞華絢爛，至四傑極矣；意思精密，情文婉轉，至義山極矣；及宋，歐、蘇諸公，筆勢一變，創爲新逸，又或一道也。惟子厚晚而肆力古文，與昌黎角立起衰，垂法萬世。推其少時，實以詞章知名，詞科起家，其熔鑄烹煉，色色當行，蓋其筆力已具，非復雕蟲篆刻家數。然則有歐、蘇之筆者，必無四傑之才；有義山之工者，必無燕公之健。沿及兩宋，又於徐、庾風格去之遠矣。獨子厚以古文之筆，而爐鞴於對仗聲偶間。天生斯人，使駢體古文合爲一家，明源流之無二致。嗚呼！其可及也哉？

孫梅從齊梁至唐以來各家成就之比較中，突出柳宗元“以古文之筆，而爐鞴於對仗聲偶之間”，駢體、古文兼擅，乃他人所不及，可謂絶才。

第四節　晚唐時期

駢文至晚唐,亦如律賦,隨着古文運動的退潮,而興盛起來,其總體文風是尚巧麗,高步瀛先生云:"晚唐温、李齊名,義山隸事精切,藻思周密,實出飛卿之上。然才力漸薄,遂開四六之先聲矣。"(《唐宋文舉要》乙編卷一)所作爭妍鬥巧,章句益工。代表作家爲令狐楚、李商隱、温庭筠。

一、令狐楚

令狐楚(公元七六六——八三七),生平事跡見《舊唐書》卷一百七十二、《唐書》卷一百六十六本傳及劉禹錫《唐故相國贈司空令狐公集記》,字殼士,敦煌(今屬甘肅)人。貞元七年登進士第,李説、嚴綬、鄭儋相繼鎮太原,高其行義,皆辟爲從事,由掌書記至節度判官、監察御史。憲宗時累擢職方員外郎、知制誥、充翰林學士。元和十四年,授中書侍郎同中書門下平章事。穆宗即位,出爲宣歙觀察使,敬宗、文宗時,歷任宣武、天平、河東節度使,入爲吏部尚書,轉太常卿,進拜左僕射,封彭陽郡公,充山南西道節度使,卒謚曰文。他是唐代最工於以四六文寫章奏的人,亦即用駢體作應用文。《新唐書》本傳稱其"生五歲,能爲辭章。……於牋奏制令尤善,每一篇成,人皆傳諷",可見其章奏之爲人所喜愛。《舊唐書》本傳稱其"有文集一百卷,行於時,所撰《憲宗哀册文》,辭情典鬱,爲文士所重"。文集百卷今已不可見,惟《全唐文》編其文五卷,凡一百四十餘篇。其駢體之佳作,如《代李僕射謝子恩賜表》云:

右臣得進奏院狀報:前月二十九日,中使某至,奉宣進旨賜臣男公敏歲料羊酒麵等。

臣自領北藩,於今五稔。曾無明略,以奉大猷。孤直愚忠,未足報陛下萬分之一。男公敏伏緣醫療,勒赴京都。尚未平除,爰逢歲節。豈意翩蜎微物,飛舞於東風;霍靡輕生,霑濡於春雨?降少牢而頒賜,迃中貴以宣傳。麵起玉塵,酒含瓊液。鼷鼠飲河之腹,聞以滿盈;老牛舐犢之心,喜無終極。深恩似海,弘覆如天。寧惟感激一門?實亦光明九族。何階報答?終日慙惶。空將許國之身,誓竭在邊之力。所守有限,不獲陳謝,無任感恩抃躍之至。

李僕射,即李説,狀文稱"自領北藩,於今五稔",北藩,指河中府,李説於貞元十一年爲河東節度使。五稔,即五年。則此狀應上於貞元十五年,表述了李説蒙德宗賞賜兒子羊酒麵的感恩戴德之情。"隸事生動,猶得子山遺意"(《唐宋文舉要》乙編卷二)。又《河陽節度使謝上表》中之一節云:

臣器質庸懦,材能駑下,文詞小技,不足飾身;軍旅大權,未嘗措意。頃者叨居近密,親事聖明。選擢皆出於宸衷,遭逢似協於昌運。進每憂國,退常樂天。曾不知操舟者忌臣及津,執轡者畏臣先路。雖皎皎下燭,見一心之無瑕;而訾訾謗興,扇十手以相指。去秋方半,已出嚴扃;今夏正中,又離禁掖。伏惟睿聖文武皇帝陛下,恩深君父,德厚乾坤。憫棄席之恩,軫遺簪之念。微臣自臨關輔,恭守章程。非官辦而政成,幸人安而事集。既無罪悔,亦望歸還。豈意便畀疆場,超授鐵鉞。再麾飄颻而出守,十乘隱轔以啓行。荷委寄而誠深,若離違之稍遠。就日積戀,瞻天靡遑。拂儒冠以自驚,對朝服而增嘆。

這類文章之佳處,不在單純追求屬對之精工,文辭之華美,而在更重視情感之豐富，氣韻之自然。孫梅謂其“以意爲骨，以氣爲用，以筆爲馳騁出入，殆脱盡裁對隸事之跡，文之深於情者也”（《四六叢話》卷三十二），乃極允當之論。同樣如《進異馬駒表》有云：

> 臣聞馬之精也，自天而降；馬之功也，行地無疆。是以武藉其威，文榮其德。謹案馬經云：肋數十六者行千里。伏惟陛下握負圖之瑞，總服阜之靈，異物殊祥，蔚然叢集。臣觀前件駒，靈表挺特，雄姿逸異。頸昂昂而鳳顧，尾宛宛以虬蟠。信坤元之利貞，誠太一之玄貺。自將到府，便麗於官。每飲以清池，牧於芳草，則彌日翹立，驅之不前。及長風時來，微雨新霽，輒驤首奔聘，追之莫及。臣某恒親省視，專遣柔馴，儻駿骨峰生，奇毛日就，獲登華厩，既備屬車，遠齊飛兔之名，上奉應龍之馭，天下大慶。

文風亦重情感之抒發，貫以氣骨，筆墨揮灑自如，所謂“滔滔亹亹，一往清婉”（《四六叢話》卷三十二）者也。要之，令狐楚駢體之作，主抒情，重氣韻，善用典，巧裁對，四者渾然一體，不着痕跡，故孫梅云：

> 吾於有唐作家集大成者，得三家焉，於燕公極其厚，於柳州致其精，於文公仰其高。（《四六叢話》卷三十二）

對其推崇備至，實際上令狐楚是當時最善於用駢體作應用文者。

二、李商隱、温庭筠

（一）李商隱

李商隱，唐代最重要的駢文作家，早年以習古文名世，後來始學今體。《舊唐書》卷一百九十下本傳稱：“商隱能爲古文，不喜偶對，從事令狐楚幕，楚能章奏，遂以其道授商隱。自是始爲今體章奏。博學强記，下筆不能自休，尤善爲誄奠之辭。”他自名其文集爲《樊南四六》，足見其對這一文體之重視，且四六文之名亦始於此。晁公武《郡齋讀書志》卷十八云：“(義山)初爲文，瑰邁奇古，及從楚學，儷偶長短，而繁縟過之，旨意能感人，人謂其横絶前後無儔者。今《樊南甲乙集》皆四六，自爲序，即所謂繁縟者。”李商隱在其文集序中自稱：“恣展古集，往往咽噱於任、范、徐、庾之間，有請作文，或時得好對切事，聲勢物景，哀上浮壯，能感動人。”即其“儷偶長短，而繁縟過之”之意，亦即超過令狐楚之處。如其《上河東公啓》云：

> 商隱啓：兩日前，於張評事處，伏覩手筆，兼評事傳旨意，於樂籍中賜一人以備紉補。
>
> 某悼傷已來，光陰未幾。梧桐半死，方有述哀；靈光獨存，且兼多病。眷言息胤，不暇提携。或小於叔夜之男，或幼於伯喈之女。檢庾信荀娘之啓，常有酸辛；詠陶潛通子之詩，每嗟漂泊。
>
> 所賴因依德宇，馳驟府庭；方思效命旌旆，不敢載懷鄉土。錦茵象榻，石館金臺，入則陪奉光塵，出則揣摩鉛鈍。兼之早歲，志在玄門；及到此都，更敦夙契。自安衰薄，微得端倪。至於南國妖姬，叢臺妙妓，雖有涉於篇什，實不接於風流。
>
> 況張懿仙本自無雙，曾來獨立，既從上將，又託英僚。汲縣勒銘，方依崔瑗；漢庭曳履，猶憶鄭崇。寧復河裏飛星，雲間墮月，窺西家之宋玉，恨東舍之王昌？誠出恩私，非所宜稱。伏惟克從至願，賜寢前言。使國人盡保展禽，酒肆不疑阮籍。則恩優之理，何以加焉？干冒尊嚴，伏用惶灼。謹啓。

河東公，即柳仲郢，郡望爲河東，大中年間爲劍南東川節度使，時李商隱應聘爲東川節度掌書記，妻王氏卒。爲安慰他，仲郢擬以州府樂籍中才貌雙絶之歌女張懿仙相贈，然他感念亡妻，便寫此信婉辭拒絶。婉辭是：早年學道，而今已遂夙願；自己雖有艷情之作，然不涉於風流韻事；懿仙雖然美貌，既爲歌妓交接必多，“既從上將，又託英僚”，當别有所歡。即使懿仙有情，而自己無意。其中抒發了親子之情和妻亡之痛。所謂“清新俊逸，工於言情”（《唐宋文舉要》乙編卷三）。開端以簡練清晰的散文叙事，然後以隸事用典的四六文抒情，靈活多變，流暢自然。又如《上尚書范陽公啓》云：

某啓：仰蒙仁恩，俯賜手筆。將虚右席，以召下材。承命恐惶，不知所措。某幸承舊族，蚤預儒林。鄴下詞人，夙蒙推與；洛陽才子，濫被交游。而時亨命屯，道泰身否。成名踰於一紀，旅宦過於十年。恩舊彫零，路歧悽愴。薦禰衡之表，空出人間；嘲揚子之書，僅盈天下。

去年遠從桂海，來返玉京。無文通半頃之田，乏元亮數間之屋。隘傭蝸舍，危託燕巢。春畹將游，則蕙蘭絶徑；秋庭欲掃，則霜露霑衣。勉調天官，獲昇甸壤。歸惟卻掃，出則卑趨。仰燕路以長懷，望梁園而結慮。

尚書道光士範，德冠民宗。愷悌之化既流，鎮靖之功方懋。竊思上國投刺，東都及門。惟交抵掌之談，遂辱知心之契。載惟浮泛，頻涉光陰。豈期咫尺之書，終訪蓬蒿之宅？感義增氣，懷仁識歸。便當焚游趙之簦，毁入秦之屩，束書投筆，仰副嘉招。謁謝未間，下情無任感戀之至。謹啓。

尚書范陽公，即盧弘止，大中年間爲徐州刺史、武寧軍節度使，時聘李商隱爲節度判官，李商隱寫信致謝，文中先叙自己近來淒涼、冷落之境遇，次叙盧弘止之政績、人品，最後謝其見聘。用典雖多而不堆積，對偶工整而不板滯，行文委婉含蓄而有氣概。又名作《祭全義縣伏波廟文》寫其對漢伏波將軍馬援之憑弔云：

> 年月日，觀察處置使兼御史中丞鄭某，謹遣全義縣令韋必復，以酒牢之奠，昭賽於漢伏波將軍新息侯馬公。越城舊疆，漢將遺廟。一派湘水，萬重楚山。比穎川袁氏之臺，悲同異日；方汝水周公之渡，感極當時。
>
> 嗚呼！昔也投隙建功，因時立志。隗將軍坐談西伯，棄去無歸；梁伯孫自降王姬，雖來不起。以若畫之眉宇，開聚米之山川。扶風里中，詎守錢而爲虜？德陽殿下，寧相馬以推工？悵望關西，趨馳隴右。事嫂冠戴，誡姪書成。龍伯高之故人，出言有所；公孫述之刺客，相待何輕？
>
> 鳶泊啓行，蠻溪請往。銅留鑄柱，革誓裹尸。男兒自立邊功，壯士猶羞病死。灕湘之滸，祠宇依然。豈獨文宣之陵，不生刺草？更若武侯之壠，仍有深松。
>
> 向我來思，停車展敬。一樽有奠，五馬忘歸。及申望歲之祈，又辱有秋之澤。雲興柱礎，電繞牆藩。何煩玉女之投壺，方聞天笑；不待樵人之取箭，已見風回。敢忘黍稷之馨，用報京坻之賜。屬以時非行縣，不獲躬詣靈壇。詞託烟波，意傳天壤。既謝三時之澤，兼論千載之交。勿負至誠，以孤玄契。

此爲李商隱爲曾任嶺南道觀察處置使兼御中丞鄭某撰寫的祭祀伏波廟文。全義縣，即今廣西興安縣。馬援征交阯有功，故立廟紀念之。文章描寫了馬援之高尚品德，强烈的愛國情操，“銅留鑄柱，革誓裹尸。男兒自立邊功，壯士猶羞病死”，盛贊他爲國犧牲之精神。他自以未能親臨致祭爲憾，但他“詞託烟波，意傳天壤”，意者將祭神之意傳達給其在天界之神靈，也抒發了自己對馬援之景仰。高步瀛先生云:"考義按部,選辭就班,循循規榘之作,而情韻不匱,隱有寄託,尤爲難得。"(《唐宋文舉要》乙編卷三)所見更深入一層。其《祭小姪女寄寄文》是一篇抒發親情之作,別具一格,原文如:

> 正月二十五日,伯伯以果子弄物,招送寄寄體魄,歸大塋之旁。哀哉!
>
> 爾生四年,方復本族。既復數月,奄然歸無。於鞠育而未深,結悲傷而何極。來也何故?去也何緣?念當稚戲之辰,孰測死生之位?時吾赴調京下,移家關中,事故紛綸,光陰遷貿,寄瘞爾骨,五年於兹。白草枯荄,荒塗古陌。朝飢誰飽(一作抱)?夜渴誰憐?爾之棲棲,我有罪矣。今吾仲姊,反葬有期,遂遷爾靈,來復先域。平原卜穴,刊石書銘,明知過禮之文,何忍深情所屬。自爾殁後,姪輩數人,竹馬玉環,繡襜文褓,堂前階下,日裏風中,弄藥爭花,紛吾左右,獨爾精誠,不知所之。況吾别娶已來,胤緒未立,猶子之義,倍切他人,念往撫存,五情空熱!
>
> 嗚呼!滎水之上,壇山之側,汝乃曾乃祖,松檟森行;伯姑仲姑,冢墳相接。汝來往於此,勿怖勿驚。華彩衣裳,甘香飲食,汝來受此,無少無多。汝伯祭汝,汝父哭汝,哀哀寄寄,汝知之邪?

寄寄是李商隱弟羲叟之女,四歲而卒。祭文描寫寄寄生前之幼稚可愛,而今則諸姪輩竹馬玉環,紛繞堂前階下,卻不見其影跡,"念往撫存,五情空熱",抒發其對寄寄之摯愛,至於五内俱焚。由於是祭祀幼女,文章一反傳統之寫法,不用典,多白描,平易通俗,語淺情深,更適於其對寄寄情感之傾訴。

李商隱是一位富有情感的文學家,其駢體之作,即使是應用性質的,也充滿了感情,這與令狐楚是一脈相承的。而其用典之繁密,造語之縟麗,聲調之協調,四六句式之嚴整,則爲令狐楚所不及,即"儷偶長短,而繁縟過之"也。

孫梅對李商隱和柳宗元文章的寫作道路作過分析比較,其《四六叢話》卷三十二云:

> 柳子厚少習詞科,工爲箋奏。及竄永州,肆力古文,爲深博無涯涘,一變而成大家。李玉溪少能古文,不喜聲偶。及事令狐,授以章奏,一變而爲今體,卒以四六名家。

李、柳二人之寫作道路相反,柳先學四六,而後轉習古文,因而行文總不免四六文氣;李則先學古文,而後轉習四六,因而行文仍含有古文氣格;二人道路不同,然而其所作都達到精美之極致,異曲而同工。《四六叢話》卷三十二又評李商隱之作云:

> 徐、庾以來,聲偶未備。王、楊之作,才力太肆。沿及五代,不免靡弱。宋代作者,不無疎拙。惟《樊南甲乙》,則今體之金繩,章奏之玉律也。循諷終篇,其聲切無一字之聱屈,其抽對無一語之偏枯。才斂而不肆,體超而不空。學者舍是,何從入乎?

對李商隱四六文之成就,推崇備至,認爲是"今體之金繩,章奏之玉律",是四六文寫作之極則。李商隱四六文之産生,標志着唐代駢文之終結,猶揚雄賦之出現,標志着漢賦之終結然。

(二)温庭筠

温庭筠(公元八一二?——八七〇?),生平事跡,見《舊唐書》卷一百九十《文苑傳》、《唐書》卷九十一《温大雅傳》附及《唐才子傳》卷八。字飛卿,太原祁(今山西祁縣)人。以士行不檢,屢舉進士不第。徐商鎮襄陽,召爲幕府巡官。咸通七年,失意歸,爲國子助教,楊收疾之,貶方城縣尉。後竟流落而終。他才情艷麗,工辭章,與李商隱、段成式以駢文綺麗著稱,三人皆排行十六,時稱"三十六體"。《全唐文》卷七百八十六編其文一卷。存文二十九篇,全爲書啓。内容多自述窮困,請求援引。《上學士舍人啓二首》可爲代表,如:

其一

某聞七桂希聲,契冥符於淥水;兩欒孤響,接玄映於清霜。感達真知,誠參神妙。其有不待奔傾之狀,寧聞擊考之功?亦有芝砌流芳,蘭扃襲馥。已困雕陵之彈,猶驚衛國之弦。而暗達明心,潛申讜議。重言七十,俄變於榮枯;曲禮三千,非由於造請。始知時難自意,道不常艱。某荀鐸摇車,邕琴入爨。萎悴信人之末,摧殘膳宰之前。不遇知音,信爲棄物。伏以學士舍人陽葩搴秀,夏采含章。静觀行止之規,已作陶鈞之業。遂使枯魚被澤,病驥追風。永辭平坂之勞,免作窮途之慟。恩如可報,雖九死而奚施?軀若堪捐,豈三思而後審?下情無任。

其二

某步類壽陵,文漸涣水。登高能賦,本乏才華;獨立聞詩,空尊詣道。在蜀郡而惟希狗監,泝河流而未及龍門。常嘆美玉在山,但揚異彩;更恐崇蘭被逕,每隔殊榛。徒自沈埋,誰能攀擷?一旦雕於敏手,佩以幽襟。免使琳瓹,寧貽蕙嘆?潛虞末路,未有良期。今乃受薦神州,爭雄墨客。空持硯席,莫識津塗。既而臨汝運租,先逢謝尚;丹陽傳教,取覓張憑。輝華居何準之前,名第在冉耕之列。俄生藻繡,便出泥沙。誰言獻輅車軨,先期畢命?猶懼吹竽樂府,未稱知音。倘更念毛輶,終思翼長。贖彼在途之厄,仍遺生芻;脱於鳴坂之勞,兼貽半菽。平生企望,終始依投。不任感恩干冒之至。

學士舍人是誰? 高步瀛先生:"案飛卿有《上杜舍人啓》,疑是杜審權。《舊唐書·審權傳》云:'正拜中書舍人,十年(大中)權知禮部貢舉,十一年選士三十人,後多至達官。'《新唐書·審權傳》云:'宣宗時入爲翰林學士。'此云學士舍人,疑亦審權也。"文章其一,先叙惟有人力推薦,始得進用,然後自叙身世,感謝其擢取;其二,先叙自己之處境,志高才大,卻無機遇仕進,然後感謝受知於舍人,終希望其提携。提携之恩,必當相報。其渴望援引之急切心情溢於言表。其語詞之麗,屬對之工,用典之密,有似李商隱。高先生云:"飛卿之文,宛轉動宕,不如義山,而句之堅卓過之,藻采穠麗,亦足相埒。"(《唐宋文舉要》乙編卷三)允矣、信矣。

綜觀唐代駢文演變之跡,初唐承六朝餘風,雕章琢句,纖麗而流利;盛唐文治武功達到極致,文風趨向儒雅典重,氣象雄渾;中唐創爲新逸,熔鑄聲偶之間,色色當行;晚唐英才挺出,以博麗爲宗,形成唐文之極軌。

但是,事物之發展總是相反相成的,總是在矛盾鬥爭中發展的,文學也不例外,當駢文興盛之時,古文也就産生了。這種拘泥聲律,崇尚用典,講求偶對的形式,有礙於其爲世用,有礙於載道,有礙於思想之表述。所以,駢文發達之結果,古文運動便産生了。

第五章　散　文

散文作爲特定時期出現的一種文體，是伴隨着駢文之繁榮而產生的。早在西晉、南朝之時，便有夏侯湛擬《尚書》體作《昆弟誥》，姚察、姚思廉父子以散行古體作《梁書》和《陳書》，北周時，則有蘇綽擬《尚書》作《大誥》等。迨至唐朝，駢文發展到極致，因而形成了四六文，散文進一步發展，便産生了古文。這兩種文體完全是在對立中演變、發展的。唐時，四六文之爲文體，已經達到僵化的程度，因此平易古樸的古文便興盛起來。

古文之發展有兩種趨向：即在文學體裁方面反對四六文，以奪取文學陣地。當時朝廷頒佈之制誥，臣下奏進之表狀，皆用四六文撰寫，由於古文之提倡，雖然制誥仍沿用舊形制，而表狀卻改用古文了。在思想内容方面，以儒學反對佛老，以奪取思想陣地。佛教講究因果報應等封建迷信，儒學則主張治國安民，以天下爲己任。無論從思想或體制看，都是進步的。因此，古文作爲儒學之載體，與儒學結合，便蓬勃發展起來。

但是，古文作爲一種極具聲勢之運動，並非驟然間之現象，而是經過醞釀、演變和發展之過程。以下我們即探討其萌生、形成和壯大之軌跡，及其不同時期的成就。

第一節　初唐時期

自初唐開始，儘管四六文極盡發達，但散體文也在興起，以與之對抗。不同者,此時之散文不獨如夏侯湛、蘇綽之擬經文語調反對四六文,而且更以儒家之經義反對佛教。自古文産生之日起,即貫注着儒學反佛教、反迷信之精神,這是古文生命力之所在。初唐時期便揭開了這一序幕。

一、傅奕、吕才

(一)傅奕

傅奕(公元五五五——六三九)是用比較接近口語之古文反對佛教之首創者。據《舊唐書》卷七十九、《唐書》卷一百零七本傳記載,奕爲相州鄴(今河北臨漳)人。隋開皇中,以儀曹事漢王諒。諒敗,徙扶風。唐高祖爲扶風太守,甚禮遇之。及高祖即位,召拜大史丞、遷太史令。貞觀十三年卒。奕博綜群言,尤曉天文曆數,精莊、老之學,力排佛教,武德中,上《請除釋教疏》,又上十二論,極論佛法之弊,嫉之如仇,認爲其"於百姓無補,於國家有害",可謂當時有識之士。其《請除釋教疏》是依據"周孔六經之説"撰寫的一篇排佛檄文。兹節録其文云:

> 佛在西域,言妖路遠,漢譯胡書,恣其假託。故使不忠不孝,削髮而揖君親;游手游食,易服以逃租賦。演其妖書,述其邪法,僞啓三塗,謬張六道,恐嚇愚夫,詐欺庸品。凡百黎庶,通識者稀,不察根源,信其矯詐,乃追既往之罪,虚規將來之福。佈施一錢,希萬倍之報;持齋一日,冀百日之糧。遂使愚迷,妄求功德,不憚科禁,輕犯憲章。其有造作惡逆,身墜刑網,方乃獄中禮佛,口誦佛經,晝夜忘疲,規免其罪。且生死壽夭,由於自然;刑德威福,關人之主。乃謂貧富貴賤,功業所招,而愚僧矯詐,皆云由佛。竊人主之權,擅造化之力,其爲害政,良可悲矣。……降自犧農,至於漢魏,皆無佛法,君明臣

忠，祚長年久。漢明帝假託夢想，始立胡神，西域桑門，自傳其法。西晉以上，國有嚴科，不許中國之人輒行髡髮之事。洎於苻石，羌胡亂華，主庸臣佞，政虐祚短，皆由佛教致災也。梁武齊襄，足爲明鏡。

文章揭露佛教之欺騙本質："演其妖書，述其邪法，僞啓三塗，謬張六道，恐嚇愚夫，詐欺庸品。"以致"遂使愚迷，妄求功德，不憚科禁，輕犯憲章"，並揭示其危害在使"主庸臣佞，政虐祚短"，關乎國家之危亡。因此請廢除之，令天下數盈十萬之僧尼皆還俗，並相匹配，"産育男女，十年長養，一紀教訓，自然益國可以足兵，四海免蠶食之殃"。在當時朝野上下一片佞佛之聲勢中，傅奕首倡廢佛，不僅表現了其卓識，而且表現了其膽量。他自稱"自古忠諫，鮮不及禍"，而自己呢？"臣雖不敏，竊慕其蹤"，顯示了英勇無畏之精神。行文不事藻飾，不隸事用典，語言通俗質直，是唐初古文之象。

（二）吕才

吕才（？——六六五）也是一位以通俗的古文反對佛教的作者。據《舊唐書》卷七十九、《唐書》卷一百零七本傳記載，博州清平（今山東臨清）人。少好學，通陰陽方技之學。貞觀三年，爲温彦博、王珪等人推薦，徵直弘文館，參論樂事。歷任起居郎，遷太常博士。又因造《方域圖》及《教飛騎戰陣圖》，爲太宗所稱賞，擢授太常丞。龍朔中，爲太子司更大夫。麟德二年卒。他博學多才，善屬文，尤長於聲樂。唐太宗以陰陽書多穿鑿附會之謬説，令吕才等十餘人刊正之。陰陽書與佛書相同，都是宣揚迷信之作。經過刊正，勒成新書五十三篇，合舊書四十七篇，共一百篇，頒行全國。兩唐書《吕才傳》尚保存《卜宅》、《禄命》、《葬》三篇，雖經史官删削，仍具有抨擊荒誕巫術之精神。如其《卜宅》云：

> 《易》曰：上古穴居而野處，後世聖人易以宫室，蓋取諸《大壯》。迨於殷周之際，乃有卜宅之文。故《詩》稱相其陰陽，《書》云：卜惟洛食。此則卜宅吉凶，其來尚矣。至於近代師巫，更加五姓之説。言五姓者，謂宫商角徵羽等，天下萬物悉配屬之，行事吉凶依此爲法。至於張王等爲商，武庚等爲羽，欲似同韻相求。及其以柳姓爲宫，以趙姓爲角，又非四聲相管。其間亦有同是一姓，分屬宫商。後有復姓數字，徵羽不别，驗於經典，本無斯説，陰陽書亦無此語，直是野俗口傳，竟無所出之處。惟《堪輿經》，黄帝對於天老，乃有五姓之言。且黄帝之時，不過姬姜數姓。暨於後代，賜族者多，至於管、蔡、成、霍，魯、衛、毛、聃，郜、雍、曹、滕，畢、原、酆、郇，並是姬姓子孫，孔、殷、宋、華，向、蕭、亳、皇甫，並是子姓苗裔。自餘諸國，準例皆然。因邑因官，分枝佈葉，未知此等諸姓是誰配屬？又檢《春秋》，以陳衛及秦並同水姓，齊鄭及宋，皆爲火姓，或承所出之祖，或繫所屬之星，或取所居之地，並非宫商角徵共相管攝，此則事不稽古，義理乖僻者也。

此文之作，史稱"多以典故質正其理……頗合經義……"（《舊唐書》本傳）即依據儒家經義駁斥陰陽巫術之不可信，乃無稽之談，"驗之經典，本無斯説，陰陽書亦無此語，直是野俗口傳，竟無所出之處"，並揭露其自相矛盾，"未知此等諸姓是誰配屬"，謂其不能自圓其説。要之，"事不稽古，義理乖僻者也"，即有乖於儒家經義。作者以儒家經義爲準則，更能剖析清巫術迷信之欺騙本質。文章單行散體，平易通俗，或用口語，亦早期古文之形式。

傅奕、吕才之作，在思想領域給佛教和陰陽巫術以有力的打擊，在文學方面則開唐初古文運動之端緒。但是，他們並非有意提倡古文，而是爲與宣傳佛教的俗講作鬥爭。真正有意提倡古文以反對四六文者是陳子昂,陳子昂是古文的創始人。

二、陳子昂

陳子昂是古文運動的先驅,他的《修竹篇序》發出了復古之號召,並以自己的創作實踐之,從而開創了有唐一代之文風,對唐代古文之興盛影響極大。盧藏用在《陳伯玉文集序》中云:

道喪五百歲而得陳君。……崛起江漢,虎視函夏,卓立千古,横制頽波,天下翕然,質文一變。

又劉克莊在《詩話前集》(《後村先生大全集》卷一百七十三)中云:

唐初王、楊、沈、宋擅名,然不脱齊梁之體。獨陳拾遺首倡高雅沖澹之音,一掃六代之纖弱,趨於黄初、建安矣。

又韓愈《薦士》詩云:

國朝盛文章,子昂始高蹈。

皆高度評價了其對唐代古文之開創作用和崇高地位。

陳子昂是一位有政治遠見的文學家,他自稱"竊少好三皇五帝霸王之經,歷觀丘墳,旁覽代史,原其政理,察其興亡"(《諫政理書》),説明其少年時即博覽群書,考察歷代興亡,志在用世。盧藏用則稱其"經史百家,罔不該覽。尤善屬文,雅有相如、子雲之風骨"(《陳氏别傳》),即他不但重視考察歷史,而且文章寫得很有風骨。二十四歲舉進士後,即詣闕上《諫靈駕入京書》,受到武后的贊賞,拜麟臺正字,又爲右拾遺等職。他既習儒業,又采釋、道諸家之説,對武周朝政多所諫諍和批評。今存文一百餘篇,其中碑志表序皆爲駢體,而論事書疏則爲散文,疏樸近古,師法漢魏。如其《諫靈駕入京書》是諫議不要把唐高宗在洛陽之靈柩遷回長安,認爲那

將勞民傷財,禍及國家。玆節録其文如下:

> 臣聞秦據咸陽之時,漢都長安之日,山河爲固,天下服矣。然猶北假胡宛之利,南資巴蜀之饒。自渭入河,轉關東之粟;逾沙絶漠,致山西之寶。然後能削平天下,彈壓諸侯,長轡利策,横制宇宙。今則不然,燕代迫匈奴之侵,巴隴嬰吐蕃之患。西蜀疲老,千里運糧;北國丁男,十五乘塞。歲月奔命,其弊不堪。秦之首尾,今不完矣。即所餘者,獨三輔之間爾。頃遭荒饉,人被薦飢。自河而西,無非赤地;循隴以北,罕逢青草。莫不父兄轉徙,妻子流離,委家喪業,膏原潤莽。此朝廷之所備知也。賴以宗廟神靈,皇天悔禍,去歲薄稔,前秋稍登,使羸餓之餘,得保沉命,天下幸甚,可謂厚矣。然而流人未返,田野尚蕪,白骨縱横,阡陌無主,至於蓄積,猶可哀傷。陛下不料其難,貴從先意,遂欲長驅大駕,按節秦京,千乘萬騎,何方取給?況山陵初制,穿復未央,土木工匠,必資徒役。今欲率疲弊之衆,興數萬之兵,徵發近畿,鞭樸羸老,鑿山采石,驅以就功。但恐春作無時,秋成絶望,凋瘵遺噍,再罹飢苦。倘不堪其弊,有一逋逃,子來之頌,其將何詞以述?此亦宗廟之大機,不可不深圖也。

奏書獻上,武后稱贊爲"地籍英靈,文稱偉曄"。一時之間,"洛中傳寫其書,市肆閭巷,吟諷相屬,乃至轉相貨鬻,飛馳遠邇"(《陳氏别傳》)。且不管武后贊賞和洛中傳寫轉播遐邇的原因如何,重要的是其從關心國祚民瘼的角度出發,説明不應將高宗"靈駕"移歸長安,尤其從同情人民苦難立論,使奏書更具有説服力。如云"莫不父兄轉徙,妻子流離,委家喪業,膏原潤莽",再云"流人未返,田野尚蕪,白骨縱横,阡陌無主,至於蓄積,猶可哀傷",又云"率疲弊之衆,興數萬之兵,徵發近畿,鞭樸羸老,鑿山采石,驅以就功",反復陳述,其悲痛哀憫之情溢於言表。這種同情人民,爲人民苦難申訴之精神源於儒學的重民、愛民思想,作者是基於儒學的政治理念反對"靈駕入京"的。文章直言無隱,慷慨陳辭,文風省淨古樸,雄俊倜儻,乃韓愈文之先導。

又其徐敬業起兵反武則天之後,武則天意欲用嚴刑威制天下,於是他上《諫用刑書》,也是以儒學的王道政治,反對武則天濫施刑法。據《舊唐書》卷五十《刑法志》:"則天嚴於用刑,屬徐敬業作亂及豫、博兵起之後,恐人心動摇,欲以威制天下,漸引酷吏,務令深文以案刑獄。……時周興、來俊臣等相次受制,推究大獄……俊臣又與侍御史侯思止、王弘義、郭霸、李敬仁,評事康暐、衛遂忠等招集告事數百人,共爲羅織,以陷良善。前後枉遭殺害者,不可勝數。……是時海内慴懼,道路以目。麟臺正字陳子昂上書曰……"兹摘其要者如下:

> 臣聞古之御天下者,其政有三:王者化之,用仁義也;霸者威之,任權智也;强國脅之,務刑罰也。是以化之不足,然後威之;威之不變,然後刑之。故至於刑,則非王者所貴矣。况欲光宅天下,追功上皇,專任刑殺以爲威斷,可謂策之失者也。……臣竊觀當今天下百姓思安久矣。曩屬北胡侵塞,西戎寇邊,兵革相屠,向歷十載。關河自北,轉輸幽燕,秦蜀之西,馳騖湟海,當時天下疲極矣。重以大兵之後,屢遭凶年,流離飢餓,死喪略半。幸賴陛下以至聖之德,撫寧兆人,邊境獲安,中國無事,陰陽大順,年穀累登,天下父子始得相養矣。故揚州搆禍,殆有五旬,而海内晏然,纖塵不動,豈非天下蒸庶厭凶亂哉?臣以此卜之,知百姓思安久矣。今陛下不務玄默以救疲人,而反任威刑以失其望,欲以察察爲政,肅理寰區。臣

愚暗昧，竊有大惑。且臣聞刑者，政之末節也。先王以禁暴整亂，不得已而用之。今天下幸安，萬物思泰，陛下乃以末節之法，察理平人，臣愚以爲非適變隨時之義也。頃年以來，伏見諸方告密，囚累百千輩，大抵所告皆以揚州爲名。及其窮究，百無一實。陛下仁恕，又屈法容之。傍訐他事，亦爲推劾。遂使姦惡之黨，决意相讎，睚眦之嫌，即稱有密。一人被訟，百人滿獄。使者推捕，冠蓋如雲。或謂陛下愛一人而害百人，天下喁喁，莫知寧所。

作者認爲王者應以仁義化天下，仁政愛民。而武后當大兵之後，“百姓思安久矣”之際，卻“專用刑殺以爲威斷”，大失民望，刑法之濫，“及其窮究，百無一實”，冤案之多，可以想見，而武后“又屈法容之”，“遂使姦惡之黨，决意相讎，睚眦之嫌，即稱有密。一人被訟，百人滿獄。使者推捕，冠蓋如雲”，以致“天下喁喁，莫知寧所”。威刑之下，民不聊生，國無寧日，寧不堪憂？作者憂在人民的痛苦和朝政的危亡。後文叙述歷代由於實行嚴刑峻法，濫施殺戮而敗亡之事，如隋煬帝“窮毒威武”，而“隋族亡矣”，漢武帝戾太子巫蠱獄起，殺害無辜以千萬數，“劉氏宗廟幾傾覆矣”，又“上觀三代夏、殷、周興亡，下逮秦、漢、魏、晉理亂，莫不皆以毒刑而敗壞也”。全文引古論今，指切時弊，説明濫用刑法足以禍國殃民。然後歸結爲“前事不忘，後事之師”，以史爲鑒，得出作文之本旨。文風古樸，少藻飾，罕用典，具有雄辯之氣勢。高步瀛先生云：“氣體樸厚，語意剴摯，猶存西漢風格。”（《唐宋文舉要》甲編卷一）信如所言。

陳子昂的古文，以政論見長。其論證是基於儒學的政治理想指斥武周時之暴政，這與傅奕、吕才之以儒學反佛教、反迷信之政治傾向是一致的。其文章構思謹嚴，遣詞準確，文風樸實暢達，則提高了古文的水平。《新唐書》中傳、吕、陳同傳,並非偶然,而是有道理的,即《新唐書》之撰修者認爲,他們三人是唐代古文運動之先導。

第二節　盛唐時期

盛唐是古文之成熟期,古文運動之前奏,先後出現了蕭穎士、李華、元結、獨孤及等著名之古文家。他們繼承了陳子昂的復古文風,有明確的理論,並以自己的創作實踐之。他們或崇儒或崇佛,秉持不同,但在指責時弊、反對虐政方面卻是一致的。獨孤及在其《檢校尚書吏部員外郎趙郡李公中集序》中云:"帝唐以文德旉祐於下,民被王風,俗稍丕變。至則天太后(四字《文粹》作天后)時,陳子昂以雅易鄭,圓(《英華》作學)者浸而嚮方。天寶中,公(李華)與蘭陵蕭茂挺、長樂賈幼幾(至)勃焉復起,振中古之風,以宏文德(二語《英華》及《文粹》俱作三代文章律度當世)。公之作本乎王道,大抵以五經爲泉源,抒情以託諷。……於時文士馳騖,飆扇波委,二十年間,學者稍厭折揚(《英華》作抑揚)、皇華而窺咸池(《英華》作韶)之音者什五六,識者謂之文章中興,公實啓之。"(《毘陵集》卷十三)説明了蕭穎士、李華等在倡導文體復古方面所起的重要作用。

一、蕭穎士、李華

(一)蕭穎士

蕭穎士思想上宗奉儒學,文學則主張以六經爲準則,崇尚雅馴文風。爲了傳播儒學,並進行文體改革,他教授了不少弟子,據稱著名者如"尹徵、王恒、盧異、盧士式、賈邕、趙匡、閻士和、柳并等,

皆執弟子禮,以次授業,號蕭夫子”(《唐書》卷二百零二本傳)。其抗顔爲師之情況,於《江有歸舟》詩序有云:

> 記有之,尊道成德,嚴師其難哉!故在三之禮,極乎君親,而師也參焉。……余弗敏,曷云當乎而莫之讓?蓋有來學,微往教;蒙匪余求,若之何其拒哉?猗爾之所以求,我之所以誨,學乎,文乎。學也者,非云徵辨説,摭文字,以扇夫談端,輮厥詞意,其於識也,必鄙而近矣!所務乎憲章典法,膏腴德義而已。文也者,非云尚形似,牽比類,以局夫儷偶,放於奇靡,其於言也,必淺而乖矣!所務乎激揚雅訓,彰宣事實而已。衆之言文學者,或不然。於戲!彼以我爲僻,爾以我爲正,同聲相求,爾後我先,安得而不問哉?問而教,教而從,從而達,欲辭師也得乎?……(《全唐詩》卷一百五十四)

從這段文字中,我們不僅可以了解其如何從教,而且能够了解其教授之内容,於儒學爲“憲章典法,膏腴德義”,於文學爲“激揚雅訓,彰宣事實”,而擯棄那般“尚形似,牽比類,以局夫儷偶,放於奇靡”的駢儷文風。文章有似於韓愈之《師説》,是韓愈《師説》之前奏。説明他有意識地在傳播儒學,也有意識地在提倡古文,説明古文不能脱離儒學之軌轍,只有與儒學結合,以儒學爲内容,才能形成有力的運動。

其文今存者不多,書、表、序共十七篇,其中重要者爲《贈韋司業書》和《爲邵翼作上張兵部書》。《贈韋司業書》是一篇求薦之作,中心在自述生平和抒發抱負,從而“願得秘書省一官,登蓬萊,閲典籍”,“思欲依魯史編年,著歷代通典”。全文五千餘言,不便備録,兹録其自述志趣、抱負部分如下:

> 丈夫生遇昇平時,自爲文儒士,縱不能公卿坐取,助人主

視聽,致俗雍熙,遺名竹帛,尚應優游道術,以名教爲己任,著一家之言,垂沮勸之益,此其道也。豈直以辭場策試,一第聲名,爲知己相期之分耶?若由此見知,僕不才者,幸嘗遇賞於孫氏,瑣瑣之文,何足枉二賢深顧哉?足下藴丘明之耻,資董狐之良,載筆延閣,職司圖史,誠朝之得人,竊爲足下重之,斯未易其任也。亦知足下懷獨見之明,後來諸生,固無借其一字,然聞(一無此字)受金於吕氏之藏者,不可謂之秦無人矣。僕不意少有此癖,心存目想,行已十年,時命不貸,所懷莫就。而朋從之間,或謬見稱説,亦何知足下不緣此見訪耶?苟曰其然,則僕心期之知己,未始或移於足下矣。非曰能爾,敢事當仁。……僕平生屬文,格不近俗,凡所擬議,必希古人,魏晉以來,未嘗留意。又況區區咫尺之判,曷足牽丈夫壯思哉!……又溺志著書,放心前史,乍窺律令,無殊桎梏,使終身學此,未知得時。用兹措足,寧逃罪戾?髮膚不毁,豈若是耶?唯疾之憂,胡寧逃罪乎?僕從來宦情,素自落薄,撫躬量力,棲心有限。假使因緣會遇,躬力康衢,正應陪侍從近臣之列,以箴規諷諭爲事,進足以獻替明君,退足以潤色鴻業,決不能作擒姦擿伏,以吏能自達耳。……僕有識以來,寡於嗜好,經術之外,略不嬰心。幼年方小學時,受《論語》、《尚書》,雖未能究解精微,而依説與今不異。由是心開意適,日誦千有餘言。榎楚之威,不曾及體。有時疲頓,即聊自止息,不過臨池水,視游魚耳。……

洋洋灑灑一篇長文,對自己的身世、生平、讀書、志趣,盡情地傾訴,對其修撰史志之抱負的陳述尤爲誠摯,"心有所存","不能自已"。行文揮灑自如,並無藻飾,文風盤折峭拔,氣韻流宕,是古文成熟之象。

《爲邵翼作上張兵部書》是一篇代他人求薦之作。邵翼其人，不見於兩《唐書》，事跡待考。兵部侍郎張姓者，開元、天寶年間僅有張均，張兵部，應即此人。書中叙述邵翼素抱爲唐王朝效力之志，而不爲朝野所理解，故求引薦，如云：

> 某汝潁儒家子，先人以文至尚書郎。今僕不屑，持七尺之軀，蹶張角力，爲褒衣者所不見禮，猶復決短策、希餘光，願以羸疵之形、忽微之氣、三寸之舌、百金之義，一朝而委諸執事，將納之耶？拒之耶？嗚呼！苟或拒之，士亦未易知也，試爲執事言之。僕幼聞禮經，長習篇翰，多舉大略，不求微旨，且尤好史臣之言。自秦漢迄於周隋，馳乎千餘載間，天人祕理，軍國奇畫，皆耳剽其論，而爲文未止（一作嘗）不喜潤色，求官惡（一作迺）拙，莫能進取。顧人事所先，則天資所闕，雖欲從士大夫之後，高談抵掌，取當代名，其不可得也審矣。然每讀太史公書，竊慕穰苴樂生之高義，常願一寘戎車之殿，指麾部分，爲天子扞城。近臣不知，明主未識，徒欲奮決，孰爲引致？

然後叙述自己若能"參一旅之長，受偏師之任"，必當勢如決川，馳騁疆場。表現了爲斬將搴旗報效國家而求薦之急切心情。文筆酣暢而有氣勢，抑揚跌宕而多波折，亦古文之佳作。

蕭穎士之古文，固爲奇句單行，然間以排比，以增强其氣勢。文風清峻峭拔，豪放飄灑，有氣骨，多變化，是漢魏風格之顯現。

（二）李華

李華與蕭穎士齊名，世稱蕭李，同樣思想上崇儒，文學則宗經。他在《贈禮部尚書孝公崔沔集序》中云："文章本乎作者，而哀樂繫乎時。本乎作者，六經之志也；繫乎時者，樂文武而哀幽厲也。立身揚名，有國有家，化人成俗，安危存亡，於是乎觀之。宣於志者曰言,飾而成之曰文,有德之文信,無德之文詐。皋陶之歌,史克之頌,信也;子朝之告,宰嚭之詞,詐也,而士君子耻之。夫子之文章,偃、商傳焉。偃、商殁而孔伋、孟軻作,蓋六經之遺也。屈平、宋玉,哀而傷,靡而不遠,六經之道遯矣。”(《文苑英華》卷七百零一)他强調文章要本乎“六經”,要表現儒家之政治理想和道德觀念,甚而認爲屈原、宋玉之文章“哀而傷,靡而不遠”,也有背於“六經之道”,可見其對儒學之執著了。由於他思想上和文學主張方面與蕭穎士相近,二人以文相知,故經常品評文章。《舊唐書》卷一百九十下《李華傳》記載:“華善屬文,與蘭陵蕭穎士友善。華進士時著《含元殿賦》萬餘言,穎士見而賞之曰:‘《景福》之上,《靈光》之下。’華文體温麗,少宏傑之氣,穎士詞鋒俊發,華自以所業過之,疑其誣詞,乃爲《祭古戰場文》,熏汙之如故物,置於佛書之閣,華與穎士因閲佛書得之。華謂之曰:‘此文何如?’穎士曰:‘可矣!’華曰:‘當代秉筆者,誰及於此?’穎士曰:‘君稍精思,便可及此。’華愕然。”他們品評文章毫無掛礙,友誼何其相得!蕭穎士之文章多散佚。李華之文章今存者較多,有輯本《李遐叔文集》行世。其古文之重要篇章有《弔古戰場文》、《卜論》、《揚州功曹蕭穎士文集序》、《楊騎曹集序》、《著作郎贈秘書少監權君墓表》、《李夫人傳》等。《弔古戰場文》是千古傳誦之名篇,是其文章最佳之作。如云:

浩浩乎平沙無垠,敻不見人。河水縈帶,群山糾紛。黯兮慘悴,風悲日曛。蓬斷草枯,凛若霜晨。鳥飛不下,獸挺亡群。亭長告余曰:“此古戰場也,常覆三軍。往往鬼哭,天陰則聞。”傷心哉!秦歟漢歟?將近代歟?

吾聞夫齊魏徭戍,荆韓召募。萬里奔走,連年暴露。沙草晨牧,河冰夜渡。地闊天長,不知歸路。寄身鋒刃,腷臆誰訴?秦漢而還,多事四夷。中州耗斁,無世無之。古稱戎夏,不抗王師。文教失宣,武臣用奇。奇兵有異於仁義,王道迂闊而莫爲。嗚呼噫嘻!

吾想夫北風振漠,胡兵伺便,主將驕敵,期門受戰。野豎旄旗,川回組練。法重心駭,威尊命賤。利鏃穿骨,驚沙入面。主客相搏,山川震眩。聲析江河,勢崩雷電。至若窮陰凝閉,凛冽海隅;積雪没脛,堅冰在鬚;鷙鳥休巢,征馬踟躕;繒纊無温,墮指裂膚。當此苦寒,天假强胡,憑陵殺氣,以相剪屠。徑截輜重,横攻士卒;都尉新降,將軍復没;屍填巨港之岸,血滿長城之窟。無貴無賤,同爲枯骨,可勝言哉!鼓衰兮力盡,矢竭兮絃絶,白刃交兮寶刀折,兩軍蹙兮生死決。降矣哉,終身夷狄!戰矣哉,骨暴沙礫!鳥無聲兮山寂寂,夜正長兮風淅淅。魂魄結兮天沉沉,鬼神聚兮雲幂幂。日光寒兮草短,月色苦兮霜白。傷心慘目,有如是耶!

吾聞之,牧用趙卒,大破林胡;開地千里,遁逃匈奴。漢傾天下,財殫力痡;任人而已,其在多乎!周逐玁狁,北至太原,既城朔方,全師而還。飲至策勳,和樂且閒,穆穆棣棣,君臣之間。秦起長城,竟海爲關;荼毒生靈,萬里朱殷。漢擊匈奴,雖得陰山,枕骸遍野,功不補患。

蒼蒼蒸民,誰無父母?提携捧負,畏其不壽。誰無兄弟?如足如手;誰無夫婦?如賓如友。生也何恩?殺之何咎?其存其没,家莫聞知;人或有言,將信將疑;悁悁心目,寢寐見之。佈奠傾觴,哭望天涯。天地爲愁,草木淒悲。弔祭不至,精魂何依。必有凶年,人其流離。嗚呼噫嘻,時耶命耶?從古如斯。爲之奈何?守在四夷。

弔古戰場,即弔古戰場之死難者、無辜之犧牲者。亭長曰:"此古戰場也,常覆三軍,往往鬼哭,天陰則聞。"是全文描寫之中心。所以常覆三軍者，乃緣於對四夷之戰爭。然後歷述秦漢以至近代千百年來征戰不絶，人民苦難無已。寫三軍將覆未覆之戰陣場面："白刃交兮寶刀折，兩軍蹙兮生死決。"寫正覆時之悲慘景况："屍填巨港之岸，血滿長城之窟。無貴無賤，同爲枯骨。"寫已覆後之淒涼景象："魂魄結兮天沉沉，鬼神聚兮雲冪冪。日光寒兮草短，月色苦兮霜白。"傷心慘目之極。最後爲死難者申怨："生也何恩？殺之何咎？"他們無辜被殺，這是什麽世道！作者認爲這種對四夷之戰爭，"有異於仁義，王道迂闊而莫爲"，即與古天子施仁義以王道治天下者不同。這是全篇之主旨。弔古所以傷今，作者之意向在唐玄宗晚年窮兵黷武、輕啓邊釁，使人民深受其苦，不符合王道政治。意者如若實行和柔政策，四夷與華夏爲一，則"守在四夷"，四夷各爲天子守土，戰爭自然避免。這既指斥了玄宗好大喜功，連年對邊塞用兵，又抒發了自己的政治理想。文章以四言爲主，雜以騷體，鋪張揚厲，描繪了古戰場荒涼、陰森之景象，抒寫了死難人民愁慘、淒切、悲愴之情懷。情景足以動人心魄，誠古今之至文。

其《卜論》是一篇反對龜卜迷信之作，《舊唐書》本傳云："華著論言龜卜可廢，通人當其言。"其中有云：

> 麟鳳龜龍，謂之四靈。龜不傷物，呼吸元氣，於介蟲爲長而壽。古之聖者刳而朘之，觀其裂畫，以定吉凶。殘其生，勦其壽，既勦殘之而求其靈，夫何故？愚未知夫天地之心，聖達之謨，靈之壽之，而夭戮之。脱(《文粹》作晙)其肉，鑽其骸，精氣復於無物，而貞悔發乎焦朽，不其反耶？夫大人與天地合其德，與日月合其明，與四時合其序，與鬼神合其吉凶，不當妄也。壽而夭之，豈合其德乎？因物求徵，豈合其明乎？毒靈介而徼其神，豈合其序乎？假枯殼而決狐疑，豈合其吉凶乎？《洪範》曰："爾其大疑，謀及卜筮。"聖人不當有疑於人以筮

也。……專任道德以貫之,則天地之理盡矣,又焉假夫蓍龜乎?又焉徵夫鬼神乎?子不語,是存乎道義也。

文章從龜卜説之自相矛盾,用連續之反問句式提出其解釋不通的問題,説明"卜筮陰陽之説皆妄作也"。既有氣勢,又具有説服力。最後歸結爲"子不語",以孔子不語怪力亂神爲論據,揭露龜卜之騙人,亦表現其儒學之信念。

如上所述,蕭穎士與李華皆提倡古文,但文風不同,前引《舊唐書·李華傳》云,李"文體温麗",蕭"詞鋒峻發",他們從不同的角度對古文創作進行了探討,並形成新的古體散文。他們的理論和創作,成爲韓柳古文運動之先驅。

二、元結

元結是韓柳之前古文成就最高的作家,其創作實踐顯示着古文運動之高潮即將來臨。然而在其前,元德秀已開其端緒並推動之。元德秀是元結之從兄及業師,開元二十一年登進士第,因家貧,求爲魯山令。秩滿,退居陸渾山,以琴酒文詠自娱。他"性純樸無緣飾,動師古道"(《舊唐書》卷一百九十下本傳),李華兄事之,將其與蕭穎士、劉迅合稱"三賢",撰《三賢論》,頌其賢德。文章"與古同轍,自爲名家"(李華《元魯山墓碣銘》)。可惜所作《季子聽樂論》(《舊唐書》本傳)、《于蔿于》(《唐書》本傳)皆佚,不可得見。元結作《元魯山墓表》記述其反時俗之性格十分頑强,自己極尊信之,很明顯他在爲人爲文方面受元德秀之影響是既深且廣的。

元結自稱經術之士,獨立特行、不同流俗,如其在《與韋尚書書》中云:"古人所以愛經術之士,重山野之客,采輿童之誦者,蓋爲其能明古以論今,方正而不諱,悉人之下情。結雖昧於經術,然自山野而來,能悉下情。尚書與國休戚,能無問乎?"唐時士人投書達官貴人,皆諂佞自媚,元結則獨異,要求韋陟向他詢問民情,其守正不阿之性格,亦自可見。他胸懷儒家之政治理想,反對當時腐朽、黑暗之政治,秉持儒家之文學主張,改革淫靡之文風。其《文編序》云:

切耻時人諂邪以取進,奸亂以致身,徑欲塡陷阱於方正之路,推時人於禮讓之庭,不能得之,故優游於林壑,怏恨於當世,是以所爲之文,可戒可勸,可安可順。……故所爲之文,多退讓者,多激發者,多嗟恨者,多傷憫者,其意必欲勸之忠孝,誘以仁惠,急於公直,守其節分。如此,非救時勸俗之所須者歟?

説明其撰述和創作皆以儒學爲旨歸。這與李華等爲文强調"六經之志","本乎王道,大抵以五經爲泉源"(獨孤及《檢校尚書吏部員外郎趙郡李公中集序》)是一致的。他從儒家之政治理想出發,刺切時政,譏評世俗。他所撰寫的古文,《唐書·藝文志》著録《元子》十卷、《浪説》七篇、《漫説》七篇、《猗玗子》一卷、《文編》十卷,今皆失傳。今惟存明人所輯《元次山文集》十卷,其中收録箴、銘、表、頌、書、序、論、記等皆古體散文。

元結之古文衆體俱備,不同之體裁各有其優秀篇章,如表、頌類之《謝上表》兩通和《大唐中興頌》即歷來相傳之名篇。《謝上表》是廣德元年(七六三)代宗詔令其任道州(治今湖南道縣)刺史時所作,"原注"曰:"廣德二年道州進顔清臣之《元君墓碑》曰:'起家爲道州刺史,州爲西原賊所陷,人十無一,户纔滿千,君下車行古人之政,二年間歸者萬餘家,賊亦懷畏不敢來犯。'"表云:

臣某言:去年九月,勑授道州刺史,屬西戎侵軼,至十二月，臣始於鄂州授勑牒，即日赴任。臣州先被西原賊屠陷，節度使已差官攝刺史，兼又聞奏。臣在道路，待恩命者三月，臣以五月二十二日到州上訖。

耆老見臣，俯伏而泣。官吏見臣，已無菜色。城池井邑，但生荒草。登高極望，不見人烟。嶺南數州，與臣接近，餘寇蟻聚，尚未歸降。臣見招輯流亡，率勸貪弱，保守城邑，畬種山林，冀望秋後少可全活。

臣愚以爲今日刺史，若無武略以制暴亂，若無文才以救疲弊，若不清廉以身率下，若不變通以救時須，一州之人不叛則亂將作矣。豈止一州者乎？臣料今日州縣，堪征税者無幾，已破敗者實多。百姓戀墳墓者蓋少，思流亡者乃衆。則刺史宜精選慎擇以委任之，固不可拘限官次，得之貨賄，出之權門者也。

凡授刺史，特望陛下一年問其流亡歸復幾何？田疇墾闢幾何？二年問畜養比初年幾倍？可税比初年幾倍？三年計其功過，必行賞罰，則人皆不敢冀望僥倖，苟有所求。……

寫其到任之後，見戰亂中州縣殘破，田園荒蕪，人烟稀少。他招撫流亡，安頓貧弱，火耕水耨，開闢山林，期望秋後人民得以存活。在作者看來，州縣之治亂關鍵在官吏之選用，因此提出“宜精選慎擇以委任之，固不可拘限官次，得之貨賄，出之權門者也”；而且要嚴格考核，“計其功過，必行賞罰，則人皆不敢冀望僥倖，苟有所求”。他認爲刺史應具備武略、文才、清廉、通變四項素質，而這正是他身體力行的，他所標榜的清廉吏治，也正是他“行古人之政”。永泰二年（七六六）他奉命再理道州，進《再謝上表》云：

臣前日在官，雖百姓不至流亡，而歸復者十無一二；雖寇盜不犯邊鄙,而不能兵救鄰州;雖賦斂僅能供給,而有司不無罪狀;雖人吏似從教令,而風俗未能移易。臣又多病,不無假故。水旱災沴,每歲不免。疾疫死傷,臣州尤甚。以臣自訟,合抵刑憲;聖朝寬貸,猶宜奪官。陛下過聽,重有授任。……

今四方兵革未寧,賦斂未息,百姓流亡轉甚,官吏侵尅日多,實不合使凶庸貪猥之徒、凡弱下愚之類,以貨賂權勢而爲州縣長官。伏望陛下特加察問,舉其功過,必行賞罰,以安蒼生。……

所敘述之内容,與《謝上表》基本相同,即指斥當時吏治腐敗,使人民窮困,生命塗炭。不同者比其前更甚,"百姓流亡轉甚,官吏侵尅日多"。作者認爲解民之窮困,在革除暴吏。洪邁《容齋隨筆》卷十四《次山謝表》云:"觀次山表語,但因謝上而能極論民窮吏惡,勸天子以精擇長吏,有謝表以來未之見也。"作者陳述了民窮與吏惡之因果關係,而且披露於謝上之表,文筆峻削,語辭剴切,不事華藻而自能動人,是作者思想、文章之獨到處。

基於對苦難人民的同情和對暴吏的憎恨,元結在同樣體裁之《元魯山墓表》、《崔潭州表》、《左黄州表》中盡情地歌頌了清正剛直、仁惠愛民之元德秀、崔瓘、左振等廉吏。

《大唐中興頌》作於上元二年(七六一)唐王朝平定安史之亂時,頌肅宗中興,即位靈武,收復兩京,上皇還京等事。其序云:

天寶十四載,安禄山陷洛陽。明年,陷長安,天子幸蜀,太子即位於靈武。明年,皇帝移軍鳳翔。其年復兩京,上皇還京師。於戲! 前代帝王,有盛德大業者,必見於歌頌。若今歌頌大業,刻之金石,非老於文學,其誰宜爲?

頌詞云:

> 頌曰:噫嘻前朝,孽臣姦驕,爲昏爲妖。邊將騁兵,毒亂國經,群生失寧。大駕南巡,百寮竄身,奉賊稱臣。天將昌唐,緊曉我皇,匹馬北方。獨立一呼,千麾萬旗,戎卒前驅。我師其東,儲皇撫戎,蕩攘群兇。復服指期,曾不逾時,有國無之。事有至難,宗廟再安,二聖重歡。地闢天開,蠲除祆災,瑞慶大來。兇徒逆儔,涵濡天休,死生堪羞。功勞位尊,忠烈名存,澤流子孫。盛德之興,山高日昇,萬福是膺。能令大君,聲容沄沄,不在斯文。湘江東西,中直浯溪,石崖天齊。可磨可鐫,刊此頌焉,何千萬年!

頌詞記述了安史之亂平定之過程,特别贊揚了唐王朝之軍威:"獨立一呼,千麾萬旗,戎卒前驅",蕩攘群兇,如期完成。如此迅速、徹底的平叛活動,有唐以來所未有。然後總叙叛亂兇徒,"死生堪羞",討賊功臣"忠烈名存",所以刻於浯溪之石崖上,使忠臣烈士流芳百世,而兇徒們則遺臭萬年。此文之序,文筆極其簡括嚴肅。《石遺室論文》云:"次山《大唐中興頌序》最工,蓋學《左傳》而神似者。"謂其有法度而無一長語。頌詞則采用秦嶧山刻石和泰山刻石之用韻法,四字句三句一韻,質樸古雅。姚鼐云:"此頌峻偉雄剛,詞與事稱,宋人無此興象。"(轉引自《唐宋文舉要》甲編卷一)據歐陽修《集古録跋尾》卷七稱此碑已由書法家顔真卿書寫,並刻在永州磨崖石上。故辛文房評云:"《中興頌》一文,燦爛金石,清奪湘流。"(《唐才子傳》卷三)成爲流傳千古之名碑。

元結的議論文也很有特色,這些文章短小精悍、立意新穎、想象奇特、含義豐富,内容皆批判現實,諷刺世風,抒發了憤世嫉俗之慨。如《時化》、《世化》、《丐論》、《化虎論》、《五規》、《七不如七篇》等，都是這類議論之代表篇章。《時化》是揭露當時道德之淪喪和世風之敗壞，如云：

> 元子聞浪翁説化，化無窮極，因論諭曰："翁亦未知時之化也。多於此乎？"曰："時焉何化，我未之記。"元子曰："於戲！時之化也，道德爲嗜慾化爲險薄，仁義爲貪暴化爲凶亂，禮樂爲耽淫化爲侈靡，政教爲煩急化爲苛酷，翁能記於此乎？時之化也，夫婦爲溺惑所化，化爲犬豕；父子爲惛欲所化，化爲禽獸；兄弟爲猜忌所化，化爲讎敵；宗戚爲財利所化，化爲行路；朋友爲世利所化，化爲市兒；翁能記於此乎？時之化也，大臣爲威權所恣，忠信化爲姦謀；庶官爲禁忌所拘，公正化爲邪佞；公族爲猜忌所限，賢哲化爲庸愚；人民爲征賦所傷，州里化爲禍邸；姦凶爲恩幸所迫，厮皂化爲將相；翁能記於此乎？時之化也，山澤化爲井陌，或曰盡於草木；原野化爲猂犴，或曰殫於鳥獸；江湖化爲鼎鑊，或曰暴於魚鼈；祠廟化爲官寢，或曰數於祠禱；翁能記於此乎？時之化也，情性爲風俗所化，無不作狙狡詐誑之心；聲呼爲風俗所化，無不作諂媚僻淫之辭；顏容爲風俗所化，無不作姦邪蹙促之色；翁能記於此乎？"

文章五言"時之化也"，從五個方面，即仁義道德、家庭倫理、政教官吏、自然社會、風俗民情等，論述其由正向反的方面轉化。這是對當時社會面貌之真實寫照。又與其五言"時之化也"相應，文章句法也五變，流蕩多姿，排比而有氣勢，全面、深刻地揭露當時社會之紊亂和腐敗。《丐論》憑借丐者之見解，諷刺那班追逐名利者輩，從另一角度揭露當時社會道德風氣之敗壞。如云：

> 天寶戊子（七四八）中，元子游長安，與丐者爲友。或曰：君友丐者，不太下乎？對曰：古人鄉無君子，則與雲山爲友；里

無君子,則與松竹爲友;坐無君子,則與琴酒爲友。出游於國,見君子則友之。丐者今之君子,吾恐不得與之友也。

丐者丐論,子能聽乎?吾既與丐者相友,喻求罷,丐友相喻曰:子羞吾爲丐耶?有可羞者,亦曾知之未也?嗚呼!於今之世有丐者,丐宗屬於人,丐嫁娶於人,丐名位於人,丐顔色於人。甚者則丐權家奴齒以售邪妄,丐權家婢顔以容媚惑。有自富丐貧,自貴丐賤,於刑丐命,命不可得,就死丐時,就時丐息,至死丐全形,而終有不可丐者。更有甚者,丐家族於僕圉,丐性命於臣妾,丐宗廟而不取,丐妻子而無辭。有如此者,不爲羞哉?

吾所以丐人之棄衣,丐人之棄食,提罌倚杖,在於路傍,且欲與天下之人爲同類耳。不然,則無顔容行於人間。……

在作者看來,真正的乞丐並不可羞,可羞者是當時社會那些以巧言令色取媚於人之人。文中列舉了各種各類之丐者,他們貪圖無厭,爲了達到目的,而醜態百出,奴性畢現,然後總括云"有如此者,不爲羞哉",揭露了他們可卑可憎的嘴臉,筆鋒回旋有力。然這都是"元子游長安"時所目覩,則應是長安當時社會追名逐利者輩之百醜圖。

元結還善寫山水游記。這與其性情有關,顔真卿《唐故容州都督兼御史中丞本管經略史元君墓碑銘》云:"雅好山水,聞有勝絶,未嘗不枉路登覽而銘贊之。"性之所好,即成文詠,以簡潔精煉之語言,表現賞心悦目之至情,並往往寄寓着自己身世之感。如《右溪記》、《菊圃記》、《茅閣記》、《殊亭記》、《廣宴亭記》等,是這類文章之代表。其中之名篇《右溪記》云:

道州城西百餘步,有小溪,南流數十步合營溪。水抵兩岸,悉皆怪石,攲嵌盤屈,不可名狀。清流觸石,洄懸激注,佳木異竹,垂陰相蔭。此溪若在山野,則宜逸民退士之所游處;處在人間,則可爲都邑之勝境、靜者之林亭。而置州已來,無人賞愛,徘徊溪上,爲之悵然。乃疏鑿蕪穢,俾爲亭宇。植松與桂,兼之香草,以裨形勝。爲溪在州右,遂命之曰右溪。刻銘石上,彰示來者。

描寫溪水之流注,怪石之盤屈,林竹之相蔭,形成一幅清幽之佳境。然而如此佳境,"置州以來,無人賞愛",實令作者"悵然"。作者爲右溪無人賞愛而動情,則其中自有他身世之悲在。篇末寫對右溪再加整治,以增添其形勝之美,亦寄寓着自己對未來的希望。文字簡短,而意蘊深遠。又《菊圃記》云:

春陵俗不種菊,前時自遠致之,植於前庭牆下,及再來也,菊已無矣。徘徊舊圃,嗟嘆久之。誰不知菊也,芳華可賞,在藥品是良藥,爲蔬菜是佳蔬,縱須地趨走,猶宜徙植修養,而忍蹂踐至盡,不愛惜乎?於戲!賢士君子,自植其身,不可不慎擇所處,一旦遭人不愛重,如此菊也,悲傷奈何!於是更爲之圃,重畦植之。其地近讌息之堂,吏人不此奔走;近登望之亭,旌麾不此行列。縱參歌妓,菊非可惡之草;使有酒徒,菊爲助興之物。爲之作記,以託後人,並録藥經列於記後。

寫菊圃中之菊不但芳華可供人觀賞,而且可爲世用,然而卻被蹂踐至盡。作者"徘徊舊圃,嗟嘆久之",深爲動情,因此聯想到"賢士君子,自植其身,不可不慎擇所處"。篇末寫其擇地再整菊圃,重畦植之,有望能更好地生長。其中亦應寄寓自己身世之感和對未來之希望。這類描寫自然景物之作,吳汝綸云:"次山放恣山水,實開子厚先聲,文字幽眇芳潔,亦能自成境趣。"(《唐宋文舉要》甲編卷一)這自然是正確的,但是還不够,如上所叙,這些山水游記,包括上述之議論文,不僅是字面上之意義,而有更深層之含義,具有寓言性質;又兩類文章皆以議論爲主,不以叙事爲主,於議論中顯現其精義。這種體制和寫作特點,是上承《禮記·檀弓下》所記孔子過泰山側一節文字和《穀梁傳》之文風,下開韓柳古文之先河,韓愈之議論文、柳宗元之《三戒》、《捕蛇者説》等,明顯受其影響。柳宗元曾自稱爲文"參之穀梁氏以厲其氣"(《答韋中立論師道書》)。

元結古文之特點,在於風格樸質,不事藻飾,筆勢峻削,意氣超拔,顯示了古文創作之新貌。晁公武《郡齋讀書誌》卷十七云:"結性耿介,有憂道閔世之思……然其辭義幽約,譬古鐘磬。"高似孫《子略》卷四云:"次山平生辭章,奇古峻絶,不蹈襲古今。"《四庫全書總目提要》謂元結:"文章戛戛自異,變排偶綺靡之習。"皆爲切當之論。其在唐代古文運動形成中之作用,歐陽修《唐元次山銘》(《集古録》卷七)云:

> 次山當開元、天寶時,獨作古文,其筆力雄健,意氣超拔,不減韓之徒也。可謂特立之士哉!

章學誠《元次山集書後》(《章氏遺書》卷十三)云:

> 人謂六朝綺靡,昌黎始回八代之衰,不知五十年前,早有河南元氏爲古學於舉世不爲之日也。嗚呼,元亦豪傑也哉!

元結是復古主義儒者,在韓柳之前,毅然自絶於流俗,文章戛戛獨造,不蹈襲俗人隻言片語,誠爲卓識獨立之士,是唐朝古文運動堅强的先行者。

三、獨孤及、梁肅

(一)獨孤及

獨孤及(公元七二五——七七七),生平事跡見《唐書》卷一百六十二本傳、《唐詩紀事》卷二十七、《唐才子傳》卷三，字至之，洛陽（今河南洛陽）人。天寶十三年以洞曉玄經科對策上第，授華陰尉。安史亂起，避地越州。乾元元年入浙東節度幕。上元元年爲江淮都統掌書記、檢校左金吾衛兵曹參軍。代宗時徵爲左拾遺，其後累官禮部員外郎、吏部員外郎、濠州刺史、舒州刺史。大曆八年遷常州刺史，世稱獨孤常州。在郡皆有治聲。大曆十二年卒，年五十二。他文名早著，與蕭穎士、李華、賈至等提倡古文。思想上既崇儒，曾“偏覽五經，觀其大義，不爲章句學”（崔祐甫《故常州刺史獨孤公神道碑銘》），又奉佛，自稱“嘗味禪師之道也久”（《舒州山谷寺覺寂塔隋故鏡智禪師碑銘》）。儒佛混同，乃其思想之特點。至於其文學觀點，則完全是儒家之宗經和明道，他在其《檢校尚書吏部員外郎趙郡李公中集序》中說：

> 自典謨缺，雅頌寢，世道陵夷，文亦下衰，故作者往往先文字後比興。其風流蕩而不返，乃至有飾其辭而遺其意者，則潤色愈工，其實愈喪。及其大壞也，儷偶章句，使枝對葉比，以八病四聲爲梏拲，拳拳守之，如奉法令。聞皋繇史克之作，則呷然笑之。天下雷同，風驅雲趨，文不足言，言不足志，亦猶木蘭爲舟，翠羽爲楫，翫之於陸，而無涉川之用。痛乎流俗之惑人也舊矣。……公（謂李華）之作，本乎王道。大抵以五經爲泉源，抒情性以託諷，然後有歌詠；美教化，獻箴諫，然後有賦頌；懸權衡以辯天下公是非，然後有論議。

他藉對李華文章之評價，明確提出爲文要“本乎王道”，“以五經爲泉源”，重教化，去華艷之主張。而其古文之作即這種主張之具體體現。《舊唐書》卷一百六十《韓愈傳》云：“大曆、貞元之間，文字多尚古學，效揚雄、董仲舒之述作，而獨孤及、梁肅最稱淵奧，儒林推重。”説明其文章源於五經，而學於西漢，以復西漢之古文，反對唐初以來之時文。今存《毗陵集》二十卷。其文有表、狀、書、序、記、論、頌、策問、碑銘等，衆體皆備，尤以議論、銘贊、序記見長。崔祐甫《獨孤公神道碑銘》稱“公之文章，大抵以立憲誡世，褒賢遏惡爲用，故論議最長”。其議論名作《吴季子札論》云：

謹按季子三以吴國讓，而《春秋》褒之。余徵其前聞於舊史氏。竊謂廢先君之命，非孝也；附子臧之義，非公也；執禮全節，使國簒君弑，非仁也；出能觀變，入不討亂，非智也。左丘明、太史公書而無譏，余有惑焉。

夫國之大經，實在擇嗣。王者慎德之不建，故以賢則廢年，以義則廢卜，以君命則廢禮。是以太伯之奔勾吴也，蓋避季歷。季歷以先王所屬，故纂服嗣位而不私。太伯知公器有歸，亦斷髮文身而無怨。及武王繼統，受命作周，不以配天之業讓伯邑考，官天下也。彼諸樊無季歷之賢，王僚無武王之聖，而季子爲太伯之讓，是徇名也，豈曰至德？且使爭端興於上替，禍機作於内室，遂錯命於子光，覆師於夫差，陵夷不返，二代而吴滅。以季子之閎達博物，慕義無窮，向使當壽夢之眷命，接余昧之絶統，必能光啓周道，以霸荆蠻。則大業用康，多難不作。闔閭安得謀於窟室？專諸何所施其匕首？

嗚呼！全身不顧其業，專讓不奪其志，所去者忠，所存者節，善自牧矣，謂先君何？與其觀變周樂，慮危戚鍾，曷若以蕭牆爲心，社稷是恤？復命哭墓，哀死事生，孰與先釁而動，治其未亂？棄室以表義，掛劍以明信，孰與奉君父之命，慰神祇之心？則獨守純白，不干義嗣，是潔己而遺國也。吴之覆亡，君實階禍。且曰非我生亂，其孰生之哉！其孰生之哉！

這是一篇史論性質之文章,對吴季子札之讓國進行重新評價。季札是春秋時吴王壽夢之幼子,吴王欲將王位傳給他,他三辭而不就。此舉受到孔子修《春秋》、左丘明傳《左傳》、太史公作《史記》之多方面贊揚。獨孤及之見解卻不同,在本文中他一反傳統之觀念,認爲季札之讓國不得稱爲賢,而"是徇名也",是"潔身而遺國也"。爲了名節把國家遺棄了,從而引起朝廷内爲爭王位而互相傾軋,終於導致吴國之覆亡。他認爲如果季札不讓國而即王位,則朝廷内之"禍機"便不會發生,吴國"則大業用康",必將强盛,"以霸荆楚"。因此結論是"吴之覆亡,君實階禍"。即季札之讓國不但不值得稱贊,而是吴國禍亂之根源。崔祐甫謂其"著《延陵論》,君子謂其評議之精,在古人右"(《獨孤公神道碑銘》)。高步瀛先生謂"所論雖未必是,而筆力尚廉悍可取"(《唐宋文舉要》甲編卷一)。他們對歷史問題各自有不同的評價,當緣於他們所處之歷史環境不同。但重要者是文章立意新穎、結構謹嚴、筆力遒勁,於古文中别具一格。又《諫表》是一篇議論朝政之作,其中有云:

> (陛下)但有容諫之名,竟無聽諫之實。遂使諫者稍稍自引(《英華》作省),鉗口就列,飽食偷安,相招爲禄仕。此忠鯁之士所以竊嘆,而臣亦耻之。……自師興不息十年矣,萬(《英華》作百)姓之生産,空於杼軸,擁兵者第館亘街陌,奴婢厭酒肉,而貧人羸餓就役,剥牀(《英華》作刻剥)及膚。長安城中白晝椎剽,京兆尹不敢詰。加以官亂職廢,將墮卒暴,百揆隳刺,如紛麻沸粥。百姓不敢訴於有司,有司不敢聞於天聽。士庶茹毒飲痛,窮而無告。今其心顒顒,獨恃於麥,麥不登,則易子齩骨,可跂而待。眠於焚薪之上,豈危於此?陛下不以此時軫薄冰朽索之念,厲精更始,思所以救之之術,忍令宗廟有累卵之危,百(《英華》作萬)姓悼心而失圖,臣實懼焉。

此表應作於作者被徵爲左拾遺之時,當安史亂之後,社會矛盾仍極其尖鋭,擁兵者甲第亘街陌,京城中白晝椎剽,官亂職廢,將墮卒暴。而人民則羸餓不得衣食,茹毒飲痛,無可告訴,又小麥不登,農民無以爲生,將易子而食。社會危機四伏,唐王朝所處之形勢,猶當焚薪之上。文章深刻地揭露了當時社會矛盾之尖鋭,並希望有"救之之術",此即崔祐甫所謂之"立憲誡世"也。

《古函谷關銘》、《仙掌銘》是獨孤及的兩篇名作,崔祐甫即云:"著《古函谷關》、《仙掌》二銘,格高理精,當代詞人,無不畏服。"(《獨孤公神道碑銘》)然從内容方面看,《仙掌銘》更勝一籌。仙掌,華山東峰,名仙人掌,峰側石上有痕,自下望之,五指俱備,宛如一手掌,故名。案《太平御覽》地部四引薛綜注《西京賦》曰:"華山對河東首陽山,黄河流於二山之間。古語云:本一山,當河,河水過之而曲行,河神巨靈以手擘開其上,以足蹈離其下,中分爲兩,以通河流。今覩手跡於華嶽上,足跡在首陽山下,俱存焉。"此銘之主旨即在辨析巨靈神擘華山以通河水之傳説。其文有云:

> 陰陽開闔,元氣變化,泄爲百川,凝爲崇山,山川之作,與天地並,疑有真宰而未知尸其功者。有若巨靈贔屓,攘臂其間,左排首陽,右拓太華,絶地軸使中裂,坼山脊爲兩道,然後導河而東,俾無有害,留此巨跡於峰之巔。後代揭厲於玄蹤者,聆其風而駭之,或謂詼詭不經,存而不議。
>
> 及以爲學者拘其一域,則惑於餘方。曾不知創宇宙,作萬象,月而日之,星而辰之,使輪轉環繞,箭馳風疾,可駭於俗有甚於此者。徒觀其險隔無朕,未嘗駭焉。而巨靈特以有跡駭世,世果惑矣。天地有官,陰陽有藏,鍛鍊六氣,作爲萬形。形有不遂其性,氣有不達於物,則造物者取元精之和,合而散之,財而成之,如埏埴鑪錘之爲瓶爲缶,爲鈎爲棘,規者矩者,大者

細者,然則黄河華嶽之在六合,猶陶冶之有瓶缶鉤棘也。巨靈之作於自然,蓋萬化之一工也。天機冥動而聖功啓,元精密感而外物應。故有無跡之跡,介於石焉。可以見神行無方,妙用不測。彼管窺者乃循跡而求之,揣其所至於巨細之境,則道斯遠矣。

夫以手執大象,力持化權,指揮太極,蹴蹋顥氣,立乎無間,行乎無窮,則捩長河如措杯,擘太華若破塊,不足駭也。世人方以禹鑿龍門以導西河爲神奇,可不爲大哀乎? 峨峨靈掌,仙指如畫,隱轔磅礴,上揮太清。遠而視之,如欲捫青天以掬皓露,攀扶桑而捧白日,不去不來,若飛若動,非至神曷以至此? ……

文章開篇正面説明山川之形成,乃"陰陽開闔,元氣變化"之結果,並提出疑問:"疑有真宰而未知尸其功者。"然後叙述巨靈擘山之傳説,謂太華、首陽本爲一山,巨靈"攘臂其間","左排首陽,右拓太華",使地軸裂,山谷拆,導河水東流,並留手跡於仙掌峰上。對這種傳説,人們的看法不同,或"聆其風而駭之",或謂其"詼詭不經"。接着陳述自己的見解,認爲學者"拘其一域",曾不知"創宇宙,作萬象,月而日之,星而辰之,使輪轉環繞,箭馳風疾"等現象,更可駭異,然而他們"徒觀其陰隲無朕",則"未嘗駭焉",惟見仙掌之跡而駭異,實令世人迷惑不解。而且天地陰陽"鍛鍊六氣",制造萬物,猶"陶冶之有瓶缶鉤棘也。巨靈之作於自然,蓋萬化之一工也",有什麽值得駭異的呢? 如果泥於仙掌之跡,求諸神靈,"則道斯遠矣"。最後描寫仙掌峰之壯麗景觀,以見造化神奇之功:"峨峨靈掌,仙指如畫,隱轔磅礴,上揮太清。遠而視之,如欲捫青天以掬皓露,攀扶桑而捧白日,不去不來,若飛若動,非至神曷以至此!"要之,在説明山川之形成,緣於天道自然之變化,巨靈之事殊不足怪。題旨新穎,境界神奇。高步瀛先生云:"巨靈擘山之説,本詼詭不經,文中略見正意,隨即斥去,一以詼詭出之,石破天驚,雅與題稱。"(《唐宋文舉要》甲編卷一)可謂確切之論。

獨孤及之古文,從總體上看皆"律度當世"(權德輿《祭故獨孤常州文》),"達言發辭,若山嶽之峻極,江海之波瀾"(梁肅《獨孤公行狀》)。梁肅在《唐故常州刺史獨孤公毗陵集後序》中總評之云:

> 洎公爲之,於是操道德爲根本,總禮樂爲冠帶,以《易》之精義、《詩》之雅訓(《英華》作興)、《春秋》之褒貶,屬之於辭。故其文寬而簡,直而婉,辯而不華,博厚而高明。論人無虚美,比事爲實録,天下凜然復覩兩漢之遺風。

説明其古文創作,緣於儒家的思想和精神,因此能達到新的高度。

(二)梁肅

梁肅(公元七五三——七九三),生平事跡見《唐書》卷二百零二本傳、崔元翰《右補闕翰林學士梁君墓志》,字敬之,郡望安定(今甘肅涇川),世居陸渾(今河南嵩縣),上元二年全家避難吴越。少爲李華所推獎,大曆間師事獨孤及於常州。建中元年中文辭清麗科,授校書郎,後授右拾遺。興元元年爲淮南節度使杜佑掌書記。貞元五年徵爲監察御史,尋轉右補闕。七年充翰林學士、兼皇太子侍讀、史館修撰。八年與崔元翰同薦韓愈、李觀等登第。九年卒,年四十一。《唐書·藝文志》録其文二十卷,已佚,《全唐文》卷五百十七至五百二十二收録其文六卷。他是繼蕭穎士、李華、獨孤及之後古文之倡導者,思想上、文學上受獨孤及之影響很深。他所撰《常州刺史獨孤及集後序》云:

> 初,公視肅以友,肅仰公猶師,每申之話言,必先德禮(集作道德)而後文學。且曰:"後世雖有作者,六籍其不可及已。荀

孟樸而少文,屈宋華而無根,有以取正,其賈生、史遷、班孟堅云爾。吾子可以(集作惟子可與)共學,當視庶子成名(集作當視斯文)。肅承其言,大發蒙惑。

獨孤及與他情兼師友,獨孤及關於道德對文學之重要性和爲文當文質並茂之觀點,使他"大發蒙惑",可見他對獨孤及教誨之大徹大悟了。與獨孤及相同,他既崇儒又奉佛,而且偏重佛教,是天台大師元浩之門弟子。崔恭所撰《唐右補闕梁肅文集序》稱:"早從釋氏,義理生知,結意爲文,志在於此……心在一乘,故叙釋氏最爲精博。"所以古文成爲他宣傳佛教之工具,如《釋氏止觀統曆議》、《心印銘》等。但他也撰寫了一些與佛教無關之銘、碑、贊、頌之類的文章,如《梁高士碣》便是其中之優秀篇章,碣云:

有漢高士梁君,諱鴻,字伯鸞,扶風人。君得天元純,誕其生知。囊括道妙,而游於世。遭漢微闕,澆風偃物。君以爲道不可徇時,故安節以高蹈;高蹈不可以激俗,故登邙以作歌;作歌不可以遺患,故適越以遐遁;遐遁不可以不粒,故寄食於杵臼。是以孟氏悦其道而妻之,伯通尚其風而禮之。安夫大而遺其細,忽夫語而順乎默,樂則行之,憂則違之,斯可謂高世之遺民矣。原夫天之運也,曰明與晦;人之道也,曰否與泰。達人知否與晦之不可爲也,故耦而耕,狂而歌,鑿坯以逃,荷蓧以游,而晦德避難,不成乎名。於戲伯鸞,非斯人之徒,則誰與哉!

碣文贊揚梁鴻守道不徇時,故安節高蹈、登邙作歌、適越遐遁,爲"高世之遺民",贊揚他知道否與晦之不可爲,故耦而耕、狂而歌、鑿坯以逃、荷蓧以游,而爲"晦德避難"之達人。筆墨之間傾注着作者的情感和意念,"非斯人之徒,則誰與哉"!作者直是引梁鴻爲同調了。梁鴻所以避世高蹈,是由於"遭漢微闕,澆風偃物",那末作者這一觀念之産生,也反映了唐代世風衰敗、社會動亂之現實。文章流暢而有氣勢,此或即其所謂"文之興廢,視世之治亂;文之高下,視才之厚薄"(《常州刺史獨孤及集後序》)也。

梁肅對唐代古文之推動作用,主要不在於他的古文創作,因爲古文從興起到發展都貫徹着以儒學反佛教、反弊政之精神,他既崇信佛教,把古文作爲"釋氏之鼓吹",則其反弊政便無力;而在於他爲古文運動培養了一批人才,當時韓愈、李觀、李翺等,皆師事之,尤其是韓愈"從其徒游,鋭意鑽仰,欲自振於一代"(《舊唐書·韓愈傳》)。其後,果然成爲古文運動的領袖人物。

對唐代古文之興起與發展,梁肅在其《補闕李君前集序》中作了簡括之敘述:

> 唐有天下幾二百載,而文章三振:初則廣漢陳子昂以風雅革浮侈;次則燕國張公説以宏茂廣波瀾;天寶已還,則李員外(華)、蕭功曹(穎士)、賈常侍(至)、獨孤常州(及)比肩而出(集作作),故其道益熾。

又《四庫全書總目提要》云:

> 考唐自貞觀以後,文士皆沿六朝之體,經開元天寶,詩格大變,而文格猶襲舊規,元結與(獨孤)及,始奮起湔除,蕭穎士、李華左右之。其後韓柳繼起,唐之古文遂蔚然極盛。

古文經過初、盛唐文人們之提倡,復古理論之提出,古文創作之實踐,以及這些理論和實踐之不斷豐富和發展,出現了有影響的古文家和優秀的古文創作。文學之發展形勢,預示着中唐古文運動高潮之即將來臨。

第三節　中唐時期

中唐時期,在其前復古理論與創作實踐豐富發展之基礎上,古文運動興起了。如上所述,唐朝最早提倡並創作古文者是陳子昂,其次是元結,其次是獨孤及,然後是韓愈,與韓愈同時又有柳宗元。然自韓愈始,才名這種散體單行之文章爲"古文",其《師説》云:"李氏子蟠,年十七好古文。""古文"之得名,標志着古文運動高潮之到來。古文之創作與理論之提倡是同步的。韓愈提出了系統的古文創作理論,並大力進行古文創作,與古文大家柳宗元共同領導並推動古文運動之發展,在創作上都取得了輝煌的成就,一時間取代了駢文在文壇上之統治地位,其影響於後世者極其深遠。

一、韓愈

韓愈是卓越的古文家,其在唐代古文發展中之作用,前人已有定評,李翱在《祭吏部韓侍郎文》中説:"建武以還,文卑質喪。氣萎體敗,剽剥不讓……及兄之爲,思動鬼神,六經之風,絶而復新,學者有歸,大變於文。"又蘇軾在《韓文公廟碑》中稱其"文起八代之衰",皆予以正確之定位。韓愈之提倡古文,一爲恢復古道,他曾云:"愈之志在古道,又甚好其言辭。"(《答陳生書》)又云:"然愈之所志於古者,不惟其辭之好,好其道焉爾。"(《答李秀才書》)自稱因好古道而好古辭,同時又説爲了明道而作文:"君子居其位,則思死其官;未得位,則思修其辭以明其道。"(《爭臣論》)這種"以文明道"之觀點,此前已有人提出,如獨孤及即謂作文所以"宏道"(《蕭府君文章集録序》),梁肅亦稱"文本於道"(《補闕李君前集序》),韓愈的觀點是對其前人之繼承。不同者韓愈不像前人僅重傳道,不尚文華,而是既重道,又重文,重視文章之功能和重要意義,因而他之提倡古文,又欲以自樹立並傳世不朽。他在《答劉正夫書》中於對後學之教導間,顯示了這種心跡:

> 夫百物朝夕所見者,人皆不注視也;及覩其異者,則共觀而言之。夫文豈異於是乎?漢朝人莫不能爲文,獨司馬相如、太史公、劉向、揚雄爲之最。然則用功深者,其收名也遠。若皆與世沉浮,不自樹立,雖不爲當時所怪,亦必無後世之傳也。足下家中百物皆賴而用也,然其所珍愛者,必非常物。夫君子之於文,豈異於是乎?今後進之爲文,能深探而力取之、以古聖賢人爲法者,雖未必皆是,要若有司馬相如、太史公、劉向、揚雄之徒出,必自於此,不自於循常之徒也。若聖人之道不用文則已,用則必尚其能者。能者非他,能自樹立,不用循者是也。有文字來,誰不爲文?然其存於今者,必其能者也。顧常以此爲說耳。

此其自述如何勤奮致力於古文之寫作,反復强調"以古聖賢人爲法",深探力取,不循常,自樹立,"用功深者,其收名也遠",要像漢朝司馬相如、太史公、劉向、揚雄那樣,成爲文章之豪傑。他這種以文章自樹立之精神,激勵着他在文章表現技巧方面不斷探索,以求超拔於流俗。

如何將古文寫好呢?他的意見可以歸納成以下諸要點:其一,氣盛則言宜。其《答李翊書》云:"氣,水也;言,浮物也。水大而物之浮者大小畢浮;氣之與言猶是也,氣盛則言之短長與聲之高下皆宜。"意謂精神氣質充沛酣暢,則文句之長短,聲調之抑揚,文辭之醇美,便自然合宜。强調精神氣質是爲文之根本,即《孟子》所謂"我善養吾浩然之氣"(《公孫丑》上)也。其二,務去陳言。其《答李翊書》云："當其取於心而注於手也，惟陳言之務去，戛戛乎難哉！"即避熟求新，避平庸求奇崛，擯棄陳詞濫調，自鑄偉詞，亦"不因循"、"深探力取"也。其三，不平則鳴。其《送孟東野序》云："大凡物不得其平則鳴。……人之於言也亦然，有不得已者而後言。其歌也有思，其哭也有懷，凡出乎口而爲聲者，其皆有弗平者乎！……人聲之精者爲言，文辭之於言，又其精也，尤擇其善鳴者而假之鳴。"謂文章之作，緣於作者心有所感，鬱積不平，不能自已，乃瀉於外發爲文辭。即屈原所謂"發憤以抒情"（《九章·惜誦》）也。其四，窮苦之言易好。其《荆潭唱和詩序》云："夫和平之音淡薄，而愁思之聲要妙；讙愉之辭難工，而窮苦之言易好也。是故文章之作，恒發於羈旅草野。"謂不幸之遭際能激勵作者之創作情思，好的文章產生於愁苦窮困的環境之中，司馬遷所謂"意有所鬱結，不得通其道，故述往事，思來者"（《報任安書》），即所謂"文窮而後工"也。這些見解皆源於韓愈寫作古文之切身體驗，是促成其古文寫作取得高度成就之理論基礎。

韓愈古文之成就是多方面的，所作各種文體俱佳。如其雜著、表狀、書啓、序文、傳記、碑志、祭文哀辭等，在繼承前人優良傳統之基礎上，又因不同文體之所宜，運之以筆墨，創作出具有個性鮮明，内容豐富，既長於説理，又善於抒情的藝術水平極高的文章來。兹分别論述如下：

其論説文，皆基於儒家之政教觀念，以天下爲己任，關心國計民生，針對現實問題，發爲議論。思想宏博深刻，渾灝流轉；文章理足辭充，沛然莫禦。代表作如"五原"和《論佛骨表》、《師説》、《諱辯》等。《原道》是以儒家道統辟佛、老之作，其中歷述佛、老之教之荒謬和危害，如云"古之爲民者四，今之爲民者六。古之教者處其一，今之教者處其三。農之家一，而食粟之家六。工之家一，而用器之家六。賈之家一,而資焉之家六。奈之何民不窮且盜也?"謂古代人民爲士、農、工、商四類,今之人民除士、農、工、商之外,還有僧侶、道士,凡六類。古代從事教化者,惟儒士一家,今之從事教化者,儒士之外,還有僧侶、道士,凡三家。農、工、商生産者少而食用者衆,故人民"窮且盜也"。説明佛、老之教是人民窮困和社會動亂之根源。最後申述治國惟有辟佛、老,而崇先王之教化:

> 夫所謂先王之教者何也?博愛之謂仁,行而宜之之謂義,由是而之焉之謂道,足乎己,無待於外之謂德。其文《詩》、《書》、《易》、《春秋》,其法禮樂刑政,其民士農工賈,其位君臣父子師友賓主昆弟夫婦,其服麻絲,其居宫室,其食粟米果蔬魚肉,其爲道易明,而其教易行也。是故以之爲己,則順而祥,以之爲人,則愛而公,以之爲心,則和而平,以之爲天下國家,無所處而不當。是故生則得其情,死則盡其常,郊焉而天神假,廟焉而人鬼饗。曰:斯道也,何道也?曰:斯吾所謂道也,非向所謂老與佛之道也。堯以是傳之舜,舜以是傳之禹,禹以是傳之湯,湯以是傳之文、武、周公,文、武、周公傳之孔子,孔子傳之孟軻。軻之死,不得其傳焉。荀與楊也,擇焉而不精,語焉而不祥。由周公而上,上而爲君,故其事行。由周公而下,下而爲臣,故其説長。然則如之何而可也?曰:不塞不流,不止不行。人其人,火其書,廬其居,明先王之道以道之,鰥寡孤獨廢疾者有養也,其亦庶乎其可也!

此段文字是總括前文佛、老之禍害,而生發出對儒道之正面闡述,是全文之重心,乃一篇精神所在。其中具體地敘述了以儒道化天下之效益。儒道既明,必然要消弭佛、老之教,故云不塞止佛、老,則儒道便不能流行,責令僧道還俗,焚佛、老之書,改寺觀爲民房,然後引導以儒道,則萬民皆得其所養。這是韓愈的政治理想,亦其以儒學反對以佛、老爲代表之虐政的進步意義所在。文章氣勢磅礴,自然流暢,即其所謂"氣盛則言之短長與聲之高下皆宜"也。

表述同樣内容者,還有《論佛骨表》。據《舊唐書》卷一百六十《韓愈傳》云:"鳳翔法門寺有護國真身塔,塔内有釋迦文佛指骨一節,其書本傳法,三十年一開,開則歲豐人泰。"元和十四年,憲宗令中使杜英奇,押宫人三十人持香花赴臨皋驛,迎佛骨入宫,"自光順門入大内,留禁中三日,乃送諸寺。王公士庶奔走舍施,惟恐在後。百姓有廢業破産,燒頂灼臂而求供養者。"韓愈不怕觸怒憲宗,上表直諫,論佞佛之害。表文首先列舉歷史史實説明上古之君,無佛法而國運長久,自漢明帝始,歷代奉佛之君,國祚不長,相繼早亡,"事佛求福,乃更得禍",以證"佛不足事"。繼而揭露憲宗當時奉佛之弊,所以進諫:

今聞陛下令群僧迎佛骨於鳳翔,御樓以觀,舁入大内。又令諸寺遞迎供養。臣雖至愚,必知陛下不惑於佛,作此崇奉以祈福祥也。直以年豐人樂,徇人之心,爲京都士庶設詭異之觀、戲翫之具耳,安有聖明若此,而肯信此等事哉!然百姓愚冥,易惑難曉,苟見陛下如此,將謂真心事佛,皆云:"天子大聖,猶一心敬信,百姓何人,豈合更惜身命!"焚頂燒指,百十爲群,解衣散錢,自朝至暮,轉相倣效,惟恐後時,老少奔波,棄其業次。若不即加禁遏,更歷諸寺,必有斷臂臠身,以爲供養者。傷風敗俗,傳笑四方,非細事也。

夫佛本夷狄之人,與中國言語不通,衣服殊製,口不言先王之法言,身不服先王之法服,不知君臣之義,父子之情。假如其身至今尚在,奉其國命,來朝京師,陛下容而接之,不過宣政一見,禮賓一設,賜衣一襲,衛而出之於境,不令惑衆也。況其身死已久,枯朽之骨,凶穢之餘,豈宜令入宫禁?

急諫憲宗佞佛之不當,認爲"佛本夷狄之人,與中國言語不通",其所宣教,"傷風敗俗,傳笑四方",既淩禍於國,更有害於民,不當在中國流傳,況其"枯朽之骨,凶穢之餘,豈宜令入宫禁"。然表文反復聲稱"必知陛下不惑於佛",又稱"安有聖明若此,而肯信此等之事哉",正言若反,實則揭示憲宗並非聖明而猶如百姓之"愚冥",表現了作者之膽識。篇末結論云:

孔子曰:"敬鬼神而遠之。"古之諸侯行弔於其國,尚令巫祝先以桃茢祓除不祥,然後進弔。今無故取朽穢之物,親臨觀之,巫祝不先,桃茢不用,群臣不言其非,御史不舉其失,臣實耻之。乞以此骨付之有司,投諸水火,永絶根本,斷天下之疑,絶後代之惑,使天下之人知大聖人之所作爲,出於尋常萬萬也,豈不盛哉,豈不快哉!

最後仍以孔子之學説爲依歸,"敬鬼神而遠之",即以儒學辟佛。對朝臣之不敢諫諍爲耻,自己則無所畏懼,鋭身直諫,以將佛骨投諸水火,永絶天下之禍爲快,並自矢:"佛如有靈,能作禍祟,凡有殃咎,宜加臣身,上天鑒臨,臣不怨悔。"表現了以身爲國爲民大義凜然之氣概和耿耿忠心、剛毅勇敢之精神。文章情感激切,氣勢豪宕,林紓謂"昌黎《論佛骨》一表,爲天下之至文,直臣之正氣"(《韓柳文研究法·韓文研究法》),信然!

《師説》是另一類題材之議論文,論從師求學,所論是有針對性的。柳宗元《答韋中立論師道書》云:"今之世,不聞有師,有輒嘩笑之,以爲狂人。獨韓愈奮不顧流俗,犯笑侮,收召後學,作《師説》,因抗顔而爲師,世果群怪聚駡,指目牽引,而增與爲言辭。愈以是得狂名。"可見韓愈是冒天下之大不韙撰寫此文,以贊许李氏之子能從師求學。原文云：

> 古之學者必有師，師者，所以傳道受業解惑也。人非生而知之者，孰能無惑？惑而不從師，其爲惑也，終不解矣。生乎吾前，其聞道也，固先乎吾，吾從而師之；生乎吾後，其聞道也，亦先乎吾，吾從而師之。吾師道也，夫庸知其年之先後生於吾乎？是故無貴無賤，無長無少，道之所存，師之所存也。
>
> 嗟乎！師道之不傳也久矣，欲人之無惑也難矣。古之聖人，其出人也遠矣，猶且從師而問焉；今之衆人，其下聖人也亦遠矣，而耻學於師。是故聖益聖，愚益愚。聖人之所以爲聖，愚人之所以爲愚，其皆出於此乎？愛其子，擇師而教之；於其身也，則耻師焉，惑矣。彼童子之師，授之書而習其句讀者也，非吾所謂傳其道、解其惑者也。句讀之不知，惑之不解，或師焉，或不焉，小學而大遺，吾未見其明也。巫醫樂師百工之人，不耻相師，士大夫之族，曰師曰弟子云者，則群聚而笑之。問之，則曰："彼與彼年相若也，道相似也，位卑則足羞，官盛則近諛。"嗚呼！師道之不復可知矣！巫醫樂師百工之人，君子不齒，今其智乃反不能及，其可怪也歟！
>
> 聖人無常師，孔子師郯子、萇弘、師襄、老聃。郯子之徒，其賢不及孔子。孔子曰："三人行，則必有我師。"是故弟子不必不如師，師不必賢於弟子，聞道有先後，術業有專攻，如是而已。

文章集中論述了何謂"師"？"師"者，所以"傳道"，凡"傳道"，皆可謂"師"，無貴無賤，無長無少，"道之所存，師之所存也"，提倡"不耻相師"，惟道是學。批評士大夫之族"耻學於師"，竟巫醫樂師百工之不如。最後結以聖人無常師，"弟子不必不如師，師不必賢於弟子",所在"聞道有先後"也。行文觸處皆師,乃惜時人不肯從師。作者以道自任,以師自處,慨嘆師道之不傳,故以此倡導後學。文章氣勢渾灝流轉,錯綜變化,亦古文之佳構。《諱辯》是爲李賀不得應舉而作。賀父名晉肅,"晉"與"進"同音,爲了避諱,李賀便不得舉進士,韓愈便對這種不合理現象予以抨擊。實際上這不僅爲李賀一人之事,正如石介《徂徠石先生文集》卷八云:"不獨爲賀也,有激於時爾。"是針對當時社會嫉賢妒能之風尚而作。

韓愈之贈序文和書信也成就突出,姚鼐即云:贈序"所以致敬愛、陳忠告之誼也。唐初贈人,始以序名,作者亦衆。至於昌黎,乃得古人之意,其文冠絶前後作者"(《古文辭類纂·序目》)。這類文章或抒情、或議論、或情理兼備,語不求奇,字不求險,於委婉中寄怨恨,詼諧中寓諷刺。如《送李願歸盤谷序》、《送董邵南序》、《送孟東野序》、《答李翊書》、《與崔群書》等可爲代表。《送李願歸盤谷序》是送朋友李願隱居之作,據《五百家注》載唐人《跋盤谷序後》曰:"隴西李願,隱者也,不干譽以求進,每韜光而自晦,跡寄人世,心游□清樂人智於□之間,信古今一時也。昌黎韓愈知名之士,高願之賢,故叙而送之。"(轉引自高步瀛《唐宋文舉要》甲編卷二)文章篇首僅數語寫盤谷之可隱,篇末僅一歌詠盤谷之可樂,中間三段用李願的話説明仕途上得意者、不得意者和隱居者三種不同的遭際與神態:

願之言曰:"人之稱大丈夫者,我知之矣。利澤施於人,名聲昭於時,坐於廟朝,進退百官,而佐天子出令。其在外,則樹旗旄,羅弓矢,武夫前呵,從者塞途,供給之人,各執其物,夾道而疾馳,喜有賞,怒有刑,才畯滿前,道古今而譽盛德,入耳而不煩。曲眉豐頰,清聲而便體,秀外而惠中,飄輕裾,翳長袖,粉白黛緑者,列屋而閒居,妒寵而負恃,爭妍而取憐。大丈夫之遇知於天子,用力於當世者之所爲也。吾非惡此而逃之,是有命焉不可幸而致也。

"窮居而野處,升高而望遠,坐茂樹以終日,濯清泉以自潔,采於山,美可茹,釣於水,鮮可食,起居無時,惟適之安。與其有譽於前,孰若無毀於其後?與其有樂於身,孰若無憂於其心?車服不維,刀鋸不加,理亂不知,黜陟不聞,大丈夫不遇於時者之所爲也,我則行之。

"伺候於公卿之門,奔走於形勢之途,足將進而趑趄,口將言而囁嚅,處穢污而不羞,獨刑辟而誅戮,儌倖於萬一,老死而後止者,其於爲人賢不肖何如也?"

"序"爲送李愿歸隱而作,對李愿之事跡卻未曾着一筆,只是假李愿之言,道出三類人物及其作爲,即"用力於當世者之所爲也"、"不遇於時者之所爲也"和"伺候於公卿之門,奔走於形勢之途"者,而以"爲人賢不肖何如也"爲一篇之結穴,三者相比,不言而喻,不遇時而隱居者之高尚形象乃見。作者"壯之",願"從子於盤兮,終吾生以徜徉"。文章結構别致,獨闢一格。韓愈未必真想與李愿一同歸隱,不過借送李愿抒發其仕途不得意之憤世嫉俗的情緒。

其《送董邵南序》爲董邵南游河北而作。樊汝霖注:"邵南,壽州安豐人,舉進士不得志,去游河北,公作此送之。"董邵南爲何去游河北?陳景雲云:"董生不得志於有司。……時仕路壅滯,兩河諸侯競引豪傑爲謀主,由是藩鎮益强,朝廷旰食。……董生北游,正幕府急才,王室多事之日。文中立言,尚欲招燕、趙之士,則鬱鬱適兹土者,其亦可以息駕矣。送之所以留之,其辭絞而婉矣。"(《韓集點勘》卷三)時河北藩鎮招納人才,韓愈委婉諷諭不要爲藩鎮所用。序云:

> 燕、趙古稱多感慨悲歌之士。董生舉進士,連不得志於有司,懷抱利器,鬱鬱適兹土,吾知其必有合也。董生勉乎哉!夫以子之不遇時,苟慕義強仁者皆愛惜焉。矧燕、趙之士出乎其性者哉!然吾嘗聞風俗與化移易,吾惡知其今不異於古所云邪!聊以吾子之行卜之也。董生勉乎哉!吾因子有所感矣。爲我弔望諸君之墓而觀於其市,復有昔時屠狗者乎?爲我謝曰:"明天子在上,可以出而仕矣。"

文章僅百餘字,而感慨古今。古者燕、趙之士感慨悲歌,今則風俗與化移易,犯上作亂。以燕、趙之士譏諸藩鎮之不臣。篇末以弔古勸今,諷諭其不必前往,效命藩鎮,而當仕於王朝。"送之所以留之",婉而多諷,含蓄不露,微情妙旨,寄於筆墨之外。

其《送孟東野序》亦是贈序文之名篇。孟東野,名郊,唐時著名詩人,然一生窮愁潦倒,屢試不第,四十六歲始中進士,貞元十七年(八〇一),五十歲時才被任爲溧陽(今江蘇溧陽市西北)尉,心懷不平。韓愈作此文勸慰之。序云:

> 大凡物不得其平則鳴。草木之無聲,風撓之鳴;水之無聲,風蕩之鳴。其躍也,或激之;其趨也,或梗之;其沸也,或炙之。金石之無聲,或擊之鳴。人之於言也亦然。有不得已者而後言,其歌也有思,其哭也有懷。凡出乎口而爲聲者,其皆有弗平者乎?
>
> 樂也者,鬱於中而瀉於外者也。擇其善鳴者而假之鳴。金、石、絲、竹、匏、土、革、木八者,物之善鳴者也。維天之於時也亦然。擇其善鳴者而假之鳴。是故以鳥鳴春,以雷鳴夏,以蟲鳴秋,以風鳴冬,四時之相推敚,其必有不得其平者乎?
>
> 其於人也亦然。人聲之精者爲言,文辭之於言,又其精

也。尤擇其善鳴者而假之鳴。……

唐之有天下,陳子昂、蘇源明、元結、李白、杜甫、李觀,皆以其所能鳴。其存而在下者,孟郊東野始以詩鳴。其高出魏晉,不懈而及於古,其他浸淫乎漢氏矣。從吾游者,李翺、張籍其尤也。三子者之鳴信善矣。抑不知天將和其聲而使鳴國家之盛邪?抑將窮餓其身,思愁其心腸,而使自鳴其不幸邪?

文章以"不平則鳴"爲綱,從自然現象和社會現象兩方面進行論證。自然現象,如"草木之無聲,風撓之鳴;水之無聲,風蕩之鳴"等;社會現象,如歷代諸人之鳴,咎陶、禹、伊尹、周公等皆盛世之鳴,至孔子創儒學,傳於弟子,"其聲大而遠",是衰世之鳴。此二者又有善鳴與不善鳴之分。降及唐朝,究系盛世抑衰世?應當"鳴國家之盛"抑"自鳴其不幸"?則不可知。要之,全部議論皆旨歸孟東野,規勸孟東野不必爲個人之窮通牢騷不平,此爲其序文之本意,而實際上也寄寓着作者自己的牢騷與不平。序文是送孟東野,然文中除"東野始以其詩鳴"與"東野之役於江南"數語正面道及之外,其餘全爲議論,離合緩急,抑揚頓挫,自成文格。

韓愈之贈序文,緣於所贈送者之不同,其體式也極其多樣,神龍變化,不可端倪,風格雄奇峻峭,詭譎跌宕,橫絶古今。

其書信之作,文風與其贈序文相同,亦情亦理,情理交融,平易曉暢,宛轉曲折。《答李翊書》是爲回答李翊問以道德與文章而作,他將自己一生用功之體驗,由淺入深,逐層予以敘述:

將蘄至於古之立言者,則無望其速成,無誘於勢力。養其根而竢其實,加其膏而希其光。根之茂者其實遂,膏之沃者其光曄。仁義之人,其言藹如也。

抑又有難者,愈之所爲,不自知其至猶未也。雖然,學之

> 二十餘年矣。始者,非三代兩漢之書不敢觀,非聖人之志不敢存。處若忘,行若遺,儼乎其若思,茫乎其若迷。當其取於心而注於手也,惟陳言之務去,戛戛乎其難哉!其觀於人,不知其非笑之爲非笑也。如是者亦有年,猶不改。然後識古書之正僞,與雖正而不至焉者,昭昭然白黑分矣。而務去之,乃徐有得也。當其取於心而注於手也,汩汩然來矣。其觀於人也,笑之則以爲喜,譽之則以爲憂,以其猶有人之説者存也。如是者亦有年,然後浩乎其沛然矣。吾又懼其雜也,迎而距之,平心而察之,其皆醇也,然後肆焉。雖然,不可以不養也。行之乎仁義之途,游之乎《詩》、《書》之源,無迷其途,無絶其源,終吾身而已矣。氣,水也;言,浮物也。水大而物之浮者大小畢浮。氣之與言猶是也。氣盛,則言之長短與聲之高下者皆宜。
>
> 雖如是,其敢自謂幾於成乎?雖幾於成,其用於人也奚取焉?雖然,待用於人者,其肖於器邪?用與舍屬諸人。君子則不然,處心有道,行己有方,用則施諸人,舍則傳諸其徒,垂諸文而爲後世法。如是者,其亦足樂乎,其無足樂也!

文章答以"將蘄至於古之立言者,則無望其速成,無誘於勢力。養其根而竢其實,加其膏而希其光。根之茂者其實遂,膏之沃者其光曄"。這是他對道德與文章之基本觀點,道德爲文章之根,文章爲道德之實,根茂則實遂。这須經過一生之功力才能完成,其始也"二十年",繼而"亦有年",最後"終其身",豈能一蹴而成?又當不顧他人之非難與嘲笑,"不知爲非笑"、"笑則喜"、"譽則悲",即不爲勢力所誘惑。如此,則終歸之乎仁義之途,《詩》、《書》之源。這是作者自叙其寫作之切身體驗,是其一生功力所在,亦其所謂文以傳道也。這是一篇重要的文學理論文章,爲古文運動提供了重要的理論根據。意自精到,氣亦渾灝,詞極温潤,則是《孟子》文風之發展。又《與崔群書》是勸慰其知交崔群之作。崔群,字敦詩,貝州武城(今山東武城縣)人。貞元八年(七九二)與韓愈同榜登進士第,十八年屈居宣州(今安徽宣城)觀察判官,他自負才略,有不爲世用之感。韓愈寄書勸慰之,並借以抒發自己懷才不遇之慨。文章先寫對崔群之關懷、勸慰,次寫崔群人品之完美而仰慕之,進而感慨當世賢者恒不遇,不肖者志滿氣得之現象:

> 自古賢者少,不肖者多。自省事已來,又見賢者恒不遇,不賢者比肩青紫;賢者恒無以自存,不賢者志滿氣得;賢者雖得卑位,則旋而死,不賢者或至眉壽。不知造物者意竟如何?無乃所好惡與人異心哉!又不知無乃都不省記,任其死生壽夭!未可知也。人固有薄卿相之官,千乘之位,而甘陋巷菜羹者,同是人也,猶有好惡如此之異者,況天之與人,當必異其所好惡無疑也!合於天而乖於人,何害!況又時有兼得者邪!崔君崔君,無怠無怠。

對當時社會賢不肖倒置之現象極爲不滿,"造物者意竟如何"?疑"造物者"好惡異於人,把問題歸於不可知之天。"合於天而乖於人",合於天意,而悖於人事,又有何妨?勸崔群勿松懈,應自勉。沈德潛云:"末段以賢愚食報,每每倒置,舉而歸之不可知之天,而仍以立身行己自勉。蓋不可知者,聽之無可如何;所可主者,盡其在我。"(《評注唐宋八家古文》卷三)表現了天命之不可信,而應盡人事之思想。韓愈這類書信之作,不假雕飾,是真情之流露,故淳樸自然,極其動人,是古今傳誦之名篇。

韓愈所撰寫之記傳類古文也很有特色,他的這類文章是在繼承《史記》、《漢書》描寫人物傳統之基礎上而有所發展。《史記》、《漢書》是史書,是嚴格遵循歷史之真實撰寫的,不容許有某些違背歷史事實之叙述。韓愈所寫爲人物傳記,在忠實於人物一生行跡之前提下,着重描寫人物形象之鮮明、生動。其筆法不僅如史書之長於叙事,而且間以議論,叙事、議論錯綜成文。這是他對記傳文之新開拓。他的這類文章或歌頌人物之英雄事跡,或表述人物之優良品質,或寄託對所寫人物之深沉哀思。《張中丞傳後叙》即歌頌抗擊安史叛軍之張巡、許遠、南霽雲等英雄人物之作,是作者與張籍讀李翰所作之《張中丞傳》,引發胸中有關許遠、南霽雲諸事,及當時傳説浮議,並張籍零星所聞,寫成這篇“後叙”,以補原傳之不足。全文可分前後兩部分,前一部分駁斥對許遠降賊之誣陷,後一部分叙述南霽雲乞師,救援不至,南霽雲、張巡被縛,不屈而死之壯烈場景。其中云:

當二公之初守也,寧能知人之卒不救,棄城而逆遁? 苟此不能守,雖避之他處何益? 及其無救而且窮也,將其創殘餓羸之餘,雖欲去必不達。二公之賢,其講之精矣。守一城,捍天下,以千百就盡之卒,戰百萬日滋之師,蔽遮江淮,沮遏其勢。天下之不亡,其誰之功也! 當是時,棄城而圖存者,不可一二數,擅强兵坐而觀者,相環也。不追議此,而責二公以死守,亦見其自比於逆亂,設淫辭而助之攻也。愈嘗從事於汴、徐二府,屢道於兩州間,親祭於其所謂雙廟者,其老人往往説巡、遠時事云:

南霽雲之乞救於賀蘭也,賀蘭嫉巡、遠之聲威功績出己上,不肯出師救。愛霽雲之勇且壯,不聽其語,强留之,具食與樂,延霽雲坐。霽雲慷慨語曰:“雲來時,睢陽之人不食月餘日矣。雲雖欲獨食,義不忍,雖食且不下咽。”因拔所佩刀斷一指,血淋漓,以示賀蘭。一座大驚,皆感激爲雲泣下。雲知賀蘭終無爲雲出師意,即馳去。將出城,抽矢射佛寺浮圖,矢著

> 其上甎半箭,曰:"吾歸破賊,必滅賀蘭,此矢所以志也。"愈貞元中過泗州,船上人猶指以相語。城陷,賊以刃脅降巡,巡不屈,即牽去,將斬之。又降霽雲,雲未應,巡呼雲曰:"南八!男兒死耳!不可爲不義屈。"雲笑曰:"欲將以有爲也。公有言,雲敢不死。"即不屈。

贊揚張巡、許遠"以千百就盡之卒,戰百萬日滋之師",遏制賊兵,保全了江淮,建立了汗馬功勞。申斥那班棄城圖存者輩與臨危不救的賀蘭進明之徒。同時描寫南霽雲臨危不懼和寧死不屈之英雄氣概。南霽雲於賀蘭進明延請時,因念及"睢陽之人不食月餘日矣",義不忍獨食,食不下咽。因而拔刀,斷指,血淋淋以示賀蘭。其與人民共患難和嫉惡如仇之精神,使一座大驚,皆感激泣下。城陷,賊逼其降,他寧死不屈,從容就義,表現了嶔崎磊落之英雄品格。篇末寫張巡之爲人"長七尺餘,鬚髯若神"。其怒,"鬚髯輒張。及城陷,賊縛巡等數十人坐,且將戮。巡起旋,其衆見巡起,或起或泣。巡曰:'汝勿怖,死,命也。'衆泣不能仰視。巡就戮時,顔色不亂,陽陽如平常"。他無所畏懼,大義凛然,英勇不屈之精神栩栩如生。行文爲許遠辯誣用議論,叙南霽雲乞師、于嵩張巡軼事用叙事,議論與叙事間作,文氣流注,章法渾成,跌宕俊邁,歷落有致,得司馬遷史筆之神。

韓愈不僅爲名人、要人作傳,可貴者他還爲普通勞動者作傳,《圬者王承福傳》即其爲粉刷牆壁之泥水工王承福所作之傳。此傳記與通常記述人物一生之經歷不同,而是由圬者自叙其經歷和見聞,乃借圬者之口,寓諷世之意。圬者首先叙説其所以操圬業之原因,謂其本有官職,並不難致身富貴,所以棄官職而業圬者,自度能力不足以任其職,故"特擇其易爲而無愧者取焉",即寧願勞動,自食其力,以博得心安而無愧。然後叙説其操圬業所見,昔時富貴

之家,今日皆爲廢墟:

> 嘻!吾操鏝以入富貴之家有年矣。有一至者焉,又往過之,則爲墟矣。有再至三至者焉,而往過之,則爲墟矣。問之其鄰,或曰:噫!刑戮也;或曰:身既死而其子孫不能有也;或曰:死而歸之官也。吾以是觀之,非所謂食焉怠其事而得天殃者邪?非强心以智而不足,不擇其才之稱否而冒之者邪?非多行可愧,知其不可而强爲之者邪?將富貴難守,薄功而厚饗之者邪?抑豐悴有時,一去一來而不可常者邪?吾之心憫焉,是故擇其力之可能者行焉。樂富貴而悲貧賤,我豈異於人哉!

富貴人家今昔之變的原因很多,要之皆緣於"食焉而怠其事"。作者借圬者之口,罵盡當朝尸位素餐者輩。篇末贊揚王承福之行爲遠遠高出薄功厚饗、貪邪亡道之達官貴人,謂其言論可以警世,故爲之立傳,並自鑒焉。歸結正意,持正之言,肅然得體。

韓愈還寫了許多碑銘墓志,在當時也以擅寫碑銘墓志而負盛名。這類文體源於漢碑,多鋪叙祖德,記載官職,歌頌功德等,内容比較空洞,行文雕章琢句,以險怪爲工。韓愈所作也不免承襲這種文風。但可貴者他能突破這種寫作體制,開闢新的境域,即用史傳筆法寫人物,具體、真實地描寫人物之高尚品質、政治才能和文學造詣等,而且情感充沛、意念深摯、文辭雅健,是對這一文體之新發展。他這種文體之名篇有《柳子厚墓志銘》、《南陽樊紹述墓志銘》、《貞曜先生墓志銘》等。《柳子厚墓志銘》是韓愈爲悼念其知交柳宗元之作。文章從學識、人品、政績、友誼和文學方面,對柳宗元極盡贊揚。然從通篇之文章氣派看,是全力在表現柳宗元之文學風範,如先表其年少好學,竟至"議論證據今古,出入經史百子,踔厲風發,率常屈其座人"。次詳其貶永州時,工於記覽、詞章,

“居閒,益自刻苦,務記覽,爲詞章,汎濫停蓄,爲深博無涯涘”。次述其文學成就之高,“衡湘以南爲進士者,皆以子厚爲師,其經承子厚口講指畫爲文詞者,悉有法度可觀”。末歸結於其文學之必傳:

子厚前時少年,勇於爲人,不自貴重顧藉,謂功業可立就,故坐廢退。既退,又無相知有氣力得位者推挽,故卒死於窮裔。材不爲世用,道不行於時也。使子厚在臺省時,自持其身,已能如司馬刺史時,亦自不斥。斥時有人力能舉之,且必復用不窮。然子厚斥不久,窮不極,雖有出於人,其文學辭章必不能自力,以致必傳於後如今,無疑也。雖使子厚得所願,爲將相於一時,以彼易此,孰得孰失?必有能辨之者。

着力處皆在表現柳宗元文學成就之取得。儘管對柳宗元“材不爲世用,道不行於時”表示同情,然斥不久,窮不極,焉能産生傳於後世之文章?將相一時,文章千古,得與失,昭然若揭。此韓愈所志柳宗元一生之事業也。又《貞曜先生墓志銘》是悼念孟郊之作。孟郊性格孤特,不爲時貴,仕途無政績,而有詩才,故墓志記叙其政績很少,而重在表現其才學、人品和詩歌成就,如:

先生諱郊,字東野。父庭玢,娶裴氏女,而選爲崑山尉。生先生及二季酆、郢而卒。先生生六七年,端序則見,長而愈騫,涵而揉之,内外完好,色夷氣清,可畏而親。及其爲詩,劌目鉥心,刃迎縷解,鉤章棘句,掐擢胃腎,神施鬼設,間見層出。惟其大翫於詞,而與世抹摋,人皆劫劫,我獨有餘。有以後時開先生者,曰:吾既擠而與之矣,其猶足存邪?

贊揚其能擯棄世間之名利,苦心爲詩,故其詩歌沛然而有餘力。文章奇字拗語,艱澀難讀,此亦韓愈墓志碑銘特有的矜重古奥文風之一例也。其他如《南陽樊紹述墓志銘》、《曹成王碑》、《平淮西碑》

之作,同此文風。

此外,韓愈所寫之祭文哀辭也很有特點。這類文章抒情性極强,皆抒發内心之至情,表現對死者之深沉哀思,聲調悲切幽咽,如泣如訴,十分動人,《祭十二郎文》可爲代表。此文是爲祭奠其姪老成而作,先叙韓氏兩世一身,形單影隻,生死相依;次叙自己爲斗斛之禄,旅食京師,意者暫時離别,終當長久相處,孰料一别便成永訣,因此痛悔不已。文章精妙處在其對少而强者歿,而長而衰者存的現象産生的疑問。其云:

> 去年,孟東野往,吾與汝書曰:"吾年未四十,而視茫茫,而髮蒼蒼,而齒牙動摇。念諸父與諸兄,皆康强而早世,如吾之衰者,其能久存乎?吾不可去,汝不肯來,恐旦暮死,而汝抱無涯之戚也。"孰謂少者歿而長者存,强者夭而病者全乎?嗚呼!其信然邪?其夢邪?其傳之非其真邪?信也,吾兄之盛德而夭其嗣乎?汝之純明而不克蒙其澤乎?少者强者而夭歿,長者衰者而存全乎?未可以爲信也。夢也,傳之非其真也?東野之書,耿蘭之報,何爲而在吾側也?嗚呼!其信然矣!吾兄之盛德而夭其嗣矣!汝之純明宜業其家者,不克蒙其澤矣!所謂天者誠難測,而神者誠難明矣!所謂理者不可推,而壽者不可知矣!雖然,吾自今年以來,蒼蒼者或化而爲白矣,動摇者或脱而落矣,毛血日益衰,志氣日益微,幾何不從汝而死也!死而有知,其幾何離?其無知,悲不幾時,而不悲者無窮期矣!汝之子始十歲,吾之子始五歲,少而强者不可保,如此孩提者,又可冀其成立邪?嗚呼哀哉!嗚呼哀哉!

寫其初聞老成死亡之噩耗,時信時疑,在疑信之間。從年齡和身體狀況講,他不當死,從其兄之人品道德講,其子嗣也不當早夭,從老成爲人之純正賢明講,也不當早死。莫非傳聞失實?然東野之書,耿蘭之報俱在,事實確切無疑。由推論其不當死,而終於死亡,所以尤令人悲痛,從而發出對天神之責難:"天者誠難測,而神者誠難明。"文章波瀾起伏而有氣勢,極盡古文筆法之妙。然後謂自己身神衰弱,不久人世,死不知悲,故"不悲者無窮期矣",以老莊思想求得精神上之解脱。篇末歸罪自己,不當遠去求禄,今後願置田數畝,以待餘年,教子嫁女,以慰死者之心。字字血,聲聲淚,是一篇血淚文字,乃祭文中千古之絶調。又其《祭女挐文》、《祭鄭夫人文》、《歐陽生哀辭》等,皆爲對死者之哀悼,情感悲切酸痛,嗚咽淒惻,句句血淚,點滴成斑,亦祭文哀辭之佳作。

韓愈復興儒學,排斥佛老,倡導古文,反對駢文,當佛老、駢文在思想領域和文壇上占統治地位之唐代,敢冒天下之大不韙,以拯救社稷民生爲己任,提出自己的理想和主張,並爲之實現而奮鬥,表現了他的勇敢和膽識。蘇軾《潮州韓文公廟碑》稱其"文起八代之衰,而道濟天下之溺",即肯定了他在文學史和思想史上之崇高地位。就文學方面講,如上所述,他的古文創作衆體皆備,而且取得了輝煌的成就。其特點是"約六經之旨而成文"(《上宰相書》),他自稱"口不絶吟於六藝之文,手不停披於百家之編"(《進學解》),但並非因襲,而是進行獨立之創造。如他説:"若聖人之道,不用文則已,用必尚其能者。能者非他,能自樹立不因循者是也。"(《答劉正夫書》)這種"能自樹立不因循",主要體現在遣詞造句上,所謂"當其取於心而注於文也,惟陳言之務去"(《答李翊書》)。錘詞煉句是韓愈文章之一大特點,這得力於揚雄《法言》。《法言》摹擬《論語》,卻能化陳腐爲新奇,他學習之,精練文字,務求文章"文從字順各識職",又"横空盤硬語,妥帖力排奡",這種文風對後代影響很大。後代古文家學韓:一派繼承其"文從字順各識職",如李翺、杜牧、皮日休、陸龜蒙等;另一派則繼承其"横空盤硬語,妥帖力排奡",如樊宗師、皇甫湜、孫樵等。韓愈倡導古文,取得了很大的成功,打破了駢文一統文壇之局面,推動了古文的發展。

二、平易派古文家李翺

如前文所述,韓愈古文影響於後世者,形成兩派,即"文從字順"一派和"横空盤硬語"另一派。"文從字順"者,語辭比較平易,在唐爲李翺,至宋爲歐陽修,清爲桐城派。

李翺(公元七七四——八三六),據《舊唐書》卷一百六十、《唐書》卷一百七十七本傳,字習之,陳留(今河南開封)人。貞元十四年登進士第,十六年爲義成軍觀察判官。元和年間歷任國子博士、史館修撰、浙東觀察判官、朗州刺史。長慶初,轉舒州刺史,後入禮部郎中。寶曆元年,出爲廬州刺史。大和中,入爲諫議大夫、拜中書舍人,旋出爲鄭州刺史、桂管觀察使、湖南觀察使,徵爲刑部侍郎、户部侍郎,出爲山南東道節度使。開成元年卒,謚文,世稱李文公。《唐書·藝文志》著録《李翺集》十卷,今存《四部叢刊》本《李文公集》十八卷。他早年見知於古文家梁肅,又"從昌黎韓愈爲文章,辭致渾厚,見推當時"(《唐書》本傳),爲韓愈之姪婿。其文學思想也源於韓愈,强調儒家之"仁義"爲文章之根本,他在《寄從弟正辭書》中説:"天性於仁義者,未見其無文也;有文而能到者,吾未見其不力於仁義也。"又其《答朱載言書》説:"義深則意遠,意遠則理辯,理辯則氣直,氣直則辭盛,詞盛則文工。……古之人能極於工而已,不知其詞之對與否,易與難也。"其古文創作,繼承了韓愈"文從字順"之文風,立意高遠,詞旨渾厚,如《解惑》、《國馬説》、《高愍女碑》、《楊烈婦傳》、《右僕射楊公墓志》、《贈禮部尚書韓公行狀》、《題燕太子丹傳後》皆爲佳作,其中尤以《贈禮部尚書韓公行狀》爲世人所推重。文章叙述韓愈生平,從登進士第、初入仕、歷任官職、從裴度平蔡州、諫迎佛骨、貶潮州刺史,到入爲國子祭酒、兵部侍郎、宣慰鎮州、爲吏部侍郎,歷歷寫出,平實自然,無奇崛驚險之筆,而深情厚誼寓焉。最後總叙其事跡與文學云:

公氣厚性通,論議多大體,與人交,始終不易。凡嫁内外及交友之女無主者十人。幼養於嫂鄭氏,及嫂殁,爲之服期以報之。深於文章,每以爲自揚雄之後,作者不出,其所爲文,未嘗效前人之言,而固與之並。自貞元末,以至於兹,後進之士,其有志於古文者,莫不視公以爲法。有集四十卷,小集十卷。及病,遂請告以罷。每與交友言,既終以處妻子之語,且曰:“某伯兄德行高,曉方藥,食必視《本草》,年止於四十二。某疎愚,食不擇禁忌,位爲侍郎,年出伯兄十五歲矣,如又不足,於何而足?且獲終牖下,幸不至失大節,以下見先人,可謂榮矣。”享年五十七,贈禮部尚書。謹具任官事跡如前,請牒考功下太常定謚,並牒史館,謹狀。

總括其一生行跡,極其簡截。通篇文章“詳而不冗,簡而不略,澹而彌永,樸而彌真”(高步瀛《唐宋文舉要》甲編卷五),確是道出此文章之風格。同此文風之《高愍女碑》、《楊烈婦傳》是寫婦女在反抗藩鎮叛將中之英雄事跡。作者自己對這兩篇文章評價很高,他在《答皇甫湜書》中説:“僕文采雖不足以希左丘明、司馬子長,足下視僕叙高愍女、楊烈婦,豈盡出班孟堅、蔡伯喈之下耶?”認爲這兩篇文章之文采,不在班固、蔡邕之下。例如《楊烈婦傳》:

建中四年,李希烈陷汴州,既又將盜陳州。分其兵數千人抵項城縣,蓋將掠其玉帛,俘累其男女,以會於陳州。縣令李侃,不知所爲。其妻楊氏曰:“君,縣令,寇至當守。力不足死

> 焉,職也。君如逃,則誰守?”侃曰:“兵與財皆無,將若何?”楊氏曰:“如不守,縣爲賊所得矣。倉廩皆其積也,府庫皆其財也,百姓皆其戰士也。國家何有?奪賊之財而食其食,重賞以令死士,其必濟。”於是召胥吏百姓於庭,楊氏言曰:“縣令誠主也,雖然,歲滿則罷去,非若吏人百姓然。吏人百姓,邑人也,墳墓存焉。宜相與致死以守其邑,忍失其身而爲賊之人耶?”衆皆泣,許之。乃徇曰:“以瓦石中賊者,與之千錢;以刀矢兵刃之物中賊者,與之萬錢。”得數百人,侃率之以乘城。楊氏親爲之爨以食之,無長少,必周而均。使侃與賊言曰:“項城父老,義不爲賊矣。皆悉力守死。得吾城,不足以威,不如亟去。徒失利,無益也。”賊皆笑。有飛箭集於侃之手,傷而歸。楊氏責之曰:“君不在,則人誰肯固矣?與其死於城上,不猶愈於家乎?”侃遂忍之,復登陴。
>
> 項城,小邑也,無長戟勁弩高城深溝之固,賊氣吞焉。率其徒將超城而下。有以弱弓射賊者,中其帥,墜馬死。其帥希烈之婿也。賊失勢,遂相與散走。項城人無傷焉。

此寫楊氏激勵其丈夫李侃率項城百姓抵抗藩鎮叛將李希烈之事跡,表現了楊氏抵抗叛軍之堅定意志,以及在與叛軍較量時所提出的謀略,規勸其丈夫忠於職守,誓死守城,與項城共存亡之精神,極其真切感人。行文平實質直,簡潔生動,具有遒勁雅健之風,其文采固可與班固、蔡邕之作相比並。此外,其《題燕太子丹傳後》也是一篇名作,此文對荆軻報知己燕太子丹事作出不同流俗之評價:

> 荆軻感燕丹之義,函匕首入秦劫始皇,將以存燕霸諸侯。事雖不成,然亦壯士也。惜其智謀不足以知變識機。始皇之道,異於齊桓,曹沬功成,荆軻殺身,其所遭者然也。乃欲促檻

車駕秦王以如燕,童子婦人且明其不能,而軻行之,其弗就也非不幸。燕丹之心,苟可以報秦,雖舉燕國猶不顧,況美人哉!軻不曉而當之,陋矣!

認爲荆軻可稱壯士,但其不知時變,仍用曹沫當年執匕首劫齊桓公之術以刺秦王,所以失敗,此與世人謂"其不講於刺劍之術"不同,表現了他的卓識。文筆流轉,頓挫有致。

李翱之古文,在韓派古文家之創作中可謂成就最高者,然與韓作相比,又遠不及矣。陳振孫《直齋書録解題》云:"習之爲文,源委於退之,可謂得其傳矣。但其才氣不能及耳。"此乃公允之論。

三、艱澀派古文家樊宗師、皇甫湜

韓愈派古文爲文艱澀者,爲樊宗師、皇甫湜,而樊宗師尤甚。至宋爲宋祁。

樊宗師(公元七六六?——八二四),生平事跡見《唐書》卷一百五十九《樊澤傳》、韓愈《南陽樊紹述墓志銘》、《薦樊宗師狀》,字紹述,河中(今山西萬榮)人。初爲國子主簿。元和三年,登軍謀宏遠科,授著作佐郎、分司東都,轉太子舍人。九年受鄭餘慶之辟,入興元幕,遷山南東道節度副使兼檢校水部員外郎、殿中侍御史。十五年憲宗卒,以金部郎中告哀南方。還,以言事獲譴,出爲綿州刺史。長慶中,徵拜左司郎中,出爲絳州刺史,進諫議大夫,未拜卒。他窮究經史,兼通軍法聲律,一生著述宏富,《唐書·藝文志》著録有《春秋集傳》十五卷、《魁紀公》三十卷、《樊子》三十卷、《樊宗師集》二百九十一卷,皆佚。今惟有《絳守居園池記》、《蜀綿州越王樓詩序》兩篇。爲文務求詞句之晦澀艱深。韓愈極推重之,曾屢薦其人,並論及其文云:"然而必出於己,不襲蹈前人一言一句,又何其難也?必出入仁義,其富若生蓄,萬物必具,海含地負,放恣横從,無所統紀,然而不煩於繩削而自合也。嗚呼! 紹述於斯術,其可謂至於斯極者矣。"其對樊宗師之推評,可謂至矣。兹録《絳守居園池記》首段如下:

> 絳即東雍,爲守理所。禀參實沈分,氣畜兩河潤。有陶唐冀遺風餘思,晉韓魏之相剥剖,世説總其土田士人。今無磽雜擾,宜得地形勝瀉水施法,豈新田又蕞猥不可居。州地或自有興廢,人因得附爲奢儉,將爲守悦致平理與,益侈心耗物害時與? 自將失敦窮華,終披夷不可知。陴緬孤顛,跒倔玄武踞,守居割有北。自甲辛苞太池泓,横碶旁,潭中癸次,木腔暴三丈,餘涎玉沫珠,子午梁貫亭曰洄漣。虹蜺雄雌,穹鞠覿蜃;礙佷島坻,淹淹委委。莎靡縵,蘿蓄翠蔓紅刺相拂綴,南連軒井,陣中涌曰香。承守寢睟思,西南有門曰虎豹。……

這自然是園池之景,然其辭艱澀,其意難明,勉强爲之句讀。陶宗儀《輟耕録》即云:"唐南陽樊宗師,字紹述,所撰《絳守居園池記》艱深奇澀,讀之往往昧其句讀,況義乎哉? 韓文公謂其文不蹈襲前人一言一句,觀此記則誠然矣。"或謂此文上則取法古鐘鼎文字,下則取法班固《書秦始皇本紀後》之作,"惟古於辭必已出",有所承襲,也有所發展。其《蜀綿州越王樓詩序》寫登綿州越王貞所建樓,抒發無限感慨,但爲何感慨,仍不甚了了。這種艱澀之文風,今天看來並不可取,但當時人們則競相效法,李肇《唐國史補》卷下云:"元和已後,爲文筆,則學奇詭於韓愈,學苦澀於樊宗師。"其對當時文壇之影響很大。

皇甫湜(公元七七七? ——八三五?),生平事跡見《唐書》卷一百七十六本傳及《唐詩紀事》卷三十五,字持正,睦州新安(今浙江淳安)人。元和元年進士及第,授陸渾尉。三年與牛僧孺、李宗閔等同登制舉賢良方正能直言極諫科,以對策指陳時政,言辭激切,以致考官遭貶,三人也被斥。太和中,在山南東道節度使李逢吉幕府,逢吉轉宣武軍節度使,他也返回洛陽。後官工部郎中,辨急使酒,數忤同省。求分司東都,留守裴度辟爲判官。其後不知所終。《唐書·藝文志》著録有《皇甫持正文集》三卷。已佚。今存《四部叢刊》本《皇甫持正文集》六卷。他與李翺同從韓愈學古文,“翺得其正,湜得其奇”(章學誠《皇甫持正集書後》)。文學觀點與韓愈一致,主張傳聖人之道,通至正之理,謂“夫文者非他,言之華者也,其用在通理而已。……以非常之文,通至正之理,是所以不朽也”(《答李生第二書》)。爲文以“意新”、“詞奇”爲宗,謂“意新則異於常,異於常則怪矣。詞高則出衆,出衆則奇矣。虎豹之文不得不炳於犬羊,鸞鳳之音不得不鏘於烏鵲,金玉之光不得不炫於瓦石。非有意先之也,乃自然也。必崔嵬然後爲嶽,必滔天然後爲海。明堂之棟必撓雲霓,驪龍之珠必固深泉”(《答李生第一書》)。其古文創作即他這種文字觀點之實踐,名作《韓文公墓志銘》可爲代表,兹録其兩節如下:

先生諱愈,字退之。後魏安桓王茂六代孫。祖朝散大夫桂州長史諱叡素,父秘書郎贈尚書左僕射諱仲卿。先生七歲好學,言出成文。及冠,恣爲書以傳聖人之道。人始未信,既發不掩,聲震業光,衆方驚爆而萃排之。乘危將顛,不懈益張,卒大信於天下。先生之作,無圓無方,至是歸工。抉經之心,執聖之權,尚友作者,跋邪觝異,以扶孔氏,存皇之極,知與罪非我計。茹古涵今,無有端涯,渾渾灝灝,不可窺校。及其酣放,豪曲快字,淩紙怪發,鯨鏗春麗,驚耀天下。然而栗密窈眇,章妥句適,精能之至,入神出天。嗚呼!極矣。後人無以加之矣。姬氏以來,一人而已矣。

> 始先生以進士三十有一仕,歷官,其爲御史尚書郎中書舍人,前後三貶,皆以疏陳治事,廷議不隨爲罪。常惋佛老氏法,潰聖人之隄,乃唱而築之。及爲刑部侍郎,遂章言憲宗迎佛骨非是,任爲身耻,上怒天子。先生處之安然,就貶八千里海上。嗚呼!古所謂非苟知之,亦允蹈之者耶!吴元濟反,吏兵久屯無功,國涸將疑,衆懼恟恟。先生以右庶子兼御史中丞行軍司馬。宰相軍出潼關,請先乘遽至汴,感説都統,師乘遂和,卒擒元濟。王庭凑反,圍牛元翼於深,救兵十萬,望不敢前。詔擇庭臣往諭,衆慄縮,先生勇行。元稹言於上曰:"韓愈可惜。"穆宗悔,馳詔無徑入。先生曰:"止,君之仁;死,臣之義。"遂至賊營,麾其衆責之,賊恇汗伏地,乃出元翼。《春秋》美臧孫辰告糴於齊,以爲急病,校其難易,孰爲宜褒?嗚呼!先生真古所謂大臣者耶!遷拜京兆尹,斂禁軍,帖旱糴,鬻倖臣之鋩,再爲吏部侍郎,薨年五十七,贈禮部尚書。

記叙其文章之成就,並給以很高的評價,謂"後人無以加之矣,姬氏以來,一人而已";對其一生仕途之政績也極其推重,謂"真古所謂大臣者耶"。行文鉤章棘句,詞奇語重,不離師法,而雕琢艱深,或格格不能自達其意。同樣文風,又其登賢良方正能直言極諫科,所作"言多激切"之制策有云:

> 臣伏見陛下徵天下之士,親策於庭,求賢思理,亦云至矣。然臣未知將以爲虚策乎?將以求實效乎?以爲虚,則後之搢紳者觀書於太史氏曰:天子之憂人如此,徵賢良方正直言極諫之士,親禮而問之,斯亦足以爲名矣。若以得人爲務,社稷之計爲心,則不宜待之如是也。夫王者,其道如天,其威如神,以聘問先之,以禮貌接之,造膝而言,虚心以受,猶恐懼殞越,而

> 不得盡其所懷；況乎坐之階庭，試以文字，拳曲俯僂，承問而上對乎？且天下之事，難一二以疏。舉臣所當言，又有非臣下所宜聞知；清問所不説，又鬱而不得發。强附之於篇，考視者必以爲餘煩，又擯而不得通矣。陛下何惜一賜臣容足之地於冕旒之前，使得熟數之乎？可采則行之，無用則罷之，何損於明也。

此以策問方式，指責時政。意謂天子之制策，是真爲“求實效”，抑或“以爲虚策”？若真爲“求實效”，便應“以聘問先之，以禮貌接之，造膝而言，虚心以受”，即真正做到禮賢下士，而不當“坐之階庭，試以文字，拳曲俯僂，承問而上對”，對天子之做法提出了批評。此後，對天子之策問，逐條予以回答，以見朝政之弊。文章刻意求新求奇，不免生澀。

總之，皇甫湜之古文崇尚怪奇，因而奥澀生新，硬語盤空，成爲中唐時期之常調。

四、柳宗元

柳宗元（公元七七三——八一九），生平事跡見《舊唐書》卷一百六十、《唐書》卷一百六十八本傳及韓愈《柳子厚墓志銘》，字子厚，郡望河東（今山西永濟）人。長於京師，幼敏悟，四歲時，母盧氏教以古賦十四篇，皆諷傳之，“以童子有奇名於貞元初”（劉禹錫《唐故柳州刺史柳君集記》）。貞元九年，進士及第，十四年登博學宏詞科，授集賢殿正字，十七年調藍田尉，兩年後入京任監察御史裏行。貞元二十一年，順宗即位，王叔文、韋執誼用事，欲改革政治，奇其才，乃擢爲禮部員外郎。同年八月，順宗病重，内禪，憲宗即位，打擊改革派，他被貶爲邵州刺史，未到任，再貶爲永州司馬。同時被貶者還有韓泰、韓曄、劉禹錫等七人，史稱“八司馬”。他在永州九年,政治上鬱鬱不得志,惟以讀書著述爲務,所以這一時期所寫文章最多。元和十年正月,召赴京師,三月又出爲柳州刺史,於庶政多所興革,如令奴婢贖身等,惠民良多。十四年卒於任所。今存《四部叢刊》本《唐柳先生集》四十三卷。

柳宗元早年是駢體文之高手,被貶永州後改作古文,成爲古文大家,與韓愈同爲古文運動之倡導者。不同者韓愈古文之作,在宗尚儒道,排斥佛老,尤其激烈地排佛;柳宗元則既崇儒又佞佛,是天台宗之佛教信徒,其古文絶不排佛,而是主張文以明道,如他在《與韋中立論師道書》中説:"始吾幼且少,爲文章,以辭爲工。及長,乃知文者以明道,是固不苟爲炳炳烺烺,務彩色,誇聲音以爲能也。"謂其爲文不苟求聲色之美,而以明道爲指歸。其所明之道,即孔子之道。然而他並非只重道,不重文,當其被貶之後,對文章尤爲重視。他在《答吳武陵論〈非國語〉書》中説:"自爲罪人,捨恐懼則閒無事,故聊復爲之。然而輔時及物之道,不可陳於今,則宜垂於後。言之不文則泥,然則文者固不可少耶?"謂文章所明輔時及物之道既不得施之實事,則惟有借之以傳世了。又其《與吕道州温論〈非國語〉書》云:"今動作悖謬,以爲僇於世,身編夷人,名列囚籍。以道之窮也,而施乎事者無日,故乃挽引,强爲小書,以志乎中之所得焉。"意欲以其明道之文,辟邪説,明是非,有補於世。亦司馬遷"思垂空文以自見"(《報任安書》)之意也。

然如何撰寫古文?與韓愈相同,他也有自己的體驗,他自稱"自貶官來無事,讀百家書,上下馳騁,乃少得知文章利病"(《與楊京兆憑書》)。認爲爲文首先當具有道德修養,其《報袁君陳秀才避師名書》云:"大都爲文以行爲本,在先誠其中。……秀才志於道,慎勿怪,勿雜,勿務速顯。道苟成,則慤然爾,久則蔚然爾。"爲文所以明道,作者自己必"先誠其中",則是自然之事。其次,認爲爲文要熟讀儒家經典與西漢以前之文章，他在《報袁君陳秀才避師名書》中說："當先讀六經。"怎樣讀呢？其《答韋中立論師道書》説："本之《書》以求其質，本之《詩》以求其恒，本之《禮》以求其宜，本之《春秋》以求其斷，本之《易》以求其動。此吾所以取道之原也。"繼之，還要讀諸子、《楚辭》和西漢之文，謂："參之《穀梁氏》以厲其氣，參之《孟》、《荀》以暢其支，參之《莊》、《老》以肆其端，參之《國語》以博其趣，參之《離騷》以致其幽，參之《太史公》以著其潔。此吾所以旁推交通而以爲之文也。"熟讀儒家經典，所以取道，熟讀諸子、《楚辭》和西漢文章，所以爲文。又其《與楊京兆憑書》說："博如莊周，哀如屈原，奥如孟軻，壯如李斯，峻如馬遷，富如相如，明如賈誼，專如揚雄。"其所取法之範圍廣，攝取者多，形成自己嚴整深峻之文風。其三，認爲臨文之際，態度要嚴肅認真，其《答韋中立論師道書》説："故吾每爲文章，未嘗敢以輕心掉之，懼其剽而不留也；未嘗敢以怠心易之，懼其弛而不嚴也；未嘗敢以昏氣出之，懼其昧而雜也；未嘗敢以矜氣作之，懼其偃蹇而驕也。"只有嚴肅認真的寫作態度，才能"取道之原"，才能"旁推交通而以爲之文"。柳宗元以自己古文創作之主張昭示天下，以推動古文運動之興盛和發展。

柳宗元之文章，各體皆備，然大别之可分三類，即議論文、山水游記、序别書札等，而且各類皆有淵源，議論文源於韓非，山水游記源於《水經注》，序别書札則源於司馬遷。然在取法之過程中，能獨運匠心，自鑄偉詞，形成自己的特點。

其議論文之重要者如《封建論》、《桐葉封弟辯》、《論語辯》、《辯列子》和《天説》、《天對》等。《封建論》是一篇具有鮮明時代特徵的文章，論述封建制在唐代不可行。我國歷史上秦以前實行封建制，自秦始改行郡縣制，這兩種制度之優劣，是長期人們所爭論的問題,到了中唐,藩鎮割據猖獗,叛將們要行父子世襲制,恢復封建制之論調又出現了。當時柳宗元於永州貶所寫了這篇文章,從對歷史全面地分析中,反駁了這種論調,並論證了唐時實行之郡縣制乃歷史發展之必然。文章開端用荀子對上古時代之分析,認爲"生人之初",爲平息爭奪以求天下大治,故"君長刑政生焉",因而"有里胥而後有縣大夫,有縣大夫而後有諸侯,有諸侯而後有方伯、連帥,有方伯、連帥而後有天子。自天子至於里胥,其德在人者,死必求其嗣而奉之。故封建非聖人意也,勢也"。至周,封建之弊産生了,諸侯稱雄,"遂判爲十二,合爲七國,威分於陪臣之邦,國殄於後封之秦"。周之亡,"得非諸侯之盛强末大不掉之咎歟"。秦立國,廢封建而行郡縣,"據天下之雄圖,都六合之上游,攝制四海,運於掌握之内。此其所以爲得也",然而不久即覆亡,原因何在?"咎在人怨,非郡邑之制失也"。漢代"矯秦之枉,徇周之制",封建、郡縣兩種制度並行,數年之間,諸侯王叛亂,然"有叛國而無叛郡",郡縣制之優點進一步得到證明。唐興,用郡邑制,雖然産生藩鎮之亂,但其"失不在於州,而在於兵,時則有叛將而無叛州",説明郡邑制之宜於唐代。文章按歷史朝代逐層分析論證,行郡縣制無叛吏、無叛郡、無叛州,"固不可革也"。最後總論封建制之目的在爲私,私天下,郡縣制之目的在爲公,公天下,封建制之弊端無窮:

> 或者又以爲:"殷、周,聖王也,而不革其制,固不當復議也。"是大不然。夫殷、周之不革者,是不得已也。蓋以諸侯歸殷者三千焉,資以黜夏,湯不得而廢;歸周者八百焉,資以勝殷,武王不得而易。徇之以爲安,仍之以爲俗,湯、武之所不得已也。夫不得已,非公之大者也,私其力於己也,私其衛於子孫也。秦之所以革之者,其爲制,公之大者也;其情私也,私其

一己之威也，私其盡臣畜於我也。然而公天下之端自秦始。

夫天下之道，理安，斯得人者也。使賢者居上，不肖者居下，而後可以理安。今夫封建者，繼世而理；繼世而理者，上果賢乎？下果不肖乎？則生人之理亂未可知也。將欲利其社稷，以一其人之視聽，則又有世大夫，世食禄邑，以盡其封略。聖賢生於其時，亦無以立於天下，封建者爲之也，豈聖人之制使至於是乎？吾固曰："非聖人之意也，勢也。"

"勢"是全篇之骨，是文章論述之中心。作者認爲歷史之發展決定於"勢"，而非決定於聖人的意志。歷史上某種制度之産生與變革，都是由"生人"求天下大治而出現之"勢"。勢之來，"更古聖王……莫能去之"；勢之變，應時代之宜，"垂二百祀，大業彌固"。這種强調"生人之意"、即人類之要求，而否定聖王之意志決定歷史變革之思想、見解，在當時政治思想領域開拓出新的境界，達到了新的高度。文章論辯雄俊，深切情理，體勢宏闊，辭氣强悍，是一篇優秀之古文。林紓云："《封建》一論，爲古今至文，直與《過秦》抗席。……今就文論文，識見之偉特，文陣之前後提緊，彼此照應，不惟識高，文亦高也。"（《韓柳文研究法·柳文研究法》）

《桐葉封弟辯》是借辯周成王桐葉封弟之事以諷喻現實之作。《吕氏春秋》卷十八《重言》云："成王與唐叔虞燕居，援梧葉以爲珪，而授唐叔虞曰：'余以此封女。'叔虞喜，以告周公。周公以請曰：'天子其封虞邪？'成王曰：'余一人與虞戲也。'周公對曰：'臣聞之，天子無戲言。天子言，則史書之，工誦之，士稱之。'於是遂封叔虞於晉。"然後《重言》評之云："周公旦可謂善説矣，一稱而令成王益重言，明愛弟之義，有輔成王之固。"此文即辯其評論之不當。其辯之云：

吾意不然。王之弟當封耶？周公宜以時言於王，不待其戲而賀以成之也。不當封耶？周公乃成其不中之戲，以地以人與小弱者爲之主，其得爲聖乎？且周公以王之言不可苟焉而已，必從而成之耶？設有不幸，王以桐葉戲婦寺，亦將舉而從之乎？凡王者之德，在行之何若，設未得其當，雖十易之不爲病，要於其當，不可使易也，而況以其戲乎？若戲而必行之，是周公教王遂過也。

吾意周公輔成王，宜以道從容優樂，要歸之大中而已，必不逢其失而爲之辭，又不當束縛之，馳驟之，使若牛馬然，急則敗矣。且家人父子尚不能以此自克，況號爲君臣者耶？是直小丈夫缺缺者之事，非周公所宜用，故不可信。或曰：封唐叔，史佚成之。

對周公因成王戲言即請封其弟予以批評，認爲這等於引導成王犯錯誤，"非周公所宜用"，而"王者之德，在行之何若，設未得其當，雖十易之不爲病"，更"必不逢其失而爲之辭"。謂帝王所以行德，失德，即當易之，雖十易之不爲過。所辯者是歷史，而面對者則是中唐之政治現實。章士釗云："子厚所爲《桐葉封弟辯》，一三百字小文耳，乃坊刻本必選之作，庸童小夫，大抵耳熟能詳，特其中所涵政治意義，指摘當時朝議情況者，未必人人能解。"(《柳文指要》上編卷四)確是道出了此文所具有的作者所處時代之政治内涵。

此外，《天對》、《天説》也是兩篇重要的文章，表現了作者的天道觀，對天作了物質性之解析，否定了天地起源於神造説，批駁了天能賞功罰罪之謬論，認爲功者自功，禍者自禍，與造物主何干？其思想價值很高，但卻不能成爲完美的古文。故從略。

柳宗元之山水游記，是其古文創作中極其重要的部分，成就也較高。這些文章大都爲被貶永州時所寫。與一般單純寫山水景色者不同,他是借寫山水抒發被遷謫之悲。他在《與李翰林建書》中説:"永州於楚爲最南,狀與越相類。僕悶即出游,游復多恐。涉野有蝮虺大蜂,仰空視地,寸步勞倦。近水即畏射工沙蝨,含怒竊發,中人形影,動成瘡痏。時到幽樹好石,暫得一笑,已復不樂。"這種悲涼之心境,發爲文章,即構成其此期山水游記之主要内容。其"永州八記",如《始得西山宴游記》、《鈷鉧潭記》、《鈷鉧潭西小丘記》、《至小丘西小石潭記》、《袁家渴記》、《石渠記》、《石澗記》、《小石城山記》,可爲代表。《始得西山宴游記》是"永州八記"之第一篇,總寫西山之景和自己會心之游,以領起以下七篇各記一地之景。此記云:

自余爲僇人,居是州,恒惴慄。其隙也,則施施而行,漫漫而游,日與其徒上高山,入深林,窮回谿,幽泉怪石,無遠不到。到則披草而坐,傾壺而醉,醉則更相枕以卧,卧而夢。意有所極,夢亦同趣。覺而起,起而歸,以爲凡是州之山有異態者,皆我有也。而未始知西山之怪特。

今年九月二十八日,因坐法華西亭,望西山,始指異之。遂命僕過湘江,緣染溪,斫榛莽,焚茅茷,窮山之高而止。攀援而登,箕踞而遨,則凡數州之土壤,皆在衽席之下。其高下之勢,岈然洼然,若垤若穴,尺寸千里,攢蹙累積,莫得遯隱。縈青繚白,外與天際,四望如一。然後知是山之特出,不與培塿爲類。悠悠乎與灝氣俱,而莫得其涯;洋洋乎與造物者游,而不知其所窮。引觴滿酌,頹然就醉,不知日之入。蒼然暮色,自遠而至,至無所見,而猶不欲歸。心凝形釋,與萬化冥合。然後知吾嚮之未始游,游於是乎始。故爲之文以志。是歲元和四年也。

文章集中寫西山之“怪特”,對山光水色之描繪,皆着眼於其與衆之不同,“是山之特出,不與培塿爲類”,説明西山與一般小土丘迥然有别,不應以同類視之。此不僅在寫景物,而是抒發自己不同於世俗之性格,寄託自己憤世嫉俗之心態。“悠悠乎與灝氣俱,而莫得其涯;洋洋乎與造物者游,而不知其所窮”,表明自己與西山怪特之自然景物融爲一體,並作會心之游。《莊子·大宗師》所謂“彼方且與造物者爲人,而游乎天地之一氣”也。其《鈷鉧潭西小丘記》云:

得西山後八日,尋山口西北道二百步,又得鈷鉧潭。潭西二十五步,當湍而浚者,爲魚梁,梁之上有丘焉,生竹樹。其石之突怒偃蹇,負土而出,争爲奇狀者,殆不可數。其嶔然相累而下者,若牛馬之飲於溪;其衝然角列而上者,若熊羆之登於山。丘之小不能一畝,可以籠而有之。問其主,曰:“唐氏之棄地,貨而不售。”問其價,曰:“止四百。”余憐而售之。李深源、元克己時同游,皆大喜出自意外。即更取器用,剷刈穢草,伐去惡木,烈火而焚之。嘉木立,美竹露,奇石顯。由其中以望,則山之高,雲之浮,溪之流,鳥獸之遨游,舉熙熙然回巧獻技,以效茲丘之下。枕席而卧,則清泠之狀與目謀,瀯瀯之聲與耳謀,悠然而虚者與神謀,淵然而静者與心謀。不匝旬而得異地者二,雖古好事之士,或未能至焉。

噫!以茲丘之勝,致之灃、鎬、鄠、杜,則貴游之士争買者,日增千金而愈不可得。今棄是州也,農夫漁父過而陋之,賈四百,連歲不能售。而我與深源、克己獨喜得之,是其果有遭乎?書於石,所以賀茲丘之遭也。

文章接續前篇,寫其游踪自西山入鈷鉧潭西小丘。首叙小丘怪奇之形狀，次叙愛而售之，又叙修整小丘，又叙游賞小丘，最後爲小丘之得遇致賀。作者借小丘長久之被棄置隱以自喻，抒發其被遷謫之感慨。林雲銘云："子厚游記，篇篇入妙，不必復道。此作把丘中之石，及既售得之後，色色寫得生活，尤爲難得。末段以賀茲丘之遭，借題感慨，全説在自己身上。蓋子厚向以文名重京師，諸公要人，皆欲令出我門下，猶致茲丘於澧、鎬、鄠、杜之間也。今謫是州，爲世大僇，庸夫皆得詆訶，頻年不調，亦何異爲農夫漁父所陋無以售於人乎？乃今茲丘有遭，而己獨無遭，賀丘所以自弔，亦猶起廢之答無躄足涎顙之望也。嗚呼！英雄失路，至此亦不免氣短矣。讀者當於言外求之。"(《古文析義初編》卷五)領會得此文本意。"永州八記"最後一篇《小石城山記》云：

> 自西山道口徑北，踰黄茅嶺而下，有二道：其一西北，尋之無所得；其一少北而東，不過四十丈，土斷而川分。有積石橫當其垠，其上爲睥睨梁欐之形，其旁出堡塢，有若門焉，窺之正黑，投以小石，洞然有水聲，其響之激越，良久乃已。環之可上，望甚遠，無土壤而生嘉樹美箭，益奇而堅。其疏數偃仰，類智者所施設也。
>
> 噫！吾疑造物者之有無久矣。及是，愈以爲誠有，又怪其不爲之於中州，而列是夷狄，更千百年，不得一售其伎，是固勞而無用。神者儻不宜如是，則其果無乎？或曰：以慰夫賢而辱於此者。或曰：其氣之靈，不爲偉人而獨爲是物，故楚之南少人而多石。是二者，余未信之。

文章先寫小石城山景色之奇，然後由"類智者所施設"一句，引出造物主有無之疑問，究竟智者即造物主是否存在？從小石城山之奇特景觀看，"愈以爲誠有"，但"又怪其不爲之中州而列是夷狄"，

“神者倘不宜如是”，因此又認爲造物主並不存在，謂“神其果無乎”。此即司馬遷所謂“天之報施善人，其何如哉？……余甚惑焉，儻所謂天道，是邪非邪”(《史記·伯夷列傳》)。對天道抒發自己不平之鳴，所以寄其“以賢而辱於此”之慨！

柳宗元之山水游記，對景物觀察入微，刻畫細致，既有詩情，又具畫意，奇情逸趣，引人入勝。這種體裁雖然源於《水經注》，但無論寫景、抒情皆勝於《水經注》。

其序別書札之作也比較多，内容或議論時政，或叙寫被貶謫之痛，往往以叙議抒情。重要者如《送薛存義之任序》、《送從弟謀歸江陵序》、《送李渭赴京師序》和《與李翰林建書》、《與韓愈論史官書》等。《送薛存義之任序》是爲永州零陵縣代縣令薛存義離任時贈別之作，序云：

> 河東薛存義將行，柳子載肉於俎，崇酒於觴，追而送之江之滸，飲食之。且告曰：“凡吏於土者，若知其職乎？蓋民之役，非以役民而已也。凡民之食於土者，出其十一傭乎吏，使司平於我也。今受其直怠其事者，天下皆然。豈惟怠之，又從而盜之。向使傭一夫於家，受若直，怠若事，又盜若貨器，則必甚怒而黜罰之矣。今天下多類此，而民莫敢肆其怒與黜罰，何哉？勢不同也。勢不同而理同，如吾民何？有達於理者，得不恐而畏乎！”
>
> 存義假令零陵二年矣。早作而夜思，勤力而勞心，訟者平，賦者均，老弱無懷詐暴憎，其爲不虚取直也的矣，其知恐而畏也審矣。
>
> 吾賤且辱，不得與考績幽明之説，於其往也，故賞以酒肉而重之以辭。

序文表述自己的政治理想，即吏者“蓋民之役，非以役民”，認爲官吏取俸禄於民，便應公平盡力以治民，然而其時官吏“受其直，怠其事者，天下皆然”。不僅如此，“又從而盜之”，揭露了吏治之腐敗是唐時之普遍現象。然後贊頌薛存義之勞心盡力，勤於政事，使“訟者平，賦者均”，百姓晏安。作者精神之鬱結處在繫心民瘼。作爲送别之作，先規諷後贊頌，亦極其得體。

他所撰寫之書札，如《與李翰林建書》是向友好敘説自己被貶永州後孤淒冷漠之生活、鬱悶憤慨之心情，並希望得到友好的幫助，重返朝廷之意向。其中有云：

> 永州於楚爲最南，狀與越相類。僕悶即出游，游復多恐，涉野有蝮虺大蜂，仰空視地，寸步勞倦。近水即畏射工沙蝨，含怒竊發，中人形影，動成瘡痏。時到幽樹好石，蹔得一笑，已復不樂。何者？譬如囚拘圜土，一遇和景，負牆搔摩，伸展支體，當此之時，亦以爲適。然顧地窺天，不過尋丈，終不得出，豈復能久爲舒暢哉？明時百姓，皆獲歡樂，僕士人，頗識古今理道，獨愴愴如此！誠不足爲理世下執事，至比愚夫愚婦又不可得，竊自悼也。
>
> 僕曩時所犯，足下適在禁中，備觀本末，不復一一言之。今僕癃殘頑鄙，不死幸甚。苟爲堯人，不必立事程功，惟欲爲量移官，差輕罪累，即便耕田藝麻，娶老農女爲妻，生男育孫，以供力役。時時作文，以詠太平。摧傷之餘，氣力可想。假令病盡已，身復壯，悠悠人世，越不過爲三十年客耳。前過三十七年，與瞬息無異。復所得者，其不足把翫，亦已審矣。杓直以爲誠然乎？

其向好友表述謫居異域之苦，願爲老農以終其身而不可得，轉念歲月易逝,餘年不多,愈增悲愴。行文多悲愴嗚咽之音,跌宕衰颯之氣,宛若胡笳塞曲,讀之令人斷腸。然後敘説以讀書著述求得安慰,篇末表示希望得到援助,結出致書之本意。這是一篇自表心跡之作,對了解柳宗元被貶後的生活、思想有重要價值。

柳宗元還寫了一些人物傳記,這些人物傳記明顯受司馬遷傳記文學之影響,體現了他的史筆。他自稱"昔與退之期爲史志甚壯"(《與史官韓愈致段秀實太尉逸事狀》),即他曾與韓愈共同以寫史志相期。因此他筆下的人物傳記既顯示了他的史才,也顯示了他的史識。這突出地表現在《段太尉逸事狀》撰寫之中。他寫《段太尉逸事狀》之目的是什麽? 是爲史館立傳提供真實之史料。按德宗建中四年,朱泚作亂,自稱帝,時秀實爲司農卿,朱泚召見之,迫其任僞官,秀實駡朱泚爲狂賊,以笏擊朱泚額,遂被害。有人誣言秀實此舉爲"以武人一時奮不慮死,以取名天下",因寫此狀,以秀實三件逸事爲其辨誣。三件逸事:一者斷汾陽王郭子儀之子郭晞部下殘害百姓者十七人之頭;二者賣馬代償農民於旱年繳不出涇州大將焦令諶逼迫收的租糧;三者拒收朱泚賄賂,將其置於司農治事堂上,絲毫不取。其第一件逸事寫斷郭晞部卒十七人之頭最爲詳細:

> 太尉自州以狀白府,願計事,至則曰:"天子以生人付公理,公見人被暴害,因恬然,且大亂,若何?"孝德曰:"願奉教。"太尉曰:"某爲涇州,甚適,少事,今不忍人無寇暴死,以亂天子邊事。公誠以都虞候命某者,能爲公已亂,使公之人不得害。"孝德曰:"幸甚!"如太尉請。
>
> 既署一月,晞軍士十七人入市取酒,又以刃刺酒翁,壞釀器,酒流溝中。太尉列卒,取十七人,皆斷頭注槊上,植市門外。晞一營大譟,盡甲。孝德震恐,召太尉曰:"將奈何?"太

尉曰:“無傷也,請辭於軍。”孝德使數十人從太尉,太尉盡辭去,解佩刀,選老躄者一人持馬,至晞門下。甲者出,太尉笑且入曰:“殺一老卒,何甲也? 吾戴吾頭來矣。”甲者愕。因諭曰:“尚書固負若屬耶? 副元帥固負若屬耶? 奈何欲以亂敗郭氏? 爲白尚書,出聽我言。”晞出,見太尉,太尉曰:“副元帥勳塞天地,當務始終。今尚書恣卒爲暴,暴且亂,亂天子邊,欲誰歸罪? 罪且及副元帥。今邠人惡子弟以貨竄名軍籍中,殺害人,如是不止,幾日不大亂? 大亂由尚書出,人皆曰:‘尚書倚副元帥不戢士,然則郭氏功名其與存者幾何?’”言未畢,晞再拜曰:“公幸教晞以道,恩甚大,願奉軍以從。”顧叱左右曰:“皆解甲,散還火伍中,敢譁者死!”太尉曰:“吾未晡食,請假設草具。”既食,曰:“吾疾作,願留宿門下。”命持馬者去,旦日來。遂卧軍中。晞不解衣,戒候卒擊柝衛太尉。旦,俱至孝德所,謝不能,請改過。邠州由是無禍。

叙述其斷郭晞部卒十七人之頭,剛毅果敢,完全是出於“不忍人無寇暴死”,是爲民除害,是一種正義行爲。其次寫其賣馬代農民償還租糧,也是出於對農民之關懷和熱愛。至於拒收朱泚之賄賂,顯示了其爲官之廉潔。如此都説明秀實所以對待朱泚者,絶非匹夫之勇,以博取名譽之類,而是出於其爲官剛直不阿之品德,此亦作者着意表狀者。狀文之末附呈史館一段文字:“宗元嘗出入岐、周、邠、斄間,過真定,北上馬嶺,歷亭鄣堡戍,竊好問老校退卒,能言其事:太尉爲人姁姁,常低首拱手步行,言氣卑弱,未嘗以色待物。人視之,儒者也。遇不可,必達其志,决非偶然者。會州刺史崔公來,言信行直,備得太尉遺事,覆校無疑。”説明關於段秀實之逸事乃從實地調查中得來。這不但顯示出其文筆是對司馬遷文直事核精神之直接傳承,而且文風也大似司馬遷。

柳宗元爲封建官吏作傳不多,較多者是爲一般平民百姓作傳,如《宋清傳》、《種樹郭橐駝傳》、《梓人傳》、《童區寄傳》等,其史筆史識更明顯體現在這類傳記之中。《種樹郭橐駝傳》是爲善植樹的勞動者立傳,記叙其種植技藝爲能“順木之天,以致其性”,以喻治民之道,當順民之意,猶種樹不可拂其性也之政治理想。傳云:

郭橐駝,不知始何名。病瘻,隆然伏行,有類橐駝者,故鄉人號之駝。駝聞之曰:“甚善,名我固當。”因捨其名,亦自謂橐駝云。其鄉曰豐樂鄉,在長安西。駝橐種樹,凡長安豪富人爲觀游及賣果者,皆爭迎取養。視駝所種樹,或移徙,無不活,且碩茂,早實以蕃。他植者雖窺伺傚慕,莫能如也。

有問之,對曰:“橐駝非能使木壽且孳也,能順木之天,以致其性焉爾。凡植木之性,其本欲舒,其培欲平,其土欲故,其築欲密。既然已,勿動勿慮,去不復顧。其蒔也若子,其置也若棄,則其天者全而其性得矣。故吾不害其長而已,非有能碩茂之也;不抑耗其實而已,非有能早而蕃之也。他植者則不然,根拳而土易,其培之也,若不過焉則不及。苟有能反是者,則又愛之太恩,憂之太勤,旦視而暮撫,已去而復顧。甚者爪其膚以驗其生枯,搖其本以觀其疏密,而木之性日以離矣。雖曰愛之,其實害之;雖曰憂之,其實讎之,故不我若也。吾又何能爲哉!”

問者曰:“以子之道,移之官理,可乎?”駝曰:“我知種樹而已,理,非吾業也。然吾居鄉,見長人者好煩其令,若甚憐焉,而卒以禍。旦暮吏來而呼曰:‘官命促爾耕,勗爾植,督爾獲。早繅而緒,早織而縷,字而幼孩,遂而鷄豚。’鳴鼓而聚之,擊木而召之。吾小人輟飧饔以勞吏者,且不得暇,又何以蕃吾生而安吾性耶?故病且怠。若是,則與吾業者其亦有類乎?”

問者曰:“嘻,不亦善夫！吾問養樹,得養人術。”傳其事以爲官戒。

作爲傳記,必當記述人物一生之業績,郭橐駝惟精於種樹,其業績何其微,而其寓意何其深！作者認爲官吏之職能在安民,非所以擾民。這與《段太尉逸事狀》表狀段秀實繫心民瘼的思想是一致的。文章設爲問答,主要由傳主敘事,以敘事體之史筆抒發政見,即寓政論於敘事之中,是柳宗元人物傳記之一大特點。

柳宗元筆下之寓言,源於戰國諸子之文,是在吸取戰國諸子寓言之基礎上,進一步發揮了其寄託、諷喻之特點,形成了一種獨立的文體,開拓了散文之新領域。這類文章可以“三戒”爲代表。“三戒”者,即《臨江之麋》、《黔之驢》、《永某氏之鼠》。三篇文章都是針對現實的,其序云:“吾恒惡世之人,不知推己之本,而乘物以逞,或依勢以干非其類,出技以怒强,竊時以肆暴,然卒迨於禍。有客談麋、驢、鼠三物,似其事,作‘三戒’。”如《臨江之麋》:

臨江之人,畋得麋麑,畜之。入門,群犬垂涎,揚尾皆來。其人怒,怛之。自是日抱就犬,習示之,使勿動,稍使與之戲。積久,犬皆如人意。麋麑稍大,忘己之麋也,以爲犬良我友,抵觸偃仆,益狎。犬畏主人,與之俯仰甚善,然時啖其舌。三年,麋出門,見外犬在道甚衆,走欲與爲戲。外犬見而喜且怒,共殺食之,狼藉道上。麋至死不悟。

又如《黔之驢》:

黔無驢,有好事者船載以入。至則無可用,放之山下。虎見之,龐然大物也,以爲神。蔽林間窺之,稍出近之,慭慭然莫相知。他日,驢一鳴,虎大駭,遠遁,以爲且噬己也,甚恐。然往來視之,覺無異能者。益習其聲,又近出前後,終不敢搏。

> 稍近,益狎,蕩倚衝冒,驢不勝怒,蹄之。虎因喜,計之曰:"技止此耳!"因跳踉大㘚,斷其喉,盡其肉,乃去。噫!形之龐也類有德,聲之宏也類有能。向不出其技,虎雖猛,疑畏,卒不敢取。今若是焉,悲夫!

《永某氏之鼠》從略。三篇各有所諷,《臨江之麋》爲諷"依勢以干非其類"者,《黔之驢》則諷"出技以怒其强"者,《永某氏之鼠》乃諷"竊時以肆暴"者,他們都"不知推己之本,而乘物以逞",結果皆自取滅亡。文章借麋、驢、鼠以諷喻現實中之三類人物。其寫麋、犬、驢、虎、鼠和某氏,皆描情繪影,聲態畢肖,筆墨削峭,得自然之妙。

柳宗元之雜"説"體文章,也多具寓言性質,借物喻意,以針刺現實,能驚世駭俗,發人深省。重要篇章如《鶻説》、《捕蛇者説》、《謫龍説》、《羆説》等。《捕蛇者説》是經久傳誦之名篇,寫永州地區酷政壓迫下人民之苦難:

> 永州之野産異蛇,黑質而白章,觸草木盡死,以齧人,無禦之者。然得而腊之以爲餌,可以已大風、攣踠、瘻、癘,去死肌,殺三蟲。其始,太醫以王命聚之,歲賦其二,募有能捕之者,當其租入,永之人爭奔走焉。
>
> 有蔣氏者,專其利三世矣。問之,則曰:"吾祖死於是,吾父死於是,今吾嗣爲之十二年,幾死者數矣。"言之,貌若甚慼者。余悲之,且曰:"若毒之乎?余將告於涖事者,更若役,復若賦,則何如?"
>
> 蔣氏大戚,汪然出涕曰:"君將哀而生之乎?則吾斯役之不幸,未若復吾賦不幸之甚也。嚮吾不爲斯役,則久已病矣。自吾氏三世居是鄉,積於今六十歲矣,而鄉鄰之生日蹙。殫其

地之出，竭其廬之入，號呼而轉徙，飢渴而頓踣，觸風雨，犯寒暑，呼噓毒癘，往往而死者相藉也。曩與吾祖居者，今其室十無一焉；與吾父居者，今其室十無二三焉；與吾居十二年者，今其室十無四五焉，非死而徙爾。而吾以捕蛇獨存。悍吏之來吾鄉，叫囂乎東西，隳突乎南北，譁然而駭者，雖鷄狗不得寧焉。吾恂恂而起，視其缶，而吾蛇尚存，則弛然而卧。謹食之，時而獻焉。退而甘食其土之有，以盡吾齒。蓋一歲之犯死者二焉，其餘則熙熙而樂，豈若吾鄉鄰之旦旦有是哉！今雖死乎此，比吾鄉鄰之死則已後矣，又安敢毒耶？"

余聞而悲。孔子曰："苛政猛於虎也。"吾嘗疑乎是，今以蔣氏觀之，猶信。嗚呼！孰知賦斂之毒，有甚是蛇者乎！故爲之説，以俟夫觀人風者得焉。

文章所寫是從實地調查中得來，其寓意在表現孔子所謂"苛政猛於虎也"。不同者，是借捕蛇，突出一個毒字，蛇固然毒，而賦斂更甚於蛇毒。"毒"比"猛"能更深層次地表現人民被剥削之痛苦。蔣氏自云寧願受蛇毒，而不願被賦斂，從其悲慘的申訴中反映了唐時賦税之繁重。林雲銘云："此篇借題發意，總言賦斂之害。民窮而徙，徙而死，漸歸於盡。淒咽之音，不忍多讀。其言三世六十歲者……嗣安史亂後，歷肅、代、德、順四宗，皆在六十年之内。"（《古文析義初編》卷五）柳宗元作此文之目的，在"以俟夫觀人風者得焉"，可見其所寫確是反映了安史亂後社會之弊端。

綜上所叙，柳宗元之古文，正如其自己所表叙，取法於莊周之博、屈原之哀、孟軻之奥、李斯之壯、馬遷之峻、相如之富、賈誼之明、揚雄之專，而形成自己嚴整深峻之文風。

柳宗元與韓愈同爲古文運動之倡導者，韓爲主，柳爲次，他們是好友，並彼此了解其文章之造詣，柳稱韓文"猖狂恣睢"，韓稱柳文“雄深雅健”,二人文風之特點,緣於他們學術宗尚之不同,韓宗儒,反對佛老,尤其堅決排佛,其提倡古文,不僅爲改革文體,而且是思想領域中之嚴重鬥爭,因而其文章具有爽朗雄偉之氣魄。柳宗元崇佛,又重儒,對儒佛采取調和態度,思想領域之鬥爭表現不堅決,更多注意於政治之革新,其文章便呈現出典雅深密之風格。韓愈之古文采用純净之單行散體,極其重視散體之提煉;柳宗元之古文往往雜有四六句式,或仍沿用駢體。他們的文章各有千秋,交相輝映,難分高下,在唐代文學革新運動中都發揮了重要作用。但就對後代影響説,韓愈卻遠遠大於柳宗元。韓愈傳道授業,對古文創作的影響極其深遠,如李翺、皇甫湜都是他指授之古文家,晚唐杜牧、孫樵、皮日休、陸龜蒙,也都是宗承韓愈之古文而創作的。而柳宗元影響以古文名世者極少,以古文知名者,惟在其周圍之劉禹錫、吕温而已。

五、劉禹錫、吕温

(一)劉禹錫

劉禹錫是與柳宗元同時之古文家,同是“永貞革新”之積極參與者。他與柳宗元在政治、思想、文學主張諸方面有相似之處。如他關心時事,鋭意政治改革,失敗後,長期被貶,一生之遭際與柳相似;他重道,即秉持儒家之政治理想,但不排佛,曾撰寫《曹溪六祖大鑒禪師第二碑》,接續柳宗元所撰之第一碑,學術思想與柳相近;他主張“文之細大,視道之行止”(《唐故相國李公集紀》),又云:“八音與政通,而文章與時高下”(《唐故尚書禮部員外郎柳君集紀》),文學觀點與柳之“文者以明道”(《答韋中立論師道書》),即以“輔時及物爲道”説相同。與柳宗元不同者,他在其《唐故中書侍郎平章事韋公集紀》中提出文章應“以才麗爲主”,“以識度爲宗”,即爲文要具有才華詞采和真知灼見。這是他對古文之具體要求。貞元末他曾與韓愈、柳宗元共同議論過古文之寫作,他在《祭韓吏部文》中云:“昔遇夫子,聰明勇奮。常操利刃,開我混沌。子長在筆,予長在論。持矛舉楯,卒不能困。”筆,泛指散文。論,指散文中之議論文。謂韓長於各體散文,自己則長於議論文,有所特長,可以與韓文頡頏。劉禹錫之議論文,確是寫得警闢有力,不同凡響,其代表作即《天論》和《因論》。其《天論》上中下三篇,是對柳宗元《天説》之補充,主要論述天無意志,與人事無涉,天人相依存等。如上篇開端説明其寫作目的云:

世之言天者二道焉。拘於昭昭者則曰:天與人實影響,禍必以罪降,福必以善來;窮阨而呼必可聞,隱痛而祈必可答,如有物的然以宰者。故陰隲之説勝焉。泥於冥冥者則曰:天與人實剌異,霆震於畜木,未嘗在罪;春滋乎堇荼,未嘗擇善;跖蹻焉而遂,孔顔焉而厄,是茫乎無有宰者。故自然之説勝焉。余之友河東解人柳子厚,作《天説》以折韓退之之言,文信美矣,蓋有激而云,非所以盡天人之際,故余作《天論》以極其辯云。

他認爲柳宗元《天説》論述天人之關係意猶未盡,故作《天論》進一步發揮之。然後具體地叙述説:

大凡入形器者,皆有能有不能。天,有形之大者也;人,動物之尤者也。天之能,人固不能也;人之能,天亦有所不能也。故余曰:天與人交相勝爾。其説曰:天之道在生植,其用在强弱;人之道在法制,其用在是非。陽而阜生,陰而肅殺;水火傷物,木堅金利;壯而武健,老而耗眊;氣雄相君,力雄相長:天之能也。陽而藝樹,陰而揫斂;防害用濡,禁焚用光;斬材窾堅,液礦硎鋌;義制强訐,禮分長幼;右賢尚功,建極閑邪:人之能也。

申述"天與人交相勝"、"數存而勢生"(《天論》中)之觀點,作爲對柳宗元學説之補充。然柳宗元卻不以爲然,他在《答劉禹錫天論書》中説:"發書得《天論》三篇,以僕所爲《天説》爲未究,欲畢其言。始得之,大喜,謂有以開明吾志慮。及詳讀五六日,求其所以異吾説,卒不可得。其歸要曰:非天預乎人也。凡子之論,乃《天説》傳疏耳,無異道焉。"認爲《天論》之觀點與自己之《天説》没有什麽不同,不過是對《天説》内容之疏解。並且指出"凡子之辭,枝葉甚美,而根不直取以遂焉",即文辭甚美,而根基不足。所論極其允當。《天論》所論述者較之《天説》雖無新意,但文章卻有特點:層次井然有序,析理透闢明晰,善於設喻,使抽象之理論具體化、形象化,運用對話,調理文脈,使文氣自然。故宋祁《筆記》中評云:"劉夢得著《天論》三篇,理雖未極,其辭至矣。"

《因論》七篇,序稱:"子劉子閒居,作《因論》。或問其旨曷歸歟?對曰:因之爲言,有所自也。夫造端乎無形,垂訓於至當,其立言之徒。放詞乎無方,措旨於至適,其寓言之徒。蒙之智不逮於是,造形而有感,因感而有辭,匪立匪寓,以因爲目,《因論》之旨也云爾。"自謙所作"匪立匪寓",實則以寓言之體式立言也。七篇各記一事,一事一議,叙事與議論結合,揭示人生之哲理。如《鑒藥》謂良藥有毒,用得恰當可以治病,"過當則傷和",以喻處理問題應適度。《説驥》以識驥之難,喻識别人才和選拔人才之不易。《儆舟》借自己乘舟之經歷,説明覆舟"不生所畏,而生於所易也"。《嘆牛》借牛"皆用盡身殘,功成禍歸",抒發其"執不匱之用,而應夫無方,使時宜之,莫吾害也"之慮。《訊甿》寫董晉鎮汴州,流民回歸,贊美董晉之政績。這些記叙,皆以小喻大,以垂戒後世。文章構思奇巧，形象鮮明，語言生動，是優秀之抒情小品。又其《陋室銘》是古今傳誦之名篇。然爲陋室作銘，不始於劉禹錫，崔沔作之於先。據《全唐文紀事》卷三十四《高曠》類記載崔沔之事云："延和、太極之間（公元七一二），公既留司東都，遂鬻所乘馬，就故人……買宅以製居"，"儉而不陋，浄而不華，六十餘年，榱棟如故。爲常侍時，著《陋室銘》以自廣。天寶末，子孫灑掃，貯書籍劍履而已。"至大曆十一年，由其子崔祐甫將銘文勒石於洛陽故宅。劉禹錫當有感於崔沔所作及崔祐甫之勒石，亦作《陋室銘》以抒情寫志：

> 山不在高，有仙則名；水不在深，有龍則靈。斯是陋室，惟吾德馨。苔痕上階緑，草色入簾青。談笑有鴻儒，往來無白丁。可以調素琴，閲金經。無絲竹之亂耳，無案牘之勞形。南陽諸葛廬，西蜀子雲亭。孔子云：何陋之有？

銘文抒寫之情志是什麽？他在《送曹璩歸越中舊隱詩並序》中敘説其爲連州刺史時，士人曹璩來求見，語稱欲隱居名山以揚其聲望並謀取禄位，他規勸之以讀書提高道德修養之事："余爲連州，諸生以進士書刺者，浩不可紀，獨曹生崖然自稱爲'山夫'。及與語，以徵其實，則曰：所嗜者名……今方依名山以揚其聲，將掛幘於南嶽。……余遽曰：在己不在山。若子之言，依山而爲高，是練神叩寂，捐日月而不顧，名聞而老至，持是焉用？……從余求書以觀，居三時，而功倍一歲。"並贈詩云："數間茅屋閒臨水，一盞秋燈夜讀書。"勉勵他在茅屋（陋室）認真讀書，使自己成學問淵博、道德高尚之人。其後，劉禹錫回洛陽，便將這種理想、意念寫成《陋室銘》，意者人之名望緣於其道德之高尚和學問之宏富，德高學富之人能使所居之山、水、室增加聲譽，反之，不能依憑名山勝水提高自己之身價,故云“斯是陋室,惟吾德馨”,着意於以道德自勵。此即作者所抒寫之情志者也。文章短小精悍,詩情畫意,韻味雋永,境界不同流俗。

劉禹錫的文章,主要源於劉向和班固,他曾自稱“文師漢中壘”(《韓十八侍御見示岳陽樓别竇司直詩,因令屬和,重以自述,故足成六十二韻》),中壘,即劉向,曾任中壘校尉。班固又吸取了劉向雅正深厚之特點,劉熙載《藝概·文概》稱:“班孟堅文,宗仰在董生、匡、劉諸家,雖氣味已是東京,然爾雅深厚,其所長也。”劉禹錫則承襲兩家雅麗之文辭,深博之思想,形成自己巧麗淵博之文風,爲唐代古文作了新的開拓。唐趙璘《因話録》卷三云:

> 元和以來,詞翰兼奇者,有柳柳州宗元,劉尚書禹錫及楊公。

楊公,即楊敬之。南宋謝采伯《密齋筆記》卷三云:

> 唐之文風,大振於貞元、元和之時,韓、柳倡其端,劉、白繼其軌……皆足以拔於流俗,成一家之語。

又《四庫全書總目提要》謂劉賓客:

> 其古文則恣肆博辨,於昌黎、柳州之外,自爲軌轍。

皆指出其在唐代古文創作中之成就和重要地位。其對後代之影響也很大,宋代蘇軾、李淑、汪藻、洪邁等皆取法之。

(二)吕温

吕温也是中唐時期重要之古文家,他曾“從陸質治《春秋》,梁肅爲文章”(《唐書》本傳),留心於經世致用之學。在思想、政治態度和文學觀念上與柳宗元、劉禹錫很接近,三人友善,志行德操、才器學識互相推許,柳宗元曾稱其“道大藝備,斯爲全德”,“文章過人,略而不有，素志所蓄，巍然可知”（《祭吕衡州温文》）；劉禹錫則稱其“始以文學震三川，三川守以爲貴士之冠”（《唐故衡州刺史吕君集紀》），對其道德文章推崇備至。《舊唐書》一百三十七評其文章云：“温文體富艷，有丘明、班固之風。所著《淩烟閣功臣銘》、《張始興畫贊》、《移博士書》，頗爲文士所賞。”所列舉爲文士所稱賞者皆名贊一類。誠如所評，其文確以碑銘、贊頌見長。王士禛《香祖筆記》卷五云：“温於詩非所長，贊頌等時有奇逸之氣。”“諸碑銘，皆有可傳者。”此類文章可以《三受降城碑銘》爲代表，碑銘之序叙述我國北方有史以來邊患衆多，進而説明張仁願築三受降城之重要性：

> 大總管韓國公張仁願，躡機而謀，請築三城，奪據其地，跨大河以北嚮，制胡馬之南牧。中宗詔許，横議不撓。於是留及瓜之戍，斬姦命之卒，六旬雷動，三城岳立，以拂雲祠爲中城，東西相去各四百里，過朝那而北闢，斥候迭望幾二千所。損費億計，減兵萬人。分形以據，同力而守，東極於海，西窮於天，納陰山於寸眸，拳大漠於一掌，驚塵飛而烽火耀，孤雁起而刁斗鳴，涉河而南，門用晏閑，韓公猶以爲未也。方將建大旆，提金鼓，馳神竿，鞠虎旅，看旄頭明滅與太白進退，小則責琛賫，受厥角，定保塞一隅之安，大則倒狼居，竭瀚海，空苦塞萬里之野。大略方運，元勳不集，天其未使我唐無北顧之憂乎？

寫張仁願受中宗（李顯）詔許，築中、東、西三受降城，以拂雲祠爲中城，與東西兩城各相距四百里，置烽候二千所，首尾相應，以鞏固唐王朝北部邊疆。行文中對張仁願之業績充滿了贊揚之情。然後叙述後人未能繼承其遺志，以致邊患再次發生。最後銘文流露了憂國傷時之感。文章叙事清晰，風格奇逸，確爲佳構。李慈銘《越

緩堂讀書記》卷八"吕衡州集"條評云:

> 和叔之文,當時擬之左丘、班固,誠非其倫。然根柢深厚,自不在同時劉夢得、張文昌之下。其文如《三受降城碑銘》、《古東周城銘》、《成皋銘》、《酹王景略文》、《淩烟閣勳臣頌》、《狄梁公傳贊》、《張荆州畫像贊》,置之韓、柳集中,亦爲高作。其他書表,多有可觀,議論亦甚平正。

其評論可謂全面而中肯。

六、白居易、元稹

白居易、元稹皆以詩歌名世,文名爲詩名所掩。其實他們的古文創作也有成就,功績不可埋没。他們早年都曾寫駢文,隨着古文運動蓬勃興起,他們的文章逐漸向散體演變,並終於參與到文體改革之潮流中來。唐時通行之駢文,經過韓、柳之反對,一般書信雜文及表狀體之陣地被攻破了,而朝廷之制誥仍頑固地保存着舊形制。白居易任中書舍人時,爲朝廷撰寫之制誥,往往規仿《尚書》,文辭古雅。元稹知制誥時,"變詔書體,務純厚明切"(《唐書》本傳)。他們都以自己之創作實踐,將制誥文散體化,攻破了駢體最後一塊陣地。可以説制誥由駢變散,自元、白始。這是他們對古文創作之貢獻。

(一)白居易

白居易古文之成就是多方面的,元稹《白氏長慶集序》稱:"大凡人之文,各有所長。樂天之長,可以爲多矣。……賦、贊、箴、戒之類長於當,碑記、叙事、制詔長於實,啓奏、表狀長於直,書檄、詞策、剖判長於盡。總而言之,不亦多乎哉!"其所列舉皆應用文,這些應用文皆因文體之不同而各具特點,如《奏閿鄉縣禁囚狀》"號州閿鄉湖城縣禁囚事宜”，是白居易作於元和四年以後爲左拾遺時，上此表狀建議將長期被囚禁之無辜人民釋放出來，並豁免其租税。狀文云：

右伏聞前件縣獄中，有囚十數人，並積年禁繫；其妻兒皆乞於道路，以供獄糧。其中有身禁多年，妻已改嫁者；身死獄中，取其男收禁者。云是度支轉運下囚禁在縣獄，欠負官物，無可填賠；一禁其身，雖死不放。前後兩遇恩赦，今春又降德音，皆云節文不該，至今依舊囚禁。臣伏以罪坐之刑，無重於死；故殺人者罪止於死，坐贓者身死不徵。今前件囚等，欠負官錢，誠合填納；然以貧窮孤獨，惟各一身，債無納期，禁無休日；至使夫見在而妻嫁，父已死而子囚，自古罪人，未聞此苦。行路見者，皆爲痛傷。況今陛下愛人之心，過於父母；豈容在下有此窮人？古者一婦懷冤，三年大旱；一夫結憤，五月降霜。以類言之，臣恐此囚等憂怨之氣，必能傷陛下陰陽之和也。其囚等人數及所欠官物，并赦文不該事由，臣即未知委細。伏望與宰相商量，兼令本司具事由分析聞奏。如或是實，禁繫不虛，伏乞特降聖慈，發使一時放免。一則使縲囚獲宥，生死皆知感恩；二則明天聽及卑，遠近自無冤滯。事關聖政，不敢不言。臣兼恐度支鹽鐵使下諸州縣，禁囚更有如此者。伏望便令續條疏其事奏上。

狀文陳述閿鄉湖城兩地無辜人民被囚禁之苦難，有“身禁多年，妻已改嫁者”，有“身死獄中，取其男收禁者”，總之，一旦入獄，“雖死不放”。罪莫重於死刑，殺人者止於死，貪贓者身死而不徵，而人民因繳納不出官家之租税而入獄，既死不了，又活不成，終身服刑，痛苦甚於死罪，含冤銜憤，無可告訴。作者以表狀申訴人民的苦難，希望憲宗“發使一時放免”。這與其詩歌創作“惟歌生民病,願得天子知”的思想是一致的。行文樸實簡直,平易流暢,所謂“表狀長於直”,直者,即直言敢諫也。

白居易書信一類文章成就也很突出,如《與楊虞卿書》、《與陳給事書》、《與元微之書》、《與元九書》等,尤其是《與元九書》是其自叙身世、行藏、思想、志趣及文學見解,並抒發人生之感慨的重要篇章。文章之重要意義不僅在内容,也在其是一篇優秀之古文。兹節録其中叙述唐以前詩歌之演變過程如下:

> 夫文尚矣,三才各有文。天之文,三光首之;地之文,五材首之;人之文,六經首之。就六經言,《詩》又首之。何者?聖人感人心而天下和平。感人心者,莫先乎情,莫始乎言,莫切乎聲,莫深乎義。詩者:根情、苗言、華聲、實義。上自聖賢,下至愚騃,微及豚魚,幽及鬼神,群分而氣同,形異而情一,未有聲入而不應,情交而不感者也。
>
> 聖人知其然,因其言,經之以六義;緣其聲,緯之以五音。音有韻,義有類。韻協則言順,言順則聲易入;類舉則情見,情見則感易交。於是乎孕大含深,貫微洞密,上下通而一氣泰,憂樂合而百志熙。五帝三皇所以直道而行,垂拱而理者,揭此以爲大柄,決此以爲大寶也。故聞“元首明,股肱良”之歌,則知虞道昌矣。聞五子洛汭之歌,則知夏政荒矣。言者無罪,聞者足戒,言者聞者莫不兩盡其心焉。
>
> 洎周衰秦興,采詩官廢,上不以詩補察時政,下不以歌洩導民情。乃至於諂成之風動,救失之道缺。於時六義始刓矣。國風變爲騷辭,五言始於蘇、李。蘇、李、騷人,皆不遇者,各繫其志,發而爲文。故河梁之句,止於傷别,澤畔之吟,歸於怨思。彷徨抑鬱,不暇及他耳。然去《詩》未遠,梗概尚存。故

興離别則引雙鳧一雁爲喻,諷君子小人則引香草惡鳥爲比。雖義類不具,猶得風人之什二三焉。於時六義始缺矣。

晉、宋以還,得者蓋寡。以康樂之奥博,多溺於山水;以淵明之高古,偏放於田園。江、鮑之流,又狹於此。如梁鴻《五噫》之例者,百無一二焉。於時六義寖微矣,陵夷矣。

至於梁、陳間,率不過嘲風雪、弄花草而已。噫! 風雪花草之物,《三百篇》中豈舍之乎? 顧所用何如耳。設如"北風其涼",假風以刺威虐也;"雨雪霏霏",因雪以愍征役也;"棠棣之華",感華以諷兄弟也;"采采芣苢",美草以樂有子也。皆興發於此而義歸於彼。反是者,可乎哉? 然則"餘霞散成綺,澄江淨如練","離花先委露,别葉乍辭風"之什,麗則麗矣,吾不知所諷焉。故僕所謂嘲風雪、弄花草而已。於時六義盡去矣。

作者認爲人之文,六經爲首,六經中詩爲首,界定詩爲"根情、苗言、華聲、實義",並用"六義"來概括《詩》之文學精神,謂"聖人知其然,因其言,經之以六義;緣其情,緯之以五音",以六義爲最高準則,去衡量自古以來之文學現象。周衰秦興,采詩官廢,則"六義始刓矣";國風變爲騷辭,則"六義始缺矣";晉、宋以還,得者蓋寡,則"六義寖微矣,陵夷矣";梁、陳間,率不過嘲風雪、弄花草而已,則"六義盡去矣"。《詩》之精神蕩然無存,作者意欲振起之,故云:"僕常痛詩道崩壞,忽忽憤發,或食輟哺、夜輟寢,不量才力,欲扶起之。"在總結歷史經驗之基礎上,要重振六義詩風,爲新樂府運動提供範例。行文敘事與議論相結合,氣勢貫通,盡其情,窮其理,將情理發揮至盡致,即所謂"書檄長於盡"也。

白居易之記序文,多言情述志之作。如《江州司馬廳記》記其被貶江州司馬後之心境,無功、無罪、無言責、無事憂,"從容於山水詩酒間”,得其所樂,謂“苟有志於吏隱者,捨此官何求焉”。《草堂記》記其營構草堂於廬山香爐峰下,在幽靜之自然環境中,“體寧心恬”,謂“天與我時,地與我所”,願歸隱是鄉。在具體記述得其所樂之過程中,隱含着悲傷和不平。其他《養竹記》、《冷泉亭記》、《三游洞序》也都記述他被貶江州後之思想情緒。總之,白居易的古文平易流暢,不尚艱難,抒情言志皆意興灑然,得自然之妙。

(二)元稹

元稹早年寫駢文,當其知制誥時,便對制誥用時文表示不滿,標榜復古,主張改制誥之文爲古文。如其《制誥序》云:

> 制誥本於《書》,《書》之誥命訓誓,皆一時之約束也。自非訓導職業,則必指言美惡,以明誅賞之意焉。是以讀《説命》,則知輔相之不易;讀《胤征》,則知廢怠之可誅。秦漢已來,未之或改。近世以科試取士文章,司言者苟務刓飾,不根事實,升之者美溢於詞,而不知所以美之之謂;黜之者罪溢於紙,而不知所以罪之之來;而又拘以屬對,跼以圓方,類之於賦判者流,先王之約束蓋掃地矣。

他以時文不切時用之角度,認爲其“苟務刓飾,不根事實”、“拘以對屬,跼以圓方”,以致升者“不知其所以美之之謂”,黜者“不知其所以罪之之來”。因此,元和十五年,他以祠部郎中知制誥,“輒以古道干丞相,丞相信然之”。他始“變詔書體”爲古文。白居易《元稹除中書舍人翰林學士賜紫金魚袋制》稱許他“能芟繁詞,剗弊句,使吾文章言語與三代同風。引之而成綸綍,垂之而爲典訓。凡秉筆者,莫敢與汝爭能”。又白居易《餘思未盡加爲六韻重寄微之》詩云:“制從長慶辭高古,詩到元和體變新。”自注:“微之長慶初知制誥,文格高古,始變俗體,繼者效之。”皆説明他以古文寫制

誥的開創之功。例如《韋珩京兆府美原縣令制》:

> 敕:韋珩等:昔先王眚災肆赦,則殊死已降,無不宥免,而受賄枉法者,獨不在數,常常罪之,以此防吏,吏猶有豪奪於人者,朕甚憫焉。日者覃懷有過籍之賦,使吾百姓無聊生於下,非珩等爲吾發覺,則吾終不得聞東人之疾苦矣。今美原藍田,皆吾甸内之邑,爾其爲吾養理生息,以惠窮困,使天下長人之吏,知朕明用廉激貪之意焉。

制誥韋珩爲官之清廉,同時也反映了唐時官吏貪贓枉法之現象。文句全爲單行散體,流暢通達。

元稹之古文不僅制誥一體,此外,還有策、書、奏、表、狀、序、記、啓、議、碑銘、祭文等,衆體皆備。由於是文體改革之初,其中不免有時文遺留,但主要是古文。其中重要者如《唐故工部員外郎杜君墓係銘》、《叙詩寄樂天書》、《代諭淮西書》、《論諫職表》、《浙東論罷進海味狀》、《上令狐相公詩啓》等。其《叙詩寄樂天書》作於他三十七歲任通州司馬時,是向白居易叙説自己創作之情況和對詩歌之見解,白居易因此寫《與元九書》與之討論,是二人互通聲氣之作。文章具體地陳述其諷諭詩寫作之社會環境,如:

> 稹九歲學賦詩,長者往往驚其可教。年十五六,粗識聲病。時貞元十年已後,德宗皇帝春秋高,理務因人,最不欲文法吏生天下罪過。外閫節將,動十餘年不許朝覲,死於其地不易者十八九。而又將豪卒愎之處,因喪負衆,横相賊殺,告變駱驛,使者迭窺,旋以狀聞天子曰:“某邑將某能遏亂,亂衆寧附,願爲帥。”名爲衆情,其實逼詐,因而可之者又十八九。前置介倅,因缘交授者亦十四五。由是諸侯敢自爲旨意,有羅列兒孫以自固者,有開道蠻夷以自重者。省寺符篆固几閣,甚者擬詔旨,視一境如一室,刑殺其

> 下,不啻僕畜,厚加剥奪,名爲進奉,其實貢入之數百一焉。京城之中,亭第邸店以曲巷斷;侯甸之内,水陸腴沃以鄉里計;其餘奴婢、資財,生生之備稱之。朝廷大臣,以謹慎不言爲樸雅,以時進見者,不過一二親信,直臣義士,往往抑塞。禁省之間,時或繕完隤墜,豪家大帥,乘聲相扇,延及老佛,土木、妖熾,習俗不怪。上不欲令有司備宫闈中小碎須求,往往持幣帛以易餅餌,吏緣其端,剽奪百貨,勢不可禁。

其中叙述德宗貞元十年以後政治混亂之狀況:諸如藩鎮割據,跋扈稱雄,殘害人民;京城之中,權貴窮奢極慾、大興土木,其風延及道觀佛寺;宫廷遣使者至長安市中購物,"剽奪百貨,勢不可禁",造成"宫市"之害等,作爲他寫諷諭詩之現實根據。通篇文格高古,氣運流暢,是絶好之古文。其他諸作,亦基本如此。

元稹、白居易之古文成就,《舊唐書》卷一百六十六《白居易傳》評之云:

> 元和主盟,微之、樂天而已。臣觀元之制策,白之奏議,極文章之壼奥,盡治亂之根荄,非徒謡頌之片言,盤盂之小説。

元稹之制策,白居易之奏議,對古文創作皆有貢獻。要之,他們之文風均屬淺易一派,其文風雖淺易,而意味實深長,此或即根源於"極文章之壼奥,盡治亂之根荄",故能成爲最高之文境。

第四節　晚唐時期

晚唐時期,李商隱、温庭筠等人,爲文尚四六,號爲三十六體,在文壇上影響很大,駢文又復興起來。韓愈、柳宗元所倡導之古文則趨向低潮，承其餘緒者有杜牧、孫樵、皮日休、陸龜蒙、羅隱。

一、杜牧、孫樵

（一）杜牧

杜牧是晚唐古文成就之特出者。他是晉代名將杜預、唐代名相杜佑之後代，是一位才識很高之作家。他崇尚儒學，自稱“某世業儒學，自高、曾至於某身，家風不墜，少小孜孜，至今不怠”（《上李中丞書》）。同時也排佛，著《杭州新造南亭子記》，揭露佛教徒之罪惡行徑。其文學觀點主張爲文“以意爲主”，在《答莊充書》中說：“某白莊先輩足下。凡爲文以意爲主，氣爲輔，以辭采、章句爲之兵衛。未有主强盛而輔不飄逸者，兵衛不華赫而莊整者。四者高下圓折，步驟隨主所指，如鳥隨鳳，魚隨龍，師衆隨湯、武，騰天潛泉，横裂天下，無不如意。苟意不先立，止以文采辭句，繞前捧後，是言愈多而理愈亂，如入闤闠，紛紛然莫知其誰，暮散而已。是以意全勝者，辭愈樸而文愈高；意不勝者，辭愈華而文愈鄙。是意能遣辭，辭不能成意，大抵爲文之旨如此。”認爲爲文應以意爲主體，其他爲輔佐、兵士，意須强盛，氣須飄逸，辭采須華赫，章句須莊整，具體地説明了文章内容與形式之主從關係。他的古文創作即這種理論之具體實踐。

他爲文既重視學習先秦兩漢文章，又推崇韓愈、柳宗元之作，如其《冬至日寄小姪阿宜》詩云：“李杜泛浩浩，韓柳摩蒼蒼。近者四君子，與古爭强梁。”贊美李杜詩如江海之波濤浩浩，韓柳文如山嶽之高峰摩天，尤其推崇杜詩韓文，如其《讀韓杜集》云：“杜詩韓集愁來讀，似倩麻姑癢處抓。天外鳳凰誰得髓，無人解合續絃膠。”認爲杜詩韓文猶如鳳嘴麟角合煮而成之膠，可以接續斷絃，奇妙之極。推崇之，即嚮往之，並學習之，“其古文縱横奥衍，多切經世之務”(《四庫全書總目》),明顯是對韓愈文風之繼承。

他胸懷治國安邦之志,熟悉政治軍事知識,他在《上李中丞書》中自稱:“性顓固,不能通經。於治亂興亡之跡,財賦兵甲之事,地形之險易遠近,古人之長短得失,中丞即歸廊廟,宰制在手,或因時事召置堂下,坐與之語,此時回顧諸生,必期不辱恩獎。”說明他對政治、財政、軍事、地理及歷史等之深切了解,執政大臣提出的問題都能應答。故其古文創作,即以經邦濟世爲宗旨。他在《與人論諫書》中說:“某疏愚於惰,不識機括,獨好讀書。讀之多矣,每見君臣治亂之間,興亡諫諍之道,遐想其人,舐筆和墨,則冀人君一悟而至於治平,不悟則烹身滅族。惟此二者,不思中道。”其中以縱論政治和兵事爲最多。今存《樊川文集》二十卷,文章即有十六卷。其論兵事之重要篇章有《罪言》、《原十六衛》、《戰論》、《守論》、《上李司徒相公論用兵書》、《上李太尉論北邊事啓》等。《罪言》是這類文章之代表作,是爲朝廷對藩鎮割據“往年弔伐之道未甚得所”(《上知己文章啓》)所進之削平河北燕、趙、魏三鎮之策。文章首先叙述山東(指太行山以東、黃河以北地區)之民風,並以歷代成敗之事實説明山東地理形勢之重要,進而分析藩鎮割據,叛亂不已,造成國無寧日,民不聊生之現象,然後具體提出上、中、下三策,上策爲莫如自治,中策爲莫如取魏,最下策爲浪戰。兹録其上策如下:

> 今日天子聖明,超出古昔,志於平理。若欲悉使生人無事,其要在於去兵。不得山東,兵不可去,是兵殺人無有已也。今者上策莫如自治。何者?當貞元時,山東有燕、趙、魏叛,河南有齊、蔡叛,梁、徐、陳、汝、白馬津、盟津、襄、鄧、安、黃、壽春,皆戍厚兵,凡此十餘所,纔足自護治所,實不輟一人以他使,遂使我力解勢弛,熟視不軌者,無可奈何。階此,蜀亦叛,

吴亦叛，其他未叛者，皆迎時上下，不可保信。自元和初至今二十九年間，得蜀、得吴、得蔡、得齊，凡收郡縣二百餘城，所未能得，惟山東百城耳。土地人户、財物甲兵，校之往年，豈不綽綽乎？亦足自以爲治也。法令制度，品式條章，果自治乎？賢才奸惡，搜選置捨，果自治乎？障戍鎮守，干戈車馬，果自治乎？井閭阡陌，倉廩財賦，果自治乎？如不果自治，是助虜爲虐，環土三千里，植根七十年，復有天下陰爲之助，則安可以取？故曰：上策莫如自治。

謂元和以後，平定蜀、吴、蔡、齊等强藩，收復郡縣二百餘城，土地人民、財物甲兵都比以往寬裕、强勝，形勢對朝廷有利，只要整頓法令，選用賢才，加强戰備，强化朝廷之實力，足以鎮懾藩鎮，求得自治。中策莫如取魏，謂魏居極重要之地理位置，當燕、趙與朝廷之間，燕、趙以之爲屏障，"是燕、趙常取重於魏，魏常操燕、趙之性命"，必用兵，當先取魏。最下策爲浪戰，即"不計地勢，不審攻守是也"。朝廷三次收趙失敗，皆用浪戰之結果，故最爲下策。作者時爲淮南節度使牛僧孺幕府掌書記，職微言輕，然關心時政，尤"憤河朔三鎮之桀驁，而朝廷議者專事姑息"（《資治通鑑》卷二百四十四），因此大膽抨擊朝廷對藩鎮之政策，並提出自己之主張，深中肯綮。從當時朝廷孱弱之實際情況看，以"自治"爲上策，乃切實可行，絶非書生之論，亦非僅以文字勝也。劉熙載《藝概・文概》評之云："杜牧之識見自是一時之傑。觀所作《罪言》，謂'上策莫如自治'，'中策莫如取魏'，'最下策爲浪戰'；又兩進策於李文饒，皆案切時勢，見利害於未然。以文論之，亦可謂不浪戰者矣。"

此外，《原十六衛》論其時兵制之弊，《戰論》論歷次戰爭之所以敗，《守論》論苟且自守之不當。文筆分析透闢，無矜張之氣，皆切中癥結。

作爲一位有極高才識之作家,杜牧在學術思想上也反佛道,尤其對佛教攻擊更爲激烈。唐時古文運動具有反佛之品性,即反對迷信和爲民除害。杜牧筆下的一些古文篇章,如《論相》、《杭州新造南亭記》、《書處州韓吏部孔子廟碑陰》等,也表現了這種品性,《杭州新造南亭子記》表現尤爲突出,如其中論述佞佛爲害於國家人民云:

> 梁武帝明智勇武,創爲梁國者,捨身爲僧奴,至國滅餓死不聞悟,況下輩固惑之。爲工商者,雜良以苦,僞内而華外,納以大秤斛,以小出之,欺奪村閭戇民,銖積粒聚,以至於富。刑法錢穀小胥,出入人性命,顛倒埋没,使簿書條令不可究知,得財買大第豪奴,如公侯家。大吏有權力,能開庫取公錢,緣意恣爲,人不敢言。是此數者,心自知其罪,皆捐己奉佛以求救,月日積久,曰:"我罪如是,貴富如所求,是佛能滅吾罪,復能以福與吾也。"有罪罪滅,無福福至,生人惟罪福耳,雖田婦稚子,知所趨避。今權歸於佛,買福賣罪,如持左契,交手相付。至有窮民,啼一稚子,無以與哺,得百錢,必召一僧飯之,冀佛之助,一日獲福。若如此,雖舉寰海内盡爲寺與僧,不足怪也。屋壁繡文可矣,爲金枝扶疎,擎千萬佛;僧爲具味飯之可矣,飯訖持錢與之。不大、不壯、不高、不多、不珍奇瓌怪爲憂,無有人力可及而不爲者。

其中敘述佞佛對國家社稷和人民生命之危害。工商奸詐巧取,盤剝人民,成爲巨富;小吏貪贓枉法,巧奪豪取,富如公侯;豪吏肆無忌憚掠取公款,人不敢言。他們都是社會之罪人,但皆捐己奉佛,便"有罪罪滅,無福福至"。佛教之果報説原來如此!而且"今權歸於佛,買福賣罪,如持左契,交手相付",進一步揭露出佛教學説之欺騙本質。文章接着充滿了贊賞之情地記叙文宗對佛教之痛恨："古者三人共食一農人，今加兵、佛，一農人乃爲五人所食，其間吾民尤困於佛。"武宗即位便主張廢佛："窮吾天下，佛也。"遂除佛寺，命僧尼還俗，並對宣宗反其道而行之表示不滿。這都表現了作者辟佛之鮮明態度，具有韓愈之文風，但其揭露佛教徒罪惡行徑之深刻透徹，則勝於韓文，其批判力比韓愈《論佛骨表》更尖鋭。

此外，杜牧還寫了一部分人物傳記，主要有《燕將録》、《張保皋鄭年傳》、《竇列女傳》等，贊揚這些人物英勇獻身之精神和對國家民族之貢獻。氣勝而詞雄。

杜牧才氣縱横，文思敏捷，行文明白暢曉，樸實無華，成爲韓、柳古文運動之後勁。李慈銘《越縵堂讀書記》卷八評云：

> 予自己酉冬於《唐文粹》中讀牧之文數篇，不過謂其生峭便學，如孫樵、劉蜕之徒。今日復讀之，乃知才學均勝，通達治體，原本經訓，而下筆時復不肯一語猶人。故骨力與詩等，而氣味醇厚較過之。所著如《罪言》、《原十六衛》、《守論》、《戰論》諸篇，前惟賈太傅《治安策》、《過秦論》，後惟老蘇《幾策》、《權書》可以鼎立，固爲最著；他如《李飛墓誌》、《盧秀才墓誌》、《李贺集序》、《注孫子序》、《杭州新造南亭記》、《上李司徒論用兵書》、《上李太尉論江賊書》、《黄州刺史謝上表》、《進撰韋寛遺愛碑文表》、《塞廢井文》、《題荀文若傳後》諸作，皆奇正相生，不名一體，氣息亦直逼兩漢。長篇如《韋寛遺愛碑》，尤見筆力。《燕將録》、《竇列女傳》亦卓然史才。雖取境太近，然一展卷間，如層巒疊嶂，烟景萬狀；如名將號令，壁壘旌旗，不時變色；如長江大河，風水相遭，陡作奇致；又如食極瀿諫果，味美於回，真韓、柳外一勍敵也。

對杜牧的文章予以全面、具體地評價。杜牧推崇韓、柳,但他的文章又與韓愈不同,绝少怪僻艱澀之處,獨成一家。他的詩歌以杜甫爲圭臬、但又自具面目,獨樹一幟。洪亮吉《北江詩話》卷二云:“有唐一代,詩文兼擅者,惟韓、柳、小杜三家。”信然!

(二)孫樵

孫樵(生卒年不詳),生平事跡見《自序》、《唐書·藝文志》,字可之,又字隱之,自稱關東(函谷關以東)人。大中九年登進士第,授中書舍人。廣明元年,黄巢軍入長安,僖宗逃至岐、隴,他應召赴行在,遷職方郎中,時以右散騎常侍李潼有曾閔之行,前進士司空圖有巢由之風,樵有揚、馬之文,故詔稱“行在三絶”。中和四年,奉詔自定其文,“遂閲所著文及碑碣書檄傳記銘誌,得二百餘篇,藂其可觀者三十五篇,編成十卷”(《自序》)。今傳《孫樵集》即三十五篇,與序文正合。他自叙其文統:“樵嘗得爲文真訣於來無擇,來無擇得之於皇甫持正,皇甫持正得之於韓吏部退之。”是韓愈之三傳弟子。在學術思想上崇儒排佛,爲文主張“上規時政,下達民病”(《罵僮文》),與韓愈思想一脈相承。論文尚奇,其《與友人論文書》云:“古今所謂文者,辭必高然後爲奇,意必深然後爲工,焕然如日月之經天也,炳然如虎豹之異犬羊也。是故以之明道則顯而微,以之揚名則久而傳。”其所謂奇,即以意新得巧,文采焕炳以明道揚名,並非用字造句新異奇特,流於僻澀拗口。故文章接着論語言之艱難、平易云:“故其習於易者,則斥澀艱之辭,攻於難者,則鄙平淡之言;至有破句讀以爲工,摘俚語以爲奇。秦漢已降,古文所稱工而奇者,莫若揚、馬。然吾觀其書,乃與今之作者異耳。豈二子所工,不及今之人乎?”意者艱難與平易,不必偏執一端而排斥另一端,猶韓愈所謂“無難易,惟其是耳”《答劉正夫書》),雕章琢句力求新穎獨到,而不排斥平易之言,但反對任意采用俚語。此其爲文之標準。又其《與高錫望書》云:“矧足下才力雄獨,意語橫闊。嘗序義復岡及樂武事,其説要害,在樵宜一二百言者,足下能數十字輒盡情狀。及意窮事際,反若有千百言在筆下。”此乃贊揚高氏文章叙事精簡而情狀無遺。這種叙事手法都是古文家取自於史書。孫樵自稱“承史法於師”(《與高錫望書》),他贊揚高氏,實則他自己的文章也在追求“及意窮事際,反若有千百言在筆下”之文境。

孫樵之古文文風既如上叙,其内容則關心政治,指摘時弊,抒發憤懣,也體現了韓愈的影響。如《與李諫議行方書》、《復佛寺奏》皆排佛之力作。其《與李諫議行方書》云:

> 樵嘗爲《日蝕書》,以爲國家設諫官,期换君心之非,不以一咈其言而怠於諫,即繼以死,非其職耶?執事居其官,亦嘗有意於此乎?
>
> 開元之間,豈待諫官而後言耶?苟立天子廷者,皆開口奮舌,爭於上前。故自貞觀以還,開元之政,最爲修明。及林甫舞智以固權,張詐以聾上,於是膠群僚之口,縛諫官之舌,且以法中敢言者。由是林甫之惡,熾而勿復聞,禄山之逆,秘而勿復知,天寶之政,由此而荒矣。今者,下無林甫遏諫之權,上有開元虚己之勞,如此則叙立朝廷者,皆得道上是非,不顧時忌,矧執事官曰諫議哉!執事卒不能言,避其官而逃其禄也,他官秩優而位崇者,豈少耶?
>
> 今年三月,上嘗欲營治國門,執事尚諫罷之。今詔營廢寺,以復群髡,三年之間,斤斧之聲不绝,度其經費,豈特國門之廣乎?稽其所務,豈特國門之急乎?何執事在國門則知諫,在復寺則緘默,勇其細而怯其大,豈諫議大夫職耶?樵以爲大蠹生民者,不過群髡,武皇帝發憤除之,冀活疲甿。今天下之民,喘未及息,國家復欲興既除之髡以重困之,將何致民之蓄

富乎？樵不知時態，竊所憤勇，故作奏書一通，以明群髡大蠹之由，生民重困之源。無路上聞，輒以愚獻執事，儻以樵書不爲狂，試入爲上言其略。

武宗會昌年間，有見於佛教荼毒國家人民，實行滅佛，解除國難與民困。但宣宗即位後又恢復之，其佞佛之風比以前更盛。孫樵作此文指責作爲諫官之李行方，不能盡諫官之職，諫阻宣宗之倒行逆施，並進而揭露佛教對國家人民之危害："大蠹生民者，不過群髡（僧尼）。"因此作奏書一通，即《復佛寺奏》，"以明群髡大蠹之由，生民重困之源"，請李行方代呈宣宗。文章説理明晰，言辭切直，文風嚴峻，與韓愈《諫迎佛骨表》之精神一脈相承。

孫樵之古文，更多地揭露唐時吏治之腐敗，有代表性之篇章爲《書褒城驛壁》。文章首先叙述褒城驛荒蕪殘毁之狀況及其荒蕪殘毁之原因，然後引出老甿一段議論：

舉今州縣，皆驛也。吾聞開元中，天下富蓄，號爲理平，踵千里者不裹糧，長子孫者不知兵。今者天下無金革之聲，而户口日益破，疆埸無侵削之虞，而墾田日益寡，生民日益困，財力日益竭，其故何哉？凡與天子共治天下者，刺史縣令而已。以其耳目接於民，而政令速於行也。今朝命官，既已輕任刺史縣令，而又促數於更易。且刺史縣令，遠者三歲一更，近者一二歲再更，故州縣之政，苟有不利於民，可以出意革去其甚者，在刺史曰："明日我即去，何用如此？"在縣令亦曰："明日我即去，何用如此？"當愁醉醲，當飢飽鮮，囊帛櫝金，笑與秩終。

最後作者感嘆云：

嗚呼！州縣者，真驛耶！矧更代之隙，黠吏因緣，恣爲奸欺，以賣州縣者乎？如此而欲望生民不困，財力不竭，户口不破,墾田不寡,難哉! 予既捐退老甿,條其言,書於褒城驛屋壁。

文章以驛站喻刺史、縣令之任所,所謂"舉今州縣,皆驛也","州縣者,真驛耶"! 朝廷輕率任命刺史縣令,任期又促速更易,他們在短暫任期内,無暇體恤政事民情,只顧搜刮財物,以致户口日破,耕地日寡,生民日困,財力日竭。如此則州縣猶如驛站,皆被殘毁而荒蕪了。深刻地揭露了社會之凋敝、人民之苦難,皆緣於吏治之不合理與腐敗。文章題目是《書褒城驛壁》,但非正面題褒城驛壁,而主要是抨擊吏治之弊,這種寫法,當如其自謂爲文"儲思必深,擿辭必高"和"趨怪走奇"(《與王霖秀才書》)也。與揭露貪官污吏亂政之同時,孫樵還描寫了部分清官廉吏之形象,如《書何易于》、《梓潼移江記》、《復召堰籍》等,記叙了清官勤政愛民之事跡,有似於《循吏傳》。對這類官吏褒貶態度鮮明,顯示出作者之政治思想傾向。

孫樵之古文,取法於韓愈,如《寓居對》、《乞巧對》、《罵僮志》明顯有韓愈《進學解》之影跡,其《逐痁鬼文》則有韓愈《送窮文》、《祭鱷魚文》之情思和手法,《序陳生舉進士》則大似韓愈《送孟東野序》之風格。然其取法並非全面,僅取其"横空盤硬語"即"趨怪走奇"之一面。《四庫全書總目提要》論韓愈、皇甫湜、孫樵三人之古文云:

今觀三家之文,韓愈包孕群言,自然高古,而皇甫湜稍有意爲奇,樵則視湜益有努力爲奇之態。其彌有意於奇,是其所以不及歟?

謂韓文"自然高古",湜文"稍有意爲奇",樵文則"努力爲奇之態",比較之,樵文最下,其失在"有意爲奇"。其見解是有道理的。

二、皮日休、陸龜蒙、羅隱

晚唐時期繼承韓愈古文傳統而創作之文學家，杜牧、孫樵之外，還有皮日休、陸龜蒙、羅隱。他們文風相近，都以小品文之形式諷時刺世。

（一）皮日休

皮日休是一位有政治抱負之人，他心懷濟世匡時之志，在晚唐衰亂之時勢中，欲施展自己之才能，以有補於唐王朝。如其《秋夜有懷》有云："夢裏憂心泣，覺來衣尚濕。骨肉煎我心，不是謀生急。如何欲佐王，功名未成立。"謂自己憂心者，非急於謀生，而是希望能輔佐君王，建立功名。爲此他羅致圖書，遁入襄陽鹿門山，日夜攻讀，以求事業有成。他的道統與文統是崇尚儒學排斥佛、老。對儒學，他遠尊孔、孟，中承王通，近宗韓愈。如其云："夫孟子之文，粲若經傳。……故其文繼乎六藝，光乎百氏，真聖人之微旨也。"（《請孟子爲學科書》）謂孟子之文，真傳聖人之旨。又謂文中子王通云："設先生生於孔聖之世，余恐不在游、夏之亞，況七十子歟！"並自稱"嗜先生道，業先生文"（《文中子碑》），贊賞之，並學習之。對韓愈則建議朝廷將其配享孔子廟堂："夫孟子、荀卿翼傳孔道，以至於文中子。文中子之末，降及貞觀、開元，其傳者醨，其繼者淺，或引刑名以爲文，或援縱横以爲理，或作詞賦以爲雅。文中之道，曠百祀而得室授者，惟昌黎文公焉。文公之文，蹴揚、墨於不毛之地，蹂釋、老於無人之境，故得孔道巍然而自正。夫今之文，千百士之作，釋其卷，觀其詞，無不裨造化，補時政，繄公之力也。……況有身行其（指聖人）道，口傳其文，吾唐以來，一人而已。"（《請韓文公配饗太學書》）對韓愈推崇備至，説明由孔子、孟子至王通、韓愈之道統、文統一脈相承。儒者志在兼濟，因此他的散文多濟世匡時之作。其《文藪序》云："其餘碑、銘、贊、頌、論、議、書、序，皆上剥遠非，下補近失，非空言也。"即其爲文在評述歷史和近世諸事之是非得失。又其《桃花賦序》云："日休於文尚矣。狀花卉，體風物，非有所諷，輒抑而不發。"皆説明他爲文之宗旨。今存《皮子文藪》十卷，其中辭賦二卷，文七卷，詩一卷，皆體現了其爲文之宗旨。

皮日休之七卷文章，多篇幅簡短，文辭質樸，富有新意。如其學韓愈"五原"所作之"十原"，是探究政治教化之根本，以補古代經書之不足的一組重要文章。"十原"中之《原謗》云：

> 天之利下民，其仁至矣，未有美於味而民不知者，便於用而民不由者，厚於生而民不求者。然而暑雨亦怨之，祁寒亦怨之；己不善而禍及，亦怨之；己不儉而貧及，亦怨之。是民事天，其不仁至矣。天尚如此，況於君乎？況於鬼神乎？是其怨訾恨讟蓰倍於天矣。有帝天下君一國者，可不慎歟！故堯有不慈之毁，舜有不孝之謗，殊不知堯慈被天下，而不在子；舜孝及萬世，乃不在於父。嗚呼！堯、舜，大聖也，民且謗之；後之王天下，有不爲堯、舜之行者，則民扼其吭，捽其首，辱而逐之，折而族之，不爲甚矣！

謂天之利下民，其仁至矣，民且怨之。堯慈被天下，舜孝及萬世，民亦謗之。後世之帝王不爲堯舜之行，則當扼其吭，捽其首，並逐之、族之。此即秉承孟子"聞誅一夫紂矣"之思想而發揮之。然其筆鋒所向乃在晚唐之政治現實。又其《讀司馬法》是一篇有同樣意義之文章，如云：

> 古之取天下也，以民心；今之取天下也，以民命。唐虞尚仁，天下之民，從而帝之，不曰取天下以民心者乎？漢魏尚權，

驅赤子於利刃之下,爭寸土於百戰之内,由士爲諸侯,由諸侯爲天子,非兵不能威,非戰不能服,不曰取天下以民命者乎?由是編之爲術,術愈精而殺人愈多,法愈切而害物益甚。嗚呼,其亦不仁矣!

謂古代聖王取天下,乃得自民心,而今天取天下者,則是依靠大批殺害民命,而且將這種以民命取天下之辦法,"編之爲術",故"術愈精而殺人愈多,法愈切而害物益甚",深刻地揭露出當今奪取天下權位者之殘暴。作者是從重民、愛民的角度批判封建統治者殘民以逞的,即孟子所謂"今夫天下之人牧,未有不嗜殺人者也"。

《鹿門隱書》六十篇,皆其隱居鹿門時所作,是隨筆式短文,指陳時弊,筆鋒犀利,例如:

聖人行道而守法,賢人行法而守道,衆人侮道而貨法。古之決獄,得民情也哀;今之決獄,得民情也喜。哀者,哀其化之不行;喜之者,喜其賞之必至。

或曰:"我善治苑囿,我善視禽獸,我善用兵,我善聚賦。"古之謂賊民,今之謂賊臣。

蝨蝥能害稼,不能害人。奸邪善害人。害稼者,有時而稔,是不害也。雖有祝鮀之佞,宋朝之美,其害人也,可勝道哉!

以古今對比,揭露今天封建官吏貪得無饜,殘害人民,有甚於蝨蝥之害稼。如此内容之短章佳制,還有許多,不便備引。

要之,皮日休之小品文,大都語精意新,詞鋒犀利,針砭時弊,切中要害,使晚唐古文呈現出新的光輝。

(二)陸龜蒙

陸龜蒙與皮日休是好友,思想與皮日休相近,即崇尚儒學,其自撰《甫里先生傳》云:"好讀古聖人書,探六籍,識大義,就中樂《春秋》,抉摘微旨。"又其《復友生論文書》云:"我自小讀六經,孟軻、揚雄之書,頗有熟者。求文之指趣規矩,無出於此。"皆説明其思想、文章都宗法六經及孟軻、揚雄。他科場失利後,便隱居甫里,過着閒適之生活,但仍關心現實,故爲文主張諷世勸時,其《苔賦序》云:"江文通嘗著《青苔賦》,置苔之狀,則有之,懲勸之道雅未聞也。如此則化下諷上之旨廢,因復爲之,以嗣其聲云。"見於江淹《青苔賦》已失去諷勸之義,自己則欲恢復之。又其《酬謝襲美先輩》詩稱道皮日休云:"鹿門先生才,大小無不怡。就彼六籍内,説詩直解頤。顧我迷未達,開懷潰其疑。初看鑿本源,漸乃疏旁支。邃古派泛濫,皇朝光赫曦。揣摩是非際,一一如襟期。李杜氣不易,孟陳節難移。信知君子言,可並神明蓍。"他首先贊揚皮日休才識高明,能洞察詩歌之源流正變,然後稱頌陳子昂、李白、杜甫、孟浩然之以詩歌反映現實人生。這説明他主張爲文之旨在諷勸,因此除了寫了一些情調閒適之篇章外,還有不少諷世之作。可見他在道統、文統和文學主張上與皮日休是基本一致的,故後人並稱爲"皮陸"。

陸龜蒙之古文多短小精悍、簡潔含蓄,往往以借古喻今、託物諷時之方式,揭露現實,抨擊時政,《記稻鼠》是這方面的代表作。此文緣《詩·魏風·碩鼠》之意而發揮之,揭露封建官府對農民之殘酷剥削,如云:

> 乾符己亥歲,震澤之東曰吴興,自三月不雨,至於七月。當時汙坳沮洳者,埃壒塵勃。濯楫支派者,入扉屨無所汙。農民轉遠流,漸稻本,晝夜如乳赤子。欠欠然救渴不暇,僅得葩

拆穗結，十無一二焉。無何，群鼠夜出，齧而僵之，信宿食殆盡。雖廬守版擊，毆而駭之，不能勝。若官督户責，不食者有刑。當是而賦索愈急。棘械束榜、箠木肌體者無壯老。吾聞之於《禮》曰："迎猫爲食田鼠也。"是禮缺而不行久矣。田鼠知之後歟？物有時而暴歟！政有貪而廢歟？《國語》曰："吴稻，蟹不遺種。"豈吴之土鼠與蟹更伺其事而效其力、殲其民歟？且《魏風》碩鼠刺重斂，斥其君也。有鼠之名，無鼠之實，詩人猶曰"逝將去汝，適彼樂土"，况乎上捃其財而下啗其食，率一民而當二鼠，不流浪轉徙聚而爲盜，何哉？《春秋》"螽蟓生"、"大有年"，皆書，是聖人於豐凶不隱之驗也。余學《春秋》，又親蒙其災，於是乎記。

謂乾符年間，吴興大旱，三月至七月不雨，農民歷盡艱辛，轉引遠方之水以救稻本，僅得葩拆穗結，又遭鼠災，將僅有之葩拆穗結，信宿食盡。而朝廷不顧農民之死活，緊急賦斂，對農民械繫榜箠淩逼，民不堪命。因此作者慨嘆："且《魏風》以碩鼠刺重斂，斥其君也。有鼠之名，無鼠之實，詩人猶曰'逝將去汝，適彼樂土'，况乎上捃其財而下啗其食，率一民而當二鼠，不流浪轉徙聚而爲盜，何哉！"深刻地揭示出官逼民反之社會現實。文章以鼠比貪得無饜的剥削者，"斥其君也"，把批判之筆鋒直接指向封建君王。

又《野廟碑》也是一篇託物寄諷，揭露貪官污吏殘暴凶狠之重要文章。如云：

碑者，悲也。古者懸而窆，用木。後人書之，以表其功德，因留之不忍去，碑之名由是而得。自秦漢以降，生而有功德政事者亦碑之。而又易之以石，失其稱矣。余之碑野廟也，非有政事功德可紀，直悲夫甿竭其力，以奉無名之土木而已矣。

甌、粤間好事鬼，山椒水濱多淫祀，其廟貌有雄而毅、黝而碩者，則曰將軍；有温而願、晳而少者，則曰某郎；有媪而尊嚴者，則曰姥；有婦而容艷者，則曰姑。其居處，則敞之以庭室，峻之以陛級，左右老木，攢植森拱。蘿蔦翳於上，梟鴞室其間。車馬徒隸，叢雜怪狀。農作之，甿怖之，走畏恐後。大者椎牛，次者擊豕，小不下犬鷄。魚菽之薦，牲酒之奠，缺於家可也，缺於神不可也。一日懈怠，禍亦隨作。耄孺畜牧，栗栗然，疾病死喪，甿不曰適丁其時耶，而自惑其生，悉歸之於神。

雖然，若以古言之，則戾；以今言之，則庶乎神之不足過也。何者？豈不以生能禦大災、扞大患，其死也則血食於生人，無名之土木，不當與禦災扞患者爲比，是戾於古也明矣。今之雄毅而碩者有之，温願而少者有之，升階級、坐堂筵、耳弦匏、口粱肉、載車馬、擁徒隸者皆是也。解民之懸，清民之暍，未嘗貯於胸中。民之當奉者，一日懈怠，則發悍吏，肆淫刑，毆之以就事。較神之禍福，孰爲輕重哉？平居無事，指爲賢良，一旦有大夫之憂，當報國之日，則恇撓脆怯，顛躓竄踣，乞爲囚虜之不暇，此乃纓弁言語之土木耳，又何責其真土木耶？故曰：以今言之，則庶乎神之不足過也。

文章釋“碑”爲“悲”，其作意爲“直悲夫甿竭其力，以奉無名之土木”，即認爲甌、粤人淫祀鬼神爲可悲。其中描寫野廟中各種鬼神之形象，農民虔誠奉祀，死喪禍福，“自惑其生，悉歸之於神”，鬼神之爲害可以想見。然較之今日兇神惡煞般之官吏並不足過，因爲今日“纓弁語言之土木”比“無名之土木”爲害尤甚。他們於“民之當奉者，一日懈怠，則發悍吏，肆淫刑，毆之以就事”。其作爲“較神之禍福，孰爲輕重哉”？而且這些平時所謂“賢良”之官吏，並無解民倒懸之觀念，當天下有難，應報效國家時，卻怯懦無能，投敵並乞求爲囚虜。淋灕盡致地揭露這些貪官暴吏之醜惡嘴臉和剥削本質。作者爲甌、粤人民淫祀鬼神而悲,更爲他們竭精力供養這些貪官暴吏而悲。

此外,《祀竈解》是描寫民間祭祀竈神之事,揭露了所謂"竈鬼以時録人功過,上白於天,當祀之以求福祥"之欺騙行爲。認爲一個人只要行爲端正,不做有違世道之事,"竈其誣我乎"? 反之,"雖一歲百祀,竈其私我乎"? "果能欺而告之,是不忠也;聽而受之,是不明也。下不忠,上不明,又果何以爲天帝乎?"此借解祀竈,以諷封建帝王。《招野龍對》借野龍之口自抒其高尚之志,並指斥利禄之徒的無耻行徑。《馬當山銘》揭示小人居心之險惡。總之,陸龜蒙之小品文多諷時刺世之作,其特點往往以比喻的手法和寓言的形式抒發對時政之見解和評述,更富有形象性。對他與皮日休文章之評價,《四庫全書總目提要》云:

> 龜蒙與皮日休相倡和,見於《松陵集》者,工力悉敵,未易定其甲乙。惟雜文龜蒙小品爲多,不及日休《文藪》時標偉論,然閒情别致,亦復自成一家,固不妨各擅所長也。

認爲陸龜蒙之詩與皮日休工力悉敵,而文二人各擅所長。這是切合實際之評論。

(三)羅隱

羅隱與皮日休、陸龜蒙相同,都是晚唐小品文之重要作家。他"恃才傲物"(《五代史補》卷一"羅隱東歸"),"好諧謔"(《唐才子傳》卷九),"多所譏諷"(《舊五代史》卷二十四本傳),因此連科不第,潦倒終生。雖然斷送了功名前程,卻成就了文學事業,《讒書》是他重要的文集。此書編於懿宗咸通八年,《序》云:"生少時自道有言語,及來京師七年,寒飢相接,殆不似尋常人。丁亥年春正月,取其所爲書詆之曰:'他人用是以爲榮,而予用是以辱;他人用是以富貴,而予用是以困窮。苟如是,予之書乃自讒耳,目曰《讒書》。'"説明此書是其在京師七八年,功業未成之抒憤之作。又其《讒書重序》中云:"蓋君子有其位,則執大柄以定是非,無其位,則著私書而疏善惡。斯所以警當世而誡將來也。"進而説明其作意在"疏善惡","警當世而誡將來"。正如宋方回所謂"乃憤悶不平之言,不遇於當世而無所以泄其怒之所作"(《羅昭諫讒書跋》)。《讒書》收録詩、文、賦六十篇,就文而論,其文風猶如《莊子·天下篇》所云"謬悠之説,荒唐之言,無端崖之辭",但内涵卻極其深刻。如《英雄之言》云:

> 物之所以韜晦者,防乎盜也。故人亦然。夫盜亦人也,冠履焉,衣服焉;其所以異者,退讓之心,貞廉之節,不恒其性耳。視玉帛而取者,則曰牽於飢寒;視國家而取者,則曰救彼塗炭。牽於飢寒者,無得而言矣,救彼塗炭者,則宜以百姓心爲心。而西劉則曰:"居宜如是!"楚籍則曰:"可取而代!"噫!彼必無退讓之心,貞廉之節,蓋以視其靡曼驕崇,然後生其謀耳。
>
> 爲英雄者猶若是,況常人乎?是以峻宇逸游,不爲人之所窺者,鮮矣!

意謂秦始皇車駕巡游,劉邦見之喟然嘆曰:"大丈夫當如是也!"項羽見之則慨然曰:"彼可取而代也!"這般"視國家而取者",反不稱爲盜,而美其名曰"救彼塗炭",實際上他們並非"以百姓心爲心",只是"視其靡曼驕崇,然後生其謀耳"。此乃《莊子·胠篋》"竊鉤者誅,竊國者侯"思想之發揮,揭穿了歷代帝王謀取王位之掠奪本質。《武帝山呼》陳述漢武帝之失、漢政之弊,在天下萬民之山呼萬歲。如云:

> 人之性,未有生而侈縱者,苟非其正,則人能壞之,事能壞之,物能壞之,雖貴賤則殊,及其壞,一也。前後左右之諛佞者,人壞之也;窮游極觀者,事壞之也;發於感悟者,物壞之也。是三者,有一於是,則爲國之大蠹。孝武承富庶之後,聽左右之説,窮游觀之靡,乃東封焉。蓋所以祈其身而不祈其歲時也。由是萬歲之聲發於感悟,然後逾遼越海,勞師弊俗,以至於百姓困窮者,東山萬歲之聲也。以一山之聲猶若是,況千口萬舌乎! 是以東封之呼,不得以爲祥,而爲英主之不幸。

謂漢武帝晚年陶醉於已得之成績,喜聽諛佞之言,從事巡游、封禪,"勞師弊俗,以至於百姓困窮",皆由於"東山萬歲之聲"。"英主"武帝"以一山之呼猶若是",後世之昏君"況千口萬舌者乎",百姓之困窮更不堪設想了。此寫漢武帝,暗喻唐代晚期之昏君庸主。《龍之靈》則揭示了封建統治階級"惟思竭澤,不慮無魚"之殘酷剥削。如云:

> 龍之所以能靈者,水也。涓然而取,霈然而神。天之於萬物,必職於下以成功。而龍之職水也,不取於下,則無以健其用;不神於上,則無以靈其職。苟或涸一川然後潤下,涸一澤然後濟物,不惟濡及首尾,利未及施而魚鼈已斃矣! 故龍之取也寡。

謂龍取海水以滋潤萬物,離開海水便無法顯現其神通,但龍取水過多,至於川涸澤竭,則不但魚鼈全都死光,自己也難存活。故"龍之取也寡",即博施而約取。此以龍取水潤物喻封建統治者對人民之無饜剥削,他們聲稱"潤下""濟物",實則"利未及施而魚鼈已斃矣"。

其他如《風雨對》通過談論玄虚怪誕之鬼神,批判晚唐時期"威柄下遷,政在宦人"(《唐書》卷二百零七《宦者列傳序》)之現象。

《吴宫遺事》寫吴王夫差不辨忠奸，疏伍員，寵伯嚭，導致國家敗亡，以影喻唐朝那些昏庸、奢侈、拒绝納諫之帝王。《説天鷄》以狙氏父子畜鷄對比，指斥當權者不能選賢任能。羅隱之小品文多采用寓言和神話之形式抒發自己的見解，並借歷史上之某一事件、現象表現自己的觀點，皆意味雋永，發人深思。其體制短小精悍，靈活自由，往往僅用二三百字，或抒憤慨，或申惋嘆，或怒駡，或嘲謔，筆鋒犀利，委婉有致，爲晚唐趨向衰落之勢的古文增添了一道輝光異彩。魯迅在《小品文的危機》一文中説：

> 唐末詩風衰落，而小品文放了光輝。但羅隱的《讒書》，幾乎全部是抗爭和憤激之談；皮日休和陸龜蒙自以爲隱士，别人也稱之爲隱士，而看他們在《皮子文藪》和《笠澤叢書》中的小品文，並没有忘記天下，正是一榻胡塗的泥塘裏的光彩和鋒鋩。（《南腔北調集》）

他正確地指出皮日休、陸龜蒙、羅隱之作，在古文發展過程中之重要地位。

古文至宋又興盛起來，世稱唐宋古文。然而唐古文與宋古文有何區别？前人對此已曾討論過，如清桐城派之劉開在其《劉孟塗集》内之《上阮宫保論文書》中及朱一新《無邪堂答問》裏都講得很詳細。大致皆認爲韓柳古文是“厚”的，宋以後的古文則是“薄”的。所謂“厚”與“薄”，從形體方面説，我們認爲韓柳古文含有駢文因素，宋以後古文則純爲散體，無此因素。從歷史發展角度看，新體制是從舊體制發展而來，必然帶有舊成分在，唐古文自然含有駢體因素，所以“厚”，宋以後古文演變爲純散體，所以“薄”。此其大致之區别也。

第六章　傳　奇

唐代文學詩文之外,小説也很發達。小説作爲一種文體,六朝已經比較繁榮,不過當時之小説以志怪記逸爲主,至唐始演變爲描寫現實生活。胡應麟將唐時之小説分爲六類(《少室山房筆叢》丙部《九流緒論》),可見當時小説發達的情況。但最具小説特徵、最有價值者是傳奇。然傳奇如何發展起來的? 這是我們首先要探討的問題。

第一節　傳奇之形成

傳奇之形成有一個過程,胡應麟《少室山房筆叢》卷三十六云:

> 凡變異之談,盛於六朝,然多是傳録舛訛,未必盡幻設語,至唐人乃作意好奇,假小説以寄筆端。

魯迅《中國小説史略》云:

> 小説亦如詩,至唐代而一變,雖尚不離於搜神記逸,然叙述宛轉,文辭華艷,與六朝之粗陳梗概者較,演進之跡甚明,尤顯者乃在是時則始有意爲小説。

同書又云:

> 傳奇者流,源蓋出於志怪,然施之藻繪,擴其波瀾,故所成

> 就乃特異,其間雖亦或託諷喻以紓牢愁,談禍福以寓懲勸,而大歸則究在文采與意想,與昔之傳鬼神明因果而外無他意者,甚異其趣矣。

皆説明傳奇源於六朝的變異之談,至唐有新的發展,即在表現現實生活和描寫手法上,都有很大提高,開拓了小説之新境界,故云至唐"始有意爲小説",塑造人物,提煉情節,是真正意義小説創作之開端。

唐代傳奇何以發達?考其原因主要有二:其一,是佛教道教之影響。我們知道,儒家是不語怪力亂神的,而佛道專講神怪。六朝佛道盛行,至唐更甚,其影響於傳奇者至大。首先,傳奇之結構形式與佛經之體裁有密切關係,佛經之體裁是散文與韻文結合,散以叙述,韻以歌唱,韻文所唱者即散文所叙述者,叙述與歌唱之内容重疊,當是爲使聽衆深入領會經義。傳奇有傳,亦有歌,傳以叙事,歌以抒情,如元稹作《鶯鶯傳》,其後李公垂作《鶯鶯歌》,傳、歌亦抒寫同一事實。即同一篇作品,也有傳有歌,如《鶯鶯傳》中便有三十韻《會真詩》,所詠與傳所叙述者爲同一内容。這種將傳文與歌詩結合起來,描寫一個故事,明顯有佛經影響之影跡在。其次,傳奇想象力之豐富,也明顯受有佛、道之影響,如白居易之《長恨歌》與其後陳鴻所作之《長恨傳》,亦寫同一事實,而《長恨歌》寫玄宗由蜀回京,見到宫廷之景物,處處都引起其對楊妃之思念:"歸來池苑皆依舊,太液芙蓉未央柳。……悠悠生死别經年,魂魄不曾來入夢。"然後寫"臨邛道士鴻都客,能以精誠致魂魄"。臨邛道士到虚無縹緲之仙山上尋仙一段描寫,其想象之神異,境界之奇幻,以表現玄宗與楊妃生死不渝之愛情,皆有佛教和道教神仙家思想之投影。其二,是進士科舉之促成。唐時以文取士之科舉有一種習尚,即文人士子在應試之前,須先向考官投獻詩文卷軸,稱爲"温卷”,爲的是給考官一種好印像,入場受試,便可順利進士及第。如宋趙彦衛《雲麓漫鈔》卷八記載:“唐之舉人,先藉當世顯人,以姓名達之主司,然後以所業投獻,逾數日又投,謂之‘温卷’,如《幽怪録》、《傳奇》等皆是也。蓋此等文備衆體,可見史才、詩筆、議論。”當時古文家把持文壇,重視叙事文(史筆)、議論文和詩詞,而傳奇即兼備此三種文體。文人士子爲投合考官之所好,便競奇制勝、各竭所能,奔走於公卿之門,傳奇小説因之發達起來。《全唐詩話》記載這樣一段故實:“盧延遜五舉方登第,嘗作詩云:‘狐衝官道過,犬刺客門開。’張相每誦之。又曰:‘餓貓臨鼠穴,饞犬舐魚砧。’成中令激賞之。又曰:‘栗爆燒毡破,貓跳觸鼎翻。’王中懿愛之。延遜嘗謂人曰:‘平生投謁公卿,不意得貓兒狗子之力也。’”可見當時傳奇小説創作之盛。其三,是對史傳文之繼承。唐時不少傳奇作者,同時也是歷史家,如《古鏡記》作者王度曾奉詔撰國史、《任氏傳》作者沈既濟撰有《建中實録》和《選舉志》、《長恨歌傳》作者陳鴻撰有《大統紀》、《毛穎傳》作者韓愈則修撰《順宗實録》。他們既曾修撰史書,必然將撰寫史書之筆法運用到傳奇寫作中來。清汪琬在《跋王于一遺集》中説:

> 小説家與史家異。古文辭之有傳也,記事也。此即史家之體也。前代之文,有近於小説者,蓋自柳子厚始,如《河間》、《李赤》二傳、《謫龍説》之屬皆然。然子厚文氣高潔,故猶未覺其流宕也。至於今日,則遂以小説爲古文辭矣。(《鈍翁類稿》卷四十八)

他認爲史家以古文辭記傳,與小説相近,並列舉柳宗元所作爲例,極有見地。但認爲古文高潔,還不是小説,那未免厚史傳薄小説了。一般説來,傳記文寫帝王將相便是歷史,寫英雄美人即是傳奇。傳奇之叙述形式多與史傳相似,如開端介紹人物之姓名郡望,然後叙述生平事跡,結尾加以評論,有似史傳之論贊。故傳奇之作是古文家對史傳文優秀傳統之繼承與發展。

唐傳奇之發展過程,與古文運動是同步的。初盛唐是古文運動之醖釀期,傳奇則正由志怪向傳奇演變之中;中唐古文運動蓬勃興起,傳奇則正式成熟發展;晚唐古文衰落,傳奇也隨之式微。古文爲傳奇寫作之載體,傳奇能見古文家之史才、議論和詩筆,相輔相成,同步發展乃其必然。

第二節　初盛唐時期

此期是由六朝志怪到唐傳奇之過渡,其特點是志怪色彩很濃,思想價值不高,但篇幅長,粗具結構,有一定的情節,已近於唐傳奇。代表作爲《古鏡記》和《補江總白猿傳》。

一、《古鏡記》

《古鏡記》見於《太平廣記》卷二百三十《王度》篇。其作者,《文苑英華》卷七百三十七顧況《戴氏廣異傳序》於"國朝《燕梁四公傳》"下稱"王度《古鏡記》"。説明《古鏡記》作者是唐人王度。《太平御覽》卷九百十二引《古鏡記》,則逕稱"隋王度《古鏡記》"。則《古鏡記》作者確爲王度,而且是由隋入唐之人。

王度生平事跡,不見於《隋書》和兩《唐書》,據《古鏡記》中作者自稱曾"兼著作郎,奉詔撰國史",又稱其弟名勣(勣與績通),並云:"大業十年度弟勣自六合丞棄官歸",而《唐書》卷一百九十六《王績傳》記載:"(績)兄凝爲隋著作郎,撰《隋書》未成死。"又云:"(績)不樂在朝,求爲六合丞,以嗜酒不任事,時天下亦亂,因劾,遂解去。”因此可以證明王度即王凝,是王績之兄。傳奇以作者王度爲篇名,則其中所寫自然爲其平生仕途之經歷。如大業七年五月,度自御史罷歸河東,適遇侯生,而得此古鏡;八年四月,度在臺直,同年冬,兼著作郎,奉詔撰國史;九年秋,度兼芮城令,同年冬,以御史帶芮城令,持節河北道,開倉糧賑給陝東;十年,其弟勣自六合丞棄官歸,度將古鏡贈勣;十三年夏六月,王勣回長安,又將古鏡還度。傳奇寫作之時序止於隋末。王度之行跡大致如此。他入唐以後之行蹤不可考,顧況僅稱其爲“國朝”人。

《古鏡記》所記“鏡”之靈異題材,並非偶然,自有其傳統。早者如《西京雜記》卷一記載:

> 宣帝被收繫郡邸獄,臂上猶帶史良娣合采婉轉絲繩,繫身毒國寶鏡一枚,大如八銖錢。舊傳此鏡見妖魅,得佩之者爲天神所福,故宣帝從危獲濟。及即大位,每持此鏡,感咽移辰。常以琥珀笥盛之,緘以戚里織成錦,一曰斜文錦。帝崩,不知所在。

這種以鏡辟邪之觀念形成很久,史籍多有記載,《古鏡記》即對這種觀念之承襲。又《隋唐嘉話》上記載:

> 僕射蘇威有鏡殊精好,曾日蝕既,鏡亦昏黑無所見。威以爲左右所汙,不以爲意。他日日蝕半缺,其鏡亦半昏如之,於是始寶藏之。後櫃内有聲如磬,尋之乃鏡聲也。無何而子夔死。後更有聲,無何而威敗。後不知所在云。

蘇威即蘇綽之子。《古鏡記》所記蘇綽從苗季子得此寶鏡,愛之甚,自慮死後,不知寶鏡當入誰手,因卜卦之。可見《古鏡記》所寫之鏡與蘇威之密切關係。而《隋唐嘉話》所記蘇威之鏡與日蝕之相感應等,亦即《古鏡記》之内容。可以説明《古鏡記》即根據這一題材擴其篇幅、廣其波瀾而創作的。

《古鏡記》以古鏡之神異爲中心，穿插作者一生之行跡，以表現古鏡辟邪去惡及其流傳之關乎天下治亂。傳奇開端有一段引子，叙述古鏡之靈異與形狀之非凡，並其寫作之原由：

> 昔楊氏納環，累代延慶；張公喪劍，其身亦終；今度遭世擾攘，居常鬱怏，王室如燬，生涯何地，寶鏡復去，哀哉！今具其異跡，列之於後，數千載之下，倘有得者，知其所由耳。

意謂其生當亂世，爲古鏡之失踪而悲哀，因而記其異跡，以期後世得之者。記述之中充滿憂生傷時之慨。

然後是傳奇正文，從大業七年五月侯生卒後作者得鏡，至大業十三年七月十五日失鏡，描寫古鏡之流傳過程，其中有一段極具體形象之叙述，牽動着作者之感情，如：

> 其年（指大業八年）冬，兼著作郎，奉詔撰國史，欲爲蘇綽立傳。度家有奴曰豹生，年七十矣。本蘇氏部曲，頗涉史傳，略解屬文，見度傳草，因悲不自勝。度問其故。謂度曰："豹生常受蘇公厚遇，今見蘇公言驗，是以悲耳。郎君所有寶鏡，是蘇公友人河南苗季子所遺蘇公者。蘇公愛之甚。蘇公臨亡之歲，戚戚不樂，常召苗生謂曰：'自度死日不久，不知此鏡當入誰手？今欲以蓍筮一卦，先生幸觀之也。'便顧豹生取蓍，蘇公自揲布卦。卦訖，蘇公曰：'我死十餘年，我家當失此鏡，不知所在。然天地神物，動靜有徵。今河汾之間，往往有寶氣，與卦兆相合，鏡其往彼乎？'季子曰：'亦爲人所得乎？'蘇公又詳其卦，云：'先入侯家，復歸王氏。過此以往，莫知所之也。'"豹生言訖涕泣。度問蘇氏，果云舊有此鏡，蘇公薨後，亦失所在，如豹生之言。故度爲蘇公傳，亦具言其事於末篇，論蘇公

著筮絶倫,默而獨用,謂此也。

作者爲蘇綽立傳,將古鏡之流傳依據豹生之言記於末篇。應當注意者,蘇綽臨死時,爲死後不知古鏡當入誰手,而戚戚不樂,豹生也爲之而涕泣,作者在記述過程中也傾注了自己的情感。古鏡之歸向、去留,何以能牽動衆人之心?或謂古鏡之動向,暗寓政權之歸屬,應當是有道理的。傳文曾多次點染"時天下大饑。百姓疾病,蒲陜之間,癘疫尤甚","今宇宙喪亂,他鄉未必可止。吾子此鏡尚在,足下衛,幸速歸家鄉也",進而如開端哀悼"遭世擾攘,居常鬱怏,王室如燬,生涯何地,寶鏡復去",説明古鏡之流失,緣於天下動亂,最後於"大業十三年七月十五日,匣中悲鳴,其聲纖遠,俄而漸大,若龍咆虎吼,良久乃定。開匣視之,即失鏡矣"。按同年十一月隋煬帝被殺於江都,隋朝趨於滅亡,而唐高祖李淵之政權尚未正式確立,意謂作者爲此一方面痛悼隋朝之亡,一方面有見於唐朝政權之初具雛形,故有古鏡既失矣,而又有"過此以往,莫知所之"的渺茫之嘆。所以古鏡之動向,有象徵政權更迭之意義,反映了一個時代政治之變遷。

傳文還記叙了許多古鏡爲民辟邪除害之事,比較形象生動者是對女婢鸚鵡之描寫,鸚鵡因病被粗暴的李無傲寄留於程雄家中,她自叙生平云:

某是華山府君廟前長松下千歲老狸,大行變惑,罪合至死。遂爲府君捕逐,逃於河渭之間,爲下邽陳思恭義女,蒙養甚厚。嫁鸚鵡與同鄉人柴華。鸚鵡與華意不相愜,逃而東;出韓城縣,爲行人李無傲所執。無傲,粗暴丈夫也,遂將鸚鵡游行數歲,昨隨至此,忽爾見留。

她自稱千歲老狸,因大行變惑,被府君所逐,但"變形事人,非有害也”,“久爲人形,羞復故體”,實質上這是現實中遭遇不幸婦女之寫照。她被捕逐,被婚嫁,又被掠執,備受苦難。作者釋放她,她感恩戴德,唯“願緘於匣,許盡醉而終”。作者應允其要求,便致酒,召程雄家鄰里,共與宴謔,然後描寫:

> 婢頃大醉,奮衣起舞而歌曰:“寶鏡寶鏡!哀哉予命!自我離形,於今幾姓?生雖可樂,死必不傷。何爲眷戀,守此一方!”歌訖,再拜,化爲老狸而死。

鸚鵡爲自己之命運而悲傷,慨嘆不必貪生怕死,人生有何留戀的呢?這是對自己一生不幸遭際之沉痛申訴,是一曲封建社會婦女悽慘命運的悲歌。

此外,傳文還描寫了古鏡爲人民解除病魅纏繞之苦痛,如云:

> 有河北人張龍駒,爲度下小吏,其家良賤數十口,一時遇疾。度憫之,賫此(指鏡)入其家,使龍駒持鏡夜照。諸病者見鏡,皆驚起,云:“見龍駒持一月來相照。光陰所及,如冰著體,冷徹腑臟。”即時熱定,至晚並愈。以爲無害於鏡,而所濟於衆,令密持此鏡,遍巡百姓。

儘管這段描寫之後,又寫了古鏡之精紫珍託夢給龍駒云:“爲我謝王公,百姓有罪,天與之疾,奈何使我反天救物?”認爲人民之病痛,乃天所賜予,責怪王度令自己爲民除病,是逆天命而行,具有封建的天命觀念,其效果卻解除了人民之痛苦。而且顯示了作者對人民病痛之同情,如此則“以爲無害於鏡,而所濟於衆,令密持此鏡,遍巡百姓”,以此鏡發揮普救衆生之作用。

《古鏡記》記叙古鏡在天下動亂之形勢下的流傳和動向,而從作者自己之角度予以關注和評點,隱含有天下興亡之痛。

二、《補江總白猿傳》

《補江總白猿傳》見於《唐書·藝文志》小説家類,《太平廣記》卷四百四十四收録之,改名《歐陽紇》,内容叙述梁將歐陽紇携妻隨軍南征,略地至長樂山,其妻爲白猿所竊,他歷盡艱險,四處尋找,找到白猿居處,設計將白猿殺死。其後妻生子,貌類猿猴事。此故事明顯具有嘲謔性質。或謂嘲歐陽詢之作,晁公武《郡齋讀書志》傳記類云:"不詳何人撰,述梁大同末歐陽紇妻爲猿所竊,後生子詢。《崇文總目》以爲唐人惡詢者爲之。"又陳振孫《直齋書録解題》小説類云:"歐陽紇者,詢之父也。詢貌類獼猴,蓋嘗與長孫無忌互相嘲謔矣。此傳遂因其嘲,廣之以實其事。託言江總,必無名子所爲也。"關於歐陽詢與長孫無忌互相嘲謔之事,劉餗《隋唐嘉話》卷中有如下記載:

> 太宗宴近臣,戲以嘲謔,趙公無忌嘲歐陽率更曰:"聳髆成山字,埋肩不出頭。誰家麟閣上,畫此一獼猴?"詢應聲云:"縮頭連背暖,俒襠畏肚寒。只由心溷溷,所以面團團。"帝改容曰:"歐陽詢豈不畏皇后聞?"趙公,后之兄也。

他們互相嘲謔,然謂詢爲猿猴之子,長孫無忌不至於如此惡毒。又江總是歐陽紇之好友,曾收養歐陽詢,並不可能作《白猿傳》。當是歐陽氏之仇人所作,對歐陽詢進行人身攻擊。唐時作傳奇攻擊他人,發洩私憤,不乏其例,如屬李德裕黨之韋瓘,託牛僧孺之名作《周秦行纪》,以誣陷其有不臣之心,即是明顯之例證。然其題材卻是承襲着六朝以來有關牲畜生人之記載,如干寶《搜神記》卷三云:

> (高辛氏)時有房王作亂,欲購其首,賜金千斤及美女爲

> 賞格。旋其犬曰盤瓠，斷王首而還，竟如其言，封之爲會稽侯，賜美女五人，後生三男六女，其男生時，雖似人形，猶有犬尾。

又《博物志》卷三云：

> 蜀山南高山上，有物如獼猴，長七尺，能人行，健走，名曰猴玃，一名(馬)化，或曰猳玃。同行道婦女有好者，輒盜之以去……取去爲室家，其年少者終身不得還，十年之後，形皆類之，意亦迷惑，不復思歸。有子者輒俱送還其家，産子皆如人……

《白猿傳》作者應即吸取此類素材，根據自己之思想觀念寫成的，作者假江總之《白猿傳》已失傳，自己補之，其實亦如韋瓘託牛僧孺之名作《周秦行紀》然，有所譏刺。

《補江總白猿傳》之價值不在其内容，而在於作爲一篇小説，已具有完整的組織結構和帶人情味之白猿的形象描寫，而且運之以流暢簡潔之古文筆勢，迤邐寫來，别具藝術境界。如寫歐陽紇入深山尋找妻子之過程，便極其引人入勝：

> 紇大憤痛，誓不徒還。因辭疾，駐其軍，日往四遐，即深陵險以索之。既逾月，忽於百里之外叢篠上，得其妻繡履一隻，雖侵雨濡，猶可辨識。紇尤悽悼，求之益堅，選壯士三十人，持兵負糧，巖棲野食。又旬餘，遠所舍約二百里，南望一山，葱秀迥出。至其下，有深溪環之，乃編木以度。絶巖翠竹之間，時見紅彩，聞笑語音。捫蘿引絙，而陟其上，則嘉樹列植，間以名花，其下緑蕪，豐軟如毯。清迥岑寂，杳然殊境。東向石門有婦人數十，帔服鮮澤，嬉游歌笑，出入其中。……

描寫深山密林，絶巖峭壁，翠竹名花，紅彩緑蕪，捫蘿引絙，而陟其上，一片清幽境界。時而點染“得妻繡履一隻”，“聞笑語音”，有似空谷回音，有跡可尋。終遇被擄諸女，獲知其妻生病在牀，急去探視，“其妻卧石榻上，重茵累席，珍食盈前。……回眸一睇，即疾揮手令去”。其妻何以“一睇”，則一言不發，即“揮手令去”？此懸念，讓人們去思考。以下即對這一懸念之回應，寫諸婦人與其設計殺白猿之過程：

> 日晡，有物如匹練，自他山下，透至若飛，徑入洞中。少選，有美髯丈夫長六尺餘，白衣曳杖，擁諸婦人而出。見犬驚視，騰身執之，披裂吮咀，食之致飽。婦人競以玉盃進酒，諧笑甚歡。既飲數斗，則扶之而去。又聞嬉笑之音。良久，婦人出招之，乃持兵而入。見大白猿，縛四足於牀頭，顧人蹙縮，求脱不得，目光如電。競兵之，如中鐵石。刺其臍下，即飲刃，血射如注。乃大嘆咤曰：“此天殺我，豈爾之能。然爾婦已孕，勿殺其子，將逢聖帝，必大其宗。”言絶乃死。

寫白猿出現由隱至顯，按計劃將其一步步引入預設之圈套，白猿酒醉之後，縛其四足，婦人招歐陽紇持兵入，刺其臍下，血射如注，將白猿殺死。白猿臨死時云：“然爾婦已孕，勿殺其子，將逢聖帝，必大其宗。”隱約之間應有所指，或即在辱駡歐陽詢爲猿猴之子，不敢明言，故以曲筆攻擊之。以上兩節文字，前者寫歐陽紇尋妻之經歷，後者寫白猿之出現及其被殺之過程，各有不同之境界，然皆具傳奇色彩。叙述迤邐委婉，就文章講，也是優秀之古文。

《補江總白猿傳》無論在組織結構、形象描寫，還是在情節提煉、環境敷設方面，都遠遠勝於《古鏡記》，但是仍保持有濃厚的志怪色彩，而且重在記事，不重於寫人，這説明它在傳奇發展過程中既有很大的進步，同時仍處於向現代意義小説演變之形態中。

這篇傳奇對後世頗有影響,如《清平山堂話本》中之《陳巡檢梅嶺失妻記》即取此題材而作,又明瞿佑《剪燈新話》中之《申陽洞記》亦由此題材演化而成。

第三節　中唐時期

中唐時期古文運動興起,同時傳奇也臻於成熟並大發展,這主要表現在傳奇作家之大批產生,傳奇内容之豐富多彩。魯迅《中國小説史略》云:"然作者蔚起,則在開元天寶以後。"又其《唐宋傳奇集·序例》云:"惟自大曆以至大中中,作者雲蒸,鬱術文苑,沈既濟、許堯佐擢秀於前,蔣防、元稹振采於後,而李公佐、白行簡、陳鴻、沈亞之輩,則其卓異也。"兹依其内容分類擇其要者論述如下:

一、《枕中記》、《南柯太守傳》

這兩篇傳奇都是批判功名利禄觀念,揭露官場險惡和社會黑暗之作。

(一)《枕中記》

《枕中記》作者沈既濟(生卒年不詳),生平事跡見《唐書》卷一百三十三本傳,蘇州吴(江蘇蘇州)人,及《舊唐書》卷一百四十九《沈傳師傳》附其傳云:

> 父既濟博通群籍,史筆尤工,吏部侍郎楊炎見而稱之,建中初,炎爲宰相,薦既濟才堪史任,召拜左拾遺、史館修撰。……既而楊炎譴逐,既濟坐貶處州(浙江麗水)司户,後復入朝,位終禮部員外郎。

楊炎稱贊他有"史才",此正符合傳奇寫作之要求。他精於史學,長於傳奇,《唐書·藝文志》著録其《建中實録》十卷,《選舉録》十卷,並佚;傳奇有《枕中記》、《任氏傳》兩篇。

《枕中記》見於《太平廣記》卷八十二(題作《吕翁》)、《文苑英華》卷八百八十三。作者沈既濟取材於《搜神記》中之"楊林柏枕",結合自己之經歷演繹而成。内容寫開元年間士人盧生於邯鄲旅舍見道士吕翁,自嘆"人生不適","大丈夫生世不諧,困如是也"。吕翁問其何謂"人生之適",他表述自己之志願云:"士之生世,當建功樹名,出將入相,列鼎而食,選聲而聽,使族益昌而家益肥,然後可以言適乎。吾嘗志於學,富於游藝,自惟當年,青紫可拾。今已適壯,猶勤畎畝,非困而何?"時店主正蒸黄粱。吕翁聽後,遂授之枕,他就枕入睡,睡夢中先婚於清河崔氏女,次舉進士,又"出將"建立邊功,然後"入相"同中書門下平章事。並子孫繁盛,皆爲高官,即"使族益昌而家益肥"也。他的全部願望都實現了,還得到皇帝之優詔,便安然死去。美夢既圓,"欠申而悟",惟見吕翁仍坐其旁,店主蒸黄粱未熟。他蹶然而興,曰:"豈其夢寐也?"吕翁曰:"人生之適,亦如是矣。"他恍然感悟寵辱、窮達、得喪、死生之理,從夢幻中回到現實中來,並感謝吕翁之教誨。作者之主觀思想在顯示人生如夢,但客觀上卻批判了唐代士人追求出將入相、榮華富貴之庸俗利禄觀念,認爲他們所追求、向往者皆虚幻,不過是黄粱一夢而已,而肯定其"猶勤畎畝","有良田五頃,足以禦寒餒"的自給自足之生活,所謂"以窒吾欲也"。作品中有價值之部分,不在於描寫盧生節節升官之過程,而在揭露官府權勢者之互相傾軋,這是對唐代朝政之真實寫照,如寫盧生建立邊功之後:

歸朝册勳,恩禮極盛。轉吏部侍郎,遷户部尚書兼御史大夫。時望清重,群情翕習。大爲時宰所忌,以飛語中之,貶爲端州刺史。三年,徵爲常侍。未幾同中書門下平章事。與蕭中令嵩、裴侍中光庭同執大政十餘年,嘉謨密命,一日三接,獻替啓沃,號爲賢相。同列害之,復誣與邊將交結,所圖不軌。下制獄。府吏引從至其門而急收之。生惶駭不測,謂妻子曰:"吾家山東,有良田五頃,足以禦寒餒,何苦求禄?而今及此,思衣短褐,乘青駒,行邯鄲道中,不可得也。"引刃自刎。其妻救之,獲免。其罹者皆死,獨生爲中官保之,減罪死,投驩州。

他爲當權者所嫉,制造流言飛語攻擊之,又被誣陷陰謀造反,罹者皆死,獨他爲中官保之,得免死。尤當注意者是他對妻子講的一段話,通過自己追求利禄之遭際,揭露封建時代仕途之艱險與嚴酷。

這篇傳奇之創作當有作者自身與其友楊炎之仕途經歷在其中。他之爲官,乃楊炎所舉薦,楊炎於代宗時爲相,盛極一時,爲人所嫉,德宗建中二年罷相,貶崖州司馬,中途賜死。既濟被株連,貶處州司户參軍。其後又起復入朝,爲禮部員外郎,他與楊炎之諸般遭際,爲他的創作提供了現實根據,他將唐代之政治現實寓於夢幻形式之中,以警誡世人。李肇《唐國史補》卷下云:"沈既濟撰《枕中記》,莊生寓言之類;韓愈撰《毛穎傳》,其文尤高,不下史遷。二篇真良史才也。"信矣此評。

(二)《南柯太守傳》

《南柯太守傳》作者李公佐(生卒年不詳),生平事跡見其自作諸文、杜光庭《神仙感遇傳》卷三、《舊唐書·宣宗紀》、《直齋書録解題》卷五,字顓蒙,郡望隴西(今甘肅秦安)。貞元十三年游湖湘,曾與楊衡話李湯遇水怪事。貞元、元和之間登進士第,爲淮南從事。元和六年使京,回次漢南,改江西判官。八年罷江西從事,東游金陵。同年冬往常州、潤州,與孟簡、盧簡能等再話李湯遇水怪事。十三年歸長安,勉勵白行簡撰《李娃傳》。會昌初任淮南録事參軍。大中二年坐吳湘案累削兩任官。不久即卒。他一生仕途坎坷,政治上不得意,奮發乎文章,成傳奇《南柯太守傳》、《廬江馮媼傳》、《古嶽瀆經》、《謝小娥傳》及雜史《建中河朔記》六卷,已佚。其傳奇成就最高者爲《南柯太守傳》,據傳文:"公佐貞元十八年秋八月,自吳之洛,暫泊淮浦,偶覿淳于生棼,詢訪遺跡,翻復再三,事皆摭實,輒編録成傳,以資好事。"説明此傳奇即作於此年。

《南柯太守傳》見於《太平廣記》卷四百七十五,引作《淳于棼》,題材源於《搜神記》卷十:"夏陽盧汾,字士濟,夢入蟻穴,見堂宇三間,勢甚危豁,題其額曰'審雨堂'。"内容寫游俠之士淳于棼夢入槐安國,先娶金枝公主,然後被委任爲南柯郡太守,守郡二十年,領食邑,錫爵位,居臺府,生五男二女,男以門蔭授官,女亦婚於王族,榮耀顯赫極矣。公主病死,淳于棼自請罷郡護喪還國,威福日盛。然爲流言中傷,被譴隻身回家。從夢中醒來,惟見大槐樹下一大穴,群蟻聚焉,此即大槐安國,又見槐樹南枝有一穴,即南柯郡,因而感悟:"悟人世之倏忽,遂棲心道門,絶棄酒色。"傳文以夢入蟻穴爲中心綫索,顯示富貴榮華皆成夢幻,以警誡那班追求利禄者輩。但重要者是其中所反映的現實生活,通過淳于棼仕途之興衰,反映了唐代之政治形勢。淳于棼得勢在婚於金枝公主,失勢在金枝公主之死,金枝公主之存亡是其一生仕途成敗所繫。傳文描寫了其得勢時和失敗後之兩種境界。其得勢時之情景:

> 車輿人物,不絶於路。生左右傳車者傳呼甚嚴,行者亦爭闢於左右。……右相因請生同詣其所。行可百步,入朱門,矛戟斧鉞,佈列左右,軍吏數百,辟易道側。……是夕,羔雁幣帛,威容儀度,妓樂絲竹,殽膳燈燭,車騎禮物之用,無不咸備。有群女,或稱華陽姑,或稱青溪姑,或稱上仙子,或稱下仙子,若是者數輩。皆侍從數千,冠翠鳳冠,衣金霞帔,彩碧金鈿,目

不可視。遨游戲樂,往來其門,爭以淳于郎爲戲弄。

當其失勢之後,則另是一番景象:

生再拜而去,復見前二紫衣使者從焉。至大户外,見所乘車甚劣,左右親使御僕,遂無一人,心甚嘆異。生上車,行可數里,復出大城,宛是昔年東來之途,山川原野,依然如舊。所送二使者,甚無威勢。生逾怏怏。生問使者曰:"廣陵郡何時可到?"二使謳歌自若,久乃答曰:"少頃即至。"俄出一穴,見本里閭巷,不改往日,潸然自悲,不覺流涕。二使者引生下車,入其門,升其階,已身卧於堂東廡之下。

一盛一衰,兩種境界迥然不同,通過正面的描述,其對利禄之徒批判之意即寓其中。最令人屬目者,寫淳于棼醒後,"見家之僮僕擁篲於庭,二客濯足於榻,斜日未隱於西垣,餘樽尚湛於東牖。夢中倏忽,若度一世矣"。頃刻之間,恍若隔世。由人物自身之感悟,更有力地顯示官爵不過是瞬息豪華。最後作者明確宣示作意云:"雖稽神語怪,事涉非經,而竊位著生,冀將爲戒。後之君子,幸以南柯爲偶然,無以名位驕於天壤間云。"意在警誡那些當權者們"無以名位驕於天壤間"。篇末引李肇贊語云:

貴極禄位,極傾國都,達人視此,蟻聚何殊?

他自稱"達人",而將那些鑽營利禄的人們視爲"蟻聚",筆鋒所向則在唐時之高官厚禄者輩。此傳奇對後世亦有影響,明湯顯祖即本之作《南柯記》。

二、《離魂記》、《柳毅傳》、《鶯鶯傳》

此類傳奇都是描寫青年男女之愛情生活,揭示在封建婚姻制度下婦女之痛苦,批判了封建門閥制度和等級觀念,歌頌青年男女大膽之反抗精神。

(一)《離魂記》

《離魂記》之作者陳玄祐(生卒年不詳),代宗大曆間人。《離魂記》見於《太平廣記》卷三百五十八,據記文之末作者云:

> 玄祐少常聞此説,而多異同,或謂其虚。大曆末,遇萊蕪縣令張仲規,因備述其本末,鎰則仲規堂叔,而説極備悉,故記之。

這説明其所記爲實事,並作於大曆之末。記文篇幅較短,寫武后時王宙與倩娘之愛情故事。此故事題材亦見於《幽明録・龐阿》,但此作比《龐阿》擴展了許多。寫張鎰之女倩娘與表兄王宙自幼相愛,張鎰亦器重王宙,許諾將來把女兒婚配王宙。然當倩娘長成後,他另許别人。倩娘傷痛而病,王宙亦感憤調職去京,於上船後,倩娘半夜追踪而來,二人同船出走,結爲夫妻,至四川,相處五年,生二子。後倩娘思念父母,二人同回衡州看望。孰料倩娘久病在牀,聞倩娘回來,出門相迎,二人身體遂合而爲一。這篇傳奇將異聞與言情結合起來描寫,與志怪有所不同。主題是歌頌婚姻自主,反對背信棄義。如描寫倩娘爲追求王宙,不辭艱險,半夜跣足跑至船上,向王宙表述衷情一節,便極其真切感人:

> 宙陰恨悲慟,決别上船。日暮,至山郭數里。夜方半,宙不寐,忽聞岸上有一人行聲甚速,須臾至船。問之,乃倩娘徒行跣足而至。宙驚喜發狂,執手問其從來。泣曰:"君厚意如此,寢夢相感。今將奪我此志,又知君深情不易,思將殺身奉報,是以亡命來奔。"宙非意所望,欣躍特甚。遂匿倩娘於船,連夜遁去。

這説明情不可易,志不可奪,封建婚姻制度能够束縛人們的肉體,卻不能束縛人們的精神靈魂,真情相感相應乃成夫妻,作者所歌頌者在此。但倩娘的婚姻理想實現後,並不忘情父母,她對王宙泣曰:"吾曩日不能相負,棄大義而來奔君。向今五年,恩慈間阻。覆載之下,胡顏獨存也?"於是二人同歸省親。此亦作者意念所在。這種既主張婚姻自主,又不忘親情之行爲,應當是作者帶有倫理色彩的婚姻觀念之體現。

記文設想奇幻,意境翻新,具有浪漫色彩,在唐人傳奇中別具一體。其對後代文學頗有影響,如元人鄭德輝《倩女離魂》雜劇、明人凌濛初編《二刻拍案驚奇》中之《大姐魂游完宿願,小姨病起續前緣》小説皆沿襲這一題材而創作的。

(二)《柳毅傳》

《柳毅傳》作者李朝威(生卒年不詳),郡望隴西(今甘肅秦安)。生活時代,據傳文結尾謂開元末薛嘏曾見到柳毅,其後四紀,李朝威始撰寫此傳奇,是則他當是代宗、德宗時人,《柳毅傳》當作於貞元年間。

《柳毅傳》見於《太平廣記》卷四百十九引《異聞集》,記述柳毅爲洞庭龍女傳書之故事。此類題材六朝志怪已有記載,如《搜神記》卷四所記"胡毋班故事"云:

> 胡毋班,字季友,泰山人也。曾至泰山之側,忽於樹間逢一絳衣騶,呼班云:"泰山府君召。"班驚愕,逡巡未答。復有一騶出,呼之。遂隨行數十步,騶請班暫瞑,少頃,便見宫室,威儀甚嚴,班乃入閣拜謁,主爲設食,語班曰:"欲見君,無他,欲附書與女婿耳。"班問:"女郎何在?"曰:"女爲河伯婦。"班曰:"輒當奉書,不知緣何得達?"答曰:"今適河中流,便扣舟呼青衣,當自有取書者。"班乃辭出。昔騶復令閉目,有頃,忽

如故道。遂西行,如神言而呼青衣。須臾,果有一女僕出,取書而没。……

李朝威即據此爲水神傳書之故事,擴展成《柳毅傳》,叙述唐儀鳳年間,書生柳毅回鄉途經涇陽,見龍女在荒野牧羊。龍女向其傾訴被涇陽君次子及其公婆虐待之苦,託其傳書與父洞庭君,柳毅激於義憤,慷慨允諾。洞庭君之弟錢塘君得知,大怒,飛向涇陽,將姪婿殺掉,救出姪女。錢塘君有感於柳毅之高義,擬將姪女配嫁之,但言語傲慢,柳毅嚴辭拒絶。其後柳毅妻死,續娶范陽盧氏,實即龍女化身,二人終成美滿夫妻。傳文記述者爲龍女之婚姻,實即現實中婦女婚姻遭際之寫照,描寫龍女與柳毅顛波曲折之愛慕過程。龍女爲其父母配嫁涇陽君之子,而"夫婿樂逸,爲婢僕所惑,日以厭薄。既而將訴於舅姑,舅姑愛其子,不能禦。迨訴頻切,又得罪舅姑。舅姑毁黜以至此"。龍女之不幸遭際,實際即對現實中父母指配婚姻之批判。龍女爲柳毅之正義行爲所感動,當柳毅對她説:"吾爲使者,他日歸洞庭,幸勿相避。"她逕答以"寧止不避,當如親戚耳",即流露了自己之心意。父母欲將她再配嫁濯錦小兒,她"心誓難移",敢於違抗父母之命,專心等待柳毅。最後終於化身盧氏,與柳毅成婚,並生一子,始吐露衷情:

始不言者,知君無重色之心。今乃言者,知君有感余之意。婦人匪薄,不足以確厚永心。故因君愛子,以託相生。未知君意如何?愁懼兼心,不能自解。君附書之日,笑謂妾曰:"他日歸洞庭,慎無相避。"誠不知當此之際,君豈有意於今日之事乎?

龍女以委婉之言辭向柳毅表露自己之愛心,謂所以願"以託相生"者,因爲柳毅是重感情而不重色之人,且生一子,"毅益重之"。但是"愁懼兼心,不能自解",即憂懼自己是再婚之婦,爲柳毅所厭薄。因此引柳毅昔日之言,以印證其對自己之心意。情意委曲而真摯。這説明龍女之擇偶觀念,不重門第之顯赫,而重人品之高尚,柳毅是義士,講信義,能急人之難,故願託以終身。她對柳毅之感情是建立在感激、信任和理解的基礎之上的。

柳毅是一位有正義感、見義勇爲之書生,他自稱"義夫",當聽到龍女傾訴痛苦,求其代爲傳書,"未卜將以爲可乎"之時,他頓時"氣血俱動,恨無羽毛,不能奮飛。是何可否之謂乎",慨然允諾。於錢塘君將龍女救出回宫,在酒宴上恃勢擬將龍女許配他時,他嚴辭予以回應:"毅以爲剛決明直,無如君者。蓋犯之者不避其死,感之者不愛其生,此真丈夫之志。奈何簫管方洽,親賓正和,不顧其道,以威加人?豈僕之素望哉!若遇公於洪波之中,玄山之間,鼓以鱗鬚,被以雲雨,將迫毅以死,毅則以禽獸視之,亦何恨哉。今體被衣冠,坐談禮義,盡五常之志性,負百行之微旨,雖人世賢傑,有不如者。況江河靈類乎?而欲以蠢然之軀,悍然之性,乘酒假氣,將迫於人,豈近直哉!"慷慨陳述,義正辭嚴,不屈服於權勢,拒絶了此項婚姻。這也説明他之爲龍女傳書,絶無私念,完全是由於對龍女不幸遭遇之同情,路見不平,鋭身相助,是一種剛直勇敢堂堂正正之行爲。臨别時,龍女在酒席上躬身拜謝,他"其始雖不諾錢塘之請,然當此席,殊有嘆恨之色"。其後,與龍女成婚,生子,龍女問他"豈有意於今日之事乎"他答云:

> 似有命者。僕始見君子,長涇之隅,枉抑憔悴,誠有不平之志。然自約其心者,達君之冤,餘無及也。以言慎勿相避者,偶然耳,豈有意哉。洎錢塘逼迫之際,惟理有不可直,乃激人之怒耳。夫始以義行爲之志,寧有殺其婿而納其妻者邪?一不可也。善素以操真爲志尚,寧有屈於己而伏於心者乎?

> 二不可也。且以率肆胸臆,酧酢紛綸,惟直是圖,不遑避害。然而將别之日,見君有依然之容,心甚恨之。終以人事扼束,無由報謝。吁,今日,君,盧氏也,又家於人間。則吾始心未爲惑矣。從此以往,永奉懽好,心無纖慮也。

全面表述他從初識龍女,傳報龍女之冤,戲言勿相避,錢塘君逼婚,所以拒之者,到臨别時龍女有依然之容,自己心甚恨之之原因,等等。一切行動都有禮有節,正直不阿,是一位"以義行爲之志"之書生。龍女深感嬌泣,柳毅亦"始心未爲惑矣",遂永奉歡好。作者用許多筆墨描寫柳毅與龍女在逐漸認識、了解並在情感互相交流之基礎上形成的婚姻,在描寫過程中傾注着自己之愛好。顯然,他是以尊重男女自主選擇,批判那些父母之命的婚姻。

傳文是用古文寫成,但其中含有不少對偶句式,如:

> 俄而祥風慶雲,融融怡怡,幢節玲瓏,簫韶以隨。紅妝千萬,笑語熙熙,後有一人,自然蛾眉,明璫滿身,綃縠參差。迫而視之,乃前寄辭者。然若喜若悲,零淚如絲。須臾,紅烟蔽其左,紫氣舒其右,香氣環旋,入於宫中。君笑謂毅曰:"涇水之囚人至矣。"

這段描寫雜用偶句駢句,但不板滯,適足以表現龍宫中之景象,此亦猶韓柳古文含有駢文因素然,更顯得樸厚。這篇傳奇對後代影響很大,唐末人本之作《靈應傳》,宋人作《柳毅大聖樂》官本雜劇,元人尚仲賢作《柳毅傳書》雜劇,明人許自昌作《橘浦記》、黄維楫作《龍綃記》傳奇,清人李漁作《蜃中樓》,皆由這一題材演繹而成,這種人與神愛戀之故事,已成不同劇種傳統之劇目了。

(三)《鶯鶯傳》

《鶯鶯傳》作者元稹,生平事跡見前文。《鶯鶯傳》全文載於

《太平廣記》卷四百八十八,《侯鯖録》引作《傳奇》,後代因傳文中有作者續張生《會真詩》三十韻,故又稱《會真記》。内容記述張生與鶯鶯之愛情悲劇。張生於貞元中出游蒲州,寓居普救寺,適遇其表姨母崔氏孀婦一家回長安,途經蒲州,亦寄寓此寺,時河中絳州節度使渾瑊死,軍士嘩變,危及人民安全。張生請託蒲州將軍保護了崔氏一家。崔氏感激張生,設宴酬謝,張生見崔氏女鶯鶯容顔艷異,暗中以《春詞》二首託婢女紅娘通其意,遂與鶯鶯私通,一時同居。其後張生應考赴長安,文戰不利,遂留居長安,久之,與鶯鶯斷絶音信。鶯鶯被遺棄多年,改嫁他人,張生也另有所娶。後來張生又經過鶯鶯居處,欲以表兄之禮見鶯鶯,鶯鶯賦詩謝絶。

傳文集中描寫鶯鶯這個人物。鶯鶯出身名門,無論父系或母系都是唐朝王、盧、鄭、崔、李五大族姓之一。她知書達禮"而善屬文",受到良好的封建禮法教育,婢女紅娘説她"貞慎自保,雖所尊不可以非語犯之",是對她品性之準確概括,亦於其平時行動中隨處體現。如當其母令其以仁兄之禮見張生時,她始則辭疾以自重,久之,乃至,"顔色艷異,光輝動人",張生爲之動容,"稍以詞導之,不對",表現了嚴肅端莊之風範。張生"願致其情,無由得也",後聽婢女紅娘之計,"喻情詩以亂之",便作《春詞》二首求紅娘傳遞,鶯鶯酬贈《明月三五夜》詩,約其夜間來會。然當張生真正應約而來時,她端服嚴容而至,數落張生云:"兄之恩,活我之家,厚矣。是以慈母以弱子幼女見託。奈何因不令之婢,致淫逸之詞。始以護人之亂爲義,而終掠亂以求之。是以亂易亂,其去幾何?誠欲寢其詞,則保人之姦,不義。明之於母,則背人之惠,不祥。將寄於婢僕,又懼不得發其真誠。是用託短章,願自陳啓,猶懼兄之見難,是用鄙靡之詞,以求其必至。非禮之動,能不媿心。特願以禮自持,無及於亂!"這一番話義正辭嚴,對酬詩之意另作解釋,亦表現了她

"貞慎自保,不可以非語犯之"之態度。很明顯鶯鶯是以《明月三五夜》詩約張生來的,但當張生真應約而來時,她又翻然悔改,並從維護"禮"之立場,指責張生之行爲有違於"禮","非禮之動,能不媿心",告誡張生"以禮自持,無及於亂"。這種出爾反爾之作爲,是其内心矛盾之反映,是其思想情感中情與禮矛盾之反映。鶯鶯生於大族姓家庭之中,所受封建禮法之教育是很深的,要突破這種禮教之束縛,須經過一段艱苦之過程,她之翻然悔改,正反映了這一艱苦之過程。鶯鶯不是有意在做假,而是其所受禮法教養使之然,她之悔改越突然,令人始料不及,反映她内心情與禮之矛盾越深刻。張生聽了她的一番教訓後,愕然,絶望了,不復作非非之想。然數夕之後,張生夜間獨寢,不料紅娘斂衾携枕奉鶯鶯而來,鶯鶯"則嬌羞融冶,力不能運支體。曩時端莊,不復同矣"。這又使張生愕然,猶疑是夢境,"豈其夢邪"。鶯鶯這一系列自相牴牾之行爲顯示其内心情與禮之矛盾再深刻不過了。終於鶯鶯衝破"禮"之束縛,與張生結合了。鶯鶯性格之反封建意義於此更顯現出來。鶯鶯是名門閨秀,其爲人"藝必窮極,而貌不知;言則敏辯,而寡於酬對。待張生之意甚厚,然未嘗以詞繼之。時愁艷幽邃,恒若不識,喜愠之容,亦罕形見。異時獨夜操琴,愁弄悽惻。張竊聽之。求之,則終不復鼓矣"。不久,張生將赴長安應考,愁嘆於其側,她預感將永訣矣,便贈之以衷言,報之以琴聲,情景悽切:

> 崔已陰知將訣矣,恭貌怡聲,徐謂張曰:"始亂之,終棄之,固其宜矣。愚不敢恨。必也君亂之,君終之,君之惠也。則歿身之誓,其有終矣。又何必深感於此行?然君既不懌,無以奉寧,君常謂我善鼓琴,向時羞顔,所不能及。今且往矣,既君此誠。"因命拂琴,鼓《霓裳羽衣序》,不數聲,哀音怨亂,不復知其是曲也。左右皆歔欷。崔亦遽止之,投琴,泣下流連,趨歸

鄭所,遂不復至。

意者若張生有始有終,此别當不必憂愁,今見"君既不懌",則知有去無歸,爲償張生想聽琴之夙願,便鼓奏一曲《霓裳羽衣序》。然琴聲"哀音怨亂",鼓奏不下去了,遂投琴而泣下。贈言、撫琴送别,曲盡鶯鶯被遺棄之悲痛!

明年,張生文戰失利,留京,不再回蒲州,寫信給鶯鶯,"以廣其意",並暗示訣絶。鶯鶯復信,重述舊情,悽惋動人:

捧覽來問,撫愛過深。兒女之情,悲喜交集,兼惠花勝一合,口脂五寸,致耀首膏脣之飾。雖荷殊恩,誰復爲容?覩物增懷,但積悲嘆耳。伏承便於京中就業,進修之道,固在便安。但恨僻陋之人,永以遐棄。命也如此,知復何言!自去秋已來,常忽忽如有所失,於諠譁之下,或勉爲語笑,閒宵自處,無不淚零。乃至夢寐之間,亦多感咽。離憂之思,綢繆繾綣,暫若尋常。幽會未終,驚魂已斷。雖半衾如暖,而思之甚遥。一昨拜辭,倏逾舊歲。長安行樂之地,觸緒牽情,何幸不忘幽微,眷念無斁。鄙薄之志,無以奉酬。至於終始之盟,則固不忒。鄙昔中表相因,或同宴處。婢僕見誘,遂致私誠。兒女之心,不能自固。君子有援琴之挑,鄙人無投梭之拒。及薦寢席,義盛意深。愚陋之情,永謂終託。豈期既見君子,而不能定情。致有自獻之羞,不復明侍巾幘。没身永恨,含嘆何言!倘仁人用心,俯遂幽眇,雖死之日,猶生之年。如或達士略情,舍小從大,以先配爲醜行,以要盟爲可欺。則當骨化形銷,丹誠不泯,因風委露,猶託清塵。存没之誠,言盡於此。臨紙嗚咽,情不能申。千萬珍重,珍重千萬!玉環一枚,是兒嬰年所弄,寄充君子下體所佩。玉取其堅潤不渝,環取其終始不絶。兼亂絲一絇，文竹茶碾子一枚。此數物不足見珍。意者欲君子如玉之真，弊志如環不解。淚痕在竹，愁緒縈絲。因物達情，永以爲好耳。心邇身遐，拜會無期。幽憤所鍾，千里神合。千萬珍重！春風多厲，强飯爲嘉。慎言自保，無以鄙爲深念。

書信首先感激張生送自己之"花勝一合，口脂五寸"，然"雖荷殊恩，誰復爲容"？覩物傷情，徒增悲嘆而已。對張生就業京師表示理解，但恨自己久被遺棄，無奈何，歸之於"命也如此"。在諠譁人前，"勉爲笑語"，夜間獨處，"無不淚零"。夢寐之中，亦多感咽，"幽會未終，驚魂已斷"。昔日之戀情，自謂是"婢僕見誘，遂致私誠"，不怪張生"有援琴之挑"，但恨自己"無投梭之拒"。未料到見張生不能定情，自己"致有自獻之羞"。如此這般，"没身永恨，含嘆何言"！最後表示："如若達士略情，舍小從大，以先配爲醜行，以要盟爲可欺，則當骨化形銷，丹誠不泯。"意即張生若"舍小從大"，以與自己之婚姻爲可耻，自己惟有"骨化形銷，丹誠不泯"，身體雖消滅，而愛心將永存。全文如泣如訴，如怨如慕，傾吐着對張生全副真摯之情。對張生没有任何責難和怨恨，全是自我責怪，是自怨自艾。這更增强了鶯鶯作爲被遺棄婦女形象之悲劇性。

後歲餘，鶯鶯改嫁，張另娶。張又經過鶯鶯之住處，想以外兄名義再見鶯鶯，鶯鶯暗中賦詩一章："自從消瘦減容光，萬轉千回懶下牀。不爲旁人羞不起，爲郎憔悴卻羞郎。"終不出來相見。後數日，張生將離去，她又賦詩一章謝絶云："棄置今何道，當時且自親，還將舊時意，憐取眼前人。"謂昔日之恩情雖厚，但自己已被遺棄，請將昔日之恩情對待眼前的妻子吧！抒發了其被遺棄之無窮哀怨！

鶯鶯與張生之全部戀愛過程，就這樣結束了。她的戀愛經歷體現了封建社會被遺棄婦女之悲慘命運，是封建社會被侮辱被損害婦女之悲劇典型,其意義在揭示唐時封建士大夫對婦女"始亂之,終棄之"的不道德行爲。

張生是作者元稹之化身。當然作爲文學作品,其所描寫不能逐項與作者之身世相印證,但是從創作角度講,滲透着作者之切身生活經歷,則是必然的。元稹在正式結婚之前,確有一段戀愛經歷。他與韋氏女結婚,元和四年妻卒,失意之餘,寫了一首《夢游春》七十韻,敘述他婚前之一段戀愛生活,稱之爲夢中春游,其中有云:"近作夢仙詩,亦知勞肺腑。一夢何足云,良時自婚娶。"意謂回想昔日之戀愛經歷,心中很難過,然那不過是一場夢,届時應正式婚娶。所詠即傳文中之事。他對自己之風流韻事不能忘情,但感到行爲不端,必須文飾,因此説:"大凡天之所命尤物也,不妖其身,必妖於人。"認爲鶯鶯是"尤物",若"遇合富貴","不爲雲爲雨,則爲蛟爲螭",爲害極大,能"潰其衆,屠其身",禍國殃民,故謂"予之德不足以勝妖孽,是用忍情",爲其背信棄義、忍心負情之行爲找理論根據,實際上是擔心自己婚前之艷遇,"爲天下所僇笑",使自己身敗名裂,正暴露了自己之無耻嘴臉。作爲以張生自寓之文學形象,作者主觀表現爲"善補過者",而作品之客觀描寫,則是對張生行事之有力批判。

傳文發揮了古文簡潔明快、委婉流暢之優勢,曲盡情態,將人物内心之曲折變化表現得淋漓盡致,所描寫的人物和提煉的情節,震撼了當時文壇,楊巨源曾作《崔娘詩》,李紳亦作《鶯鶯歌》,在文壇上廣爲流傳。對後世影響也很大,如宋代趙德麟《商調蝶戀花詞》、金代董解元《西厢記》、元代王實甫《西厢記》、明代李日華《南西厢記》和陸采《南西厢記》、周公魯《翻西厢記》、清代查繼佐《續西厢記雜劇》等。這些作品由於時代之不同,内容、情節也有各種演變,反映了不同時代不同的社會觀念。

三、《李娃傳》、《霍小玉傳》

《李娃傳》、《霍小玉傳》是描寫唐代文人士子與倡妓愛戀和婚姻問題之作，既表現了倡妓的優良品德和悲慘命運，又批判了文人士子喪德敗行之行爲，是唐時描寫此類題材之名篇。

（一）《李娃傳》

《李娃傳》作者白行簡（公元七七六——八二六），生平事跡見《舊唐書》卷一百六十六、《唐書》卷一百十九白居易傳附、《唐詩紀事》卷四十一，字知退，祖籍太原（即今山西太原），後遷於下邽（今陝西渭南）。大詩人白居易之弟。元和二年進士及第，授秘書省校書郎。八年受盧坦辟，爲劍南東川節度使掌書記。十二年盧坦卒，遂至江州依白居易。十五年隨白居易入朝，授左拾遺。長慶中，由司門員外郎轉主客員外郎。寶曆元年官主客郎中，二年病卒。《唐書·藝文志》著録其文集二十卷，已佚。史稱“行簡文筆有兄風，辭賦尤稱精密，文士皆師法之”。其文學成就主要體現於《李娃傳》之創作中。

《李娃傳》見於《太平廣記》卷四百八十四，引自《異聞集》。《異聞集》乃唐末陳翰所編，已佚，《太平廣記》所收録之傳奇多依據之。李娃故事，唐時已在流傳，元稹《酬翰林白學士代書一百韻》詩句“翰墨題名盡，光陰聽話移”，自注：“樂天每與予游從……嘗於新昌宅（聽）説《一枝花》話，自寅至巳，猶未畢詞也。”宋羅燁《醉翁談録》癸集卷一《李亞仙不負鄭元和》條云：李娃，“字亞仙，舊名‘一枝花’。”可證元稹所謂《一枝花》話，即李娃故事。那末李娃故事原流傳於民間，白行簡所作應即取材於民間故事。據傳文結尾云：“貞元中，予與隴西公佐話婦人操烈之品格，因遂述汧國之事，公佐拊掌竦聽，命予爲傳。乃握筆濡翰，疏而存之。時乙亥歲秋八月。”乙亥歲是德宗貞元十一年,白行簡於元和二年進士及第,是在他登進士第之前所作,時年二十一歲。

《李娃傳》記述了李娃與滎陽生之婚姻關係。滎陽生到京城應試,竟愛上名妓李娃,留居其家,弄得金盡囊空後,被鴇母設計逐出家門。滎陽生貧病困頓,流落爲兇肆(殯禮店)挽郎,以唱挽歌求生。後來被其父發現,將他鞭打至死,倖而被同輩所救,棄置路旁,淪爲乞丐。嚴冬冒雪行乞,哀叫聲爲李娃聽到,極爲同情、悔恨,將他收留,爲他調養治病,身體康復,又勉勵他苦讀,終於進士及第,官至成都府參軍。當此時,李娃卻要與他分離,勸他另娶高門。其父得知後,令他與李娃正式成婚。李娃被封爲汧國夫人。

作者爲李娃立傳,鑒於李娃"節行瓌奇,有足稱者"。作爲一名倡妓,有如此節操,故當稱頌。作者筆下之李娃,不但聰明堅强,更有情有義。滎陽生初次經過其門前時,爲其麗姿所吸引,曾"累眄於娃"而"娃回眸凝睇,情甚相慕"。滎陽生借居其家,問她:"前偶過卿門,遇卿適在屏間。厥後心常勤念,雖寢與食,未嘗或捨。"她回答:"我心亦如之。"可見她對待滎陽生並非賣笑取樂,而是表現了一種情意。當滎陽生資財蕩盡時,"姥意漸怠,娃情彌篤",更顯示了她對滎陽生之情意。雖然最終鴇母設計將滎陽生趕走,她也順從之,這可能是她的缺憾,但可以想象在鴇母的威嚴下,她能不違心地去做嗎?重要的是滎陽生於嚴冬時節,沿街乞討,啼飢號寒之聲驚動她時,她大爲悲痛、悔恨,如:

> 時雪方甚,人家外户多不發。至安邑東門,循理垣北轉第七八,有一門獨啓左扉,即娃之第也。生不知之,遂連聲疾呼"飢凍之甚",音響悽切,所不忍聽。娃自閤中聞之,謂侍兒曰:"此必生也。我辨其音矣。"連步而出。見生枯瘠疥厲,殆非人狀。娃意感焉,乃謂曰:"豈非某郎也?"生憤懣絶倒,口

不能言，頷頤而已。娃前抱其頸，以繡襦擁而歸於西廂，失聲長慟曰："令子一朝及此，我之罪也！"絶而復蘇。姥大駭，奔至，曰："何也？"娃曰："某郎。"姥遽曰："當逐之。奈何令至此？"娃斂容卻睇曰："不然。此良家子也。當昔驅高車，持金裝，至某之室，不逾期而蕩盡。且互設詭計，捨而逐之，殆非人。令其失志，不得齒於人倫。父子之道，天性也。使其情絶，殺而棄之。又困躓若此。天下之人盡知爲某也。"

她感念舊情，悔恨無窮，歷叙滎陽生之不幸遭遇，皆源於自己，即謂"令子一朝及此，我之罪也"，充滿了自責。爲了挽救滎陽生，願計二十年衣食之用贖身，另卜居一處，與滎陽生"晨昏得以温凊，某願足矣"。這種堅定的態度，一者是對滎陽生之真情，二者出於想彌補自己之過錯，即所謂"義"，故"其志不可奪"。滎陽生身體康復，刻苦攻讀，進士及第後，她卻勸滎陽生另娶高門，有如下一段對話：

"今之復子本軀，某不相負也。願以殘年，歸養老姥。君當結媛鼎族，以奉蒸嘗。中外婚媾，無自黷也，勉思自愛。某從此去矣。"生泣曰："子若棄我，當自剄以就死。"娃固辭不從。

李娃意識到在唐朝嚴格的門閥制度下，作爲倡妓是不可能與高門鄭州滎陽公之子成婚的。她從來不曾有此幻想。傳文卒章顯志，李娃之作爲與話語、李娃之悲劇最後揭示出唐時兩大社會問題，即進士擢第、婚於高門，是文人士子之最高理想。劉餗《隋唐嘉話》卷中記載："薛中書元超謂所親曰：'吾不才，富貴過分，然平生有三恨：始不以進士擢第，不得娶五姓女，不得修國史。'"薛元超既爲中書，仍以不是進士出身，未婚於高門，引爲終身遺恨。可見當時文人士子對進士擢第和與高門聯姻之重視，因爲惟其如此，才能在政治上取得利益和地位。李娃最終資助、勉勵滎陽生登進士第,又規勸其“結媛鼎族”,而自己卻不能與進士、鼎族成婚,這是形成她悲劇的階級根源,她最後的言行即深刻地揭示了她婚姻悲劇這一根源。至於故事情節末尾由滎陽公作主,“備六禮以迎之”,則是作者和人們之主觀願望,李娃之悲劇結局才是傳文之客觀描寫,是當時社會生活最真實的反映,是傳文最具藝術力量之所在。

滎陽生是唐時高門鄭州滎陽公之子,他“雋朗有詞藻,迥然不群,深爲時輩推伏”,具有一般貴家公子之習慣,多游狎倡妓,不惜千金買笑,至於資財蕩盡,流落街巷,成爲挽歌郎和乞丐。他入世不深,庸碌無能,鴇母將其誘騙出家門,他步步依照其所策劃行事,毫無察覺,最後驚悟,仍“惶惑發狂,罔知所措”。他就是這樣不諳世故心地單純之人。他唱挽歌,“乃歌《薤露》之章,舉聲清越,響振林木,曲度未終,聞者欷歔掩泣”。其所以動人,亦是自己無奈何悲哀心聲之抒發。他再度見到李娃,李娃問曰:“豈非某郎也?”他“憤懣絶倒,口不能言,頷頤而已”。滿腔怨恨,無言以對,也表現了他之樸訥。其後託庇於李娃繡襦之下,如何温習昔日之藝業與何時“可策名試藝”,也完全依照李娃的意見和安排,自己毫無主見。最後當“應直言極諫科,策名第一。授成都府參軍”,李娃要和他分手時,他除了涕泣表示“自剄以就死”之外,惟“勤請彌懇”而已。他就是這樣一個不通世故、脱離實際並帶有書呆子氣的人物,在現實生活和追求理想之過程中缺少辦法,傳文中許多情節都展示他呆頭呆腦之行爲,他自負“視上第如指掌”,實際上没有李娃的幫助,其志必不得申。因此,我們認爲作者對這個人物之描寫,貫徹傳記文始終,其作用則在表現李娃,表現李娃雖爲倡蕩之姬,卻具有情義,即“節行瓌奇”。

傳文還描寫了滎陽公之虛僞殘忍、鴇母之惟利是圖以及邸主、兇肆諸人對滎陽生之不同態度等，文章優美，造語精確，其中許多情節提煉得細緻生動，故俞正燮稱“文筆極工”(《癸巳存稿》卷十四)。其對後代之影響，據宋羅燁《醉翁談録》癸集卷二，可知宋代説書人已有李亞仙和鄭元和之篇目，元高文秀有《鄭元和風雨打瓦罐》和石君寶之《李亞仙詩酒曲江池》，明薛近兖有《繡襦記》等。

(二)《霍小玉傳》

《霍小玉傳》作者蔣防(生卒年不詳)，生平事跡附見《舊唐書》卷一百六十六《龐嚴傳》、《咸淳毗陵志》卷十六、《唐詩紀事》卷四十一，字子微，常州義興(今江蘇宜興)人。年十八，其父之友人命其作《秋河賦》，援筆立成，頗受稱賞。元和中，李紳曾命其即席賦《韝上鷹》詩，亦受李紳之賞識，長慶中推薦他任翰林學士，又擢司封員外郎加制誥。長慶四年，李紳爲宰相李逢吉排擠，蔣防也貶汀州刺史。不久又改任連州刺史，最後任袁州刺史。他工詩文，尤長於傳奇，所作《霍小玉傳》是傳世名篇。

《霍小玉傳》見於《太平廣記》卷四百八十七，内容描寫詩人李益與倡妓霍小玉之婚姻悲劇。李益自命風流，在長安想得佳偶，博求名妓。由鮑十一娘引薦，與霍王庶出小女霍小玉認識，結成良緣。霍小玉憂慮身爲倡女，與李益之婚配難久，李益便以帛書“引諭山河，指誠日月”以盟誓。兩年後，李益以書判拔萃登科，授鄭縣主簿。行將赴任，霍小玉預感他們的婚姻關係即將結束，要求持續八年，八年之後任其另娶高門。李益則許諾四個月後回來迎娶。李益回家省親，怎奈其母已爲其定親盧氏，他不敢違抗，只能就範。霍小玉因李益逾期不歸，憂思成疾。後李益回長安，她多次請求與其相見，李益始終有意回避。李益之負情，引發人們之强烈不滿，一位黄衫豪士將他挾持到霍小玉家中，小玉久病，强自起牀，痛斥李益，發誓報復，長慟而絶。其後，李益果然對其妻諸多疑忌，不得安寧。

霍小玉是作者精心塑造的妓女之悲劇形象。這一形象之產生,並非孤立的,而有其具體的社會環境。中晚唐時期文人士子競爲浮華,挾妓游宴成爲當時之時尚。倡妓爲結交文人士子,多具有一定的文化修養,舉止風流,談吐文雅,並能歌善舞,其目的自然是爲謀生。文人士子除了游樂之外,則想通過她們結識達官貴人。因此文士狎倡之風益盛。但是,倡妓之社會地位是很低的,身份等同奴婢,她們雖然幻想與文人士子成婚,但由於階級地位之限制,終不能嫁給士子爲正妻。孫棨《北里志》記載自己之一段經歷,謂一個名叫宜之的妓女,豐韻合度,言談風雅,孫棨很賞識她,曾多次以詩相贈,宜之願以身委之,孫棨婉言謝絶。具體記述如:"宜之每宴洽之際,常慘然悲鬱,如不勝任,合座爲之改容,久而不已。靜詢之,答曰:'此踪跡安可迷而不返耶?又何計以返?每思之,不能不悲也。'遂嗚咽久之。他日忽以紅箋授予,泣且拜。視之,詩曰:'日日悲傷未有圖,懶將心事話凡夫。非同覆水應收得,只問仙郎有意無?'余因謝之曰:'甚知幽旨,但非舉子所宜,何如?'又泣曰:'某幸未係教坊籍,君子倘有意,一二百金之費爾。'未及答,因授予筆,請和其詩。予題其箋後曰:'韶妙如何有遠圖,未能相爲信非夫。泥中蓮子雖無染,移入家園未得無。'覽之因泣,不復言,自是情意頓薄。"宜之對孫棨一片痴情,謂自己尚未入教坊籍,如果能出一二百金,即可嫁給你。"久賦恩情欲託身,已將心事再三陳。"然孫棨卻答以"泥中蓮子雖無染",但不可能"移入家園"。孫棨與宜之的婚姻關係可以照應李益與霍小玉之婚姻關係,反之李益與霍小玉之合與分可從孫棨與宜之的關係中得到印證。不同者作爲文學創作,傳奇描寫的人物具體形象,情節委婉曲折,霍小玉對愛情更真誠執著,而李益之負情更冷酷薄行。如李益至霍小玉家,中宵之夜，歡愛之極，“自以爲巫山洛浦不過也”，而小玉忽然流涕曰：“妾本倡家，自知非匹。今以色愛，託其仁賢。但慮一旦色衰，恩移情替，使女蘿無託，秋扇見捐。極歡之際，不覺悲至。”李益聽後，不勝感嘆，指山河、日月以盟約，謂“粉骨碎身，誓不相捨”。懇切動人。從此之後，“婉孌相得，若翡翠之在雲路也”。兩年之後，李益登進士第，授官，將赴任，小玉對自己之婚姻更其憂慮，對李益云：“以君才地名聲，人多景慕，願結婚媾，固亦衆矣。況堂有嚴親，室無冢婦，君之此去，必就佳姻。盟約之言，徒虚語耳。”然後提出極低的要求：“妾年十八，君才二十有二，迨君壯室之秋，猶有八歲。一生歡愛，願畢此期。然後妙選高門，以諧秦晉，亦未爲晚。妾便捨人事，剪髮披緇，夙昔之願，於此足矣。”李益泣涕表示：“皎日之誓，死生以之，與卿偕老，猶恐未愜素志，豈敢輒有二三。固請不疑，但端居相待。至八月，必當卻到華州，尋使奉迎，相見非遠。”以上諸例，皆説明霍小玉對自己結局之清醒認識，並曾再三向李益表示對自己前途之憂慮。她的要求很低，即希望與李益之婚姻關係能持續八年，但這種起碼的要求，最終也未實現。面對小玉多次表述的對自己執著之愛情和有關婚姻前途之憂慮，李益始終是信誓旦旦，表示對小玉之戀情生死不渝。傳文寫李益對小玉之戀情愈發誓“粉骨碎身”不變，愈能揭露他後來竟食言變心負情之喪德敗行之作爲。後來當他決定拋棄小玉與盧氏婚配時，傳文有以下一段描寫：

生自以孤負盟約，大愆回期，寂不知聞，欲斷其望。遥託親故，不遺漏言。玉自生逾期，數訪音信。虚詞詭説，日日不同。博求師巫，遍詢卜筮，懷愛抱恨，周歲有餘，羸卧空閨，遂成沈疾。

一個是對愛情之忠誠並執著地追求,一個是背信棄義,“欲斷其望”,到處躲避。小玉“日夜涕泣,都忘寢食,期一相見”,而李益則“潛卜靜居,不令人知”,“晨出暮歸,欲以迴避”。當有人告訴小玉關於李益之消息和行爲時,她嘆恨道:“天下豈有是事乎!”從她的驚訝中更顯示了李益之薄情。最後在黄衫豪士之誘導挾持下,李益入小玉家門,與小玉相見,將故事發展推向高潮:

> 玉沈綿日久,轉側須人。忽聞生來,歘然自起,更衣而出,恍若有神。遂與生相見,含怒凝視,不復有言,羸質嬌姿,如不勝致,時復掩袂,返顧李生,感物傷人,坐皆欷歔。頃之,有酒餚數十盤,自外而來。一座驚視,遽問其故,悉是豪士之所致也。因遂陳設,相就而坐。玉乃側身轉面,斜視生良久。遂舉杯酒,酹地曰:“我爲女子,薄命如斯。君爲丈夫,負心若此。韶顔稚齒,飲恨而終。慈母在堂,不能供養。綺羅絃管,從此永休。徵痛黄泉,皆君所致。李君李君,今當永訣!我死之後,必爲厲鬼,使君妻妾,終日不安!”乃引左手握生臂,擲杯於地,長慟號哭數聲而絶。

霍小玉本來已意識到自己最終之被遺棄,但未料及李益會如此背信棄義、冷酷薄情,因此一反昔日之談吐文雅,而是滿腔怒火,噴薄而出,辭鋒鋭利地指斥李益身爲男子大丈夫竟如此負情,最終爲自己之被欺騙忍恨而死。霍小玉之悲慘遭遇博得人們之普遍同情,如老玉工爲之傷感,延先公主爲之悲嘆,崔久明爲其傳遞消息等,而李益之負情受到社會輿論之嚴厲譴責,如其密友韋夏卿即説:“傷哉鄭卿,銜冤空室!足下終能棄置,實是忍人。丈夫之心,不宜如此。足下宜爲思之!”即批評其薄倖,指斥其爲“忍人”。總之,“自是長安中稍有知者,風流之士,共感玉之多情,豪俠之倫,皆怒生之薄行”。同情霍小玉之衷情和不幸,批判李益之負情薄行,是傳文之主要思想傾向。李益之背信棄義,緣於其進士及第和婚於高門盧氏,嚴峻之階級關係,是其婚姻悲劇産生之根源。霍小玉之死,宣判了這種嚴峻階級關係之不合理。

但是,霍小玉寧死不屈,死後化厲鬼進行報復,令李益猜疑妻妾,家庭不得安寧。此段情節當有所據,按《舊唐書》卷一百三十七《李益傳》記載:“李益……少有癡病,而多猜忌,防閑妻妾,過爲苛酷,而有散灰扃户之譚聞於時,故時謂‘妬癡’爲‘李益疾’。”作者應即據此敷演而成,表現對李益憎恨之深。

此傳奇在藝術上的成就,明胡應麟給予很高的評價,其《少室山房筆叢》卷三十六云:“《廣記》所録唐人閨閣事,咸綽有情致。”此篇尤爲唐人最精彩動人之傳奇,故傳誦弗衰。明湯顯祖本之作《紫釵記》。

傳奇發展至中唐,逐漸擺脱了志怪記異之影響,面向現實,正面地表現現實生活,長於描寫人物,塑造了完整、生動之人物形象,善於提煉情節,羅織許多優美委婉之情節,並且具體體現了史才、詩筆和議論,這標誌着我國小説之真正成熟。

第四節　晚唐時期

晚唐時期伴隨着古文之衰落,傳奇創作也趨向式微。由於藩鎮割劇,互相殺伐,神仙方術之説盛行,傳奇搜奇獵異等神怪之風轉盛,出現了不少描寫豪士俠客之作,主要如杜光庭《虬髯客傳》、袁郊《紅綫傳》、裴鉶《聶隱娘》、《昆侖奴》等。

一、《虬髯客傳》

《虬髯客傳》究係誰作?《太平廣記》卷一百九十三引作《虬鬚

客》,未注作者,《崇文總目》、《通志·藝文志》皆著録《虬髯客傳》,亦未注作者。宋洪邁《容齋隨筆》卷十二《王珪李靖》條引作杜光庭《虬鬚客傳》,《宋史·藝文志》著録爲杜光庭《虬鬚客傳》。然宋人所編《豪異秘纂》與明刻本《虞初新志》皆題作張説撰。説法不同,但杜光庭自著《神仙感遇傳》卷四收録有《虬鬚傳》,可以證明《虬髯客傳》當以杜光庭所作爲是。

杜光庭(八五〇——九三三),生平事跡見《十國春秋》卷四十七、《五代史補》卷一,字賓聖,又作賓至,京兆杜陵(今陝西西安)人。有才學,被稱爲"宗廟中寶玉大圭"。咸通中,應九經舉不第,遂入天台山爲道士。中和間,住長安太清宫。僖宗自蜀歸京後,由道士潘稠推薦,被召見,賜紫衣,號廣成先生。後入蜀,依蜀帥王建,深得王建器重,命爲太子王元膺之師。其後拜户部侍郎,封蔡國公,又封傳真天師、崇真館大學士。不久解官,隱居青城山,以著述爲務。他博學能文,所撰述皆對道教經典之箋釋與發揮,也有不少神怪異聞之作,如《墉城集仙録》十卷、《仙傳拾遺》四十卷、《王氏神仙録》一卷、《録異記》八卷、《神仙感遇傳》五卷,然大多失傳,逸文散見於《太平廣記》、《分門古今類事》、《三洞群仙録》等書。《虬髯客傳》是一篇著名之傳奇,他也以此而名世。

《虬髯客傳》叙述隋末天下大亂,司空楊素守西京,李靖謁見,楊素家中紅拂妓愛慕李靖,與之私奔太原,途中遇見虬髯客,相約至太原同訪"異人"。他們本來皆擬謀取帝位,當到了太原見到"文皇"(即唐太宗),感到不能與他相爭,虬髯客便傾全部家資送給李靖,令其安心輔佐"真主",自己則遠到數千里外之扶餘國奪取了王位。傳文之主旨在説明王位是天命注定的,誰也奪不去。這一主旨是通過三個人物表現的,即紅拂妓、虬髯客和李靖,習慣稱"風塵三俠"。紅拂妓是中心人物,其特點是聰明、機智而有遠見,能慧眼識英雄,她私奔李靖,李靖問她楊司空權重京師,如何來奔時,她回答云:“妾侍楊司空久。閲天下之人多矣,無如公者。絲蘿非獨生,願託喬木,故來奔耳。”又謂楊司空“彼屍居餘氣,不足畏也。諸妓知其無成,去者衆矣”。她之見解完全正確,作爲封建王朝之重臣,楊素已“無復知所負荷,有扶危持顛之心”。而從李靖向楊素獻策中卻顯示出他的政治抱負。又當其隨李靖歸太原,行次靈石旅舍,虬髯客忽然出現,窺其梳頭,李靖怒甚,而她則“一手握髮,一手映身摇示公,令勿怒。急急梳頭畢,斂袵前問其姓”。乘機結識了虬髯客,並終於得到了他的資助,能輔佐李世民治天下。這都顯示了紅拂女之遠見卓識,有益於李靖實現其政治抱負。虬髯客是傳文之主要人物,作者所傳述者是其豪俠精神。如當其與李靖、紅拂妓相見並飲酒時,揭開皮囊,“取一人頭並心肝。卻頭囊中,以匕首切心肝,共食之,曰:‘此人天下負心者,銜之十年,今始獲之。吾憾釋矣。’”顯示了其俠肝義膽。他到處尋訪“異人”,終於在太原找到了“文皇”,便將自己全部家産贈送李靖説:“此盡寶貨泉貝之數。吾之所有,悉以充贈。何者?欲於此世界求事,當龍戰三二十載,建少功業。今既有主,住亦何爲?太原李氏,真英主也。三五年内,即當太平。李郎以奇特之才,輔清平之主,竭心盡善,必極人臣。”慷慨豪爽,既禮讓天下又仗義疎財。李靖作爲一位歷史人物,傳文中並未正面描寫他的思想意向,而是通過人物之間的關係展示出來。如他向楊素獻策云:“天下方亂,英雄競起。公爲帝室重臣,須以收羅豪傑爲心。”既是向楊素進言,同時也流露了自己作爲人臣之志向。又當虬髯客問他:“觀李郎之行,貧士也,何以致斯異人?”他答云:“靖雖貧,亦有心者焉。他人見問,故不言。兄之問,則不隱耳。”未明言,僅謂“亦有心者焉”,然其中即隱含有其在政治上要有所作爲。又虬髯客稱贊他:“觀李郎儀形器宇,真丈夫也。"説明他不同於一般人。最後稱贊云:"非一妹不能識李郎,非李郎不能榮一妹。起陸之貴,際會如期,虎嘯風生,龍吟雲萃,固非偶然也。"亦通過紅拂妓慧眼結識他,説明其爲人之非凡。對李靖的描寫,並無史實根據,完全是作爲文學中之人物形象若隱若現地表現出來。這三個人物各具特點,寫法也不同,最終得出結論云:

> 乃知真人之興也,非英雄所冀,況非英雄者乎?人臣之謬思亂者,乃螳臂之拒走輪耳。我皇家垂福萬葉,豈虛然哉!

卒章顯志,傳文主旨謂帝王乃天命所歸,虬髯客乃英雄豪傑,尚不敢圖謀王位,"況非英雄乎"!所以警告人臣不要妄圖作亂。傳文所寫爲隋末時事,實則作者之意向是針對中晚唐之藩鎮之亂。文辭高古,叙事簡潔,是一篇優秀的史傳文。後代據此故事敷演爲其他體裁之作品也不少,如凌濛初之《紅拂三傳》,張鳳翼、張太和以及號稱"近齋外翰"者,皆作有《紅拂記》傳奇。

二、《紅綫傳》

《紅綫傳》或謂楊巨源撰,或謂袁郊撰,從其被收入袁郊所作《甘澤謡》内(見《太平廣記》卷一百九十五引),可證其爲袁郊撰更可信。袁郊(生卒年不詳),生平事跡見《唐書》卷一百五十一《袁滋傳》附、《唐書》卷七十四《宰相世系表》四、《唐詩紀事》卷六十五,字之乾,又作之儀,蔡州朗山(今河南確山)人。宰相袁滋之子。懿宗時爲祠部郎中,後官虢州刺史。昭宗時爲翰林學士,與温庭筠交好,有詩歌往來。《唐書·藝文志》著録其著作有《二儀實録衣服名義圖》、《服飾變古元録》兩書。尤善傳奇,曾撰《甘澤謡》,凡九篇,多記述仙佛義俠之事,其中以《紅綫》最著名。

《紅綫傳》記述紅綫盗取金合之事。紅綫是潞州節度使薛嵩之侍女,擅彈阮咸(類似琵琶之樂器),又通經史,薛嵩以其爲内記室。當薛嵩受到魏博節度使田承嗣威脇時,她挺身而出,爲主人解憂,喬裝打扮,深夜去魏城,往返七百里,經過五六城,通過田承嗣嚴密的防守將其牀頭之金合取回,遂讓薛嵩立刻派人將金合送回,並附上一信,以示恫嚇。田承嗣見信,果然驚懼,遣使送禮求情,懇請寬赦。然後,紅綫辭别薛嵩,要去山林隱居修煉,薛嵩無奈,爲其餞行,紅綫隨即失踪。傳文首先描繪出紅綫出現之政治背景:藩鎮割據,各自爲政,通過聯姻,互相勾結,又各有圖謀:

> 是時至德之後,兩河未寧。求以滏陽爲鎮,命嵩固守,控壓山東。殺傷之餘,軍府草創,朝廷命嵩遣女嫁魏博節度使田承嗣男。又遣嵩男娶滑亳節度使令狐章女,三鎮交爲姻婭,使使日浹往來。而田承嗣常患肺氣,遇熱增劇。每曰:"我若移鎮山東,納其涼冷,可以延數年之命。"乃募軍中武勇十倍者,得三千人……卜選吉日,將併潞州。嵩聞之,日夜憂悶,咄咄自語,計無所出。

這些描寫可以從史書中得到印證,如《資治通鑒》卷二百二十三代宗永泰元年記載:

> 時成德節度使李寶臣,魏博節度使田承嗣,相衛節度使薛嵩,盧龍節度使李懷仙,收安史餘黨,各擁勁卒數萬,治兵完城,自署文武將吏,不供貢賦,與山南東道節度使梁崇義及正已皆結爲婚姻,互相表裏,朝廷專事姑息,不能復制,雖名藩臣,羈縻而已。

當然傳文所寫並非即上述諸人,並非機械地摹寫歷史,但作爲文學作品卻真實地反映了當時廣闊的歷史時代,在這一大歷史背景下紅綫出現了。紅綫之俠義行爲反映了唐代藩鎮間之矛盾和鬥爭,此即紅綫這一人物形象之意義。儘管紅綫之作爲明顯受有佛家輪回思想之影響,如謂其前身本爲男子,因犯罪變爲女子,現在要立功贖前生之罪,再修爲男子,以及封建的報恩思想等。但重要者不在此,而在她之所作所爲對人生和社會産生什麽作用,如她行醫,"游學江湖間,讀神農藥書,而救世災患"。她竊取魏博節度使田承嗣之金合,使田承嗣畏懼,不敢妄動干戈,社會因之安定,人民免受戰亂之苦,"今兩地保其城池,萬民全其性命,使亂臣知懼,列士謀安",可見她之作爲在救人民於疾苦並使社會安定。如此這般,她自稱"在某一婦人,功亦不少",信哉斯言,並非自炫。對紅綫之描寫,傳文特别表現其行動之神速、詭秘,如其去魏城竊取金合一段:

> 乃入闈房,飭其行具。乃梳烏蠻髻,貫金雀釵,衣紫繡短袍,繫青絲輕履,胸前佩龍文匕首,額上書太一神名,再拜而行。倏忽不見。嵩乃返身閉户,背燭危坐。常時飲酒,不過數合,是夕舉觴,十餘不醉。忽聞曉角吟風,一葉墜露,驚而起問,即紅綫回矣。

一更首途,二更復命,完成使命之神速利落,突現了其豪俠之特點。與一般傳奇用古文敘寫不同,本篇除了運用古文之外,還采用了不少駢偶句式,如:

> 時則蠟炬烟微,爐香燼委,侍人四佈,兵器交羅。或頭觸屏風,鼾而嚲者;或手持巾拂,寢而伸者。某乃拔其簪珥,縻其襦裳,如病如醒,皆不能寤。遂持金合以歸。出魏城西門,將行二百里,見銅臺高揭,漳水東流;晨鷄動野,斜月在林。忿往喜還,頓忘於行役;感知酧德,聊副於依歸。所以當夜漏三時,

往返七百里,入危邦一道,經過五六城,冀減主憂,敢言其苦。

文辭工整優美,但比較穩重板滯,周亮工《因樹屋書影》卷四評云:"《紅綫傳》'銅臺高揭,漳水東流;晨鷄動野,斜月在林'四語,何等冷勁。而下接云:'忿往喜還,頓忘於行役;感知酬德,聊副於咨謀。'便是村學究語。乃知爲文單行者易工,而儷偶者難妙也。"駢儷文固然是一種優美的文體,但用來描寫人物、提煉情節,便遠不如簡潔的古文之運用自如、曲盡人情,故本篇采用部分駢儷文,不能不説是美中之瑕。此外,裴鉶的《聶隱娘》與《紅綫傳》之情節相似,寫聶隱娘以劍術爲陳許節度使劉昌裔之侍衛,保護劉昌裔免於被刺客殺害,最後也辭别歸山。《崑崙奴》寫一位老人以異術幫助婢女追求愛情生活。這些作品大都情節緊張、場面驚險、風格剛勁,體現了晚唐傳奇之特點。

唐傳奇之形成與發展,標誌着我國小説從史傳文學獨立出來,形成具有自身特點之文體,開闢了一個新的歷史時期。它突破了傳統的以抒發主觀感情的抒情詩之形式,將視野擴大到社會各個領域,反映了廣闊的社會生活。它叙事性極强,作爲一種叙事體文學,對後代的戲曲小説影響很大,按人們一般觀念,可稱爲現代意義的文學作品,唐傳奇之出現,可謂爲現代意義的文學揭開了序幕。

第七章　詞

我國的詩歌發展到中晚唐,無論古體或律體、樂府或絶句,都達到極致,在盛極之過程中,正醖釀着新的變化,正醖釀着新文體之産生,這種新變化、新文體,即詞的出現。

何謂"詞"？很難下個簡明概括的定義,然以清張惠言之説法比較合宜,他在《詞選序》中説：

> 詞者,蓋出於唐之詩人,采樂府之音以製新律,因繫其詞,故曰詞。《傳》曰:"意内而言外,謂之詞。"

那末,我們可以了解所謂"詞",就音樂論,是改革古律而成的新樂調,就文義論,是"意内而言外"的新體詩了。

第一節　詞之起源

詞是怎樣産生的呢？這,我們可以從兩方面求之,一者是音樂,二者是文體。並分别論證如下：

一、音樂

就音樂而論,我們必須上溯至漢朝,漢朝北方最流行的音樂是清商曲(即清樂),至東晉末年,南朝宋武帝平定關中,此樂因之傳入南朝。當時南朝由於物質條件優裕,人們對各種娛樂要求迫切,故自南朝宋至隋以前,音樂比較發達,且變化很大,到隋滅陳,又獲得此樂,隋文帝善其節奏,曰:"此華夏正聲也。"(《舊唐書·音樂志》)並加以提倡,此樂又傳入北方。所以流傳於唐朝之《子夜歌》仍依照前調演奏。可見此時之音樂系統,是承繼漢朝而來,是漢朝音樂之發展。

但如何"采樂府之音以製新律,因繫其詞"呢?按漢詩一般爲五言,句式無何變化,六朝樂府亦如此,但《子夜歌》之形體卻有所不同,大率爲五言四句,至《華山畿》則有長短句式産生,如:

奈何許!所歡不在間,嬌笑向誰緒?

奈何許!天下人何限,慊慊只爲汝。

長鳴鷄,誰知儂念汝,獨向空中啼。

從這三首詩之形式看,應是先有調子,而後爲詞,是依調填詞,押韻也工整。雖然如此,作者還是無意識地創作。

迨至梁朝,情況進一步發展,即變無意識爲有意識地創作,據《古今樂録》記載,梁武帝即曾改西曲,製《江南弄》七曲,每曲皆前三句七言,後四句三言,出現了一種新形式,如其一云:

衆花雜色滿上林,舒芳耀緑垂輕陰,連手躞蹀舞春心。舞春心,臨歲腴。中人望,獨踟躕。

其第三句之後,附有和聲二句,乃樂府演變之遺形。又沈約之《六憶》詩四首,亦具有一定的調子,兹舉三首爲例:

憶來時(平),灼灼上階墀(平),勤勤叙離别(仄),慊慊道相思(平),相看常不足(仄),相見乃忘饑(平)。

憶坐時(平),點點羅帳前(平),或歌四五曲(仄),或弄兩三絃(平),笑時應無比(仄),嗔時更可憐(平)。

憶眠時(平),人眠強未眠(平),解羅不待勸(仄),就枕更須牽(平),復恐旁人見(仄),嬌羞在燭前(平)。

三首平仄聲完全相同,惟"憶食時"一首與此三首平仄不同。可見《六憶》詩已有固定的調子,隋煬帝全依其譜爲《夜飲朝眠曲》。這是六朝詩之一種變調,或稱新調,自六朝至唐初都有這種變調。

到了唐朝,外國輸入的音樂很多,促使當時的音樂極其發達,據《舊唐書》卷二十九《音樂志》記載:"自周、隋已來,管絃雜曲將數百曲,多用西涼樂;鼓舞曲,多用龜兹樂。其曲度皆時俗所知也。"唐朝歌壇所用歌曲極其繁多,但正統樂調是律絶,此外又有新調,其中如唐中宗時李景伯、沈佺期、裴談所作之〔回波樂〕詞,兹據孟棨《本事詩》各録一首如下:

回波爾時酒巵(平),微臣職在箴規(平)。侍宴既過三爵(仄),諠譁竊恐非儀(平)。(李景伯作)

詞意主要在非儀,不敢直説,故藉此以抒懷。

回波爾時佺期(平),流向嶺外生歸(平)。身名已蒙齒録(仄),袍笏未復牙緋(平)。(沈佺期作)

詞意主要在牙緋。唐時制度,五品以上用緋,他希望統治者賜給牙緋,不敢明説,故藉此以寄意。

回波爾時栲栳(仄),怕婦也是大好(仄)。外邊祇有裴談(平),内裏無過李老(仄)。(裴談作)

此詞改平調爲仄調。李老指唐中宗,不敢直言皇帝。韋后聽後意色自得。

此三首皆含有取笑之意,必爲當時民間流行之俗調,而文人士子拿來亦爲取笑之作。前兩首用平調,最後一首用仄調,此外用韻與句法完全相同,已基本形成定格之曲調。

迨至張説,便取"回波調"作〔舞馬詞〕六首,於是此類民間小調,經過文人士子之采用,即成爲正式之曲調了。兹鈔録張説六首〔舞馬詞〕如下:

萬玉朝宗鳳扆,千金率領龍媒,眄鼓凝驕躞蹀,聽歌弄影徘徊。

天鹿遥徵衛叔,日龍上借羲和,將共兩驂爭舞,來隨八駿齊歌。

綵旄八佾成行,時龍五色因方,屈膝銜杯赴節,傾心獻壽無疆。

帝皁龍駒沛艾,星蘭驥子權奇,騰倚驤洋應節,繁驕接跡不移。

二聖先天合德,群靈率土可封,擊石驂驔紫燕,摐金顧步蒼龍。

聖君出震應籙,神馬浮河獻圖,足踏天庭鼓舞,心將帝樂躊躕。

這般依曲填詞諸例,皆開元、天寶以前之情况。其後還有劉長卿〔謫仙怨〕一首和竇弘餘〔廣謫仙怨〕一首,最初皆有聲無詞,後來才填詞的。如〔廣謫仙怨〕序云:

天寶十五載正月,安禄山反,陷洛陽,關門不守,車駕幸蜀。途次馬嵬驛,賜貴妃自盡。駕行次駱谷,上曰:"吾聽張九齡之言,不到於此。"乃索長笛,吹笛曲成,潸然流涕。時有司

> 旋録成譜,至成都乃進此譜,請名曲。帝謂:"吾因思九齡,亦別有意,可名此曲爲〔謫仙怨〕。"其旨屬馬嵬之事。後有人自西川傳得者,無由知,但呼爲〔劍南神曲〕。大曆中,江南人盛爲此曲。隨州刺史劉長卿左遷睦州司馬,祖筵之内,長卿遂撰其詞,吹之爲曲,蓋亦不知本事。余既備知,聊因暇日撰其辭,復命樂工唱之,用廣其不知者。(《唐詩析類集訓》卷四)

此具體説明其依曲填詞之過程。至中晚唐時期,這種現象更普遍了,如張志和〔漁歌子〕五首,韓翃〔章臺柳〕一首,韋應物〔三臺〕二首、〔調笑令〕二首,此外《全唐詩》中記載很多,不勝枚舉。皆説明"詞"是從音樂發展來的。

二、文體

就文體而論,"詞"又是從詩演變而來的。唐詩之律詩絶句,一般皆能歌唱,與音樂密切聯繫着,因此形成音樂性極强之"詞"。據宋翔鳳《樂府餘論》云:

> 謂之詩餘者,以詞起於唐人絶句,如太白之《清平調》,即以被之樂府。太白〔憶秦娥〕〔菩薩蠻〕皆絶句之變格,爲小令之權輿。旗亭畫壁諸唱,皆七言斷句。後至十國時,遂競爲長短句,自一字兩字至七字,以抑揚高下其聲,而樂府之體一變。則詞實詩之餘,遂名曰詩餘。

又方成培《香研居詞麈》卷一云:

> 唐人所歌,多五七言絶句,必雜以散聲,然後可以比之管絃,如《陽關》詩必至三疊而後成音,此自然之理。後來遂譜其散聲,以字句實之,而長短句興焉。故詞者,所以濟近體之窮,而上承樂府之變也。

皆説明“詞”是從律詩絶句變化而來。吴寧《容園詞韻》之《發凡》云：

> 詞肇於唐，盛於宋，溯其體制，梁武帝《江南弄》，沈隱侯《六憶》已開其漸。詩變爲詞，目爲詩餘，烏得議其非通論？

“詞”之性質爲詩，謂其出於近體詩，乃自然之理。

要之，我們認爲“詞”之起源，一者是從社會下層之〔回波樂〕發展而來，二者是從上層社會文人士子所作之律詩絶句變化而來，二者結合始形成一代文體之“詞”。

真正“詞”的出現是誰氏之作？人們多認爲是李白之〔菩薩蠻〕與〔憶秦娥〕，這是錯誤的。因爲這兩首詞都是後人僞託之作，非真出於李白之手筆，胡應麟已有所考證，其《少室山房筆叢》卷二十五云：

> 今詩餘名〔望江南〕外，〔菩薩蠻〕〔憶秦娥〕稱最古，以《草堂》二詞出太白也，近世文人學士或以實然。余謂太白在當時直以風雅自任，即近體盛行，七言律鄙不肯爲，寧屑事此！且二詞雖工麗而氣衰颯，於太白超然之致，不啻穹壤，藉令真出青蓮，必不作如是語。詳其意調，絶類温方城輩。蓋晚唐人詞，嫁名太白，若懷素草書、李赤姑熟耳。原二詞嫁名太白有故，《草堂詞》宋末人編，青蓮詩亦稱《草堂集》，後世以二詞出唐人而無名氏，故僞題太白，以冠斯編也。

他認爲李白作詩以風雅自任，連當時流行之七律都不屑爲，何況此類詞雖工麗而氣衰颯之篇章呢？因此懷疑二詞爲温庭筠所作，而嫁名太白者。

又云：

> 〔菩薩蠻〕之名，當起於晚唐世。案《杜陽雜編》云：“大中

初,女蠻國貢雙龍犀、明霞錦,其國人危髻金冠,瓔珞被體,故謂之菩薩蠻。當時倡優,遂製〔菩薩蠻〕曲,文士亦往往效其詞。"《南部新書》亦載此事。則太白之世,唐尚未有斯題,何得預製其曲耶?

又云:

又《北夢瑣言》云:"宣宗愛唱〔菩薩蠻〕詞,令狐相國假温飛卿新撰密進之,戒以無泄,而遽言於人,由是疏之。"案大中即宣宗年號,此詞新播,故人君喜歌之。余屢疑近飛卿,至是釋然,自信具隻眼也。

認爲〔菩薩蠻〕曲創製於大中初年,李白生當開元、天寶時代,當時還無此曲,他要填〔菩薩蠻〕詞,是完全不可能的。從而論證〔菩薩蠻〕〔憶秦娥〕非李白所作,乃後人僞託。那末,真正之"詞"作始於誰呢?我們認爲應當始於唐玄宗,據《舊唐書·音樂志》記載,玄宗愛好音樂,並精於音樂,故能自製新曲,所作之〔好時光〕是真正"詞"之開始,其詞云:

寶髻偏宜宫様,蓮臉嫩,體紅香,眉黛不須張敞畫,天教入鬢長。　　莫依傾城貌,嫁取個有情郎,彼此當年少,莫負好時光。

這首詞之出現,標誌着"詞"作爲一種新體詩開始確立。上有所好,下必有甚焉,所以開元、天寶之時,音樂極其發達,"詞"也因之正式形成了。

詞形成之後,沿着兩個方向發展,一者如上所述,唐時民間樂調如〔回波樂〕等雜曲新聲,大盛於"太常雅樂",在民間普遍流傳,經漁夫、商人和歌童、伶人之填寫,形成文辭俚俗、内容豐富之民間詞。二者文人士子采用這類樂曲,經過加工提煉,寫作成文辭文雅内容多閨房兒女之情的文人詞。我們今天所見到之唐時民間詞,惟敦煌石窟所發現之一部分。

三、敦煌曲詞

敦煌曲詞,包括之時間比較長,約當公元八世紀至十世紀中葉這一時期,最早將這些曲詞編選成集者有《雲謡集雜曲子》,共收録詞三十首。二十世紀初,敦煌石室藏書被發現,引起許多學者之重視,進行整理研究,羅振玉《敦煌拾零》收録詞七首,劉復《敦煌掇瑣》收録詞二首,王重民《敦煌曲子詞集》收録詞一百六十三首,任二北《敦煌歌辭總編》收録最富,多達一千二百多首。這些作品皆來源於民間,作者多不可考,大都爲歌妓伶人、怨婦征夫、商人游子、工匠醫師、文士學子、隱士僧徒等,内容比較廣泛,或描寫婦女不幸之命運、或贊揚男女愛情之堅貞、或申訴征夫思婦之痛苦、或歌頌民衆抗敵之愛國熱情,纏綿坦率,幽思洋溢,信口信手,出語自然。全面真實地再現他們的精神生活。其描寫男女愛情之堅貞,如〔菩薩蠻〕云:

> 枕前發盡千般願,要休且待青山爛。水面上秤錘浮,直待黄河徹底枯。　　白日參辰現,北斗回南面。休即未能休,且待三更見日頭。

此是對情人之誓辭,以六件事發誓:青山爛、秤錘浮、黄河枯、白日見星辰、北斗向南面、三更出太陽。又疊用"要休"、"未能休",一個"直待"、兩個"且待",來表示自己之堅貞。這段誓詞與漢樂府《上邪》所表述者完全一致,在思想情感和表現手法上一脈相承,體現了詞曲樸素爽朗之風格。其寫婦女之不幸命運者,如〔望江南〕：

莫攀我，攀我太心偏。我是曲江臨池柳，這人折了那人攀。恩愛一時間。

此是一首歌妓抒憤之作。她以曲江柳自喻，任人攀折，没有一定之歸宿，來抒發自己内心之悲哀和痛苦。其寫婦女對負心男子之怨恨者，如〔望江南〕：

天上月，遥望似一團銀。夜久更闌風漸緊，爲奴吹散月邊雲。照見負心人。

表現同樣内容還有〔南歌子〕：

悔嫁風流婿，風流無準憑。攀花折柳得人憎。夜夜歸來沉醉，千聲喚不應。　回覷簾前月，鴛鴦帳裹燈。分明照見負心人。問道些須心事，摇頭道不曾。

這兩首詞皆寫婦女們深夜等待丈夫歸來，丈夫則在外攀花折柳，一個沉醉而歸，但千聲呼唤不應，一個始終未歸，自己惟有獨守空房。其負心乃明月共鑒。其寫征人妻子之閨怨者，如〔鳳歸雲〕：

緑窗獨坐，修得君書。征衣裁縫了，遠寄邊隅。想得爲君貪苦戰，不憚崎嶇。終朝沙磧裹，止憑三尺，勇戰單于。

豈知紅臉，淚滴如珠。枉把金釵卜，卦卦皆虚。魂夢天涯無暫歇，枕上長嘘。待公卿回故里，容顔憔悴，彼此何如？

此是思婦懷念到遠方出征之丈夫。謂丈夫不怕艱險，英勇苦戰，卻不知妻子愁思閨怨，珠淚滿面，若待丈夫取得公卿，榮歸故里，自己則容顔皆應憔悴，彼此比較，不知孰輕孰重？其寫商人之窮困落魄者，如〔長相思〕：

作客在江西,寂寞自家知。塵土滿面上,終日被人欺。朝朝立在市門西,風吹淚點雙垂。遥望家鄉長短,此是貧不歸。

此爲遠游異鄉之商人,申訴其在經營過程中之孤獨寂寞,被人欺淩,每日站立門前以待顧客,風吹日曬,忍不住珠淚雙流之苦況。淒切哀婉,寫盡了行商坐賈之貧困景象。其寫漁夫之悠然自得者,如〔浣溪沙〕:

浪打輕船雨打篷,遥看篷下有漁翁。蓑笠不收船不繫,任西東。　即問漁翁何所有?一壺清酒一竿風。山月與鷗長作伴,五湖中。

此詞與以上諸詞爲作者自我抒情不同,而是作者對人物之客觀描述,客觀描述漁夫在風浪烟雨中任情飄流。他一無所有,惟一壺酒一釣竿,卻能長與山月、鷗鳥做伴爲樂。表現了漁翁自然的生活情趣。其寫士人歸隱之志者,如〔浣溪沙〕:

捲卻詩書上釣船,身披蓑笠執魚竿。棹向碧波深處去,幾重灘。　不是從前爲釣者,蓋緣時世掩良賢。所以將身巖藪下,不朝天。

此應是文人士子所作,叙述自己拋棄詩書,而垂釣重灘,身隱巖藪之原因,在"時世掩良賢"。此與前一首同樣寫棹舟垂釣,但境界不同,前一首所寫乃真正漁翁之生活樂趣,此首則是士子仕途不得意,乃以垂釣爲隱,内心是痛苦的。同一題材,表現兩種思想傾向。

從以上諸例,我們可以見到敦煌曲詞内容是豐富多彩的,感情健康、率真,風格樸素、爽朗,語言通俗、新鮮,充分體現了民間文學之特色。其對後來文人詞之創作影響很大,文人士子摹擬之、研習之，促進了詞之發展。

第二節　中晚唐時期

中晚唐時期依曲填詞之風，日益盛行，文人士子競相爲之。中唐時之元結、張志和、韋應物、劉禹錫、白居易、韓翃等，晚唐時之杜牧、皇甫松、張祜、温庭筠、段成式、李曄、韓偓等，都是染指詞作之人物。這般人最初由無意識地填寫，逐漸進展爲有意識地填寫；由所填寫者在風格上與詩相似，逐漸演進至與詩不同之詞格；由文人士子偶然試作，到成爲專業作家並有專集出現，以至產生温庭筠這樣在詞創作上之大家。茲擇其重要者論述如下：

一、張志和、劉禹錫、白居易、皇甫松

張志和（生卒年不詳），生平事跡見《唐書》卷一百九十六本傳、《唐詩紀事》卷四十六、《唐才子傳》卷三和顔真卿《浪跡先生玄真子張志和碑銘》，字子同，號玄真子，婺州金華（今浙江金華）人。他好道、能詩、善畫，曾中進士。獻策肅宗，頗受賞識，命待詔翰林，授左金吾衛録事參軍。未幾被貶南浦尉。遇赦還，浪跡江湖，自稱烟波釣徒，日與漁樵爲友，陶醉於山水之中。所著《太易》十五卷、《玄真子》十二卷，並佚。大曆十九年游湖州刺史顔真卿幕，撰〔漁歌子〕五首，爲早期詞之名作。茲録其三首爲例：

其一

西塞山前白鷺飛，桃花流水鱖魚肥。青箬笠，緑蓑衣，斜風細雨不須歸。

其二

釣臺漁父褐爲裘，兩兩三三舴艋舟。能縱棹，慣乘流，長

江白浪不曾憂。

其三

雲溪灣裏釣漁翁，舴艋爲家西復東。江上雪，浦邊風，笑著荷衣不嘆窮。

《詞林紀事》卷一引《樂府紀聞》云："張志和嘗謁顔真卿於湖州，以舴艋敝，請更之。願爲浮家泛宅，往來苕霅間，作〔漁歌子〕云。"可證西塞山在吴興，非如《西吴記》所記之在武昌縣也。〔漁歌子〕應是吴興地區在漁夫之間流行之曲調，張志和依曲填詞，抒發其留戀山水之間，以能與漁夫一樣生活而自得其樂。詞格清新，曲調悠揚，深爲人們嘆服。劉熙載《藝概》卷四云："張志和〔漁歌子〕'西塞山前白鷺飛'一闋，風流千古。東坡嘗以其成句用入〔鷓鴣天〕，又用於〔浣溪沙〕，然其所足成之句，猶未若原詞之妙通造化也。"以"妙通造化"評此詞，可謂深得其自然淳真之境。因此"刺史顔真卿與陸鴻漸、徐士衡、李成矩遞相唱和"(《詞林紀事》卷一引《西吴記》)。這也説明當時依曲填詞風氣之盛了。

劉禹錫是詩人、散文家，同時兼擅填詞。他與白居易皆中唐時期詞作最多之作家，《全唐五代詞》收録其詞凡十調四十七首，其中多數爲參加王叔文集團被貶朗州司馬後所作。他作詞重視向民歌民謡學習，多師法民間曲調進行創作，如其〔竹枝〕詞序云："余來建平，里中兒聯歌〔竹枝〕，吹短笛，擊鼓以赴節……雖傖儜不可分，而含思宛轉，有《淇澳》之艷。昔屈原居沅湘間，其民迎神，詞多鄙陋，乃作《九歌》，到於今，荆楚歌舞之。故余亦作〔竹枝〕九篇，俾善歌者颺之。"説明他要學習屈原吸取民間歌曲作《九歌》，也吸取里中含思宛轉之兒歌曲調作〔竹枝〕。〔竹枝〕十一首，是他的代表作，如：

其二

山桃紅花滿上頭，蜀江春水拍山流。花紅易衰似郎意，水流無限似儂愁。

以山桃紅花與蜀江春水相比，花紅易衰，水流無限，是花不如水也。

其十

楊柳青青江水平，聞郎江上唱歌聲。東邊日出西邊雨，道是無晴還有晴。

以楊柳起興，寫東日西雨、有晴無晴，以寓情之流注也。乃《子夜》、《讀曲》體式。

此外，還有〔楊柳枝〕十二首、〔紇那曲〕二首、〔憶江南〕二首、〔瀟湘神〕二首、〔浪淘沙〕九首、〔拋毬樂〕二首等。劉禹錫詞一般兼有七絶聲律諧婉與民間曲調怨慕之長，又有諧聲雙關，回環重迭之致，並含思流轉，韻味深厚。吴瑞榮《唐詩箋要》卷七云："夢得〔竹枝〕詞意致高妙，古澹有味，在元和間，誠爲獨步。"此雖爲評〔竹枝〕詞，但作爲其詞之代表作，正可以體現其整體詞風。

白居易的詞重視向民間歌曲學習，選調多取民間，但並非單純摹擬，而是在語言藝術上做精心的加工。宋朝何薳《春渚紀聞》云："自昔詞人琢磨之苦，至有一字窮歲月，十年成一賦者。白樂天詩詞疑皆衝口而成，及見今人所藏遺稿，塗竄（塗改）甚多。"即説明其在選取民間曲調時之加工過程，使其所作既可讀、可唱，又可聽，達到語言、音樂之雙重效果。《全唐五代詞》收録其詞凡十三調三十七首，其中可能有僞作，如〔宴桃源〕三首。其餘多數有似於七絶及雜言之古體詩，惟〔憶江南〕三首與〔長相思〕二首是正規之詞調。〔憶江南〕其一云：

江南好，風景舊曾諳：日出江花紅勝火，春來江水緑如藍。

能不憶江南!

此寫江南之美景。藍,草名,即藍靛,意謂緑得比“藍”還緑。“如”和“於”字用法相同,《荀子·勸學》:“青取之於藍,而青於藍。”徐士俊《古今詞統》卷一云:“非生長江南,此景未許夢見。”〔長相思〕其一云:

汴水流,泗水流,流到瓜洲古渡頭,吴山點點愁。　　思悠悠,恨悠悠,恨到歸時方始休,月明人倚樓。

此爲作者思念其妾柳枝之作。錢易《南部新書》戊:“白樂天任杭州刺史,携妓還洛,後卻遣回錢塘。故劉禹錫有詩答曰:‘其那(奈)錢塘蘇小小,憶君淚染石榴裙。’”首四句寫柳枝回南所經之路,柳枝是杭州人,吴山在杭州,故望而生愁。“思悠悠”三句,白居易有《前有别柳枝絶句,夢得繼和云:春盡絮飛留不得,隨風好去落誰家。又復繼答》詩,可見柳枝南歸,乃自求回去,可與此三句互證。末句謂作者倚樓而望。白居易有《對酒有懷,寄李十九郎中》詩:“往年江外抛桃葉,去歲樓中别柳枝。”即追憶此時情事。俞陛雲《唐詞選釋》云:“此詞若晴空冰柱,通體虚明,不着跡象而含情無際,由汴而泗而江,心逐流波,愈行愈遠,直至天末吴山,仍是愁痕點點。淩虚著想,音調復動宕入古。第四句用一‘愁’字,而前三句皆化愁痕。否則汴泗交流與人何涉耶?結句盼歸時之人月同圓,昔日愁眼中山色江光,皆入倚樓一笑矣。”此外,還有〔花非花〕一首、〔竹枝〕四首、〔楊柳枝〕十二首、〔浪淘沙〕六首等,總之,其詞内容多男女風情,風格大抵渾厚質樸。

從詞體之發展看,劉禹錫、白居易之詞作,仍含有絶句、雜言古體詩之韻味,但曲調增多了,音樂性也强了,有的篇章初步形成獨立之詞境,爲真正形成詞人之詞,起了開拓作用。

皇甫松(生卒年不詳),生平事跡見《唐摭言》卷十、《唐詩紀事》卷五十三,字子奇,自號檀欒子,睦州新安(今浙江淳安)人。古文家皇甫湜之子。他工詩詞,尤擅文,然終不中科第,曾流落江漢。所著《醉鄉日月》三卷,詳記唐人酒令,已佚。其詞在題材、格調、形式方面,亦多學習民間。《全唐五代詞》收録其詞凡九調二十二首,其中以〔夢江南〕、〔采蓮子〕最有名。如〔夢江南〕其一云:

> 蘭燼落,屏上暗紅蕉。閒夢江南梅熟日,夜船吹笛雨蕭蕭,人語驛邊橋。

其二云:

> 樓上寢,殘月下簾旌。夢見秣陵惆悵事:桃花柳絮滿江城,雙髻坐吹笙。

二首皆寫夢中江南春日之情景,一爲梅子成熟之時,一爲令人惆悵之事,乃情乃景都引起自己之懷念。俞陛雲《唐詞選釋》云:"〔憶江南〕兩詞,皆其本體。江頭暮雨,畫船聞桃葉清歌;樓上清寒,笙管擫劉妃玉指。語語帶六朝烟水氣也。"又如〔采蓮子〕其二云:

> 船動湖光灧灧秋,貪看年少信船流。無端隔水抛蓮子,遥被人知半日羞。

寫采蓮少女與年少男子嬉戲之情狀及其初戀時稚憨之心態,極其鮮明生動。

皇甫松之詞境界清高,氣格秀雅,詞淺意深,已不同於中唐了。陳廷焯《白雨齋詞話》云:"宏麗不及飛卿,而措詞閒雅,猶存古詩遺意。唐詞於飛卿而外,出其右者鮮矣。五代而後,更不復見此種筆墨。"對其詞之成就予以公允之評價。

二、温庭筠

温庭筠,《唐書·藝文志》著録其《握蘭集》三卷、《金荃集》十卷,皆佚。現存《花間集》收録其詞六十六首,是集中收録最多之作家,可見其在此派中地位之重要。他精音律,“能逐絃吹之音,爲側艷之詞”。他是傾全力作詞之人,從他開始詞風爲之一變,即變淺易爲深邃,以隱約迷離之境,寫惝恍悵惘之情,是真正詞人之詞了。其内容主要是寫上層社會婦女或妓女的生活及其心理活動等。名作如〔菩薩蠻〕:

> 小山重迭金明滅,鬢雲欲度香顋雪。懶起畫蛾眉,弄妝梳洗遲。　　照花前後鏡,花面交相映。新貼繡羅襦,雙雙金鷓鴣。

寫一個婦女早晨起牀,梳洗打扮。作者只是直接陳述,未正面表示什麽意思,而“雙鷓鴣”正顯示這一婦女之心境:孤獨、冷清。陳廷焯《白雨齋詞話》卷一云:“飛卿詞如‘懶起畫蛾眉,弄妝梳洗遲’,無限傷心,溢於言表。”又〔菩薩蠻〕:

> 寶函鈿雀金鸂鶒,沉香閣上吴山碧。楊柳又如絲,驛橋春雨時。　　畫樓音信斷,芳草江南岸。鸞鏡與花枝,此情誰得知!

此寫婦女精神之苦悶。她在沉香閣上看到吴山青了,回想從前與所愛在驛橋分别之情景,現在又是江南草緑,可是他毫無音信。鸞鏡中照見自己之容貌與花並美,但青春易逝,此時之心情無人理解,奈何! 劉敬叔《異苑》卷三:“罽賓王買得一鸞……三年不鳴。夫人曰:‘嘗聞鸞見類則鳴,何不懸鏡照之?’王從其言,鸞覩影悲鳴,衝霄一奮而絶。”故“鸞鏡”有恨别之意。陳廷焯《雲韶集》:“只一‘又’字，有多少眼淚。音節淒緩，凡作香奩詞音節愈緩愈妙。”又〔菩薩蠻〕：

> 南園滿地堆輕絮，愁聞一霎清明雨。雨後卻斜陽，杏花零落香。　　無言勻睡臉，枕上屏山掩。時節欲黄昏，無憀獨倚門。

此寫女子傷春。她於清明時節，見柳絮飛揚，杏花零落，有感於青春將暮，精神空虚，百無聊賴，孤獨地倚門面對春光而無奈。沈際飛《草堂詩餘》卷一：“雋逸之致，追步太白。”其〔更漏子〕云：

> 玉鑪香，紅蠟淚，偏照畫堂愁思。眉翠薄，鬢雲殘，夜長衾枕寒。　　梧桐樹，三更雨，不道離情正苦。一葉葉，一聲聲，空階滴到明。

此寫一個女子爲離情所苦的情景。香烟蠟淚，暗示愁思縈懷；眉薄鬢殘，顯現心緒煩亂；梧桐夜雨滴到天明，更明確寫其離情正苦，至於通宵未眠。栩莊《栩莊漫記》云：“飛卿此詞，自是集中之冠。尋常情事，寫來淒婉動人，全由秋思離情爲其骨幹。”其〔夢江南〕云：

> 梳洗罷，獨倚望江樓。過盡千帆皆不是，斜暉脈脈水悠悠。腸斷白蘋洲。

此寫盼望所愛歸來之迫切心情。寇準〔江南春〕詞：“江南春盡離腸斷，蘋滿汀洲人未歸。”可與此詞互相印證。栩莊《栩莊漫記》云：“《楚辭》：‘望夫君兮未來，吹參差兮誰思？’‘嫋嫋兮秋風，洞庭波兮木葉下。’幽情遠韻，令人至不可聊。飛卿此詞：‘過盡千帆皆不是，斜暉脈脈水悠悠。’意境酷似《楚辭》，而聲情綿渺，亦使人徒喚奈何也。”又俞陛雲《唐詞選釋》云：“‘千帆’二句，窈窕善懷，如江文通之‘黯然消魂’也。”皆對此詞之意境深有體會之論。

温庭筠之詞多寫社會上層婦女之生活和心理狀態。他以穠艷華麗之語辭,描寫婦女之心神形貌,極其相宜。又運筆深細委婉,創造出朦朧幽渺之意境,足以表現人物之精神境界。描寫人物不正面宣示其思想意念,完全通過客觀景物烘託,一切盡在不言中,全憑語言形象展示。他筆下之婦女,其情、其愁、其怨、其恨、其思念、其期待、其希望、其無奈,都盡情地表現出來。我國文學史上像温庭筠如此深入細致地描寫婦女之形貌與心態之作品並不多,這應當是他以"詞"形式在這方面的開拓。

温庭筠之詞以綺麗側艷爲主格。孫光憲《北夢瑣言》謂其詞"香而軟"。劉熙載《藝概》卷四謂其詞"精妙絶人,然類不出乎綺怨"。其詞風開出"花間"詞一派來,是"花間"詞派之奠基人。他在詞史上的地位,猶若韓愈在古文發展史上的地位,古文到韓愈始正式成功,而詞至温庭筠亦正式成功。

温庭筠之詞,影響了五代詞人,尤其對西蜀詞人影響更大。蜀人趙崇祚所編之《花間集》以他爲首,即説明他在此派詞人中地位之重要,説明他的詞爲這一派所宗。全書收録詞人十八家,詞五百首,顯示了此派聲勢之浩大、力量之雄厚。不僅此也,對南唐也有影響,南唐二主之詞明顯有他的影跡在,經過南唐人的創作,又形成北宋初年之詞風,最終完成周邦彦那般被認爲正宗之婉約詞。温庭筠詞影響於後代既深且遠。

附:五代時期

詞至五代進一步發展,填詞之風非常普遍,所作小令尤多,究其原因,一者與當時之社會環境密切相關,自朱温即帝位(公元九〇七),至南唐被宋滅亡(公元九七四),不過六十餘年;五次改朝换代,社會處於割據狀態之中,各方勢力互相爭奪劫掠,政治混亂,思想消沉,晚唐時之遺宿及當時之文士都滿懷牢騷,便借此名教墮落之時自由發洩,遂促成詞的發展。二者與當時某些最高統治者酷愛聲曲及詞章密切相關,如蜀主王衍好聲曲,善爲哀怨之詞;南唐後主李煜尚文雅,喜作輕艷之曲。在上者之偏愛,必然引起滿懷牢騷之文士的效尤,結果便推動詞之發展。由於詞之句式長短自由,一般文士可借以自由地發洩自己之怨憤。如張惠言《詞選》叙云:

五代之際,孟氏李氏,君臣爲謔,競作新調,詞之雜流,由此起矣。

要之,詞之發展緣於當時之社會環境,在當時混亂、黑暗之社會環境下,一般文士之行爲也比較放蕩,他們爲了躲避統治者之淩逼、迫害,自然地在頹廢中討生活,韓熙載便是一例,吳任臣《十國春秋》卷二十八:

熙載才氣逸發,多藝能,善談笑,衣冠常製新格,爲當時風流之冠。……蓄妓四十輩,縱其出入,與客雜居,帷簿不修,物議鬨然。熙載密語所親曰:"吾爲此以自污,避入相爾,老矣,不能爲千古笑端。"

韓熙載是一位有骨氣之人,在黑暗的政治環境中,即采取逃避式的墮落生活。此外,那般封建統治者則是另一種情况,他們放蕩奢侈,迷戀聲色,過着淫逸無度之生活。如《北夢瑣言》記載:

蜀主裹小巾,其尖如錐。宫妓多衣道服,簪蓮花冠,施脂夾粉,名曰醉妝。自製〔醉妝詞〕云云。又嘗宴於怡神亭,自執板,歌〔後庭花〕、〔思越人曲〕。(《詞林紀事》卷二引)

這是蜀主王衍的生活。蜀主孟昶亦如此。這兩種情勢促使"詞"之發展及其内容之頹廢傾向。

由於中原地區戰亂不休,經濟文化慘遭破壞,而遠離中原之西蜀和南唐還比較安定,經濟也比較發達,統治者又喜好歌樂,因此文人士子多避地其間,遂使西蜀、南唐成爲當時兩個文藝中心。《花間集》所收即西蜀詞之代表,李璟、李煜所作則是南唐詞之代表。兹分别論述之。

一、花間詞人韋莊等

花間詞人凡十八家,然其中重要者和在詞史上有一定作用者,除前文論述之温庭筠、皇甫松之外,爲韋莊、牛希濟、李珣、歐陽炯、孫光憲諸人。尤其韋莊繼温庭筠之後,是五代詞之大家。

(一)韋莊

韋莊(公元八三六?——九一〇),生平事跡見《十國春秋》卷四十、《唐詩紀事》卷六十八、《唐才子傳》卷十,字端己,京兆杜陵(今陝西西安)人,韋應物四世孫。少孤貧力學,才敏過人。行爲疎放曠達,不拘小節。屢試不第。長安亂後,他避地洛陽,後游越中、江西及湖南、湖北等地長達十年之久。中和三年依據自己見聞黄巢起義造成社會離亂之情況,作《秦婦吟》,描寫戰爭中人民遭受之苦難,成爲長篇叙事詩之名作,他因而被稱爲"秦婦吟秀才"。乾寧元年登進士第,授校書郎。天復元年,入蜀依王建,掌書記。及朱全忠篡唐自立,他勸王建稱帝,王建以他爲丞相。前蜀開國之制度、刑政、禮樂,多出於其手。武成元年卒。今傳詞集《浣花集》十卷,有《四部叢刊》本。他的詞在内容上與那些描寫歌姬妓女生活之作不同,而是多寫男女離别相思之情,在語言上與温庭筠之濃艷、繁縟不同,而是多用白描手法,平淡自然的語言,表現清麗流暢之詞風,在《花間集》中卓然獨樹一幟。他以善寫情詞聞名,傳説他的愛姬爲王建强奪而去，他“追念悒怏，作〔荷葉杯〕〔小重山〕詞，情意悽怨”（《古今詞話》）。人們多認爲不可信，但用來説明他的情詞多悽怨之言，還是恰當的。如〔荷葉杯〕云：

記得那年花下，深夜，初識謝娘時。水堂西面畫簾垂，攜手暗相期。　惆悵曉鶯殘月，相别，從此隔音塵。如今俱是異鄉人，相見更無音。

純是追念所歡之詞，離情婉孌，語淡而悲。如〔女冠子〕其一：

四月十七，正是去年今日。别君時，忍淚佯低面，含羞半斂眉。　不知魂已斷，空有夢相隨。除卻天邊月，没人知。

其二：

昨夜夜半，枕上分明夢見。語多時，依舊桃花面，頻低柳葉眉。　半羞還半喜，欲去又依依。覺來知是夢，不勝悲。

兩首皆寫男女之離情别恨，前一首從回憶去年今日分别時之情狀寫女子對男子之思念，後一首從夢中相見寫男子對女子之思念，角度不同，寫思念情切則一。陳廷焯《閒情集》卷一云：“一往情深，不着力而自勝。”信然。如〔木蘭花〕云：

獨上小樓春欲暮，愁望玉關芳草路。消息斷，不逢人，卻斂細眉歸繡户。　坐看落花空嘆息，羅袂溼斑紅淚滴。千山萬水不曾行，魂夢欲教何處覓？

此寫女子對愛人之思念。玉關，即玉門關，在甘肅，指愛人所在。謂所愛在遠方，人不歸，消息也無，水復山重，夢魂亦不知由哪條路尋他。即沈約《别范安成》詩“夢中不識路，何以慰相思”之意，極寫女子之痛苦心情。栩莊《栩莊漫記》云：“‘千山’‘魂夢’二語，

蕩氣回腸,聲哀情苦。”如〔菩薩蠻〕五首其二:

> 人人盡説江南好,游人只合江南老。春水碧於天,畫船聽雨眠。　　鑪邊人似月,皓腕凝雙雪。未老莫還鄉,還鄉須斷腸。

此寫對家鄉之思念。謂江南風景美好,又有美人,可是值得懷念者還是家鄉,但家鄉諸事令人傷心痛苦,而今只好終老江南了。陳廷焯《白雨齋詞評》云:“一幅春水畫圖,意中是鄉思,筆下卻説江南風景好,真是淚溢中腸,無人省得。”

以上諸例説明韋莊之詞以寫戀情爲主,但他並非爲文造情,而是有實際生活感受,所寫情景令人惆悵,是真情之流露。語言清麗,委婉雋秀,形成與温庭筠之濃辭麗藻不同之風格。王國維《人間詞話》云:‘畫屏金鷓鴣’,飛卿語也,其詞品似之。‘絃上黄鶯語’,端己語也,其詞品亦似之。”又云:“温飛卿之詞,句秀也。韋端己之詞,骨秀也。”道出他們詞之不同特點。要之,温庭筠首創花間詞派,韋莊則擴展之。

(二)牛希濟

牛希濟(公元八七二——?),生平事跡見《十國春秋》卷四十四,狄道(今甘肅臨洮)人,詞人牛嶠之姪。時當中原大亂,他流寓於蜀。後主王衍時,累官翰林學士、御史中丞。同光三年,後唐滅蜀,他降後唐,後唐明宗拜其爲雍州節度副使。其詞今存十餘首,主要寫男女愛情。詞風清澹,蘊藉有情致。如〔生查子〕四首其一:

> 春山烟欲收,天澹星稀少。殘月臉邊明,别淚臨清曉。
> 語已多,情未了,回首猶重道:記得緑羅裙,處處憐芳草。

此寫與情人話别之情景。謂月夜話别直至天明仍依依不捨,話雖多而情猶未盡,由於記得所愛羅裙之緑色,因此連芳草也感到可愛了。詞旨悱惻温厚。栩莊《栩莊漫記》云:"'語已多,情未了,回首猶重道',將人人共有之情,和盤託出,是爲善於情者。"

其二:

> 新月曲如眉,未有團圞意。紅豆不堪看,滿眼相思淚。終日劈桃穰,人在心兒裏。兩朵隔牆花,早晚成連理。

此寫相思之苦和終成連理之願望。即景生情,新月喻不能團圓,紅豆喻最相思。桃穰,即桃核。人,諧"仁"。以桃仁在桃核内,喻那人在自己心裏。語意雙關,妍詞妙喻,全是《子夜歌》體。

牛希濟之詞大都造語自然,情致深厚,並具有民間樂府之特點。

(三)李珣

李珣(生卒年不詳),生平事跡見《十國春秋》卷四十四,字德潤,梓州(今四川三台)人。其先爲波斯人,後入居蜀中。他少小苦學,有詩名。其妹舜弦爲王衍昭儀,他嘗以秀才預賓貢,蜀亡不仕。著有《瓊瑶集》,已佚。《花間集》收録其詞三十七首,名作〔南鄉子〕十七首描寫南方風土人情,其他多寫男女離别相思,偶爾也有懷古之作。如〔南鄉子〕其三:

> 歸路近,扣舷歌,采真珠處水風多。曲岸小橋山月過,烟深鎖,荳蔻花垂千萬朵。

此寫采真珠歸來之愉快心情。謂乘着采真珠處之水風,扣舷而歌,穿過曲岸小橋,山迎月照,濃烟深鎖,千萬朵荳蔻花呈現在眼前。所寫景物意趣,生動入畫。

其四:

> 乘彩舫,過蓮塘,棹歌驚起睡鴛鴦。游女帶香偎伴笑,爭

窈窕,競折團荷遮晚照。

此寫少女們乘船游玩嬉戲之情景。她們劃船唱歌,驚起鴛鴦,相互依偎嬉笑,折荷嬌羞自遮以比美。情景逼真,嬌態如見。陳廷焯《閒情集》卷一云:"李珣〔南鄉子〕諸詞,語極本色,於唐人《竹枝》外,另闢一境矣。"又〔巫山一段云〕二首其二:

> 古廟依青嶂,行宫枕碧流。水聲山色鎖粧樓,往事思悠悠。　　雲雨朝還暮,烟花春復秋。啼猿何必近孤舟,行客自多愁。

此是一篇懷古之作。宋玉《高唐賦》、《神女賦》寫楚王夢見巫山神女之事。青嶂,指巫山。行宫,指楚王雲夢臺。妝樓,指神女之廟宇,傳説是神女所居。雲雨朝還暮,《高唐賦》寫楚王夢見神女,自稱:"妾旦爲朝雲,暮爲行雨,朝朝暮暮,陽臺之下。"末謂不必猿啼,行客已自多愁,又何況聞猿啼乎?語淺而情深。

以疎朗之語詞,描寫江南之風土景物是李珣詞之特點。

(四)歐陽炯

歐陽炯(公元八九六——九七一),生平事跡見《宋史》卷四百七十九、《十國春秋》卷五十六本傳,益州華陽(今四川成都)人。少事前蜀王衍,爲中書舍人。前蜀亡,後蜀建國,任翰林學士、禮部侍郎、門下侍郎同平章事。蜀亡,入宋,爲散騎常侍。宋開寶四年卒。他工詩文,尤以詞著稱。曾爲《花間集》作序,闡述《花間集》編選之宗旨,對後代詞人很有影響。《花間集》録其詞十七首,《尊前集》録三十一首,其中〔南鄉子〕八首寫江南水鄉之自然風光,最能體現其詞之風格。如其二:

> 畫舸停橈,槿花籬外竹横橋。水上游人沙上女,回顧,笑指芭蕉林裏住。

描寫船上游人與沙上少女搭話，情景如畫。

其三：

> 岸遠沙平，日斜歸路晚霞明。孔雀自憐金翠尾，臨水，認得行人驚不起。

孔雀喜愛自己的金翠尾，故臨水照影，也不爲行人驚動，因爲它看慣了行人。描寫景物自然真切，樸而不俚。

歐陽炯〔南鄉子〕與李珣〔南鄉子〕相同，皆寫南方風物，格調爽朗，别有情致，在《花間集》中别具一格。此外，他還有懷古之作〔江城子〕云：

> 晚日金陵岸草平，落霞明，水無情。六代繁華，暗逐逝波聲。　空有姑蘇臺上月，如西子鏡，照江城。

謂金陵乃六朝之都城，當年之繁華景象，默默地隨着無情之流水聲消逝了，如今惟有姑蘇臺上之明月，如西施之鸞鏡，空照金陵古城了。撫今追昔，物是人非，無限興亡之感，並感慨中寓風流。《詞林紀事》卷二云："《蓉城集》歐陽炯，即首叙《花間集》者，每言愁苦之音易好，歡愉之語難工。其詞大抵婉約輕和，不欲强作愁苦者也。"

（五）孫光憲

孫光憲（？——九六八），生平事跡見《宋史》卷四百八十三、《十國春秋》卷一百零二本傳，字孟文，自號葆光子，陵州貴平（今四川仁壽）人。唐末爲陵州判官，唐亡，避地江陵。後唐天成初，爲荆南高季興所器重，命掌書記。歷事從誨、保融、繼衝三世，累官荆南節度副使、檢校秘書少監兼御史大夫。此時他勸荆南節度使高繼衝獻三州之地歸宋，入宋後爲黄州刺史。他博通經史，聚書數千卷，或自鈔寫，老而不倦。能詩，尤擅詞。《花間集》收録其詞六十首，《尊前集》收録二十三首，是五代詞人保存詞較多者。其詞清

麗疎朗,較少濃艷繁縟之氣。如〔風流子〕:

> 茅舍槿籬溪曲,鷄犬自南自北。菰葉長,水葓開,門外春波漲緑。聽織,聲促,軋軋鳴梭穿屋。

此寫田園風光。茅舍、槿籬、曲溪、鷄犬、花草,最後織布聲穿屋而來,一片農家樂景象。栩莊《栩莊漫記》云:"《花間集》中忽有此淡樸詠田家耕織之詞,誠爲異采,蓋詞境至此,已擴放多矣。"《花間集》中這類詞境並不多,此作尤感可貴。又〔謁金門〕:

> 留不得,留得也應無益,白紵春衫如雪色,揚州初去日。
> 輕離别,甘抛擲,江上滿帆風疾。卻羡彩鴛三十六,孤鸞還一隻。

此寫離别相思之悲痛,感嘆自己之孤獨。字字血,聲聲淚,相思之苦,漂泊之感,使人蕩氣回腸。綜觀孫光憲詞,清新哀惋,自然精麗,神似韋莊。

《花間》詞之總體風格,是以艷麗之辭語、婉約之格調、深邃之意境,描寫婦女之情態、生活和戀情。但也並非純然如一,栩莊《栩莊漫記》即云:"《花間》詞十八家,約可分爲三派:鏤金錯彩,縟麗擅長,而意在閨幃,語無寄託者,飛卿一派也;清綺明秀,婉約爲高,而言情之外,兼書感興者,端己一派也;抱樸守質,自然近俗,而詞亦疎朗,雜記風土者,德潤一派也。"《花間》十八家詞人分屬不同之流派,然他們之創作又各有自己之個性、特點,他們都以各具個性、特點之創作,繁榮了西蜀詞壇。

二、南唐詞人李煜等

南唐詞人無趙崇祚之類人爲之結集,故傳之者不多,僅馮延巳、李璟、李煜三人而已。然其成就卻在《花間》派詞人之上。尤其李煜之詞,不但在《花間》、南唐詞中成就最高,而且置於全部唐宋詞人中,也堪稱大家。其詞對後代詞人影響很大,在詞史上有重要地位。然其成就並非孤立的,而是沿襲、繼承馮延巳、李璟之作發展而成的。

(一)馮延巳

馮延巳(公元九〇三——九六〇),生平事跡見《南唐書》卷十一、《十國春秋》卷二十六本傳,一名延嗣,字正中,廣陵(今江蘇揚州)人。南唐中主李璟年少時在廬山築讀書堂,他隨侍左右,後爲元帥府掌書記。李璟稱帝後,他備受寵信,初爲翰林學士,後進爲中書侍郎,並三次爲同平章事(即宰相)。後因用兵失敗,罷相,爲左僕射、太子少傅。宋建隆元年卒。他長於爲官,孫晟駡他云:"僕山東書生,鴻筆藻麗,十不及君;詼諧飲酒,百不及君;諂佞險詐,累刼不及君。然上所以寘君於王邸者,欲君以道規益,非遣君爲聲色狗馬之友也。"(《十國春秋》)可見其人品之卑下。他有辭學,多伎藝,好吟詠,"雖貴且老,不廢"(《南唐書》本傳)。尤擅詞,有《陽春集》一卷,收録詞凡一百二十首,其中雜有温庭筠、韋莊、李煜、歐陽修諸人之作,可信爲他所作者,不到百首,這在五代詞人中,作品也是最多的了。其詞受温庭筠的影響,多寫閨情離思,但並不一味以綺麗濃艷爲美,而是境界擴大,語言清新,抒情寫景皆具真趣,其中尤以〔鵲踏枝〕、〔鶴沖天〕、〔謁金門〕、〔歸自謡〕爲名作。如〔鵲踏枝〕十四首其二:

> 誰道閒情抛擲久,每到春來,惆悵還依舊。舊日花前常病酒,敢辭鏡裏朱顔瘦。　　河畔青蕪堤上柳,爲問新愁,何事年年有?獨立小樓風滿袖,平林新月人歸後。

此寫女子爲追求所愛而苦惱。意即爲了愛情,每當春季即惆悵滿懷，花前病酒，鏡中顔瘦，舊愁未了，新愁又添，年年如此。無聊獨自佇立於小樓之上，歸來已是黄昏後了。抒發其對愛情之堅貞不渝。陳廷焯《白雨齋詞話》卷一云："始終不渝其志，亦可謂自信而不疑，果毅而有守矣。"

其六：

> 蕭索清秋珠淚墜，枕簟微涼，展轉渾無寐。殘酒欲醒中夜起，月明如練天如水。　　階下寒聲啼絡緯，庭樹金風，悄悄重門閉。可惜舊歡携手地，思量一夕成憔悴。

此寫女子思念所愛。意謂清秋夜晚，展轉不能入睡，半夜起來，見明淨如練之月光、清澈如水之天空、聽絡緯之啼叫、秋風之蕭瑟，一夜相思，令人憔悴不堪！寫景含宛轉之情，言情帶淒清之景，情景交融。

其十一：

> 幾日行雲何處去，忘卻歸來，不道春將暮。百草千花寒食路，香車繫在誰家樹？　　淚眼倚樓頻獨語，雙燕飛來，陌上相逢否？撩亂春愁如柳絮，悠悠夢裏無尋處。

此寫女子埋怨男子在遠方游蕩不歸，不知其到何處去拈花惹草，車子停在誰家。自己含淚倚樓，詢問燕子是否與其相逢？愁緒紛亂，在夢中也無處尋找。情詞悱惻，哀惋動人。

其〔謁金門〕云：

> 風乍起，吹皺一池春水。閑引鴛鴦芳徑裏，手挼紅杏蕊。
> 鬥鴨闌干獨倚，碧玉搔頭斜墜。終日望君君不至，舉頭聞鵲喜。

此寫女子思念遠方之人，她手挼紅杏蕊逗引鴛鴦，依闌干觀鬥鴨以致玉搔頭斜墜，百無聊賴，惟盼望遠方之人歸來。據《南唐書》卷二十一記載，南唐中主李璟問馮延巳："吹皺一池春水，干卿底事？"馮延巳回答："未如陛下'小樓吹徹玉笙寒'！"因此當時傳爲名句。

馮延巳之詞，以淺近之詞，寫真摯之情，狀難造之境，風格獨具，可與温庭筠、韋莊比肩。陳廷焯《白雨齋詞話》卷一評其詞"極沉鬱之致，窮頓挫之妙，纏綿忠厚，與温、韋相伯仲也。"王國維《人間詞話》謂"正中詞雖不失五代風格，而堂廡特大，開北宋一代風氣"。劉熙載《藝概》卷四云："馮正中詞，晏同叔得其俊，歐陽永叔得其深。"皆準確道出他之詞的成就及其對宋詞之影響。

（二）李璟

李璟（公元九一六——九六一），生平事跡見《舊五代史》卷一百三十四、《新五代史》卷六十二、《十國春秋》卷十六，字伯玉，徐州（今江蘇徐州）人，南唐烈祖李昪長子。南唐保大元年，昪卒，他即帝位於金陵，史稱中主。其後迫於後周之軍事淩逼，去帝號，稱唐國主，奉後周正朔。周亡，又向宋進貢。他在位十九年，由於在政治、軍事上任用者皆平庸之輩，自己無治國之才能，遂使南唐江山一敗塗地。他性儒懦，多才藝，工詩詞，宋人所編《南唐二主詞》録存其詞僅四首，蘊藉含蓄，深沉委婉。如〔浣溪沙〕三首其一：

> 手卷真珠上玉鉤，依前春恨鎖重樓。風裏落花誰是主？思悠悠。　　青鳥不傳雲外信，丁香空結雨中愁。回首緑波三峽暮，接天流。

此寫女子對遠方情人之思念。她卷簾見風裏落花、雨中丁香、接天流之緑波，一片惱人春光。然青鳥不傳遠方信息，自己則落花無主，奈何？"思悠悠"，惟無限愁思。詞旨含蓄，韻調宛轉。

其二：

菡萏香銷翠葉殘，西風愁起緑波間。還與韶光共憔悴，不堪看。　　細雨夢回鷄塞遠，小樓吹徹玉笙寒。多少淚珠何限恨，倚闌干。

此亦寫女子思念情人之作。她見殘荷、秋風而自傷，夢中尋覓遠方之人不可得，醒後吹笙更感淒涼。陳廷焯《白雨齋詞話》卷一云："'還與韶光共憔悴，不堪看'沉之至，鬱之至，淒然欲絶。"王國維《人間詞話》云："南唐中主'菡萏香銷翠葉殘，西風愁起緑波間'，大有衆芳蕪穢，美人遲暮之感。"其體會可謂深矣。

李璟以一種空靈、幽窅之筆墨，表達深摯之感情，創造一種旨微意遠之境界，比馮延巳之作又前進一步，而促成大詞人李煜之出現。

(三)李煜

李煜(公元九三七——九七八)，生平事跡見《舊五代史》卷一百三十四、《新五代史》卷六十二、《宋史》卷四百七十八、《十國春秋》卷十七本傳，字重光，南唐中主李璟之第六子。初封安定郡公，進鄭王。後改封吴王，以尚書令知政事居東宫。建隆二年初，立爲太子，留金陵監國。同年六月中主卒，即南唐國主之位。其時南唐已奉宋正朔，歲時以金銀錢糧向宋修貢，成爲宋之附庸。然其雖外示畏服，修藩臣之禮，内則繕甲募兵，潛爲備戰，但仍不能抵禦宋軍之淩逼，終於宋太祖於開寶元年(九七四年)遣將伐南唐，陷金陵。當兵臨城下時，他尚在淨居寺聽和尚講經，毫無精神準備，被迫肉袒出降，被解送至汴京，封爲"違命侯"。太平興國三年，被宋太宗用牽機葯毒死。時年四十二歲。

他生活在極其優良的文學環境中，其父李璟多才藝，工詩詞；

兩個弟弟韓王從善、吉王從謙，皆富有文藝修養；先娶之周后，通書史、善歌舞、工琵琶；周后死後，再娶周后之妹小周后，亦擅文藝。這對他的文藝創作影響很大。《唐音戊籤》云："煜少聰慧，善屬文。性好聚書，宫中圖籍充牣，鍾、王墨跡尤多。……著雜説百篇，時人以爲可繼《典論》。兼善書畫，又妙於音樂。"可見在文學方面是一位才藝卓異之人。

在他四十二歲的生涯中，其詞之創作可分前後兩個時期，即三十八歲（九七四年）以前爲一個時期，當時他身爲封建君主，所作皆歌詠宫廷中之豪華富貴、奢靡享樂的生活。其後爲另一時期，此時他淪爲"違命侯"了，所作主要是抒發家國之痛和撫今憶昔之情。其前期之作如〔浣溪沙〕：

紅日已高三丈透，金爐次第添香獸，紅錦地衣隨步皺。佳人舞點金釵溜，酒惡時拈花蕊齅。别殿遥聞簫鼓奏。

此寫宫廷通宵歌舞之情況，日已升高，仍爲金爐添炭，繼續歌舞、醉酒。同時聽到别殿之簫鼓聲。極寫宫廷縱情逸樂之生活。又〔一斛珠〕：

曉妝初過，沈檀輕注些兒箇，向人微露丁香顆。一曲清歌，暫引櫻桃破。　　羅袖裛殘殷色可，杯深旋被香醪涴。繡牀斜憑嬌無那。爛嚼紅茸，笑向檀郎唾。

此寫歌女之情態，從妝飾到歌唱，作了精細的刻劃，尤重在歌女之口，最後"爛嚼紅茸，笑向檀郎唾"，更傳歌女嬌娜之神。又〔玉樓春〕：

曉妝初了明肌雪，春殿嬪娥魚貫列。笙簫吹斷水雲間，重按霓裳歌遍徹。　　臨春誰更飄香屑？醉拍闌干情味切。歸時休放燭光紅,待踏馬蹄清夜月。

此寫其在宫廷中縱情逸樂,按霓裳之清歌,焚飄散之香屑,回歸時復踏月清游,侈縱已極。以上諸例可見其前期詞之内容皆寫其奢侈豪華之享樂生活,並無意義,不過説明其喪失江山乃時勢之必然。但其描寫景物之細緻,尤其描寫女子之情態,表現了較高之技巧。

然其前期作品,並非全是縱情逸樂之作,還有若干篇抒寫離愁别緒者,如〔搗練子令〕:

深院靜,小庭空,斷續寒砧斷續風。無奈夜長人不寐,數聲和月到簾櫳。

寫深夜獨自懷人,院靜庭空,月照簾櫳,砧聲隨寒風時斷時續,此情此景爲之奈何?故"深夜人不寐",情景淒切。又〔清平樂〕:

别來春半,觸目柔腸斷。砌下落梅如雪亂,拂了一身還滿。　　雁來音信無憑,路遥歸夢難成。離恨恰如春草,更行更遠還生。

或謂此是作者懷念其弟從善入宋不歸之作,春季憶别,觸景傷情,以梅花飄落如雪,喻自己缭亂之情懷,以春草隨處生長,喻離恨之無窮。歸夢難成,豈不可悲。情深而意摯,李煜這類作品語言洗煉,純用白描,情感真切,意思曲折,已擺脱了花間派之窠臼。

李煜成爲階下囚之後,屈辱地忍受各種難堪的待遇,不但被名爲"違命侯",據宋王銍《默記》記載其妻子還曾被宋朝皇帝所侮辱。他精神上的痛苦是可以想見的,自云"此中日夕只以淚洗面"(見陸游《避暑漫鈔》)。這種思想心境,表現於詞,即爲撫今追昔之悲和國破家亡之痛。如〔破陣子〕:

四十年來家國，三千里地山河。鳳閣龍樓連霄漢，玉樹瓊枝作烟蘿，幾曾識干戈？　一旦歸爲臣虜，沈腰潘鬢消磨。最是倉皇辭廟日，教坊猶奏别離歌，垂淚對宫娥！

此寫其辭别南唐時之情景。南唐自公元九三七年立國，到九七五年即宋太祖開寶二年，作此詞，已近四十年，國家繁榮安定，自己並不了解戰爭爲何物。一旦淪爲俘虜，在愁苦中消磨得形體消瘦，鬢髮蒼白，最難堪者是倉皇辭别太廟之時，聽教坊離曲，揮淚宫娥！極寫亡國之痛。又〔浪淘沙〕：

往事只堪哀！對景難排。秋風庭院蘚侵階。一任珠簾閒不捲，終日誰來？　金鎖已沉埋，壯氣蒿萊！曉涼天淨月華開。想得玉樓瑶殿影，空照秦淮。

此是作者被囚汴京時懷念金陵之作。上片寫風景撩人，珠簾不捲，無人來訪，淒切冷落之極。下片慨嘆金陵王氣蕩然無存，遥想南唐樓閣宫殿，在月光下寂靜地投影於秦淮河上。堪哀者故國之淪亡。又〔虞美人〕：

春花秋月何時了？往事知多少！小樓昨夜又東風，故國不堪回首月明中。　雕闌玉砌應猶在，只是朱顔改。問君能有幾多愁，恰似一江春水向東流。

此寫對故國之懷念。不忍見春花秋月，因爲它引起自己許多往事，如故國、雕欄玉砌、朱顔凋謝，皆令自己不堪回首，致使愁恨如江水般之不盡東流。因此懣怨春花秋月“何時了”，希望它早些完了。又〔浪淘沙〕：

簾外雨潺潺，春意闌珊，羅衾不耐五更寒。夢裏不知身是客，一餉貪歡。　獨自莫憑闌，無限江山，别時容易見時難。

流水落花春去也，天上人間。

此亦懷念故國之作。上片寫自己夢中忘記身爲囚虜，還貪戀片刻歡娱，夢醒後聽雨聲，知春意，覺寒涼，备感淒切。下片寫莫倚闌干，無限江山，已難再見，撫今追昔，生活境遇，有天壤之别。王闓運《湘綺樓詞選》云："高妙超脱，一往情深。"又〔烏夜啼〕：

無言獨上西樓，月如鉤。寂寞梧桐深院鎖清秋。　剪不斷，理還亂，是離愁。别是一般滋味在心頭。

此寫登樓所見，引發愁緒萬千，難以排遣。黄昇《花菴詞選》卷一云："此詞最悽惋，所謂亡國之音哀以思。"不僅此也，其後期懷念故國之作，悲切悽惋，亦皆"亡國之音哀以思"者。

綜觀李煜詞，前期多寫宫廷中歌舞豪華之生活和婦女之體態等，保持着花間派之影跡，後期所作則擺脱了這些影跡，用純白描手法，抒寫離愁别恨和國亡家破之痛，擴大了詞的境界。王國維《人間詞話》云：

詞至李後主，而眼界始大，感慨遂深，遂變伶工之詞而爲士大夫之詞。

即指出其在詞發展史上之地位。又其語言通俗流暢，並極其精煉，能將抽象之情思表現得具體生動而形象，創作出一幅新的詞境。王鵬運《半塘老人遺稿》云：

蓮峰居士(後主别號)詞，超逸絶倫，虚靈在骨。芝蘭空谷，未足比其芳華；笙鶴瑶天，詎能方兹清怨？後起之秀，格調氣韻之間，或月日至，得十一於千百。若小晏，若徽廟，其殆庶幾。斷代南渡，嗣音闃然，蓋間氣所鍾，以謂詞中之帝，當之無媿色矣。

指出其詞風之超逸、虚靈、芳華、清怨，皆無與倫比，“蓋間氣所鍾”，成爲五代詞成就最高者，並開有宋一代詞風。

唐代是我國歷史上繼漢代之後，出現之第二個强大的封建王朝，它經濟之繁榮，中外文化交流之昌盛，各個領域的代表人物之傑出貢獻，創造了光輝燦爛的文化，顯示了唐王朝之雄偉氣魄。這反映在文學方面，即各類文體之興起與發展，從古體詩到近體詩、樂府與詞，從古賦、俳賦到律賦，從駢文、四六文到古文、傳奇等，都鬱然興盛起來，形成百花齊放、群芳爭妍之局面。其中尤以詩歌之成就達到空前的高度，通常人們提到唐代文學，總是以“詩”爲代表，因爲就體裁講，詩歌是唐代主要之文學形式，而且衆體皆備，題材豐富，就内容講，它深刻、全面地反映了全部唐代之社會生活和歷史面貌，是唐代文學之主流。

新版後記

這部古代文學史系列中的《先秦兩漢文學史》與《魏晉南北朝文學史》是修訂、綜合了以前的《先秦兩漢文學史稿》及《先秦兩漢魏晉南北朝文學史》之“魏晉南北朝”部分而成的。《先秦兩漢文學史》中增補了對《史記》的論述,《魏晉南北朝文學史》中增補了對《文心雕龍》的論述,以求内容的匀稱。《唐代文學史》也對以前出版的版本進行了修訂。此次出版還改正了以前出版排印的一些錯誤。

我國古代文學史,一般可分爲四個歷史時期,即自夏商周三代至秦漢爲上古時期;自魏晉至隋唐爲中古時期,自宋元至晚清爲近古時期,鴉片戰爭以後至“五四”運動爲近代。我只是完成了上古、中古兩個歷史時期。這兩個歷史階段,我從開始着手撰寫,到現在已經歷時二十多年了。爲了使這部著作有自己的個性、特色,並具有完整、系統的學術思想體系,在撰寫過程中,思想情感傾注,精神意念投入,莊子有云“用志不分,乃凝於神”(《達生》)。一志凝神,作《春秋》有褒有貶,正《雅》、《頌》可詠可歌,這部上中古文學史,是自己全副精神意向的體現!